오경개론

베이커
구약 개론
시리즈1

Handbook on the pentateuch

오경개론

창세기
출애굽기
레위기
민수기
신명기

빅터해밀턴 | 강성열, 박철현 옮김

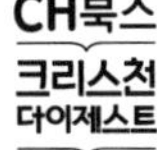

CH북스
크리스천
다이제스트

차례

† 약어표

AB	Anchor Bible
ABR	*Australian Biblical Review*
ACCS	Ancient Christian Commentary on Scripture
AnBib	Analecta biblica
AOAT	Alter Orient und Altes Testament
AOTC	Abingdon Old Testament Commentaries
ASTI	*Annual of the Swedish Theological Institute*
AThR	*Anglican Theological Review*
AUSS	*Andrews University Seminary Studies*
BA	*Biblical Archaeologist*
BAR	*Biblical Archaeology Review*
BASOR	*Bulletin of the American Schools of Oriental Research*
BBR	*Bulletin for Biblical Research*
BETL	Bibliotheca ephemeridum theologicarum louvaniensium
Bib	*Biblica*
BibInt	*Biblical Interpretation*
BIS	Biblical Interpretation Series
BJRL	*Bulletin of the John Rylands University Library*
BJS	Brown Judaic Studies
BN	*Biblische Notizen*
BRes	*Biblical Research*
BRev	*Biblical Review*
BSac	*Bibliotheca sacra*
BT	*The Bible Translator*
BTB	*Biblical Theology Bulletin*
BZ	*Biblische Zeitschrift*

BZAW	Beihefte zur Zeitschrift für die alttestamentliche Wissenschaft
CBC	Cambridge Bible Commentary
CBQ	*Catholic Biblical Quarterly*
CT	*Christianity Today*
CTJ	*Calvin Theological Journal*
CurBS	Currents in Research: Biblical Studies
EncJud	*Encyclopaedia Judaica*
ERT	*Evangelical Review of Theology*
ETL	*Ephemerides theologicae lovanienses*
EvQ	*The Evangelical Quarterly*
ExpT	*Expository Times*
FOTL	Forms of Old Testament Literature
HBT	*Horizons in Biblical Theology*
HS	*Hebrew Studies*
HSM	Harvard Semitic Monographs
HTR	*Harvard Theological Review*
HUCA	*Hebrew Union College Annual*
IDB	*Interpreter's Dictionary of the Bible Supplement.* Edited by G. A. Buttrick. 4 vols. Nashville, 1962
IDBSup	*Interpreter's Dictionary of the Bible: Supplementary Volume.* Edited by K. Crim. Nashville, 1976
IEJ	*Israel Exploration Journal*
ILR	*Israel Law Review*
Int	*Interpretation*
IRT	Issues in Religion and Theology
ITC	International Theological Commentary
ITQ	*Irish Theological Quarterly*
JAAR	*Journal of the American Academy of Religion*
JANES	*Journal of the Ancient Near Eastern Society*
JAOS	*Journal of the American Oriental Society*
JB	Jerusalem Bible
JBL	*Journal of Biblical Literature*
JBQ	*Jewish Bible Quarterly*
JES	*Journal of Ecumenical Studies*
JETS	*Journal of the Evangelical Theological Society*
JJS	*Journal of Jewish Studies*
JNES	*Journal of Near Eastern Studies*
JNSL	*Journal of Northwest Semitic Languages*
JQR	*Jewish Quarterly Review*
JSOT	*Journal for the Study of the Old Testament*
JSOTSup	Journal for the Study of the Old Testament: Supplement Series
JTS	*Journal of Theological Studies*
KJV	King James Version

LTQ	*Lexington Theological Quarterly*
MSU	Mitteilungen des Septuaginta-Unternehmens
NAC	New American Commentary
NASB	New American Standard Bible
NCBC	New Century Bible Commentary
NEB	New English Bible
NIBCOT	New International Biblical Commentary on the Old Testament
NICOT	New International Commentary on the Old Testament
NIV	New International Version
NJPS	New Jewish Publication Society translation
NKJV	New King James Version
NRSV	New Revised Standard Version
NTS	*New Testament Studies*
OBT	Overtures to Biblical Theology
OTG	Old Testament Guides
OTL	Old Testament Library
OTS	Old Testament Studies
OtSt	*Oudtestamentische Studiën*
PEQ	*Palestine Exploration Quarterly*
PTMS	Pittsburgh Theological Monograph Series
RB	*Revue Biblique*
RelSRev	*Religious Studies Review*
RestQ	*Restoration Quarterly*
RevExp	*Review and Expositor*
RSV	Revised Standard Version
SAC	Studies in Antiquity and Christianity
SBLDS	Society of Biblical Literature Dissertation Series
SBLSP	*Society of Biblical Literature Seminar Papers*
SBLSymS	Society of Biblical Literature Symposium Series
SBT	Studies in Biblical Theology
SBTS	Sources for Biblical and Theological Study
SemeiaSt	Semeia Studies
SJCA	Studies in Judaism and Christianity in Antiquity
SJLA	Studies in Judaism in Late Antiquity
SJT	*Scottish Journal of Theology*
SR	*Studies in Religion*
ST	*Studia Theologica*
TBT	*The Bible Today*
TDOT	*Theological Dictionary of the Old Testament.* Edited by G. J. Botterweck and H. Ringgren. Translated by J. T. Willis, G. W. Bromiley, and D. E. Green. 8 vols. Grand Rapids, 1974–
ThTo	*Theology Today*
TOTC	Tyndale Old Testament Commentaries

TynB	*Tyndale Bulletin*
UF	*Ugarit-Forschungen*
USQR	*Union Seminary Quarterly Review*
VT	*Vetus Testamentum*
VTSup	Supplements to Vetus Testamentum
WBC	Word Biblical Commentary
WBComp	Westminster Bible Companion
WTJ	*Westminster Theological Journal*
ZAW	*Zeitschrift für die alttestamentliche Wissenschaft*
ZPEB	*Zondervan Pictorial Encyclopedia of the Bible.* Edited by M. C. Tenney. 5 vols. Grand Rapids, 1975

† 제2판 서문

베이커 출판사(Baker Book House)는 친절하게도 1982년에 필자의 『오경 개론』을 출판해 주었다. 그때 이후로 이 책은 학부와 대학원 과정 및 북미 대륙 전역과 전 세계에 흩어진 모든 신학교육 기관들의 오경 수업 교재로 사용되었다. 이 책은 러시아어로 번역되었으며, 한국어로도 번역되는 중에 있다. 비록 이 책이 20쇄 이상을 거치면서 여전히 폭넓게 사용되고 있는데다가 그 효용성이 줄지 않고 있기는 해도, 베이커 측과 필자는 개정 신판을 낼 때가 되었다는 데 동의하였다.

개정 신판이 늘 그러하듯이 필자는 참고문헌의 자료들을 최신의 것들로 바꾸었다. 그러나 더 중요한 것은 1980년대에 필자가 썼던 내용들을 근본적으로 수정하거나 새로운 내용을 추가함으로써 많은 단원들을 다시 썼다는 점이다. 독자들은 이 개정 신판을 읽으면서 오경 안의 많은 본문들에 대한 한층 개선된 또는 개선되고 있는 필자의 생각들을 만날 것이요, 그것들이 구약학회에 속한 학자들과의 교류를 통하여 한층 부요하게 되었음을 알게 될 것이다.

필자는 이 제2판을 출판할 수 있도록 막대한 도움을 준 베이커 출판사의 볼거(Brian Bolger)와 그의 동료들에게 감사를 드린다. 또한 앤더슨(Bernhard Anderson)의 책 72쪽에 있는 도표를 사용할 수 있도록 허락한 성서학회(Society of Biblical Literature)의 앤더슨(Leigh C. Anderson)에게도 감사를 드린다. 마찬가지로 *Biblica*에 처음 실린 바 있는 레이니(Anson Rainey)의 도표를 사용할 수 있도록 허락한 성서학연구소 출판사의 브룩(Peter Brook) 신부에게도 감사를 드린다. 그것은 이 제2판의 356–357쪽에 실려 있다.

필자의 아내 셜리(Shirley)는 이번에도 이 책을 내는 데 지대한 공헌을 했다. 그녀는 이 개정 신판을 낼 수 있도록 도움을 주었을 뿐만 아니라, 끊임없이 필자에게 용기와 지혜와 통찰력을 불어넣어 주기도 했다.

마지막으로 강의실과 교회에서 그의 말씀을 연구하고 가르칠 수 있는 특권을 주신 우리 주님을 높이 찬양한다. 내 마음의 생각들과 내 펜의 말들이 나의 반석이시요 나의 구속자이신 그분 앞에 열납되기를 원한다.

† 제1판 서문

　구약성경에서 오경만큼 학자들에 의해 철저하게 연구된 부분은 거의 없을 것이다. 성경 연구 전체를 망라하는 참고문헌 자료들을 조금만 살펴보아도, 어느 해이건 관계없이 성경의 이 부분에 관해 연구한 자료들이 가장 많음을 금방 알 수 있을 것이다. 아마도 창세기와 출애굽기가 가장 많이 연구되었고 신명기에 대한 연구가 그 뒤를 바짝 뒤쫓고 있다고 말하는 것이 더 정확할 것이다. 이와는 달리 레위기에 민수기에 대한 논문들과 단행본들 및 주석들은 그 분량으로 칠 때 한참 뒤떨어진다.

　이러한 모든 연구에도 불구하고 최근의 연구들 중에서 오경 전체를 한 권의 주석으로 묶으려고 시도한 경우는 거의 없었다. 이하의 내용은 필자의 그러한 시도를 담고 있다. 더 구체적으로 말해서, 필자는 학부와 대학원 차원의 영어성경 수업 교재가 될 만한 책을 만들어내고자 한 것이다.

　성경 본문에 대한 필자의 탐구가 완전한 것은 결코 아니다. 이 책에 담긴 내용들을 더 깊이 연구하고자 하는 학생들을 돕기 위해 필자는 각 장의 마지막에 참고문헌을 덧붙여 두었다. 참고문헌을 선택함에 있어서 필자는 두 가지의 원칙을 정하였다. 첫째로, 이 참고문헌에 있는 자료들은 대부분이 지난 10년 동안에 나타난 연구들에 한정되어 있다. 그들 대부분은 특정 영역에 대한 이전의 모든 연구들을 아주 적절하게 보여줄 것이다. 둘째로, 필자는 참고자료 선택을 거의 전적으로 영어권에서 이루어진 연구들에 한정시키고자 했다. 유럽 대륙에서 출판된 학술지들도 꾸준히 성경연구에 도움이 될 많은 자료들을 쏟아내고 있지만, 불어나 독일어, 이탈리아어, 스페인어, 스웨덴어 등으로 된 전공 논문들을 읽고 이해할 수 있는 학부 학생들은 거의 없을 것이다.

독자들은 그들이 크게 흥미를 느낄 수도 있는 부분들을 필자가 다루지 않았음을 금방 알게 될 것이다. 예로서 필자는 창세기 서두의 장들을 논하면서, 창조론과 진화론 사이의 갈등에 관한 문제는 다루지 않았다. 필자가 보기에 이 문제는 성경학자보다는 과학자에게 넘기는 것이 더 나을 것이다.

필자는 또한 역사적인 의미를 갖는 몇몇 부분들, 이를테면 족장들의 역사성에 관한 문제나 출애굽의 연대에 관한 문제를 다루지 않았다. 필자가 보기에 이러한 문제들은 비평학자들이나 전통주의자들 모두가 이제까지 충분히 다루어온 것으로 보인다. 이와 똑같은 이유로 하여 필자는 오경의 "기원"에 관한 문제를 충분히 다루지 않았다. 그 대신에 필자는 종종 모세의 책들 안에 다양한 자료들이 있음을 나타내는 대표적인 사례들로 인용되는 구절들을 주로 다루었다.

필자는 이 책을 쓰면서 하나님의 말씀을 연구하는 학자들과 하나님의 말씀을 선포하는 자들을 염두에 두었다. 따라서 필자는 강의실에서 뿐만 아니라 목회자의 목양실에서도 사용할 수 있는 내용들, 곧 학문적이면서도 경건한 내용들을 서술하고자 노력했다.

필자는 많은 성경학자들에게 빚을 졌다. 필자는 그들의 우물들로부터 많은 물을 길었다. 특히 필자는 차일즈(Brevard Childs) 교수와 밀그롬(Jacob Milgrom) 교수에게 깊은 감사를 드리고 싶다. 출애굽기와 레위기와 민수기 등에 대한 이들의 연구는 성경 본문에 대한 필자의 이해에 지대한 영향을 주었다. 과거에 애즈베리 신학교(Asbury Theological Seminary)에서 필자의 구약학 스승이었던 킨로(Dennis Kinlaw) 박사와 애즈베리 신학교의 영어성경 교수이신 트레이나(Robert Traina) 박사는 필자의 역사적이고 귀납적인 성경 연구 경향에 대단히 큰 영향을 주었다.

필자는 또한 *Journal of Biblical Literature*의 편집자인 헤이스(John Hayes) 교수와 앤더슨(Bernhard Anderson) 교수에게도 감사를 표하고 싶다. 이들은 *JBL* 97 (1978): 38에 실린 앤더슨 교수의 도표를 사용할 수 있도록 허락해 주었다. 이 도표는 본서의 제2장에 소개되어 있다. 필자는 아울러 *Biblica*의 편집자인 밴호이(Albert Vanhoye, SJ)에게도 빚을 졌다. 그는

Biblica 51 (1970): 492–493에 실린 레이니(Anson Rainey)의 도표 일부를 사용할 수 있도록 허락해 주었다. 이 도표는 본서의 제18장에 소개되어 있다.

필자는 필자에게 연구휴가를 허락해 주고 또 재정적인 지원을 아끼지 않은 애즈베리 대학의 교수연구개발위원회에 기쁜 마음으로 감사를 드린다. 이 두 가지 지원을 통하여 필자는 이 연구를 완성하는 데 큰 도움을 받았다.

마지막으로, 필자는 아내 셜리(Shirley)가 지난 수년 동안 이 책을 내는 데 지대한 공헌을 했음을 밝히고 싶다. 우리는 사실 함께 일한 것이나 다름이 없었다. 그녀는 필자에게 끊임없는 격려와 자극이 되어주었을 뿐만 아니라, 이 책의 원고 전체를 타이핑하기도 했으며, 많은 매우 귀중한 제안들을 통해 필자에게 도움을 주었다.

제1부

창세기

1. 창조와 타락
창세기 1-3장

성경의 첫 번째 책을 개관하는 방법에는 여러 가지가 있다. 아마도 그 중 가장 단순한 방법은 다음과 같을 것이다:

I. 원역사(1-11장)
  A. 창조(1-2장)
  B. 타락(3-11장)
    1. 원인(3장)
    2. 결과(4-11장)
II. 족장사(12-50장)
  A. 아브라함(12-25장)
  B. 야곱(26-36장)
  C. 요셉(37-50장)

이러한 개관은 창세기의 내용을 정확하게 반영하고 있지만, 각 부분들 사이의 상관관계 내지는 강조점의 변화를 드러내는 데는 실패하고 있다. 오히려 창세기로 하여금 자신을 개관하게 하고 창세기 본문이 제시하는 단락들을 따르는 것이 더 나을 것이다. 그 단락들은 다음과 같이 쉽게 구별할 수 있다.

I. 창조 이야기(1:1-2:3)

II. 하늘과 땅의 세대들(2:4-4:26)

III. 아담의 세대들(5:1-6:8)

IV. 노아의 세대들(6:9-9:29)

V. 노아의 아들들의 세대들(10:1-11:9)

VI. 셈의 세대들(11:10-26)

VII. 데라의 세대들(11:27-25:11)

VIII. 이스마엘의 세대들(25:12-18)

IX. 이삭의 세대들(25:19-35:29)

X. 에서의 세대들(36:1-37:1)

XI. 야곱의 세대들(37:2-50:26)

이렇듯이 창세기는 도입부와 그에 이은 열 개의 추가 단락들로 이루어져 있으며, 각 단락은 "이것들은 … 의 세대들이다"(히브리어로는 '톨레도트')라는 도입구를 가지고 있다. 따라서 구조상으로 볼 때 창세기는 원역사(창세기 전체의 1/4을 차지함)와 족장사(창세기 전체의 3/4을 차지함)의 두 부분으로 나누어진다기보다는, 전혀 균형이 맞지 않은 두 단락, 곧 1:1-2:3(도입부)과 2:4-50:26(열 개의 세부 단락들로 이루어짐)으로 나누어진다. 그러나 원역사/족장사의 구분을 완전히 무시할 수는 없다. 왜냐하면 '톨레도트' 양식의 처음 다섯 용례가 2-11장 전체에 걸쳐서 나타나고, 나머지 다섯 용례는 12-50장에 걸쳐서 나타나기 때문이다(아니면 더 정확하게 말해서 위의 개관에서 보듯이 II-VI = 2:4-11:26; VII-XI = 11:27-50:26). 아브라함의 경우에만 "이것들은 아브라함의 세대들이다"라는 도입구가 없지만, 그가 VI 단락의 마지막(11:26을 보라)에 나오고, 또 그가 VII 단락에서 지배적인 역할을 수행하고 있다는 것은 그가 원역사와 족장사를 잇는 인물이요, 지상에 있는 모든 나라들의 기원과 선택된 민족의 기원 사이를 잇는 인물임을 암시한다.

열 단락들의 전체적인 흐름은 수원지(水源池)에서 강으로, 원인에서 결과로, 선조로부터 후손으로 움직여간다. 이러한 흐름은 표제 다음에 이어지는 이야기들을 통하여(II, IV, VII, IX, XI) 또는 표제 다음에 이어지는 족보를 통해서(III, V, VI, VIII, X) 서술된다.

이러한 도입부–표제–결말 등의 양식은 창세기가 저자(또는 해설자나 편집자)에 의해 깔끔하게 정리된 통일된 책임을 의미한다. 뿐만 아니라 본문의 증거는 계속 진행하고 움직여가는 한 가지 계획을 강조하려는 의도를 가지고 있다. 그러한 움직임은 창조 안에 뿌리를 두고 있는 하나님의 계획의 초기 단계들에 해당하는 것이다. 아담은 흙으로부터 생겨난다. 아담에게서 아브라함과 그의 후손이 생겨난다. 그리고 궁극적으로는 아브라함으로부터 예수 그리스도께서 출현하신다. 반게메렌(VanGemeren 1988: 70)의 말을 빌리자면 이렇다: "'톨레도트' 양식은 과거를 일련의 상호 관련된 사건들의 연속으로 보게 하는 구속사적인 시각을 제공한다."

창조(1-2장)

성경 독자들을 놀라게 하는 첫 번째 것은 세계와 인간의 창조에 관한 이야기가 너무도 짧다는 점이다(단지 두 장에 불과함). 하나님의 산술은 놀라운 것이다. 단지 두 장만이 창조의 주제에 할애되어 있는데다가, 인류 공동체 안에 죄가 들어오게 된 것은 단지 한 장에서만 다루어지고 있기 때문이다. 이와는 대조적으로 아브라함에게는 13개의 장들이, 야곱에게는 10개의 장들이, 그리고 요셉(계약의 약속들을 영속시킬 족장도 아들도 아닌)에게는 12개의 장들이 할애되어 있다. 여기서 우리는 요셉에게는 12개의 장들이 할애되어 있으면서도 창조의 주제에 대해서는 2개의 장들만이 할애되어 있다는 사실을 마주하게 된다. 과연 어떤 한 사람이 피조 세계보다 여섯 배나 더 중요할 수도 있는 것일까?

그럼에도 불구하고 이 첫 두 장이 없다고 한다면, 우리의 성경 이해는 확실히 매우 빈약한 것이 되고 말 것이다. 아니 도리어 위태롭게 되고 말 것이다. 이 두 장은 어떠한 내용을 다루고 있는가? 아래의 도표 1에서 보는 것처럼 1:1-2:3의 뼈대를 살펴보면 어느 정도 도움이 될 것이다.

도표 1

날	날
제1일 빛	**제4일** 광명체들(해, 달, 별들)
제2일 하늘	**제5일** 물고기, 새들
제3일 땅, 식용 식물	**제6일** 육상 동물들, 인간
제7일 안식일	

여기서 분명한 것은, 처음 여섯 날이 세 날들로 이루어진 두 그룹으로 나누어진다는 점이다. 두 번째 열의 각 날은 첫 번째 열의 맞은편에 있는 것들의 연장선상에 있다. 첫 번째 열의 날들은 주변 환경이나 주거 공간의 창조(또는 준비)와 관련되어 있다. 두 번째 열의 날들은 그러한 주거 공간에 거주하는 것들의 창조와 관련되어 있다. 따라서 하나님께서는 첫 번째 날에 빛 일반 내지는 빛을 가진 물체를 창조하시고, 네 번째 날에는 특별한 종류의 빛들이 그 모습을 드러낸다. 두 번째 날에 하나님께서는 위의 물과 아래의 물을 나누는 궁창을 창조하시고, 다섯 번째 날에는 하늘과 물에 거하는 피조물들을 창조하신다. 셋째 날에 하나님은 땅에 이어 식물을 창조하시고, 여섯 번째 날에는 육상 피조물들에 이어 인간을 창조하신다. 창조의 정점은 하나님의 안식을 위한 날인 일곱 번째 날이다. 그 앞의 날들에 그는 모든 것들을 좋다고 칭하신다. 그러나 하나님께서는 이 일곱 번째 날만큼은 "거룩하게"('카-다-쉬'라는 중요한 히브리어 낱말 어근은 창세기에서 "신전 창기"[38:21, 22 NIV]로 칭해지는 유다의 며느리 다말의 경우 말고는 여기서 딱 한 번 더 사용됨) 하신다.

이처럼 수평적인 문학 구조에 더하여, 독자들은 창세기 1장 전체에서 한 가지의 근본적인 문학 유형을 발견할 수 있다. 이 유형을 베스터만(Claus Westermann 1974: 7)의 언어로 표현하자면 이렇다:

1. 선포: "하나님이 이르시되"
2. 명령: "있으라/ 모여라/ 내라"
3. 보고: "그대로 되니라"

4. 평가: "하나님이 보시기에 좋았더라"

5. 시간의 틀: "저녁이 되고 아침이 되니"

또 다른 문학 유형은 이렇다:

1. 도입부: "하나님이 이르시되"

2. 창조의 말씀: "있으라"

3. 말씀의 성취: "있으니라/ 그대로 되니라"

4. 하나님의 행동에 관한 묘사: "하나님이 나뉘게 하시니/ 하나님이 만드
   사/ 하나님이   두어/ 하나님이 창조하시니"

5. 이름을 짓거나 복을 주심: "하나님이 부르시고/ 복을 주시며"

6. 하나님의 칭찬: "보시기에 좋았더라"

7. 종결 양식: "저녁이 되고 아침이 되니"

1:1-2:3(또는 4a)와 2:4(또는 4b)-25 사이의 관계

창세기 2:4–25는 종종 두 번째 창조 이야기로 묘사된다. 비록 오늘날의 성
경학자들 중에는 그렇게 보는 사람이 줄어들긴 했지만 말이다. 더 나아가서,
이 본문은 창조에 관한 두 번째 이야기로 불릴 뿐만 아니라, 창세기 1:1–2:3
의 이야기와는 다른 자료에서 비롯된 것으로 여겨지고 있다. 문서 가설을 받
아들이는 학자들은 첫 번째 창조 이야기가 바벨론 포로기 무렵(6세기)이나
그 직후에 활동하던 익명의 제사장 편집자 내지는 편집자들(P)의 작품이라고
믿는다. 이 학자들은 두 번째 창조 이야기가 이보다 훨씬 이른 시기인 다윗
과 솔로몬 시대(10세기)에 속한 익명의 예루살렘 출신 저자 또는 저자들 ─
보통은 야위스트(J)로 칭하여지는 ─ 로부터 비롯된 것이라고 믿는다. 따라서
이 가설에 동의하는 학자들은 종종 시간적인 형성 순서를 따라 2:4–25를
1:1–2:3보다 먼저 다룬다.

본문을 이렇게 구분하는 데에는 몇 가지 이유가 있다. 첫째로, 창조의 순서
를 서술함에 있어서 서로 다르고 종종 대조적이기까지 한 내용이 있기 때문

이다. 첫 번째 창조 이야기는 식물, 새, 물고기, 동물, 남자와 여자 등의 순서를 따르고 있지만, 두 번째 창조 이야기는 남자, 식물, 동물, 여자 등의 순서를 따르고 있다. 둘째로, 첫 번째 이야기에서 하나님은 전적으로 '엘로힘'(God)으로만 칭하여지지만, 두 번째 이야기에서는 '야웨 엘로힘'(주 하나님)으로 칭하여진다. 셋째로 첫 번째 이야기에서 하나님은 주로 말씀을 통하여 창조하신다: "하나님이 이르시되, ' … 이 있으라' 하시니, 그대로 되니라." 이것을 우리는 명령에 의한 창조라 일컫는다. 반면에 두 번째 이야기는 도공이나 기능공으로서의 하나님을 강조한다: "주 하나님이 흙으로 사람을 지으시고"(2:7 RSV); "흙으로 주 하나님이 각종 들짐승을 지으시고"(2:19 KJV); "그가 … 그 갈빗대를 여자로 만드시고"(2:22 RSV). 넷째로, 첫 번째 이야기는 우주 창조를 강조한다: 이 세상은 어떻게 해서 생겨나게 된 것인가? 반면에 두 번째 이야기는 인간 창조를 강조한다: 인간은 어떻게 해서 생겨나게 된 것인가? 다섯째로, 어떤 해석자들은 몇 개의 연들(stanzas)과 반복구들을 가지고 있는 1:1-2:3의 시적인 특징들과 창조에 관해 이야기하는 2:4-25의 산문체 진술 사이를 구별하기도 한다.

이렇듯이 학자들은 창세기가 그 기원에 있어서 5백년 정도의 차이가 나는 두 개의 독립적인 창조 이야기들을 가지고 있다고 주장한다. 이러한 "이중 서술" 현상은 홍수 이야기에 관한 논의에서도 다루어질 것이다. 홍수 이야기와 관련하여 문헌비평이나 자료비평을 하는 학자들은 공통적으로 본래 홍수에 관하여 J와 P의 서로 독립된 두 개의 이야기들이 존재했었다고 본다. 창조 이야기와 홍수 이야기 사이의 한 가지 분명한 차이가 있다면, 그것은 곧 창세기 첫 몇 장들의 편집자(또는 편집자들)가 두 개의 창조 이야기는 병렬시킨 반면에, 홍수 이야기는 결합시켰다는 점이다. 내가 아는 한, 이러한 편집적인 차이의 이유를 설명하려는 시도는 아직껏 만족스럽게 이루어지지 않은 채로 있다.

창조 이야기와 관련하여, 상호 배타적이면서 대립적인 성격을 갖는 두 개의 이야기를 가정하는 것이 과연 필요한 일일까? 과연 2:4-25는 창조 이야기의 단절보다는 계속으로, 또는 "창세기 1장의 파노라마 뒤에 나오는 상세한 그림"(Ryken 1974: 37) 내지는 창조의 여섯째 날에 대한 확대된 주석으로 볼 수 있을까? 1장에 있는 사건들의 순서는 연대순을 따르고 있다. 반면에 2장에 있는 사건들의 순서는 논리적이며 주제 중심적이다. 이는 인간으로부터 주변 환경으로 그 시각이 옮겨간다는 점에서 그렇다. 하나님이 남자와 여자로 나누어지는 인간 피조물을 언제(1:1-2:3에서는 남녀가 동시에 창조되지만, 2:4-25에서는 남자가 먼저 창조되고 이어서 여자가 창조됨) 창조하셨는지에 관하여 두 가지 상반된 진술이 있다고 볼 필요는 없다. 바아(Barr 1998b)가 주장한 바와 같이, 창세기 1:26에서 하나님은 "우리의 형상을 따라 사람을 만들자"고 말씀하신 후 1:27에서 "남자와 [이어서] 여자를 창조"하셨을 수도 있다.

바울은 고린도전서 11:7에서 하나님의 형상과 영광인 남자와 남자의 영광인 여자를 구별하는 중에 이러한 본문 이해를 따른 것으로 보인다: "남자는 하나님의 형상과 영광이므로 그 머리를 마땅히 가리지 않지만 여자는 남자의 영광이니라"(NIV). 2:4-25에 있는 대부분의 정보는 1:26-29를 부연 설명한 것이다. 1장은 세계 전체와 관련되어 있지만, 2장은 에덴 동산과 관련되어 있다. 전자가 우주적이라고 한다면, 후자는 지역적인 것이다. 하나님과 세계 사이의 관계는 그의 '엘로힘' 자격에서 찾아지지만, 하나님과 동산에 거주하는 부부 사이의 관계는 그의 '야웨 엘로힘' 자격에서 찾아진다. 전자가 그의 위엄과 초월성을 암시하는 반면에, 후자는 그의 친밀함과 창조 세계 관여를 암시한다. 창세기 1-2장의 통일성을 가정해서는 안 된다는 주장은 내가 보기에 설득력이 없어 보인다.

창세기 1-2장의 신학적인 주제들

그 주제들은 하나님에 관하여 무엇을 가르치는가?

여기서 가장 확실해 보이는 결론은 이 두 개의 장들이 하나님이 한 분이시라는 진리를 강조하고 있다는 점이다. 독자들은 한 무리의 신들을 만나는 대신에 한 분이신 하나님을 만난다. 이방 신들과는 달리 하나님은 어떠한 배우자도 거느리고 있지 않다. 이것은 어떠한 의미를 갖는가? 성경은 하나님의 자기완성이 자기 자신 외에는 다른 어떠한 것도, 그리고 다른 어떠한 이도 필요로 하지 않는다는 것을 이렇게 표현하고자 한 것일까? 참으로 자기완성을 위한 모든 자원이 그 안에 있다. 창조 질서 안에 있는 다른 모든 것들은 스스로의 힘으로 자신을 완성하지 못하는 까닭에, 다른 곳에서 자기완성의 길을 찾아야 한다. 하나님이 한 분이시라는 사실만이 "우주"(*universe*)나 "보편성"(*universality*)과 같은 낱말들을 제대로 이해할 수 있게 해준다.

이 두 개의 장들이 분명하게 밝히는 두 번째 진리는 창조주 하나님과 피조물인 인간 사이에 지울 수 없는 차이점이 존재한다는 점이다. 메소포타미아의 연대기를 수메르의 왕 목록(Sumerian King List: 주전 2000년 직후에 수메르의 한 서기관이 만든 문서로, 왕정이 처음 생겨난 이후의 통치자들의 이름들을 나열하고 있음)과도 같은 곳에서 한없이 멀리 추적하다보면, 아주 먼 조상들이 신적인 존재들이었음을 알게 된다. 그 곳에서는 신과 인간 사이의 구별이 사라진다. 창세기 1-2장은 인류의 기원을 가능한 한 멀리 추적한 끝에 아담/인간을 발견한다. 물론 하나님과 인간 사이에는 근본적인 차이가 있다. 주께서는 호세아를 통하여 간단하게 "나는 하나님이요 사람이 아니다"(호 11:9 NIV)라고 말씀하시는 바, 이 말씀은 교만이 아니라 희망의 맥락 속에서 사용된다. 만일에 이스라엘의 구원을 인간 안에서 찾아야 한다면, 그것은 곧 절망을 의미한다. 그러나 만일에 구원이 하나님께 있는 것이라면, 그것은 곧 희망을 의미한다.

세 번째 진리는 하나님을 칭하는 낱말이 본질적으로 복수형으로 되어 있다는 점이다. 창세기 1:26은 "우리의 형상을 따라 우리의 모양대로 우리가 사람을 만들자"(RSV)라고 말한다. 주석적인 시각에서 볼 때, 이것이 삼위일체 하나님을 가리킨다고 볼 수는 없다. 이 곳에 나오는 "우리" 개념에 대해서는 적어도 여섯 가지 해석들이 존재한다. 그 중 하나에 신화론적인 해석이 있다. 어떤 한 신 — 아마도 최고 신 — 이 다른 신들에게 말하면서, 그들에게 자신의 의도를 밝히거나 어떤 계획 — 여기서는 인간 창조 — 에 대한 그들의 조언이나 도움을 구한다. 신화론적인 해석은 창세기 1장의 저자가 자신이 빌려온 신화론적인 주제들을 완전히 제거하지 못했다고 주장한다. 또 다른 해석은 하나님이 피조물인 땅을 향해 말씀하신다고 본다. 땅은 인간 창조에 있어서 하나님의 동역자요, 복합적인 존재인 인간의 한 구성요소가 되며, 숨을 불어넣으신 하나님의 행동과 조화를 이룬다. 세 번째 가능성은 하나님이 천상회의를 구성하는 천사들을 향해 말씀하신다고 본다. 이 점에서 인간은 하나님과 천사 모두를 어느 정도 닮은 존재라 할 수 있다는 것이다. 이 견해는 하나님께서 인간을 창조하실 때 천사들의 도움을 받으셨을 것이라고 생각한다. 네 번째 해석은 1:26의 복수 표현이 장엄의 복수형(a plural of majesty)에 해당한다고 본다. 달리 말해서 하나님이 자신을 복수형으로 칭하시고 계신다는 얘기다(참조. 창 11:7, "자, 우리가 내려갑시다"[NIV]; 사 6:8, "내가 누구를 보내며 누가 우리를 위하여 갈꼬?"[NIV]). 창세기 1장에 있는 하나님의 이름 자체('엘로힘')가 복수형으로 되어 있다. 접미사 '임'은 남성 복수 명사를 가리킨다. 다섯 번째 가능성은 1:26의 복수 표현이 심사숙고의 복수형을 가리킬 수도 있다는 점이다. 이를테면 "자, 봅시다[Let's see]. 내가 뭘 해야 하지?"라는 영어 표현에서 보듯이 말이다. 그러나 심사숙고하는 모습이 나타나는 곳의 언어는 1인칭 복수보다는 1인칭 단수로 나타나는 경향이 있다(예로서 "내가 하려는 것을 내가 아브라함에게 숨기겠느냐?"[창 18:17 NIV]). 필자가 보기에 가장 설득력이 있어 보이는 여섯 번째 해석은 "우리"라는 표현이 하나님의 충만함 내지는 복수성(plurality)을 반영하고 있다고 본다. 아마도 하나님께서는 자신의 영(이미 1:2에서 언급된)을 향해 말씀하고 계실 것이다. 하나님이 삼위일체라는 점은 신약 시대의 계시에 대한 설명을 통해서 비로소 드러나는 사실일 뿐이다.

네 번째 진리는 하나님이 도덕적이신 분이요, 거룩하신 분이라는 점이다. 하나님께서는 아담에게 "먹어도 된다"는 말씀과 "먹지 말라"는 말씀 모두를 주신다. 이와 관련하여 학자들이 가장 자주 참고하는 책들 중의 하나는 독일의 개신교 신학자요 종교사가인 오토(Rudolph Otto)가 저술한 『거룩의 개념』(*The Idea of the Holy*)이다. 오토의 책은 1917년에 처음 출판되었고, 1923년에 영어로 번역되었다. 이 책의 핵심 주제는 "거룩"을 종교적인 경험의 한 특징으로 강조한다. 오토의 표현을 빌리자면, "거룩"은 예배자에게서 두려움과 매혹을 불러일으키는 것이다. 시인 톰슨(Francis Thompson)의 표현을 빌리자면, 그것은 "두려움에 사로잡혀 있으면서 동시에 갈망으로 가득 찬" 상태를 가리킨다.

오토에게 있어서 중요한 것은 도덕적이고 윤리적인 것이 거룩한 것과 동일하지 않다는 그의 주장에 있다. 오토는 하나님의 거룩하심이 그의 도덕적인 요구들의 기초를 이룬다는 사실에 대해서는 언급하지 않는다. 십계명은 이스라엘에게 어떻게 거룩하신 하나님과 더불어 살 것인지를 보여주려는 목적을 가지고 있다. 낙원에조차 인간이 지켜야 할 법이 있다.

창세기 1-2장이 강조하는 다섯 번째 진리는 하나님의 주권과 위엄이다. 그는 손쉽게 말씀으로 창조 질서를 만드신다. 마치 도공이 진흙으로 걸작품을 만드는 것처럼 그것을 지어내신다. 하나님은 창조의 과정에서 어떠한 반대나 저항도 받지 않으신다.

이에 대해서는 두 가지의 사례를 드는 것으로 충분하다. 그 하나는 해와 달과 별들이 어떠한 방식으로 만들어지는가에 있다. 창세기의 서술 순서 ― 해, 달, 별들 ― 는 한 가지 흥미로운 점을 가지고 있다. 바벨론의 창조 서사시인 에누마 엘리쉬(Enuma Elish)에서는 별들, 해, 달 등의 순서로 되어 있다. 이 창조 서사시에서 별들은 창조되는 것이 아니라 독립적인 실체들로 이해된다. 그들 주변에는 신적인 기운이 있다. 해와 달에 관한 창세기의 서술에서 드러나는 또 한 가지 흥미로운 점은 이 둘이 단순히 "큰 광명체"와 "작은 광명체"로 불리고 있다는 사실이다. 고대 세계에서 이 두 광명체가 굉장한 찬사의 대상이라는 점에 비추어볼 때 이러한 호칭은 흥미로운 것이 아닐 수 없다. 뿐만 아니라 별들은 평범한 관찰의 대상으로만 다루어지며, 뒤늦게 추가된 듯한 느낌을 준다: "또 별들을 만드시고." 마지막으로 해와 달의 기능에 대한 명시적인 설명은 이 두 광명체가 하나님께서 정하신 질서와 의무를 다해야 하는 종의 역할을 가지고 있음을 강조하려는 목적을 가지고 있다.

하나님의 주권을 나타내는 두 번째 사례는 하나님이 하늘의 괴물들이나 적대자들과 맞서신다는 내용이 전혀 언급되어 있지 않다는 데서 찾아볼 수 있다. 물론 이 주제는 에누마 엘리쉬에서 두드러지게 나타나는 것이다. 창세기 1장이나 2장에서 이와 가장 근접한 표현은 "바다 괴물들"에 대한 언급이다(1:21). 흥미로운 것 한 가지는 1:1, 21에서 한 번씩 나오고 1:27에서 세 번이나 나오는 히브리어 낱말 '바라'가 인간 창조와 관련하여 인간의 기원을 설명하는 데 사용되고 있다는 점이다. 이 동사가 구약성경에서 사용될 경우, 그 주어는 항상 하나님이다. 그리고 이 동사는 결코 어떤 물질을 목적어로 동반하지 않는다. 이를테면 "[그가] 땅의 흙으로 사람을 지으시고"(2:7 RSV) 라는 구절과 "그가 … 그 갈빗대를 여자로 만드시고"(2:22 NRSV)라는 구절에 나오는 동사들과는 다르게 말이다. 이러한 '바라' 용례가 무로부터의 창조(creatio ex nihilo)를 가르친다고 말하기에는 너무 뭐하지만, 그래도 그러한 방향으로 기울어져 있는 것만큼은 사실이다. 우리는 또한 창세기 1장이 하나님의 창조를 가리키는 또 다른 동사, 곧 "만들다"는 동사를 사용하고 있다는 점을 주목해야 한다(1:7, 16[x2], 25, 26). '아사' 라는 동사는 '바라' 와는 달리 종종 인간을 주어로 갖기도 한다. 하나님의 창조에는 무엇인가 독특한 것('바라' 동사가 뜻하는)이 있지만, 하나님의 만드시는 행동과 인간의 만드는 행동 사이에는 무엇인가 비슷한 것('아사' 동사가 뜻하는)이 있기도 하다.

학자들은 오랫동안 "깊음"('테홈')에 대한 창세기 1:2의 언급이 바벨론의 유명한 티아맛(Tiamat)을 빗댄 것이라고 주장해 왔다. 설령 그렇다 할지라도, 창세기 저자가 '테홈' 이라는 낱말을 사용하면서 어떤 신화적인 의미를 그 안에 포함시켰을 것이라고 보기는 어려울 것이다. 하나님의 대적으로서의 "깊음" 개념은 본문에 전혀 나타나지 않는다. 도리어 그 "깊음"은 창조 질서에 속한 어떤 무생물을 가리킨다. 뿐만 아니라 아주 강한 언어학적인 근거에 비추어볼 때도 티아맛을 '테홈' 과 동일시한다는 것은 불가능한 일이다.

그러나 성경 안에는 하나님이 괴물과 싸우시는 모습을 묘사하는 본문들이 있다. 예로서 이사야 51:9는 하나님이 라합을 저미시고 용을 찌르셨다고 묘사하며, 시편 74:13-14는 하나님이 물 가운데 있는 용들의 머리를 깨뜨리셨고 리워야단의 머리를 부수셨다고 말한다. 참으로 이사야 27:1; 51:9; 시편 74:13은 창세기 1:21과 마찬가지로 "용"이나 "바다 괴물"을 칭하는 동일한 히브리어 낱말을 사용하고 있다. 그러나 이사야와 시편의 용은 하나님을 대적하는 자로 나타난다. 창세기 1:21의 용은 하나님에 의해 창조되며, "선한" 존재로 불린다.

하나님을 대적하는 괴물들에 대한 창세기 밖의 이러한 언급들은 어떻게 이해되어야 할까? 첫째로, 리워야단이나 라합 또는 용들에 대한 언급은 말하는 자의 강한 의도를 올바로 파악하게 하기 위해서라도 청중들이 충분히 이해할 수 있는 것이어야만 했을 것이다. 만일에 신화적인 존재인 리워야단을 청중들이 전혀 모르고 있다면, "주께서 리워야단의 머리를 부수셨습니다"라고 노래하는 시인의 말이 어떻게 그들에게 전달될 수 있겠는가? 우리가 보기에 하나님의 백성들은 주변 세계의 신화론적인 문헌들을 잘 알고 있었을 것으로 여겨진다.

둘째로 신화 세계의 언어와 주제들은 마땅히 나타날 것으로 기대되는 창세기의 서두 부분에서보다는 예언 문헌과 시편에서 한층 분명하게 나타난다. 이보다 더 중요한 것은 그러한 "전쟁"이 창조가 아니라 구속의 맥락에서 이루어진다는 점이다. 예로서 라합을 저미고 용을 찌르는 일(사 51:9)은 홍해를 가름으로써 "구속 받은 자들을 건너게 하는" 일(사 51:10)과 평행을 이루고 있다. 이와 마찬가지로 리워야단의 머리를 부수고 용들의 머리를 깨뜨리는 일(시 74:13-14)은 대적들로부터의 구원을 간구하는 탄식시에서도 발견된다. 하나님은 "세상 중에 구원을 베푸시는"(시 74:12 RSV) 구원자이시다.

성경 저자들은 이러한 신화론적인 표현들을 창조의 배경에서가 아니라 구속의 맥락에서 조심스럽게 사용한다. 하나님께서 만드신 세계 안에는 본질적으로 어떠한 악도 내재되어 있지 않다. 악은 어디에서 정복되는가? 창조 안에서인가? 아니다! 도리어 악과 혼돈과 혼란은 시간 안에서, 그리고 하나님의 백성을 구속하는 중에 정복된다.

창조의 절정은 안식일이다(창 2:1-3). 이 에피소드 역시 하나님의 주권과 위엄에 대한 암묵적인 강조의 연장선상에 있는 것으로 이해될 수 있을 것이다. 이 날에 이루어지는 하나님의 안식은 난폭한 악의 세력들과의 싸움에 지친 하나님께서 원기를 회복하기 위해서 갖는 것이 아니다. 이 날은 1주일간의 창조 사역을 마치신 하나님께 휴식을 제공하려는 목적을 가지고 있다. 휴식은 창조 행동을 대신한다. 창조 이전, 곧 하나님께서 말씀하시기 전에는 침묵이 존재했었다. 그런데 창조 이후에 다시금 침묵이 찾아든다. 이 침묵을 하나님은 거룩하게 하신다(창 2:3).

그 주제들은 인간에 관하여 무엇을 가르치는가?

대부분 말씀으로 이루어지는 창세기 1장의 창조 유형은 하나님의 인간 창조에 앞서 공동 작업에 관한 진술과 하나님의 의도에 관한 진술(1:26a)이 나타남으로써 깨뜨려진다.

구체적으로 말하자면, 하나님께서는 자신의 "형상"과 "모양"을 따라 인간을 창조하신다. 이 두 명사가 구약성경에서 서로 관련된 채로 나오는 경우는 이 곳밖에 없다. 독자들은 즉각 양자 사이의 관계에 관해 묻는다. 양자는 서로 맞바꾸어 사용될 수 있는 것으로, 따라서 성경 히브리어에서 흔히 동의어를 나열하는 경향들 중의 한 예로 이해될 수 있는 것일까? 세 가지의 관찰이 이러한 판단을 지지할 것이다. 하나님의 인간 창조 결정에 관해 언급하는 1:26에서 이 두 낱말은 함께 사용된다. 그러나 실제적인 창조 사역을 다루는 1:27에서는 단지 "형상"이라는 낱말만이 사용된다. "그가 그를 하나님의 모양대로 만드셨다"(NIV)고 말하는 5:1에서 "모양"을 가리키는 히브리어 낱말은 70인역에서 흔히 쓰이는 '호모이오시스'로 번역되지 않고 도리어 히브리어 낱말 "형상"에 상응하는 헬라어인 '에이콘'으로 번역된다.

두 번째 가능성은 "모양"이라는 낱말이 "형상"이라는 낱말을 수식할 수도 있다는 점이다. 이렇게 본다면, "모양"은 "형상"의 의미를 한정짓는 역할을 수행하는 셈이다. 그러한 한정적인 역할은 인간이 하나님을 정확하게 모사한 존재라는 느낌을 피하는 데 도움을 주는 것으로 여겨진다. 이 견해는 "모양"이 구약성경에서 24회 사용되는 바, 그 중 14번이 에스겔 1장과 10장에 나온다는 사실에 의해 어느 정도 뒷받침되는 것으로 보인다. 이 본문들에서 예언자는 결코 자신이 하나님이나 그의 수행원들을 보았다고 말하지 않는다. 도리어 그는 단지 하나님의 모양만을 보았을 뿐이라고 조심스럽게 말한다.

세 번째 견해는 두 번째 견해와 정반대되는 것이다. "모양"은 "형상" 개념을 부드럽게 만들기보다는 도리어 그 의미를 확대시킨다. 인간은 하나님의 형상일 뿐만 아니라 모양-형상이기도 하다. 달리 말해서 인간은 단순히 하나님을 대신하는 차원을 넘어서서 눈에 보이지 않는 하나님을 대표하는 존재라는 얘기다.

이처럼 전문적인 문제에 대한 최선의 설명이 무엇이건 간에, 인간이 다른 피조물들로부터 구별되는 존재요, 그들보다 우월한 존재라는 점은 분명해 보인다. 우리가 앞으로 살펴볼 이교 문헌들에 나타나는 견해들과는 달리, 창세기에서 인간은 전혀 예정되지 않은 상황 속에서 뒤늦게 창조된 존재도 아니요, 저항하는 신들을 대신하여 고된 일을 떠맡으려는 의도 하에 만들어진 존재도 아니다. 육체 노동은 심판이나 형벌이 아니라 하나님께서 주신 특권이다.

창세기 1장은 또한 인간이 땅을 "정복하고" 바다와 땅과 공중의 생물들을 "다스리도록" 창조되었음을 강조한다. 일부 학자들은 1:26의 표현에 비추어 볼 때 인간의 세계 지배권이야말로 하나님의 형상이 가리키는 개념에 해당한다고 본다(비록 양자 사이의 관계가 개념 정의보다는 결과의 성격을 더 많이 가지고 있지만).

그렇다면 정복하고 다스린다는 것은 대체 무엇을 뜻하는가? 두 번째 동사는 구약성경에서 흔히 인간관계를 나타내는 낱말로 24회 사용된다. 이를테면 주인과 고용된 종의 관계(레 25:43), 감독 관리들과 노동자들의 관계(왕상 5:16), 왕과 신하들의 관계(시 72:8), 어느 한 나라와 다른 나라의 관계(레 26:17) 등이 그렇다. 이 본문들 중 일부(예로서 레 25:43; 겔 34:4)는 그 지배권이 보살핌과 책임성을 동반한 채로 행해져야 하는 것임을 암시한다. 파괴나 착취와 같은 행동은 허용되지 않는다. 아마도 창세기 1:28에도 이와 비슷한 의미가 반영되어 있을 것이다. 1:28에서 인간에게 적용되고 있는 이 동사는 1:16에서 해와 달에도 똑같이 적용된다. 해와 달이 제각기 낮과 밤을 "다스린다"(개역개정판은 "주관하게"로 번역함: 역자 주)는 개념은 무차별적인 행동이나 조종하는 행동을 가리키지 않음이 분명하다. 창세기 1장에서 인간과 동물이 제각기 한 가지 종류의 식물을 먹을 수 있는 채식주의자라는 것은 결코 우연이 아니다(1:29-30).

창조 이야기의 상당 부분이 독립적인 여자 창조 이야기에 할애되고 있다는 것은 놀라운 일이다. 하와는 1:26-29에 있는 "그들"과 "여자"에 함축되어 있으며, 2:18-25에서는 구체적으로 언급되고 있다. 여자 창조에 관한 이러한 독립적인 이야기는 고대 근동 문헌에서 그 유례를 찾아볼 수 없다.

여성의 권리에 대한 우리 시대의 오랜 강조는 학자들로 하여금 창세기의 서두를 다시금 연구함으로써 여성의 정체성에 대한 핵심적인 암시들과 남녀 간의 관계를 규정짓는 원리들을 찾아내게 했다. 그러한 연구는 이를테면 다음과 같은 결론을 내릴 수 있게 해 준다. 첫째로, 남자와 여자는 똑같이 하나님의 형상으로 만들어진 존재이다(1:27의 남녀 창조를 연속적인 사건으로가 아니라 동시적인 사건으로 이해할 경우). 여기서 성별 구분은 중요하지 않다. 그것은 확실히 본문의 의미를 결정짓는 요인이라고 보기 어렵다. 다스리고 지배하라는 명령은 남자와 여자 모두에게 주어진 것이다. 둘째로, 남자와 여자의 기원은 비슷하다. 둘은 똑같이 원재료인 티끌과 갈빗대로부터 생겨난 존재이다. 어느 누구도 상대방의 창조에 적극적으로 관여하지 않는다. 셋째로 여자는 아담에게 "어울리는 조력자"로 묘사된다. 하와에게는 해당되는 것(2:19)이 동물들에게는 해당되지 않는다(2:20). 흥미롭게도 저자는 구약성경의 다른 곳에서는 거의 전적으로 하나님께만 적용되는 낱말을 하와에게 사용한다. "조력자"(helper)는 무엇보다도 하나님을 가리키는 표현이다. 도움을 요청받는 조력자는 보통 도움을 필요로 하는 자보다 강한 자이다. 넷째로, 아담은 하와를 보자마자 "이는 결국 내 뼈 중의 뼈요 살 중의 살이로구나"(23a절 RSV)라고 말한다. 이와 비슷한 표현은 창세기 29:14; 사사기 9:2; 사무엘하 5:1; 19:12-13에서도 나타난다. 이 본문들에 나오는 "골육"이라는 구절은 친족관계를 나타낼 뿐만 아니라 충성심을 분명하게 표현하는 것이기도 하다. 따라서 이 구절은 오늘날 "아플 때나 건강할 때나" 한결같이 보여주는 헌신적인 태도와 동일한 것이라 할 수 있다. 그것은 곧 어떠한 상황도 이전에 양쪽 모두가 동의한 관계를 바꾸거나 결정짓지 못하며, 불리한 상황조차도 그러한 관계를 해치지 못함을 의미한다.

이 표현에 뒤이어 나타나는 구절 역시 검토할 필요가 있다. 남자는 그의 부모를 "떠나" 그의 아내와 "합해야" 한다(2:24). "떠나다"는 동사는 하나님께 충성하던 것을 중단하고서 그를 "버리는" 행동을 가리키는 것으로 번역될 수도 있다(렘 1:16). 두 번째 히브리어 동사인 "합하다"는 하나님과의 계약 관계에 충실한 것을 가리킬 수도 있다(신 10:20; 11:22에서처럼). 혼인 관계는 편리에 의해 제멋대로 맺은 관계가 아니라 엄숙한 맹세요 계약이다.

남녀 관계에 관한 다섯 번째 결론은 확실히 창세기가 창조의 맥락에서가 아니라 타락의 맥락에서 여자를 남자에게 종속시키고 있다는 점이다(3:16을 보라).

필자는 창세기 1장과 2장에 따르면 인간은 하나님께서 창조하신 다른 모든 피조물들로부터 구별되는 독특한 존재임을 이미 밝힌 바가 있다. 오직 인간만이 하나님의 형상을 가지고 있으며, 오직 그들만이 다른 피조물들을 다스릴 수 있다. 그러나 인간의 독특성을 강조하는 이 동일한 성경 본문(창 1:26-31)은 그 독특성을 약간 변화시킨다(창 2:15-17). 인간은 자율적인 존재가 아니라, 하나님의 법 아래에서 살아가는 존재이다. 이것은 하나님께서 이스라엘 백성을 그들의 에덴이라 할 수 있는 가나안 땅에 두시고서는 그들에게 넘어가서는 안 될 경계선을 정하신 것과도 같은 이치에 속한다. 누구든 하나님을 영화롭게 하는 방식으로 사는 한, 에덴/가나안에 머물 수 있다. 그러나 하나님께서 정하신 경계선을 위반하는 행동은 에덴/가나안으로부터의 추방을 초래할 것이다.

남자는 하나님 자신에 의해 에덴 동산에 "두어진" 바 된다(창 2:8). 에덴의 위치는 쉽게 결정할 수 없는 문제이지만, 그것이 "동방"에 있는 것만큼은 분명하다(창 2:8). 그런데 여기서 "동방"이라는 히브리어 낱말은 "오래 전에"라는 뜻으로 번역될 수도 있는 것이다. 티그리스와 유프라테스가 언급되고 있다는 것(창 2:14)은 에덴이 메소포타미아 지역에 속한 곳임을 암시한다. 만일에 그렇다면, 원역사의 첫 번째 죄(창 3장)와 마지막 죄(창 11장)는 똑같이 메소포타미아 지역을 배경으로 하고 있다. 더 나아가서 에덴이 팔레스타인 지역을 벗어난 곳에 있다고 한다면, 그것은 창세기 1-2장이 국제적이고 보편적인 강조점을 가지고 있음을 나타내는 또 다른 증거가 된다. 세일하머(Sailhamer 1995)는 에덴 동산을 메소포타미아 지역에서 찾기보다는 하나님께서 나중에 아브라함과 그의 후손에게 약속하신 땅을 에덴과 동일시하는 일부 주석가들 중의 한 명이다.

에덴에서 인간은 두 가지 책임을 지고 있다. 그는 땅을 경작해야 하고(창 2:15) "선악을 알게 하는 나무"(창 2:17 NIV)를 먹어서는 안 된다. 이 두 가지 명령을 위반하면 죽음(death)의 형벌이 주어진다. 이 경우에 그 형벌이 죽어야 할 운명(mortality)을 뜻할 수도 있지만, 반드시 그런 것만은 아니다. 만일에 죽음이 죽어야 할 운명과 동일한 것이라면, 그것은 왜 이 이야기의 후반부에서 하나님이 아담과 하와의 생명나무 접근을 금하시는지를 설명해 준다(창 3:22). 그러나 이러한 해석에 대해서는 이의를 제기할 수도 있다. 3:22를 꼼꼼하게 읽어보면 또 다른 가능성이 있음을 알 수 있다. 성경에서 아직도 완성되지 않은 채로 있는 자신의 마지막 판결(Huphreys 2001: 49)에서 하나님은 "그가 그의 손을 들어 생명나무 열매도 따먹고 영생할까 하노라"고 말씀하신다. 하나님은 인간을 동산으로부터 추방하신다. 그가 행한 일 때문에가 아니라 동산에 계속 머물도록 허락할 경우에 그가 장차 행할지도 모르는 일 — 생명나무 열매를 따먹고서 영생할지도 모르는 — 때문에 그런 것이다. 이것은 인간이 이미 죽어야 할 운명에 처해 있는 존재임을 암시한다. 그러나 "네가 먹는 날에는 반드시 죽으리라"에 있는 "죽는다"는 낱말에 대한 또 다른 이해를 눈여겨볼 필요가 있다. 필자는 이 곳의 "죽는다"는 낱말이 하나님과의 친밀한 관계를 잃고서 하나님으로부터 멀어지게 될 것임을 뜻한다고 본다. 남자와 여자 안에 있는 어떤 것, 곧 계속해서 하나님과 더불어 힘차게 걷는 일을 가능하게 만드는 것이 사라진다는 얘기다.

"선과 악에 대한 지식"이 갖는 의미에 대해서는 상당히 많은 논란이 있다. 이 구절은 무엇을 뜻하는가? "악"도 과연 동산 안에 있을 수 있는 것일까? "선과 악에 대한 지식"은 완전한 앎(全知)을 가리키는가, 아니면 성적인 각성을 가리키는가? 이 둘은 학자들이 가장 흔하게 제시하는 해석들이라 할 수 있다. 그러나 이 두 가지 해석은 창세기 3:22에 비추어볼 때 똑같이 문제점을 안고 있다. 특히 후자가 그렇다. 이 구절이나 이와 비슷한 구절이 나오는 본문들은 그것이 창세기 2-3장에서 갖는 의미를 결정하는 데 도움을 줄 수도 있고 그렇지 않을 수도 있다. 신명기 1:39에서 모세는 이스라엘의 두 번째 세대와 젊은 세대를 일컬어 "당시에 선을 악/죄로부터 구별할 줄 모르던 너희의 자녀들"로 칭한다. 이것은 그들이 책임 연령에 도달한 자들에게서 기대되는 도덕적 판단력을 가지고 있지 못한 까닭에 책임을 질 수 없음을 의미한다. 마찬가지 방식으로(즉, 대단히 어린 사람에 관해서 말하는 경우를 일컬음), 이사야 7:15는 약속된 아들에 관하여 "그가 악을 버리며 선을 택할 줄 알 때가 되면 엉긴 젖과 꿀을 먹을 것이라"고 말한다. 사무엘하 14:17에서 지혜로운 여인은 다윗을 일컬어 "하나님의 사자 같이 선과 악을 분간하는"(NIV) 자로 칭송한다.

그렇다면, 창세기 2–3장에 있는 "선과 악에 대한 지식"이라는 구절은 대체 어떠한 의미를 가지고 있는가? 이 구절의 의미를 밝힘에 있어서 그것과 평행을 이루는 듯한 본문들보다는 그것이 속한 문맥을 중시할 경우, 그에 대한 해석은 금령과 유혹과 불순종과 타락과 모종의 죽음 등에 관해 말하는 창세기 3장의 강조점과 일치하지 않으면 안 된다. 그렇다면 "선과 악에 관한 지식"은 도덕적인 자율성을 가리킬 수도 있다. 무엇이 선하고 올바른 것이며 무엇이 그렇지 않은지를 스스로 결정함에 있어서, 두 사람은 자기들의 삶에 대한 마지막의 도덕적 결정을 스스로 내림으로써(악마적인 방식으로 그들 스스로가 신이 되는), "피조물로서 창조주에게 의존하고 그를 신뢰하는 삶의 태도를 버린다"(Moberly 1992: 24).

아마도 우리는 하나님께서 에덴에 인간의 자유에 대한 한계를 정하셨다는 점을 관찰한 것으로 만족해야 할 것이다. 곧 보게 되겠지만, 창세기 3–11장은 범죄 행동이 종종 정확하게 하나님께서 정하신 한계를 넘어서는 데 있음을 지적한다.

성경의 첫 절

창세기 1:1에 관해서는 적어도 두 가지 문제점을 지적할 수 있다. 그 하나는 이 절을 어떻게 번역해야 하느냐 하는 것이고, 다른 하나는 이 절이 1:2 및 1:3–31과 어떠한 관계를 가지고 있느냐는 것이다. 첫째로, 이 절은 어떻게 번역되어야 하는가? 두 가지 가능성이 있다. 그 하나는 1절을 시간을 나타내는 종속절로 다루는 것이다. 이 경우에 1절은 "하나님께서 하늘과 땅을 창조하기 시작하실 때에 … " 또는 "하나님께서 하늘과 땅을 만드시던 태초에 … "로 번역할 수 있다. 오늘날 이러한 번역은 마펫(Moffatt)의 오랜 번역(1922년)에 반영되어 있으며, 보다 최근에는 새 유대인역(New Jewish

Publication Society version), 새 영어성경(New English Bible), 슈파이저(E. A. Speiser)의 앵커 바이블(Anchor Bible) 창세기 주석, 새 개정 표준성경(New Revised Standard Bible) 등이 그러한 번역을 반영하고 있다. 이러한 번역은 2:4b에 의해 뒷받침된다고 할 수도 있다. 이 구절은 "주 하나님이 땅과 하늘을 만드시던 때"(NIV)로 시작하며, 황량한 땅에 대한 묘사(2:5-6)와 하나님의 첫 번째 창조 행동에 대한 설명(2:7)으로 이어진다.

그러나 전통적인 번역은 창세기 1:1을 독립절로 이해한다: "태초에 하나님이 천지를 창조하시니라." 이 번역은 KJV, RSV, NASB, NIV, JB 등에 반영되어 있다.

만일에 첫 번째 가능성을 따라 1:1을 종속절로 본다면, 2절은 전후 문맥으로부터 연자부호로 처리된 삽입절이요, 3절에 가서야 주절("하나님이 이르시되")이 나타난다는 추가 사실을 지적할 수 있다. 그 결과 전에 없이 길고 산만한 문장이 만들어진다. 이처럼 긴 문장 자체가 없는 것은 아니지만, 1장의 문맥에는 잘 들어맞지 않는다. 그것은 마치 짤막한 문장들을 한 줄로 묶은 것 같은 느낌을 준다.

성경의 증거 자체가 관련되는 한, 1:1의 번역 문제는 성경의 첫 번째 낱말 '베레쉬트'(KJV, RSV: "in the beginning"; NEB, NJPS: "when")에서 비롯된다.

성경에 있는 히브리어 명사들은 구문론에 비추어볼 때 연계형이나 절대형으로 분류된다. 예로서 "야웨의 말씀"(word of the Lord)이라는 구절에서 "의 말씀"은 다음에 이어지는 "야웨"라는 낱말에 의존하기 때문에 연계형 상태에 있다. 연계형은 혼자 있을 때에는 아무런 의미도 전달하지 못한다. 연계형 상태에 있는 낱말은 보통 정관사를 취하지 않는다. 의미를 제대로 전달하는 한편으로 부드러운 표현으로 만들기 위해 번역 과정에서 정관사를 삽입할 수도 있지만 말이다. 반대로 절대형 상태에 있는 "야웨"는 혼자서도 쓰일 수 있다. 요점은 이렇다: '베레쉬트'는 과연 절대형인가 아니면 연계형인가? 만일에 그것이 절대형이라고 한다면, 창세기 1:1은 독립절이 될 것이요, 만일에 그것이 연계형이라고 한다면, 창세기 1:1은 종속절이 될 것이다.

이것이 독자들에게 있어서는 그렇게 쉬운 일이 아니지만, 문법적으로 볼 때 '베레쉬트' 가 현재로서는 절대형으로 규정될 수도 있고 연계형으로 규정될 수도 있다는 점을 지적하지 않으면 안 된다. 그러나 무게 중심은 절대형 쪽으로 기울어질 수밖에 없다. 적어도 모든 옛 번역본들은 1:1을 이런 식으로 이해했다. 1:1을 시간을 나타내는 종속절로 보고자 하는 이들은 이에 반대하여, 만일에 그것이 독립절이라고 한다면 맨 첫 낱말은 '바레쉬트' 가 되어야 한다는 점을 지적한다. 히브리어에서 '베레쉬트' 와 '바레쉬트' 사이의 차이는 후자가 정관사를 포함하고 있다는 데 있다(in *the* beginning). 그러나 이러한 반대가 결정적인 것은 아니다. 전통적인 번역을 옹호하는 반론은 부사절의 시간 표현 — 특히 그것이 오랜 과거를 가리킬 경우 — 이 정관사를 필요로 하지 않으며, 정관사를 거의 사용하지도 않고, 절대형 상태에서 나타난다는 점을 지적한다.

폰 라트(Gerhard von Rad 1972: 48)는 자신의 유명한 창세기 주석에서 "구문론적인 견지에서 볼 경우에는 두 가지 번역이 모두 가능하지만, 신학적인 견지에서 볼 경우에는 그렇지 않다"고 주장한다. 차일즈(Brevard Childs 1962: 41)는 "1절을 종속절로 보는 견해가 1장에 감추어져 있는 갈등을 충분히 진지하게 받아들이지 못하고 있다"고 본다. 영원히 선재(先在)하는 물질(이를테면 티아맛의 시신)로부터 창조가 이루어진다고 보는 이교도들의 강조점과 창조에 앞서 대결과 갈등 및 조종 등이 있음을 강조하는 경향을 염두에 둘 경우, 우리는 성경 저자가 1:1에서 바로 그러한 개념을 거부하고 있다는 사실을 놓칠 수 없다.

이에 대한 또 다른 증거는 1:1의 저자가 사용하는 '바라' 동사에서 발견된다. 이 동사는 1:21, 27(x3); 2:3; 5:1-2(3x); 6:7 등과 성경의 다른 곳들에서 다시금 사용된다. 이 동사에 관해서는 두 가지 점을 지적할 수 있을 것이다. 첫째로, 하나님 아닌 다른 어떤 것도 '바라' 의 주어가 되지는 못한다. 둘째로, 이 동사가 사용될 경우, 그 직접적인 대상은 항상 창조된 피조물이지, 결코 창조의 수단으로 사용된 재료는 아니다. 폰 라트(1972: 49)의 말을 인용하면 이렇다: "'바라' 동사('창조하다')가 전혀 힘들이지 않은 상태와 무로부터의 창조 개념을 포함하고 있다고 말하는 것은 옳다. 왜냐하면 그것은 결코 어떤 재료에 관한 진술과 관련된 적이 없기 때문이다. 이 진술의 감추어진 장려함

은 하나님이 온 세상의 주님이시라는 데 있다." 차일즈(1962: 41)는 이렇게
주장한다: "목적어인 재료에 대해서 전혀 언급하지 않는 한편으로 하나님의
행동이 독특한 것임을 강조하는 경향은 혼돈 개념이 선재한다는 사실과 쉽
게 조화를 이루지 못한다. 눈에 보이는 세계는 창조의 결과이지 이미 존재하
는 물질을 재구성한 결과가 아니다."

이상의 모든 논의는 자연스럽게 두 번째의 주된 문제점으로 넘어간다. 1:1
이 그 직후에 이어지는 내용, 특히 2절과 어떠한 관계를 가지고 있느냐 하는
것이 그렇다. 이와 관련해서는 적어도 세 가지 주요 견해가 있다. 이 세 가지
를 아래의 도표 2에 잘 요약되어 있다.

첫 번째 견해는 "간격" 이론 또는 "복원" 이론이라 불린다. 이 견해의 다른
형태는 본문에 두 가지의 구별된 창조가 반영되어 있다고 본다("간격"이나
"복원"을 강조하지는 않음). 1절은 무로부터의 창조를 가리키며, 2절은 그것
의 미숙한 상태를 가리키고, 3-31절은 그 후에 이루어지는 하나님의 완성된
창조에 대해서 묘사한다.

도표 2

절	이론 1	이론 2	이론 3
1	본래의 창조	본래의 창조	다음의 절들에 전개되는 모든 것들의 표제 또는 요약 진술. "천지"라는 구절은 반의어를 사용함으로써 전체를 표현하고자 하는 성경의 수사 기법을 가리킬 수도 있다 (이를테면 "나는 온갖 고난을 다 겪었다"(I' ve been through thick and thin) 또는 "나는 그 서류를 찾으려고 위 아래를 다 뒤졌다"). 이 진술은 존재하는 모든 것들의 존재 근거가 하나님께 있음을 분명하게 밝히고 있다.
2	길이를 알 수 없는 틈새- "땅이 혼돈하고	땅의 초기 상태: 혼돈하고 공허함; 어둠; 하나님의 신이 물 위로	창조 이전의 상황, 태고 시대. "혼돈, 공허, 흑암, 깊음" 과 "물" 등의 낱말들은 거의 비밀스런 모습을 간직하고 있으며, 그에 대한 어떠한 설명이나 해설도 없다. 키드 너(F. Derek Kidner 1967: 44)는 본문에 담겨 있는

공허하게 됨" (사탄이 하늘로부터 추방된 결과?)	움직임	대조 관계를 올바르게 잘 지적하고 있다: "2a절의 음울한 표현들은 7일 간의 점증하는 영광을 한층 눈에 띄게 만들어준다." 그러나 이 표현들이 하나님의 창조 밖에 있는 혼돈 상황을 반영하고 있고 또 하나님의 계획에 대하여 적대적인 모습을 보이고 있다는 주장은 본문에서 그 정당성을 찾아보기 어렵다.
3-31 하나님의 두 번째 창조 또는 하나님 의 재창조 행동	형태 없는 우주가 점점 질서와 균형을 잡아가면서 불완전에서 완전으로, 미완성에서 완성으로 나아감	창조에 대한 연속적인 서술

성경 밖의 창조 이야기들

모든 고대 문명은 그들 나름의 신화 문헌집을 가지고 있는 바, 그 문헌들의 일반적인 주제는 신들의 기원과 행동을 다루거나(정확하게 말하자면 신화들을 가리킴), 고대 영웅들의 공적들을 다루고 있다(정확하게 말하자면 전설들을 가리킴). 신화들의 경우 주인공은 전적으로 신들이다. 그리고 전설들의 경우 주인공은 주로 인간이지만, 신들이 그 이야기들에서 주된 역할을 수행하기도 한다.

물론 고대 문헌들 모두가 지금까지 남아 있거나 고고학자들에 의해 발굴된 것은 아니다. 예로서 가나안 사람들이 창조신학을 어느 정도 강조했는지는 아직 미해결의 문제로 남아 있다. 이 문제는 라스 샤므라(Ras Shamra) 문헌에서 아직은 구체적인 창조 이야기가 발견되지 않았다는 사실로 인하여 생겨난 것이다. 지중해의 동쪽 해변에 위치한 라스 샤므라는 고대 도시 우가

릿(Ugarit)의 현대 아랍어 지명을 일컫는다. 1929년부터 오늘에 이르기까지 그 곳에서 방대한 양의 가나안 문헌들 — 다른 언어로 기록된 본문들은 더 말할 것도 없고 — 이 발견되었다. 이 문헌들의 전반적인 주제는 경제적이거나 정치적인 관심사를 다루고 있지만, 상당수의 문헌들이 종교적인 차원 역시 다루고 있기도 하다. 신화들(바알과 아낫이 모트나 얌과 싸우는 내용을 담고 있음)이나 전설들(다니엘과 케렛 왕)이 그에 해당한다.

가나안 안팎에서 생산된 이 신화들과 전설들이 하나님의 백성 이스라엘에게도 알려졌다는 것에 대해서는 논란의 여지가 없다. 앞서 필자는 라합이나 리워야단, 용 등에 대한 구약성서의 언급이 이 초자연적인 존재들과 관련된 전승들을 야웨 숭배자들이 잘 알고 있었음을 전제하고 있다고 주장한 바가 있다. 뿐만 아니라 메소포타미아의 홍수 이야기인 길가메쉬 서사시의 일부가 이스라엘의 성읍인 므깃도에서 발견되기도 했다.

이 이야기들은 구약성서에 대한 우리의 지식과 이해에 어떠한 도움을 주는가? 우리는 왜 그것들을 연구해야 하는가? 그것들이 고대 종교들과 문화들에 관한 우리의 지식을 부요하게 해준다는 것 말고 말이다.

확실히 우리는 창세기 1-2장의 메시지를 이해하기 위해 신화의 세계를 광범위하게 알 필요가 없으며, 피상적으로도 알 필요가 없다. 그러나 필자는 창세기의 창조 이야기가 갖는 다양한 의미들은 그것을 이를테면 메소포타미아(수메르와 앗수르, 바벨론 등)의 창조 신화들과 비교할 때 한층 극적으로 드러난다는 확신을 가지고 있다. 왜냐하면 성서적인 신앙과 메시지의 독특성은 그와 동일한 일반적 주제를 다루는 문헌들과 비교될 때 분명하게 드러나기 때문이다.

우리는 창세기 1-2장이 이스라엘 민족에 의해 생겨난 것이 아님을 기억할 필요가 있다. 만물의 기원 문제에 대한 어떤 개인(또는 개인들)의 폭넓은 반성의 산물이 아니라는 얘기다. 도리어 이 자료는 신적인 계시의 산물이요, 위로부터 계시되지 않는 한 인간이 알 수 없는 진리이다.

신화 연구는 신자들로 하여금 옛날 사람들이 어떠한 방법으로 삶과 현실에 관한 궁극적인 문제들에 대하여 답을 얻으려고 노력했는지를 알게 하는 데 도움을 준다. 그들에게 임하는 계시의 빛이 없이도 말이다. 흥미롭게도 옛날 사람들이 그 문제들에 대하여 얻은 답들은 오늘날의 구속받지 못한 사람들이 얻은 답들과 크게 다르지 않다.

아래의 연구에서 필자는 메소포타미아의 신화 자료들 중 에누마 엘리쉬(*Enuma Elish*; 이 시의 첫 두 낱말에 해당하는 것으로, "높은 곳에서 … 할 때"라는 뜻으로 번역됨)와 아트라하시스 서사시(Atrahasis Epic)의 관련 부분들에 초점을 맞추고자 한다.

필자의 연구를 메소포타미아 지역의 문헌들에 국한시키는 데는 몇 가지 이유가 있다. 첫째로, 필자가 논하고자 하는 이야기들은 고대 문헌들 중 가장 놀랍도록 보존이 잘된 표본들에 속해 있다. 그것들은 번역상의 문제점들이나 본문 안에 있는 광범위한 공백들을 상대적으로 덜 가지고 있다. 종종 나중 세대들이 자기들을 위하여 필사한 많은 사본들이 존재하기도 한다.

둘째로, 정확하게 메소포타미아 지역에 속한 이 이야기들이야말로 많은 학자들에 의해 창세기 1-2장과 6-9장에 있는 성서 자료의 근원으로 여겨지고 있다. 이 이론에 의하면, 성서의 이야기들은 편집적인 개정 작업과 생략 작업을 통하여 이교 신화를 각색한 결과 생겨난 것이다. 필자는 홍수 이야기를 논할 때 이에 대하여 구체적인 답을 제시할 것이다.

셋째로, 우리는 아브라함이 갈대아 우르에서부터 왔다는 것을 알고 있다. 필자가 논하려고 하는 이야기들은 그의 성장 과정에서 알게 된 것들일 가능성이 높다. 그 점에서 본다면, 이 특수한 신화들과 전설들에 대한 지식은 하나님께서 아브라함을 부르신 세계를 이해하는 데 도움을 줄 것이다. 아브라함의 이동은 대단히 과격한 것이다. 그 이동은 지리적인 것일 뿐만 아니라 아주 신학적인 것이요 철학적인 것이기도 하다.

에누마 엘리쉬

앞서 언급한 바와 같이, 메소포타미아 지역에는 창조를 중심 주제로 다루는 두 개의 이야기가 있다. 19세기에 처음 출판된 이후로 이 둘 중에 더 잘 알려진 것은 에누마 엘리쉬이다. 에누마 엘리쉬에 관한 논의에 있어서, 해석 문제와는 별도로 두 가지의 쟁점이 중요한 논란의 대상으로 알려져 있다. 그 하나는 편집 연대에 관한 것이고, 다른 하나는 이 서사시가 어느 정도 메소포타미아 사람들 3~4천년에 걸친 기간)의 창조 신앙을 제대로 반영하고 있는지에 관한 것이다. 그것은 표준적인 것인가 아니면 예외적인 것인가? 연대 문제에 관해서는 두 가지 견해가 존재한다. 현존하는 이 서사시의 사본이 주전 1천년기를 상회하지 않지만, 슈파이저(E. A. Speiser)나 야콥슨(T. Jacobsen) 같은 설형문자 전문가들은 내적인 증거에 기초하여 이 서사시가 고바벨론 시대, 곧 주전 2천년기 초기(Speiser) 내지는 주전 2천년기 후반의 중간 무렵(Jacobsen)에 만들어졌다고 믿는다. 다른 한편으로 또 다른 설형문자 전문가인 램버트(W. G. Lambert)는 이 이야기가 주전 1100년을 상회하지 않는다고 생각한다. 그는 또한 에누마 엘리쉬가 수메르나 바벨론의 전형적인 우주론이 아니라 분파적이고 이질적인 창조 이야기에 해당한다고 본다. 1천년기의 앗수르 사람들은 명백히 그것을 이질적인 것으로 보지 않았으며, 그 까닭에 망설이지 않고서 이 서사시를 바벨론 사람들에게서 빌려오되, 단지 새로운 환경에 필요한 만큼만 변화를 주었을 뿐이다(예로서 주인공은 더 이상 마르둑[Marduk]이 아니라 앗수르의 신 아슈르[Ashur]이다).

이 이야기의 내용은 어떠한가? 창조가 이루어지기 전에 두 신적인 존재가 있다. 그 하나는 담수를 대표하는 남신(男神) 압수(Apsu)이고, 다른 하나는 바닷물을 대표하는 여신(女神) 티아맛(Tiamat)이다. 이 둘의 결합(또는 성관계)으로 인하여 두 번째 세대인 라흐무(Lahmu)와 라하무(Lahamu)가 태어난다. 이 둘은 아마도 두 물의 결합에 의해 생겨난 침적토와 관련되어 있을 것이다. 그 후 세 번째 세대인 지평선의 신들, 곧 안샤르(Anshar)와 키샤르(Kishar)가 태어난다. 그리고 이들로부터 하늘의 신 아누(Anu)가 태어나고, 그에게서는 에아(Ea; 엔키, Enki)가 태어난다.

그러나 상급 신 압수는 이 젊은 신들이 너무 시끄럽게 떠드는 통에 잠을 자지 못한다. 자기 아내 티아맛의 항의와 자신의 종 뭄무(Mummu)의 독촉에 시달리던 압수는 이 시끄러운 신들을 죽임으로써 그 문제를 해결하려는 계획을 세운다. 그러나 그가 자신의 계획을 실행에 옮기기 전에, 에아가 압수에게 주문을 걸어 그를 죽이고 만다.

자기 남편의 불행한 죽음에 분개한 티아맛은 자신의 뜻에 공감하는 무리들의 자극을 받아, 애초에 신들을 죽이기로 했던 압수의 계획을 실행에 옮기기로 맹세한다. 그녀는 킹구(Kingu)를 자신의 두 번째 남편으로 삼는다.

바로 이 부분에서 이 이야기의 주인공인 에아의 아들 마르둑이 출현한다. 그는 티아맛의 살해 위협에 직면한 자들을 인솔하고 보호할 책임을 진다. 그는 이 책임을 지는 대가로 만약에 자신이 성공을 거둔다면 자기를 신들의 우두머리로 세워줄 것을 요청한다. 여신들에 의해 양육을 받은 그는 전쟁(신들 사이의 전쟁)을 벌일 준비를 한다.

마르둑은 신속하게 티아맛을 제거하고 킹구와 그의 측근들을 사로잡는다. 이어서 마르둑은 티아맛의 몸을 둘로 쪼개어, 그 시신의 한쪽 절반으로 하늘을 만들고 나머지 절반으로는 땅을 만든다. 그 후 그는 감옥에 갇힌 신들에게 자신의 영원한 집인 바벨론을 건축할 책임을 지운다.

강제노역에 동원된 신들의 항의에 직면한 마르둑은 심사숙고한 끝에 두 번째 창조인 인간 창조를 통하여 신들의 강제노역을 경감시키기로 결심한다. 그는 킹구를 죽이고서 그의 피를 사용하여 인간을 창조한다. 이 이야기는 마르둑에게 공식적으로 영원한 왕권을 부여하고 마지막으로 마르둑을 칭송하는 50개의 호칭들을 나열하는 잔치마당을 끝으로 마무리된다.

아트라하시스 서사시

두 번째로 살필 이야기는 아트라하시스 서사시이다. 이 서사시는 현존하는 가장 초기의 사본들이 속해 있는 주전 1700년경으로 거슬러 올라간다. 비록 이 서사시가 홍수를 더 많이 다루고 있기는 하지만, 필자는 여기서 창조를 다루는 부분들에 초점을 맞추고자 한다. 이 서사시는 인간이 창조되기 전의 세계에 대한 묘사와 더불어 시작한다. 세 명의 최고신들이 우주 전체를 자기들 사이에 분할한다. 아누는 하늘을 다스리고, 엔릴(Enlil)은 땅을 다스리며, 엔키는 온갖 물을 다스린다. 이 서사시는 땅에 초점을 맞추고 있다. 땅을 살피는 일은 혼합된 복의 성격을 가지고 있어서, 향유하기보다는 참아내야 하는 것으로 이해된다. 특히 엔릴은 주로 티그리스와 유프라테스 두 강을 파헤치는 일을 하는 신들을 감독한다. 그러나 오늘날의 노사분쟁이 늘 그러하듯이, 고용된 신들은 일하기를 거부하며, 엔릴에게 반기를 든다. 엔릴은 이 반항자들의 폭력에 불안감을 느낀다. 그들이 자신의 자녀들임에도 불구하고 말이다. 자기 자녀들이 얼마나 비타협적인지를 본 엔릴은 울기 시작하며, 사의를 표명하고서 하늘로 은퇴하여 아누와 함께 살겠다고 위협한다.

이때 엔키가 중재자로 나선다. 그는 중노동에 시달리는 신들의 불평에 공감을 표시하며, 인간을 창조하여 그 신들을 강제노역으로부터 자유케 하겠다는 제안을 한다. 엔키의 제안에 신들은 자기들 중의 한 명인 웨일라(We-ila, 반란 주동자?)를 죽인다. 엔키는 그의 피와 살을 흙과 섞어 인간을 창조하되, 출산의 여신 닌투(르)/마미(Nintu[r]/Mami)의 도움을 받는다. 이에 감사한 신들은 그녀에게 모든 신들의 여왕이라는 명예로운 호칭을 선사한다. 모두 해서 일곱 명의 남자들과 일곱 명의 여자들이 창조된다.

두 서사시의 비교

물론 설형문자 문헌들에는 이 외의 다른 창조 이야기들도 있다. 필자는 위에서 구약성서와 가장 크게 평행을 이루는 두 개의 창조 이야기를 개관하였다. 다음과 같은 점들을 주목할 필요가 있을 것이다.

첫째로, 에누마 엘리쉬의 주요 기능은 세계 창조나 인간 창조에 대해서 묘사하는 데 있지 않다. 기껏해야 그것은 부차적인 줄거리에 지나지 않는다. 그 주요 기능은 신들의 출생, 곧 신들의 기원, 특히 마르둑의 기원에 대해서 설명하는 데 있다. 상대적으로 열등한 신(마르둑)이 사실상 거의 알려져 있지 않은 상태에서 어떻게 바벨론의 최고신으로 오르게 되었는가? 이 점에서 본다면 이 이야기는 바벨론 수호신의 기원에 관해 설명하는 이야기인 셈이다.

둘째로, 이 서사시는 종교적인 기능을 염두에 두고서 만든 작품이다. 여러 증거 자료들에 의하면, 에누마 엘리쉬는 바벨론에서 해마다 신년 초의 아키투(Akitu) 축제 때에 낭송되었다. 티아맛이 혼돈의 세력과 관련되어 있다면, 마르둑은 질서의 세력과 관련되어 있다. 이 신화에서 마르둑이 티아맛에게 승리를 거두는 것처럼, 다가오는 새해에도 예측하기 어려운 자연계에서 질서가 혼돈에게 승리를 거두기를 기원하는 마음으로 바벨론 사람들은 이 신화의 본문을 낭송하였다. 이러한 행사의 배후에는 적절한 때에 적절한 장소에서 낭송된 적절한 말이 가장 바람직한 결과를 만들어낸다는 개념이 놓여 있다. 그러나 우리는 이 서사시의 제의적인 낭송에 너무 많은 의미가 부여되어 있으며, 이 이야기의 내용 중 그 어떠한 것도 분명하게 어떤 특별한 제의적인 기능을 암시하지 않는다고 보는 램버트의 조심스러운 설명에 주의를 기울이지 않으면 안 된다.

셋째로, 위의 두 이야기는 다신교 체제의 틀에 맞추어 정리되어 있다. 에누마 엘리쉬에 따르면, 태초에 압수와 티아맛이라는 두 신이 존재했다. 창조신 마르둑은 여섯 번째 세대에 속한 신이다. 아래의 도표 3을 보라.

도표 3

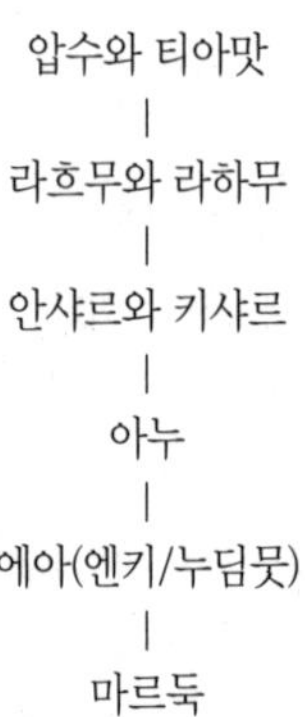

압수와 티아맛
|
라흐무와 라하무
|
안샤르와 키샤르
|
아누
|
에아(엔키/누딤뭇)
|
마르둑

자기들이 믿는 신들에 대한 바벨론 사람들의 설명에는 흥미로운 점이 있다. 이 두 서사시는 그들의 신 개념 — 신들의 기원과 성격 및 운명 — 을 들여다보는 창문 역할을 수행한다. 창조는 출산 개념으로 묘사된다. 태초에는 한 신이 아니라 두 신이 존재했다. 이 두 신의 "결합"을 통하여 창조된 세계의 질서가 만들어진다. (수메르어에서는 "물"과 "정자"를 가리키는 낱말이 하나이다.) 하늘의 초자연적인 힘이면서 동시에 비의 근원인 아누는 땅을 상징하는 키(Ki)를 배우자로 거느리고 있다. 아누는 그녀를 임신시킴으로써 초목(과 귀신들과 신들의 무리)을 만들어낸다. 이렇듯이 신들은 성적인 활동의 산물이요, 본질상 성적인 욕구에 종속되어 있다. 이교도들이 성관계를 배제한 채로 자기들의 세계와 신들의 미래를 생각한다는 것은 있을 수 없는 일이다.

신들의 욕구와 성품 및 운명 등은 인간의 그것들과 크게 다르지 않다. 압수는 잠을 자지 못한 탓에 불쾌감을 느낀다. 그는 또한 자신의 처벌 계획에 반대하는 배우자 티아맛의 압박과 자신의 신하요 모사인 뭄무의 처벌 실행 촉구 사이에서 갈피를 잡지 못한다. 서로를 배척하는 두 신의 상반된 조언 앞에서 압수는 배우자인 티아맛의 조언을 따르지 않고 도리어 뭄무의 지시를 선택한다. 독자적으로 행동하지 못한 신이 자신의 모사에게 휘둘린 셈이다.

압수는 신이면서도 주술에 종속되는 모습을 보인다. 그는 에아의 주문에 의해 성공적으로 행동 불능의 상태에 빠지고 뒤이어 죽임을 당한다. 만일에 신화가 이방 종교에 대한 시적인 표현이라고 한다면, 주술은 그것의 실제적인 표현으로서, 신이 인간을 대적하는 상황이나 인간이 신을 대적하는 상황 또는 신이 신을 대적하는 상황 등에 사용될 수 있다. 이는 이방 종교가 신들의 힘조차도 넘어서는 영역, 곧 신들조차도 종속되어 있는 것으로 여겨질 수도 있는 영역을 인정하기 때문에 가능하다. 이스라엘의 카우프만(Yehezkel Kaufmann)이라는 학자는 이 영역을 "초신적인" 것이라고 칭한다. 이 점에서 본다면 어떤 신도 독립적이지 않으며, 무한정한 힘을 가지고 있지도 못하다. 압수도 예외는 아니다.

신들은 죽임을 당할 수도 있고, 순전히 충동적인 분노나 이기적인 동기들에 사로잡힌 채로 누군가를 죽이려고 할 수도 있다. 누군가를 죽이려는 욕구는 복수욕에 의해 촉발될 수도 있다(예로서 티아맛).

넷째로, 에누마 엘리쉬에서 하늘과 땅은 어떤 힘 있는 신의 창조적인 말씀에 의해 존재하게 된 것이 아니라, 죽은 신 티아맛의 시신으로부터 생겨난 것이다. 창조 질서는 이처럼 신적인 것이요, "그것"(it)보다는 "당신"(thou)의 성격을 더 많이 가지고 있는 것이다.

다섯째로, 에누마 엘리쉬와 아트라하시스 서사시에서 인간은 똑같이 신들을 육체노동의 필연성으로부터 해방시키려는 의도 하에 창조된 존재이다. 그 신들은 전에 자기들에게 맡겨진 그 허드렛일에 대해서 금방 불평했었으며, 그것이 자기들의 운명이라고 생각했었다. 에누마 엘리쉬에서 인간은 반역하던 신 킹구의 피로부터 만들어진다. 반면에 아트라하시스 서사시의 경우, 인간은 웨일라의 피로부터 만들어진다(진흙과 결합된 채로). 인간 창조는 어떤 점에서도 정점에 해당하는 것이 아니요, 어떠한 독특한 권위도 인간에게 부여되지 않는다. 인간은 종으로 창조되지, 왕으로 창조되지는 않는다. 이러한 창조 이야기들에서 메소포타미아 사람들의 원죄 개념을 찾는다는 것은 너무 지나친 견해가 아닐 수 없다. 그렇지만 이 이야기들은 인간의 범죄 성향을 설명하는 원인론의 성격을 가지고 있지 않을까? 그렇게 만들어진 탓에 인간은 헤아리기 어려운 결정론의 산물인 셈이다.

타락(3장)

창세기 3장은 독자들의 마음속에 그들을 괴롭히는 질문들을 불러일으키지만, 그 질문들에 대한 답은 주어져 있지 않다. 예로서 이 본문에 나오는 뱀에 대해서는 상세한 설명이 전혀 없다. 확실히 그 뱀은 사탄으로 불리지 않는다. 설령 뱀이 한때 천사였으나 이제는 추방당한 자로서, 하나님을 대적하는 우주적인 차원의 존재라고 해도, 창세기 3장은 그에 대해서 우리에게 아무런 얘기도 해주지 않는다. 확실히 신약성서는 분명하게 "옛 뱀 곧 마귀라고도 하고 사탄이라고도 하며 온 천하를 꾀는 자"(계 12:9 NRSV; 참조. 20:2)에 대해서 언급한다.

뱀

"뱀"을 가리키는 히브리어 낱말의 어원론적인 기원은 확실치 않다. 그 히브리어 낱말은 '나하쉬'이다. 그것은 발광체("빛의 천사?")를 암시하는 듯한 히브리어 낱말 '네호쉐트'("구리, 청동")와 관련되어 있는 것일까? 참으로 광야에서 모세는 구리뱀을 만들었다(민 21:9). 수 세기 후에 그것이 물신(物神)으로서 숭배의 대상이 되자 히스기야는 그것을 파괴하고 만다(왕하 18:4). 아니면 "뱀"을 가리키는 낱말은 "점술을 행하다"는 뜻을 가진 히브리어 동사 '나하쉬'와 관련되어 있는 것일까?

우리는 사탄과 마귀론에 관한 구약성서의 정보가 매우 빈약하다는 점을 주목하지 않으면 안 된다. 그 점은 매우 정당한 것이다. 구약성서가 이 문제를 어떻게든 다루었을 것 같지는 않다. 그것은 마치 구약성서가 삼위일체에 대하여 철저하게 설명하지 않은 것과도 같은 이치에 속한다. 이스라엘이 여러 나라들 — 초자연적인 힘들에 관한 그들의 종교적인 개념들이 신들에 대한 믿음뿐만 아니라 마귀 무리에 대한 믿음을 포함하고 있는 — 에 의해 둘러싸여 있다는 점을 기억한다면, 왜 구약성서가 마귀론에 대해서 그토록 드물게 언급하는지를 금방 알 수 있을 것이다.

사실 '사탄'이라는 낱말은 여러 가지 방식으로 사용된다(그러나 결코 창 3장에서는 사용되지 않음). 놀랍게도 그것은 "대적"이라 할 수 있는 야웨의 사자(민 22:22, 32), "대적"의 역할을 수행하는 한 개인(삼상 29:4; 삼하 19:22; 왕상 5:4; 11:14, 23, 25; 시 109:6), 하나님을 대적하는 자로서 천사들의 무리 속으로 끼어들어온 사탄(욥기) 등을 가리킨다. 이 낱말은 이 세 가지 용례들 중 마지막 범주에서 18회 사용된다(그 중 14회가 욥 1-2장에 나옴). 흥미롭게도 이 18회 용례들 중 딱 한 번만 '사탄'이 정관사를 가지고서 나타난다(the satan). 이것은 "그 사탄"이 사람 이름이 아니라 직책 이름임을 암시한다. 사탄은 그가 누구인지를(who) 가리키는 낱말이 아니라 그가 무엇하는 사람인지를(what) 가리키는 낱말이다. 그는 이름을 가질 자격이 없는 자이다. 옛날에는 이름을 가지고 있지 않다는 것은 사실상 비존재(nonexistence)로 전락함을 뜻했다.

창세기 3장이 이 뱀에 관하여 말하고자 하는 것은 그(he) 또는 그것이(it) 주 하나님께서 만드신 피조물들 중의 하나라는 점이다. 즉 뱀은 창조된 존재이지, 영원하거나 신적인 존재가 아니라는 말이다. 그리고 뱀은 다른 짐승들과는 구별되게 "간교한/교활한" 존재이기도 하다. 이 표현 자체는 경멸하는 의미를 가지고 있지 않다. 이와 동일한 낱말은 잠언에서 여덟 번 사용되며

(12:16, 23; 13:16; 14:8, 15, 18; 22:3; 27:12), "슬기로운 [사람]"으로 번역된다. 이 사례들 중의 처음 네 경우에 그는 "미련한 사람"과 대조를 이루며, 나머지 네 경우에는 "어리석은 사람"과 대조를 이룬다. 이것은 그 낱말이 선하고 칭찬할 만한 품성을 표현하고 있음을 암시한다. 예수께서 제자들에게 뱀처럼 지혜로우라고 가르치신 것은 결코 놀라운 일이 아니다(마 10:16).

다른 한편으로, 이 낱말은 구약성서의 또 다른 지혜서인 욥기에서 잠언과는 정반대로 하나님께서 미워하시는 "교활한 자"로 번역된다(욥 5:12; 15:5). 이와 마찬가지로, 이 낱말의 여성 형태는 잠언에서 "슬기로움"으로 번역되지만(예로서 1:4), 그 반대로 출애굽기 21:14에서는 살인을 획책하는 "악한" 행동을 가리킨다.

또 한 가지 주목할 것은, "교활한"으로 번역된 이 히브리어 낱말('아룸')이 창세기 3:1에서는 2장 마지막 절의 "벌거벗은"('아룸밈')이라는 낱말과 거의 비슷하게 들린다는 점이다. 이로부터 무슨 굉장한 신학적인 결론을 얻을 수 있는 것은 아니다. 그러나 철자와 소리가 비슷한 두 낱말이 연속적으로 사용되면서도 다른 뜻을 전달한다는 것은 저자가 두 이야기를 연결하기 위하여 핵심 낱말들을 사용하고 있음을 암시한다. 이로써 창세기 2장과 3장은 절묘하게 연결되는 셈이다.

유혹

만일에 창세기 3장이 뱀의 정체를 부연 설명하는 것에 아무런 관심도 가지고 있지 않다면, 그것은 현대 독자들을 괴롭히는 또 다른 물음에 대해서도 똑같이 아무런 관심을 가지고 있지 않다: 왜 그 뱀은 남자와 여자를 한꺼번에 유혹하거나 남자를 유혹하는 대신에 여자를 먼저 유혹한 것일까?

아마도 해설자는 본문의 대화가 진행되는 동안에 아담과 하와가 서로 다른 곳에 있었다는 인상을 독자에게 주려는 의도를 가지고 있지 않았다고 보는 것이 옳을 것이다. 1절과 3절의 "먹지 말라"와 3절의 "죽을까 하노라"와 4절의 "결코 죽지 아니하리라"는 전부 동사의 복수형을 사용하고 있다. 그리고 주어는 아담과 하와이다. 그리고 3:6b에 대한 KJV의 번역은 매우 분명하

다: "[그녀개] 자기와 함께 있는 남편에게도 주매." 이 번역이 RSV의 "[그녀가] 그 일부를 자기 남편에게도 주매"라는 번역보다는 더 낫다. NRSV는 이 두 번역을 결합시키고 있다: "그녀가 그 일부를 자기와 함께 있는 남편에게도 주매."

왜 하와가 먼저 유혹을 받았는지에 대한 답변은 매우 많다. 그 한쪽 끝에는 뱀이 여자를 먼저 유혹한 것은 여자가 남자보다 더 약한 존재요, 공상에 사로잡히는 경향이 더 강하기 때문이라는 견해가 있다. 한 예로 존경받는 학자인 폰 라트(Gerhard von Rad 1972: 90)는 남자보다 여자가 더 "모호한 점성술 제의에 친숙하다"는 성급한 결론을 내린다(성서적으로 볼 때 폰 라트는 에스겔 8:14 같은 본문을 염두에 두고 있는 것일까?). 그런가 하면 다른 쪽 끝에는 트리블(Phyllis Trible 1978: 110) 같은 온건한 여성주의자들이 있다. 이들은 이 이야기에서 여자와 남자 중 여자가 더 도전적인 존재로 묘사되어 있다고 본다. 그녀는 신학자와 철학자, 공격적인 합리주의자, 하나님의 변호인 등의 역할을 모두 가지고 있다. 만일에 뱀이 여자를 굴복시킬 수 있다면, 침묵을 지킨 채로 불관여의 원칙을 지키고 있는 남자도 그녀의 행동을 그대로 따라할 것이다.

사도 바울은 이와 관련하여 다음과 같이 진술한 바가 있다: "아담이 속은 것이 아니고 여자가 속아 죄인이 되었음이라"(딤전 2:14 NIV). 바울은 이러한 강조 문장에서 범죄의 순서를 올바로 서술한다. 하와가 먼저 범죄하고 아담이 나중에 범죄했다는 것이 그렇다. 여자가 이끌고 남자는 뒤따른다. 그러나 바울은 왜 하와가 먼저 유혹을 받았는지의 문제를 제기하지는 않는다.

선악과나무의 열매를 먹지 못하게 한 하나님의 금령은 남자를 겨냥한 것이었다(2:16-17). 우리는 어디에서도 하와가 어떻게 그 금령에 대해서 알게 되었는지에 관한 정보를 얻을 수 없다. 아마도 그녀는 그것을 남편으로부터 얻었을 것이다. 뱀과의 대화(3:1-3)는 그녀가 그 금령을 잘 알고 있음을 분명하게 보여준다.

아마도 뱀은 하와가 남편을 매개로 하여 그 금령을 받은 까닭에 그녀를 유혹의 내상으로 선택했을 것이나. 하나님의 금령을 직접 받은 자는 고분고분하게 따르지 않을 가능성이 더 높을 것이다. (다른 맥락에 속해 있으면서 이와 비슷해 보이는 한 사례로, 우상숭배의 유혹에 굴복하여 금송아지를 만든 자가 누구인지를 주목하라. 하나님의 대변인인 모세가 금송아지를 만든 것이 아니라, 모세를 통하여 하나님의 말씀을 받은 백성과 아론이 금송아지를 만들었다.)

뱀과 하와가 해석자를 통하지 않고서도 대화할 수 있다는 것은 다소 놀라운 일이 아닐 수 없다. 이러한 지적은 그냥 재미삼아 한 것이 아니다. 다른 지역의 고대 문헌들에도 이와 평행되는 자료들이 있기 때문이다. 한 평행 자료에 의하면, 조난사고를 당한 한 이집트 선원이 바다에서 유일하게 살아남아 한 섬으로 내던져진다. 거기서 그는 유일하게 그 섬에 살고 있는 뱀 한 마리와의 대화에 열중한다. 이 점에서 본다면, 여자와 뱀이 대화를 나눌 수 있다는 사실은 순전히 신화의 세계에 속한 것으로 여겨져야 하는 것일까? 애완동물과 교통할 줄 아는 현대인들의 능력은 한때 존재했던 상황의 흔적이라 할 수 있을까? 죄는 아담과 하나님, 아담과 하와, 아담과 땅 사이에 있는 모든 관계를 깨뜨려버린다. 여기에 동물세계와의 관계를 포함시킬 수도 있을까? 동물들도 자기들의 활동과 행동에 대해서 책임을 져야 한다는 것은 얼마나 흥미로운 일인가(창 9:5). 하나님께서는 홍수 이후에 사람뿐만 아니라 동물들하고도 계약을 맺으신다(창 9:9). 이사야는 메시야의 시대를 미리 본다. 그 시대에는 이리가 양과 같거나 양이 이리 같을 것이다(세상 나라들에 대한 은유일까?).

설령 이상의 모든 일들이 우발적으로 일어난 것들이라고 해도, 본문 안에는 독자들에게 매우 강하고 정확하게 전달되는 몇 가지 요소들이 있다. 스토트(J. R. W. Stott 1965: 741)의 견해에 의하면, 우리는 본문에서 다음의 요소들을 발견할 수 있다:

1. 동산 안의 모든 나무의 열매를 먹을 수 있도록 허락함.
2. 한 나무의 열매만큼은 먹지 못하게 금함.
3. 불순종에 따르는 형벌.

뱀은 이 세 가지의 것들을 어떻게 무시하고자 했을까? 유혹의 본질적인 내용은 무엇이며, 그것은 성서의 다른 부분들이 악한 자의 행동에 대해 설명할 때 어느 정도까지 기본 틀로 작용하는가?

유혹의 내용은 두 가지로 나누어진다. 첫째로, 유혹은 하와의 마음에 하나님의 순전하심에 관한 의문을 불러일으킨다. 뱀은 하나님에 관한 그녀의 심상(心像)을 공격한다. 그는 하나님을 친구보다는 적으로 묘사한다. 그는 하나님의 금령을 왜곡하고 그릇 인용하는 방법을 사용한다: "하나님이 참으로 너희에게 동산 모든 나무의 열매를 먹지 말라 하시더냐?" 하나님은 얼마나 매정하고 심술궂은가! 뱀의 말에는 다음과 같은 의미가 함축되어 있다: "너희는 그것을 눈으로 보거나 손으로 만질 수는 있지만, 입으로 먹어서는 안 된다." 이와 관련하여 우리는 필립스(J. B. Phillips)가 저술한 흥미로운 책의 제목 『너희 하나님은 너무도 작으신 분이다』(*Your God Is Too Small*)를 『너희 하나님은 너무도 비열하신 분이다』(*Your God Is Too Mean*)로 바꿀 수도 있을 것이다. 스토트의 다음과 같은 지적(1965: 743)은 경청할 만한 내용을 담고 있다: "아담과 하와를 위한 하나님의 준비는 완전했다. 그들은 에덴 동산에서 부족함을 전혀 느끼지 못했다. 하나님께서는 자신이 허락한 것을 즐기고 또 자신이 금지한 것을 삼가는 데 그들의 행복이 있음을 알고 계셨다. 그의 허락과 금지는 똑같이 그의 순전한 선하심과 사랑으로부터 비롯된 것이다." 뱀은 바로 이것을 왜곡시켜야만 했다.

둘째로, 유혹은 하와로 하여금 자율성을 강조하게 만든다. 불합리하고 부적절한 것으로 보일 수도 있는 하나님의 인도하심과는 별도로 말이다. "너희는 결코 죽지 않을 것이다. 너희가 그것을 먹는 날에는 너희 눈이 열릴 것이요, 하나님과 같이 되어 선악을 알게 될 것이다"(4-5절 NRSV).

폰 라트(1972: 89)는 이 말이 무엇을 뜻하는지를 정확하게 요약하고 있다: "뱀은 … 자신에게 도움이 되거나 방해가 되는 것을 스스로 결정할 수 있는 독립성을 인간에게 제안한다 … 하나님께서는 인간에게 좋은 것을 제공하셨고, 그에게 완전한 안전을 주셨다. 그러나 인간은 이제 이것을 넘어서서 스스로 결정할 수 있는 독립성을 추구하고자 한다." 인간은 자신에게 주어진 한계를 넘어서라는 유혹을 받는다. 동산에 있는 아담과 하와 및 광야에 있는 예수 사이의 차이는 전자가 유혹에 넘어갔다는 데에서 찾을 수 있다. 예수에게 있어서 가장 중요한 것은 아버지의 뜻에 순종하는 것이었다.

아담과 하와가 루비콘 강을 건넌 후에는 어떠한 일이 벌어지는가? 부끄러움(7절)과 속임수(8-11절)와 책임 전가(12-13절) 등이 생겨난다. 하나님께서는 8-13절의 대화에서가 아니라, 혼자만의 대사에서 맨 먼저 뱀에게 말씀하시고(14-15절), 이어서 여자에게 말씀하신 다음(16절), 마지막에는 더 광범위한 내용을 남자에게 말씀하신다(17-19절).

필자는 하나님께서 아담과 하와에게 주신 이 말씀이 주로 징계의 메시지를 담고 있다고 보는 견해가 옳지 않다고 생각한다. 마치 하나님께서 서술적인 방식보다는 규범적인 방식으로 법에 대해서 진술하는 것인 양 말이다. 임신의 고통, 가정 분열, 육체노동에 대한 최소의 소득 등이 그에 해당한다. 창세기의 저자는 하나님을 화내기 좋아하고 금방 삐지는 신으로, 그리고 이 파렴치한 자들에게 그들이 금방 잊지 못할 교훈을 주려고 결심하는 신으로 묘사하지 않는다. 치료하기 위해서만 해부용 메스를 사용하는 외과의사와 마찬가지로 하나님은 이 파렴치한 자들을 교화시키기 위해 구속 사역을 시작하신다. 그의 계획은 무엇인가? 여자와 남자의 삶 속에서 최고의 자기 성취가 이루어지는 지점에 고통과 불행과 좌절 등의 문제점을 안겨주는 것이 그것이다. 이 "판결들"은 어떤 변덕스러운 신에 의해 부과된 형벌이 아니다. 도리어 그것들은 인류의 가는 길에 흩뿌려진 사랑의 선물들이다. 그들을 하나님께로 돌이키기 위해서 말이다. 독자들은 루이스(C. S. Lewis)가 세상에 있는 질병들과 문제점들에 관해 묵상하는 중에, 하나님을 믿지 않는 이유들이 사실상 하나님을 믿는 이유들보다 훨씬 더 낫다는 결론에 도달하고서는, "기쁨으로 충만한" 존재에 이르기 위한 신앙적인 순례여행을 시작한 것에 대해서 생각해볼 필요가 있을 것이다.

주석가들은 창세기 3장에서 적어도 한 줄기 희망의 빛이라도 건져내기 위해 21절("주 하나님이 아담과 그의 아내를 위하여 가죽옷을 지어 입히시니라")이나 때때로 "최초의 복음"으로 불리는 15절에 초점을 맞춘다. 21절에서 속죄(atonement) 개념을 찾아내거나 적어도 하나님의 가려주심을 인간의 손으로 가리는 행동(7절)과 비교하려는 시도 자체는 그럴듯해 보인다. 그리고 만일에 그것이 속죄 개념과 무관한 것이라면, 적어도 그것은 하나님의 관심과 긍휼을 평가하는 잣대인 보존(preservation) 개념을 담고 있다고 볼 수 있다. 하나님의 은혜로운 행동(죄를 범한 부부를 위해 가릴 것을 준비하시는)이 동산 추방보다 앞서 이루어진다는 점을 주목하라. 4장에서 가인을 위한 보호의 표를 만들어주신 하나님의 은혜로운 행동이 그가 하나님 앞으로부터 쫓겨나는 것보다 앞서 이루어지는 것처럼 말이다.

첫 번째 약속의 말씀

창세기 3:15는 전통적으로 기독교인들에 의해 죄로부터의 구원을 의미하는 첫 번째 약속의 말씀 — 예언의 의미에서 — 으로 간주되었다. 아담과 하와를 가려주는 행동은 즉각적인 속죄를 의미한다. 이와는 대조적으로 15절은 속죄를 종말론적인 맥락에서 언급한다. 그 관심은 미래에 있지 현재에 있지 않다.

그러나 모든 주석가들이 창세기 3:15에 대한 기독론적인 해석을 받아들이는 것은 아니다. 그 반대로 많은 성서학자들은 이 구절에 메시야적인 메시지가 전혀 없다고 본다. 예로서 베스터만(Westermann 1974: 100)은 루터로부터 시작된 오랜 해석을 지지하는 모든 주석가들을 비판하려고 시도한다. 그가 보기에 그러한 해석은 이 구절의 본래 의미를 존중하는 데 실패하고 있으며, 저자의 의도와는 다른 이질적인 어떤 것을 본문 안에 집어넣는 오류를 범하고 있다. 필자는 아래에 설명하는 이유들로 하여 베스터만이나 그와 비슷한 경향을 가진 학자들을 따르는 것이 불가능하다고 생각한다.

"상하게 하다" 또는 "짓밟다"로 번역되는 히브리어 낱말은 '슈프'이다. 이 낱말은 창세기 3:15 밖에서는 오로지 욥기 9:17("그가 폭풍으로 나를 짓밟으시고" NRSV)과 시편 139:11("오직 어둠만이 나를 덮고" RSV)에서만 발견된다. 뱀은 여자의 후손의 발꿈치를 짓밟을 것이지만(일시적이고 치료 가능한 상처), 여자의 후손은 뱀의 머리를 짓밟을 것이다(치명적인 상처).

구약성서의 옛 번역본들은 이 동사를 흥미롭게 번역한다. 70인역(Septuagint)은 본 절에 있는 한 동사의 두 용례를 "감시하다, 경계하다(엎드려 기다리다?)"로 번역한다. 불가타역(Vulgate)은 여자의 후손이 취할 행동

("그녀가 … 할 것이요")을 "짓밟다"는 동사로 번역하며, 뱀과 그의 후손이 취할 행동은 "엎드려 기다리다"로 번역한다.

신약성서의 경우 이 구절은 바울의 언급을 제외한 어느 곳에서도 나타나지 않는다: "평강의 하나님께서 속히 사탄을 너희 발 아래에서 짓밟으실 것이다"(롬 16:20 NIV). 이 본문에서 바울은 그리스도의 발에 대해서 언급하기보다는 자신의 편지를 받을 로마 성도들과 더 넓게는 그리스도를 따르는 자들의 발("너희 발")에 대해서 언급하고 있음이 분명하다. 그러나 창세기 3:15에 나오는 핵심 낱말들과 어구들은 다른 곳에서도 강조된다. 구약성서에서 다윗과 관련된 자료들의 경우에 하나님의 약속들이 몰려서 나타나는데, 그 약속들에 의하면 다윗은 하나님께서 다윗의 "씨"를 통하여 영속시키실 어떤 새로운 것의 시작에 불과하다(삼하 7:12; 시 89:4, 29, 36). 하나님께서는 다윗과 그의 씨를 대적하는 자들을 "짓밟으실" 것이다(시 89:23; 그러나 창 3:15의 동사와는 다른 동사를 사용함). 왕을 위한 한 기도문(시 72:9)에서 간구자는 왕의 대적들로 하여금 "티끌을 핥게"(NIV) 해달라고 기도한다. 이 기도는 왕의 대적들을 왕의 "발판"(footstool, 시 110:1 NRSV)으로 묘사하는 내용과 비슷하다. 다윗의 씨(롬 1:3)요 "여자에게서 태어난"(갈 4:4 NRSV) 분인 예수는 "모든 원수를 자기 발 아래에 둘 때까지는 반드시 왕 노릇을 해야 한다"(고전 15:25 NIV).

창세기 3:15에는 주석가들이 너무도 자주 무시하는 현상이 적어도 세 가지가 있다. 정확하게 이 세 가지를 소홀히 여긴 탓에 이 구절의 메시야적인 의미를 무시하게 된 것이다. 첫째로, 구약성서에서 "씨"나 "후손"을 뜻하는 히브리어 낱말이 3인칭 여성 대명사 접미어를 가지고서 나타나는 경우("그녀의 씨")는 이 구절이 유일하다. 이처럼 독특한 낱말 구조는 여인의 난자에 대해서 언급하는("그녀의 씨앗") 70인역에서 한층 두드러지게 나타난다! (아버지인 남자는 어디에 있는가?)

구약성서에서 족보는 사실상 항상 남자를 통하여 계승된다. 아들은 어머니의 씨가 아니라 아버지의 씨이다. 하갈의 씨(창 16:10)나 리브가의 씨(창 24:60)와 같은 예외는 드물게 나타날 뿐이다. 그러나 이 두 경우마저도 문맥에 의하면 특정 개인을 가리키기보다는 여러 사람들을 가리키고 있음이 분명하다. (이브는 나중에 셋을 자신의 "다른 씨"로 칭한대창 4:24].)

둘째로, 70인역은 "그는 네 머리를 짓밟을/상하게 할 것이요"의 "그"를 남성 대명사로 번역하는 바, 이 대명사의 선행사는 "씨"라는 낱말이다. 이 낱말의 성별은 남성이 아니라 중성이다. 창세기의 헬라어 번역에 있는 대명사 "그"의 일백 회 이상 나오는 용례들 중에서 본 절의 용례는 "그"가 문자적인 번역이 이루어지는 선행사의 성별과 일치하지 않는 유일한 경우에 해당한다. 남성과 여성만을 가진 히브리어와는 달리 헬라어가 세 개의 성별을 가지고 있다는 사실에 비추어볼 때, 번역자들은 "그" 대신에 쉽게 "그것"으로 번역할 수도 있었을 것이다. 그런데도 70인역은 여인의 "씨"가 "그것"이나 "그것들"(집합명사의 의미에서)이 아니라 "그"에 해당하는 것임을 강조한다 (Kaiser 1978: 36–37).

셋째로 본 절의 첫 부분은 대담하게도 장차 있을 둘 사이의 대결이 불시에 하나님께 닥치는 역사의 우연이 아니라고 선언한다. 사실은 하나님이야말로 이 대결을 조장하신 분이다: "내가 너와 여인 사이에 적대감을 불어넣을 것이다"(RSV). 그것은 예수의 성육신에 의하여 이루어질 것으로 예고된 사건이다. 그런데 흥미롭게도 이 구절은 뱀의 후손의 머리가 짓밟히는 것이 아니라 뱀 자신의 머리가 짓밟힐 것임을 예견하고 있다: "그는 네 머리를 짓밟을 것이다."

이상의 이유들로 하여 필자는 창세기 3:15의 메시야적인 의미를 강조하는 데 실패한 견해들이 심각한 주석적인 오류를 범하고 있다고 생각한다. 의심의 여지 없이 본 절의 궁극적인 의미는 하와를 통하여 성취된 것이 아니다. 그녀는 가인을 약속된 씨(창 4:1)로 생각했을까, 아니면 셋을 약속된 씨(4:25)로 생각했을까? 과연 누가 아브라함이 창세기 12장에서 자신에게 주어질 약속 — 성취되기까지 적어도 4백년을 필요로 하고 완전히 성취되기 위해서는 2천년을 필요로 하는 — 의 장기적인 의미를 제대로 알고 있었다고 생각할 수 있겠는가? 그렇다고 해서 창세기 3:15가 예수를 가리키되, 오로지 예수만을 가리키고 있으며, 하와와 그리스도 사이에 있는 "그녀의 씨" 모두를 배제한다고 말하려는 것은 아니다. 하와의 씨를 통하여 계승되는 구속의 혈통은 셋으로부터 시작되며, 메시야에게서 정점에 달한다. 정당하게도 알렉산더

(Alexander 1995: 31)는 창세기 3:15가 "남자와 여자의 불순종으로 인하여 초래될 끔찍한 결과들을 역전시킬 왕의 혈통이 생겨날 것임을 예견"하고 있다고 본다.

이제껏 필자는 적어도 창세기 3장의 후반부에서 구속 개념이 하나님의 주요 관심사로 떠오르고 있다고 보았다. 이 관심사는 하나님께서 가죽옷을 지어 입히시고 여자의 씨를 약속하시며 징벌보다는 구속의 의미를 가진 심판의 말씀을 선포하신 것에서 분명하게 드러난다.

에덴 동산으로부터의 추방

이러한 구속 개념의 강조는 인간을 에덴 동산으로부터 추방한 후 그룹들과 불칼로 그들의 동산 진입을 차단한 사건에서 또 다른 증거를 찾을 수 있을까(3:22-24)? 예로서 어떤 부모가 10대 후반이나 20대 초반의 비행 청소년을 아들로 두고 있다고 가정해 보자. 이 경우에 그 부모는 그 젊은 아들을 위해 자기들이 할 수 있는 가장 건전한 방법 — 그것이 아무리 어렵다 할지라도 — 은 그를 가정으로부터 추방하는 것이라는 점을 알고 있다. 지리적인 이동과도 같은 단순한 조치는 본질적으로 변화를 이끌기 위한 동기 유발책으로 작용할 수도 있다. 우리는 왜 자신의 죄를 버려야만 하는가? 그것을 계속 가진 채로 하나님 앞에 설 수 있는데도 말이다.

결국 인간은 에덴 동산으로부터 추방당한다. 그렇다면 어떤 목적을 위해서 추방당했는가? 3:23b가 그 답을 제공하고 있다: "그가 취함을 입은 땅을 갈게 하시니라"(NRSV). 2:5b는 "땅을 갈 사람이 없었다"고 말하며, 2:15는 야웨께서 확실하게 그 빈 공간을 채우도록 하기 위해 인간을 에덴 동산에 두셨다고 진술한다: "그것을 경작하며 지키게 하시고"(NRSV). 이로써 우리는 하나님 앞으로부터 추방되지만 하나님에 의해 창조될 때에 받은 소명을 계속 이어가는 한 인간을 마주하게 된다. 그는 여전히 땅을 경작하는 자이되, 이제는 저주받은 땅을 경작해야 한다.

하나님의 추방 선언 직전에 아담은 아내의 이름을 "하와"로 지어 부른다. 이 이름은 "생명" 또는 "살아 있는"이라는 뜻을 가진 히브리어 낱말과 관련되어 있다(3:20). 그러나 문맥에 비추어볼 때 본 장에 서술되어 있는 거의 모든 사건들은 죽음을 가리키고 있다. 하나님과 배우자 및 땅 등과의 모든 관계가 깨뜨려진다. 그럼에도 불구하고 여기에는 생명이 있다. 베스터만(1974: 104)은 다음과 같이 설명한다: "인간의 불순종과 그에 대한 징계에도 불구하고 창조의 때에 주어진 복은 본래 그대로 남아 있다 … 이제 하나님께로부터 멀어져버린 인간은 항상 하나님께 복을 받는 인간이다."

창세기 3장의 등장인물들이 다시는 언급되지 않다는 것은 흥미로운 일이 아닐 수 없다. 단지 예외가 있다면 아담이 역대상 1:1에서 언급되고, 신약성서에서는 누가복음에 있는 예수의 족보(눅 3:38)에서 처음 언급되며, 바울 서신의 일부에서도 언급된다는 점이다(예로서 롬 5:12-21; 고전 15:22). 독자들은 에덴 동산 추방이 불순종의 결과가 어떠한지를 강조하기 위해 예언자들이 사용하는 하나의 표본 역할을 수행할 수도 있다고 본다. 이를테면 소돔과 고모라에 관한 이야기를 그렇게 사용하는 것처럼 말이다. 그러나 에덴 동산 추방은 그러한 표본으로 전혀 언급되지 않는다.

물론 바울 서신에 나오는 구절들은 흔히 원죄 교리로 불리는 것의 핵심을 담고 있다. 구약성서와 신약성서는 똑같이 이 교리를 확증하고 있지만(창 6:5; 왕상 8:46; 시 51:5; 롬 5:19; 엡 2:3), 그것을 신학적인 기원의 시각에서 설명하지는 않는다. 원죄 교리를 중세적이고 부정적이고 불합리한 것으로 무시하는 자는 프란체스코(St. Francis of Assisi)의 전기를 쓴 체스터턴(G. K. Chesterton)의 다음과 같은 설명을 염두에 둘 필요가 있다: "인간에게는 비뚤어진 어떤 것이 존재한다. 기독교는 그것을 어떻게 교정할 것인가를 알고 있다 … 복음에 의해 전달되는 반갑고도 좋은 소식이 원죄에 관한 소식이라고 말하는 것은 정말 옳은 얘기다"(*St. Francis of Assisi* [Garden City, N.Y.: Image Books, 1957], 28). 나쁜 소식은 좋은 소식일 수도 있다!

오경에 관한 주석들과 주요 연구들

Alexander, T. Desmond. 1995. *From Paradise to Promised Land: An Introduction to the Main Themes of the Pentateuch.* Carlisle: Paternoster.

Bailey, L. R. 1981. *The Pentateuch.* Nashville: Abingdon.

Baker, D., and T. Desmond Alexander, eds. 2002. *Dictionary of the Old Testament: Pentateuch.* Downers Grove, Ill.: InterVarsity Press.

Blenkinsopp, J. 1992. *The Pentateuch: An Introduction to the First Five Books of the Bible.* New York: Doubleday.

Brueggemann, W., and Hans W. Wolff. 1974. *The Vitality of Old Testament Traditions.* Atlanta: John Knox.

Campbell, A. F., and M. A. O'Brien. 1993. *Sources of the Pentateuch: Texts, Introductions, Annotations.* Minneapolis: Fortress.

Cassuto, U. 1961. *The Documentary Hypothesis and the Composition of the Pentateuch.* Trans. I. Abrahams. Jerusalem: Magnes.

Christensen, D. L., and M. Narucki. 1989. "The Mosaic Authorship of the Pentateuch." *JETS* 32:465–71.

Clines, D. J. A. 1978. *The Theme of the Pentateuch.* 2nd ed., 1997. JSOTSup 10. Sheffield: JSOT Press.

Emerton, J. A., ed. 1990. *Studies in the Pentateuch.* VTSup 41. Leiden and New York: Brill.

Fox, E. 1995. *The Five Books of Moses.* 5 vols. The Schocken Bible. New York: Schocken.

Fretheim, T. E. 1996. *The Pentateuch.* Nashville: Abingdon.

Friedman, R. E. 2001. *Commentary on the Torah with a New English Translation and the Hebrew Text.* San Francisco: HarperSanFrancisco.

Gooder, P. 2002. *The Pentateuch: A Story of Beginnings.* Biblical Studies Series. New York: Continuum.

Guinan, M. 1990. *The Pentateuch.* Collegeville, Minn.: Liturgical Press.

Hallo, W. W. 1991. *The Book of the People.* BJS 225. Atlanta: Scholars Press.

Kugel, J. L. 1998. *Traditions of the Bible as It Was at the Start of the Common Era.* Cambridge, Mass.: Harvard University Press.

Laffey, A. L. 1998. *The Pentateuch: A Liberation-Critical Reading.* Minneapolis: Fortress.

Livingston, G. H. 1974. *The Pentateuch in Its Cultural Environment.* 2nd ed., 1987. Grand Rapids: Baker.

Lohfink, N. 1994. *Theology of the Pentateuch: Themes of the Priestly Narrative and Deuteronomy.* Trans. Linda M. Maloney. Minneapolis: Fortress.

Mann, T. W. 1988. *The Book of the Torah: The Narrative Integrity of the Pentateuch.* Atlanta: John Knox.

McDermott, J. J. 2002. *Reading the Pentateuch: A Historical Introduction.* New York: Paulist Press.

McEvenue, S. E. 1990. *Interpreting the Pentateuch.* Collegeville, Minn.: Liturgical Press.

Montgomery, R. M. 1971. *An Introduction to Source Analysis of the Pentateuch.* Nashville: Abingdon.

Mullen, E. Theodore, Jr. 1997. *Ethnic Myths and Pentateuchal Foundations: A New Approach to the Formation of the Pentateuch.* SemeiaSt. Atlanta: Scholars Press.

Murphy, R. E. 1996. *Responses to 101 Questions on the Biblical Torah: Reflections on the Pentateuch.* New York: Paulist Press.

Nicholson, E. W. 1998. *The Pentateuch in the Twentieth Century: The Legacy of Julius Wellhausen.* Oxford: Clarendon; New York: Oxford University Press.

Noth, M. 1972. *A History of Pentateuchal Traditions.* Trans. B. W. Anderson. Englewood Cliffs, N.J.: Prentice-Hall. Repr., Atlanta: Scholars Press, 1981.

Plaut, W. Gunther. 1981. *The Torah: A Modern Commentary.* New York: Union of American Hebrew Congregations.

Rendtorff, R. 1990. *The Problem of the Process of Transmission in the Pentateuch.* Trans. J. Scullion. JSOTSup 89. Sheffield: JSOT Press.

Rofé, A. 1999. *Introduction to the Composition of the Pentateuch.* Trans. H. N. Bock. Biblical Seminar 58. Sheffield: Sheffield Academic Press.

Rogerson, J. W., ed. 1996. *The Pentateuch.* Biblical Seminar 39. Sheffield: Sheffield Academic Press.

Sailhamer, J. H. 1992. *The Pentateuch as Narrative: A Biblical-Theological Commentary.* Library of Biblical Interpretation. Grand Rapids: Zondervan.

VanGemeren, W. 1988. *The Progress of Redemption: The Story of Salvation from Creation to the New Jerusalem.* Grand Rapids: Baker. Pp. 39–179.

Van Seters, J. 1999. *The Pentateuch: A Social-Science Commentary.* Trajectories 1. Sheffield: Sheffield Academic Press.

Walton, J. H., and V. H. Matthews. 1997. *The IVP Bible Background Commentary: Genesis-Deuteronomy.* Downers Grove, Ill.: InterVarsity Press.

Watts, J. W. 1999. *Reading Law: The Rhetorical Shaping of the Pentateuch.* Biblical Seminar 59. Sheffield: Sheffield Academic Press.

———, ed. 2001. *Persia and Torah. The Theory of the Imperial Authorization of the Pentateuch.* SBLSymS 17. Atlanta: Society of Biblical Literature.

Whybray, R. N. 1987. *The Making of the Pentateuch: A Methodological Study.* JSOTSup 53. Sheffield: Sheffield Academic Press.

———. 1996. *Introduction to the Pentateuch.* Grand Rapids: Eerdmans.

Wolf, H. 1990. *An Introduction to the Old Testament Pentateuch.* Chicago: Moody.

Wynn-Williams, D. J. 1997. *The State of the Pentateuch: A Comparison of the Approaches of M. Noth and E. Blum.* BZAW 249. Berlin: de Gruyter.

Genesis Commentaries and Major Studies

Aalders, G. C. 1981. *Genesis.* Trans. W. Heynen. 2 vols. Bible Student's Commentary. Grand Rapids: Zondervan.

Alter, R. 1996. *Genesis: Translation and Commentary.* New York: Norton.

Armstrong, K. 1996. *In the Beginning: A New Interpretation of Genesis.* New York: Knopf.

Arnold, B. T. 1998. *Encountering the Book of Genesis.* Encountering Biblical Studies.

Grand Rapids: Baker.

Boice, J. M. 1982–1987. *Genesis: An Expositional Commentary.* 3 vols. Grand Rapids: Zondervan.

Brenner, A., ed. 1993. *A Feminist Companion to Genesis.* The Feminist Companion to the Bible 2. Sheffield: JSOT Press.

Brodie, T. L. 2001. *Genesis as Dialogue: A Literary, Historical, and Theological Commentary.* New York: Oxford University Press.

Brueggemann, W. 1982. *Genesis.* Interpretation. Atlanta: John Knox.

Carr, D. M. 1996. *Reading the Fractures of Genesis: Historical and Literary Approaches.* Louisville: Westminster John Knox.

Coats, G. W. 1983. *Genesis, with an Introduction to Old Testament Literature.* FOTL 1. Grand Rapids: Eerdmans.

Cotter, D. W. 2003. *Genesis.* Berit Olam. Collegeville, Minn.: Liturgical Press.

Davies, P. R., and D. J. A. Clines, eds. 1998. *The World of Genesis: Persons, Places, Perspectives.* JSOTSup 257. Sheffield: Sheffield Academic Press.

Fleming, D. 2003. "History in Genesis." *WTJ* 65:251–62.

Fokkelman, J. P. 1975. *Narrative Art in Genesis: Specimens of Stylistic and Structural Analysis.* Assen: Van Gorcum.

Fox, E. 1983. *In the Beginning: A New English Rendition of the Book of Genesis.* New York: Schocken.

Fretheim, T. E. 1994. "Genesis." In *The New Interpreter's Bible.* Vol. 1. Ed. L. E. Keck et al. Nashville: Abingdon. Pp. 319–674.

Garrett, D. 1991. *Rethinking Genesis: The Sources and Authorship of the First Book of the Pentateuch.* Grand Rapids: Baker.

Gunkel, H. 1997 [German, 1910]. *Genesis.* Trans. M. E. Biddle. Macon, Ga.: Mercer University Press.

Gunn, D., and D. Fewell. 1993. *Gender, Power and Promise: The Subject of the Bible's First Story.* Nashville: Abingdon.

Hamilton, V. P. 1990–1995. *The Book of Genesis.* 2 vols. NICOT. Grand Rapids: Eerdmans.

Hartley, J. 2000. *Genesis.* NIBCOT 1. Peabody, Mass.: Hendrickson.

Hess, R. S., G. J. Wenham, and P. E. Satterthwaite. 1994. *He Swore an Oath: Biblical Themes from Genesis 12–50.* 2nd ed. Grand Rapids: Baker.

Humphreys, W. L. 2001. *The Character of God in the Book of Genesis.* Louisville: Westminster John Knox.

Janzen, J. G. 1993. *Abraham and All the Families of the Earth: A Commentary on the Book of Genesis 12–50.* ITC. Grand Rapids: Eerdmans.

Jeansonne, S. 1990. *The Women of Genesis.* Minneapolis: Fortress.

Kidner, D. 1967. *Genesis: An Introduction and Commentary.* TOTC. Downers Grove, Ill.: InterVarsity Press.

Lipton, D. 1999. *Revisions of the Night: Politics and Promise in the Patriarchal Dreams of Genesis.* JSOTSup 288. Sheffield: Sheffield Academic Press.

Millard, A. R., and D. J. Wiseman, eds. 1980. *Essays on the Patriarchal Narratives.* Winona Lake, Ind.: Eisenbrauns.

Moberly, R. W. L. 1992. *Genesis 12–50*. OTG. Sheffield: JSOT Press.

Moyers, Bill, et al. 1996. *Genesis: A Living Conversation*. Ed. B. S. Flowers. New York: Doubleday.

Oden, Thomas C., gen. ed. 2001. *Genesis 1–11*. Ed. A. Louth and M. Conti. ACCS 1. Downers Grove, Ill.: InterVarsity Press.

―――. 2002. *Genesis 12–50*. Ed. M. Sheridan. ACCS 2. Downers Grove, Ill.: InterVarsity Press.

Rad, G. von. 1972. *Genesis*. Trans. J. H. Marks. Rev. ed. OTL. Philadelphia: Westminster.

Radday, Y., and H. Shore. 1985. *Genesis: An Authorship Study*. AnBib 103. Rome: Biblical Institute Press.

Rashkow, I. 1993. *The Phallacy of Genesis: A Feminist-Psychological Approach*. Louisville: Westminster.

Rendsburg, G. 1986. *The Redaction of Genesis*. Winona Lake, Ind.: Eisenbrauns.

Roop, E. F. 1987. *Genesis*. Scottdale, Pa.: Herald.

Rosenberg, D., ed. 1996. *Genesis, As It Is Written: Contemporary Writers on Our First Stories*. San Francisco: HarperSanFrancisco.

Ross, A. P. 1988. *Creation and Blessing: A Guide to the Study and Exposition of Genesis*. Grand Rapids: Baker.

Sailhamer, J. H. 1990. "Genesis." In *The Expositor's Bible Commentary*. Vol. 2. Ed. F. E. Gaebelein. Grand Rapids: Zondervan. Pp. 1–284.

Saltzman, S. 1996. *A Small Glimmer of Light: Reflections on the Book of Genesis*. Hoboken, N.J.: Ktav.

Sarna, N. 1966. *Understanding Genesis*. Heritage of Biblical Israel 1. New York: McGraw-Hill.

―――. 1989. *Genesis: The Traditional Hebrew Text with the New JPS Translation*. JPS Torah Commentary. Philadelphia: The Jewish Publication Society.

Schaeffer, F. 1972. *Genesis in Space and Time: The Flow of Biblical History*. Downers Grove, Ill.: InterVarsity Press.

Scullion, J. J. 1992. *Genesis: A Commentary for Students, Teachers and Preachers*. OTS 6. Collegeville, Minn.: Liturgical Press.

Speiser, E. A. 1964. *Genesis*. AB 1. New York: Doubleday.

Steinberg, N. 1993. *Kinship and Marriage in Genesis: A Household Economics Perspective*. Minneapolis: Fortress.

Steinmetz, D. 1991. *Kinship, Conflict and Continuity in Genesis*. Louisville: Westminster John Knox.

Stigers, H. G. 1976. *A Commentary on Genesis*. Zondervan Commentary Series. Grand Rapids: Zondervan.

Thomas, W. H. Griffith. 1958 [1907]. *Genesis: A Devotional Commentary*. Grand Rapids: Eerdmans.

Thompson, T. L. 1987. *The Origin Tradition of Ancient Israel*. Vol. 1, *The Literary Formation of Genesis and Exodus 1–23*. JSOTSup 55. Sheffield: JSOT Press.

Towner, W. S. 2001. *Genesis*. WBComp. Louisville: Westminster John Knox.

Turner, L. A. 1990. *Announcement of Plots in Genesis*. JSOTSup 96. Sheffield: Sheffield Academic Press.

———. 2000. *Genesis*. Readings: A New Biblical Commentary. Sheffield: Sheffield Academic Press.

Vawter, B. 1977. *On Genesis: A New Reading*. New York: Doubleday.

Vos, H. F. 1982. *Genesis*. Chicago: Moody.

Waltke, B. K., and C. Fredericks. 2001. *Genesis: A Commentary*. Grand Rapids: Zondervan.

Walton, J. 2001. *Genesis*. NIV Application Commentary. Grand Rapids: Zondervan.

Wenham, G. 1987–1994. *Genesis*. 2 vols. WBC 1, 2. Dallas: Word.

Wénin, A., ed. 2001. *Studies in the Book of Genesis: Literary, Redaction and Historical*. BETL 155. Leuven: Leuven University Press.

Westermann, C. 1984–1986. *Genesis*. Trans. J. J. Scullion. 3 vols. Minneapolis: Augsburg.

———. 1987. *Genesis: A Practical Commentary*. Trans. D. E. Green. Grand Rapids: Eerdmans.

Wevers, J. 1974. *Genesis*. Septuaginta: Vetus Testamentum Graecum. Göttingen: Vandenhoeck & Ruprecht.

Wheedbee, J. William. 1998. *The Bible and the Comic Vision*. Cambridge: Cambridge University Press. Pp. 15–126.

White, H. C. 1991. *Narration and Discourse in the Book of Genesis*. Cambridge: Cambridge University Press.

Williams, W. G. 2000. *Genesis*. A Bible Commentary in the Wesleyan Tradition. Indianapolis: Wesleyan Publishing House.

Williamson, P. R. 2000. *Abraham, Israel and the Nations: The Patriarchal Promise and Its Covenantal Development in Genesis*. JSOTSup 35. Sheffield: Sheffield Academic Press.

Genesis 1–11

Anderson, B. W. 1977. "From Analysis to Synthesis: The Interpretation of Genesis 1–11." *JBL* 97:23–39.

Clines, D. J. A. 1976. "Themes in Genesis 1–11." *CBQ* 38:483–507.

Coats, G. W. 1975. "Power and Obedience in the Primeval History." *Int* 29:227–39.

Fretheim, T. E. 1969. *Creation, Fall and Flood*. Minneapolis: Augsburg.

Hendel, R. S. 1998. *The Text of Genesis 1–11: Textual Studies and Critical Edition*. Oxford: Clarendon.

Hess, R. S. 1993. *Studies in the Personal Names of Genesis 1–11*. AOAT 234. Neukirchen-Vluyn: Neukirchener Verlag.

Hess, R. S., and D. T. Tsumura. 1994. *"I Studied Inscriptions from before the Flood": Ancient Near Eastern, Literary, and Linguistic Approaches to Genesis 1–11*. Sources for Biblical and Theological Studies 4. Winona Lake, Ind.: Eisenbrauns.

Kikawada, I., and A. Quinn. 1985. *Before Abraham Was: The Unity of Genesis 1–11*.

Nashville: Abingdon.

Krasovec, J. 1994. "Punishment and Mercy in the Primeval History (Genesis 1–11)." *ETL* 70:5–33.

Mathews, K. A. 1996. *Genesis 1–11:26.* NAC 1A. Nashville: Broadman & Holman.

Miller, P. D., Jr. 1978. *Genesis 1–11: Studies in Structure and Theme.* JSOTSup 8. Sheffield: University of Sheffield Department of Biblical Studies.

Oden, R. A. 1981. "Divine Aspirations in Atrahasis and in Genesis 1–11." *ZAW* 93:197–216.

Sailhamer, J. 2000. "Creation, Genesis 1–11, and the Canon." *BBR* 10:89–106.

Scullion, J. J. 1974. "New Thinking on Creation and Sin in Genesis i–xi." *ABR* 22:1–10.

Smith, G. 1988. "Structure and Purpose of Genesis 1–11." *JETS* 20:307–19.

Weeks, N. 1978. "The Hermeneutical Problem of Genesis 1–11." *Themelios* 4:12–19.

Wolde, E. van. 1994. *Words Become Worlds: Semantic Studies of Genesis 1–11.* BIS 6. Leiden: Brill.

———. 1998. "Facing the Earth: Primaeval History in a New Perspective." In *The World of Genesis: Persons, Places, Perspectives.* Ed. P. R. Davies and D. J. A. Clines. JSOTSup 257. Sheffield: Sheffield Academic Press. Pp. 22–47.

Genesis 1–3

Anderson, B. W. 1977. "A Stylistic Study of the Priestly Creation Story." In *Canon and Authority.* Ed. G. W. Coats and B. O. Long. Philadelphia: Fortress. Pp. 148–62.

———, ed. 1984. *Creation in the Old Testament.* IRT 6. Philadelphia: Fortress.

Anderson, G. A. 1999. "Is Eve the Problem?" In *Theological Exegesis: Essays in Honor of Brevard S. Childs.* Ed. C. Seitz and K. Greene-McCreight. Grand Rapids: Eerdmans. Pp. 96–123.

Bailey, J. 1970. "Initiation and the Primal Women in Gilgamesh and Genesis 2–3." *JBL* 89:137–50.

Barr, James. 1968. "The Image of God in the Book of Genesis—A Study of Terminology." *BJRL* 51:11–26.

———. 1972. "Man and Nature—The Ecological Controversy and the Old Testament." *BJRL* 55:9–32.

———. 1993a. *The Garden of Eden and the Hope of Immortality.* Minneapolis: Fortress.

———. 1993b. *Biblical Faith and Natural Theology.* Oxford: Clarendon.

———. 1998a. "Was Everything That God Created Really Good? A Question on the First Verse of the Bible." In *God in the Fray: A Tribute to Walter Brueggemann.* Ed. T. Linafet and T. K. Beal. Minneapolis: Fortress. Pp. 55–65.

———. 1998b. "Adam: Single Man or All Humanity?" In *Hesed ve-emet: Studies in Honor of Ernest S. Frerichs.* Ed. J. Magness and S. Gitin. BJS 320. Atlanta: Scholars Press.

Beattie, D. R. G. 1980–1981. "What Is Genesis 2–3 About?" *ExpT* 92:8–10.

Bechtel, L. M. 1995. "Genesis 2:4b–3:24: A Myth about Human Maturation." *JSOT* 67:3–26.

Bird, P. A. 1981. "'Male and Female He Created Them': Gen. 1:27b in the Context of the Priestly Account of Creation." *HTR* 74:129–59.

Blenkinsopp, J. 1976. "The Structure of P." *Bib* 38:275–92.

Brichto, H. C. 1998. *The Names of God: Poetic Readings in Biblical Beginnings.* Oxford: Clarendon.

Brueggemann, W. 1970. "Of the Same Flesh and Bone (GN2, 23a)." *CBQ* 32:532–42.

———. 1972. "From Dust to Kingship." *ZAW* 84:1–18.

Carlson, G. I. 1973. "The Two Creation Accounts in Schematic Contrast." *TBT* 66:1192–94.

Childs, B. S. 1962a. *Myth and Reality in the Old Testament.* SBT 27. London: SCM Press.

———. 1962b. "Adam." *IDB* 1:42–44.

———. 1962c. "Eden." *IDB* 2:22–23.

———. 1962d. "Eve." *IDB* 2:181–82.

———. 1962e. "Tree of Knowledge, Tree of Life." *IDB* 4:695–97.

Clark, W. M. 1969. "A Legal Background to the Yahwist's Use of Good and Evil." *JBL* 88:266–78.

Clines, D. J. A. 1968. "The Image of God in Man." *TynB* 19:53–103.

———. 1990. *What Does Eve Do to Help? And Other Readerly Questions to the Old Testament.* JSOTSup 94. Sheffield: Sheffield Academic Press.

Collins, J. 1997. "A Syntactical Note (Genesis 3:15): Is the Woman's Seed Singular or Plural?" *TynB* 48:139–48.

Dumbrell, W. J. 2002. "Genesis 2:1–17: A Foreshadowing of the New Creation." In *Biblical Theology: Retrospect and Prospect.* Ed. S. J. Hafemann. Downers Grove, Ill.: InterVarsity Press. Pp. 53–65.

Ellington, J. 1979. "Man and Adam in Genesis 1–5." *BT* 30:201–5.

Firmage, E. 1999. "Genesis 1 and the Priestly Agenda." *JSOT* 82:97–114.

Foh, S. T. 1975. "What Is the Woman's Desire?" *WTJ* 37:376–83.

Hasel, G. F. 1971. "Recent Translations of Gen 1,1." *BT* 22:154–68.

———. 1972. "The Significance of the Cosmology in Genesis 1 in Relation to Ancient Near Eastern Parallels." *AUSS* 10:1–20.

———. 1974. "The Polemic Nature of the Genesis Cosmology," *EvQ* 46:81–102.

———. 1975. "The Meaning of 'Let Us' in Gn 1:26." *AUSS* 13:58–66.

Hauser, A. J. 1980. "Linguistic and Thematic Links between Genesis 4:1–16 and Genesis 2–3." *JETS* 23:297–305.

———. 1982. "Genesis 2–3: The Theme of Intimacy and Alienation." In *Art and Meaning: Rhetoric in Biblical Literature.* Ed. D. J. A. Clines et al. JSOTSup 19. Sheffield: JSOT Press. Pp. 20–36.

Hess, R. S. 1992–1993. "The Roles of the Woman and Man in Genesis 3." *Themelios* 3:15–19.

Higgins, J. M. 1976. "The Myth of Eve: The Temptress." *JAAR* 44:639–47.

Hoffmeier, J. K. 1983. "Some Thoughts on Genesis 1–2 and Egyptian Cosmology." *JANES* 15:34–49.

Hyers, C. 1984. *The Meaning of Creation.* Atlanta: John Knox.

Jobling, D. 1978. "A Structural Analysis of Genesis 2:4b–3:24." *SBL Abstracts* 1:61–69.

Joines, K. R. 1974. *Serpent Symbolism in the Old Testament.* Haddonfield, N.J.: Haddonfield House.

Kaiser, W. C. 1975. "The Serpent in Genesis 3." *ZAW* 87:1–11.

———. 1978. *Toward an Old Testament Theology.* Grand Rapids: Zondervan.

Kikawada, I. M. 1972. "Two Notes on Eve." *JBL* 91:33–37.

Kimelman, R. 1996. "The Seduction of Eve and the Exegetical Politics of Gender." *BibInt* 4:1–39.

Levenson, J. D. 1988. *Creation and the Persistence of Evil.* San Francisco: Harper & Row.

Martin, R. A. 1965. "The Earliest Messianic Interpretation of Genesis 3:15." *JBL* 84:425–27.

Mendenhall, G. E. 1974. "The Shady Side of Wisdom: The Date and Purpose of Genesis 3." In *A Light unto My Path: Old Testament Studies in Honor of Jacob H. Myers.* Ed. H. N. Bream et al. Gettysburg Theological Studies 4. Philadelphia: Temple University Press. Pp. 319–34.

Middleton, J. R. 2004. "Created in the Image of a Violent God? The Ethical Problem of the Conquest of Chaos in Biblical Creation Texts." *Int* 58:341–55.

Miller, J. M. 1972. "In the 'Image' and 'Likeness' of God." *JBL* 91:289–304.

Moberly, R. W. L. 1988. "Did the Serpent Get It Right?" *JTS* 39:1–27. Repr., in *From Eden to Golgotha: Essays in Biblical Theology.* South Florida Studies in the History of Judaism 52. Atlanta: Scholars Press, 1992. Pp. 1–27.

Moran, W. L. 1970. "The Creation of Man in Atrahasis I, 192–248." *BASOR* 200:48–56.

Naidoff, B. 1978. "A Man to Work the Soil: A New Interpretation of Genesis 2–3." *JSOT* 5:2–14.

Nielsen, E. 1972. "Creation and the Fall of Man: A Cross-Disciplinary Investigation." *HUCA* 43:1–22.

Nixon, R. 1994. "Images of the Creator in Genesis 1 and 2." *Theology* 97:188–97.

Phipps, W. E. 1976. "Adam's Rib: Bone of Contention." *Theology Today* 33:263–73.

Pinnock, C. H. 1989. "Climbing Out of a Swamp: The Evangelical Struggle to Understand the Creation Texts." *Int* 43:143–55.

Provan, I. 2001. "Creation and Holistic Ministry: A Study of Genesis 1:1–2:3." *ERT* 25:292–303.

Ramsey, G. W. 1988. "Is Name-Giving an Act of Domination in Genesis 2:23 and Elsewhere?" *CBQ* 50:24–35.

Ruger, H. P. 1976. "On Some Versions of Genesis 3:15, Ancient and Modern." *BT* 27:105–10.

Ryken, L. 1974. *The Literature of the Bible.* Grand Rapids: Zondervan. Pp. 33–42.

Sailhamer, J. 1996. *Genesis Unbound: A Provocative New Look at the Creation Ac-*

count. Sisters, Ore.: Multnomah.

Sawyer, J. 1974. "The Meaning of 'In the Image of Elohim,' in Genesis I–X." *JTS* 25:418–26.

Shea, W. H. 1977. "Adam in Ancient Mesopotamian Traditions." *AUSS* 15:27–41.

Sterchi, D. A. 1996. "Does Genesis 1 Provide a Chronological Sequence?" *JETS* 39:529–36.

Stitzinger, M. F. 1981. "Genesis 1–3 and the Male/Female Relationship." *Grace Theological Journal* 2:23–44.

Stott, J. R. W. 1965. "The Subtlety of Satan." *CT* 9:740–44.

Stratton, B. J. 1995. *Out of Eden: Reading, Rhetoric, and Ideology in Genesis 2–3.* JSOTSup 208. Sheffield: Sheffield Academic Press.

Thompson, P. 1971. "The Yahwist Creation Story." *VT* 21:197–208.

Toews, B. G. 2002. "Genesis 1–4: The Genesis of Old Testament Instruction." In *Biblical Theology: Retrospect and Prospect.* Ed. S. J. Hafemann. Downers Grove, Ill.: InterVarsity Press. Pp. 38–52.

Trible, P. 1972. "Eve and Adam: Genesis 2–3 Reread." *Andover Newton Quarterly* 14:251–58.

———. 1978. *God and the Rhetoric of Sexuality.* OBT. Philadelphia: Fortress.

Vogels, W. 1996. "The Power Struggle between Man and Woman (Gen 3, 16b)." *Bib* 77:197–209.

———. 1998. "Like One of Us, Knowing *tob* and *ra^c* (Gen. 3:22)." *Semeia* 81:145–57.

Walsh, J. T. 1977. "Genesis 2:4b–3:24: A Synchronic Approach." *JBL* 96:161–77.

Waltke, B. 1975. "The Creation Account in Genesis 1:1–3." *BSac* 132:25–36, 136–44, 216–28, 327–42.

Weinfeld, M. 1981. "Sabbath, Temple, and the Enthronement of the Lord: The Problem of the Sitz-im-Leben of Genesis 1:1–2:3." In *Mélanges bibliques et orientaux en l'honneur de M. Henri Cazelles.* Ed. A. Caquot and M. Delcor. AOAT 212. Kevelaer: Butzon & Bercker; Neukirchen-Vluyn: Neukirchener Verlag. Pp. 501–12.

Westermann, C. 1974. *Creation.* Trans. J. J. Scullion. Philadelphia: Fortress.

Wifall, W. 1974a. "The Breath of His Nostrils: Gen. 2:7b." *CBQ* 36:237–40.

———. 1974b. "Genesis 3:15—A Protoevangelium?" *CBQ* 36:361–65.

Williams, A. J. 1977. "The Relationship of Genesis 3:20 to the Serpent." *ZAW* 89:357–74.

Williams, J. G. 1981. "Genesis 3." *Int* 35:274–79.

Wolde, E. van. 1998. "The Creation of Coherence [Genesis 1–3]." *Semeia* 81:159–74.

Woudstra, M. H. 1971. "Recent Translations of Genesis 3:15." *CTJ* 6:194–203.

Wright, D. P. 1996. "Holiness, Sex, and Death in the Garden of Eden." *Bib* 77:305–29.

Wyatt, N. 1981. "Interpreting the Creation and Fall Story in Genesis 1–2." *ZAW* 93:10–21.

2. 창조와 타락 이후
창세기 4-11장

창세기 3장은 에덴에서의 활동에 뿌리를 둔 일련의 사건들을 다루고 있다. 3장에서 남자와 여자는 범죄함으로써 수직적인 관계, 곧 하나님과의 교통(交通)을 깨뜨린다. 4-11장에서 인간은 수평적인 관계, 곧 다른 사람들과의 교제를 깨뜨린다. 이로써 이야기의 흐름은 원인으로부터 결과로 옮겨간다. 이 모든 해로운 행동들이 공통적으로 가지고 있는 것(창 3-11장)은 인간이 하나님처럼 되려는 욕구를 보이고 있다는 점이다. 하나님께서 정하신 한계를 한 번 넘어선 인간은 자신에게 부과된 기준을 계속해서 위반한다. 그 결과는 다음과 같다:

1. 시기심에서 비롯된 형제 살해 — 4:8, 가인이 아벨을 죽임
2. 일부다처제와 보복 — 4:23-24, 라멕
3. 거인의 정욕 — 6:1-4, 하나님의 아들들과 사람의 딸들
4. 지상 세계의 부패와 폭력 — 6:5, 11-12
5. 근친상간(?) — 9:20-27, 가나안을 향한 저주
6. 하늘에 닿을 탑을 가진 도시 — 11:1-9, 바벨

확실히 죄의 확산은 4-11장에서 이 여섯 개의 사건들이 증거하는 바를 따라 서술되고 있다. 그러나 3장의 진술에서 우리는 죄와 은총이 뒤섞인 채로

나타남을 목격하는 한편으로, 심판과 약속 모두를 담은 하나님의 말씀을 만난 바가 있다. 필자는 이러한 이중적인 강조점이 4-11장에 계속된다고 본다. 우리는 죄와 심판, 은총과 약속이 함께 작용하고 있음을 보게 될 것이다. 개개인(가인, 라멕, 함)의 죄와 집단(하나님의 아들들과 사람의 딸들, 온 세상, 도시와 탑의 건축자들)의 죄는 똑같이 하나님의 자비와 주권을 피해가지 못한다. 여기서도 죄가 넘치는 곳에 은혜가 더욱 넘친다.

형제 살해(4:8)

확실히 창세기 3장과 4장 사이에는 단절이 없다. 이 이야기는 하나의 연속적인 전체로 읽어야 한다. 이러한 연속성은 두 장에 걸쳐서 반복적으로 나타나는 어구들에 의해서 강조된다: 예로서 "이에 그들은 자기들이 벌거벗은 줄을 알게 되었다"(3:7 NRSV)와 "아담이 그의 아내 하와를 알게 되었다"(4:1 KJV); "너는 남편을 원할 것이다"(3:16 NRSV)와 "죄가 문 앞에 엎드려 있느니라. 죄가 너를 원하지만"(4:7 RSV); "그는 너를 다스릴 것이다"(3:16 RSV)와 "너는 죄를 다스려야만 한다"(4:7 NRSV[3:16의 "다스리다"와 동일한 히브리어 동사가 쓰임]); "그는 그 사람을 쫓아내셨다"(3:24 NRSV)와 "당신께서는 오늘 이 땅으로부터 저를 쫓아내셨습니다"(4:14 NRSV); "에덴 동산의 동쪽에 그는 그룹들을 두셨다"(3:24 NRSV)와 "가인은 … 에덴의 동쪽에 있는 놋 땅에 거주하였다"(4:16 RSV).

흥미롭게도 역사에 처음 기록된, 그러나 후대의 평행 자료가 없는 것은 아닌 잔학한 범죄 행동은 예배 행위의 맥락 속에서 이루어진다. 두 형제는 분명히 자발적인 태도로 야웨께 제물을 드린다. 가인은 자신의 농산물 일부를 드린다. 둘째인 아벨은 양 떼의 맏배들 중 한 마리를 드린다. 이후의 이야기는 독자들에게 널리 알려져 있다. 하나님은 아벨의 제물은 받으시지만, 가인의 제물은 거절하신다. 이 문제에 대한 하나님의 결정을 기분 좋게 받아들이지 못한 가인은 화를 이기지 못한 나머지 마침내 동생을 죽이고 만다.

왜 야웨께서 아벨의 제물은 받으시고 가인의 제물을 거절하셨는지는 흥미로운 문제가 아닐 수 없다. 아벨의 제물이 피의 제사를 포함하고 있었기 때문일까? 그러나 구약성서는 피 없는 제사를 허락한다. 그것이 일차적으로 속죄의 의미를 가지고 있는 한에 있어서는 말이다(레 2장; 레 5:11-13은 특정 경우에 속죄제를 드릴 때 비둘기 대신에 고운 밀가루를 드릴 수 있게 한다). 뿐만 아니라 가인의 "제물"을 가리키는 히브리어 낱말은 레위기 2장의 "소제"와 같은 낱말이기도 하다.

아벨이 최선의 것을 드린 반면에 가인은 당장 손에 넣을 수 있는 것만을 드렸던 것일까? 아벨이 믿음으로 제사를 드렸다는 점에서(히 11:4) 양자 사이의 차이는 태도의 차이라 할 수 있는 것일까? 가인의 제물은 내적인 의(요일 3:12; 유 11)에 부합되지 않은 탓에 거절당한 것일까? 아마도 이러한 생각은 하나님께서 가인에게 던지신 질문에 암시되어 있을 것이다: "네가 선을 행한다면, 받아들여지지 않을 리가 있겠느냐?"(창 4:7 NRSV). 몇 차례에 걸쳐서, 특히 예언서에서, 우리는 종교적인 의례 행위가 순종과 거룩한 삶을 대신하는 것으로 바뀐 탓에 하나님께서 희생제사나 제물을 거절하신다는 것을 알 수 있다.

우리는 예언서로부터 창세기 4장의 사건으로 거슬러 올라가서, 예언자들이 자기 시대 사람들의 삶 속에서 본 것과 똑같은 불일치가 가인의 삶에도 있다고 생각할 수 있지 않을까? 가인을 향한 하나님의 질문(창 4:7)에 비추어볼 때 필자는 그렇게 생각할 수 있다고 본다. 그러나 여기서 독단적인 태도를 취할 수는 없는 노릇이다. 성서는 어쩌면 어떤 것을 드러낼 때뿐만 아니라 감출 때에도 지혜롭지 못한 것일까?

하나님께서 왜 가인의 제물을 거절하셨는지를 설명하는 또 하나의 해결책이 있을 수도 있다. 이 해결책은 3장과 4장을 하나로 묶어주는 이점을 안고 있다(해석자들은 흔히 가인과 아벨의 이야기가 본래는 아담과 하와의 이야기와 아무 상관 없는 것이었으나 나중에 허구적인 족보에 의해 하나로 연결되었다고 본다. 그렇지 않고서야 어떻게 가인이 자기를 만나 죽일 자를 두려워하겠는가[4:14]? 그리고 그의 아내는 대체 어디로부터 왔겠는가[4:17]? 그와 그의 부모가 지상 위의 유일한 인간이었다면 말이다). 헤리언(Herion 1995)과 스피나(Spina 1992)는 2장과 3장의 문맥에 비추어볼 때 가인의 제물이 거절당한 것은 그가 하나님께서 저주하신 땅(3:17)으로부터 생겨난 것을 제물로 드렸기 때문이라고 주장한다. 만일에 제물 드리는 자가 아무런 대가도 치르지 않은 채로 제물을 드리는 것이 잘못된 행동이라고 한다면, 하나님의 저주를 그대로 간직하고 있는 것을 제물로 드리는 것 역시 잘못된 행동이라는 것이다.

가인은 범죄 후에 하나님과 대화할 기회를 갖는다. 그 대화는 가인의 빈정대는 말투로 인하여 금방 변질되고 만다. 그는 "네 아우 아벨이 어디 있느냐?"는 하나님의 질문에 대하여 "제가 제 아우를 지키는 자입니까?"(창 4:9 RSV)라는 자신의 질문으로 응답한다.

가인의 질문에 대하여 하나님은 결코 그렇지 않다고 답변하신다. 하나님은 가인이나 어느 누구도 아벨을 지키는 자가 아니라고 말씀하신다. "지키다"는 낱말은 "통제하다, 조절하다, 다스리다"는 뜻을 가지고 있다: "주 하나님께서는 그 사람을 이끌어 에덴 동산에 두어 그것을 … 지키게 하셨다"(창 2:15 NRSV). 동물원과 꿀벌들과 감옥 등은 지키는 자들이 필요하다. 그 곳의 행동은 통제되고 감독되지 않으면 안 된다. 하나님은 정당하게도 성서에서 끊임없이 "이스라엘을 지시키는 자"로 묘사된다. 그것이야말로 그의 역할에 해당하는 것이다. 왜냐하면 그는 그들의 주님이시기 때문이다. 가인은 자기 동생을 지키도록 부름받은 것이 아니라 그를 사랑하고 존중하도록 부름받았다.

아담과 하와의 경우처럼 가인도 야웨 앞으로부터 추방당하는 벌을 받는다(4:16). 그러나 아담과 하와의 경우와 똑같이 심판이 집행되기 직전에 먼저 하나님의 자비가 그에게 임한다. 아담과 하와는 추방당하기(3:22-24) 전에 의복을 공급받는다(3:21). 하나님께서는 가인을 추방하기 전에 그가 누군가의 복수에 희생되지 않게 하기 위해 보호의 표(이마에?)를 주신다(4:15). 클라인스(David J. A. Clines 1978: 63)는 이 점을 다음과 같이 설명한다: "하나님의 은총은 심판 도중과 이후에만 나타나는 것이 아니라 심판이 집행되기 전에도 나타난다."

우리는 가인이 받은 표가 무엇인지를 정확하게 알지 못한다. 보호를 상징하는 그 표는 다음의 것들과 평행을 이룬다: (1) 이집트의 첫 번째 유월절에서 집안 거주자들을 위험으로부터 지켜준 피(출 12:13); (2) 예루살렘의 멸망과 하나님의 예루살렘 포기에 대해 슬퍼하고 탄식하는 자들의 이마에 남겨진 표(겔 9:4); (3) 144,000명의 신실한 자들의 이마에 표시한 도장(계 7:3). 세일하머(Sailhamer 1990: 62)는, 가인이 추방당한 이후 가장 먼저 행한 일이 도시를 건설하는 것이었다는 사실(4:17)에 기초하여, 가인이 건설한 도시야말로 그가 받은 표가 아닌가 생각한다. 가인이 건설한 도시는 문자 그대로 첫 번째 "도피성"이 된다(참조. 민 35:9-15; 신 4:41-43; 19:1-10; 수 20:1-9). 도피성은 재판을 통하여 살인이 우발적인 것인지 아니면 고의적인 것인지를 판가름할 때까지 살인자를 지켜주는 성읍을 가리킨다. 그러나 가인의 살인은 의도적인 행동이었던 것으로 보인다. 이 점은 가인이 "일어나 그의 아우 아벨을 대적하여('쿰 엘') 말하고"(4:8 NRSV)라는 히브리어 표현에 분명하게 드러나 있다. 신명기 19:11("도피성" 단락[19:1-10] 직후)은 의도적인 살인 문제에 대해서 언급한다. 이 본문은 그러한 죄를 범한 자들의 행동을 다음과 같이 묘사한다: "그러나 만일 어떤 사람이 그의 이웃을 미워하여 엎드려 그를 기다리다가 일어내 '쿰 알,' 문자적으로는 '대적하여 일어나'] 상처를 입혀 죽게 하고." 이 표현은 동사 다음에 나오는 전치사만 다를 뿐(그다지 중요하지 않은 차이임) 가인에게 대하여 사용된 것과 똑같다.

일부다처제와 보복(4:23-24)

처음으로(그러나 마지막은 아닌) 하나님께서 정하신 결혼 유형, 곧 한 남자가 한 여자와 더불어 부부관계를 맺는 유형이 깨뜨려진다. 구약성서의 어떠한 특정 구절도 일부다처제를 금하지는 않는다. 그러나 결정적으로 중요한 것은 일부다처인 사람의 삶이 대단히 복잡하고 상처가 많다는 점이다. 아브라함과 관계한 하갈과 사라, 또는 야곱과 관계한 레아와 라헬, 다윗과 솔로몬의 삶 속에서 발견되는 잘못 등을 보라.

라멕은 일정한 결혼 유형을 깨뜨린 것에 더하여 무절제한 보복과 폭력의 경향을 보이기까지 한다. 그는 섬뜩한 통계를 자랑한다(4:23-24).

역설적이게도 가인의 후손은 문화와 산업, 특히 농업과 목축업(야발), 음악(유발), 야금술(두발가인) 등의 선구자들로 나온다(4:21-22). 이들 모두는 라멕의 아들들이다.

그러나 이들이 새롭게 만들어낸 것들은, 설령 그것들이 아무리 고상한 것들이라 해도, 인간의 악마적인 경향을 억누르지 못한다. 문화의 시작에 관한 본문의 진술은 라멕의 일부다처 생활에 관한 이야기와 원한으로 가득 찬 그의 복수의 노래 사이에 나온다. 세속 문화는 가인의 혈통에 의해 증진되지만, 하나님의 구속 계획은 셋의 혈통을 따라 움직여간다(4:25-5:32).

가인의 후손들의 수명에 대해서는 아무런 언급도 없으나(4:17-22), 셋의 후손들의 수명은 낱낱이 소개되며(5:1-32), 한결같이 놀라울 정도로 오래 살았다는 사실이 언급되고 있다. 필자가 보기에 수명에 관한 언급이나 당시의 장수를 셋의 자손 — 가인의 자손과는 다른 — 에 대한 하나님의 특별한 복으로 이해한다는 것은 전혀 근거 없는 얘기가 아니다. 확실히 그들 중 어느 누구도 죽음을 피하지는 못한다. 왜냐하면 "영생"의 가능성은 창세기 3:22의 선언 — 생명나무가 실제로 존재하는 것인 한 — 과 더불어 사라져버렸기 때문이다. 물론 에녹은 예외이다(5:24). 그럼에도 불구하고 셋의 자손은 "생육하고 번성하여 땅에 충만"하였다. 수명에 관한 언급은 셋의 혈통을 가인의 혈통으로부터 구별하지만, "자녀들을 낳았으며"라는 반복구의 사용 역시 같은 역할을 수행한다.

셋 족보의 열 번째 사람은 노아이다. 그의 이름은 여기서 "안위하다, 위로하다"는 동사와 연결되어 있다(5:29). 이 낱말은 창세기 6:6-7에서 창조와 인간의 행동에 관한 하나님의 유감과 후회를 나타내는 데 사용되고 있는 히브리어 동사와 동일한 것이지만, 그 형태는 다르다. 조상 라멕은 자신의 아들 노아에 대하여 "주께서 땅을 저주하신 탓에 수고롭게 일하는 우리를 이 아들이 위로할 것이다"(5:29 KJV)라고 예언한다. 그러나 그가 이러한 선(先) 지식을 어디서 얻었는지는 밝혀져 있지 않다.

본절의 언어는 창세기 3:17의 언어를 생각나게 한다: "땅은 너로 말미암아 저주를 받고[5:29도 동일함] 너는 네 평생에 수고[5:29의 '수고'와 동일한 낱말임]하여야 그것을 먹을 것이다"(NRSV). 아담의 시대에 임한 저주는 이제

열 번째 세대에 이르러 제거되거나 현저하게 약화된다. 창세기 3:17이 창세기 5:29에게 자리를 양보함으로써, 새 날이 동터온다.

"하나님의 아들들"과 "사람의 딸들"(6:1-4)

창세기 6:1-4처럼 해석하기 어려운 본문은 성서에서 거의 찾아보기 어렵다. 가장 난감한 문제는 "하나님의 아들들"과 "사람의 딸들"이 누구를 가리키느냐는 것이다. 다시금 성서는 아무런 해설이나 설명도 없이 이 두 집단에 대해서 언급한다. 그들의 기원이나 정체에 대해서 아무런 설명도 제공되어 있지 않다.

이 이야기에 나오는 악인들과 희생자들의 정체에 관해서는 세 가지 가능성이 주석가들의 환영을 받고 있다. 첫째로, 오늘날의 주석가들과 옛 주석가들 중 상당수는 "하나님의 아들들"이 셋의 후손들을 가리키고, "사람의 딸들"은 가인의 후손들을 가리킨다고 본다. 이들의 견해에 따르면, 본문이 지적하는 구체적인 죄악은 경건한 셋의 혈통과 불경건한 가인의 혈통 사이에 잘못된 혼인 관계가 이루어졌다는 데 있다.

이러한 설명의 가장 큰 이점은 그것이 바로 앞에 있는 장들, 특히 가인과 혈통과 셋의 혈통을 대비시키는 4장과 5장의 내용을 잘 알고 있다는 데 있다. 뿐만 아니라 셋의 후손들과 가인의 후손들 및 창세기 6:1-4에 언급된 두 집단의 행동들 사이에는 몇 가지의 분명한 평행 요소들이 있다. 예로서 "사람의 딸들"에 대한 갑작스런 언급(6:2)은 아마도 셋의 후손들 중에 나오는 딸들 — 성서에서 딸들에 관해 언급하는 유일한 다른 경우에 해당함(5:4, 7, 10, 13, 16, 19, 22, 26, 30) — 에서 그 선례를 찾을 수 있을 것이다. 또 다른 평행 요소는 하나님의 딸들이 자기들을 위해 "아내를 취하는" 것(6:2)과 가인의 후손 라멕이 "두 아내를 맞이하는" 것(4:19)에서 찾아볼 수 있다.

그러나 이러한 평행 요소들을 따라가다 보면, 그것들이 하나님의 아들들을 가인의 후손들(가인의 후손 라멕은 하나님의 아들들과 마찬가지로 자신을 위해 아내를 취함)과 동일시하고, 사람의 딸들을 셋의 후손들과 동일시하고 있음을 금방 알 수 있다. 이로써 이 유서 깊은 견해는 정반대의 결론에 도달하고 만다(Eslinger 1979: 65-73을 보라). 이 이론은 6:1의 "사람"(인류)을 포괄적인 의미를 가진 낱말로 이해하는 한편으로, 6:2의 "사람"(셋의 후손이나 가인의 후손)을 제한된 의미를 가진 낱말로 해석할 수밖에 없다는 점에서 반대에 직면하지 않을 수 없다. 이에 대해서 필자는 어느 한 낱말이 한 장(chapter) 안에서 몇 개의 구별되는 의미들을 가질 수도 있다는 점을 지적하고 싶다. 다윗 계약의 확립에 대해서 언급하는 사무엘하 7장을 그 예로 들 수 있다. 이 본문에서 "집"은 네 가지의 상이한 의미들을 가지고서 나타난다. 5, 6, 7, 13절에 언급되는 집은 성전을 가리키며, 1, 2절에 언급되는 집은 왕궁을 가리키며, 11, 16, 19, 25, 26, 27, 29절에 언급되는 집은 왕조를, 그리고 18절에 언급되는 집은 명성이나 지위를 가리킨다.

창세기 6:1-4의 이야기에 대한 두 번째 해석은 하나님의 아들들이 옛 왕조의 통치자들을 가리키는 반면 사람의 딸들은 그들의 후궁들을 가리키며, 하와에게 금단의 열매가 주어진 것처럼 그 통치자들에게 이 후궁들이 주어졌다고 본다(Kline 1962: 1978). 이 해석은 가인의 후손과 셋의 후손의 정체를 좀 더 모호하게 만든다. 성서의 첫 장들은 한 무리의 왕족들에 대해서 전혀 언급하지 않기 때문이다. 하나님의 아들들이 국가의 우두머리들을 가리킨다면, 이 이야기는 아마도 한정된 수의 개인들을 가리킬 것이다. 그러나 하나님의 형벌은 인류 전체를 대상으로 하고 있다. 여기서 우리는 한정된 수의 고위직이 저지른 범죄와 거의 우주적인 차원에 달하는 심판 사이에 불균형이 있음을 알 수 있다. 그러나 이런 일은 불가능하다. 다윗이 인구조사의 죄를 범함으로써 이스라엘에서 7천 명의 사람들이 죽었다는 것을 기억하라(삼하 24:15, 17).

세 번째 해석은 하나님의 아들들을 천사들로 본다. "하나님의 아들들"이라는 표현은 참으로 욥기 1:6; 2:1; 38:7; 시편 29:1; 89:6에서 천사의 무리를 가리킨다. 이 경우에 본문에 언급되는 죄는 초자연적인 존재들과 평범한 인간들의 동거 생활에서 찾아진다. 이 견해를 뒷받침하는 증거는 사사기 6장과 7장에서 발견된다고 할 수도 있다(아마도 벧전 3:19-20; 벧후 2:4도 이에 해당할 것임). 만일에 유다서 7절이 소돔과 고모라의 부도덕성과 변태적인 욕망을 유다서 6절에 언급된 천사들의 그와 비슷한 행동과 비교하려는 목적을 가지고 있는 것이라면, 이 해석은 크게 믿을 만한 것이 된다. 다른 한편으로, 만일에 유다서 6절과 7절이 천사와 인간의 차원에서 행해진 서로 다른 형태의 죄에 대한 하나님의 심판의 두 사례를 보여주려는 목적을 가지고 있는 것이라면, 이 두 절은 창세기 6:1-4와 전혀 무관한 것이 된다.

뿐만 아니라 창세기 본문은 성폭행이나 무절제한 욕망의 분출보다는 "결혼"에 대해서 언급한다: "자기들의 좋아하는 자들을 아내로 삼았다"(RSV). 본문에 언급된 죄는 성폭행이 아니라 둘이 한 몸을 이룰 수 없는 불법적인 결혼관계의 확립을 가리킨다. 예수께서는 천사들이 결혼하지 않는다는 점을 지적하신 바가 있다(막 12:25).

이 해석의 치명적인 결함은 인간 이외의 다른 존재들이 죄를 저지름에도 불구하고 심판은 인간이 받는다는 데 있다: "나의 신이 영원히 사람과 함께 하지 아니하리니 이는 그들이 육체이기 때문이다. 그들의 날은 120년이 될 것이다"(NRSV). 이 본문이 천사들이나 신적인 존재들을 가리킨다는 설명이 몇 가지의 부수적인 문제점들을 안고 있을 수도 있지만, 앞의 비판이 그렇게 설득력 있는 것은 아니다. 만일에 우리가 이 해석의 모순점과 불합리한 추론을 올바로 이해하고 있다면, 창세기 6장에 이어지는 다음 몇 절들은 어떻게 이해해야 할 것인가?: "사람의 죄악이 세상에 가득하였다 … 주께서는 … 인간을 만드신 것을 유감스럽게 생각하시고 … '내가 … 인간과 … 동물과 기는 것과 공중의 새를 다 쓸어버리겠다'"(6:5-7). 죄를 범한 자들은 인간이지만, 희생당하는 자들은 인간과 동물 모두이다.

여기서 우리는 은총의 목소리를 조금이라도 찾을 수 있을까? 필자는 우리가 그 목소리를 들을 수 있으며, 그 증거를 6:3에서 찾을 수 있다고 본다: "그러나 그들의 날은 120년이 될 것이다." 3절의 이 구절에 대한 해석은 의견일치를 보지 못한 채로 있다. 두 가지의 가능성이 있다. 120년은 하나님께서 인간에게 주실 단축된 수명을 가리킬 수도 있고, 하나님의 심판을 유예시키는 은총의 기간(홍수 이전)을 가리킬 수도 있다.

어느 경우에든 필자가 보기에 120년 기간에 대한 언급은 하나님의 은총을 뜻하는 것으로 여겨진다. 만일에 이 언급이 전자 ― 단축된 수명 ― 를 가리키는 것이라면, 그것의 실행은 즉각적인 것이 아니라 오랜 기간에 걸쳐서 이루어지는 것임이 분명해진다. 이 사건 이전에 소개된 노아는 950년을 산다. 그리고 아브라함의 아버지 데라는 205년을 살며, 아브라함 자신은 175년을 산다. 창세기에서는 요셉만이 120년 수명을 채우지 못한다. 하나님은 아담에게 만일에 그가 금단의 열매를 먹는다면 그가 죽을 것이라고 말씀하신 바가 있다. 그는 금단의 열매를 따먹지만, 즉각 죽지는 않는다.

다른 한편으로, 만일에 120년 기간에 대한 언급이 하나님께서 자발적으로 자신에게 제약을 가하신 일종의 유예기간이라고 한다면(필자가 보기에 이 해석은 아주 자연스러운 듯함), 그것이 하나님의 은총을 가리키고 있음을 금방 알 수 있다. 하나님의 이러한 자기 제약과 평행을 이루는 자료는 요나가 니느웨에 전하는 메시지에서도 발견된다: "40일이 지나면 니느웨가 무너질 것이다!"(욘 3:4 RSV). 그리고 그와 평행을 이루는 가장 훌륭한 자료는 신약성서의 데살로니가후서 2장에 있다. 예수 그리스도께서 오시기 전에 "불법의 사람"이 먼저 임할 것이다. 이 "멸망의 아들"에게 가해진 제약이 사라지면 그는 억류 상태에서 풀려날 것이다. 그러나 아직까지 그는 억류 중에 있다. 따라서 우리는 여전히 하나님의 은총을 주고받을 기회를 충분히 가지고 있는 셈이다.

홍수(6:5, 11-12)

이 전체 단락의 정점은 홍수에 대한 설명에 있다. 옛 홍수에 관한 성서 밖의 잘 보존된 두 개의 자료는 메소포타미아 지역에 있다. 길가메쉬 서사시(Gilgamesh Epic)와 아트라하시스 서사시(Atrahasis Epic)가 그렇다. 이 서사시들과 고대 근동의 다른 문헌들에 대한 몇몇 영역본들에는 다음과 같은 것들이 있다: (1) J. B. Pritchard, ed., *Ancient Near Eastern Texts Relating to the Old Testament* (3rd ed., with supplement; Princeton, N.J.: Princeton University Press, 1969); (2) W. Beyerlin, ed., *Near Eastern Texts Relating to the Old Testament* (Philadelphia: Westminster, 1978); (3) John Walton,

Ancient Israelite Literature in Its Cultural Context: A Survey of Parallels between Biblical and Ancient Near Eastern Texts (Grand Rapids: Zondervan, 1990); (4) Victor H. Matthews and D. C. Benjamin, *Old Testament Parallels: Laws and Stories from the Ancient Near East* (end ed.; New York: Paulist Press, 1997); (5) W. W. Hallo and K. Lawson Younger, eds., *The Context of Scripture: Monumental Inscriptions from the Biblical World* (3 vols.; Leiden: Brill, 1997-2002); (6) B. T. Arnold and B. E. Beyer, *Readings from the Ancient Near East: Primary Sources for Old Testament Study* (Grand Rapids: Baker, 2001).

길가메쉬 서사시

야콥슨(Thorkild Jacobsen)에 따르면, 주전 2600년경에 우룩(Uruk; 창 10:10의 에렉)의 왕이었던 길가메쉬의 이름을 딴 이 서사시는 대략 주전 1600년경의 것으로 추정된다. 길가메쉬는 신하들의 깊은 분노를 자아내는 포악하고 잔인한 왕이다. 백성은 그를 전복시키기 위해 신들에게 그의 적수를 창조해달라고 간구한다. 그 결과 엔키두(Enkidu)라는 존재가 만들어진다. 그는 겨우 일주일 동안 창녀와 진탕 마시고 떠들더니 "인간으로 교화"(또는 "문명화")된다. 그 후 엔키두와 길가메쉬 사이에 싸움이 벌어진다. 승자도 패자도 없는 싸움이었다. 도리어 두 전사는 친구가 되며, 하늘의 모든 해로운 괴물들과 싸운다. 그 과정에서 인간 길가메쉬는 굉장히 예쁜 여신 이슈타르의 구애를 받는다. 그러나 그는 무엇보다도 그녀가 부부간의 정절을 잘 지키지 않는다는 이유로 그녀의 구애를 거절한다!

엔키두는 이슈타르에게 파렴치한 모습을 보인 탓에 죽임을 당하고, 길가메쉬는 죽음에 대한 병적인 두려움에 사로잡힌다. 그는 조상들 중의 한 명인 우트나피슈팀(Utnapishtim)이 죽음을 피하여 영생을 얻었다는 사실을 기억해낸다. 그는 만일에 우트나피슈팀을 찾을 수만 있다면 그에게서 영생의 비밀을 알아낼 수 있을 것이요, 자신의 생명을 보존할 수 있을 것이라고 생각한다. 그 후 지하계의 여러 영역들을 거쳐 가는 고된 여정이 뒤따른다. 그는 마침내 우트나피슈팀을 만난다. 우트나피슈팀이 길가메쉬에게 말하는 내용이 바로 홍수 이야기이다.

어느 날 에아(Ea) 신이 우트나피슈팀에게 엔릴(Enlil)이 홍수로 인류를 멸하려 한다는 사실을 알려준다. 지혜로운 우트나피슈팀은 배를 지은 다음, 자신의 가족과 가축떼와 약간의 귀중품과 노련한 선원들을 배에 태운다. 폭풍우가 시작되더니 7일 동안 계속된다. 그 결과 우트나피슈팀의 배는 어떤 한 산의 꼭대기에 얹히게 된다. 물이 점점 줄어들자 그는 배에서 나와 신들에게 제사를 드린다. 이로부터 엔릴은 두 사람이 홍수로부터 피하였다는 사실을 알게 된다. 인류를 멸하려는 자신의 계획을 마무리하기 위해 그는 우트나피슈팀과 그의 아내에게 영생을 수여한다.

그러나 우트나피슈팀의 경험은 독특한 것이어서 길가메쉬에게는 크게 유감스러운 것으로 여겨질 수밖에 없다. 몇 차례의 좌절을 겪은 후 길가메쉬는 자신의 고향 우룩으로 돌아오며 현실에 굴복한다. 영생을 거부당한 그는 적어도 자신이 건축한 인상적인 성읍 우룩을 통하여 자기 백성의 마음속에 계속 살아 있을 것이다. 따라서 그의 손으로 이룬 일이야말로 영생에 해당하는 셈이다.

아트라하시스 서사시

필자는 창조에 대해 설명할 때 이미 아트라하시스 서사시를 다룬 바가 있다. 인간이 창조된 후 매우 빨리 번성하여 너무도 시끄럽게 구는 바람에 엔릴은 불면증에 시달린다. 그는 전염병으로 사람들의 수를 줄이려는 계획을 세운다. 그러다가 갑자기 아트라하시스가 소개되고, 그는 엔키(Enki) 신의 인도를 따라 그 전염병을 간신히 피한다.

불면증의 원인이 된 문제점이 해결되기는 하지만, 200년이 지난 후에 그 땅은 "황소처럼 시끄럽게 울어댄다." 엔릴은 이번에는 기근을 통하여 인구 감소를 꾀하지만, 아트라하시스가 다시금 중재하여 불쾌해하는 신의 분노를 잠재움으로써 재빨리 기근을 종결짓는다. 그 후 세 번째 계획이 시작되는 바, 엔릴은 기근을 새롭게 그 땅에 쏟아 붓는 방식을 사용한다.

세 번째 계획도 그 뜻하는 바를 이루지 못한 것에 격분한 엔릴은 홍수를 명한다. 그 후의 내용은 길가메쉬 서사시에 있는 것과 거의 같다. 이야기의 주인공이 길가메쉬에서 아트라하시스로 바뀌는 것만 뺀다면 말이다. 아트라하시스는 엔키의 조언을 따라 7일 동안 계속될 폭풍우를 이겨내기 위해 배를 건축한다. 폭풍우가 너무도 파괴적이고 인류 멸절 역시 너무도 철저한 것이어서, 신들조차도 엔릴의 계획이 과연 지혜로운 것이었는지를 심각하게 문제 삼는다.

배에서 내린 아트라하시스는 우트나피슈팀처럼 자신을 지켜준 신들에게 희생제사를 드린다. 그 제사는 시의적절한 것이었다. 왜냐하면 신들은 홍수 기간 내내 아무런 음식물도 공급받지 못한 채로 지냈기 때문이다. 홍수가 임한 결과 그들의 음식물 공급원, 곧 인간이 드리는 음식물 제사가 사라지고 말았던 것이다.

신들은 계속적인 인구 증가를 막기 위해 항구적인 대응책을 마련한다. 산아 제한이 그 대응책으로 제시된다. 영원토록 아이를 낳지 못하는 여인들을 창조하고, "아기를 산모의 무릎으로부터 낚아채는" 일을 하게 될 악귀를 창조하며, 출산을 금지당한 일부 여사제를 창조하는 등의 조치가 그에 해당한다.

두 서사시의 비교

길가메쉬 서사시와 아트라하시스 서사시를 창세기 6-9장과 비교해 보면 홍수 재앙의 세부적인 내용들이 비슷함을 금방 알 수 있다. 그렇다면 이것은 히브리 사람들이 메소포타미아의 홍수 이야기를 빌려와 편집하되, 무죄한 자를 보호하기 위해 단지 이름들만을 바꾸었음을 뜻하는 것일까? 성서와 주변 문화권의 이야기들은 모두 한 가지의 역사적인 사건에 기초하고 있는 까닭에 공통의 자료에 근거한 것이 아닐까? 성서와 메소포타미아 문헌은 똑같이 홍수에 대해서 언급한다. 그 까닭은 홍수가 실제로 있었기 때문이다.

만일에 그렇다면, 두 개의 상이한 전승들이 동일한 자료, 동일한 사건을 어떻게 다루었는지를 대비시키는 작업은 그 둘을 비교하는 작업만큼이나 흥미로운 일이 될 것이다. 그러한 대비는 두 전승이 그 기본 정신과 세계관에 있어서 결정적인 차이를 가지고 있음을 드러낼 것이다. 신화를 읽는 신자가 얻을 유익들 중의 하나는 옛 사람들이 어떻게 계시의 빛 없이도 삶에 관한 궁극적인 질문들에 답을 했는지를 통찰할 수 있다는 데 있다.

예로서 길가메쉬 서사시는 사실상 홍수의 동기에 대해서 침묵하고 있다. 그와 관련된 유일한 내용은 다음과 같은 것이다: "그 성읍은 오래된 곳이다. 그 안에 거하는 신들처럼 말이다. 위대한 신들의 마음이 홍수를 내리기로 결심하던 때." 홍수가 끝난 후에 에아는 엔릴에게 항의한다: "신들 중 가장 지혜로운 자요 영웅이신 엔릴이여, 어떻게 당신이 홍수를 내리는 터무니없는 결정을 내리실 수 있습니까? 죄인에게는 그의 죄를 부과하시고, 범죄자에게는 그의 범죄를 부과하시오!"(11:179–181). 아트라하시스 서사시에서는 인류의 소음이 엔릴의 분노와 복수심을 유발한다. 그리고 대부분의 설형문자 전문가들은 소음을 가리키는 데 사용되는 낱말들이 도덕적인 혼란을 가리키기보다는 문자 그대로 소음을 가리킨다고 생각한다.

엔릴은 분노와 이기심과 변덕에 근거하여 행동한다. 그의 심판은 전적으로 징벌의 성격을 가지고 있다. 다수의 사람들에게 그의 심판은 치료의 성격을 가지고 있지 않음이 분명하다. 그러나 과연 만신전에 속한 한 신이 인류의 죄에 근거하여 그 인류에게 재앙을 내릴 수 있는 것일까? 결국은 신들 자신이 순수하지 못하다는 얘기가 된다.

또한 무슨 이유로 한 인간만이 구원을 받게 되는지도 똑같이 이해하기가 쉽지 않다. 길가메쉬 서사시에서는 에아가 우트나피슈팀에게 엔릴의 계획에 대해서 경고하며, 아트라하시스 서사시에서는 엔키가 아트라하시스에게 그러한 정보를 제공한다. 의로운 한 인간의 구원을 다루는 가장 가까운 자료는 수메르의 홍수 기사에서 발견된다. 이 자료에서 홍수로부터 구원받는 자는 경건하고 신앙심이 뛰어난 지우수드라(Ziusudra)이다. 여기서도 그의 성품과 그의 구원 사이의 상관관계가 강조되고 있지는 않지만 말이다.

뿐만 아니라, 홍수의 주인공들이 건축한 배의 치수에는 묘한 구석이 있다: "배의 너비와 길이를 같게 하라." 서사시의 나중 내용이 확증하는 바와 같이, 이것은 배가 입방체 모양임을 암시한다. 홍수의 주인공은 자신의 가족과 동물들과 함께 노련한 선원들을 승선시킨다. 인간의 기술과 재능이야말로 이 배를 물 위에 뜨게 만드는 것이다. 뿐만 아니라 우트나피슈팀은 막대한 양의 금과 은을 배에 싣는다. 그것은 이 악몽과도 같은 홍수에서 살아남은 후 새로운 삶을 시작할 때 사용할 비상금과도 같은 것이다.

마지막으로 이 두 서사시는 분명한 교훈적인 기능을 가지고 있지 않다. 두 서사시가 말하고자 하는 것은 무엇이며, 그 중심 주제는 무엇인가? 어느 서사시이든 과연 독자들을 염두에 두고 있는 것일까? 길가메쉬 서사시의 주요 관심사는 우트나피슈팀보다는 길가메쉬에게 있다. 우트나피슈팀이 홍수로부터 건짐받는 이야기보다는 길가메쉬의 방랑에 더 많은 관심을 기울이고 있다는 얘기다. 독자들은 아마도 이 서사시로부터 다음과 같은 원리를 이끌어낼 수 있을 것이다: 네가 가지고 있는 것과 현재 네가 서 있는 곳에 만족할 것이요, 네 한계를 넘어서려고 하지 말라(창 3장?). 그러나 본문의 대화는 이처럼 소중한 교훈을 분명하게 언급하지 않는다.

아트라하시스 서사시의 결론 부분은 한층 더 음울한 분위기로 끝을 맺는다. 세 번씩이나 실패를 경험한 엔릴은 최후통첩을 내린다: 자궁을 닫을 것이요, 모든 태아를 사산(死産)시키고 독신주의를 부과하라. 확실히 이러한 조치는 인간으로 하여금 신들을 존중하게 하려는 의도를 전혀 가지고 있지 않다. 그것은 사랑과 신뢰의 감정보다는 두려움과 의심쩍음의 감정을 불러일으킬 뿐이다.

두 서사시와 창세기 기사의 비교

성서 기사의 독특성은 위에서 언급한 네 가지의 대비점들을 창세기의 홍수 이야기 안으로 집어넣을 때 분명하게 확인할 수 있다.

창세기는 홍수 심판이 인간의 죄로부터 비롯되었음을 강조한다. 이 점은 3-5장과 6:1-4에 매우 분명하게 설명되어 있다. 그리고 이에 더하여 다음 구절들을 추가할 수 있을 것이다: " ⋯ 인류의 죄악이 세상에 가득함과 그들의 마음속에 있는 생각들의 모든 경향이 항상 악할 뿐임을 보시고"(6:5 NRSV); "그 때에 온 땅이 ⋯ 부패하여 폭력이 땅에 가득한지라"(6:11 NRSV); " ⋯ 땅에서 모든 육체의 길이 부패함이었더라"(6:12 RSV).

11절과 12절(2x)의 "부패하다"는 표현은 히브리어 본문에서 13b절의 "내가 멸하겠다"는 표현과 동일한 어근을 가지고 있다. 물론 영역본이 이를 충실하게 반영할 수 있는 것은 아니다. 이는 하나님께서 인류를 멸하시는 한 방법일까? 하나님께서는 인류의 죄를 가로막거나 방해하는 대신 그것이 그 필연적인 결말을 향해 나아가게 하신다. 예로서 "이는 아모리 족속의 죄악이 아직 완전하지 못하기 때문이다"(창 15:16 NRSV)라는 구절을 주목하라. 이와 마찬가지로 사도 바울은 죄에 대한 하나님의 진노에 관해 말하면서, "하나님께서 그들을 내버려 두사"(롬 1:24, 26, 28)라는 표현을 사용한다. 이 표현은 확실히 능동적이기보다는 수동적이고, 거칠기보다는 부드러운 쪽에 가깝다.

그러나 우리는 하나님이 이러한 곤경을 쳐다보는 냉정한 구경꾼에 지나지 않는 분이라는 결론을 이끌어내지 않기 위해서라도, 하나님이 친히 그 마음에 고통을 느끼신다는 점을 주목하지 않으면 안 된다: 하나님께서 "마음에 근심하시고"(창 6:6). NIV의 번역("그리고 그의 마음은 고통으로 가득 찼다")에서 "고통"을 가리키는 히브리어 낱말이 하와가 출산의 순간에 겪을 "고통"(3:16) 및 남자가 땅을 경작하면서 느낄 고통(3:17)을 가리키는 낱말과 어근이 같다는 것은 흥미로운 일이 아닐 수 없다. 인류의 고통이 곧 하나님의 고통이 된 것이다! 물론 남자와 여자의 고통은 순전히 그들 자신의 잘못으로 인하여 생겨난 불행한 결과일 뿐이다. 하나님의 고통은 인류의 범죄에 대한 실망감에서 비롯된 고통이다. 창세기 6장에서 피조 세계에 만연해 있는 죄에 대한 하나님의 첫 번째 반응이 분격함이나 진노가 아니라 탄식이라는 것은 의미심장한 일이다.

노아가 살아남은 것은 변덕 때문도 아니요, 편애 때문도 아니다. 그 반대로 그는 "의인이요 … 완전한 자였다. 노아는 하나님과 동행하였다"(6:9 NRSV; 참조. 7:1). 여기서 우리는 성품 또는 생활방식이 운명을 결정짓고 있음을 알 수 있다.

더 정확하게 말하자면, 노아는 배가 아니라 방주를 지으라는 지시를 받는다(6:14). 그것은 배가 아니라 상자에 가까운 것이다. 그 치수(대략 450피트 x

75피트 x 45피트 정도)는 전혀 불합리하지 않은 것으로서, 원양 항로에 적합한 배의 치수임에 틀림이 없다. 어떠한 선원도 노아와 함께 승선하지 않는다. 본문은 또한 어떠한 유형의 항해 설비에 대해서도 언급하지 않는다(별들을 볼 수 있도록 천장에 만든 창문 또는 귀소 본능을 가진 비둘기들처럼 선원들이 사용하는 새들을 제외한다면). 구원은 오직 하나님께로부터만 온다. 어떠한 물질적인 소유도 구원을 가져다주지 못한다. 노아는 아간과 똑같이 구원받을 자격이 없는 사람이다.

홍수 이야기는 모닥불 주변에서 듣는 소름 끼치는 이야기는 아니지만, 나름대로 의미 있는 이야기로서 후속 세대들과 깊은 관계를 맺고 있다. 무엇보다도 하나님께서 땅 위에 내리신 저주가 줄어든다(8:21; 참조. 3:17). 이 점은 저주의 취소를 확증하고 있는 포도원 이야기에서 분명하게 드러난다(9:20-29). 8:21을 6:5와 관련시키는 폰 라트(Gerhard von Rad 1972: 123)는 다음과 같은 점을 지적한다: "21절은 구약성서에서 가장 주목할 만한 신학적 진술들 중의 하나이다. 그것은 야위스트가 매우 중요한 지점에서 자신을 분명하고도 집중적인 방식으로 표현하고 있음을 보여 준다. 서두 부분[6:5]에서 하나님의 심판의 기초를 이루는 상황은 결론 부분에서도 똑같이 언급되는 것으로서, 하나님의 은혜와 섭리를 드러내고 있다. 징벌하시는 하나님의 진노와 힘을 실어주는 그의 은총 사이의 대비는 … 여기서 인간의 죄에 대하여 하나님께서 자신을 조정하시는 것으로 묘사된다."

이 약속은 9장에서 하나님께서 노아와 더불어 맺으신 계약의 확립으로 이어진다. 하나님께서는 한때 아담에게 말씀하셨던 것(1:28)을 이제는 노아에게 말씀하신다(9:1). 이로써 인류에게는 두 번째 출발, 곧 두 번째 기회가 주어진다. 비록 조건이 붙기는 하지만 말이다(9:2-6).

이 계약은 유일한 것이 아니라 우세한 것이다. 노아는 하나님께서 이러한 약속을 주신 사람들 중의 첫 번째 인물이다. 홍수는 다시는 반복될 수 없는 것으로 나타난다(9:11). 이 계약은 하나님께서 인류의 생존을 책임지시겠다는 내용을 가지고 있다. 하늘의 무지개가 하나님의 은총을 상징하는 것임을 주목하라(9:12-17). 전능하신 하나님께서 친히 자신의 메시지를 남기신 것이다! 이 이야기는 바로 이 부분에서 독자들의 삶과 연결된다.

두 개의 홍수 이야기?

필자는 앞서 창조 기사를 다루면서 자료비평가들의 문서 가설에 대해서 언급한 바가 있다. 창세기 6-9장은 이러한 접근법의 타당성을 가장 확실하게 뒷받침하는 사례로 여겨지고 있다. 자료비평가들은 창세기 6-9장을 대충 읽을 경우 이 네 개의 장들이 동일한 사람의 작품이 아님을 분명하게 알 수 있다고 본다. 이러한 주장을 뒷받침할 만한 몇 가지 내용들을 정리하면 다음과 같다.

첫 번째 범주는 눈에 띄는 불일치들을 포함한다. 그들 중 하나는 방주에 승선한 동물들의 수이다. 6:19-20; 7:9, 15(모두 P에 속함)에 의하면, 그 수는 종류별로 수컷과 암컷 두 마리로 되어 있다. 그러나 7:2(J)는 노아가 정결한 동물은 "일곱 쌍"을 취하고 부정한 동물은 수컷과 암컷 한 쌍을 취했다고 말한다(2:23에서처럼 여기서도 "남자"와 "여자"를 가리키는 낱말들이 사용됨).

두 번째 사례는 상반되는 홍수 기간에 대한 언급이다. 한쪽 단락은 홍수 기간을 40일로 묘사하지만(7:4, 12, 17; 8:6 [모두 J에 속함]), 또 다른 전승은 홍수가 150일 동안 지속되었다고 묘사한다(7:24[P]).

또 다른 사례는 홍수의 성격에 관한 것이다. 그것은 위로부터 내리는 비를 가리키는 것일까(7:4, 12[J]), 아니면 지하수가 터져 나온 것을 가리키는 것일까(7:11[P])?

자료비평가들이 인용하는 두 번째 범주는 하나님의 이름을 사용함에 있어서 뚜렷한 변화가 나타난다는 사실에 있다. 그들은 다음의 사례들을 나열한다:

a. 6:5: "주께서 보시고"; 6:6-8도 마찬가지임

b. 6:9: "노아는 하나님과 동행하였다"; 6:11, 12, 13, 22 등도 마찬가지임

a. 7:1: "주께서 노아에게 이르시되"; 7:5도 마찬가지임

b. 7:9: "하나님이 노아에게 명하신 대로"; 7:16a도 마찬가지임

a. 7:16b: "주께서 그를 들여보내고"

b. 8:1: "하나님이 노아 … 를 기억하시고 바람을 … 불게 하시매"; 8:15도

마찬가지임

a. 8:20: "노아가 주께 제단을 쌓고"; 8:21도 마찬가지임

b. 9:1: "하나님이 노아 ⋯ 에게 복을 주시며"; 9:6, 8, 12, 16, 17도 마찬가
지임

세 번째 범주는 홍수 이야기가 두 개의 상이한 결론 부분을 가지고 있다는
데 있다: (1) 노아가 제사를 드림, 하나님이 그 기분 좋은 향기를 맡으심, 땅
위에 임할 저주를 제거함(8:20-22 [J]); (2) 하나님께서 노아에게 복을 주심,
노아와 더불어 계약을 맺으심(9:1-18 [P]).

네 번째 범주는 홍수 이야기가 두 가지의 구별되는 문체와 표현 양식들을
가지고 있다는 데 있다. 예로서 하나님은 한편으로는 인간과 매우 흡사하신
분으로 묘사된다 — 그는 후회하시며, 슬퍼하시며, 희생제사의 향기를 맡으
시며, 재고(再考)하신다. 다른 한편으로 홍수 이야기에서 하나님은 완전히
저 세계에 속하신 분으로, 초자연적인 힘을 가지고서 세상 위에 군림하시는
전능하신 분으로 묘사된다.

이상의 모든 범주들로부터 얻어지는 결론은 맨 처음에는 두 개의 홍수 이
야기가 있었다는 것이다. 그 하나는 대략 주전 10세기나 9세기 초에 속한 저
자나 저자들에게서 비롯된 것이요(야위스트), 다른 하나는 이보다 4백년 정
도 후에 만들어진 것이다(P자료, 대략 주전 550-450년). 나중에 이 두 개의
이야기는 어떤 한 편집자 또는 편집자들에 의하여 하나로 합쳐지게 되었다.
현재 형태의 본문에서 창세기 6-9장은 다음과 같이 분할될 수 있다:

6:5-8	J	7:12	J	8:3b-5	P
6:9-22	P	7:13-16a	P	8:6-12	J
7:1-5	J	7:16b-17	J	8:13a	P
7:6	P	7:18-21	P	8:13b	J
7:7-8	J	7:22-23	J	8:14-19	P
7:9	P	7:24-8:2a	P	8:20-22	J

          7:10   **J** 8:2b–8:3a   **J** 9:1–17   P

          7:11   P

홍수 이야기와 오경 전체를 이처럼 본래의 개별적인 자료들로 분할하는 것에 대하여 적지 않은 반론이 제기되었다. 카수토(Umberto Cassuto)나 고든(Cyrus Gordon), 키친(Kenneth Kitchen) 등과 같은 현대 학자들의 연구는 이 이론이 몇 가지 근거에 기초하고 있다고 본다. 카수토가 보기에 홍수 이야기를 위에서 보는 것처럼 분할하는 것은 본문의 문학적인 구조를 올바로 다루지 못한다.

이질성은 문제를 해결하기보다는 문제를 일으킨다. 고든과 키친이 보기에 자료 분할은 지중해 세계의 옛 문헌에서 비슷한 현상들이 발견된다는 사실에 기초하고 있는 것으로 보인다. 그러나 이로부터 다수의 자료들이 존재한다는 결론을 이끌어낸다는 것은 어불성설이 아닐 수 없다.

우리는 특히 창세기의 홍수 이야기와 관련하여 다음과 같은 사항들을 지적할 수 있을 것이다.

첫째로, 본문에서 여러 자료의 결합을 뒷받침하는 것으로 여겨지는 증거들 중의 일부는 그렇게 확실한 것이 아닐 수도 있다. "두 쌍"과 "일곱"은 과연 서로를 배척하는 것일까? 왜 6:19–20과 7:9, 15의 "둘"은 방주 안으로 들어간 동물들(번식을 위한 수컷과 암컷 — 부정한 동물들도 보존의 대상이 된다!)의 표준적인 수가 아닐 수도 있는 것일까? "일곱"은 희생 제물들 — 특정 범주에 속한 동물들 — 에게만 적용되지 않을 것이다. 이러한 해결책은 과연 "둘"을 J에게 귀속시키고 "일곱"을 P에게 귀속시키는 방식보다 더 현실성이 적어보이는 것일까? 본문은 정말로 홍수 기간의 불일치, 곧 40일이냐 아니면 150일이냐의 불일치를 보이고 있는 것일까? 40일 동안의 실제적인 호우에 이어서, 물의 높이가 산꼭대기에 닿을 때까지 물이 다섯 달 동안(150일) 계속된 것은 아닐까?

둘째로, 닐젠(Eduard Nielsen) 같은 스칸디나비아 학자는 구전의 원리들에 기초하여, 홍수 이야기를 분할하는 방식에 의문을 제기하였다. 예로서 닐젠은 7:9가 복합자료 이론에 따르면 P에 속한다는 점을 지적한다. 왜 그러한 가? P의 순전한 표징에 해당하는 "하나님"이라는 낱말이 본절에 나오기 때문이다: "하나님이 노아에게 명하신 대로 … 둘씩 노아에게 나아와 방주로 들어갔으며"(NRSV).

그러나 불과 몇 절 후에(7:15, 모든 비평학자들은 이를 P에 속한 것으로 봄) 정확하게 동일한 내용이 서술된다: "둘씩 노아에게 나아와 방주로 들어갔으니"(NRSV). 동일한 자료에 중복이라니! 15절을 편집적인 추가문으로 설명하고자 하는 자라면 누구나 먼저 닐젠(1954: 98)의 답변에 귀를 기울여야 할 것이다: "편집자를 상정하는 것은 마음의 짐을 덜어주며, 때때로 필요한 것이기도 하다."

셋째로, 앤더슨(Francis Andersen 1974: 124-26)은 본문의 문법적인 구조에 대한 연구에 기초하여, 자료비평가들에 의해 쪼개진 단락들을 일일이 확인할 수 있었다. 문법적으로 볼 때 7:6-17은 분명하게 확인 가능한 구조를 가진 단락이다.

그러나 문서 가설은 이 단락을 P에서 J로 분류했다가 다시 그 반대로 바꾸는 작업을 적어도 일곱 차례나 시도한 바가 있다. 앤더슨은 이와 관련하여 다음과 같은 점을 지적한다: "만일에 문서 가설이 옳다면, 어떤 편집자가 가위와 풀을 가지고서 동일한 이야기에 속한 평행 구절들의 단편들을 한데 모았겠지만, 담화 문법의 관점에서 볼 경우 그것은 마치 한 옷감으로부터 생겨난 것과도 같은 모습을 가지고 있다."

넷째로, 앤더슨(B. W. Anderson)과 웬함(G. J. Wenham) 같은 학자들은 성서의 홍수 이야기를 다룰 때 분석적인 탐구(원래의 조각들을 찾기 위하여 전체를 분해하는)와 통시적인 연구(조각들은 어떻게 한데 묶여 전체를 이루게 되었는가)를 넘어서서 본문의 공시적인 차원(본문의 최종 형태로부터 관찰할 수 있는 것은 무엇인가)으로 나아가야 한다고 본다.

앤더슨은 홍수 이야기를 상세하게 연구한 끝에, 아래의 도표 1에서 보는 것과도 같은 흥미로운 전체 구조를 발견하기에 이른다.

도표 1

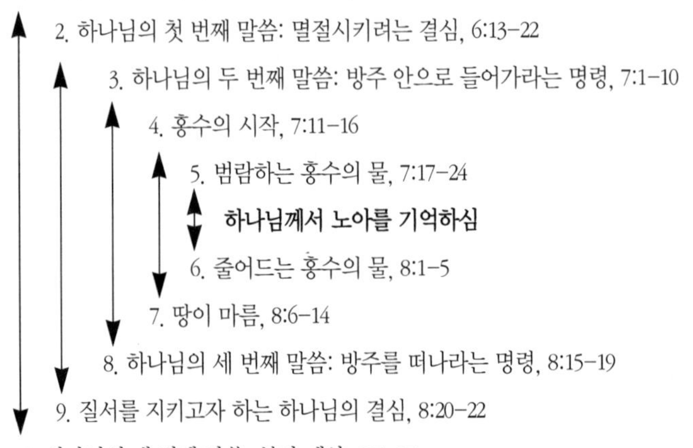

출처: B. W. Anderson, "From Analysis to Synthesis: The Interpretation of Genesis 1–11," *JBL* 97 (1978): 38. 허락을 받아 사용함.

앤더슨은 이 도표를 사용하여 창세기 6–9장을 하나의 통일된 단락으로 확립시키려는 의도를 가지고 있지는 않다. 이 도표는 맨 처음에 독립적인 이야기들이 있었을 가능성을 배제하지는 않는다. 그러나 홍수 이야기의 이처럼 매끄러운 흐름은 창세기 6–9장이 한 자료로부터 비롯된 것일 수도 있음을 암시하지 않을까? 웬함(1978: 347–48)은 자기 나름대로 이 네 장의 교차구조를 살핀 후에 다음과 같은 결론을 내린다: "만일에 우리가 J와 P를 놀랍도록 일관성을 가진 한 단락으로 결합시킨 매우 독창적이면서도 철저한 편집자를 가정한다면, 문서 가설을 더 이상 옹호할 필요는 없을 것이다." 그러나 과연 그것이 더 적절한 설명인 것일까? 확실히 그것은 있음직한 설명임에 틀림이 없다. 그러나 만일에 우리가 창세기 6–9장이 J와 P를 하나의 홍수 이야기로 결합시킨 편집의 결과라고 믿는다면, 우리는 확실히 편집자의 작업이 불완전하게 이루어졌을 뿐만 아니라 자료들의 결합으로부터 생겨나는 분명한 모순들에 대하여 둔감했다고 생각할 수 없는 노릇이다. 그렇게 한다는 것은 결국 편집자를 포스트모더니스트(postmodernist)로 만드는 것이나 다름이 없다! 그런데 많은 창세기 주석가들이 실제로 그렇게 해왔다. 할펀(Halpern 1995: 17)이 주장한 바와 같이, 창세기 6-9장을 임의적이면서도 불합리한 편집 작업의 산물로 보는 것은 역사적인 시각에서 볼 때 두둔하기 어려운 견해라 할 수 있다. 왜냐하면 그것은 오경 편집자들이 현대 언어학자들보다 정신적으로 열등함을 암시하기 때문이다. 그것은 또한 도덕적으로도 두둔하기 어려운 견해라 할 수 있다. "왜냐하면 현대 학자들이 옛 저자의 권위를 확보하는 가설을 확립시키지 못한 것 자체가 옛 편집자의 결함을 뒷받침하는 증거일 수는 없기 때문이다."

가나안을 향한 저주(9:20-27)

이 단락에는 적어도 두 가지의 문제점이 있다. 그 하나는 함이 아버지에게 저지른 죄의 본질에 대한 것이고, 다른 하나는 왜 노아가 함 자신에게가 아니라 함의 아들 가나안에게 저주를 내렸는가 하는 것이다.

노아의 술취함이 본문의 주된 가르침이 아님은 분명하다. 아버지가 술에 취하지 않았다면 함의 행동이 발생하지 않았겠지만 말이다. 그러나 창세기에 기록되어 있는 술취함에 관한 두 개의 명백한 사건들(이 곳과 창세기 19:30-38)이 비난의 동기를 제공하고 있다는 점을 염두에 둔다면, 각 사건 이후에 벌어지는 일들은 지나친 방종에 대한 충분한 설명이 된다고 할 수 있다. (우리는 여기서 라반이 라헬 대신에 레아를 야곱에게 아내로 준 일과 비교할 수도 있을 것이다[창 29:23]. 본문은 장인이 어떻게 그러한 속임수를 쓰는 데 성공할 수 있었는지에 대해서 서술하지 않는다. 도리어 야곱이 결혼식에서 너무도 술에 취한 나머지 자매들 사이를 분간하지 못했다고 보는 것이 더 타당할 것이다. 그가 술에서 깨어났을 때 라반에게 "외삼촌이 어찌하여 저에게 이같이 행하셨습니까?"[창 29:25 NIV]라고 말했다는 점을 주목하라. 그의 이 말을 "노아가 술에서 깨어 그의 막내아들이 자기에게 행한 일을 알고"[창 9:24 NRSV]와 비교하라.)

함의 죄는 22절에 서술되어 있다: "[그는] 자기 아버지의 벌거벗은 모습을 보았다"(NRSV). 함의 죄는 그가 우연히 아버지의 벌거벗은 모습을 보았고 그것을 나중에 형제들에게 얘기한 것뿐일까? 본문은 그 이상의 것을 암시하고 있다. 왜냐하면 술에서 깨어난 노아는 "자기 막내아들이 자기에게 행한 일을 알았기" 때문이다. 그 일을 행한 자가 막내아들이라는 것을 그가 어떻게 알았는지를 우리로서는 알 길이 없다.

함의 죄가 근친상간을 가리킨다고 보는 견해가 있다(Basset 1971을 보라). 노아가 잠들어 있을 때 함이 어머니와 성관계를 맺었고, 이러한 근친 성관계를 통하여 가나안이라는 아들이 태어났다는 것이다. 이 견해는 왜 노아의 저주가 가나안에게 임하는지를 설명해 준다. 창세기에는 두 개의 다른 분명한 근친상간의 사례들이 기록되어 있다. 그 하나는 르우벤이 아버지의 첩과 동침한 일이고(창 35:22; 49:3-4), 다른 하나는 롯이 두 딸들과 동침함으로써 아들들을 낳은 일이다(창 19:30-38).

이러한 해석을 뒷받침하는 증거는 금지된 성관계를 다루는 오경 본문들에서 찾아볼 수 있을 것이다. 레위기 18장과 20장은 예상되는 근친상간의 경우들을 다루면서, "너는 … 의 하체를 범하지 말라"(you shall not uncover the nakedness of … ; 직역하면 "벌거벗은 몸을 드러내지 말라"는 뜻임: 역자 주)는 구절을 반복 사용한다. 물론 여기서 규정하는 근친 성관계는 동성 간의 관계가 아니라 이성 간의 관계이다. 따라서 아버지의 하체를 범한다는 것은 어머니와 성관계를 갖는 것을 의미한다. 이러한 법률 본문들에서 꾸준히 사용되고 있는 동사는 "드러내다"(uncover)는 뜻을 가지고 있다(창 9:21에서 노아는 범죄가 이루어지기 전에 "드러난" 채로 있었다). 다만 예외적으로 레위기 20:17은 자매의 벌거벗은 몸을 "본" 것에 관해 말하고 있다.

이 해석은 그럴듯해 보이면서도 세 가지의 문제점을 안고 있다. 첫째로, 창세기의 이야기는 그 사건이 발생하기 전에 이미 가나안이 출생했음을 전제하고 있다. 그 사건의 결과로서 가나안이 출생한 것은 아니라는 얘기다. 가나안에 대한 9:18의 언급이 연대기적인 중요성을 전혀 가지고 있지 않은 것으로서, 창세기 해설자의 추가적인 설명에 해당한다고 보지 않는 한에 있어서는 말이다. 그것은 충분히 가능한 일이다.

둘째로, 액면 그대로 볼 경우에 이 이야기는 노아가 술이 깬 후에야 비로소 함이 자기에게 행한 일을 알게 되었고, 그 직후에 손자에게 저주를 선포했음을 암시하고 있다. 근친상간 이론에 의하면, 노아가 먼저 자기 아내의 임신 사실을 알게 되고, 그의 아내가 9개월 후에 가나안을 낳으며, 그 후에 가나안에게 저주가 임하는 등의 순서가 필연적으로 요구된다.

이 이론의 세 번째 약점은 함의 두 형제들인 셈과 야벳이 취한 행동의 정당한 근거를 이 이론이 제공하지 못한다는 데 있다. "뒷걸음쳐 들어가서 그들의 아버지의 벌거벗은 몸을 덮었다"는 것은 무엇을 의미하는가? 그리고 셈과 야벳이 아버지의 벌거벗은 몸을 옷으로 덮은 것과 하나님께서 아담과 하와의 벌거벗은 몸을 가죽옷으로 덮은 것(3:21) 사이에는 과연 어떤 평행 요소가 있는 것일까? 함의 행동을 근친상간의 사례에 해당하는 것으로 설명하는 이 이론에 의한다면, 다른 두 형제의 행동은 동생의 어리석음을 그대로 따라하지 않은 것으로 이해될 수 있을 뿐이다.

두 번째 주요 문제점 — 왜 손자가 저주를 받았는가 — 역시 깔끔한 해결을 보지 못한 채로 있다. 필자는 앞의 단락에서 한 가지 가능성에 대해서 언급한 바가 있다: 가나안은 근친 성관계로부터 생겨난 자식이다.

독자들은 "… 의 아버지 함"이라는 18, 22절의 표현이 편집자에 의해 삽입된 후대의 추가문이라고 말할 수도 있다(von Rad 1972: 135를 보라). 이러한 추론은 방금 얘기한 문제점을 쉽게 해결해준다. 그러나 그렇게 하려면 본문의 일부를 주관적인 판단에 근거하여 제거해야만 한다. 이 경우에 (할)아버지의 벌거벗은 몸을 본 결과 저주를 받은 자는 가나안이 되는 셈이다.

아마도 가나안이 저주를 받은 것은 그가 함의 막내아들이기 때문이었을 것이다(10:6). 함이 노아의 막내아들인 것처럼 말이다(9:24). 우리는 앞서 우리의 창세기 연구에서 범죄자의 행동으로 인하여 죄 없는 자가 고통당하는 사례들을 살핀 바가 있다: 아담과 하와의 죄로 인하여 땅이 저주를 받는다. 만일에 하나님의 아들들이 천사들을 가리킨다면, 천사들의 죄로 인하여 벌을 받는 것은 인간이다. 대부분의 동물들과 새들은 인간의 죄로 인하여 홍수에 휩쓸려 죽는다.

이 사건은 창세기 3-11장에서 하나님께서 직접 하신 말씀이 한 마디도 나오지 않는 유일한 것으로서, 부정적인 의미를 가지고 있다. 아니면 성서 전체를 두고 볼 경우에, 그 부정적인 사건의 결과로 인하여 어떤 한 사람이 다른 사람을 저주하는 첫 번째 사례일 수도 있다. 앞에서는 하나님께서 직접 저주의 메시지를 선포하시지만, 여기서는 노아가 그런 일을 한다.

노아의 말 속에는 저주에 더하여 복의 말이 추가되어 있다. 이제껏 하나님의 특권에 속해 있던 것이 이제는 사람의 손으로 넘어간다. 노아의 선포는 하나님께서 선포하신 것과 거의 같은 타당성과 힘을 가지고 있음에 틀림이 없다. 사람들은 대체 어떠한 논리에 근거하여 하나님의 입에서 나온 복과 저주를 실제적인 효력을 가진 결정들로 이해하면서도 노아의 입에서 나온 동일한 메시지는 단순한 희망 사항으로 한정시키는 것일까?

노아의 첫 번째 메시지는 셈을 겨냥하고 있다: "셈의 하나님이신 주를 찬송하리로다"(RSV, 이차적인 번역). 여기서 특별히 흥미를 끄는 것은 성서에서 처음으로 하나님이 특정 개인이나 그 개인으로부터 비롯되는 좀 더 큰 집단의 하나님으로 불리고 있다는 점이다. "셈의 하나님"과 평행을 이루는 표현은 나중에 아브라함의 종이 하나님을 일컬어 "나의 주인 아브라함의 하나님"(창 24:12, 42, 48)이라고 칭하는 곳에서 마주하게 된다.

27절 — "하나님이 야벳을 창대하게 하시고, 그를(him) 셈의 장막에 거하게 하시고"(RSV) — 에 대한 해석에서 핵심을 이루는 것은 "그"의 정체에 관한 것이다. 그는 야벳일까, 아니면 하나님일까? 노아의 예언은 야벳이 셈의 장막에 거할 것임을 뜻하는 것일까? 달리 말해서 이방인들이 하나님의 백성의 무리 안으로 들어오게 될 것임을 뜻하는 것일까? 아니면, 노아의 예언은 하나님께서 친히 셈의 장막에 거하실 것임을 뜻하는 것일까? 대부분의 옛 주석가들은 "그"를 하나님과 동일시한다. 반면에 대부분의 현대 학자들은 야벳을 선호한다(그러나 그 구절이 정확하게 무엇을 뜻하는지에 대해서는 거의 합의된 바가 없다).

필자가 보기에 카이저(Walter Kaiser 1978: 82)는 "그러나 그(하나님)는 셈의 장막에 거하실 것이다"라는 번역이 옳음을 설득력 있게 주장하고 있다. 이 경우에 그 예언은 하나님의 구속 계획과 약속의 말씀을 계승할 노아의 가계가 점점 좁아질 것임을 나타내는 것으로 이해될 수 있을 것이다. 결국 그가계는 아브라함으로 이어진다.

바벨탑(11:1-9)

창세기 4-11장에 있는 몇몇 사건들은 비슷한 족보 자료들에 의하여 일괄적으로 다루어진다. 하나님의 아들들과 사람의 딸들에 관한 이야기(6:1-8)의 앞뒤에는 노아의 세 아들들에 관한 설명이 주어지고 있다(5:32; 6:9-10). 홍수 이야기는 노아의 후손에 관한 동일한 설명에 둘러싸여 있다(6:9-10; 9:18-19). 바벨탑 사건은 그 앞뒤에 셈의 족보를 가지고 있다(10:21-31; 11:10-32).

위에서 살핀 창세기의 첫 몇 장들은 동쪽을 매우 강조한다. 에덴 동산은 동쪽에 있다(2:8). 하나님께서는 에덴 동산의 동쪽에 그룹들을 두어 동산으로 가는 길을 막으셨다(3:24). 가인은 에덴의 동쪽인 놋 땅에 거주한다(4:16). 셈의 후손들 중 일부는 " … 의 동쪽 산"에 거주하였다(10:30 NRSV). 바벨탑에 관한 이 이야기는 한 무리의 사람들이 동쪽에서부터 시날 평지로 이주함으로써 시작된다(11:2). 다시금 우리 이야기의 지리적인 환경이 팔레스타인 땅을 벗어난다.

그 곳에 모인 사람들의 죄는 도시를 건설하려는 계획에 있지 않다. 그것은 도덕과는 무관한 중립적인 행동에 해당한다. 여기서 가장 중요한 것은 그러한 공사의 배후에 있는 동기이다: "자, 우리 스스로 성읍과 탑을 건설하되, 그 탑 꼭대기를 하늘에 닿게 하고, 우리 자신을 위하여 이름을 내도록 하자"(창 11:4 NRSV). 이것은 불멸에 대한 이교적인 개념에 해당하는 것이다. 예술가와 조각가와 시인과 음악가와 건축가와 저술가 등이 사라진 지 오랜 후에, 그들에 관한 기억은 그들이 만들어놓은 작품들에 의해 항구적으로 보존될 것이다. 사람들은 누구나 자신의 기술로 인하여 영원토록 살아남게 된다.

그러나 하나님께서는 이러한 개념을 인정하지 않으신다. 이 이야기는 이 건축자들의 이상한 행동이 하나님의 행동을 부추겼다고 보고한다. 그들의 거대한 계획은 하나님께서 "언어를 혼잡케" 하시고 정착 문화를 고집하는 자들을 흩으심으로써 중단된다. "신의 문"이라는 뜻을 가진 바벨(9절)은 "떠들어대는 소음"으로 전락하고 만다.

밀러(Miller 1978: 27-36)는 창세기 3-11장 전체에 걸쳐서 각 죄의 본질 및 그 죄에 대한 심판의 본질 사이에 상응하는 바가 있음을 강조한다. 예로서 하와로 하여금 먹어서는 안 되는 것을 먹게끔 유혹한 뱀은 살아 있는 동안 흙을 먹게 될 것이다. 농사를 생업으로 하는 까닭에 정착을 본질로 하던 가인은 도망자와 방랑자의 자리에 처함으로써 농업생활에 종지부를 찍는다. 11:1-9의 바벨탑 사건에서는 하나님의 징계가 건축 계획을 가능케 하던 죄의 도구, 곧 하나의 언어와 땅 위에 흩어짐을 면하려는 그 죄의 의도 모두를 겨냥하고 있다. 창세기 3-11장 전체에 걸쳐서 죄와 불순종에 대한 하나님의 반응은 결코 임의적인 것이 아니다. 그는 결코 무턱대고 심판의 가능성들을 담은 "가방"으로 가서 임의로 그 중 하나를 끄집어내시는 분이 아니다. 죄와 징계 사이의 상관관계는 죄의 본질과 하나님의 정의의 본질을 강조하는 효과를 갖는다.

이 이야기는 땅이 "하나의 언어와 동일한 말"을 가지고 있었다고 말함으로써 시작된다. 이것은 적어도 그 때까지는 땅이 언어학적으로 통일되어 있었음을 뜻하는 것일까? 거의 그렇지 않다! 앞 장의 "민족 목록"은 야벳과 함과 셈의 자녀들이 각기 "언어와 종족과 나라"에 의하여 나누어진다는 점을 세 번씩이나 언급한다(5, 20, 31절).

문서 가설을 주창하는 자들이 그러하듯이, 우리는 이 두 장 사이에 긴장관계가 있음을 알 수 있다. 문서 가설의 입장에서 본다면, 인류의 흩어짐에 대해서는 두 가지의 설명이 존재한다. P자료(10장)에서 흩어짐은 복의 증거로 나타난다. 반면에 J자료(11장)에서는 흩어짐이 하나님의 불만족 내지는 형벌의 증거로 나타난다.

두 개의 상이한 언어학적 측면들을 염두에 둔 까닭에 이처럼 두 개의 장이 병렬되어 있다는 설명도 가능하다. 10장은 개별적인 방언들이나 언어들에 대해서 언급한다. 이와는 대조적으로 11장의 "한 언어"는 상이한 언어들을 사용하는 사람들 사이에 협력과 상호교환을 가능케 하는 만국 공용어를 가리킨다.

11장의 요점은, 고든(Cyrus Gordon, *Before Columbus: Links between the Old World and Ancient America* [New York: Crown, 1971], 107, 165-66) 이 주장한 바와 같이, 하나님께서 한 개의 언어를 다수의 언어로 나누셨다는 데 있는 것이 아니라, 건축 공사에 참여한 자들 모두가 이해할 수 있던 공용어를 그가 알아들을 수 없는 언어로 만드셨다는 데 있다.

세 번째 제안은 클라인스(Clines 1978: 68-69)의 견해에서 찾아볼 수 있다: "만일에 10장의 자료가 바벨탑 이야기를 따르고 있는 것이라면, 민족들의 목록 전체는 심판을 뜻하는 것으로 읽어야 할 것이다. 그러나 현재의 위치에서 10장은 9:1에 있는 하나님의 명령이 성취된 것으로 볼 수 있다." 필자가 판단하기에 이 마지막 해석은 그 나름의 장점을 가지고 있다. 왜냐하면 그것은 창세기 3-11장에서 이미 살핀 바 있는 한 가지 불변의 요소, 곧 하나님의 목소리를 심판과 구속, 진노와 자비 모두에서 들을 수 있다는 사실의 또 다른 사례를 보여주고 있기 때문이다. 하나님은 모든 것이 합력하여 선을 이루게 하시며, 일부의 어리석음에 의해 괴롭힘을 당하시지만, 어느 누구도 그의 계획을 변경시키지는 못한다. 우리는 여기서 인간 생명의 창조에 관한 일반적인 진술(1:26-30) 직후에 곧바로 인간 생명의 창조에 관한 좀 더 구체적인 설명(2:4-5)이 이어지는 것처럼, 다양한 언어들의 기원에 관한 일반적인 설명(10:1-32) 직후에 그러한 현상의 기원에 관한 좀 더 구체적인 설명(11:1-9)이 이어지는 것으로 볼 수도 있다.

창세기 4-11장

Andersen, F. 1974. *The Sentence in Biblical Hebrew*. The Hague: Mouton.

Anderson, B. W. 1978. "From Analysis to Synthesis: The Interpretation of Genesis 1-11." *JBL* 97:23-39.

Barnard, A. N. 1971. "Was Noah a Righteous Man? Studies in Texts: Genesis 6, 8." *Theology* 74:311-14.

Barr, J. 2003. "Reflections on the Covenant with Noah." In *Covenant as Context: Essays in Honour of E. W. Nicholson*. Ed. A. D. H. Mayes and R. B. Salters. Oxford: Oxford University Press. Pp. 11-22.

Basset, F. W. 1971. "Noah's Nakedness and the Curse of Canaan: A Case of Incest?"

VT 21:232–37.

Brueggemann, W. 1968. "David and His Theologian." *CBQ* 30:156–81.

———. 1971. "Kingship and Chaos (A Study in Tenth Century Theology)." *CBQ* 33:317–32.

Bryan, D. T. 1987. "A Reevaluation of Genesis 4 and 5 in the Light of Recent Studies in Genealogical Fluidity." *ZAW* 99:180–88.

Cassuto, U. 1973. "The Episode of the Sons of God and the Daughters of Men (Genesis vi:1–4)." In *Biblical and Oriental Studies*. Trans. I. Abrahams. 2 vols. Jerusalem: Magnes. Vol. 1, pp. 17–28.

Christensen, D. 1986. "Janus Parallelism in Genesis 6:3." *HS* 27:20–24.

Clark, W. M. 1971. "The Flood and the Structure of the Pre-patriarchal History." *ZAW* 83:184–211.

Clines, D. J. A. 1972–1973. "Noah's Flood. I: The Theology of the Flood Narrative." *Faith and Thought* 100:128–42.

———. 1978. *The Theme of the Pentateuch*. 2nd ed., 1997. JSOTSup 10. Sheffield: JSOT Press.

———. 1979. "The Significance of the 'Sons of God' Episode (Genesis 6:1–4) in the Context of the 'Primeval History' (Genesis 1–11)." *JSOT* 13:33–46.

Cohen, H. H. 1974. *The Drunkenness of Noah*. Judaic Studies 4. University, Ala.: University of Alabama Press.

Cohen, N. 1996. *Noah's Flood: The Genesis Story in Western Thought*. New Haven: Yale University Press.

DeWitt, D. S. 1979. "The Historical Background of Genesis 11:1–9: Babel or Ur?" *JETS* 22:15–26.

Eslinger, L. 1979. "A Contextual Identification of the *bene ha'elohim* and *benoth ha'adam* in Genesis 6:1–4." *JSOT* 13:65–73.

Fewell, D. 2001. "Building Babel." In *Postmodern Interpretations of the Bible: A Reader*. Ed. A. K. M. Adam. St. Louis: Chalice. Pp.1–15.

Fisher, E. 1970. "Gilgamesh and Genesis: The Flood Story in Context." *CBQ* 32:392–403.

Forrest, R. W. E. 1994. "Paradise Lost Again: Violence and Obedience in the Flood Narrative." *JSOT* 62:3–18.

Frymer-Kensky, T. 1974. "What the Babylonian Flood Stories Can and Cannot Teach Us about the Genesis Flood." *BAR* 4 (4):32–41.

———. 1977. "The Atrahasis Epic and Its Significance for Our Understanding of Genesis 1–9." *BA* 40:147–55.

Gruber, M. I. 1978. "The Tragedy of Cain and Abel: A Case of Depression." *JQR* 69:89–97.

———. 1980. "Was Cain Angry or Depressed?" *BAR* 6 (4):35–36.

Halpern, B. 1995. "What They Don't Know Won't Hurt Them: Genesis 6–9." In *Fortunate the Eyes That See: Essays in Honor of David Noel Freedman on His Seventieth Birthday*. Ed. A. B. Beck et al. Grand Rapids: Eerdmans. Pp. 16–34.

Harland, P. J. 1998. "Vertical or Horizontal: The Sin of Babel." *VT* 48:515–33.

Harrison, R. K. 1994. "From Adam to Noah: A Reconsideration of the Antediluvian Patriarchs' Ages [Gen 5, 3–32]." *JETS* 37:161–68.

Hartmann, T. C. 1972. "Some Thoughts on the Sumerian King List and Genesis 5 and 11b." *JBL* 91:25–32.

Hasel, G. F. 1978. "The Genealogies of Genesis 5 and 11 and Their Alleged Babylonian Background." *AUSS* 16:361–74.

Hendel, R. S. 1987. "Of Demigods and the Deluge: Toward an Interpretation of Genesis 6:1–4." *JBL* 106:13–26.

Herion, G. A. 1995. "Why God Rejected Cain's Offering: The Obvious Answer." In *Fortunate the Eyes That See: Essays in Honor of David Noel Freedman on His Seventieth Birthday.* Ed. A. B. Beck et al. Grand Rapids: Eerdmans. Pp. 52–65.

Kaiser, W. C. 1978. *Toward an Old Testament Theology.* Grand Rapids: Zondervan.

Kessler, M. 1974. "Rhetorical Criticism of Genesis 7." In *Rhetorical Criticism: Essays in Honor of James Muilenburg.* Ed. J. J. Jackson and M. Kessler. PTMS 1. Pittsburgh: Pickwick. Pp. 18–32.

Kline, M. 1962. "Divine Kingship and Genesis 6:1–4." *WTJ* 24:187–204.

———. 1978. "Oracular Origin of the State." In *Biblical and Near Eastern Studies.* Ed. G. Tuttle. Grand Rapids: Eerdmans. Pp. 132–41.

Lambert, W. G., and A. R. Millard. 1969. *Atra-hasis: The Babylonian Story of the Flood.* Oxford: Clarendon.

Landy, F. 1998. "Flood and Fludd." In *Biblical Studies/Cultural Studies: The Third Sheffield Colloquium.* Ed. J. C. Exum and S. Moore. JSOTSup 266. Sheffield: Sheffield Academic Press. Pp. 117–58.

Larsson, G. 2000. "Remarks concerning the Noah-Flood Complex." *ZAW* 112:75–77.

Laurin, R. B. 1978. "The Tower of Babel Revisited." In *Biblical and Near Eastern Studies.* Festschrift for W. S. LaSor. Ed. G. Tuttle. Grand Rapids: Eerdmans. Pp. 142–45.

Levin, S. 1979. "The More Savory Offering: A Key to the Problem of Genesis 4:3–5." *JBL* 98:85.

Lewis, J. P. 1994. "The Offering of Abel (Gen. 4:4): A History of Interpretation." *JETS* 37:481–96.

Longacre, R. 1976. "The Discourse Structure of the Flood Narrative." In *SBLSP 1976.* Ed. G. W. MacRae. Missoula, Mont.: Scholars Press. Pp. 235–62.

Merrill, E. 1997. "The Peoples of the Old Testament according to Genesis 10." *BSac* 154:3–22.

Miller, J. M. 1974. "The Descendants of Cain: Notes on Genesis 4." *ZAW* 86:164–74.

Miller, P. D., Jr. 1978. *Genesis 1–11: Studies in Structure and Theme.* JSOTSup 8. Sheffield: University of Sheffield Department of Biblical Studies.

Moberly, R. W. L. 2000. "Why Did Noah Send Out a Raven?" *VT* 50:345–56.

Nielsen, E. 1954. *Oral Tradition: A Modern Problem in the Old Testament Introduction.* SBT 11. Chicago: Allenson.

Obed, B. 1986. "The Table of Nations (Genesis 10)—A Socio-Cultural Approach." *ZAW* 98:14–31.

Paul, M. J. 1996. "Genesis 4:17–24: A Case-Study in Eisegesis." *TynB* 47:143–62.

Petersen, D. L. 1976. "The Yahwist on the Flood." *VT* 26:438–46.

———. 1979. "Genesis 6:1–4, Yahweh and the Organization of the Cosmos." *JSOT* 13:47–64.

Rad, G. von. 1972. *Genesis*. Trans. J. H. Marks. Rev. ed. OTL. Philadelphia: Westminster.

Riemann, P. 1970. "Am I My Brother's Keeper?" *Int* 24:482–91.

Robertson, O. Palmer. 1998. "Current Critical Questions concerning the 'Curse of Ham' (Gen. 9:20–27)." *JETS* 41:177–88.

Ross, A. P. 1980a. "The Curse of Canaan." *BSac* 137:223–40.

———. 1980b. "The Table of Nations in Genesis 10—Its Structure." *BSac* 137:340–53.

Sasson, J. 1975. "Word Play in Gen 6:8–9." *CBQ* 37:165–66.

———. 1980. "The 'Tower of Babel' as a Clue to the Redactional Structuring of Primeval History [Gen. 1–11:9]." In *The Bible World: Essays in Honor of Cyrus H. Gordon*. Ed. G. Rendsburg et al. New York: Ktav. Pp. 211–19.

Spina, F. 1992. "The 'Ground' for Cain's Rejection: ʾadamah in the Context of Gen 1–11." *ZAW* 104:319–32.

Steinmetz, D. 1994. "Vineyard, Farm and Garden: The Drunkenness of Noah in the Context of Primeval History." *JBL* 113:193–207.

Tigay, J. H., ed. 1985. *The Gilgamesh Epic: Empirical Models for Biblical Criticism*. Philadelphia: University of Pennsylvania Press.

Turner, L. A. 1993. "The Rainbow as the Sign of the Covenant in Genesis ix: 11–13." *VT* 43:119–24.

VanGemeren, W. 1981. "The Sons of God in Genesis 6:1–4 (An Example of Evangelical Demythologization?)." *WTJ* 43:320–48.

Vervenne, M. 1995. "What Shall We Do with the Drunken Sailor? Critical Re-examination of Genesis 9:20–27." *JSOT* 68:33–55.

Waltke, B. 1986. "Cain and His Offering." *WTJ* 48:363–72.

Wenham, G. J. 1978. "The Coherence of the Flood Narrative." *VT* 28:336–48.

Wickham, L. R. 1974. "The Sons of God and the Daughters of Men: Gen vi 2 in Early Christian Exegesis." *OtSt* 19:135–47.

Wifall, W. 1975. "Genesis 6:1–4—A Royal Davidic Myth?" *BTB* 5:294–301.

3. 아브라함

창세기 11:26-25:11

성서의 첫 책은 창조에 관한 이야기에 오직 두 개의 장만을 할애하며, 무죄 상태에서 죄로 떨어지는 인류의 타락에 관한 이야기에는 오직 한 개의 장만을 할애할 뿐이다. 그러나 아브라함 이야기는 창세기에서 13개의 장에 걸쳐서 전개되며, 다른 두 장들의 일부에서도 발견된다. 여기서 우리는 과연 성서의 본질적인 의도에 관한 한 가지 단서를 얻을 수 있을까? 그것의 주요 기능은 정확하게 현대인들의 마음 속에 있는 철학적이고 형이상학적인 질문들에 답하는 데 있지 않다. 굳이 하나님에 관한 정의를 내린다거나 하나님이 역사 안에서 활동하신다는 것을 어떻게 알 수 있는지를 설명해야 한다면, 옛 히브리 사람들은 재즈 예술가인 암스트롱(Louis Armstrong)이 말한 것과도 같은 답을 줄 것이다. 그는 재즈가 무엇인지를 정의해달라는 요청에, "이보시오, 당신이 질문한다고 해도, 당신은 결코 그 답을 얻지 못할 것이오"라고 답변한 바가 있다.

구약성서는 철학적이기보다는 신학적이다. 하나님과 인간은 어떻게 서로 합의점을 찾아 친근한 관계를 유지할 수 있는가? 이에 대한 답은 레위기와 출애굽기의 중심부에서 찾을 수 있다. 하나님은 지극히 불편한 상황 속에서 어떻게 인간을 격려하시는가? 요셉의 이야기를 보라. 하나님은 어떤 한 인간을 무명의 상황 속에서 어떻게 불러내시며, 그에게 세상을 변화시키도록 자극하시는가? 아브라함의 생애를 살펴보라.

그렇지만 전문적인 견지에서 말하자면, 우리는 창세기에서 아브라함의 전기를 발견하지 못한다. 우리는 그의 생애를 상세하게 추적할 수 없다. 그 대신에 창세기는 그의 생애에 있었던 몇몇 사건들에 초점을 맞추며, 그의 생애의 특정 부분을 강조한다. 아래의 도표 1이 이 점을 잘 보여 준다. 우리는 아브라함의 생애의 첫 75년에 대해서는 아무런 정보도 가지고 있지 않다. 단지 마지막 75년에 관한 최소한의 정보만을 가지고 있을 뿐이다. 아브라함의 생애에 있어서 가장 중요한 25년의 기간은 75세부터 100세까지의 기간을 일컫는다.

도표 1

성서본문	아브라함의 나이	사건
12:4	75	아브라함이 하란을 떠나다
16:3	85	아브라함이 가나안에서 10년을 살다
16:16	86	이스마엘의 출생
17:1	99	계약
21:5	100	이삭의 출생
23:1	137	사라의 죽음
25:7	175	아브라함의 죽음

아담으로부터 노아의 후손에 이르기까지(1–11장)의 이야기에는 불성실함의 모델들이 순종의 모델들보다 훨씬 더 많다. 아브라함은 이처럼 가망성 없는 개인들과 대조를 이룬다. 예로서 "우리의 이름을 내자"(11:4 NRSV)와 "내가 네 이름을 크게 만들어주겠다"(12:2 NIV) 사이에는 명백한 대조가 있다. 인간의 모의는 하나님의 주도권과 대조를 이루며, 인간의 자기 증진은 수동적으로 하나님의 약속들을 받는 태도와 대조를 이룬다.

족장 이전 시대로부터 족장사로 넘어가는 부분은 창세기 12장 서두의 말씀들에 의해 분명하게 구별된다. 볼프(Hans W. Wolff 1974: 47)는 이 본문의 문법적인 부분들을 다음과 같이 제대로 정리하고 있다:

1. 명령형: "가라!"(12:1)

2. 하나님을 주어로 하는 다섯 개의 미완료 동사들: "내가 … 큰 민족을 이루고 … 내가 복을 주어 … 내가 네 이름을 창대하게 하리니 … 내가 복을 내리고 … 내가 저주하리니."

3. 한 개의 완료 동사: "땅의 모든 족속[창 10-11장?]이 너로 인하여 복을 얻을 것이다" 또는 "그들 스스로 복을 받을 것이다." (흥미롭게도 미래에 대한 약속은 완료형으로 표현되어 있다. 한 개인의 미래는 앞에 있는 것인가, 아니면 뒤에 있는 것인가? 인간은 미래를 향해 나아가는가, 아니면 미래를 향해 되돌아가는가?)

이 세 구절에서 "복"과 관련된 낱말은 동사와 명사를 합하여 모두 다섯 번 나온다. 볼프(1974: 54)는 "복"의 이러한 다섯 가지 용례들을 창세기 1-11장에 있는 "저주"의 다섯 가지 용례들과 대비시킨다:

1. 3:14: "너는 모든 가축과 들의 모든 짐승보다 더욱 저주를 받을 것이다"
2. 3:17: "땅은 너로 인하여 저주를 받을 것이다"
3. 4:11: "너는 땅에서 저주를 받을 것이다"
4. 5:29: "주께서 땅을 저주하시므로"
5. 9:25: "가나안은 저주를 받아"

독자들은 하나님께서 직접 말씀하신 창세기 12:1-3의 복을 창세기 1-11장에 있는 비슷한 수만큼의 복과 관련시킬 수도 있다: "그리고 하나님은 그들에게 복을 주셨다"(1:22 RSV); "그리고 하나님은 그들에게 복을 주셨다"(1:28 RSV); "그리하여 하나님은 그 일곱째 날을 복되게 하셨다"(2:3 NRSV); "남자와 여자 … 하나님이 그들에게 복을 주시고"(5:2 NRSV); "하나님이 노아와 그 아들들에게 복을 주셨다"(9:1 RSV). 그러나 자료비평가들은 이러한 상응 관계를 인정하지 않는다. 왜냐하면 그들은 창세기 12:1-3이 J에 속한 것인 반면에, 이 다섯 개의 복은 P에 속한 것이라고 보기 때문이다.

그렇다면 아브라함의 생애에서 어떠한 사건들이 발생했는가?

1. 아브라함은 기근으로 인하여 사라와 함께 이집트로 여행한다(12:10-20)

2. 이집트로부터 돌아온 아브라함과 롯은 그 땅을 서로 간에 분배하지 않으면 안 된다(13:1-18)

3. 아브라함은 롯을 침략자들에게서 구출하며(14:1-17, 21-24), 그 과정에서 멜기세덱을 만난다(14:18-20)

4. 하나님께서는 아브라함과 더불어 계약을 맺으신다(15장). 그 계약은 나중에 할례를 통하여 비준된다(17장). 그 중간에 이스마엘이 태어난다(16장)

5. 하나님께서 소돔과 고모라를 심판하시다(18-19장)

6. 집을 떠난 아브라함은 사라를 자기 누이로 소개함으로써 다시금 왕을 속이지만 성공을 거두지 못한다(20장)

7. 이삭이 태어나고 나중에 제물로 바쳐진다(21-22장)

8. 사라가 죽는다(23장)

9. 아브라함은 자신의 종을 고향으로 보내어 이삭을 위해 아내를 구하게 한다(24장; 결혼 주제를 다루는 본장은 창세기에서 가장 긴 장이다)

10. 아브라함이 죽는다(25:1-11)

약속의 주제

아브라함에 관한 우리의 지식은 성서 안에 있는 내용에 국한되어 있다. 다수의 성서 인물들이 그러하듯이, 족장 시대에 속한 성서 밖의 현존 자료들 중에서 아브라함에 관해 언급하는 것은 없다. (거의) 동일한 이름을 가진 개인들은 있다. 예로서 옛 에블라(Ebla) 지역의 문헌이 그에 해당한다. 이러한 사실은 아브라함 전승이 아주 오래된 것임을 뒷받침한다. 그러나 그 개인들 중의 어느 누구도 성서에 나오는 아브라함과 동일한 인물은 아니다.

설형문자나 상형문자로 된 본문에 족장 아브라함 — 또는 마찬가지로 모세 — 의 이름이 언급되는 한 가지 사례만 있어도 이 초기 인물들을 둘러싼 다양한 추측들을 충분히 잠재울 수 있을 것이다. 그러나 그러한 사례가 전혀 없는 현실은 "역사적인 아브라함"을 찾으려는 현대 학자들의 무수한 상상력을 자극하였다. 고고학적인 발견에 기초하여 족장 전승들의 진정한 문화적 배경을 강조하는 학자들조차도 여기에서 우리가 순전한 역사의 증거를 가지고 있다는 것을 인정하지 않으려 한다. 그들이 볼 때 진정한 의미에서의 역사적인 보고는 다윗과 그의 가문에 관한 "왕위 계승 설화"(삼하 9-20장; 왕상 1-2장)의 "객관적인" 설명이 나타날 때까지는 없다고 볼 수 있다.

뿐만 아니라 족장들에 대하여 보수적인 역사적 평가를 내리고 있는 비평 학자들 역시 대체적으로 그 이야기들 — 사실과 전설 또는 무용담 등의 혼합물 — 이 왕정 확립기로부터 포로 귀향에 이르기까지의 기간(주전 1000-500년) 동안에 이스라엘과 유다 지역에서 생겨난 것들이라고 주장한다. 족장들에 관한 모든 이야기들은 그 자체로서 볼 때 오랜 구전 과정에 속해 있던 것들이다. 그런데 나중에 수집과 개정 및 편집 등의 과정을 거친 결과 많은 이야기들이 본래의 맥락과 목적으로부터 많이 벗어나기에 이르렀다. 이러한 강조점은 족장 이야기들 중의 일부가 순전히 후대의 창작물 — 인위적으로 초기 시대에 속한 것으로 만들어진 — 에 지나지 않는다는 주장과 양립되어 있다.

이러한 접근법은 창세기의 족장들에게 주어진 중요한 역할, 곧 미래를 위한 하나님의 약속을 전달하는 첫 통로들로서의 역할을 축소시키거나 무시하고 있음이 분명하다. 보스(Geerhardus Vos 1948: 67)는 이에 대해서 다음과 같이 말한다: "만일에 성서에서 그들[족장들]이 구속의 드라마 — 하나님의 백성의 초기 역사 — 에서 활동하는 실제 배우들이라면 … 그들의 역사성을 부정하는 것은 그들을 쓸모없는 존재들로 만드는 것이나 다름이 없다." 도리어 그들은 파악하기 어려운 오랜 과거에 속한 모호한 인물들 내지는 우화적인 인물들(예로서 세례 요한보다는 예수의 비유에 나오는 탕자와도 같은)로 나타난다. 어떠한 세대든 간에 자기들의 시대에 적용할 초시간적인 진리를 그들로부터 얻어낼 수 있을 것이다.

족장들이 구속사에서 수행하는 중요한 역할은 하나님의 약속을 끊임없이 강조하는 창세기에서 가장 두드러지게 나타난다. 모든 것들이 아브라함과 이삭 및 야곱 등으로부터 시작하지만, 어떠한 것도 그들에게서 끝나지는 않는다. 이 세 인물들은 자기들의 생애를 뛰어넘는 한 종점을 향해 움직이고 있을 뿐이다. 그들은 촉매 역할을 수행하는 자들이지, 결론 부분에 속한 자들이 아니다. 실제로 우리는 창세기의 아브라함 이야기에서 주전 2천년기의 일상생활에 관한 한 시각을 얻기보다는 미래를 위한 하나님의 약속들에 대해서 알게 된다. 궁극적으로 우리의 관심사는 예언적인 것이지 역사적인 것이 아니다.

나중에 살펴보게 되겠지만, 아브라함의 생애는 신앙과 어리석음 및 전진과 후진의 흥미로운 결합으로 이루어져 있다. 대부분의 경우 신앙의 아브라함을 칭송하는 독자들의 태도에는 아무런 문제도 없다. 그러나 몇몇 사건들은 그에게 믿음이 없음을 드러내기도 한다.

대체 무엇이 긍정적인 사건들과 부정적인 사건들 모두를 균형 있게 볼 수 있도록 도와주는가? 폰 라트(1962 1:167)는 이 질문에 대하여 다음과 같이 답한다: "그럼에도 불구하고 그 이야기 전체는 이른바 족장들에게 주어진 약속을 지탱하고 연결시켜주는 발판을 하나 가지고 있다. 적어도 이처럼 다양한 이야기들의 결합체는 주제상의 일관성을 가지고 있다고 말할 수 있다 … 끊임없이 반복되는 하나님의 약속이 그것이다." 차일즈(Brevard Childs 1979: 151)도 이와 마찬가지로 하나님의 약속들이야말로 "이 다채로운 역사의 다양한 상황들 속에서 하나의 변치 않는 요소"로 작용하고 있다고 본다.

뿐만 아니라 이 약속들은 조건적인 것이 아니라 절대적인 것이다. 이러한 강조점은 그 약속들을 보상 개념(벌어들인 어떤 것)으로부터 선물 개념(요청하지 않은 어떤 것)으로 바꾸어준다. 우리는 이 점이 아브라함에게 주어진 첫 번째 약속(복과 번성함 모두를 포함하는 약속)의 사례에 해당하는 12:1-3에 다소 강하게 반영되어 있음을 발견할 수 있다. 가장 먼저 "가라!"는 하나님의 명령이 주어진다(1절). 이어서 "내가 … 하겠다"는 하나님의 약속이 주어진다(2-3절). 그 다음에는 "그리하여 아브라함이 떠났다"(4절)는 인간 쪽의 응답이 뒤따른다. 만일에 4절을 2-3절 앞에 둔다면 이 단락 전체의 의도가 크게 바뀔 것이다. 그럴 경우에는 하나님의 약속들을 아브라함의 순종의 결과로 읽을 수밖에 없을 것이다. 그리고 하나님의 말씀은 맨 처음에 주어지는 말씀이 아니라 순종에 대한 응답의 말씀으로 이해될 것이다.

이와 동일한 구조는 약속의 두 번째 사례에 해당하는 13:14-18에서도 발

견된다: "눈을 들어 바라보라"는 하나님의 명령(14절); "내가 … 하겠다"는 하나님의 약속(15-17절); "이에 아브람이 장막을 옮겼다"는 인간 쪽의 응답(18절). 약속의 세 번째 사례에 해당하는 15:1-6도 동일한 구조를 반영하고 있다: "바라보라"는 하나님의 명령(5a절); "네 자손이 이와 같을 것이다"는 하나님의 약속(5b절); "그리하여 그가 주를 믿었다"는 인간 쪽의 응답(6절).

그렇다고 해서 아브라함이 모든 책임을 면제받는 것은 아니다. 그는 "하나님 앞에서 행하여 완전해야" 한다(17:1). 그는 "계약을 지켜야" 한다(17:9). 그는 "공의와 정의를 행함으로써 주께서 아브라함에게 약속하신 것을 이루게" 하여야 한다(18:19 RSV). 순종과 성취 사이의 인과관계는 "네가 이같이 행하였기 때문에 … 내가 네게 큰 복을 주고 … 이는 네가 나의 목소리에 순종하였기 때문이다"(22:15-18 NRSV)라는 말씀에 잘 반영되어 있다. 26:4-5에서도 이와 동일한 의미가 발견된다: "내가 네 자손을 하늘의 별과 같이 번성하게 하며 … 이는 아브라함이 내 목소리에 순종하였기 때문이다"(RSV). 그러나 이 마지막 구절은 이삭의 순종 때문이 아니라 아브라함의 순종 때문에 이삭의 후손들이 많아질 것이라는 약속을 담고 있다.

필자가 여기서 강조하고자 하는 것은 인간의 책임이 배제된다는 데 있지 않다. 결국 편무적인 계약에서조차 어느 정도의 상호성이 존재한다. 아브라함이 야웨께서 말씀하신 대로 행하지 않는다면 어떻게 되겠는가? 그가 하나님을 믿지 않는다면 어떻게 되겠는가? 그가 계속해서 하나님 앞에서 행하여 완전해지지 않고자 한다면 어떻게 되겠는가? 그가 이삭을 제물로 드리기를 거부한다면 어떻게 되겠는가? 이러한 선택권은 야웨께서 선택하신 자인(18:19) 아브라함에게 있어서 하나님의 은총이 불가항력적인 것이라고 말할 수 없는 한에는 그의 자유에 달려 있음이 분명하다. 필자가 여기서 강조하고자 하는 것은 인간의 책임이 계속해서 하나님의 약속의 말씀에 종속되어 있다는 점이다.

하나님께서 아브라함에게 부과하신 첫 번째 조건은 행동 지침에 관한 것으로, 아브라함이 여러 차례 약속의 말씀을 받은 후에야(12:1-3, 7; 13:14-17; 15:1-6, 7-21) 비로소 그에게 주어진다(17:1). 연대기적인 순서에 비추어 볼 때, 하나님의 첫 번째 약속의 말씀은 아브라함이 75세 되던 때에 주어진다(12:4). 하나님께서 아브라함에게 주신 첫 번째 조건의 말씀은 대략 한 세기의 4분지 1이 지난 때, 곧 아브라함이 99세 되던 때에 주어진다(17:1).

하나님께서 족장들에게 주신 약속들은 아들 출산, 자손 번성, 땅, 하나님의 함께 하심, 복 등과 같은 영역들을 포함한다. 이들 중 일부는 따로따로 언급되는 경우도 있지만("네 아내 사라가 아들을 가질 것이다"[18:10 RSV]; "내가 이 땅을 네 자손에게 주겠다"[12:7 RSV]), 보통은 한데 몰려서 나온다. 예로서 22:15-18은 다음의 것들을 포함하고 있다: 복의 약속("내가 네게 큰 복을 주겠다" [RSV]); 자손 번성의 약속("내가 네 자손을 하늘의 별처럼 많아지게 하겠다" [RSV]); 땅의 약속("네 자손이 그 대적의 성문을 차지할 것이다" [RSV]); 두 번째 복의 약속("또 네 자손으로 말미암아 천하 만민이 복을 받을 것이다" [RSV]).

아브라함의 아들이나 손자에게보다는 아브라함 본인에게 더 많은 약속들이 주어진다. 클라인스(David J. A. Clines 1978: 32-33)는 자손의 약속을 나열하면서 창세기로부터 19개의 본문들을 인용한다. 그 중 13개는 아브라함에게 주어진 것이고, 한 개는 하갈에게 주어진 것이며(21:18), 두 개는 이삭에게(26:4, 24), 그리고 세 개는 야곱에게(28:14; 35:11; 46:3) 주어진 것이다. 클라인스는 땅의 약속이 창세기에 13개 있다고 본다. 이 중 아홉 개는 아브라함에게 주어진 것이고, 한 개는 이삭에게(26:3), 나머지 세 개는 야곱에게 (28:13, 15[48:4도 마찬가지임]; 35:12; 46:4) 주어진 것이다. 땅의 약속과 관련해서는 그 약속이 매우 다양한 방식으로 주어진다는 점을 주목할 필요가 있다. 12:7에서 하나님은 "네 자손에게" 땅을 주실 것이다. 13:15에서 하나님은 "너와 네 자손에게" 땅을 주실 것이다. 13:17에서 하나님은 "너에게" 땅을 주실 것이다. 이 구절들에 나오는 "내가 주겠다"는 미래 시제는 "내가 주노라"는 현재 시제로 바꾸어 읽을 수도 있다(15:18을 문자 그대로 번역하면 "내가 주었다"로 이해됨).

물론 아브라함은 여호수아 때의 이스라엘 백성처럼 그 땅을 소유해본 적이 한 번도 없었다. 그의 "소유"는 말뚝을 박아 경계를 정하는 차원에 국한된다: "너는 일어나 그 땅을 종과 횡으로 두루 다녀 보라"(13:17 RSV). 언젠가는 그의 자손들이 그 땅을 실제로 차지할 것이다. 적어도 우리는 그것을 회상하는 형식으로 보고 있는 셈이다. 초기의 본문들 중에는 아브라함 자신이 직접 그러한 성취를 목격했다는 것을 전혀 언급하지 않는다. 표면상 그는 12:7에서 맨 처음 약속의 말씀이 자신에게 선포되었을 때 그 약속의 좀 더 근접한 성취를 기대하였다. 하나님께서 지시하신 400년의 기간(15:12-16)이 지난 다음에야 비로소 아브라함이 마음에 품었을 모든 의문들이 해소된다. 몇몇 경우에 그는 하나님께 "제 상속자는 어디에 있습니까?"라고 묻는다. 그러나 그는 결코 하나님께 "제 땅이 어디에 있습니까?"라고 묻지는 않는다. 그에게는 장막에서 사는 것만으로 충분하였다(히 11:9-10).

하나님께서 아브라함과 이삭과 야곱에게 주신 대부분의 약속들이 족장들이 살아 있는 동안에 성취될 수 없는 것임은 분명한 일이다. 이 점은 확실히 가장 자주 나타나는 두 가지 약속들, 곧 자손이 크게 번성할 것이라는 약속과 땅이 선물로 주어질 것이라는 약속에게 해당된다. 하나님께서는 먼 미래에 정점에 도달하게 될 한 과정을 아브라함과 더불어 시작하신다.

그렇다면 아브라함 자신은 어떠한가? 그에게는 무수히 많은 자손들이 아니라 한두 명의 아들이 있을 뿐이다. 그는 자신의 장막과 부를 가지고 있지만 아직 땅은 가지고 있지 않다. 자기 아내를 매장할 지극히 작은 규모의 땅을 매입한 경우를 제외하고는 말이다(창 23장). 그의 생애의 후반기 75년 동안 얼마나 많은 땅의 족속들이 그를 통하여 복을 받게 되는가?

아브라함은 한 개의 풍성한 복을 가지고 있다. 개인적인 성취라는 측면에서 볼 경우에, 참으로 그는 하나님의 모든 약속들을 소유하고 있지는 않으나, 그러한 약속들을 주신 하나님을 소유하고 있다. 하나님께서는 친히 아브라함의 방패와 상급이 되어 주신다(15:1). 선물들이 아니라 그 선물들을 주신 하나님이야말로 아브라함의 가장 큰 상급으로서, 그를 강하게 붙들고 있다. 따라서 성서가 아브라함을 일컬어 세 번씩이나 "하나님의 친구"라 칭하는 것은 전혀 근거 없는 것이 아니다(대하 20:7; 사 41:8; 약 2:23). 이 구절에 대해서는 고셴 — 고트슈타인(M. Goshen-Gottstein 1987)의 연구를 참고할 필요가 있다. 특히 왜 70인역이 히브리어 능동 분사(아브라함은 하나님을 사랑하는 자이다)를 수동 분사(아브라함은 하나님의 사랑을 받는 자이다)로 바꾸었는지에 대한 그의 해석을 참고할 필요가 있다. 이 세 본문들은 서로 밀접하게 관련되어 있다.

믿음 없는 사람, 아브라함

아브라함은 창세기 12-25장에 기록되어 있는 온갖 경험들을 통하여 대단한 순종과 신뢰의 사람으로 자리 잡는다. 그의 인생 여정은 하나님께 시험받는 것으로 시작하며(창 12장, "가라"), 또 하나님께 시험 받는 것에서 정점에 도달한다(창 22장, "이삭을 바쳐라"). 그 중간 기간 동안에 그는 인내의 표본으로 나타난다. 그는 75세 되던 때에 상속자를 약속받으며, 상황 반전의 기회를 처음 얻기 전까지 한 세기의 4분지 1의 기간을 기꺼이 기다린다. 이사야가 묘사하는 고난 받는 종(53:12)과 마찬가지로 아브라함은 범죄자들을 위해 중재한다(창 18:16-33에서 그는 소돔을 위해 하나님께 기도한다). 그는 그들을 용서하지는 않지만, 적어도 이리저리로 옮겨 다니는 자신의 조카 롯의 변명은 용납한다.

그러나 모든 것이 완전한 것은 아니다. 아브라함의 이야기에는 이 주인공에게서 발견되는 약간의 의심스러운 행동들이 희미하게 나타나 보인다. 이런 식으로 하여 아브라함은 거룩한 것과 속된 것, 고상한 것과 저급한 것을 묘하게 합친 것과도 같은 인물들인 야곱과 모세와 다윗의 모델이 된다.

아브라함은 자기 목숨을 건지기 위하여 아내 사라를 이용할 만큼 약한 사람이다. 위협적인 상황에 직면한 그는 이집트 사람들에게 자신의 아내로서가 아니라 누이로 위장할 것을 사라에게 요청한다(12:10-20). 우리는 아브라함의 전략을 성서 주석가인 슈파이저(E. A. Speiser)가 주장하는 바와 같이 호리족(Hurrian) 문서에 의지하여 설명할 수 있을 것이다. 이 문서에 의하면 호리 지역(아브라함이 자기 생애의 일부를 보낸 적이 있는 지역 [11:13c])은 결혼에 이어 입양 절차를 밟는 관례를 가지고 있다. 결혼에 임하는 여성은 먼저 결혼 상대자의 아내가 되고, 이어서 부부관계를 강화시키려는 목적에서 그의 누이가 된다. 물론 이러한 본문 이해는 아브라함의 명성을 "지켜주는" 역할을 수행한다. 그는 이집트 사람들이 아내 사라를 크게 배려해줄 것이라는 희망을 가지고서 그녀에게 더 높은 지위를 부여한 셈이다.

독자들은 이 이야기를 그런 식으로 읽으려는 충동을 강하게 느낄 것이다. 뿐만 아니라 아브라함의 유죄(有罪)는 그가 사건이 진행되는 내내 침묵을 지켰다는 사실에 의해 한층 강화된다. 그는 대화를 나누기보다는 그저 듣기만 할 뿐이다. 아울러 사라의 침묵 역시 주목할 필요가 있다. 그녀는 성서에서 한 남자에 의해 다른 남자들에게 흔히 성적인 희생을 강요당하는 여성들 중 맨 첫 번째 사람이다(롯의 딸들 [창 19:6-8]; 레위인의 첩과 집 주인의 딸 [삿 19:23-24]). 사라가 파라오에게 "취하여지지만"(taken, 창 12:15) 아브라함은 아무런 조치도 취하지 않는다. 그는 조카 롯이 "사로잡히자"(taken, 14:14) 즉시 그를 구출하기 위한 행동을 취한다. 확실히 아브라함은 이 사건에 나타나는 자신의 부정적인 역할로 인하여 부를 획득한다(12:16). 그 부는 하나님께서 주신 복의 결과물은 아니다. 아직은 12:3의 "내가 복을 주겠다"를 넘어서서 24:1의 "주께서 그에게 범사에 복을 주셨다"로 넘어갈 단계가 아니다.

아브라함은 이 때 사용한 전략을 마음에 새겨둔다. 아마도 긴박한 상황 속에서 또 다시 사용하려는 생각에서였을 것이다. 집을 떠나는 두 번째 여행이 그러한 기회를 제공한다(20절). 사라는 이번에는 주변의 블레셋 족속과 더불어 지내는 동안에 왕을 속이는 일에 가담함으로써 남편을 위해 자신을 희생할 것을 요청받는다. 하나님께서 아브라함과 더불어 맺은 계약이 사라를 통하여 이루어질 것임을 그에게 분명하게 밝히셨고(17:15-16; 18:10), 또 그녀가 약속의 아들 이삭을 낳을 것이라고 선언(17:19)하셨음에도 불구하고 말이다. 하나님의 이러한 약속은 사라를 포기하려는 아브라함의 계획을 전혀 막지 못한다.

파라오와 사라가 성관계를 가진 것으로 나타나거나 적어도 그러한 암시를 주는 12장의 사건(12:15b)과는 달리, 여기서는 간음이 사전에 차단된다(20:4a, 6b). 아브라함은 다시금 물질적으로 부요해지지만(20:14-16), 그것은 본래 사라의 안전함을 보증하려는 의도에서 주어진 것이다. 그의 윤리 철학은 변하지 않는다. 목적이 수단을 정당화한다는 철학이 그렇다. 어떤 목적인가? 하나님의 약속들(큰 민족, 자손)을 불확실하게 만들 어떠한 일도 일어나서는 안 된다. 어떤 수단인가? 필요하다면 사라를 볼모로 사용하라. 그러나

이는 사라를 위한 하나님의 계획이 아니다. 그녀는 하나님의 계획에서 아브라함만큼이나 중요한 인물이다. 아브라함은 롯을 구출하기 위해 자신이 해야 하는 일을 그대로 실행에 옮길 것이다. 마찬가지로 하나님께서도 사라를 구하기 위해 자신이 해야 하는 일을 그대로 실행에 옮기실 것이다.

그런데 서글프게도 아버지의 행동을 아들이 그대로 따라 한다. 이삭이 동일한 속임수를 사용한 것이 그렇다(26장). 폴진(Robert Polzin 1975: 93)은 각 경우에 무죄한 왕이 여인의 진정한 정체를 알게 되는 방식에 주의를 기울인다. 12:17에서는 그것이 재앙을 통해서 알려진다. 반면에 20:3에서는 그것이 꿈을 통해서 알려진다. 그리고 26:8에서는 이삭이 리브가를 애무하는 모습을 왕이 목격함으로써 그것이 알려진다. 첫 번째가 하나님의 역사 개입을 가리킨다면(율법?), 두 번째는 환상과 꿈을 통한 하나님의 계시를 가리킨다(예언?). 그리고 세 번째는 사람의 눈을 통한 사실 확인을 가리킨다(지혜의 강조?). 이 사건들에 대해서는 믿을 수 없을 만큼 많은 참고자료들이 있다. 더 깊은 연구를 원하는 독자들은 이 자료들을 공부할 필요가 있다: Niditch (1987: 23-69); Biddle (1990); Ronnig (1991); Rashkow (1992: 57-73); Hoffmeier (1992); Alexander (1992); Exum (1993); Eichler (1997).

아브라함의 죄악이 단순히 자기 목숨을 건지려는 욕망에 의해서만 저질러지는 것은 물론 아니다. 더 큰 문제는 하나님께서 이전에 주신 약속(복과 자손)에 있다. 먼저 그 땅에 기근이 발생한다. 후대의 구약 문헌들(예로서 신 28:17-18, 22-24)은 기근이 불순종에 대한 하나님의 불쾌감을 드러내는 것이라고 본다. 따라서 창세기 12장의 첫 번째 질문은 이렇다: 아브라함은 그 기근에서 살아남을 것인가? 그리고 그렇다면 어떻게 살아남는가?

창세기 12장의 두 번째 질문은 이렇다: 아브라함은 이집트에서 살아남을 것인가? 아마도 아브라함 자신의 질문은 이러했을 것이다: 하나님의 약속은 과연 끝까지 남아있을 것인가? 왜냐하면 만일에 아브라함이 없다면 나중에 큰 민족도 만들어질 수 없기 때문이다. 만일에 그가 이 순간에 그러한 생각을 했다면, 그리고 바로 그 때문에 그가 본문에 언급된 계략을 사용한 것이라면, 아브라함은 하나님이 당장 해롭고도 당혹스런 상황으로부터 벗어나실 필요가 있다고 느끼는 다른 많은 신자들에게 하나의 모델이 되는 셈이다. 어쟀든 가나안 땅의 기근으로 인하여 아브라함이 이집트로 내려가고 나중에 그가 재물을 가지고서 이집트를 떠나는 것은, 가나안 땅의 기근으로 인하여 이스라엘이 이집트로 내려가고 나중에 그들이 재물을 가지고서 이집트를 떠날 것임을 예시한다(출 12:33-36).

이 이야기는 하나님께서 이전에 아브라함에게 주신 약속의 한 부분이 즉각 성취될 것임을 보여준다: 하나님께서는 아브라함을 저주한 자들을 저주하실 것이다. 다른 사람의 아내를 취하는 행동은 설령 죄 없이 행해진 것이라 할지라도 재앙을 초래하기 마련이다. 하나님께서 아브라함에게 주신 이 첫 번째 약속은 하나님께서 아브라함과 더불어 맺은 계약과 그가 시내 산에서 이스라엘과 더불어 맺은 계약이 분명하게 구별되는 것임을 보여준다. 후자의 경우 하나님의 저주는 불순종하는 이스라엘 백성을 겨냥하고 있다(신 27:15-26; 28:15-19를 보라). 전자의 경우 하나님의 저주는 하나님의 계약 백성을 해치고자 하는 비이스라엘인을 겨냥하고 있다.

그러면서도 아브라함의 이집트 여행 이야기를 대하는 독자들은 "당신이 바로 그 사람입니다"(삼하 12:7 NRSV)라고 말할 아브라함의 나단이 어디에 있는지를 알고 싶어한다. 파라오 자신을 제외하고 말이다. 아브라함은 속임수를 통하여 부자가 된다. 그는 자신의 금고가 가득 채워지고 자기 아내는 더럽혀진 채로, 그리고 양심의 가책을 전혀 보이지 않은 채로 이집트를 빠져나온다. 문제를 더욱 복잡하게 만드는 것은 하나님께서 아브라함의 무모함을 무시하고 계심이 분명하다는 점이다.

하나님의 침묵은 그가 아브라함을 받아들이셨음을 뜻하는가? 필자는 그 침묵이 아브라함의 표리부동함을 하나님이 받으셨음을 뜻하는 것으로 이해되어서는 안 되고, 도리어 이 이야기가 원하는 강조점이 무엇인지에 맞추어 이해되어야 한다고 본다. 그 강조점은 아브라함의 행동 — 그것이 아무리 비열한 것이라 할지라도 — 에 대해서 설명하려는 목적을 가지고 있지 않다. 도리어 그것은 이 이야기를 통하여 하나님의 섭리를 생생하게 보여주려는 목적을 가지고 있다. 하나님께서 아브라함에게 주신 약속은 그 약속을 받은 자가 그 약속을 가장 크게 위협하는 자로 드러날 때조차도 결코 무효화되지 않는다.

아브라함은 욥과 마찬가지로 인내심을 가지고 있으면서도 성급한 모습을 보인다. 느긋하게 지내다가도 조바심을 내며, 수동적인 모습을 보이다가도 적극적으로 속임수를 쓰기도 한다. 그렇지만 하나님께서 과연 약속을 이행하실 수 있는지가 여전히 확실치 않고, 적어도 하나님이 자신의 시간표를 따르지 않으신다는 점으로 인하여 좌절감을 느낀 탓에, 아브라함은 자신의 종 엘리에셀을 상속자로 입양하려는 준비를 한다(15:2-3). 필자는 이러한 계책이 누지(Nuzi)에서 발견된 주전 15세기의 설형문자 본문과 유사하다는 것을 알고 있다. 당시에 누지에서는 자식이 없을 경우에 종을 자신의 법적인 상속자로 입양할 수 있었다. 그러나 아브라함 이야기에서는 그것이 덕망 높은 족장에 대한 하나님의 시험을 보여주는 또 다른 사례로 사용된다.

이와 마찬가지로 자신의 불임 때문에 하갈을 자신의 대리인으로 아브라함에게 주는 사라의 행동(16:3) 역시 설형문자 문헌들에서 그 선례가 발견된다. 앞의 사건에서는 아브라함이 그러한 계책을 주도한 자였고 사라는 매개인이었던 반면에, 여기서는 사라 자신이 주도권을 쥐고서 움직인다. 아브라함은 사라의 제안에 이의를 제기하기보다는 그것을 묵묵히 받아들인다. 여기서는 하와— 아담 심리를 찾아내는 게 어렵지 않다(16:2b). 아브라함은 자기들의 행동이 장기적으로 어떠한 의미를 가질 것인지를 알 수 없는 까닭에 사라의 제안을 반대하지 않는다. 그러나 우리는 사라가 남편과 더불어 가나안 땅에서 산 지 10년이 지난 후에야 비로소 남편에게 대리인을 주고자 했다는 16:3의 보고를 주목할 필요가 있다.

달리 말해서 그들이 정상적인 출산 방식을 다 시도해본 끝에야 비로소 하갈에게로 방향을 돌렸다는 얘기다. 불임 문제에 대한 해결책으로 이집트 여인 하갈을 취하고자 한 것은 창세기에서 아브라함이나 야곱과 같은 인물이 가나안 땅의 불임 문제에 대한 해결책으로 비옥한 이집트로 내려가는 것과 평행을 이루고 있다(Duguid 1994). 아마도 그들의 잘못은 하나님의 약속을 특권으로 보지 않고 도리어 의무로 보았다는 데 있을 것이다. "우리는 곧 아기를 가질 거야!"라고 말하는 대신에 그들은 "우리는 이미 아기를 가지고 있어!"라고 말한다. 사람들이 하나님의 약속들의 성취를 그에게서 받아야 하는 어떤 것으로 보기보다는 자기들이 직접 성취해야 하는 어떤 것으로 보는 순간, 온갖 종류의 선택적인 행동들이 그 모습을 드러낸다.

그 결과는 어떠한가? 하갈과 사라 사이에 뚜렷한 불화가 발생한다. 죄가 아담을 하와로부터, 가인을 아벨로부터, 노아를 그의 아들(손자)로부터 이간질시킨 것과 마찬가지로, 그것이 이제는 하갈과 사라 사이를 이간질시킨다. 적대감과 상호 비방이 점차 커지며, 마침내는 하갈이 임신한 채로 무모하게도 주인의 집으로부터 도망하는 결과를 낳는다. 그러나 사라를 피하여 도망하던 하갈에게 몇 가지 특이한 일들이 발생한다. 그녀는 성서 안에서 "주의 사자"가 나타난 첫 번째 인물에 해당한다(16:11a). 그녀는 성서 안에서 하나님께서 직접 약속의 말씀을 주신 첫 번째 여성에 해당한다(16:11b–12). 그녀는 구약성서에서 하나님께 새로운 이름을 지어준 유일한 인물이다(16:13). 그리고 마지막으로, 그녀가 천사를 만난 것은 "하나님과 한 여인의 만남 후에 이를 기념하는 지명['브엘라해로이' (16:14)]이 만들어진 유일한 사례"에 해당한다(Humphreys 2001: 105). 10여년이 더 지난 후에 두 여인 사이의 적대감은 사라지기는커녕 한층 심화된다(21:9–14). 이번에는 하갈이 스스로의 판단에 기초하여 사라의 집을 떠나지 않는다. 그녀는 이스마엘과 더불어 즉각 그 집에서 추방당한다.

이 이야기는 비평학자들에 의해 그 배후에 몇 개의 기초 자료들이 있는 것으로 여겨지는 명백한 사례에 해당한다. 그들은 하갈–이스마엘 이야기의 배후에 세 가지의 자료가 있다고 말한다. 본문은 아래와 같이 분해된다:

16:1	P	16:4–14	J
16:2	J	16:15–16	P
16:3	P	21:9–21	E

비평학자들은 근본적으로 두 개의 이야기가 갈등 관계에 있으며, 따라서 이 둘이 똑같이 사실에 부합된 것일 수가 없다고 본다. 예로서 16장에서 하갈은 사라에게 대하여 오만하고 불손한 태도를 취한다. 반면에 21장에서 그녀는 악한 자로 나오기보다는 희생자로 나온다. 16:6에서 아브라함은 기꺼이 하갈을 사라에게 넘기며, 두 여인 사이의 일에 간섭하지 않는다. 그러나

21:11에서 아브라함은 수동적인 모습을 보이기는커녕 자기 아내의 반응을 역겨워한다. 그는 하갈에게 식량을 주어야 함을 분명하게 밝힌다. 비록 그것이 아브라함의 부와 풍부한 소유물에 비추어볼 때 광야 여정을 위한 그녀의 신체적인 필요를 충족시키기에는 한없이 부족한 것이기는 하지만 말이다(21:14).

그러나 무엇보다도 분명하게 드러나는 것은 21장에 묘사되어 있는 이스마엘의 모습이다. 당시에 이스마엘은 최소한 13세였음에 틀림이 없다(17:25). 그는 아브라함이 86세 되던 해에 태어나며(16:16), 이삭은 아브라함이 100세 되던 해에 태어난다(21:4). 이는 이스마엘이 당시에 14세 내지는 15세의 소년임을 의미한다. 그런데도 아브라함은 빵과 물을 주면서 하갈의 어깨에 그녀의 십대 아들을 메워준다(21:14)! 광야에서 죽음의 위협에 직면한 하갈은 목말라 죽어가는 자기 아들을 덤불 아래에 "던져놓는다"(21:15). 이것은 십대의 모습일까, 아니면 무기력한 유아의 모습일까?

16장과 21장의 통일성 및 일관성을 옹호하는 입장에서 필자는 다음과 같은 점들을 주장하고자 한다.

21:14는 아브라함이 이스마엘을 하갈의 어깨에 메워주었다는 개념을 지지할까? 문자적으로 본다면, 이 구절은 아브라함이 "떡과 물 한 가죽부대를 가져다가 하갈에게 주되, 그녀의 어깨에 메워주었고, 그 아이도 그렇게 했다"고 말한다. 이 번역문에는 그 아이가 어머니의 어깨에 메워졌음을 나타내는 내용이 전혀 없다.

"주다"는 낱말이 "두다" 또는 "놓다"는 뜻을 가지고 있다고 보는 자들은 이와 동일한 히브리어 낱말 '나탄'이 "넘겨주다"는 뜻을 가지고 있으며, 출애굽기 22:7, 10에서처럼 "맡기다, 위임하다"는 뜻으로 새길 수도 있음을 기억해야 한다. 아브라함은 떡과 물을 하갈의 어깨에 "둔" 것이 아니라 이스마엘을 하갈의 보호에 "맡긴" 것일 수도 있지 않을까?

21:15의 "던지다"는 번역에는 유감스러운 점이 있다(참조. NIV: "두다"). 이스마엘은 확실히 땅으로 내던져진 것이 아니다. 그가 유아이건 청소년이건 관계없이 말이다. 화이트(H. C. White 1975: 287, 302)는 이 곳에 사용되는 히브리어 동사 '샬락'이 거의 항상 시체를 무덤에 두는 경우를 가리킨다

고 본다. 이 동사의 목적어가 사람일 경우에는 말이다. "그들이 압살롬을 옮겨다가 … 큰 구멍에 그를 던졌다"(삼하 18:17 RSV); "그 사람은 엘리사의 묘실에 내던져졌다"(왕하 13:21 RSV); 이스마엘은 "그들[자기가 죽인 자들의 시신들]을 구덩이 가운데에 던졌다"(렘 41:7). 그것은 자신의 무덤 안에 놓여진 자에게 적용될 수도 있다(창 37:20, 22, 24; 렘 38:6). 제정신을 가진 어머니들 중에 누가 자신의 나약한 자식을 마치 공 던지듯이 나무 아래에 던지겠는가?

믿음의 사람 아브라함

비록 앞 단락에 묘사된 몇 가지 잘못들로 인하여 잠시 곁길로 빠지기는 하지만, 아브라함은 영예롭게도 그러한 부정적인 경험들을 뛰어넘는다. 그러한 경험들은 그의 삶을 위한 하나님의 계획을 잠시 훼방한 것들이라 할 수 있다. 히브리서 11장의 저자가 신앙의 모델로 소개하는 거의 모든 인물들이 그들의 삶 속에서 한 번 이상 치명적인 잘못을 범했다는 것은 결코 우연이 아니다. 자기들의 삶을 위한 하나님의 뜻을 완강하게 거부하는 자들은 하나님께서 자기들의 결정을 존중하신다는 점을 발견하게 된다. 그리고 적어도 하나님의 뜻을 향해 가는 중에 비틀거리거나 넘어지는 자들은 하나님께서 자기들에게 힘과 약속을 주신다는 것을 알게 될 것이다. 신앙의 모자이크는 다음과 같은 사례들을 포함한다.

창세기 12장. 주의 길을 예비하는 세례 요한 같은 인물이 거의 없거나 전혀 없는 곳에서 하나님은 어떠한 방식으로 한 개인의 삶 속으로 침투해 들어오시는가? 아브라함은 다신교와 우상숭배의 세계에서 자라난 사람이다. 그의 아버지 데라는 적절하게도 우르(Ur)로부터 하란(Haran)으로 이사하였다. 왜냐하면 이 두 도시는 월신(月神) 신(Sin) 숭배의 옛 중심지들이었기 때문이다. 창세기는 "그가 하란에서 살기 전 메소포타미아에 있을 때에"(RSV) 하나님께서 아브라함에게 나타나셨다고 보는 사도행전 7:2처럼 직접적이고도 분명하게 당시 상황을 서술하지 않는다(창 12:1의 "말씀하셨다"[said]를 "말씀하셨었다"[had said]로 번역하지 않는 한에 있어서는).

어떤 점에서 본다면 하나님의 목소리는 아무런 경고 없이 아브라함에게 주어진다. 이 족장은 그 목소리를 처음 듣는 순간에 그것을 알아챌 만큼 지각력 있는 사람이다. 그는 그것을 들을 만큼 충분한 지각력을 가지고 있을 뿐만 아니라 그것에 순종할 만큼 충분히 지혜롭기도 한 사람이다: "이에 아브람이 주께서 말씀하신 바를 따라 갔다"(12:4 NRSV). 아브라함의 모험은 대단히 위험스런 것이다. 왜냐하면 그는 최소한의 지시와 설명에 의지하여 순전히 그 목소리가 가리키는 올바른 방향을 향해 나아가기 때문이다: "내가 네게 보여 줄 땅으로 가라"(12:1 NRSV). 방향은 분명하지만 목적지는 알려져 있지 않다.

창세기 13장. 아브라함은 기근이 끝났기 때문에가 아니라 이집트에서의 환영이 다하였기 때문에 가나안으로 되돌아온다(12:20). 그는 파라오에게서 그가 처음에 떠났던 곳으로 되돌아가라는 지시를 받는다. 그는 자신의 잘못으로부터 뭔가 교훈을 얻었을까? 그 후 그의 삶이 변화되었음을 나타내는 증거가 과연 있을까? 13장은 이 질문들에 대하여 긍정적인 답을 준다.

13장은 아브라함의 목자들과 롯의 목자들 사이에 전개되는 갈등에 초점을 맞추고 있다. 이 이야기에서 롯은 삼촌과 거의 비슷한 정도의 재산을 가지고 있다. 하나님께서 아브라함과 더불어 맺으신 계약에 대해서 묘사하는 핵심 장들(15장과 17장)은 롯에 관한 이야기들을 기본 틀로 가지고 있다. 이를테면 한 쪽 끝에는 그의 목자들(13장)과 그의 사로잡힘(14장)에 관한 이야기가 있고, 다른 쪽 끝에는 소돔과 고모라에 관련된 그의 이야기(18장과 19장)가 있다. 어느 곳에서도 롯은 존경스럽고 신용할 만한 인물로 나타나지 않는다. 자주 그는 아브라함을 당혹스럽게 만든다. 롯의 목자들은 아브라함의 목자들과 "동거"하지 못한다(13:6). 그러나 양쪽 모두는 제각기 가나안 사람들 및 브리스 사람들과 안전하게 "동거"한다(13:7). 한 가정 안에서 함께 지내는 것은 가정 밖의 다른 사람들과 함께 지내는 것보다 더 어렵다.

목자들 사이에 벌어지는 갈등 속에서 아브라함은 조카에게 자신의 권위를 강요함으로써 문제를 쉽게 해결할 수도 있었을 것이다. 결국 그는 연장자요 씨족의 우두머리였다. 그럼에도 그는 가축떼를 위한 초장 선택권을 롯에게 주는 것으로 만족한다.

그러나 만일에 롯이 하나님께서 아브라함에게 주시려는 땅을 선택한다면 어떻게 할 것인가? 아마도 아브라함은 자신의 권리를 더 강하게 주장할 필요가 있을 것이다. 이 문제는, 그것이 아무리 미묘한 점을 가지고 있다 해도, 하나님의 손에 달려 있다. 롯의 어떠한 행동도 하나님의 약속을 막지는 못한다. 불행하게도 아브라함은 이집트에 있을 때 이러한 원리를 따라 살지 못했다.

창세기 14장. 14장에 있는 사건은 여러 모로 아브라함의 생애 중에 발생한 사건들 중 가장 유별난 것이다. 동쪽 지역에 속한 네 명의 강한 왕들과 사해 지역에 있는 다섯 명의 약한 왕들 사이의 전쟁을 다루고 있는 14장 전반부는 아브라함과 아무런 관계도 가지고 있지 않다. 롯이 사로잡힌 후에야 비로소 아브라함이 이야기 안으로 들어온다. 13장은 가족 간의 갈등에 초점을 맞추고 있다. 반면에 14장은 국제적인 차원의 분쟁에 초점을 맞춘다.

본 장은 특징적이게도 매우 간결하게 네 명의 강대국 왕들과 맞서 싸우던 아브라함의 승리 — 318명의 "종들"의 도움에 힘입은 — 에 대해서 기록한다. 이론적으로 본다면, 보잘것없는 군대를 가진 아브라함에게는 승산이 거의 없다. 그러나 하나님께서는 그에게 "너를 저주하는 자를 내가 저주할 것이라"라고 말씀하신 바가 있다. 하나님께서는 이 약속을 지키실 것인가? 사라가 이집트 사람들에게 "취하여진"(taken) 것처럼(12:15; 그 결과 그녀를 취한 자들에게 재앙이 임함), 롯도 역시 외부 침략자들에 의해 취하여진다(taken, 14:12). 사라가 "취하여질" 때 아브라함은 확실히 아무런 조치도 취하지 않지만, 롯이 "취하여지던" 때 그는 즉각 수색 및 구조 사역을 시작한다. 그들은 롯을 취한 결과 이집트 사람들에게 임한 것과 똑같이 파괴적인 재앙에 직면하게 된다. 하찮은 군대의 손에 부끄러운 패배("그는 그들을 쳐부쉈다"[15절])를 당한 것이 그렇다.

살렘 왕 멜기세덱조차도 이 사건을 매우 신속하면서도 정확하게 분석한다: "너희 대적을 네 손에 붙이신 … 하나님을 찬송할지로다"(20절 NRSV). 흥미롭게도 여기에서 "붙이신"(delivered)으로 번역된 히브리어 낱말('믹겐')은 15:1의 "방패"('마겐')와 어근이 같다. 이것은 좀 더 큰 단락 안에 있는 개별적인 이야기들을 서로 연결시켜주는 주요 부분들에서 동일한 낱말이 사용되고 있음을 보여주는 또 다른 사례에 해당한다.

아브라함은 멜기세덱으로부터 조그마한 선물을 받는다. 굳이 설명하자면 그것은 한 끼의 식사나 다름이 없는 것이다(18절). 그러나 그는 소돔 왕이 제공하는 노략물을 거부한다(21-24절). 하나님께서는 그에게 필요한 모든 것들을 공급하시겠지만, 이런 식으로 하시지는 않는다. 한때 파라오로부터 기꺼이 재물을 받던 아브라함이 이제는 일종의 기부금을 받는 일에 있어서 절제력을 발휘하는 법을 배운 셈이다. 왜냐하면 그는 이제 뇌물이 아니라 하나님의 은총을 구해야 하기 때문이다.

창세기 15, 17장.   이 두 개의 장은 아브라함 계약의 실제적인 확립과 확증에 대해서 묘사한다. 정당하게도 하나님께서 아브라함에게 주신 두 가지의 약속은 다른 어떤 곳에서보다 이 두 장 안에서 훨씬 더 풍성한 것으로 나타난다. 아들 약속(15:4; 17:16, 19)과 자손의 약속(15:5, 13, 16, 18; 17:2, 4-8, 19) 및 땅의 약속(15:7, 8, 16, 18-21; 17:8), 복의 약속(17:16) 등이 그렇다.

이 두 장을 진지한 대화로 묘사하는 것은 지나친 견해일 수 있다. 아브라함의 대화 역할은 두 개의 질문(15:2, 8; 8절에 있는 아브라함의 무뚝뚝한 질문은 다소 놀라운 데가 있다. 왜냐하면 바로 두 절 앞인 6절에서 야웨를 향한 믿음을 분명하게 표현한 바가 있기 때문이다)과 한 개의 냉소적인 감탄문(17:18)에 국한된다. 이와는 대조적으로 하나님은 계속해서 말씀하신다: "주의 말씀이 환상 중에 아브람에게 임하였다"(15:1 RSV); "그리고 보라, 주의 말씀이 그에게 임하였다"(15:4 RSV); "[그가] … 말씀하셨다 … 그가 또 그에게 말씀하셨다"(15:5 RSV); "그가 또 그에게 말씀하셨다"(15:7 RSV); "그가 그에게 말씀하셨다"(15:9 RSV); "주께서 아브람에게 말씀하셨다"(15:13 RSV); "그 날에 주께서 아브람과 더불어 언약을 세우시고 말씀하셨다"(15:18 RSV); "주께서 아브람에게 나타나서 그에게 말씀하셨다"(17:1 RSV); "하나님이 또 그에게 말씀하셨다"(17:3 RSV); "하나님이 또 아브라함에게 말씀하셨다"(17:9 RSV); "하나님이 또 아브라함에게 말씀하셨다"(17:15 RSV); "하나님이 말씀하셨다"(17:19 RSV).

이 굉장한 하나님의 약속들에 대한 아브라함의 반응은 다음과 같은 간결한 설명에 잘 요약되어 있다: "아브람이 주를 믿으니, 주께서 이를 그의 의로 여기셨다"(15:6 RSV). 하나님의 책임은 약속을 주시고 그것을 실행하시는 데 있고, 인간의 책임은 그를 믿는 데 있다. 폰 라트(1972: 185)는 이 점을 올바르게 잘 지적하고 있다: "아브라함의 의는 어떤 성취의 결과물이 아니다 … 도리어 오직 믿음만이 아브라함을 하나님과의 올바른 관계 안으로 이끌어 들인다는 선언적인 진술이 중요하다."

이것은 창세기에 기록되어 있는 유일한 믿음의 사례는 아니지만, 창세기에서 믿음에 대하여 분명하게 언급하는 유일한 곳이다. 창세기에서 우리는 이삭이나 야곱 또는 요셉이 주를 믿었으며, 그러한 믿음이 그들에게 의로 여겨졌다는 식의 표현을 전혀 발견하지 못한다. 아브라함에게 주어진 약속들은 본질적으로 이삭과 야곱에게 되풀이된다. 오직 아브라함의 믿음만이 강조된다. 창세기는 각 세대가 하나님의 약속을 믿음으로 받아들인다는 사실보다는 세대가 거듭되면서 꾸준히 자신의 약속을 갱신하시는 하나님의 신실하심에 초점을 맞춘다.

15장의 나머지 부분은 하나님께서 일정한 의식을 통하여 이 계약을 비준하시는 내용을 담고 있다. 아브라함이 짐승들의 쪼갠 몸을 둘로 나란히 정렬시켜 놓자, 하나님께서는 친히 불의 형상으로 그 두 줄 사이를 지나가신다. 이 의식은 지극히 대담한 의도를 포함하고 있다. 하나님께서는 자신을 잠재적인 저주 아래 놓으심으로써 아브라함과 그의 씨를 위해 홀로 의무를 감당하는 편무적인 계약을 체결하신다. 만일에 이러한 약속을 주시는 하나님이 나중에 신뢰할 수 없는 분으로 밝혀진다면, 그는 이 짐승들처럼 쪼개어지는 운명에 처하게 될 것이다(계약 의식을 행하는 중에 짐승들을 두 쪽으로 쪼개는 행동의 의미에 대해서는 렘 34:18을 보라).

15장에 나오는 아브라함의 나이는 알 길이 없다. 16장과 17장 사이에는 13년의 간격이 있다(16:16에서 아브라함은 86세로 나오며, 17:1에서는 99세로 나온다). 따라서 아브라함이 계약을 받아들이는 것과 그의 이름이 바뀌면서 할례를 받는 것 사이에는 대략 15년 정도의 간격이 있는 셈이다.

자료비평가들은 이 두 장의 배후에 있는 전승들의 정체에 대해서 거의 같은 견해를 보인다. 관례적으로 15:1-6은 E에 속한 것으로, 그리고 15:7-21은 배타적으로 "주/야웨"만을 사용하고 있는 까닭에 대체적으로 J에 속한 것으로 여겨지고 있다. 그런가 하면 17:1-27은 배타적으로 "하나님/엘로힘"만을 사용하고 있는 까닭에 대체적으로 P에 속한 것으로 간주된다. 사실 17:1-27은 아브라함 이야기에서 순전히 "하나님/엘로힘"만이 사용되는 유일한 곳이다. 엘로힘의 단축 형태가 다른 낱말과 결합하여 "엘 엘룐"(14:18-20)이나 "엘-로이"(16:13)와 같은 복합적인 이름을 만들어내는 경우와는 별도로 말이다. 그 결과 아브람이 아브라함으로 바뀌는(17:5) 본 장에서 야웨는 엘로힘으로 바뀌는 셈이다. 복음주의권의 학자들은 17장의 이야기가 15장을 그대로 되풀이한 것이 아니요, 도리어 하나님께서 아브라함에게 자신의 약속을 재확증하신 것이라는 반대 주장을 내세운다. 특히 아브라함이 하갈과 더불어 같이 살아야 하는 16장의 덜 행복한 상황을 염두에 둘 때 그렇다. 아브라함의 당혹스런 상황에 이어 나오는 이 재확증의 말씀은 또 다른 좌절의 상황(12:10-20) 이후에 아브라함에게 주어지는 재보증과 재확증의 말씀(13:14-17)을 연상시킨다. 아브라함은 여전히 약속된 아들의 아버지가 아닌 것이다!

그러나 여기에는 재확증 이상의 어떤 것이 있다. 계약을 통해 주어지는 17장의 약속들에 두 가지 새로운 항목이 추가된다. 첫째로 아브람이 아브라함으로 바뀐다. 오직 한 절, 17:5만이 이러한 변화를 설명하는 데 할애될 뿐이다. 이 새로운 이름은 아브라함의 하나님 경험을 일반화시킨다. 그는 "여러 민족의 아버지"가 될 것이다.

두 번째 새로운 항목은 할례의 도입에 있다. 이것은 아브라함의 하나님 경험을 특수화시킨다. 그는 유대인들의 아버지가 될 것이다. 이 새로운 변화를 설명하는 데에는 여섯 절(17:9-14)이 할애되며, 아브라함이 자신과 이스마엘 및 자기 집안의 모든 남자들에게 실제로 할례를 행한 것을 설명하는 데에는 다섯 절(17:23-27)이 할애된다.

몸에 지울 수 없는 표지를 남기는 이 의식은 이제 야웨와 그의 백성을 나타내는 증거로 작용한다. 할례와 계약은 몸의 해당 부분에 대한 강조로 인하여 서로 분명하게 연결된다. 만일에 할례의 의미가 단순히 신체의 일부를 자르거나 신체의 일부에 특정 표지를 남기는 것일 뿐이라면, 머리카락을 자르거나 코나 귀를 뚫는 행동 또는 손이나 이마에 표를 하는 행동 등으로 충분할 것이다. 그러나 할례는 "신체의 일부를 자름으로써 하나님의 약속이 성취되게 할 것을 요구한다"(Goldingay 2000: 9). 여자들은 자신의 몸에 그에 상응하는 표지를 남기지 않아도 된다는 것을 극단적인 남성 지배주의의 사고방식을 반영하는 것으로 이해해서는 안 된다. 마치 구약 종교가 여성들을 계약의 측면에서 그들의 태 외에는 그다지 중요하지 않은 존재로 무시하는 것인 양 말이다. 그 반대로 둘이 "한 몸"이 된 까닭에(2:24) 한 사람의 몸에 남기는 표지로 충분하다.

17장은 확실히 아브라함의 이름 변화보다는 그의 할례에 더 많은 관심을 기울이고 있다. 이 의식의 제정이 왜 이토록 늦어졌는가? 아브라함의 할례는 15장에 기록될 수도 있지 않았을까? 필자는 계약의 확립과 아브라함의 할례 사이에 있는 시간적인 간격이 하나님의 약속과 인간의 의무를 조화시키려는 의도를 가지고 있다고 본다. 후자는 전자에게 종속되어 있다. 할례는 창세기에서 한 번만 더 나온다(이삭의 할례 [21:4]). 34장에 기록된 비극적인 상황을 제외한다면 말이다. 이와는 대조적으로 하나님의 계약과 약속은 창세기의 나머지 부분에 마치 후렴구처럼 계속 반복되어 나타난다.

창세기 18-19장. 하나님께서 소돔과 고모라의 육체적이고 사회적인 중죄(重罪)로 인하여 그들을 멸하기로 작정하셨다는 얘기를 들은(창 19:1-11; 참조. 겔 16:49-50) 아브라함은 범죄자들을 위한 간구하는 모습을 보인다. 아브라함은 악을 기뻐하기보다는(참조, 고전 13:6) 대담하게 하나님의 자비를 구하며, 이사야 53:12의 고난 받는 종과도 같이 "범죄자들을 위해 간구"한다. 아브라함은 소돔에게 회개할 것을 촉구하지 않는다. 도리어 그는 하나님의 자비를 구한다. 이러한 그의 기도는 다른 중재의 기도들과 평행을 이룬다(모세: 출 32:11-13, 31-34; 33:12-15; 34:9; 민 12:11-13; 14:3-9; 신 9:16-29; 사무엘: 삼상 7:5-9; 12:19-25; 엘리야: 왕상 17:17-23; 엘리사: 왕하 4:33; 6:15-20; 아모스: 암 7:1-6; 욥: 욥 42:7-9). 그의 기도는 정의로우실 뿐만 아니라 자비로우시고 거룩하실 뿐만 아니라 은혜로우시고 엄격하실 뿐만 아니라 온화하신 하나님, 파스칼(Pascal)의 말을 빌자면, "자신의 피조물들을 인과율의 권세 아래 내맡기시는" 하나님에 대한 믿음과 신앙을 전제하고 있다.

창세기 20장. 18장에서 중재자로서 활동하는 아브라함을 만난 독자들은 다시금 그와 비슷한 역할을 수행하는 아브라함을 만난다. 아브라함의 기도로 인하여 주께서는 이방 왕 아비멜렉의 아내와 첩들의 출산 능력을 회복시켜주신다(17절). 아브라함이 아비멜렉을 상대로 하여 표리부동하게 행동했다는 것 때문에 그의 예언적인 중재자 역할이 효력을 잃는 것은 결코 아니다. 그렇지만 아브라함이 기도한 결과 블레셋 여인들의 태가 열린 반면에 그의 아내는 여전히 아이를 낳지 못한다는 것은 아이러니컬한 일이 아닌가?

창세기 21-22장. 한 세기의 4분지 1정도의 기간을 기다린 결과 마침내 이삭이 태어난다. 우리는 이제껏 아브라함의 세월을 70대(12:4)에서 100대(21:5)까지 추적해 왔다. 몇 차례의 실패와 지혜롭지 못한 이동 및 좌절 등을 겪었음에도 불구하고 아브라함은 결코 자신이 맨 처음 하나님께로부터 받은 약속, 곧 "큰 민족"이 되게 하겠다는 약속(12:2)을 놓치지 않았다. 믿을 수 없던 일이 실제 현실이 되고만 것이다.

그런데 또 다시 믿을 수 없는 일이 벌어진다. 사라가 여전히 산부인과 의사의 진료를 필요로 한다는 것은 믿을 수 없는 일이 아닌가? 그렇다. 하나님께서 아브라함에게 "네 아들, 네가 사랑하는 독자"(22:2 NRSV) 이삭을 제물로 바치라고 명하신 것 역시 적어도 아브라함(독자들도 마찬가지이지 않을까?)에게는 믿을 수 없는 일이 아닌가? 그렇다.

우리는 이삭의 출생과 그가 제물로 바쳐지던 때 사이의 기간이 어느 정도인지를 알지 못한다. 그는 아직 연약한 아이였을까, 아니면 호기심 많은 청소년이었을까, 그것도 아니면 자발적으로 아버지의 지시에 동의할 수 있는 성인이었을까? 22장의 이삭은 '나아르'("아이" [22:5, 12])로 불린다. 히브리어 낱말 '나아르'는 유아(아기 모세 [출 2:6])로부터 시작해서 10대 소년(17세의 요셉 [창 37:2])과 정탐 역할을 수행할 만큼 성숙한 남자(수 6:23)에 이르기까지 다양한 연령층의 남자를 가리킨다. 참으로 본 장에서 이삭을 가리키는 데 사용되는 이 동일한 낱말은 아버지와 아들이 데리고 간 두 명의 종들을 가리키는 데 사용되기도 한다(22:3, 5). 이삭은 친히 불에 쓸 나무를 운반한다(22:6; 이를테면 "자기의 십자가를 지시고"를 암시함 [참조. 요 19:17]). 그는 영리한 질문을 던질 줄 아는 나이의 남자이다.

『유대인들의 옛 풍습들』(*Antiquities of the Jews*, 1.13)이라는 자신의 책에

서 요세푸스(Josephus)는 이삭이 당시에 25세였다고 진술한다. 요세푸스가 자신이 언급한 정보의 출처를 밝히지는 않았지만, 이 숫자는 아마도 제2성전 시기가 끝날 무렵에 병역 의무를 이행할 수 있던 최소한의 나이를 가리킬 것이다(성서가 말하는 최소한의 나이 20세보다 5세가 더 많음 [민 1:3, 45]). 랍비들의 창세기 주석(*Genesis Rabbah* 56:8)은 이삭이 당시에 37세였다고 말한다. 이 숫자는 이삭을 낳을 때 사라가 90세였고 37년 후인 127세에 죽었다는 사실에 기초한 것이다(창 23:1). 그러나 그것은 아들 이삭의 죽음에 관한 잘못된 선언에 의해 초래된 숫자이다. 어쨌든 본 장의 이삭은 도저히 아이(child)라 할 수 없다.

18-19장에서 우리는 말 많은 아브라함을 만난 바가 있다. 그는 하나님께 재고하실 것을 요청하고, 질문을 던지는가 하면, 답변을 요구하기도 하고, 대담한 모습을 보이기도 한다. 이와는 대조적으로 여기서 그는 침묵을 지키며, 하나님의 지시를 따르는 수동적인 모습을 보인다. 아니면 본래부터 그는 그러한 사람인 것일까?

아브라함에 관하여 코우츠(George W. Coats 1973: 397)는 다음과 같이 말한다: "그는 초인적이고 무감각하고 약간은 비현실적인 옷을 입은 채로 나타난다. 그는 자기 아들을 제물로 바치라는 불합리하고 다소 비상식적인 하나님의 명령에 전혀 반대하지 않는다. 창세기 12장이나 16장의 아브라함이 정확하게 그러했던 것처럼 말이다. 그는 마치 자동으로 움직이는 기계처럼 무언의 체념 속에서 자신에게 맡겨진 무자비한 과제를 수행했던 것으로 보인다." 다른 한편으로 토저(A. W. Tozer 1948: 25)는 다음과 같은 점을 지적한다: "거룩한 저자는 그 날 밤에 브엘세바 부근의 기슭에서 그 나이 많은 아브라함이 하나님의 명령으로 인하여 고통에 몸부림치는 모습을 우리에게 자세하게 보여주지 않는다. 그러나 경건한 신앙을 가진 사람이라면 별빛 아래에서 몸을 구부린 채로 혼자서 격렬하게 씨름하는 아브라함의 모습을 경외심을 가지고서 상상해낼 수 있을 것이다. 아마도 이처럼 치명적인 고통은 아브라함보다 크신 분(예수 그리스도를 가리킴: 역자 주)이 겟세마네 동산에서 씨름하실 때까지 다시는 어느 누구에게도 찾아오지 않았을 것이다."

레벤슨(J. D. Levenson 1994: 151-53)은 창세기 18장의 탄원하는 아브라함

과 창세기 22장의 수동적인 아브라함이 특이한 긴장 관계 속에 있다고 본다. 그는 매우 근접해 보이는 이 두 가지 모습이 다음과 같은 특징을 가지고 있다고 말한다: "이 두 가지 모습은 인간의 판단이 헤아리기 어려운 명령을 내리시는[창 22장] 하나님을 대신하지 못할 뿐만 아니라 그를 향한 신실한 삶[창 18장] 속에서는 충분하지도 않다고 보는 신학의 한계를 정한다. 이처럼 광범위한 변증 신학에서는 하나님과 논쟁하는 것이나 그에게 순종하는 것 모두가 중요한 영적인 행동이 될 수 있다. 비록 어떤 일을 언제 행할 것인지가 반드시 분명하게 드러나지는 않지만 말이다." 다른 곳에서 레벤슨(1998: 272)은 18장과 22장의 차이가 두 본문의 배경과 관련되어 있다고 본다: "소돔과 고모라는 법정을 배경으로 하고 있는 반면에, 이삭을 제물로 바치는 이야기는 희생제사를 배경으로 가지고 있다. 법정의 배경에서는 무죄한 자의 죽음을 불법적인 것으로 간주하지만, 희생제사의 배경에서는 … 희생된 자의 무죄함은 항변의 근거가 되지 못한다. 아브라함은 부당한 사형 집행이 이루어질 것이라는 생각에 하나님께 이의를 제기한다. 그런데 그는 이 동일하신 하나님께 자신의 사랑하는 아들을 제물로 바치고자 한다. 이 본문은 전혀 모순되어 보이지 않는다." 아마도 독자들은 이 점과 관련하여 아브라함의 행동과 예수의 모습 — 특히 십자가에 달리신 — 이 서로 평행을 이룬다고 볼 수도 있을 것이다. 예수께서도 죄인들을 위하여 중보 기도를 드리시지만(눅 23:34), 군중들이 자신에게 지운(눅 23:35) 십자가로부터 자신을 구하려 하지 않으신다. 자신이 원한다면 충분히 그렇게 하실 수 있는데도 말이다(마 26:53). 그는 자신의 선택권을 행사하지 않을 것임을 분명하게 밝히신다(요 12:27). 달리 말해서 아브라함과 예수는 똑같이 하나님과의 독특한 관계와 그 관계로부터 생겨나는 강한 영적인 힘을 다른 사람들의 유익을 위해 사용하되, 자신의 유익을 위해서는 전혀 사용하지 않으며, 다른 사람들의 구원을 가능케 하기 위해서는 그것을 사용하되, 자신을 구원하기 위해서는 그것을 전혀 사용하지 않는다(Moberly 2000: 160).

22장은 하나님께서 아브라함을 시험하시는 것으로 시작한다. 아브라함의 믿음이 시험을 받고 있는 것은 분명하지만("내가 이제야 네가 하나님을 경외하는 줄을 아노라" [12절 NRSV]), 그것은 하나님께서 그의 믿음을 시험하는 사례로 본다면 두 번째 경우에 해당하는 것이다. 첫 번째 시험은 이미 12장에서 이루어진 바가 있다: "가라!"

궁극적으로 이 이야기는 아브라함보다는 하나님에 관하여 더 많은 것을 알게 해준다. 이 이야기의 정점은 14절에 있다: "그리하여 아브라함은 그 곳 이름을 '주께서 준비하실 것이다'로 지어 불렀다." 이 이름은 아브라함이 아니라 하나님에 관해 관심을 갖게 한다. 그것은 "아브라함이 순종하였다"에 초점을 맞추기보다는 "하나님께서 준비하실 것이다"에 초점을 맞추고 있다. 믿음은 궁극적으로 하나님의 성품과 그의 말씀의 확실성에 기초하고 있다.

아브라함이 비록 이 사건 이후에도 선한 삶을 계속 살게 되고 그의 생애에 관한 설명이 창세기에서 아직 두 장 반에 걸쳐 더 이어지지만, 그와 하나님 사이의 대화는 더 이상 나타나지 않는다. 아브라함은 마지막으로 많은 자손을 얻게 될 것이라는 약속과 땅의 약속 및 그의 씨로 말미암아 많은 민족이 복을 받게 될 것이라는 약속을 받는다(15-18절).

창세기 24장. 하나님께서는 미리 준비하실 것이다. 아브라함은 이 점을 모리아 산에서 깨닫는다. 하나님께서는 숫양을 준비하신다. 그렇다면 이제 하나님은 이삭을 위해 아내를 준비하실 것인가? 창세기에서 가장 긴 장인 24장은 이 물음에 답하려는 의도를 가지고 있다. 아브라함에게 있어서 이 물음에 대한 답은 의심할 여지 없이 무조건 "그렇다"이다(7절). 주인의 믿음에 감화 받은 종 역시 그 문제를 하나님의 손길에 맡긴다(12-14절[이 종에 관해서는 Teugels 1995를 보라]). 운이나 우연이 끼어들 틈은 전혀 없다. 이삭의 결혼을 위하여 하나님께서는 이미 그의 아내를 "정해 두셨다"(14, 44절). 이 사건 전체에서 하나님은 자신의 말씀을 통해서보다는 다른 사람들의 말을 통하여 자신을 드러내신다. 해설자는 아브라함(3, 7, 40절)이나 그의 종(12, 27, 35, 42, 48, 56절), 라반(31절), 라반과 브두엘(50-51절) 등과 마찬가지로 야웨에 관해 말한다(1, 21, 52절). 사람들은 흔히 창세기의 요셉 이야기가 눈에 보이지 않게 작용하는 하나님의 섭리에 관하여 참으로 인상적인 사례를 제공한다고 보고 또 그것을 당연한 것으로 여기지만, 그러한 가르침에 대한 창세기 24장의 공헌 역시 간과할 수 없는 노릇이다. 창세기 24장은 그 나름의 방식을 따라 "야웨 이레"의 하나님에 관하여 설명하고 있다. 하나님께서는 이삭을 대신할 짐승을 준비하신다. 그것이 예상과는 달리 어린 양(22:7-8)이 아니라 숫양(22:13; 또 다른 숫양에 관해서는 15:9-10을 보라)이기는 하지만 말이다. 하나님께서는 이삭을 위해 리브가를 준비하신다. 하나님께서는 처음에는 양을 준비하시고, 나중에는 배우자를 준비하신다. 이삭은 이 두 경우에 똑같이 하나님의 은혜를 입는 자로 나타난다.

신약성서에 나오는 아브라함

놀랍게도 신약성서는 어디에서도 이삭을 제물로 바치기 직전까지 간 아브라함의 행동을 예수의 희생제사와 분명하게 관련시키지 않는다. 아마도 가장 가까운 비교는 다음과 같은 바울의 말에서 찾아볼 수 있을 것이다: "하나님은 자기 아들을 아끼지 아니하시고 우리 모든 사람을 위하여 내주신 분이다"(롬 8:32 RSV).

신약성서, 특히 바울은 아브라함을 신앙의 표본으로 끌어올린다. 행위—의를 주장하는 자들과 논쟁을 벌이던 바울은 아브라함을 시내 산 계약 이전(율법 이전)의 모델로 칭하며, 자신의 이신칭의 교리 전체를 그의 삶을 기초로 하여 설명한다.

로마서 3장 말미에서 바울은 오직 믿음을 통해서만 의롭다 인정함을 받는다고 주장한다(3:22, 27, 28, 30). 이어서 4장은 이러한 주장을 뒷받침하는 사례를 제공한다. 의롭다 인정함을 받는 것은 행위를 통해서가 아니다(4:1-8). 의롭다 인정함을 받는 것은 할례를 통해서도 아니다(4:9-12). 율법을 지킴으로써 의롭다 인정함을 받는 것도 아니다(4:13-15). 그것은 믿음을 통해서 주어진다(4:16-25). 그 증거로 아브라함을 보라. 그는 믿음을 통하여 의롭다 인정함을 받았다(행위나 할례나 율법과는 별도로).

그렇다면 믿음이란 무엇인가? 그것은 아브라함의 경우에 어떠한 작용을 했는가? 그는 이 원리를 어떻게 보여주고 있는가? 바울은 아브라함의 믿음이 가지고 있는 아홉 가지의 특징들에 대해서 설명한다(4:17-20).

1. 그것은 유신론적인 것이다: "그가 믿은 바 하나님은 … " 하나님은 죽은 자를 살리시는 (부활) 분이요, 존재하지 않는 것을 존재케 하시는(창조) 분이다. 하나님께서 사라의 태와 아브라함의 허리에 대하여 하신 일이 그 점을 분명하게 보여준다. 두 사람은 생식 능력을 잃은 사람들이었다. 그는 그들의 출산 능력을 창조하시거나 소생시키시는 분이다.

2. 그것은 초합리적인 것이다: "그는 바랄 수 없는 중에 바라고 믿었다." 믿음은 이성에 반하는(즉, 불합리한) 것이 아니라, 이성을 초월하는 것이다. 인간이 처해 있는 현실의 배후에는 하나님의 현실이 있다. 만일에 하나님이 정말로 존재하시는 분이라면, 그는 그 일을 행하실 수 있다. 이 하나님은 인간의 모든 가능성을 넘어서시는 분이다.

3. 그것은 목적 지향적인 것이다: "이는 네 후손이 그와 같으리라 하신 말씀대로 많은 민족의 조상이 되게 하려 하심이라." 아브라함의 소원은 단순히 아이를 갖고 싶다는 충동에만 있지 않다. 도리어 그것은 자신의 삶을 위한 하나님의 계획의 성취를 맛보는 데 있다.

4. 그것은 지성적인 것이요, 현실적인 것이다: "그는 자신의 몸을 보고서 믿음이 약해지지 않았다." 아브라함은 주어진 사실들을 피하지 않고 도리어 그것들을 직시한다. 아브라함은 그러한 사실들에 짓눌리지 않으며 굴복하지도 않는다.

5. 그것은 견고한 것이다: "어떠한 의심도 그를 흔들지 못했다." 아브라함은 믿음을 붙들지 않았다. 도리어 믿음이 그를 붙들었다.

6. 그것은 충분한 근거를 가지고 있다: "하나님의 약속에 관해서는." 그것은 믿음에 대한 믿음도 아니요, 감정에 대한 믿음도 아니다. 도리어 그것은 하나님의 약속에 대한 믿음이다.

7. 그것은 사람을 강하게 만들어준다: "그는 믿음 안에서 강해졌다." 그의 성품은 믿음의 부산물에 해당하는 것이었다.

8. 그것은 예배를 포함하는 것이다: "그는 하나님께 영광을 돌렸다."

9. 그것은 확신을 주는 것이다: "그는 하나님께서 능히 하실 수 있음을 확신하였다."

아브라함을 의롭게 만든 것은 바로 이러한 믿음이다. 믿음에 대한 이처럼 다양한 설명 속에서, 바울이 구체적으로 이삭을 제물로 바친 일에 대하여 어디에서도 언급하지 않고 있다는 것은 흥미로운 일이 아닐 수 없다. 도리어 그는 아브라함의 생애의 또 다른 주요 측면에 초점을 맞춘다. 자신과 사라 모두가 아이를 낳을 수 있는 나이를 넘어선 탓에 아이를 가질 수 없는 상황이 그렇다(창 18:12를 보라). 비록 하나님이 무수한 씨를 약속하시긴 했지만 말이다. 좀 더 제한된 방식으로 바울은 로마서에서 진술한 것과 비슷한 주장을 갈라디아서 3:6-18에서도 전개한다.

다른 한편으로 히브리서의 저자는 아브라함의 파란만장한 삶을 한층 구체적으로 개관한다(11:8-22).

1. 하나님의 부르심을 받았을 때 아브라함은 믿음으로 순종하였다(8절). 자신이 여행해야 할 목적지가 아직은 알려지지 않을 때였는데도 말이다.

2. 믿음으로 그는 여행하면서 장막에 거주하였다(9절).

3. 믿음으로 그는 이삭을 제물로 바쳤다(17절). 아들의 부활을 확신하면서 말이다.

야고보서의 저자(2:21-23) 역시 창세기 22장을 사용하되, 아브라함이 이삭을 제물로 바침으로써 행위를 통하여 의롭다 인정함을 받았다는 주장을 뒷받침하는 데 사용한다. 그는 행동하는 믿음을 통하여 의롭다 인정함을 받았다. 행위는 구원을 얻기 위한 공적으로 작용하는가? 그렇지 않다. 행위는 구원의 표지인가? 그렇다.

만일에 바울이 로마서와 갈라디아서에서 이삭을 제물로 바친 아브라함의 행동을 믿음의 한 사례로 소개하는 것을 빠뜨린 것이 다소 놀라운 일이라면, 히브리서가 창세기 15:6에 기록되어 있는 아브라함의 위대한 믿음의 행동에 대해서 침묵하고 있다는 것 역시 놀라운 일이 아닐 수 없다. 히브리서 11장에는 "믿음으로 그가 의롭다 인정함을 받았다"는 내용이 서술되어 있지 않다.

두 책의 저자들이 그러한 사실을 생략한 것에는 정당한 이유가 있다. 바울은 아브라함의 믿음을 하나님의 자녀가 되는 데 꼭 필요한 한 가지의 사례로 활용한다. 따라서 그는 이삭의 출생을 둘러싼 문제들을 다루면서 아브라함의 믿음에 초점을 맞추고 있다.

히브리서의 저자는 아브라함의 믿음을 하나님의 자녀의 일상생활 속에서 발견되는 믿음의 한 사례로 활용한다. 따라서 그는 아브라함의 순례여행의 시초에 발생한 한 사건에 초점을 맞추지 않고, 도리어 만화경적인 시각에서 아브라함의 생애 — 아브라함에게 주어진 하나님의 첫 번째 명령으로부터 시작하여 아브라함에게 주어진 하나님의 마지막 명령으로 끝나는 — 를 개관하는 데 초점을 맞춘다.

창세기 11:26-25:11(아브라함)

Aitken, K. T. 1984. "The Wooing of Rebekah: A Study in the Development of Tradition." *JSOT* 30:3–23.

Alexander, T. D. 1983. "Genesis 22 and the Covenant of Circumcision." *JSOT* 25:17–22.

———. 1985. "Lot's Hospitality: A Clue to His Righteousness." *JBL* 104:289–91.

———. 1990. "The Hagar Traditions in Genesis XVI and XXI." In *Studies in the Pentateuch*. Ed. J. A. Emerton. VTSup 41. Leiden: Brill. Pp. 131–48.

———. 1992. "Are the Wife/Sister Incidents of Genesis Literary Compositional Variants?" *VT* 42:145–53.

Andersen, F. I. 1995. "Genesis 14: An Enigma." In *Pomegranates and Golden Bells: Studies in Biblical, Jewish, and Near Eastern Ritual, Law, and Literature in Honor of Jacob Milgrom*. Ed. D. P. Wright, D. N. Freedman, and A. Hurvitz. Winona Lake, Ind.: Eisenbrauns. Pp. 497–508.

Andreasen, N.-E. 1980. "Genesis 14 in Its Near Eastern Context." In *Scripture in Context: Essays on the Comparative Method*. Ed. C. D. Evans, W. W. Hallo, and J. B. White. PTMS 34. Pittsburgh: Pickwick. Pp. 59–77.

Biddle, M. E. 1990. "The 'Endangered Ancestress' and Blessing for the Nations." *JBL* 109:599–611.

Blenkinsopp, J. 1982. "Abraham and the Righteous of Sodom." *JJS* 33:119–32.

Boehm, O. 2002. "The Binding of Isaac: An Inner-Biblical Polemic on the Question of 'Disobeying' a Manifestly Illegal Order." *VT* 52:1–12.

Bolin, T. M. 2004. "The Role of Exchange in Ancient Mediterranean Religion and Its Implications for Reading Genesis 18–19." *JSOT* 29:37–56.

Bray, J. S. 1993. "Genesis 23—A Priestly Paradigm for Burial." *JSOT* 60:69–73.

Brock, S. 1984. "Genesis 22: Where Was Sarah?" *ExpT* 96:14–17.

Bruckner, J. S. 2001. *Implied Law in the Abraham Narrative: A Literary and Theological Analysis.* JSOTSup 335. Sheffield: Sheffield Academic Press.

Brueggemann, W. 1982. "'Impossibility' and Epistemology in the Faith Tradition of Abraham and Sarah." *ZAW* 94:615–34.

Carroll, J. 1996. "The Story of Abraham." In *Genesis, As It Is Written: Contemporary Writers on Our First Stories.* Ed. D. Rosenberg. San Francisco: HarperSanFrancisco. Pp. 71–76.

Childs, B. 1979. *Introduction to the Old Testament as Scripture.* Philadelphia: Westminster.

Clines, D. J. A. 1978. *The Theme of the Pentateuch.* 2nd ed., 1997. JSOTSup 10. Sheffield: JSOT Press.

Coats, G. W. 1973. "Abraham's Sacrifice of Faith: A Form Critical Study of Genesis 22." *Int* 27:389–400.

———. 1985. "Lot: A Foil in the Abraham Saga." In *Understanding the Word: Essays in Honour of Bernhard W. Anderson.* Ed. J. T. Butler, E. W. Conrad, and B. Ollenburger. JSOTSup 37. Sheffield: JSOT Press. Pp. 113–32.

Davies, P. R., and B. D. Chilton. 1978. "The Aqedah: A Revised Tradition History." *CBQ* 40:514–46.

Dozeman, T. B. 1998. "The Wilderness and Salvation History in the Hagar Story." *JBL* 117:23–43.

Drey, P. R. 2002. "The Role of Hagar in Genesis 16." *AUSS* 40:179–95.

Duguid, I. M. 1994. "Hagar the Egyptian: A Note on the Allure of Egypt in the Abraham Cycle." *WTJ* 56:419–21.

Eichler, B. 1997. "On Reading Genesis 12:10–20." In *Tehillah le-Moshe: Biblical and Judaic Studies in Honor of Moshe Greenberg.* Ed. M. Cogan et al. Winona Lake, Ind.: Eisenbrauns. Pp. 23–38.

Emerton, J. A. 1971a. "The Riddle of Genesis XIV." *VT* 21:403–39.

———. 1971b. "Some False Clues in the Study of Genesis XIV." *VT* 21:24–27.

Exum, J. C. 1993. "Who's Afraid of the 'Endangered Ancestress'?" In *The New Literary Criticism and the Hebrew Bible.* Ed. J. C. Exum and D. J. A. Clines. JSOTSup 143. Sheffield: JSOT Press. Pp. 91–113. Repr., in *Fragmented Women: Feminist (Sub)versions of Biblical Narrative.* Valley Forge, Pa.: Trinity, 1993. Pp. 148–69.

Exum, J. C., and J. W. Whedbee. 1985. "Isaac, Samson, and Saul: Reflections on the Comic and Tragic Visions." *Semeia* 32:5–21.

Firestone, R. 1993. "Prophethood, Marriageable Consanguinity and Text: The Problem of Abraham and Sarah's Kinship Relationship and the Response of Jewish and Islamic Exegesis." *JQR* 83:331–47.

Fleishman, J. 2002. "On the Significance of a Name Change and Circumcision in Genesis 17." *JANES* 28:19–32.

Fox, M. V. 1974. "The Sign of the Covenant: Circumcision in the Light of the Priestly *'ot* Etiologies." *RB* 81:557–96.

Freedman, R. D. 1976. "'Put Your Hand under My Thigh'—The Patriarchal Oath." *BAR* 2 (2):2–4, 42.

Fretheim, T. 1995. "God, Abraham and the Abuse of Isaac." *Word and World* 15:49–

57.

Gillmayr-Bucher, S. 1998. "The Woman of Their Dreams: The Image of Rebekah in Genesis 24." In *The World of Genesis: Persons, Places, Perspectives.* Ed. P. R. Davies and D. J. A. Clines. JSOTSup 257. Sheffield: Sheffield Academic Press. Pp. 90–101.

Goldingay, J. 2000. "The Significance of Circumcision." *JSOT* 88:3–18.

Goshen-Gottstein, M. 1987. "Abraham—Lover or Beloved of God?" In *Love and Death in the Ancient Near East.* Ed. J. H. Marks and R. M. Good. Guilford, Conn.: Four Quarters. Pp. 101–4.

Gossai, H. 1995. "A Voice Crying in the Wilderness." In *Power and Marginality in the Abraham Narrative.* Lanham, Md.: University Press of America. Pp. 1–23.

———. 1997. "Divine Vulnerability and Human Marginality in the *Akedah:* Exploring a Tension." *HBT* 19:1–23.

Grayson, A. K., and J. Van Seters. 1975. "The Childless Wife in Assyria and the Stories of Genesis." *Orientalia* 44:485–86.

Greengus, S. 1975. "Sisterhood Adoption at Nuzi and the 'Wife-Sister' in Genesis." *HUCA* 46:5–31.

Gunn, D. M., and D. N. Fewell. 1993. *Narrative in the Hebrew Bible.* Oxford: Oxford University Press. Pp. 90–100.

Handy, L. K. 1997. "Biblical Bronze Age Memories: The Abraham Cycle as Usable Past." *BRes* 42:43–57.

Hartman, G. 1996. "The Story of Isaac's Sacrifice." In *Genesis, As It Is Written: Contemporary Writers on Our First Stories.* Ed. D. Rosenberg. San Francisco: HarperSanFrancisco. Pp. 139–50.

Hasel, G. F. 1981. "The Meaning of the Animal Rite in Genesis 15." *JSOT* 19:61–78.

Hayward, C. T. R. 1990. "The Sacrifice of Isaac and Jewish Polemic against Christianity." *CBQ* 52:292–306.

Helyer, L. R. 1983. "The Separation of Abram and Lot: Its Significance in the Patriarchal Narratives." *JSOT* 26:77–88.

———. 1995. "Abraham's Eight Crises: The Bumpy Road to Fulfilling God's Promise of an Heir." *BRev* 11 (5):20–27, 44.

Hendel, R. S. 2005. *Remembering Abraham: Culture, Memory, and History in the Hebrew Bible.* Oxford: Oxford University Press.

Hepner, G. 2003. "Abraham's Incestuous Marriage with Sarah: A Violation of the Holiness Code." *VT* 53:143–55.

Hoffmeier, J. 1992. "The Wives' Tale of Genesis 12, 20 and 26 and the Covenants at Beer-Sheba." *TynB* 43:81–99.

Humphreys, W. L. 1999. "Where's Sarah? Echoes of a Silent Voice in the *Akedah.*" *Soundings* 82:491–512.

———. 2001. *The Character of God in the Book of Genesis.* Louisville: Westminster John Knox.

Janzen, J. G. 1991. "Hagar in Paul's Eyes and in the Eyes of Yahweh [Genesis 16]: A Study in Horizons." *HBT* 13:1–22.

Jensen, R. M. 1994. "The Offering of Isaac in Jewish and Christian Tradition: Image and Text." *BibInt* 2:85–110.

Kaminski, J. 2000. "Humor and the Theology of Hope: Isaac as a Humorous Figure."

Int 54:363–75.

Kline, M. 1968. "Abram's Amen." *WTJ* 31:1–11.

Kunin, S. D. 1994. "The Death of Isaac: Structuralist Analyses of Genesis 22." *JSOT* 64:57–81.

Kuschel, K.-J. 1995. *Abraham: A Symbol of Hope for Jews, Christians and Muslims.* London: SCM Press.

Landy, F. 1988. "Narrative Techniques and Symbolic Transactions in the Akedah." In *Signs and Wonders: Biblical Texts in Literary Focus.* Ed. J. C. Exum. SemeiaSt. Atlanta: Scholars Press. Pp. 1–40.

Levenson, J. 1993. *The Death and Resurrection of the Beloved Son: The Transformation of Child Sacrifice in Judaism and Christianity.* New Haven: Yale University Press.

———. 1994. *Creation and the Persistence of Evil: The Jewish Drama of Divine Omnipotence.* 2nd ed. Princeton, N.J.: Princeton University Press.

———. 1998. "Abusing Abraham: Traditions, Religious Histories, and Modern Misinterpretations." *Judaism* 47:259–77.

Loewenstamm, S. E. 1971. "The Divine Grants of Land to the Patriarchs." *JAOS* 91:509–10.

Longenecker, R. 1977. "The 'Faith of Abraham' Theme in Paul, James and Hebrews: A Study in the Circumstantial Nature of New Testament Teaching." *JETS* 20:203–12.

Lundbom, J. R. 1983. "Abraham and David in the Theology of the Yahwist." In *The Word of the Lord Shall Go Forth.* Festschrift for D. N. Freedman. Ed. C. L. Myers and M. O'Connor. Winona Lake, Ind.: Eisenbrauns. Pp. 203–9.

MacDonald, N. 2004. "Listening to Abraham—Listening to Yhwh: Divine Justice and Mercy in Genesis 18:16–33." *CBQ* 66:25–43.

Margalit, O. 2000. "The Riddle of Genesis 14 and Melchizedek." *ZAW* 112:501–8.

Martin, T. W. 2003. "The Covenant of Circumcision (Genesis 17:9–14) and the Situational Antithesis in Galatians 3:28." *JBL* 122:111–25.

Matthews, V. H. 1992. "Hospitality and Hostility in Genesis 19 and Judges 19." *BTB* 22:3–11.

Mays, J. L. 2001–2. "'Now I Know': An Exposition of Genesis 22:1–19 and Matthew 26:36–46." *ThTo* 58:519–25.

Mazor, Y. 1986. "Genesis 22: The Ideological Rhetoric and the Psychological Composition." *Bib* 67:81–88.

McCarthy, D. J. 1976. "Three Covenants in Genesis." *CBQ* 26:179–89.

McEvenue, S. E. 1975. "A Comparison of Narrative Styles in the Hagar Stories." *Semeia* 3:64–77.

Miller, P. D. 1984. "Syntax and Theology in Gen XII 3a." *VT* 34:472–75.

Moberly, R. W. L. 1988. "The Earliest Commentary on the Akedah." *VT* 38:302–23. Repr., in *From Eden to Golgotha: Essays in Biblical Theology.* South Florida Studies in the History of Judaism 52. Atlanta: Scholars Press, 1992. Pp. 55–73.

———. 2000. *The Bible, Theology, and Faith: A Study of Abraham and Jesus.* Cambridge: Cambridge University Press.

Moltz, H. 2001. "God and Abraham in the Binding of Isaac." *JSOT* 96:59–69.

Muffs, Y. 1982. "Abraham the Noble Warrior: Patriarchal Politics and Laws of War in Ancient Israel." *JJS* 33:81–107.

Neff, R. 1970. "The Birth and Election of Isaac in the Priestly Tradition." *BRes* 15:5–18.

———. 1972. "The Annunciation in the Birth Narratives of Ishmael." *BRes* 17:51–60.

Niditch, S. 1982. "The 'Sodomite' Theme in Judges 19–20: Family, Community, and Social Disintegration." *CBQ* 44:365–78.

———. 1987. *Underdogs and Tricksters: A Prelude to Biblical Folklore.* New Voices in Biblical Studies. San Francisco: Harper & Row.

Nikaido, S. 2001. "Hagar and Ishmael as Literary Figures: An Intertextual Study." *VT* 51:219–42.

Noegel, S. B. 1998. "A Crux and a Taunt: Night-time Then Sunset in Genesis 15." In *The World of Genesis: Persons, Places, Perspectives.* Ed. P. R. Davies and D. J. A. Clines. JSOTSup 257. Sheffield: Sheffield Academic Press. Pp. 128–35.

O'Brien, M. A. 1990. "The Story of Abraham and the Debate over the Source Hypothesis." *ABR* 38:1–17.

Peck, W. 1976. "Murder, Timing, and the Ram in the Sacrifice of Isaac." *AThR* 58:24–43.

Phillips, G. A., and D. N. Fewell. 1997. "Drawn to Excess, or Reading beyond Betrothal [Gen 24; Jos 24]." *Semeia* 77:25–58.

Polzin, R. 1975. "The Ancestress of Israel in Danger." *Semeia* 3:81–98.

Pope, M. H. 1986. "Enigmatic Bible Passages: The Timing of the Snagging of the Ram, Genesis 22:13." *BA* 49:114–17.

Rad, G. von. 1962. *Old Testament Theology.* Trans. D. M. G. Stalker. 2 vols. New York: Harper & Row.

———. 1972. *Genesis.* Trans. J. H. Marks. Rev. ed. OTL. Philadelphia: Westminster.

Rashkow, I. 1992. "Intertextuality, Transference and Reader in/of Genesis 12 and 20." In *Reading between Texts: Intertextuality and the Hebrew Bible.* Ed. D. N. Fewell. Louisville: Westminster John Knox. Pp. 57–73.

Rendsburg, G. 1992. "Notes on Genesis XV." *VT* 42:266–72.

Ronning, J. 1991. "The Naming of Isaac: The Role of the Wife/Sister Episodes in the Redaction of Genesis." *WTJ* 53:1–27.

Rosen, N. 1996. "The Story of Sarah's Late Pregnancy." In *Genesis, As It Is Written: Contemporary Writers on Our First Stories.* Ed. D. Rosenberg. San Francisco: HarperSanFrancisco. Pp. 115–24.

Roth, W. M. W. 1972. "The Wooing of Rebekah: A Tradition-Critical Study of Genesis 24." *CBQ* 34:177–87.

Sarna, N. 1982. "Genesis 23: The Cave of Machpelah." *HS* 23:17–21.

Schwartz, J. 1995. "Ishmael at Play: On Exegesis and Jewish Society." *HUCA* 66:203–21.

Segal, L. 1996. "The Story of Sarah and Hagar." In *Genesis, As It Is Written: Contemporary Writers on Our First Stories.* Ed. D. Rosenberg. San Francisco: HarperSanFrancisco. Pp. 125–38.

Shanks, H. 1980. "Have Sodom and Gomorrah Been Found?" *BAR* 6 (5):26–36.

Sherwood, Y. 2004. "Binding—Unbinding: Divided Responses of Judaism, Christianity, and Islam to the 'Sacrifice' of Abraham's Beloved Son." *JAAR* 72:821–61.

Steinberg, N. 1984. "Gender Roles in the Rebekah Cycle." *USQR* 391:175–88.

Teugels, L. 1984. "'A Strong Woman, Who Can Find?' A Study of Characterization in Genesis 24, with Some Perspectives on the General Presentation of Isaac and Rebekah in the Genesis Narratives." *JSOT* 63:89–104.

———. 1995. "The Anonymous Matchmaker: An Enquiry into the Characterization of the Servant of Abraham in Genesis 24." *JSOT* 65:13–23.

Thompson, J. L. 1995. "Hagar: Test, Terror and Tradition." *Perspectives* 10:16–19.

———. 1997. "Hagar, Victim or Villain? Three Sixteenth Century Views." *CBQ* 59:213–33.

Thompson, T. L. 1974. *The Historicity of the Patriarchal Narratives: The Quest for the Historical Abraham.* BZAW 133. Berlin: de Gruyter.

Tonson, P. 2001. "Mercy without Covenant: A Literary Analysis of Genesis 19." *JSOT* 95:95–116.

Tozer, A. W. 1948. *The Pursuit of God.* Harrisburg, Pa.: Christian Publications.

Trible, P. 1984. "The Desolation of Rejection." In *Texts of Terror: Literary Feminist Readings of Biblical Narratives.* Philadelphia: Fortress. Pp. 9–35.

———. 1985. "The Other Woman: A Literary and Theological Study of the Hagar Narratives." In *Understanding the Word: Essays in Honour of Bernhard W. Anderson.* Ed. J. T. Butler, E. W. Conrad, and B. Ollenburger. JSOTSup 37. Sheffield: JSOT Press. Pp. 221–46.

———. 1991. "Genesis 22: The Sacrifice of Sarah." In *"Not in Heaven": Coherence and Complexity in Biblical Narrative.* Ed. J. Rosenblatt and J. Sitterson Jr. Bloomington: Indiana University Press. Pp. 170–91.

Turner, M. D. 1985. "Rebekah: Ancestor of Faith." *LTQ* 20:42–50.

Van Seters, J. 1975. *Abraham in History and Tradition.* New Haven: Yale University Press.

Vos, G. 1948. *Notes on Biblical Theology.* Grand Rapids: Eerdmans.

Walters, S. 1987. "Wood, Sand, and Stars: Structure and Theology in Genesis 22:1–19." *Toronto Journal of Theology* 3:301–30.

Wenham, G. J. 1982. "The Symbolism of the Animal Rite in Genesis 15: A Response to G. F. Hasel, *JSOT* 19 (1981): 61–78." *JSOT* 22:134–37.

———. 1995. "The Akedah: A Paradigm of Sacrifice." In *Pomegranates and Golden Bells: Studies in Biblical, Jewish, and Near Eastern Ritual, Law, and Literature in Honor of Jacob Milgrom.* Ed. D. P. Wright, D. N. Freedman, and A. Hurvitz. Winona Lake, Ind.: Eisenbrauns. Pp. 93–102.

Westbrook, R. 1991. "Purchase of the Cave of Machpelah." In *Property and the Family in Biblical Law.* JSOTSup 113. Sheffield: JSOT Press. Pp. 24–35.

White, H. C. 1973. "The Divine Oath in Genesis." *JBL* 92:165–79.

———. 1975. "The Initiation Legend of Ishmael." *ZAW* 87:267–305.

———. 1979. "The Initiation Legend of Isaac." *ZAW* 91:1–30.

Wiseman, D. J. 1977. "Abraham in History and Tradition." *BSac* 134:123–30, 228–37.

Wolff, H. W. 1974. "The Kerygma of the Yahwist." In *The Vitality of Old Testament Traditions,* by H. W. Wolff and W. Brueggemann. Atlanta: John Knox. Pp. 41–66.

4. 야곱

창세기 25:11-36:42

20년 동안 이삭과 리브가는 함께 살지만, 자식을 얻지 못한다. 40세에 결혼한(25:20) 이삭은 60세가 될 때까지 자식을 얻지 못한다(25:26). 시어머니와 마찬가지로 리브가 역시 오랜 불임(不姙) 기간을 거쳐야 했다. 그러나 시어머니와는 달리(16:3) 그녀는 이삭에게 자신을 대신할 자를 제공하지 않는다.

아브라함의 기도는 다른 여인들의 불임을 중단시키는 결과를 얻지만(20:17), 자신의 아내에게는 그것이 통하지 않는다. 세 번째 세대인 라헬의 불임은 갈등과 야곱의 핀잔을 초래할 뿐이다(30:2). 아버지 아브라함이나 아들 야곱과는 달리 아내를 위한 이삭의 기도는 리브가의 임신을 가능케 한다(25:21).

그의 기도는 이중으로 응답을 받는다. 적어도 이삭과 리브가는 기대하던 것 이상의 결과를 얻는다. 쌍둥이를 낳은 것이다! 아브라함과 사라의 경우 가정 내의 갈등은 자녀가 없는 현실로부터 비롯된다. 그러나 이삭과 리브가의 경우에는 가정 내의 갈등이 두 명의 자녀가 있다는 현실로부터 비롯된다. 야곱과 에서가 태어날 때에 조부 아브라함은 160세였으며, 아직 15년을 더 살아야 했다. 그러나 성서는 이 늙은 족장과 손자들 사이의 만남이나 관계에 대해서 전혀 언급하지 않는다.

창세기에서 중요한 역할을 수행하는 세 명의 여인들 — 사라, 리브가, 라헬 — 은 한결같이 자녀 출산과 관련된 어려움을 겪는다. 오랜 불임 기간으로 인하여 그들은 똑같이 좌절감을 맛본다. 이 특별한 문제점은 특히 하나님께서 족장들에게 많은 자손을 주겠다고 약속하신 것과 관련되어 있다. 여인들의 불임이 계속되는 상황 속에서 과연 어떻게 하나님의 약속이 이루어질 수 있겠는가? 불임 문제에 더하여 창세기는 또 다른 절망적인 상황, 곧 하나님의 약속이 언제 성취될 것인지가 점점 불투명해지는 상황에 대해서 묘사한다.

성서의 이 부분에 있는 주요 인물들 중 어느 누구도 편하게 세상을 살아가지 못한다. 물론 그들에게 닥치는 문제들 중의 일부는 족장들의 어리석은 행동으로 인하여 직접 초래된 것들이다. 그러나 다른 경우들에는 그러한 문제들이 족장들의 힘으로 어떻게 해볼 수 없는 상황으로부터 생겨난다. 아내들의 불임 또는 식량 확보를 위해 아브라함과 이삭을 이곳저곳으로 내보내는 다양한 기근 등이 그렇다.

그러한 사건들은 순전히 자연스럽게 생겨난 것들이다. 그것들은 하나님의 징계로 인하여 생겨난 것들이 아니다. 그러나 그것들은 제각기 인류를 위한 하나님의 구원 계획을 "위협"하는 요소로 작용한다. 자식을 얻지 못하는 아브라함의 상황이나 아이를 낳지 못하는 사라의 상황은 그러한 하나님의 계획에 대하여 사형선고나 다름이 없는 것들이다. 확실히 이처럼 잠재적으로 파괴적인 상황은 온갖 장애물들을 극복하는 하나님의 권능을 입증하는 배경 자료 역할을 수행한다. 그리고 그러한 위협이 크면 클수록, 하나님께서는 각 개인들로 하여금 그러한 위기를 능히 극복할 수 있게 해주신다.

야곱 이야기에 대한 한 인상적인 연구에서 피쉬베인(Michael Fishbane 1975)은 창세기 25-36장을 대칭 구조의 시각에서 검토한다. 그는 이 이야기의 자료들이 놀랍도록 일관성 있게 정리되어 있다는 결론을 내린다. 그 이야기가 선택된 혈통에 속하지 않은 두 사람의 족보(이스마엘의 후손[25:12-18]과 에서의 후손[36:1-43])를 기본 틀로 가지고 있을 정도로 말이다. 그리고 확실히 야곱 이야기가 선택되지 않은 사람들의 두 족보를 틀로 가지고 있다는 사실은 하나님께서 빛을 전하도록 선택하신 자들의 선교적인 사명을 강조하는 효과를 갖는다. 야곱 이야기를 이와 비슷한 구조로 파악한 월터스

(Walters 1997: 600)의 연구를 보라.

이것은 야곱 이야기에 대한 가장 효과적인 연구는, 신학적인 분석의 견지에서 볼 때, 전체로부터 개별적인 자료층들(그러한 것들이 정말로 존재한다면)을 이끌어내고서는 J의 강조점, E의 강조점, 또는 P의 족보적, 연대기적인 틀과 편집적인 추가문 등을 찾아나서는 데 있지 않다. 독자들은 본문에 있는 이러한 자료층들을 이리저리 따라다니는 중에 현기증을 느낄 수도 있다. 예로서 창세기 25-28장에 있는 상이한 자료층들의 목록에서 독자들은 다음과 같은 모자이크(학자들 사이에 합의된 견해를 따름)를 만나게 된다:

25:19-20	P	27:1-45	J	28:17-18	E
25:21-26a	J	27:46	P	28:19	J
25:26b	P	28:1-9	P	28:20-21a	E
25:27-34	J	28:10	J	28:21b	J
26:1-33	J	28:11-12	E	28:22	J
26:34-35	P	28:13-16	J		

이 이야기가 본래부터 이처럼 복합적인 것이어서 편집 작업을 거친 것인지, 아니면 본래부터 동질적인 작품이었는지를 알기 위해서는, 이 단락 전체를 현재 형태의 본문 그대로 다루어야 한다.

야곱 이야기를 크게 개관한다면 다음의 도표 1과 같다:

도표 1

관련 구절	설명
25:19-28:9	변화의 필요성
28:10-32:31	변화를 위한 준비
32:22-32	변화
33:1-36:40	변화의 결과들

변화의 필요성(25:19-28:9)

창세기 25:19-26.   하나님께서 보내신 공격자(32:26)에게 자신을 축복하지 않으면 보내주지 않겠다고 말하는 장년기의 야곱과 마찬가지로, 아기 야곱 역시 태중의 버둥질 끝에 자기 형의 발꿈치를 잡고서 세상에 태어난다. "발꿈치"를 뜻하는 히브리어 낱말은 '아켑'이고, "야곱"이라는 이름 '야아곱'은 이 낱말에 대한 말놀이에 해당한다. "그가 에서의 발꿈치를 잡았다"는 구절이 설명되어 있지는 않지만, 그러한 의미가 분명하게 함축되어 있는 것으로 보인다. 확실히 그것은 친근한 관계를 나타내는 몸짓이 아니요, 쌍둥이 형을 마음으로 환영하는 태도도 아니다. 어렸을 때조차 야곱은 자기중심적이요, 자기지향성이 강한 사람이었다. 그의 이름은 앞일을 예상하는 차원에서 주어진 것이다(참조. "너는 그에게 예수라는 이름을 지어주어라. 이는 그가 … 구원할 것이기 때문이다" [마 1:21 NRSV]). 그것은 그가 장차 칭찬하기 어려운 삶을 살 것임을 미리 보여 주는 것이다.

창세기 25:27-34.   형의 굶주림을 이용한 야곱은 약간의 음식물을 제공하는 대가로 형에게서 장자권을 요구한다. 한 컵의 수프 내지는 붉은 죽이 거래 도구가 된다. 에서는 능숙한 사냥꾼이지만, 야곱은 능숙한 기회주의자이다. 나중에 이스라엘 자손이 이집트에서의 세 끼 식사를 위해(비록 그것이 자유의 박탈을 의미하기는 하지만) 자기들의 영적인 특권(비록 광야에 있기는 하지만)을 기꺼이 포기하려고 하는 것과도 같이, 에서는 식욕을 충족시키기 위해 기꺼이 자신의 영적인 장자권을 팔아버린다. 히브리서 저자는 이 점을 놓치지 않고서 다음과 같이 말한다: " … 한 끼 식사를 위하여 장자의 명분을 판 에서와 같이 불경건한 자가 없도록 살피라"(히 12:16 NIV). 그리고 야곱은 단순히 은혜를 베푸는 것 이상의 이득을 취한다. 그는 에서에게 맹세를 시킴으로써 그 거래에 쐐기를 박는다(창 25:33).

창세기 27:1-45.   형의 약점을 이용하는 것은 충분히 나쁜 일이지만, 그러나 나이 많고 신체적으로 노쇠한 아버지를 교묘하게 속이는 일은 한층 더 나쁜 일이다.

리브가는 사라나 하와보다 더 거룩한 사람이 못 된다. 그녀는 에서로 분장하려는 야곱의 계책을 주도한 사람이다. 야곱은 신속하게 협력한다. 처음에는 공격적인 태도로 형을 속이는 일을 주도하였던 그가 이제는 리브가의 계획을 따르는 자가 된다. 26장에서는 남을 속이는 자로 나오던 이삭이 이제는 속임당하는 자가 된다. 왜 리브가가 두 아들에 관하여 자신이 받은 신탁(25:23)을 이삭에게 알리지 않고, 그 대신에 철저하게 그를 속이려는 계책을 꾸몄는지는 확실치 않다. 특히 25:23이 성서에서 하나님의 구체적인 설명을 구하던 한 여인에게 하나님께서 응답하는 맨 처음 사례에 해당한다는 점을 고려한다면 말이다: "그리하여 그녀는 가서 주께 물었다"(25:22c). 그녀는 두려움에 사로잡혀 있었을까? 그녀가 남편 이삭이 자신의 속임수를 믿을지 안 믿을지를 확신하지 못했을까? 이삭이 자기를 의심할지도 모른다는 것을 두려워했을까? 그녀는 이삭의 예견되는 반대를 무릅쓰고 하나님의 예언이 성취되게 하기 위해서는 자신이 사용하는 방법밖에 없다고 생각했을까? 그녀는 야곱을 더 사랑하기 때문에 그렇게 하고자 했을까? 그녀가 이기심 때문에 그렇게 행동하고자 한 것인지, 아니면 그녀가 그렇게 행동하고 또 야곱에게 그런 일을 하도록 장려함으로써 자신이 직접 하나님의 계획을 성취하고 있다고 믿었는지는 확실치 않다. 설령 리브가가 하나님의 계획을 성취하려는 의도보다 더 고상하지 못한 어떤 동기를 가지고 있었다 할지라도, 그녀는 창세기나 성서의 나머지 부분들에 비추어볼 때 좀 더 적극적이지 못한 행동을 통하여 하나님의 계획을 성취한 유일한 인물이 아니다. 이를테면 이집트로 가는 대상(隊商)의 무리에게 요셉을 팔아넘긴 그의 형들도 그러한 사례들 중의 하나에 해당한다. 이삭이 처음에 야곱에게 말할 때, 그가 야곱인 줄을 알면서도(28:1-5), 자기 아내나 아들을 책망하지 않았다는 것은 의미심장한 일이다. 도리어 그는 하나님께서 야곱을 위해 예비하신 미래에 관해서만 말한다. 다른 한편으로 야곱의 미래를 확실하게 하려는 리브가의 행동은 이삭의 미래를 확실하게 하고자 하는 사라의 행동과 비슷한 모습을 보인다. 창세기 21장 이후로 사라는 결코 이삭을 다시 보지 못한다. 창세기 27장 이후로 리브가는 결코 야곱을 다시 보지 못한다. 사실 어느 어머니도 창세기에서 이 두 장에서처럼 주요 인물로 나타나지 않는다.

더 나아가서 리브가는 가문의 순수성을 지켜야 한다는 구실로 남편에게 에서가 가문의 명예를 훼손시키고 있음을 상기시킨다(27:46). 어떻게든 그런 일을 피하고 싶어하는 이삭은 야곱을 축복한 후 아내를 구하도록 하기 위하여 그를 밧단아람으로 보낸다(28:1-9).

25-28장의 자료층들에 관한 앞의 도표는 비평학자들이 27:1-45를 J에게 속한 것으로, 그리고 27:46-28:9를 P에 속한 것으로 간주하고 있음을 보여준다. 그 이유는 무엇인가? 이 두 사건은 서로 조화를 이루지 못하는 모습을 보인다. J 자료에서 야곱은 아버지를 속이고, 에서는 그 음모를 알아채며, 야곱은 자기 목숨을 취하려는 에서를 피하여 집을 떠난다. 반면에 P 자료에서 이삭은 야곱을 축복하며, 속임수에 대한 언급은 없고, 집을 떠나려는 야곱의 의도는 아내를 얻고자 하는 데 있다. 그러나 필자의 본문 분석에 의하면 이러한 본문 이해는 잘못된 것임이 드러난다. 27:46-28:9는 앞의 내용과 모순되는 모습을 보이기보다는 리브가의 두 번째 계책, 곧 야곱을 에서에게서 떼어내려는 계책에 대해서 진술하고 있다. 그녀의 속임수는 한 번 성공한 적이 있다. 그러니 속임수를 왜 다시 쓰지 않겠는가?

변화를 위한 준비(28:10-32:21)

창세기 28:10-22.　야곱의 생애에 있었던 이 시기의 사건들이 속임수를 정당화시켜주었다고 말하는 것은 정확하지 못한 것이다. 윤리적으로 볼 때 야곱의 행동이 부적절하다는 것에는 의심의 여지가 없다. 그는 남을 속여 하나님의 뜻을 자기 것으로 만든 고전적인 인물에 해당한다. 야곱은 애초부터 자기 형을 능가하도록 예정지어졌을까(25:23)? 그렇다. 그것은 남을 속이고 이용하고 기만하는 그의 행동을 정당화시켜주는가? 절대로 그렇지 않다. 목적이 수단을 정당화시켜주지는 않는다.

아브라함을 다루는 장들은 하나님께서 그에게 말씀하시는 것으로 시작된다: "주께서 아브람에게 이르시되"(12:1). 이와는 달리 야곱의 생애에 발생하는 많은 사건들은 하나님께서 무대에 직접 나타나시기 전에 이루어진다. 야곱이 이삭과 에서 및 리브가 등과 더불어 지내는 동안에 하나님께서는 전혀 말씀하시지 않는다. 하나님께서는 야곱의 도피 여정 초반부 기간 동안에도 그 모습을 드러내시지 않는다.

이러한 상황은 벧엘에서 변한다. 하나님께서 처음으로 꿈을 통하여 야곱을 직접 만나신 것이다(꿈은 하나님께서 아브라함의 가문에 속한 자들을 만날 때 맨 처음 사용하시는 계시의 수단이다 [아브라함이 잠들었을 때의 계시를 다루는 15:12-16은 꿈으로 불리지 않는다는 점에서 예외일 것이다]; 꿈은 하나님께서 블레셋 왕 아비멜렉의 관심을 끌기 위해 사용하시는 수단이기도 하다 [20:3]). 우리는 이때가 야곱이 처음으로 혼자 있던 때라는 것도 주목할 필요가 있다. 앞의 모든 경우들에 있어서 그는 항상 누군가와 같이 있었다. 그는 태중에서 에서와 같이 있었고(25:22), 에서가 사냥을 다녀온 후에는 에서와 함께 있었다(25:29). 그는 또한 일찍부터 어머니 리브가와 함께 있었고(17:6-17), 에서로 분장할 때에는 아버지 이삭과 함께 있었으며(27:18-29), 자신의 정체를 드러낸 채로 아버지와 함께 있기도 했다(28:1-5). 그러나 그가 혼자 있던 때에 하나님께서는 그의 삶 속으로 들어오신다. 야곱이 잠에서 깨어난 후에 보인 반응은 여느 때와 다른 것이지만, 전혀 예상치 못한 것은 아니다: "이에 그는 두려워하였다"(28:17). 그는 하나님을 두려워했던 것이다. 그는 또한 라반(31:31)과 에서(32:7, 11)를 두려워하기도 한다.

그가 보인 반응이 여느 때와 다르다는 점은 그것을 야곱의 아버지와 조부 및 롯의 반응과 비교해볼 때 분명하게 드러난다. 왜냐하면 그들은 하나님이나 천사들을 만날 때 그들을 반갑게 맞이하기 때문이다. 때로는 천사들에게 음식물을 제공하기도 하고, 함께 밤새 유숙하기도 한다! 야곱이 느낀 두려움은 아담에게서 맨 처음 발견된다: "제가 동산에서 당신의 음성을 듣고 … 두려워하여 숨었습니다"(3:10 NRSV). 그것은 죄책감을 느끼고 있는 양심에 의해 생겨난 두려움이다.

야곱에게 두려움을 느끼게 하는 데에는 하나님의 임재만으로도 충분하다. 하나님은 한 번도 야곱에게 어떤 직무를 맡기신 적이 없다. 하나님은 한 번도 그를 훈계하신 적이 없고, 그를 비난하신 적도 없다. 그리고 나단처럼 "당신이 바로 그 사람입니다"와 같이 그를 면전에서 책망하신 적도 없다. 그 반

대로 야곱은 다음과 같은 것들을 깨닫는다:

1. 하나님과의 친교라는 선물: 그는 외로웠으며 고독했다.
2. 하나님의 용서라는 은총: 그의 삶 속에 있는 죄는 그가 베개로 자던 돌보다 더 무겁다.
3. 하나님의 계획과 목표: 13-15절에서 그는 아브라함이 받은 것과 똑같은 계약상의 약속들을 받으며, 이로써 하나님과 연결된다.

독자는 이러한 약속들이 주어지는 배경과 상황을 간과해서는 안 된다. 험프리스(Humphreys 2001: 172)는 이 점을 다음과 같이 잘 설명하고 있다: "우리는 하나님께서 약속의 땅으로부터 도망하는 사람, 곧 형과 아버지를 속인 까닭에 도망하는 사람, '발꿈치를 잡았으나' 자기를 죽이려는 형의 분노를 피하여 도망하는 사람에게 이 모든 것들을 약속하고 계심을 기억하지 않으면 안 된다."

주석가들은 때때로 야곱의 서원(28:20-22)이 이전에 야곱이 에서에게 그러했던 것처럼 하나님과 거래하는 것으로 잘못 해석하고 있다("만일에 당신께서 저에게 무엇인가를 해주신다면, 저도 당신을 위해 무엇인가를 하겠습니다"). 그러나 몇 가지 이유들에 비추어볼 때 그러한 해석은 잘못된 것임이 분명하다. 그것은 성서 안에 있는 서원의 역할을 잘못 이해하고 있다. 성서가 말하는 서원은 자신이 하나님께 무엇인가를 하는 대가로 하나님께 자신의 요구 조건을 내세우려는 의도를 가지고 있지 않다. 야곱이 행한 서원의 내용은 단순히 하나님께서 이미 그에게 약속하신 것을 그대로 되풀이한 부분이 적지 않다. 예로서 "내가 너와 함께 있어 네가 어디로 가든지 너를 지키며"라는 하나님의 말씀은 "만일 하나님이 나와 함께 계셔서 내가 가는 이 길에서 나를 지키시고"라는 야곱의 말에 그대로 반영되어 있다. 하나님께서는 야곱과 거래하려는 의도를 전혀 가지고 있지 않지만, 자신이 말씀하신 바가 진실한 것임을 입증해야 할 책임을 지고 계신다.

창세기 29-31장.   변화를 준비함에 있어서 하나님께서는 먼저 야곱에게 자신을 드러내신다. 그리고서는 야곱에게 거울을 비춰주실 것이다. 이 방법은 야곱으로 하여금 자신과 비슷한 성품을 가진 사람인 라반과 더불어 다음 20년을 함께 살게 하는 것을 의미한다.

처음에 라반은 야곱에게 호의적인 태도를 보인다(29:13). 그는 아담이 맨 처음 하와를 보았을 때 말한 것처럼 "너는 참으로 내 뼈요 내 살이다"(29:14 NRSV)라고 말한다. 그는 너그러운 고용주로 나타난다(29:15). 그는 자신의 조카/고용인이 자신의 사위가 될 것을 기대한다(29:19).

그런데 과거에 속임수를 썼던 야곱이 이제는 라반의 속임수에 희생될 차례가 된다. 그것은 참으로 아이러니컬한 일이 아닐 수 없다. 야곱은 자신이 라반의 손 안에 있음을 알게 될 것이다. 순진하게 라반을 믿던 야곱은 유감스럽게도 자신이 라헬이 아니라 레아와 함께 잤음을 깨닫는다. 그 때가 밤중이어서, 아니면 레아가 자신의 얼굴을 크게 가리고 있어서, 또는 야곱이 너무 취한 나머지 자신과 동침한 사람이 누군지를 알지 못했기에, 라반의 그러한 책략이 과연 가능했던 것일까?

만일에 하나님의 섭리가 벧엘 신현(theophany)에 개입했었다면, 여기서도 그와 마찬가지로 혼돈으로부터 "하나님께서 신비로운 방식으로 경이로운 일을 행하신" 셈이 된다. 레아가 낳은 셋째와 넷째 아이들은 레위와 유다이다(29:34-35). 레위로부터는 제사장 가문이 생겨난다. 그리고 유다로부터는 왕들의 가문이 생겨나며, 궁극적으로는 예수께서 그 가문으로부터 태어나신다. 구약성서에서 가장 중요한 의미를 갖는 두 가지 제도는 원치 않던 결혼, 곧 오로지 속임수에 의해서 시작된 결혼에 그 뿌리를 두고 있다! 폰 라트(1972: 291)는 이에 대해서 다음과 같은 점을 지적한다: "하나님의 행동은 가장 저급한 세속성의 차원으로 깊숙이 내려가는 바, 거기에는 과거의 행동에 대한 깨달음이 감추어져 있다."

야곱은 여전히 성숙한 사람이 되기 위한 길을 가야 한다. 이 점은 그의 두 아내가 자녀 출생 시에 해설자와 마찬가지로 하나님/주를 얼마나 훌륭하게 칭하는지를 29-30장에서 야곱이 하나님에 관해 딱 한 번 언급하는 것과 비교해 보면 금방 드러난다. 레아(29:32, 33, 35; 30:18, 20)와 라헬(30:6, 23, 24) 및 해설자(29:31; 30:17, 22)는 감동적인 방식으로 하나님에 관해 말한다. 그는 감찰하시는 하나님이요(29:32), 들으시는 하나님이요(29:33), 마땅히 찬양

받으실 하나님이요(29:25), 보상하시는 하나님이요(30:18), 억울함을 풀어주시는 하나님이요(30:18), 선물을 주시는 하나님이요(30:20), 기억하시는 하나님이요(30:22), 수치를 제거하시는 하나님이다(30:23). 이러한 표현들은 네 여인들로부터 열두 자녀를 얻은 야곱이 딱 한 번 하나님에 관해 말하는 것과 얼마나 큰 대조를 이루는가! 프레다임(Fretheim 1994: 555)의 표현을 빌리자면, 그것은 "부정적이고 화내면서 질문하는 형태"로 되어 있다; "야곱은 그녀[라헬]에게 화를 내면서 '그대로 성태치 못하게 하시는 이는 하나님이신데 내가 하나님을 대신하겠느냐?'(30:2 NIV)고 말한다.

야곱이 여전히 책략가요 속임수를 쓰는 자라는 사실은 30:25-43의 이야기를 통해서 확인할 수 있다. 라반의 허를 찌르기 위해 그는 라반이 치는 양떼의 중요한 부분을 가나안으로 가지고 가려는 계획을 세운다. 야곱은 라반의 단색 짐승들로부터 생겨나는 다색 짐승들을 소유하게 될 것인 바, 그러한 경우는 매우 드물 것이다(적어도 라반이 생각하는 한!). 야곱이 물통 앞에 세워둔 막대기들을 통하여 효과를 본 것으로 생각했는지(30:37-39), 아니면 그 막대기들이 속임수에 지나지 않은 것인지(Gabriel 1971)는 알 길이 없으나, 그가 세운 계획은 어느 정도의 속임수를 포함하고 있다.

야곱은 자기 아내들에게 분명하게 "하나님이 이같이 그대들의 아버지의 짐승들을 빼앗아 나에게 주셨다"라고 말한다(31:9 NRSV). 그가 세운 계획은 나중에 아내들의 지지를 받는다(31:16). 그는 심지어 하나님께서 재산 증식의 증인이라고 말함으로써 자신의 행동을 정당화한다(31:12).

야곱은 과연 위장된 모습을 보이고 있는가? 그가 얻은 양 떼는 그가 야곱이기 때문에 하나님께로부터 받은 복인가, 아니면 그가 야곱임에도 불구하고 하나님께로부터 받은 복인가? 아브라함이 부정한 방법으로 파라오에게서 재물을 받은 것(12:16)과 비교해 보라. 확실히 하나님께서는 잔꾀 부리는 자기 자녀들의 모든 계책들을 용납하시는 것이 아니다.

31:22-25의 이야기는 적어도 야곱과 라헬이 서로 부부가 될 만한 자들임을 분명하게 보여준다! 라반은 야곱의 허를 찌른다. 야곱은 라반의 허를 찌른다. 라헬은 가신상(家神像; household gods=드라빔; 일종의 조상신들에 해당하는 것임: 역자 주)을 훔침으로써 라반의 허를 찌른다(31:30, 34-35).

그 결과 야곱과 라반은 다시 만나게 된다.

여기서 행간을 읽는다는 것이 과연 가능한 일일까? 라반은 야곱은 화해한 후에 집으로 돌아간다. 그렇다면 월경하는 라헬의 밑에 깔려 있던 신들(gods)은 어떻게 되는가? 아마도 라헬은 아버지가 떠난 다음에 야곱에게 고백했을 것이다. 과연 야곱은 그릇된 신들이 자신과 함께 있는 것을 기꺼이 용납했을까?

창세기 32:1-21. 시간이 항상 깨뜨려진 관계를 치유하는 것은 아니다. 종종 시간은 그러한 관계를 악화시키기도 한다. 상처는 서서히 아물어간다. 20년이 지났음에도 불구하고 에서는 여전히 야곱의 대담한 행동에 분개하고 있다. 적어도 야곱은 이렇게 생각한다. 그 까닭에 야곱은 또 다른 전략을 세운다. 자신의 안전이 자기 손에 있는 것이 아니라 하나님께 있음을 여전히 확신하지 못한 세속적인 야곱은 그 전략을 실행에 옮긴다.

야곱은 먼저 친선 사절단을 보낸 다음(3-5절), 에서에 의한 전면적인 파멸을 예방하고자 한다(6-8절). 이어서 그는 필사적인 태도로 하나님께 기도하지만(10-12절), 회개하는 모습을 전혀 보이지 않는다. 적어도 10절이 그러한 회개의 표현이 아닌 한에 있어서는 그렇다. 그리고나서 그는 에서의 용서를 구하고자 한다(13-21절). 야곱은 에서를 만날 필요가 있었을까, 아니면 하나님을 만날 필요가 있었을까? 다음 단락은 이 질문에 대한 답을 줄 것이다.

변화(32:22-32)

20년 전에 야곱은 벧엘에서 혼자 하나님과 대면한 적이 있다. 첫 번째 경우에 그는 약속의 땅을 떠나 도망하고 있었다. 그런데 여기서는 오랜 기간의 타향살이 끝에 약속의 땅으로 돌아가고 있다. 어두운 밤중에 하나님과 사람이 만났다. 그리고 그 일은 또 다시 이루어질 것이다. 야곱은 찾는 자가 아니라 찾아진 바 된 자이다.

"사람"의 모양으로 자신을 드러내신 하나님께서는 거의 새벽이 될 때까지 밤새도록 야곱과 씨름을 벌이신다(24b절). 독자들은 예수와 니고데모 사이의 밤중 대화를 기억할 것이다(요 3장). 그 대화에서 예수께서는 니고데모의 변명을 체계적으로 철저하게 무너뜨리시며, 니고데모와 설전을 벌이시는 중에 니고데모가 안고 있는 문제의 핵심으로 들어가신다.

야곱을 브니엘 이전의 야곱으로부터 구별짓는 특징에는 적어도 세 가지가 있다:

1. 약함에 대한 인식: "그리고 야곱의 환도뼈가 그 사람과 씨름할 때에 위골되었다"(25b절 NRSV). 에서와 이삭 및 라반 등과의 씨름에서 승리한 야곱이 이제는 희생자가 되어, 씨름을 하는 대신에 매달려 간청하는 모습을 보인다. 야곱의 고통이 일시적인 것이건, 항구적인 것이건 관계없이, 그는 자기 몸에 자신의 생명을 책임지고 있는 분을 생각하게 하는 표시를 가진 채로 그 만남을 끝낸다. 만일에 그 상처의 효과가 일시적인 것이라면, 독자들은 그것을 약속의 땅과 여리고에 들어가기 전에 이스라엘 백성이 경험한 성인 할례(수 5장)와 비교할 수도 있을 것이다. 확실히 그러한 신체 절개는 고통스러운 것으로서, 절뚝거림과 회복 및 치유 등을 위한 시간을 필요로 했다(수 5:8).

2. 하나님을 향한 열망: "당신이 내게 축복하지 아니하면 당신을 가게 하지 않겠습니다"(26b절 NRSV). 이삭의 축복은 하나님의 복이 동반되지 않는 한 무의미한 것이다. 야곱은 속임수를 사용하여 이삭의 축복을 얻지만, 하나님의 복은 오로지 정직한 기도를 통해서만 얻을 수 있다. 그러나 야곱이 상처를 입었음에도 불구하고(25절) 그 사람을 붙들고서 놓아 주지 않은 것(26절)은 그에게 명예로운 결과를 가져다준다.

3. 무가치함의 고백: "'네 이름이 무엇이냐?' 그러자 그는 '야곱입니다' 라고 말한다"(27절 NRSV). 그가 안고 있는 문제점은 그의 성격에 있다. (참조. "그러자 예수께서는 그에게 '네 이름이 무엇이냐?' 라고 물으셨다. 그는 '내 이름은 군대입니다' 라고 대답했다"[막 5:9 NRSV].) "야곱"이라는 이름은 그가 누구인지를 가르쳐줄 뿐만 아니라 그가 어떠한 사람인지도 가르쳐준다.

이상의 것들은 야곱의 반응에 해당한다. 그 결과는 어떠한가?

1. 새로운 이름과 성격: "네 이름이 다시는 야곱이라 불리지 않고 도리어 이스라엘이라 불릴 것이다. 그 까닭은 네가 하나님[히브리어로 '엘']과 사람들로 더불어 겨루어[히브리어로 '사라흐'] 이겼기 때문이다"(28절 RSV). (독자들은 야곱이 겨룬 대상들을 "예수는 … 하나님과 사람에게 더 사랑스러워져 갔다"[눅 2:52 RSV]라는 진술과 비교할 수도 있을 것이다.) 성서 히브리어는 종종 어떤 영적인 변화를 나타내기 위해 "더 이상 말해지지 않을 것이다" 또는는 "더 이상 불리지 않을 것이다"와 같은 표현들을 사용한다. 창세기 17:5와 특히 예레미야서의 일부 구절들을 보라. 이 본문들에서 그 구절은 하나님께서 행하신 어떤 일로 인하여 이루어진 변화의 순간들을 강조한다(렘 3:16-17; 16:14-15; 19:6; 23:7-8; 31:29-30).

2. 새로운 힘: "네가 이겼다"(28b절)

3. 새로운 복: "거기서 야곱을 축복하였다"(29b절)

4. 새로운 증거: "내가 하나님과 대면하여 보았으나 내 생명이 보전되었다"(30절 NRSV). 야곱은 하나님께서 "내 얼굴을 보고 살 자는 없을 것이다"라고 말씀하시는 출애굽기 33:20과 같은 구절이 진리임을 분명하게 밝히고 있다. 밝아오는 새벽은 하나님이 아니라 야곱에게 위험으로 다가온다. 그 때문에 하나님께서는 야곱에게 "날이 새려 하니 나로 가게 하라"고 말씀하신다.

5. 새로운 날, 새로운 출발: "해가 그의 위에 떠올랐다"(31a절)

6. 그의 약함을 새롭게 생각하게 함: "그 환도뼈로 인하여 다리를 절었다"(31b절). 이름은 바뀌지만, 다리는 적어도 즉시 치유되지는 않는다.

변화의 결과들(33-36장)

창세기 33장.   야곱과 하나님의 화해는 그의 형과의 화해로 이어지지 않으면 안 된다. 자기 식구들을 뒤로 물리는("나보다 앞서 건너가라"[32:16 RSV]) 브니엘 이전의 야곱과 자신에게 속한 무리들을 에서에게로 인도하는("그는 친히 그들 앞에서 나아가되"[33:3a절 RSV]) 브니엘 이후의 야곱 사이

의 차이점을 주목하라. 그는 새로운 용기를 보일 뿐만 아니라 새로운 겸손을
보이기도 한다: "몸을 일곱 번 땅에 굽히며"(3b절 NRSV). 그에게는 새로운
관대함이 있다: "청컨대 내 손에서 이 예물을 받으십시오 … 내 예물을 내 손
으로부터 받으십시오"(10-11절 NRSV). 에서에게 선물을 드리고자 하는 그
의 동기는 순수한 것이다. 그는 더 이상 머리를 굴리지 않는다. 우리는 또한
에서가 경험한 모종의 변화에 주목할 필요가 있다. 악의를 품고서 복수를 다
짐하던 27장의 에서는 화해하는 모습을 보이는 33장의 에서로 변한다. 본문
은 그의 이러한 태도 변화를 설명하기 위해 하나님과의 만남을 소개하지는
않는다.

창세기 34장. 본장은 야곱의 자녀들 중 한 명, 곧 그의 유일한 딸인 디나
의 삶에서 발생한 부정적인 사건에 대해서 기록하고 있다. 그녀는 하몰의 아
들 세겜에게 겁탈당한다. "복을 받은" 야곱은 이 문제를 어떻게 해결할 것인
가? 그는 과연 복수하고자 할까? 그는 자신의 손으로 정의를 행하고자 할까
(이는 "살인하지 말라"는 계명이 금하고 있는 것임)?

독자들은 야곱의 아들들, 그 중에서도 특히 시므온과 레위가 모종의 조치
를 취하고자 함을 알게 된다. "속임수"(13절) — 야곱(27:35)과 라반(29:25)에
게 적용된 것과 동일한 히브리어 낱말임 — 를 써서 시므온과 레위는 죄를
저지른 자들을 죽이려는 계책을 세운다.

그렇다면 야곱은 어떠한가? 디나에 관한 소식을 들은 그는 가장 먼저 "침
묵을 지키는" 반응을 보인다(5절). 침묵이 그를 붙들었기에 이런 일이 가능했
을까? 자기 아들들의 섬뜩한 보복 전쟁 소식을 들은 그는 시므온과 레위를
크게 꾸짖으며(30절), 나중에는 한층 심한 말로 그들을 책망한다(49:5-7). 그
들의 행동은 정당하다고 인정할 수 없다. 목표가 수단을 정당화하는 것은 아
니다. 비록 야곱 자신이 한때 그러한 철학을 추종하기는 했지만 말이다. 어
떤 주석가들은 야곱이 아무런 조치도 취하지 않는 게으른 모습을 보였다고
본다. 그들이 볼 때 야곱은 게으르고 무관심하며 무감각한 사람이다. 만일에
그렇다면, 34장의 야곱은 "변화의 결과들"을 보여주고 있다고 보기 어렵다.
다른 한편으로 퓨얼(Fewell)과 건(Gunn 1991: 198)은 그러한 침묵 — 자신이
나 자기가 사랑하는 자들에게 가해진 끔찍한 고통에 직면하여 자신의 분노

를 억제하는 능력 — 이 가장 도발적이고 어려운 반응에 해당할 것이라고 본다. 아마도 여기서 야곱은 "압제와 고통을 당하는" 중에도 입을 열지 않은 고난 받는 종(사 53:7)을 예시하는 인물에 해당할 것이다.

창세기 35장. 라헬이 아버지의 집에서 가져온 그릇된 신들은 제거되어야만 한다(2–4절). 우리는 여기서 야곱의 영적인 민감성을 확인할 수 있다. 그것들을 계속해서 가지고 다니는 것은 한 분이신 하나님을 섬기는 것과 양립될 수 없다.

야곱은 두 번째로 벧엘에 머문다. 20년 넘는 기간 전에 하나님께서는 거기에서 처음으로 야곱을 만나셨다(5–8절). 그러나 여기서 야곱은 벧엘(하나님의 집)로부터 엘-벧엘(하나님의 집의 하나님)로 옮겨간다(7절). 하나님은 처음이고 하나님의 집은 두 번째이다.

브니엘에서의 약속(32장)을 확증하기 위해 하나님께서는 다시금 야곱에게 그의 이름이 이스라엘임을 알리신다(9–10절). 피쉬베인(Fishbane 1975: 28)은 이 점을 다음과 같이 정확하게 잘 설명하고 있다: "확실히 야곱은 이전에 이스라엘이라는 이름을 얻었다(32:29). 그러나 아마도 이 이야기는 에서와의 갈등이 해결된 이후(창 33장)에야 비로소 야곱이 이스라엘로 바뀌었음을 보여주고자 했을 것이다."

야곱은 그의 아내 라헬의 죽음(16–21절)과 큰 아들 르우벤이 저지른 근친상간(22절) 및 아버지 이삭의 죽음(27–29절) 등에 직면해서도 당혹감을 느끼지 않는다. 본 장의 결론 부분은 적절한 것이다. 이삭은 "그의 아들 에서와 야곱"에 의해 장사된다. 이는 두 사람의 소원했던 관계가 친근한 관계로 바뀌었음을 암시한다.

창세기 36장. "에서의 족보"(KJV)는 에서와 야곱이 마침내 헤어지는 이야기로 시작된다. 28장은 야곱이 에서를 피해 도망하는 장면으로 시작된 바가 있다. 그런데 여기서는 에서가 야곱에게서 떠난다. 앞서 아브라함과 롯이 서로 헤어지는 장면(13:5–12)과 매우 비슷하게 에서와 야곱은 서로에게 작별을 고하며, 평화로운 모습으로 제각기 자신의 길을 간다.

창세기 25:11–36:42(야곱)

Anderson, B. W. 1969. "An Exposition of Genesis xxxii." *ABR* 17:21–26.

Bechtel, L. M. 1994. "What If Dinah Is Not Raped? (Genesis 34)." *JSOT* 62:19–36.

Brisman, L. 1990. *The Voice of Jacob: On the Composition of Genesis.* Indiana Studies in Biblical Literature. Bloomington: Indiana University Press.

Carr, D. 2000. "Untamable Text of an Untamable God: Genesis and Rethinking the Character of Scripture." *Int* 54:347–62.

Caspi, M. 1981. "The Story of the Rape of Dinah: The Narrator and the Reader." *HS* 26:25–45.

Coole, R. 1972. "The Meaning of the Name Israel." *HTR* 65:137–42.

Crusemann, F. 1994. "Dominion, Guilt, and Reconciliation: The Contribution of the Jacob Narrative in Genesis to Political Ethics." *Semeia* 66:67–77.

Curtis, E. M. 1987. "Structure, Style and Context as a Key to Interpreting Jacob's Encounter at Jabbok." *JETS* 30:129–37.

Diamond, J. A. 1984. "The Deception of Jacob: A New Perspective on an Ancient Solution to the Problem." *VT* 34:211–13.

Evans, C. D. 1986. "The Patriarch Jacob—An Innocent Man." *BRev* 2 (1):32–37.

Fewell, D. M., and D. M. Gunn. 1991. "Tipping the Balance: Sternberg's Reader and the Rape of Dinah." *JBL* 110:193–211.

Fishbane, M. 1975. "Composition and Structure in the Jacob Cycle (Genesis 25:19–35:22)." *JJS* 26:15–38. Repr., in *Text and Texture: Close Readings of Selected Biblical Texts.* New York: Schocken, 1979. Pp. 40–62.

Fleishman, J. 2004. "Shechem and Dinah—In the Light of Non-Biblical and Biblical Sources." *ZAW* 116:12–32.

Frankena, R. 1970. "Some Remarks on the Semitic Background of Chapters xxix–xxxi of the Book of Genesis." *OtSt* 17:53–64.

Fretheim, T. E. 1972. "The Jacob Traditions, Theology and Hermeneutic." *Int* 26:419–36.

———. 1994. "Genesis." In *The New Interpreter's Bible.* Vol. 1. Ed. L. E. Keck et al. Nashville: Abingdon. Pp. 319–674.

———. 2000. "Which Blessing Does Isaac Give Jacob?" In *Jews, Christians, and the Theology of the Hebrew Scriptures.* Ed. A. O. Bellis and J. S. Kaminsky. SBLSymS 8. Atlanta: Society of Biblical Literature. Pp. 279–91.

Frymer-Kensky, T. 2002. *Reading the Women of the Bible: A New Interpretation of Their Stories.* New York: Schocken. Pp. 5–23, 179–98.

Furman, N. 1989. "His Story versus Her Story: Male Genealogy and Female Strategy in the Jacob Cycle." *Semeia* 46:141–49.

Gabriel, M. L. 1971. "Biology." *EncJud* 4:1024–27.

Geller, S. A. 1990. "The Sack of Shechem: The Use of Typology in Biblical Covenant." *Prooftexts* 10:1–15. Repr. as "The Rape of Dinah: Sexuality and Transcendence," in *Sacred Enigmas: Literary Religion in the Hebrew Bible.* New York: Routledge, 1996. Pp. 142–56.

Gevirtz, S. 1981. "Simeon and Levi in 'the Blessing of Jacob' (Gen. 49:5–7)." *HUCA* 52:93–128.

Greenberg, M. 1962. "Another Look at Rachel's Theft of the Teraphim." *JBL* 81:239–48.

Hirsch, E. 1996. "The Story of Jacob's Wrestling with an Angel." In *Genesis, As It Is Written: Contemporary Writers on Our First Stories*. Ed. D. Rosenberg. San Francisco: HarperSanFrancisco. Pp. 179–88.

Holmgren, F. C. 1990. "Holding Your Own against God! Genesis 32:22–32 in the Context of Genesis 31–33." *Int* 44:5–17.

Houtman, C. 1977. "What Did Jacob See in His Dream at Bethel? Some Remarks on Genesis XXVIII 10–22." *VT* 27:337–51.

Humphreys, W. L. 2001. *The Character of God in the Book of Genesis*. Louisville: Westminster John Knox.

Knight, H. F. 1992. "Meeting Jacob at the Jabbok: Wrestling with a Text—A Midrash on Genesis 32:22–32." *JES* 29:451–60.

Lipton, D. 1999. *Revisions of the Night: Politics and Promise in the Patriarchal Dreams of Genesis*. JSOTSup 228. Sheffield: Sheffield Academic Press.

Malul, M. 1996. "ʿĀqēb 'Heel' and ʿĀqab 'to Supplant' and the Concept of Succession in the Jacob-Esau Narratives." *VT* 46:190–212.

Matthews, V. H. 1985. "Jacob the Trickster and Heir of the Covenant: A Literary Interpretation." *Perkins Religious Studies* 12:192–93.

McKay, H. A. 1987. "Jacob Makes It across the Jabbok: An Attempt to Solve the Success/Failure Ambivalence in Israel's Self-Consciousness." *JSOT* 38:3–13.

Miscall, P. D. 1978. "The Jacob and Joseph Stories as Analogies." *JSOT* 6:28–40.

Noble, P. 1996. "A 'Balanced' Reading of the Rape of Dinah: Some Exegetical and Methodological Observations." *BibInt* 4:173–204.

Oblath, M. 2001. "'To Sleep, Perchance to Dream': What Jacob Saw at Bethel." *JSOT* 95:117–26.

Parry, R. 2000. "Source Criticism and Genesis 34." *TynB* 51:121–38.

———. 2002. "Feminist Hermeneutics and Evangelical Concerns: The Rape of Dinah as a Case Study." *TynB* 53:1–28.

Peleg, Y. 2004. "Going Up and Down: A Key to Interpreting Jacob's Dream (Gen 28, 10–22)." *ZAW* 116:1–11.

Rad, G. von. 1972. *Genesis*. Trans. J. H. Marks. Rev. ed. OTL. Philadelphia: Westminster.

Rendsburg, G. 1984. "Notes on Genesis XXXV." *VT* 34:361–64.

Rosenblatt, N. H., and J. Horwitz. 1995. *Wrestling with Angels*. New York: Dell.

Ross, A. P. 1985. "Jacob's Vision: The Founding of Bethel." *BSac* 142:338–54.

Roth, M. W. 1977. "Structural Interpretations of 'Jacob at the Jabbok' (Genesis 32:22–32)." *BRes* 22:51–62.

Sapnier, G. K. 1992. "Rachel's Theft of the Teraphim: Her Struggle for Family Privacy." *VT* 42:404–12.

Scholz, S. 2000. *Rape Plots: A Feminist Cultural Study of Genesis 34*. New York: Lang.

Smith, S. M. 1990. "'Heel' and 'Thigh': The Concept of Sexuality in the Jacob-Esau Narratives." *VT* 40:464–73.

Spina, F. A. 1997. "The 'Face of God': Esau in Canonical Context." In *The Quest for Context and Meaning: Studies in Biblical Intertextuality in Honor of James A. Sanders*. Ed. C. Evans and S. Talmon. Leiden: Brill. Pp. 3–25.

Sternberg, M. 1987. *The Poetics of Biblical Narrative: Ideological Literature and the Drama of Reading*. Bloomington: Indiana University Press. Pp. 445–76.

————. 1992. "Biblical Poetics and Sexual Politics: From Reading to Counter-reading." *JBL* 111:463–88.

Van Seters, J. 1969. "Jacob's Marriages and Ancient Near Eastern Customs." *HTR* 62:377–95.

————. 1998. "Divine Encounter at Bethel (Gen 28, 10–22) in Recent Literary-Critical Study of Genesis." *ZAW* 110:503–13.

Walters, S. D. 1992. "Jacob Narrative." *ABD* 3:599–608.

5. 요셉
창세기 37-50장

요셉 이야기는 불길한 전조와 더불어 시작된다: "이스라엘은 요셉을 다른 어떤 자녀들보다도 더 사랑하였다. 이는 그가 노년에 얻은 아들이었기 때문이다"(37:3 NRSV. 이 구절은 "이삭은 에서를 사랑하였고 … 리브가는 야곱을 사랑하였다"(25:28 NRSV)는 구절과 마찬가지로 장차 생겨날 분쟁의 전조가 된다. 아마도 누군가를 "더 사랑하는" 것은 이와 똑같이 장차 있을 어려움의 전조가 되는 "더 간교한"(3:1) 자를 연상시키고 있음에 틀림이 없다. 37:3에 따르면, 아버지는 아들에게 "채색옷"(KJV) 내지는 "소매 달린 긴 옷"(NRSV)을 만들어준다. 이에 그의 형들은 시기심과 분노의 반응을 보인다.

꿈을 가진 청년

설상가상으로, 적어도 형들의 시각에서 본다면, 요셉은 자신이 꾼 두 가지 꿈의 이야기를 그들에게 말한다. 첫 번째 꿈에서는 형들의 곡식 단이 그의 곡식 단 앞에 절한다(37:5-7). 그리고 두 번째 꿈에서는 발광체들이 그에게 절한다(37:9). 독자들은 여기에 감추어진 요셉의 동기들을 어떻게 평가할 것인가? 코우츠(G. W. Coats 1976: 82)의 말에 의하면, 그는 과연 "굉장한 꿈들을 꾸고서 그것들을 마음껏 자랑하였으며, 그 의미를 모든 가족 구성원들에게 말한" 것일까? 아니면 험프리스(W. L. Humphreys 2001: 206)가 제안한 바와 같이, 독자들은 요셉의 꿈들과 그의 꿈 이야기를 "버릇없는 17세 소년의 심리적인 허장성세로부터 시작하여 하나님께서 그의 가족의 미래와 관련하여 주신 표징들에 이르기까지의 다양한 가능성들 중의 하나"로 볼 수 있을 것인가?

요셉의 행동은 형들과 사울의 반대를 무릅쓰고서 골리앗에게 기꺼이 도전하고자 하는 청년기의 다윗의 행동(삼상 17:26, 31)과 다르지 않다. 그의 꿈들은 하나님께로부터 비롯된 것이다. 십대 소년인 요셉에게 있어서 그러한 계시는 적어도 한 가지 것을 의미한다. 하나님께서 그의 삶을 위해 한 가지 계획을 가지고 계시며, 그 계획은 모종의 지도력을 포함하고 있다는 사실이 그렇다. 여기에는 우리는 일정한 운명, 곧 하나님께서 정하신 운명을 가진 십대 소년을 만난다. 그가 그러한 사실을 형들과 함께 나누는 것은 그의 경솔함 때문이 아니라 그의 의욕적인 삶의 태도 때문이다. "제가 여기에 있습니다. 주여, 저를 보내십시오." 그러나 형들은 그것을 용납하지 못한다.

확실히 창세기가 누군가의 꿈에 관심을 기울이는 것은 요셉의 경우가 처음은 아니다. 창세기는 앞서 아브라함(15:12-16)과 아비멜렉(20:3), 야곱(28:10-16), 라반(31:24) 등의 꿈에 대해서도 언급한 바가 있다. 요셉의 꿈을 이들의 꿈으로부터 구별짓는 요인은 창세기에 기록되어 있는 다른 모든 꿈들에서는 하나님이 꿈을 꾼 자에게 분명한 말씀을 주신다는 데 있다. 그러나 이와는 대조적으로 요셉의 두 가지 꿈에서는 하나님께서 요셉에게 아무런 말씀도 주시지 않는다. 결국 이스라엘의 구원을 가능케 하는(창 45:5; 50;20) 이집트 여행으로 귀결되는 요셉의 두 가지 꿈은 신약의 요셉이 꾼 꿈들과 평행을 이루고 있음이 분명하다. 그도 역시, 덜 이상적인 상황이긴 하지만(마 1:19-20), 두 가지 꿈을 꾼 후에 마리아와 "자기 백성을 그들의 죄로부터 구원할"(마 1:21 NRSV) 아이를 데리고서 이집트로 옮겨간다(마 1:20-21; 2:13).

불쾌한 경험들(37:9-36; 39-41장)

요셉은 자신의 삶을 위한 하나님의 계획을 아직은 모두 맛본 것이 아니다. 그 중 일부가 곧 모습을 드러낼 것이다.

창세기 37장.   형들에게 있어서 요셉을 사기꾼으로 간주하고서 그를 무시하는 것으로는 충분치 않다. 그는 제거되어야 마땅하다. 동생을 즉시 죽이는 문제에 관해 충분히 상의한 끝에 그들은 그를 이집트로 가는 상인들에게 팔아넘긴다. 그들은 한 구절(28절)에서 "미디안 사람들"과 "이스마엘 사람들"로 불린다. 이러한 현상은 종종 이 이야기 안에 있는 다른 사실들과 더불어 본래 독립적으로 전해지던 두 개의 요셉 이야기를 암시하는 것으로 이해된다. 그 하나는 J 이야기("이스마엘 사람들")이고, 다른 하나는 E 이야기("미디안 사람들")이다. 사사기 8:22-24가 분명하게 미디안 사람들과 이스마엘 사람들을 동일한 한 민족으로 간주하고 있고, 또 옛날에는 특정 개인과 집단을 가리킬 때 두 가지 이름을 자주 사용했다는 사실은 이러한 자료 구분의 신뢰성을 충분히 약화시킨다(이러한 현상에 관해서는 Kidner 1967: 184-86; Kitchen 1966: 119, 123을 보라). 어떤 이들은 "이스마엘 사람들"이 북부 아라비아와 남부 팔레스타인 지역의 유목 여행자들을 가리키는 포괄적인 용어인 반면, "미디안 사람들"은 더 특수하고 인종적인 용어라고 보기도 한다. 요셉의 형들이 멀리서 이 여행자들을 보았을 때, 그 여행자들은 한 무리의 베두인 유목민들(25, 26절), 곧 "이스마엘 사람들"임이 분명하게 드러난다. 이들 무리가 요셉의 형들과 대화를 나눌 만큼 가까이 왔을 때, 본문은 그들이 "미디안 사람들"임을 밝힌다(28a절; Longacre 1989: 31을 보라).

독자들은 이 이야기의 중심 내용으로 돌아오면서 이 악몽 같은 경험에서 요셉이 무슨 생각을 했는지를 알고 싶어할 것이다. 지도자 역할을 맡기로 예정된 그는 형들에 의해 완전히 낯선 곳으로 종으로 팔려간다. 생면부지의 땅으로 여행하게 된 것이다! 하나님의 계획은 어떠한가? 그러한 상황은 하나님의 계획과 어떻게 조화를 이룰 것인가?

창세기 39장.   잠시 동안은 모든 것이 잘 되어간다. 요셉은 안전을 누리며, 좋은 직업을 가지고 있고, 존경받을 만한 고용주 밑에 있다. 그러나 오로지 잠시 동안일 뿐이다! 보디발의 아내는 남편이 없을 때 요셉을 유혹한다. 이 여인은 단순히 지루함과 무절제한 욕망의 희생자일 수도 있다. 그러나 그녀로 하여금 그러한 행동을 취하게 한 또 다른 요소가 있을 수도 있다. 보디발은 파라오의 "신하/친위대장"으로 불린다. 이 낱말은 히브리어 낱말을 완벽하게 잘 번역한 것이지만, 그것은 "내시"를 뜻하는 낱말이기도 하다. 일부 옛 왕들은 몇 가지 분명한 이유들로 하여 강한 권력을 가진 자신의 신하들이 내시이기를 고집했다. 이전에 질투와 분노의 희생물이었던 요셉은 사악한 거짓말의 희생물이 된다. 완전히 결백한 그는 누명을 쓰고서 감옥에 갇히는 신세가 된다. 그렇다면 그가 꾼 꿈들은 어떻게 되는가? 그리고 그의 삶을 위한 하나님의 계획은 어떻게 되는가?

거의 모든 주석가들은 이 이야기와 이집트의 "두 형제 이야기" 사이에 비슷한 데가 있다고 본다. 미혼인 동생 바타(Bata)는 자신의 형 아누비스(Anubis) 및 그의 아내와 함께 산다. 남편이 없을 때 아내는 시동생을 유혹하고자 한다: "자, 한 시간 동안 [함께] 자도록 해요." 바타는 그녀의 제안을 강하게 거부하고서는 "표범처럼" 도망한다. 바타에게 책임을 전가하려는 아내의 시도는 잠시 성공을 거둔다. 태양신 레(Re)는 바타를 아누비스에게서 구하기 위해 악어들로 가득 찬 한 무더기의 물로 둘 사이를 갈라놓는다. 자신의 아내가 그 일의 주도자라는 사실을 알게 된 아누비스는 "자기 집으로 가서 아내를 죽이고서 그녀를 개들에게 던져버린다."

두 이야기의 주요 차이들 중 하나는 유혹하는 아내의 운명에 있다. 우리는 보디발의 아내가 어떻게 되는지를 알지 못한다. 사르나(Nahum Sarna 1966: 216)는 다음과 같은 의견을 제시한다: "이러한 무관심의 이유는 우리의 이야기가 흥미를 위한 목적을 가지고 있지 않기 때문이요, 이야기 자체를 위한 목적을 가지고 있는 것도 아니기 때문이다. 이 이야기의 주요 관심사는 요셉의 반응에 있다." 보디발은 자기 아내의 행동을 의심했을 수도 있다. 그 까닭에 보디발은 요셉을 처형하는 대신에 감옥에 가두었을 것이다.

요셉은 보디발의 아내가 악독한 거짓말을 할 것이라는 것을 거의 알지 못했을 것이다. 그는 또한 그 일로 자신이 감옥에 갇히게 된 것이 나중에 파라오의 관심을 끌게 되고 자신이 이집트와 자기 가족을 구원하는 자가 될 것이라는 사실을 거의 알지 못했다. 만일에 요셉이 성년기의 나머지 기간 동안 계속해서 보디발의 집에 머물러 있었다면, 결코 보디발의 관심을 끌지 못했을 것이요, 이집트에서 그토록 영향력 있는 사람이 되지도 못했을 것이다. 요셉 이야기는 여기서 사람들이 저지른 악으로부터 선을 이루시는 하나님의 또 다른 모습을 우리에게 보여준다.

흥미롭게도 39장은 37-50장에서 요셉에 초점을 맞추면서(따라서 38장과 49장 대부분은 제외됨) "야웨/주"에 관해 말하는(2, 3[2x], 5[2x], 21, 23 [NRSV, 2x]) 유일한 장이다. 그리고 이 여덟 차례(NIV에서는 일곱 차례)의 용례는 한결같이 해설자에게서 비롯된 것이다. 그 중 네 경우에 해설자는 "주께서 요셉과 함께 하셨다"고 말한다(2, 3, 21, 23절). 요셉의 존재 자체가 이집트의 죽음과 생존 사이를 구별짓는 역할을 수행하는 것과 마찬가지로, 야웨의 존재 역시 요셉의 죽음과 생존 사이를 구별짓는 역할을 수행한다.

창세기 40장. 감옥에서 요셉은 파라오의 신임을 잃게 된 두 신하들, 곧 술 맡은 관원장과 떡 굽는 관원장의 친구가 된다. 그는 또한 그들이 꾼 꿈을 해석해 주기도 한다. 그는 술 맡은 관원장에게 자신을 도와줄 것을 요청한다: "저는 여기에 부당하게 갇혀 있으니 풀려날 수 있도록 파라오에게 말씀해 주십시오"(14-15절). 그러나 "술 맡은 관원장은 요셉을 기억하지 못한 채로 그를 잊고 말았다"(23절 RSV). 그리고 요셉은 2년을 더 감옥에 갇혀 있게 된다(41:1). 이처럼 많은 사건들이 벌어지는 중에 하나님은 대체 어디에 계신 것일까?

이 이야기 속에도 "하나님께서 네 형들이 너에게 절할 것이라고 말씀하지 않으셨느냐? 지금 네가 처해 있는 상황은 네 하나님께서 그에게 순종하는 너를 어떻게 다루고 계시는지를 잘 보여 주고 있지 않느냐?"라고 요셉에게 말하는 "간교한 뱀"이 있지 않을까? 그는 분노, 슬픔, 원망, 냉소, 자기 연민 등의 태도를 드러내고자 하는 유혹을 받았을 것이다.

창세기 41장. 파라오가 꾼 두 개의 꿈이 누구에 의해서도 해석되지 못함으로 인하여 요셉은 감옥에서 풀려날 수 있는 기회를 얻게 된다. 술 맡은 관원장과 떡 굽는 관원장이 꾸었던 꿈들의 경우(40:8)와 마찬가지로, 즉각 요셉은 자신에게 선천적인 해몽 능력이 있음을 부인한다(41:16).

꿈을 해석한 후에 요셉은 피라오에게 다가올 흉년을 위한 곡물 지장을 감독할 누군가를(그는 넌지시 자신을 암시한 것일까?) 임명할 것을 조언한다.

그의 사전 경고는 그대로 응답이 된다. 파라오는 그 직위에 적합한 자로 요셉을 선택한다(41절).

우리는 이제껏 요셉의 생애를 17세 때부터(37:2) 30세에 이르기까지(41:46)까지 추적해 왔다. 요셉을 즐겁게 해주던 것으로 시작한 것이 13년 동안 악몽으로 뒤바뀐 셈이다. 그러나 다시금 빛이 비추이기 시작한다. 요셉은 이렇듯이 13년간의 당혹스런 세월을 이겨내야 했지만, 그의 증조부가 겪어야 했던 고통에 비하면 절반밖에 안 된다. 아브라함은 75세 때에 하나님께로부터 자손의 약속을 받았지만, 그는 100세가 된 후에야 비로소 약속의 자손을 얻을 수 있었다.

요셉의 운명이 반전될 것이라는 느낌은 그가 이방 사람인 이집트 여인 아스낫과 결혼하여 풍성한 자녀들을 낳게 되는 것으로부터 비롯된다(45절). 요셉은 이 결혼 이후에 태어난 두 아들을 므낫세와 에브라임으로 이름 짓는다(51-52절). 첫 번째 아들의 이름은 하나님께서 요셉으로 하여금 과거의 상처들을 잊을 수 있도록 도와주고 계심을 생각나게 한다. 오늘날 사람들은 이를 일컬어 "기억의 치유"라고 부르며, 그것이 빌립보서 3:13의 말씀처럼 "뒤에 있는 것은 잊어버리는" 태도를 가리킨다고 본다. 두 번째 아들의 이름은 하나님께서 요셉으로 하여금 고통과 불확실성과 좌절의 땅에서도 풍성한 열매를 맺는 종이 되게 하실 것임을 생각나게 한다. 망각과 풍성함은 요셉처럼 파란만장한 삶을 견뎌내는 사람들에게 하나님께서 주시는 최고의 복들에 속한다.

하나님께서는 모든 것을 합하여 선을 이루신다(42-50장)

창세기의 나머지 장들은 곡물을 얻기 위하여 이집트와 가나안을 오가는 요셉의 형들의 여행에 대해서 묘사한다. 이 여행은 요셉이 자신을 형들에게 드러내고서 그들과 화해한 다음에 마지막으로 아버지와 상봉하는 장면에서 절정에 도달한다. 그 일은 요셉이 형들과 헤어진지 적어도 20년이나 지난 다음에야 이루어진다. 이집트에서 13년을 보냈고, 뒤이어 7년의 풍년이 지났으니 그렇다. 37장에서 그는 형들을 보기 위하여 형들이 있는 곳으로 갔었다. 그런데 이제 42장에서는 그의 형들이 그를 보기 위하여 온다.

요셉은 어떠한 반응을 보일 것인가? 그는 과연 그들을 충심으로 환영할 것인가? 그는 과연 과거사를 다 잊어버릴 것인가? 형들을 환영하는 요셉의 태도는 우리를 놀라게 하는 것일 수도 있다. 그는 먼저 형들을 정탐꾼으로 몰아 부친다. 실제로는 그렇지 않은데도 말이다(42:9). 둘째로 그는 그들을 감옥에 가두면서, 그들 중 한 사람이 가나안으로 돌아가서 막내 동생을 데려온다면 풀어주겠다고 말한다(42:15-17). 셋째로 그는 시므온만을 감옥에 가두고서는, 다른 형들은 베냐민을 데려오도록 풀어준다. 그러는 동안에 요셉은 그들의 자루에 곡물을 채우고 그들의 돈도 자루에 넣는다. 이로써 그들은 정탐꾼으로 오인될 뿐만 아니라 도둑들로 오인되기도 하지 않을까(42:18-25)? 넷째로 베냐민이 오자 요셉은 형제들을 다시 가나안으로 돌려보내되, 은밀히 자신의 값비싼 은잔을 베냐민의 자루에 집어넣는다(44:1-13). 유다는 요셉에게 베냐민 대신에 자신을 종으로 삼으라고 간청한다(44:13-34).

고든(C. H. Gordon 1965: 113, 229)은 이집트 중왕국의 "말 잘하는 농부의 항변"이라 불리는 이야기가 요셉의 이러한 계책과 평행을 이룬다고 본다. 한 농부가 날조된 범죄 조작에 의해 한 악당에게 자신의 나귀들을 빼앗긴다. 그 농부는 파라오와 자신의 범죄 대상으로 주장되는 사람을 향하여 설득력 있는 말솜씨로 이의를 제기한다. 이 두 사람은 그 농부의 말을 주의 깊게 경청한 후, 마침내 그에게 유리한 결정을 내린다. 그러면서 그 일이 진행되는 동안에 그들은 그의 아내와 가족에게 음식물과 기초적인 생필품들이 적절하게 공급될 것임을 분명하게 밝힌다.

그렇다면 성서 이야기의 맥락에서 볼 경우에, 독자들은 여기서 요셉을 어떻게 평가해야 할까? 그는 무정하고 무자비한 사람인가? 그는 형들을 우롱하고 있는 것일까? 요셉은 야곱이 한때 했던 방식 그대로 행동하고 있는 것일까? 그는 형들에게 달라붙어서 그들에게 고통을 안겨주고자 한 것일까? 그는 그들 앞에서 마치 신처럼 행세한 것일까(그러나 42:18에 있는 그의 주장을 주목하라)? 창세기에는 앞서 몇 차례의 눈물 흘리는 장면이 있었다(에서[27:38]; 야곱[29:11]; 에서와 야곱[33:4]). 그러나 요셉은 창세기 12-50에 있는 사람들 모두를 합한 것보다 더 많이 운다(42:24; 43:30; 45:2, 14-15; 46:29; 50:1). 본문은 이토록 자주 요셉의 눈물에 관심을 기울임으로써, 독자들에게 요셉이 원한을 품고 있는 것이 아님을 알림과 동시에 그의 마음속에 있는 동기들이 — 그것들이 아무리 설명하기 어려운 것들이라 할지라도 — 겉으로 드러나는 것처럼 그렇게 악독한 것들이 아님을 알리고자 한다.

우리는 요셉이 사용하는 언어가 거칠고 그가 사용하는 계책들이 매우 효과적임을 인정하지 않으면 안 된다(42:7). 그러나 그러한 조치들은 궁극적으로 구속 사역을 목적으로 하는 것이 아니겠는가? 요셉은 형들에게 "거칠게" 말하지만, 하나님께서 에덴에서 아담과 하와에게 말씀하시는 것만큼이나 부드러운 편이다. 에덴에서 하나님께서 가지고 계시던 궁극적인 목표는 두 사람을 회복시키는 데 있다. 거친 말들은 구속을 목적으로 하는 말들이다. 알터(R. Alter 1981: 140)는 "형들에게 그들이 한 일에 대한 책임을 느끼고서 그들의 죄를 해결토록 할 고통스러운 과정"이 필요하다는 점을 지적한다.

이야기의 결론 부분에서 요셉이 형들의 지나친 찬사를 받고자 아니한 것은 "두려워하지 마십시오. 제가 하나님을 대신하겠습니까?"(50:19 RSV)라는 말에 잘 드러나 있다. 달버그(B. Dahlberg 1976: 363)는 요셉 이야기의 중심 주제들을 창세기 1-11장의 그와 비슷한 주제들과 연결시키려고 시도하는 중에, 요셉의 이 말을 "너희가 하나님과 같이 될 것이다"(3:5 NRSV)라는 뱀의 말과 대비시킨다. 그는 또한 "당신들은 나에게 악을 의도하였으나 하나님께서는 그것을 선으로 바꾸려는 의도를 가지고 계셨습니다"(50:20 RSV)라는 요셉의 말을 "선악을 알게 된다"는 뱀의 말과 대비시킨다. 이러한 비교는 창세기의 첫 번째 책 전체에 흐르는 문학적인 기교를 분명하게 보여준다. 50:20에서 "의도하다"는 히브리어 낱말은 "계획하다"로 번역할 수도 있는 것이다: "당신들은 나에게 악을 '계획하였으나' 하나님께서는 그것을 선으로 바꾸려는 '계획'을 가지고 계셨습니다." 이와 똑같은 낱말의 명사형이 6:5에 나온다: "주께서 … 그들의 마음으로 생각하는 모든 계획이 항상 악할 뿐임을 보시고"(NRSV). 창세기는 이처럼 악을 계획하는 자들의 이야기로 시작하고 또 그러한 이야기로 끝을 맺는다. 그러나 누군가를 위해 선을 계획하시는 하나님의 모습과 가장 평행을 이루는 내용은 예레미야 29:11에서 발견된다. 이 본문은 요셉의 이야기처럼 역경의 맥락에 속한 것이다. 하나님께서는 포로 생활을 하는 자들에게 다음과 같은 약속의 말씀을 주신다(창 6:5; 50:20과 마찬가지로 "계획"을 뜻하는 히브리어 낱말의 어근을 사용함): "너희를 향한 나의 '계획'을 내가 아나니 너희를 번성케 하려는 '계획'이요 … 너희에게 미래와 희망을 주는 '계획'이다."

요셉은 우리가 앞서 언급한 유혹들을 어떻게 극복하는가? 그는 좋은 일이건 궂은 일이건 자신의 삶 속에서 경험한 모든 것들을 자기 삶을 위한 하나님의 주권적인 계획에 완전히 내맡긴다. "하나님이 생명을 구원하시려고 나를 당신들보다 먼저 보내셨습니다 … 나를 이리로 보낸 이는 당신들이 아니요 하나님이십니다"(45:5-8 NRSV). 또는 "당신들은 나에게 악을 의도하였으나 하나님께서는 그것을 선으로 바꾸려는 의도를 가지고 계셨습니다"(50:20 RSV). 이러한 정서는 훨씬 후에 로마서 8:28에 잘 표현되어 있다. 우리는 그것을 다시금 다니엘(단 6:10)과 바울(빌 1:12-14)에게서 찾아볼 수 있다.

독자들은 "구원받아야 할 생명"(45:5)이 무엇인지, 또는 요셉이 이집트에 계속 존재함으로 인하여 "목숨을 보존할 많은 백성"이 누구를 가리키는지를 물을 수도 있다. 어떤 점에서 본다면 이 두 구절은 이집트 거주민들을 가리킨다. 흉년 기간에 대비하라는 요셉의 지혜로운 조언이 없었다면 이집트 사람들은 오랜 기근으로 인하여 모두 죽고 말았을 것이다.

본문은 요셉이 이미 한 이집트 사람과 그의 집에 복의 수단으로 작용했음을 우리에게 알려준 바 있다(39:5). 그는 이제 이집트 모든 사람들과 그들의 집에 복의 수단으로 작용할 것인가? 그렇다면, 이 불신자들을 살려두는 하나님의 섭리는 하나님께서 아브라함에게 주신 약속의 말씀이 어떻게 성취되는가를 실감나게 보여주는 사례가 된다: "너를 축복하는 자에게는 내가 복을 내릴 것이다." 우리는 "너를 저주하는 자에게는 내가 저주를 내릴 것이다"라는 창세기 12장 말씀이 극적으로 성취되었음을 알고 있다. 파라오가 아브라함의 아내를 취한 결과 굉장한 재앙이 파라오의 집에 임한다. 그 반대로 아브라함의 증손자를 이집트 행정부의 최고 직위에 등용한 결과 이집트는 절망적인 위기로부터 구원함을 입는다.

무엇보다도 요셉이 형들에게 얘기한 "구원받아야 할 생명"과 "많은 백성"

은 아브라함의 자손을 가리키고 있음에 틀림이 없다. 우리는 창세기의 많은 사례들로부터 하나님의 백성이 여러 차례 파멸의 위협을 받았음을 알고 있다. 만일에 계약에 기초한 약속을 가진 가정이 소멸된다면, 그것은 하나님의 모든 약속들이 공중으로 사라지는 것을 뜻하지 않겠는가?

요셉은 확실한 영적인 성숙함을 드러내는 중에 자신과 이집트에서 겪은 자신의 경험들이 하나님께서 자기 백성을 위한 약속들의 효력을 계속 유지시키기 위해 택하신 수단임을 알게 된다. 요셉 이야기는 창세기 1-11장과 연결될 뿐만 아니라(Dahlberg 1976), 훨씬 중요하게도 아브라함과 더불어 시작되는 하나님의 약속이라는 주제와도 연결된다. 요셉 이야기는 또한 창세기를 출애굽기와 연결시키는 역할을 수행한다. 왜냐하면 이 두 이야기와 출애굽기의 앞장들은 하나님의 약속에 대한 잠재적인 위협이라는 동일 주제에 초점을 맞추고 있기 때문이다.

그러나 요셉의 마음속에는 하나님의 계획이 과연 성공할 것인지의 여부에 대한 염려가 전혀 없다. 그 성취에 관하여 그는 완전히 확신하고 있다. 참으로 하나님께서는 사라를 "방문"하신 것과 똑같이(21:1), 요셉의 형들을 "방문"하실 것이요, 이어서 그들을 아브라함과 이삭과 야곱의 땅으로 인도하실 것이다.

요셉 이야기는 하나님이 인간 역사를 주관하고 계심을 확실하게 보여준다. 뿐만 아니라 그것은 악이 더 큰 악을 만들어낼 수 있을 뿐만 아니라 악이 항상 더 큰 악을 만들어내는 것이 아님을 분명하게 보여준다. 악으로부터 선이 생겨날 수도 있다. 그러나 그렇게 되기 위해서는 약간의 조건이 있다. 제이콥스(Jacobs 2003: 335)는 이에 대하여 다음과 같이 말한다: "[요셉] 이야기의 해석학적인 의미는 그것이 악으로부터 선을 이루기 위한 하나님의 인간사 개입의 보편성을 주장하는 데 있지 않다." 때때로 악은 변형되어 나타나지만, 그렇지 않은 경우도 있다. 때때로 하나님은 상상하기 어려운 방식으로 개입하시지만, 그렇지 않은 경우도 있다. 때때로 하나님은 어린 양을 준비하시지만, 그렇지 않은 경우도 있다. 요셉 이야기는 모든 악으로부터 선이 생겨날 수도 있음을 보증하기보다는 그럴 수도 있다는 희망을 보여준다.

유다와 다말(38장)

확실히 창세기 38장은 요셉 이야기의 흐름을 중단시킨다. 독자들은 38장을 완전히 생략하고서 37장과 39장을 읽을 수도 있다. 이야기의 연속성을 깨뜨리지 않은 채로 말이다. 사르나(초기의 창세기 주석을 보라)와 로벤탈(Eric Lowenthal) 같은 일부 주석가들은 38장을 완전히 무시한다.

38장은 야곱의 아들이요 요셉의 형인 유다를 다루고 있다. 그는 가나안 여인으로부터 엘과 오난과 셀라라는 세 명의 아들을 낳는다. 장남 엘은 다말과 결혼한다. 엘은 다말을 아이 없는 과부로 남긴 채로 죽는다. 당시에는 둘째 아들 오난에게 형수를 통하여 아이를 낳아줌으로써 죽은 장남의 이름을 보존할 책임이 있었다(수혼[嫂婚, levirate marriage] 풍습에 관한 모세의 율법에 대해서는 신 25:5-10을 보라; '레비르' [levir]는 라틴어로 "형수"를 가리킨다). 오난은 산아 제한의 한 방법인 자위행위를 통하여 그 책임을 거부한다(9절). 수혼 책임을 거부한 탓에 오난은 죽는다. 유다는 다말을 친정 아버지에게 돌려보내면서, 셀라가 그녀와 성관계를 가질 만큼 충분히 성장하면 그녀를 부르겠다고 약속한다.

그러나 그 약속은 결코 지켜지지 않는다. 스스로 문제를 해결키로 결심한 다말은 창기의 옷을 입고서, 마침내 시아버지 유다를 유혹하고, 그를 통하여 쌍둥이를 낳는다. 그렇다면 우리는 이 사건을 어떻게 요셉과 관련시킬 것인가?

레드퍼드(Donald Redford 1970: 17)는 이에 대하여 다음과 같이 설명한다: "현재의 본문 순서에 관한 유일하게 합리적인 설명은 그것을 시간적인 순서와 관련시키는 데 있다. 38장은 요셉 이야기의 흐름을 따르지 않고 있다. 왜냐하면 유다는 당시에 자기 삶의 나머지 기간 동안 이집트에 있었는데, 38장의 배경은 팔레스타인이기 때문이다. 그것은 요셉 이야기를 앞선 것이라 할 수 없다. 왜냐하면 유다가 38장 말미에 가서는 나이 많은 할아버지로 나타나는 반면에, 요셉 이야기의 서두 부분에서 그는 여전히 젊은이로 나타나고 있기 때문이다."

연대기적인 필연성과는 별도로 독자들은 이 사건이 요셉 이야기와 뚜렷하게 대비되고 있다는 사실을 놓쳐서는 안 된다. 37장에서는 야곱이 속임을 당하지만, 38장에서는 유다가 속임을 당하며, 39장에서는 보디발이 속임을 당한다. 이 세 속임수는 한결같이 가족 구성원들(아들들, 며느리, 아내)에 의해서 이루어진다. 37장에서는 요셉의 피 묻은 겉옷이 야곱에 의해 그의 죽음에 대한 증거로 받아들여지지만, 38장에서는 유다의 인장, 줄, 지팡이 등을 다말이 소유하고 있다는 사실로 인하여 유다의 죄악이 입증된다. 반면에 39장에서는 보디발의 아내가 움켜쥐고 있는 요셉의 옷이 그가 그녀를 겁탈하고자 했음을 나타내는 증거로 제시된다. 38장의 간음하는 유다는 39장의 신실하고 비타협적인 요셉과 대조를 이룬다. 다말은 성공을 거두지만, 보디발의 아내는 그렇지 못하다. 이 세 개의 장은 모두 누군가의 옷의 일부를 강조한다: 요셉의 옷(37장); 다말의 과부복과 그녀가 얼굴에 쓴 면사(38장); 요셉의 옷(39장). 그리고 흥미롭게도 37:32-33과 38:25-26은 맨 먼저 "알아보다"('나카르')라는 동사의 명령형을 사용한다(야곱의 아들들이 그에게 요셉의 피 묻은 옷에 관해 말한다[37:32]; 다말이 자신에게 있는 인장과 줄과 지팡이 등의 주인에 관해 유다에게 말한다[38:25]). 그리고 이 두 본문 바로 다음에 이어지는 절들(37:33; 38:26)에서 "야곱이 그것을 '알아보았다'"는 구절과 "유다가 그들을 '알아보았다'"는 구절이 나온다. 처음 것(37장)은 거짓말과 관련된 것이고, 나중 것(38장)은 진실과 관련된 것이다.

37장과 39-50장이 대우주적인 차원에 해당하는 것이라면, 38장은 소우주적인 차원에 해당하는 것이다. 하나님께서는 불쾌한 상황 속에서도 자신의 계획을 이루신다. 요셉은 적대감을 이겨내며, 자기 가족의 물질적인 구원을 가능케 한다. 메시야 혈통의 쌍둥이 세라와 베레스(마 1:3)는 시아버지와 며느리 사이의 근친 성관계에서 생겨난 자들이다.

독자들은 유다의 며느리 다말이 유다의 "순수한" 혈통을 보존하는 데 기여하는 중요한 역할을 간과해서는 안 된다. 유다는 바로 위의 세 형 르우벤과 시므온과 레위가 제 구실을 못하는 바람에 이스라엘에서 장남의 역할을 수행한다. 그러나 그는 아브라함이 이삭에게 원치 않았던 일(24:3)과 이삭이 야곱에게 원치 않았던 일(28:1)을 행한다. 그가 가나안 여인과 결혼한 것이 그렇다(38:2). 그 까닭에 그의 살아남은 아들 셀라는 혼합된 혈통으로부터 생겨난 자요, 선택된 씨와 선택되지 못한 씨의 결합에 의하여 생겨난 자이다. 이러한 사실은 하나님께서 아브라함과 이삭에게 주신 약속들의 계속적인 성취를 사실상 불가능하게 만든다. 유다는 가나안 사람이 아닌 듯한 다말과 결합함으로써 약속된 혈통이 유다와 가나안 여인을 통하지 않고, 유다와 다말을 통하여 계속 이어가도록 하는 데 성공한다(Sailhamer 1990: 232를 보라).

37장과 38장에 있는 사건들은 똑같이 야곱에게 번민을 가져다준다. 37장의 경우 아버지는 자기 아들이 짐승에게 찢겨 죽임을 당했다고 생각한다. 그리고 38장에서는 또 다른 아들이 간음을 행한다. 이러한 경험들에 비추어볼 때, 독자들은 왜 야곱이 나중에 "짧고 험악한 세월을 보냈습니다"(47:9)라고 말하는지를 이해할 수 있을 것이다.

창세기 37-50장(요셉)

Ackerman, J. S. 1982. "Joseph, Judah, and Jacob." In *Literary Interpretations of Biblical Narratives*. Vol. 2. Ed. K. R. R. Gros Louis and J. S. Ackerman. Nashville: Abingdon. Pp. 85–113.

Alter, R. 1981. *The Art of Biblical Narrative*. New York: Basic Books. Pp. 3–12; 107–12; 137–40; 172–76.

Arbeitmann, Y. L. 2000. "Tamar's Name or Is It?" *ZAW* 112:341–55.

Battenfield, J. R. 1972. "A Consideration of the Identity of the Pharaoh of Genesis 47:11." *JETS* 25:77–85.

Bird, P. 1997. "The Harlot as Heroine: Narrative Art and Social Presuppositions in Three Old Testament Texts." In *Missing Persons and Mistaken Identities: Woman and Gender in Ancient Israel*. Ed. P. Bird. Minneapolis: Fortress. Pp. 197–218.

Brueggemann, W. 1983. "Genesis L 15–21: A Theological Exploration." In *Congress Volume, Salamanca 1983*. Ed. J. A. Emerton. VTSup 36. Leiden: Brill. Pp. 40–53.

Cassuto, U. 1973. "The Story of Tamar and Judah." In *Biblical and Oriental Studies*. Trans. I. Abrahams. 2 vols. Jerusalem: Magnes. Vol. 1, pp. 29–40.

Clifford, R. J. 2004. "Genesis 38: Its Contribution to the Jacob Story." *CBQ* 66:519–32.

Coats, G. W. 1972. "Widow's Rights: A Crux in the Structure of Gen. 38." *CBQ* 34:461–66.

———. 1973. "The Joseph Story and Ancient Wisdom: A Reappraisal." *CBQ* 35:285–97.

———. 1974. "Redactional Unity in Gen 37–50." *JBL* 93:15–21.

———. 1976. *From Canaan to Egypt: Structural and Theological Context for the Joseph Story.* Washington, D.C.: Catholic Biblical Association of America.

Curtis, E. M. 1990–1991. "Genesis 38: Its Context(s) and Function." *Criswell Theological Review* 5:247–57.

Dahlberg, B. 1976. "On Recognizing the Unity of Genesis." *Theology Digest* 24:360–67.

Emerton, J. A. 1975. "Some Problems in Genesis XXXVIII." *VT* 25:338–61.

———. 1976. "An Examination of a Recent Structuralist Interpretation of Genesis XXXVIII." *VT* 26:79–98.

Fox, M. V. 2001. "Wisdom in the Joseph Story." *VT* 51:26–41.

Fry, E. 1995. "How Was Joseph Taken to Egypt? (Genesis 37.12–36)." *BT* 46:445–48.

Fung, Yiu-Wing. 2000. *Victim and Victimizer: Joseph's Interpretation of His Destiny.* JSOTSup 308. Sheffield: Sheffield Academic Press.

Gevirtz, S. 1971. "The Reprimand of Reuben." *JNES* 30:87–98.

———. 1975. "Of Patriarchs and Puns: Joseph at the Fountain, Jacob at the Ford." *HUCA* 46:33–54.

Goldin, J. 1977. "The Youngest Son or Where Does Genesis 38 Belong?" *JBL* 96:27–44.

Gordon, C. H. 1965. *The Common Background of Greek and Hebrew Civilizations.* New York: Norton.

Greenstein, E. L. 1982. "An Equivocal Reading of the Sale of Joseph." In *Literary Interpretations of Biblical Narratives.* Vol. 2. Ed. K. R. R. Gros Louis and J. S. Ackerman. Nashville: Abingdon. Pp. 114–25.

Gunn, D. M., and D. N. Fewell. 1993. *Narrative in the Hebrew Bible.* Oxford: Oxford University Press. Pp. 34–45.

Heck, J. D. 1990. "A History of Interpretation of Genesis 49 and Deuteronomy 33." *BSac* 147:16–31.

Humphreys, W. L. 1988. *Joseph and His Family: A Literary Study.* Studies on Personalities of the Old Testament. Columbia: University of South Carolina Press.

———. 2001. *The Character of God in the Book of Genesis.* Louisville: Westminster John Knox.

Hurowitz, V. A. 1994. "Joseph's Enslavement of the Egyptians (Genesis 47:13–26) in Light of Famine Texts from Mesopotamia." *RB* 101:355–62.

Jacobs, M. R. 2003. "The Conceptual Dynamics of Good and Evil in the Joseph Story: An Exegetical and Hermeneutical Inquiry." *TynB* 27:309–38.

Kidner, D. 1967. *Genesis: An Introduction and Commentary.* TOTC. Downers Grove, Ill.: InterVarsity Press.

King, J. R. 1987. "The Joseph Story and Divine Politics: A Comparative Study of a Biographic Formula from the Ancient Near East." *JBL* 106:577–94.

Kitchen, K. A. 1962. "Joseph." *New Bible Dictionary.* Ed. J. D. Douglas. London: Inter-Varsity Fellowship. Pp. 656–60.

———. 1966. *Ancient Orient and Old Testament.* Chicago: Inter-Varsity Press.

Kugel, J. 1990. "The Case against Joseph." In *Lingering over Words: Studies in Ancient Near Eastern Literature in Honor of William L. Moran.* Ed. T. Abusch et al. Harvard Semitic Studies 37. Atlanta: Scholars Press. Pp. 271–87.

Lambe, A. J. 1999. "Judah's Development: The Pattern of Departure—Transition—Return." *JSOT* 83:53–68.

Longacre, R. E. 1989. *Joseph: A Story of Divine Providence: A Text Theoretical and Textlinguistic Analysis of Genesis 37 and 39–48.* 2nd ed., 2003. Winona Lake, Ind.: Eisenbrauns.

Lowenthal, E. I. 1973. *The Joseph Narrative in Genesis: An Interpretation.* New York: Ktav.

Matthew, V. H. 1995. "The Anthropology of Clothing in the Joseph Narrative." *JSOT* 65:25–36.

Matthewson, S. D. 1989. "An Exegetical Study of Genesis 38." *BSac* 146:373–92.

McKay, H. A. 1999. "Confronting Redundancy as Middle Manager and Wife: The Feisty Woman of Genesis 39." *Semeia* 87:215–31.

Niditch, S. 1979. "The Wrong Woman Righted: An Analysis of Genesis 38." *HTR* 72:143–49.

O'Brien, M. A. 1997. "The Contribution of Judah's Speech, Genesis 44:18–34, to the Characterization of Joseph." *CBQ* 59:429–47.

Pirson, R. 2002. *The Lord of the Dreams. A Semantic and Literary Analysis of Genesis 37–50.* JSOTSup 355. Sheffield: Sheffield Academic Press.

Prose, F. 1996. "The Story of Joseph in Egypt." In *Genesis, As It Is Written: Contemporary Writers on Our First Stories.* Ed. D. Rosenberg. San Francisco: HarperSanFrancisco. Pp. 189–202.

Rad, G. von. 1966. "The Joseph Narrative and Ancient Wisdom." In *The Problem of the Hexateuch and Other Essays.* Trans. E. W. Trueman Dicken. Edinburgh and London: Oliver & Boyd. Pp. 292–300.

Redford, D. B. 1970. *A Study of the Biblical Story of Joseph (Genesis 37–50).* VTSup 20. Leiden: Brill.

Sailhamer, J. H. 1990. "Genesis." In *The Expositor's Bible Commentary.* Vol. 2. Ed. F. E. Gaebelein. Grand Rapids: Zondervan. Pp. 1–284.

Sarna, N. 1966. *Understanding Genesis.* Heritage of Biblical Israel 1. New York: McGraw-Hill.

Savage, M. 1980. "Literary Criticism and Biblical Studies: A Rhetorical Analysis of the Joseph Narrative." In *Scripture in Context: Essays on the Comparative Method.* Ed. C. D. Evans, W. W. Hallo, and J. B. White. PTMS 34. Pittsburgh: Pickwick. Pp. 79–100.

Schwartz, R. 1990. "Joseph's Bones and the Resurrection of the Text: Remembering in the Bible." In *The Book and the Text: The Bible and Literary Theory.* Ed. R. M. Schwartz. Oxford: Blackwell. Pp. 40–59.

Seebass, H. 1986. "The Joseph Story: Genesis 48 and the Canonical Process." *JSOT* 35:29–43.

Seybold, D. A. 1974. "Paradox and Symmetry in the Joseph Narrative." In *Literary Interpretations of Biblical Narratives.* Vol. 1. Ed. K. R. R. Gros Louis, J. S. Ackerman, and T. S. Warshaw. Nashville: Abingdon. Pp. 59–73.

Sternberg, M. 1990. *The Poetics of Biblical Narrative: Ideological Literature and the*

Drama of Reading. Bloomington: Indiana University Press. Pp. 285–308, 394–402, 423–27.

White, H. C. 1985. "The Joseph Story: A Narrative Which 'Consumes' Its Content." *Semeia* 31:49–69.

Whybray, R. N. 1968. "The Joseph Story and Pentateuchal Criticism." *VT* 18:522–28.

Wildavsky, A. 1994. "Survival Must Not Be Gained through Sin: The Moral of the Joseph Stories Prefigured through Judah and Tamar." *RB* 101:355–62.

제2부

출애굽기

6. 모세의 등장
출애굽기 1-6장

출애굽기는 다음의 몇 가지 방법으로 개관할 수 있다:

 I. 압제(1:1-12:36)
 II. 해방(12:37-15:21)
 III. 방랑(15:22-19:25)
 IV. 하나님의 계시(20:1-24:18)
 V. 하나님을 섬김(25:1-40:38)

 I. 애굽에서(1:1-15:21)
 II. 시내 산으로(15:22-19:2)
 III. 시내 산에서(19:3-40:38)

 I. 하나님의 구원 사역: 고난으로부터의 구원(1-14장)
    A. 고난(1-11장)
    B. 구원(12-14장)
 II. 인간의 응답: 찬양(15:1-21)
 III. 하나님의 사역: 보호(15:22-18:27)
    A. 목마름으로부터(15:22-27; 17:1-7)

    B. 배고픔으로부터(16장)

    C. 절망으로부터(17:8-16; 18:1-27)

  IV. 인간의 응답: 순종(19-31장)

  V. 반역과 새롭게 됨(32-40장) (Westermann 1967: 55-56으로부터)

출애굽기 첫 부분의 모세의 경험들은 마지막 부분의 이스라엘 백성의 경험들과 여러 가지 면에서 상응한다(Smith 1996: 38). 양자는 모두 애굽으로부터 도망한다. 모세는 2장에서 도망하며, 이스라엘은 12장에서 도망한다. 또한 양자는 모두 한 산에 이르러 거기에서 하나님이 주시는 말씀을 받는다. 모세는 3장, 이스라엘은 19장에서 그렇게 한다. 3-4장에서 하나님은 자기를 섬기도록 모세를 부르신다. 그리고 5장의 안 좋은 경험이 있은 이후에 6장에서 다시 한 번 그를 부르신다. 이와 비슷하게 19-24장에서 하나님은 자기 백성과 언약 관계를 맺으신다. 그리고 32장의 끔찍한 경험이 있은 이후에 34장에서 다시 언약 관계를 갱신하신다.

어떤 식으로 출애굽기를 개관하든지 간에 이 책의 구조상의 기본 골격은 상당히 분명하다. 여러 명의 인간 주인공들에게 초점을 맞추고 있는 창세기(족장들의 이야기 부분)와 달리 출애굽기는 오직 한 명, 즉 모세에게 초점을 맞추고 있다. 또한 상당히 긴 시간, 최소한 네 세대를 포괄하고 있는 창세기(역시 12-50장)와 달리 출애굽기 19-40장은 약 일 년 사이에 일어난 일을 다루고 있다. 이스라엘 사람들은 애굽에서 나온지 삼 개월 만에 시내 산에 도달한다(19:1). 그리고 약 11개월 후(민 10:11)에 이스라엘 사람들은 시내 산을 떠나 가나안으로 향한다. 그러므로 출애굽기는 연대기적으로 도표 1의 패턴을 따르고 있다.

도표 1

장	기간	참고구절
1장	400년	창 15:13
2장-15:21	80년	출 7:7; 행 7:23,30
15:22-19:2	3개월	출 19:1
19:3-40:38	11개월	민 10:11

창세기의 아브라함에 대한 기록과 마찬가지로 출애굽기 내러티브도 모세를 다루는데 있어서 신중하게 선별적인 모습을 띠고 있다. 출애굽기 2장은 모세의 인생의 첫 삼분의 이의 기간을 담고 있다. 여기에서 그의 인생은 아주 간략하게만 다루어져 있다. 그는 태어난다. 바구니에 담겨 강물에 놓여진다. 그리고 바로의 딸에 의해 양육된다. 40년 후(행 7:23) 그는 한 애굽 사람을 죽이며, 그 때문에 어쩔 수 없이 미디안으로 피신한다. 40년 후 80세가 되었을 때(행 7:30) 모세는 불타는 떨기나무 사건을 통해 사역을 시작한다. 조지 멘덴홀(George E. Mendenhall 1973: 20)은 모세가 애굽 사람을 죽인 사건을 폭력 행사의 문제에 대한 통찰의 출발점으로 삼은 바가 있는데, 그는 이렇게 말한다. "고대 이스라엘의 종교적인 이데올로기의 기원들과 관련하여 이 이야기가 가진 커다란 중요성은 이 이야기가 모세의 유아기와 불타는 떨기나무 체험 사이에 나오는 유일한 이야기라는 점을 통해서 알 수 있다."

모세의 유아기와 피난 생활(1-2장)

창세기의 마지막 부분과 출애굽기의 처음 몇 절 사이에서 하나님의 행동 방식은 눈에 띄게 차이가 난다. 위태위태한 삶 속에서 요셉은 하나님께서 자기 생명을 보호하시는 것을 체험한다. 그의 이야기는 요셉의 이야기이자 곧 하나님의 이야기이다.

출애굽기의 처음 일곱 절은 그 뒤를 이어서 나오는데, 이 일곱 절에는 적어도 사백 년의 기간이 망라되어 있다. 이 공백 기간 동안에는 하나님의 활동에 대한 뚜렷한 언급은 나오지 않는다(출애굽기 1:7에서 이스라엘이 보존되고 번성하게 되었다는 것 속에 암시된 것을 제외하고는). 이 기간 동안에는 성경이 특별히 주목할 만한 특출한 인물은 등장하지 않는다. 이 사 세기의 기간에 대해 성경은 침묵 속에서 지나간다. 이 깊은 골은 노아와 아브라함 사이의 기간에 견줄 만하다. 하나님은 가까이 계실 때(사 55:6)도 있고 모습을 감추실 때도 있다.

하나님의 보호하심

사정이 그렇다고 해서 우리는 이 처음 일곱 절을 너무 급하게 지나쳐 버려서는 안 된다. 우리가 주목해야 할 점은 출애굽기 1:1이 창세기 50:26이 끝난 곳에서부터 시작되지 않는다는 점이다. 내러티브는 마치 녹음테이프가 되감기는 것처럼 뒤로 돌아간다. 그리고 출 1:1은 창세기 46:8에 이른다. "애굽으로 내려간 이스라엘 아들들의 이름은 이러하니라"(개역한글판: 역자 주). 이 두 족보는 야곱의 아들들을 야곱의 아들들이 아니라 이스라엘의 아들들이라고 소개한다. 언약의 계보는 야곱이 브니엘에서 새롭게 언약을 맺으면서 받은 이름을 따라 흐른다. 애굽에서 번성한 사람들은 야곱 사람들(Jacobites)이 아니라 이스라엘 사람들(Israelites)인 것이다.

이 사백 년이란 기간은 족장들에게 주어진 하나님의 약속들, 특히 많은 후손의 약속이 성취되는 기간이었다. 애굽에서 이스라엘은 생육하고 불어나 번성하고 매우 강해졌다(출 1:7 RSV). 이제 애굽에는 요셉을 모르는 새로운 왕만 있는 것이 아니라 이스라엘 사람들 중에서도 요셉을 모르는 사람들이 많이 생겨났다. 최소한 동시대 사람으로서는 말이다.

이 일곱 절에서 이스라엘이 애굽에서 수적으로 증가한 것을 묘사하는데 사용된 동사들(생육하고 불어나 번성하고 가득하게 되었더라)은 하나님께서 아담(창 1:28), 노아(창 9:1,7), 아브라함(창 13:16; 15:5; 17:2), 야곱(창 28:14; 46:3)에게 약속하신 축복들과 명령들의 성취를 나타낸다. 그렇다면 어떤 의미에서는 바로가 안절부절못하게 된 이유는 하나님께서 자기 백성을 축복하셨기 때문이라고 볼 수 있다. 하나님의 특별한 축복이 그가 소유하신 어떤 것에 임할 때 어디선가 누군가는 그것을 싫어하고 화낸다. 창세기 12-50장에서 하나님의 약속들이 실현되는데 있어서 방해요소로 작용한 것은 불임(不妊, infertility)이었다. 그러나 이제 출애굽기에서는 엄청난 출생률(superfertility)이 방해요소가 된다.

오늘날 자기 나라에서 점증하는 소수민족들에 대해서 피해의식을 느끼는 내국인들처럼 애굽인들 역시 자꾸 늘어만 가는 이스라엘 사람들에 대해서 불안감을 갖기 시작했다. 결국 이 본문의 무명의 바로는 이 상황을 타개하기 위한 계획을 세울 것을 명령한다. 그들이 탈출하는 것을 막는 한 편 적이 포위해 올 때 그들이 제5열(간첩이나 교란 선동자 등 내부의 적을 가리키는 용어: 역자 주)이 되는 것을 막기 위해 바로는 그들에게 몹시 어려운 일들을 시킨다(1:8-14). 그의 의도는 그들의 사기를 떨어뜨리고 그들에게 노예 생활을 강요함으로써 모반할 가능성을 가능한 한 줄이는 것이다.

그러나 애굽인들은 육체적인 억압이 이 소수 종교 공동체를 더욱 강하게 만든다는 사실을 경험하게 된다(예를 들어 러시아아인들이 소련 연방 내에서 살던 기독교인이나 유대인 공동체들에게서 경험했던 바와 같이). 억압의 결과는 항복이 아닌 놀라운 회복능력(resiliency)이다.

유대인 공포증이 있는 이 바로는 그에 따라 두 번째(1:16), 세 번째 계략(1:22)을 잇달아 내놓는다. 두 번째 계략은 모든 히브리 남자들을 태어나자마자 죽이는 것이다. 이 극단적인 조치에 대해 모세 그린버그(Moshe Greenberg 1969: 29)는 다음과 같은 설명을 하였다. "만약 이 계획이 성공하였다면 이스라엘은 점차적으로 여성들만 남게 되었을 것이다. 봉기는 불가능하게 되었을 것이며 이 백성은 소멸해 버리고, 애굽에는 오직 여성 인력과 여성의 생식 능력만 남게 되었을 것이다." 바로는 여자들은 국가의 안전과 자신의 신격화된 지도력에 위협이 되지 않는다고 생각한다. 그러나 한 인종을 말살하려는 이 악한 계획은 산파들에 의해 좌절된다.

하나님에 대한 경외심 때문에 그녀들은 왕의 명령에 아무 이의 없이 무조건적으로 순종하지 않는다. 성경은 이런 일을 하고 있는 바로의 이름을 밝히지 않고 있으며, 심지어는 출 2장에서 모세의 부모의 이름조차 언급하고 있지 않은 반면(레위 가족 중 한 사람이 가서 레위 여자에게 장가 들어)에 이 두 산파의 이름은 십브라와 부아라고 밝히고 있다는 점은 흥미롭다. 우리는 이 산파들이 히브리 사람인지 애굽 사람인지도 잘 모른다. 히브리어 본문에는 이들이 히브리 산파라고 되어 있지만 헬라어 본문은 히브리인들의 산파들이라고 되어 있다. 그들의 이름은 괜찮은 히브리식 이름인 것으로 보인다(모세란 이름이 괜찮은 애굽식 이름인 것처럼). 그들이 하나님을 두려워하였다는 것이 자동으로 문제를 해결해 주지는 않는다. 이스라엘 사람이 아닌 자들도 얼마든지 하나님을 두려워할 수 있기 때문이다(창 20:11; 42:18 [요셉은 애굽인으로 가장한 체 자기 형제들에게 이야기하고 있다]; 신 25:18).

경우야 어찌 됐든 이 두 명의 산파는 심각한 죽음의 위협에 처한 하나님의 백성을 보존하는데 도구로 쓰임을 받았다는 점에 있어서 출애굽기의 처음 장들의 다른 여인들과 같은 선상에 있다. 그들은 모세의 어머니와 누이, 바로의 딸, 모세의 아내 십보라와 같은 반열에 있다. 이들간의 차이라면 앞의 다섯 여인들은 이스라엘을 죽이고자 하는 바로의 분노로부터 그들을 구해낸 것이고, 마지막 여인인 십보라는 모세(혹은 그의 아들)를 죽이려는 야웨의 분노로부터 그를 구해낸 점이다.

1 장 전체는 여러 가지 학살 방법을 통해서 하나님의 백성을 제거하고자 하는 한 왕과 이에 대항해서 자기 백성을 보존하고자 하는 다른 한 왕 사이의 투쟁으로 일관되어 있다. 출애굽기 전체를 관통하는 중요한 단어군(群)은 종, 섬김, 섬기다이다. 이 단어들은 모두 히브리어 -b-d에서 나왔으며, 이스라엘을 묘사하는데 사용되었다. 이 단어들은 출애굽기에 거의 백 번이 나오는데, 이중 대부분(94번 중 67번)이 1:1-15:21에 나온다(Leder 1999: 27). 출애굽기의 처음 장들은 예속 대 자유의 문제를 이야기하는 것 이상으로 이스라엘이 섬겨야 할 주인의 정체 및 속성의 문제를 제기하고 있다(Isbell 1982: 45).

이스라엘은 목숨을 위협하는 억압적인 신(신격화된 존재인 바로를 가리킴: 역자 주)을 섬기게 될 것인가, 아니면 생명과 자유를 주시는 하나님을 섬기게 될 것인가? 하나님은 자기 백성을 끔직한 섬김으로부터 이끌어내어 즐거운 섬김으로 인도하시고자 한다. 야웨께서 이것을 위해 가시고자 하는 길을 묘사하면서 출애굽기는 자신이 신의 현신으로서의 통치자[divinely embodied ruler]라는 바로의 주장을 비신화화(非神話化, demythologize)하고자 한다(Weems 1992: 31).

출애굽기 1 장이 자기 백성을 모두 보존하시고자 하는 하나님의 구원 행위를 이야기해주고 있다면 2장은 이 하나님의 백성 중의 한 명인 모세를 구원하시고자 하는 하나님의 이야기로 채워져 있다. 전 백성(1장)과 한 개인(2장) 모두가 다 그분의 손 안에 있다.

모세의 생애에 있어서 중요한 사건들

지속적인 중요성을 가진 세 사건이 모세의 삶 속에서 일어난다:

1. 그의 탄생과 이름의 수여(2:1-10)
2. 그는 율법의 수여자이자 평화의 수여자로 행동하려고 함. 특히 두 번째 의 시도는 개인적으로 좌절을 당함(2:11-15a)
3. 미디안으로의 도피와 결혼(2:15b-22)

이 사건들은 모세가 나중에 경험하게 될 일들의 전조이다. 비록 그가 그런 일들을 경험하게 되기까지는 80년의 기간이 소요되기는 하지만 말이다.

전에 요셉이 바로에게 고용된 적이 있던 것처럼 모세 역시 바로의 딸에게 아들로 입양된다. 모세가 물에 빠져 죽게 될 위험으로부터 구출된 사건은 그가 모세라는 이름을 받음으로써 절정에 이른다. 이 모세(Moses)란 이름은 바로들의 이름과 비슷한 소리들로 이루어져 있다(제 18, 19왕조[주전 16-12세기]의 애굽의 왕들의 이름인 아흐모세[AhMose], 투트모세[ThutMose], 람세스[Ramses] 등은 ms 혹은 mss 등의 소리를 포함하고 있는데, 이것은 태어나다는 뜻을 가진 애굽어 동사 msy 혹은 ~의 아들, 아이라는 뜻을 가진 명사 ms 등을 반영하고 있음). 그러나 이와는 별도로 우리는 성경이 모세라는 이름에 부여하고 있는 의미에 흥미를 느낀다. 성경(출 2:10)은 모세를 끌어내다(to draw out)라는 뜻의 히브리어 동사 마샤와 연결시키고 있다. 모세는 이 단어의 능동 분사형인데, 히브리어로는 모셰이다. 그러므로 모세의 문자적인 의미는 끌어내는 자 혹은 끌어내는 것이 된다. 그의 이름의 이러한 의미는 사 63:11에 문자적으로 사용되고 있다. "그들이 옛적에 그의 백성을 이끌어낸 자를 기억하였다"(They remembered the days of old, the one who drew out his people[모세 암모]) (역자 주: 이 구절의 번역은 해밀턴의 해석을 살린 것이다. 해밀턴은 이 구절의 히브리어 모셰를 Moses가 아닌 이끌어낸 자로 해석하고 있다. 개역 한글판이나 기타 한글 및 영어 번역본 등 거의 모든 번역본들은 이 단어를 그냥 모세로 해석하고 있음을 유의하라).

야곱의 경우와 마찬가지로 모세라는 이름은 단지 그의 이름이 무엇인지를 나타내 주는 것일 뿐만 아니라 또한 그가 무슨 일을 할 사람인지를 나타내주기도 한다. 그는 자기 백성을 애굽으로부터 끌어내어 가나안으로 인도해 갈 것이다. 그는 히브리인들이 이름에 부여한 중요성을 잘 나타내 주는 하나의 예이다(그러나 Barr [1969: 20-21]가 지적한 바와 같이 구약에서 이러한 원칙이 항상 절대적인 것은 아니라는 사실에 주의하라).

바로의 딸이 취한 행동들이 중요하다는 사실은 2장에서 그녀와 연관되어 사용된 단어들이 3장에서 하나님과 연관되어 사용되고 있다는 점을 통해서 드러난다. 2장에서 그녀는 내려 와서 보고 아이가 우는 것을 듣는다. 3장에서 하나님은 내려 와서(8절), 어떤 것을 보고(7절), 어떤 사람들이 부르짖는 것을 듣는다(9절). 그녀는 자신이 보고 듣는 것을 통해 마음이 동한다. 하나님도 역시 자신이 보고 듣는 것을 통해 마음이 동한다.

비록 (아브라함이 애굽에서 사라에게 한 것과 같이) 좋은 의도에서 나온 행동이기는 하지만 모세는 자기 민족 중의 어떤 사람에게 폭력을 행사한 애굽 사람을 살해함으로써 자신이 스스로 법을 집행한다(2:11-12). 이 하나님의 사람은 자신의 본능을 따라 행동한다. 여기에서 모세가 억압받는 자의 수호자로서의 역할을 한다는 점은 흥미롭다. 그는 한 애굽 사람과 한 히브리 사람의 일에 끼어든다. 그러나 그가 끼어들어야 할 이편과 저편 사람의 수는 나중에 가서는 더욱 크게 확대된다. 11절에서 애굽 사람이 히브리 사람에게 취한 행동을 나타내는데 사용된 동사(치다, 때리다, beating)는 12절에서 모세가 애굽 사람에게 취한 행동을 나타내는데 사용된 동사와 같은 동사인 나카(nK) (즉 살인을 할 정도의 구타를 행하다라는 의미)이다. 나중에 계속해서 모세는 더 심하게 치는(역시 나카) 일을 할 것이다. 모세가 지팡이로 나일 강을 치는 7:20과 바위를 치는 17:5-6 등을 주목하라. 그러나 가장 중요한 것은 모세가 한 사람의 애굽 사람에게 행한 일을 하나님께 모든 애굽 사람들에게 행하실 것이라는 점이다(3:20; 12:12).

모세가 그 다음날 자기 백성으로부터 배격을 당한 것(2:14)은 몇 십 년 후에 그가 자기 백성으로부터 경험할 가혹하고 완악하고 배은망덕한 태도를 예시해준다(Greenberg 1969: 45). 그리고 이것은 또한 차일즈(Brevard

Childs, 1974: 34)가 지적한 바와 같이 모세보다 크신 분이 자기 백성에게 배척당하게 될 것임을 예시해 준다(행 7:35,52).

미디안 땅(아라비아에 있음)에서 다시 한 번 모세는 조정자의 역할을 하게 된다. 몇몇 목동들이 우물물을 점유함으로써 일곱 여인들이 응당 길어야 할 물을 긷지 못하는 것을 보고 모세는 이 여인들을 도와준다(2:17). 다시 한 번 모세는 압제자들에게 대항할 수 없는 사람들을 도와 주고 구원해 준다.

이런 식으로 하나님은 자신의 도구로 쓰임 받을 자를 그 평생의 소명에 맞게 준비시키신다. 아브라함의 경우에는 하나님은 직접 말씀해주셨다. 야곱의 경우에는 하나님의 말씀이 그의 어머니에게 선포되었다. 요셉의 경우에는 그는 두 개의 꿈을 통해서 자신의 미래의 일들을 깨달았다. 모세의 경우에는 그는 그냥 경험의 장으로 내던져졌다. 하나님은 합당한 시간에 합당한 곳에서 합당한 것을 베푸신다.

쿠닌(Kunin, 1996: 14)이 관찰한 바와 같이 모세와 요셉 간에는 몇 가지 상응하는 점들이 있다. 양자는 모두 미디안 사람들과 관련이 있다. 요셉은 그들에 의해서 애굽으로 사로잡혀 갔다. 모세는 그들 가운데서 몇 십년을 살았으며, 미디안 사람과 결혼을 하였다. 요셉은 노예의 신분에서 그 나라의 제 2 인자의 자리까지 올라갔다. 반대로 모세는 공주의 아들의 신분에서 노예로 전락했다. 요셉은 이스라엘을 애굽으로 인도했다. 반면에 모세는 이스라엘을 애굽으로부터 이끌어내었다. 요셉은 애굽을 재앙에서 구원했다. 반면에 모세는 애굽에 내린 재앙에 개입하였다.

모세가 하나님을 만남(3-5장)

이런 사건들이 있고 나서 소명을 받기 전에 모세는 불타는 떨기나무 사건을 경험한다(3:1-6). 떨기나무(sĕneh)란 히브리어 단어는 구약 성경에서 오직 이 본문과 신명기 33:16에만 나타난다. 후자의 본문에서 모세는 "하나님이 (불타는) 떨기나무 가운데 거하시던(혹은 거하시는) 쟈"(개역한글판)라고 노래한다. 모세가 한 말들 중 성경에 기록된 마지막 말(신명기 33장)에서 그가 여러 가지 것들에 대해 말하는 중에 특히 불타는 떨기나무에서 처음으로 자신이 하나님과 만난 점을 말하고 있다는 것은 얼마나 그럴 듯한가! 이 히브리어 단어는 시내 [산]이라는 단어와 소리가 유사해서 그것을 연상시킨다 (sny와 snh). 두 번에 걸쳐서 하나님은 불을 통해 모세에게 나타나신다. 첫 번째는 떨기나무(snh)(3장)에서 그렇게 하셨으며, 그 다음에는 시내 산(sny) (19장)에서 그렇게 하셨다. 하나님께서는 떨기나무와 같은 예상치 못한 곳에서 나타나기도 하신다. 하갈의 경우 하나님은 바로 떨기나무에서 나타나셨다(창 21:15, 떨기나무에 해당하는 히브리어 단어가 다르다, SaH). 하나님께서 모세에게 처음으로 나타나신 것도 떨기나무에서였다. 또한 하나님께서 예상치 못한 곳에서 나타나시는 경우들에 대해서 말하고자 한다면 여호와의 사자가 중요한 것을 선포하기 위해서 목자인 모세에게 갑자기 나타난 것과 누가복음 2:8-20에서 천사들이 목자 무리에게 갑자기 나타난 것 사이의 연관성을 생각해 볼 수 있을 것이다.

모세와 야곱이 경험한 것들 사이의 유사성

모세에게 일어난 많은 일들은 야곱이 경험한 것들과 비슷하다.

이 둘은 모두 동생의 자리에 있었지만 계시적인 측면에서 형의 자리를 차지한다. 야곱은 에서를 뛰어넘으며, 모세는 아론을 뛰어넘는다.

이 둘이 태어난 날, 혹은 그 이후 얼마 안 되는 기간 동안 범상치 않은 상황이 발생한다. 야곱은 자기 형의 발뒤꿈치를 잡고 세상에 나온다. 모세는 세 달째가 되었을 때 한 상자에 넣어져서 강물에 띄워 보내진다.

양자는 모두 자기 형제와 맞선다. 야곱은 탈취를 통해서, 모세는 중재자로서의 권리를 차지함으로써 맞선다.

그 결과 양자는 모두 어쩔 수 없이 쫓겨난다.

이 유랑의 생활 중에 어느 시기에 가서 하나님이 이 대적자들을 대면하신다. 야곱은 꿈을 통해서 만나시며, 모세는 타는 떨기나무를 통해서 만나신다.

인간적인 차원에서 보이는 첫 번째 반응은 두려움이다. "이에 두려워하여 이르되"(창 28:17, NRSV). "모세가 하나님 뵈옵기를 두려워하여 얼굴을 가리매"(출 3:6, NRSV).

양자의 경우 모두 두려움은 죄책감에서 기인한다. 양자는 모두 하나님의 뜻을 벗어나서 행동했다. 야곱은 에서를 이용했으며, 모세는 애굽 사람을 죽였다.

이 둘의 경우 모두 하나님은 그들의 잘못된 행위에 주목하지 않으신다. 오히려 양자의 경우 모두 하나님의 말씀은 긍정적이면서 도전적이다(창세기 28:13-15; 출애굽기 3:7-10).

양자의 경우 모두 전적으로 하나님께서 주도권을 가지고 그들을 만나신다. 양자의 경우 모두 이들이 하나님을 열심히 찾았다는 흔적은 본문에 나타나 있지 않다. 야곱은 집으로부터 달아난 도망자이다. 그리고 모세는 한가로이 풀을 뜯고 있는 양 떼를 지키면서 시간을 죽이고 있다. 그들의 생각 속에서 하나님은 아주 멀리 떨어져 있다. 다른 그 어느 누구도 없다.

하나님께서 그들에게 나타나신 장소들(벧엘과 시내 산)은 이후의 역사에서 신성한 곳이 된다.

모세의 경우에는 하나님을 만나는 이야기 전에 먼저 그의 결혼에 대한 기록이 나온다(출 2:21). 야곱의 경우에는 결혼 이야기가 뒤에 나온다(창 29:28). 이 둘의 결혼 이야기의 첫 장면은 모두 우물가이다(창 29:2-10; 출 2:15b-17). 이 둘은 모두 이방 땅에서 사는 동안에 결혼을 한다. 결혼 당시 야곱은 밧단아람에 있었으며, 모세는 미디안에 있었다.

야곱과 모세의 생애에 있어서 하나님과의 첫 번째 만남은 결국 두 번째 만남으로 이어진다. 야곱에게 있어서 벧엘에서의 만남은 브니엘에서의 만남으로 이어지며, 모세 역시 하나님의 확증의 말씀을 필요로 한다(출 6:1-7:7). 이러한 하나님의 방문과 나중의 계시의 순간 사이에는 별로 성공적이지도 못하고 화려하지도 못한 시기가 들어있다. 라반과 야곱 사이의 관계는 바로와 모세 사이의 관계와 같다. 야곱은 속임을 당하며, 결국 잔꾀를 부려서 자기 장인에게서 탈출한다. 모세의 경우 바로는 모세와 하나님을 조롱한다(출 5:2). 모세가 바로에게 자기 백성을 풀어달라고 요구하지 바로는 히브리인들의 노역을 보다 무겁게 함으로써 응답한다(5:4-18). 그 결과 모세의 백성들은 그에게 등을 돌리고(5:19-21), 모세를 완전한 절망의 상태로 몰아간다 (5:22-23).

첫 번째 신현	벧엘의 야곱(창 28:10-22)	미디안의 모세(출 3:1-6)
막간	창 29:1-32:21	출 3:7-5:22
두 번째 신현	브니엘의 야곱(창 32:22-32)	애굽의 모세(출 6:1-7:7)

모세가 하나님께 핑계를 댐

불타는 떨기나무의 경험을 통해서 용기백배해지기는커녕 모세는 자기가 하나님의 선택을 받을 자격이 없다는 것을 보여주기 위해 일련의 핑곗거리들을 내세운다. 어쩌면 하나님께서 그를 잘못 판단한 것일지도 모른다! 그의 핑곗거리들은 다음과 같다:

부적합성(혹은 자기비하): 내가 누구이기에 바로에게 가며(3:11)

무지: 내가 이스라엘 자손에게 가서 그들이 내게 묻기를 그의 이름이 무엇이냐 하리니 내가 무엇이라고 그들에게 말하리이까?(3:13)

불신: 그러나 그들이 나를 믿지 아니하며 내 말을 듣지 아니하고 이르기를 여호와께서 네게 나타나지 아니하셨다 하리이다(4:1)

어눌함: 주여 나는 본래 말을 잘 하지 못하는 자니이다. 나는 입이 뻣뻣하고 혀가 둔한 자니이다(4:10)

불순종: 주여 보낼 만한 자를 보내소서(4:13)

차일즈(Childs)가 잘 지적한 바와 같이 대화의 진행은 논리적이라기보다는 감정적이다(1974: 71).

모세와 대화하고 있는 하나님은 다행스럽게도 길이 참으시는 분이시다. 하나님은 모세의 핑계들에 대해서 일일이 응답해 주신다.

부적합성. 모세의 답변들의 공통점은 그가 하나님이 가지신 것에 근거해서 생각하고 있는 것이 아니라 자신이 가지고 있는 것에 근거해서 생각하고 있다는 점이다. 그의 이런 점을 고쳐주고, 그의 첫 번째 핑계에 대해 대답해주시기 위해 하나님은 "내가 정녕 너와 함께 있으리라"고 말씀하신다(출 3:12). 다시 말해 모세에게 있어서 궁극적인 질문은 "내가 누구인가" 하는 것이 아니라 "내가 누구에게 속해 있는가" 하는 것이다. (참고. 사도 바울의 말 "내가 속한 바 곧 내가 섬기는 하나님의 사자가 어제 밤에 내 곁에 서서", 행 27:23). 구약에서의 "내가 너와 함께 있으리라/여호와께서 그와 함께 하셨다"란 문구에 대해 아주 좋은 연구를 한 고완(D. E. Gowan 1994)에 따르면, 이 문구는 커다란 위험에 직면해 있거나 실패할 가능성이 큰 임무를 감당해야 할 지도자적인 위치의 사람 혹은 그 위치를 담당해야 할 사람에게 압도적으로 많이 사용되고 있다. 그러므로 이 문구는 결코 현재 상황이 안전함을 무조건적으로 확언해주거나 전반적으로 평안한 상태에 있음을 나타내주는데 사용되는 상투적인 표현이 아니다(Gowan 1994: 65). 하나님은 함께 하심의 약속에 대하여 증거를 주신다(3:12a). 그러나 모세의 입장에서 볼 때는 유감스럽게도 이 증거는 오직 모세가 목숨을 걸고 난 후에야 분명해지는 종류의 것이다(3:12b). 모세가 원한 증거는 이처럼 나중에 가서야 주어지는 증거가 아니라 미리 주어지는 증거이며, 단순한 하나님의 말씀이 아니라 실제의 가시적인 증거이다.

무지. 모세는 자기가 받게 될 질문에 대해서 자기가 속시원하게 대답할 수 없을 것이라고 예상한다. 여기에서 어쩌면 모세가 우려하고 있는 바는 히브리인들이 너무나 오랫동안 애굽에 거처함으로써 하나님의 이름에 대한 기억이 희미해지지 않았나 하는 것일 수도 있다. 그러나 그가 정말 더 우려하고 있는 것은 그가 이 백성을 위해 그들 가운데서 하게 될 사역의 진정성에 대한 일종의 리트머스 시험지로서 그가 그를 보낸 하나님의 이름을 밝혀보라는 질문을 받게 되지 않을까 하는 점일 가능성이 높다. 하지만 그가 예상한 이러한 질문을 받은 것에 대한 언급이 성경에 전혀 나와 있지 않다는 사실은 어쩌면 전혀 우연이 아닐 수도 있다. 그럼에도 불구하고 하나님께서는 모세의 질문을 헛된 것으로 치부해버리지 않으신다.

하나님의 응답 속에는 야웨(Yahweh)라는 하나님의 이름이 나온다. 이 이름은 흔히 사문자어(四文字語, the tetragrammaton: 이 하나님의 이름은 y-h-w-h라는 네 개의 히브리어 문자로 이루어져 있기 때문에 이렇게 불려짐) 라고도 불려진다. 이 이름에 대해서 주장을 제기한 성경 학자들의 수는 엄청 나게 많다. 초보자들을 위해서 설명하자면 우리는 이 y-h-w-h를 h-w/y- h (~이다, 있다, to be)라는 동사의 삼인칭 단수 미완료(imperfect)로 볼 수 있다는 것이다. 즉 "그가 있다" 혹은 "그가 있을 것이다"라는 뜻이 된다는 것 이다. 14절의 에흐예 아셰르 에흐예는 보통 "나는 나인 자이다"(I am who I am)라고 번역할 수 있다. 물론 몇몇 학자들(Cyrus H. Gordon과 C. Isbell)은 이 구절을 일인칭이 아닌 삼인칭으로 해석해서 "그는 그인 자이다"(He is who He is)라고 번역하기도 하지만 말이다.

과연 하나님의 이 대답의 의미는 무엇일까? 이것은 일종의 회피, 면박일 까? 즉 하나님은 모세가 이 거룩한 이름에 대해서 물어볼 자격을 야곱(창 32:29)이나 삼손의 어머니(삿 13:6)보다 더 갖추고 있는 것이 아니라는 점을 지적하고 있는 것일까? 그러나 14b의 핵심 내용(너는 이스라엘 자손에게 이 같이 이르기를 스스로 있는 자(I AM)가 나를 너희에게 보내셨다 하라)을 볼 때 하나님의 이 대답은 모세의 질문에 대한 회피가 아님을 보여준다. 만약 백성들이 이 문제를 들고 나왔다면 이 대답은 모세가 그들에게 줄 수 있는 충분하고도 만족스러운 대답이었을 것임에 틀림없다.

히브리어 구문론에 따르면 종속절에 있는 동사가 주절에 있는 동사와 동 일할 경우 두 가지 번역이 가능하다. 이 점이 바로 "나는 나인 자이라"(I AM WHO I AM)(3:14)라는 문장에서 우리가 직면하는 사항이다. 예를 들어 출애 굽기 4:13은 "보낼 만한 자를 보내소서"(개역개정판) (Send whom thou wilt send, KJV)라고 되어 있다. 이 구절은 다른 사람, 즉 내가 아닌 다른 어떤 사 람을 보내소서라는 의미이다. 사무엘상 23:13은 문자 그대로 옮기면, "다윗 과 그의 사람들이 일어나 가는 곳으로 갔다"(David and his men arose and departed and they went where they went)고 되어 있다. 이것은 "그들이 갈 수 있는 곳으로 갔더니"(개역개정판)라는 의미이다. 앞의 이 두 가지 예에서 볼 때 첫 째 구절의 화자와 두 번째 구절의 필자는 고의적으로 막연한 표현 을 사용하고 있다. 따라서 이러한 관용어법을 3:14에 적용하면서 마르틴 노 트(Martin Noth, 1962: 45)는 이러한 종류의 막연성은 수많은 가능성을 열어

놓는 표현이다(즉 '나는 내가 원하는 그 누구라도 될 수 있다' [I am whatever I mean to be]라는 의미)라고 지적했다.

그러나 이 관용적 표현은 단지 막연성을 나타내기 위해서만 사용되는 것은 아니며, 강조와 사실성을 나타내 주기도 한다. 예를 들어 출애굽기 33:19의 "나는 은혜 줄 자에게 은혜를 베풀고 긍휼히 여길 자에게 긍휼을 베푸느니라"라는 표현은 막연성이 아니라 실제성을 나타낸다. 또한 에스겔서 12:25의 "나 여호와가 할 말을 말할 것이라"(But the Lord will speak the word which I will speak, RSV)는 말은 여호와께서 목소리를 낮추시거나 침묵하지 않으실 것임을 의미한다. 신약의 비근한 예를 들자면, 빌라도가 말한 "내가 쓸 것을 썼다"(요 19:22)는 말을 들 수 있을 것이다. 그가 쓴 말은 바뀔 수도 없고 지울 수도 없다는 것이다.

이 의미를 따를 경우 "나는 나인 자이다"(I AM WHO I AM)라는 표현은 "나는 거기에 (네가 어디로 가든지 너와 함께) 있다, 나는 분명히 있다"(I am there [with you, wherever you are, I really am])라는 것을 의미한다. 이런 뉘앙스는 어느 정도는 "나는 있는 그 자이다"(I am the one who is)라는 칠십인역의 번역 속에 반영되어있다. 히브리어 구문론으로 돌아가 보자. 히브리어에서 관계대명사절의 주어는 그 성과 수에 있어서 주절의 주어와 일치해야 한다. 따라서 출애굽기 20:2는 문자적으로 그대로 옮겨보면 "나는 너를 애굽 땅에서 이끌어낸 너의 하나님인 나이다"(I am the Lord your God, who I brought you out of the land of Egypt)라고 되어 있다. 물론 영어 구문법에서는 who만으로도 동사의 주어가 될 수 있다. 그러나 히브리어에서는 이 who는 단지 주절과 종속절을 연결시키는 접속어일 뿐이다. 그러므로 I AM WHO I AM의 정확한 영어 번역은 "나는 있는 그 자이다"(I am he who is)이다. 그는 있는 분이시기 때문에 그는 애굽의 난관 속에서도 함께 있으신다. 하나님께서 자신의 이름을 모세에게 알리시는 것은 이름을 모르는 그 누군가와는 의미있는 관계를 가질 수 없다는 사실을 보여준다. 그러나 프레다임(Fretheim, 1991a: 65)이 지적한 바와 같이 어떤 사람의 이름을 안다는 것은 그가 그 이름을 존중할 수도 있고 불명예스럽게 할 수도 있다는 것을 의미한다. 하나님은 기꺼이 그 위험을 감수하신다. 그러나 그는 경고의 표시가 없이 그렇게 하시는 것은 결코 아니다. 그러므로 출애굽기 3장과 6장에서 모세에게 이름을 계시하신 하나님은 사려 깊게도 출애굽기 20장에서 이 이름을 잘못 활용하는 것에 대한 금지명령을 내리신다.

불신. 여전히 자신이 배척을 당할 것에 대한 두려움 때문에 모세는 자신의 신뢰성이 자기 백성들에 의해 공격받을 것이라고 주장한다. 하나님의 백성은 하나님의 적이라기보다는 육체의 가시이다.

하나님의 부르심에 대한 실증적인 증거로서 하나님은 모세에게 세 가지 표적을 주신다(4:2-9). 지팡이가 뱀으로 변했다가 다시 지팡이로 변한다. 멀쩡한 손이 문둥병이 들었다가 다시 회복된다. 나일 강에서 떠온 물을 땅에 부으니 피가 된다. 이중 처음 두 가지 표적은 최소한 모세에게 있어서는 적잖은 두려움을 불러일으켰을 것이다. 조지 나이트(George Knight 1976: 28)가 말한 바와 같이 하나님은 모세를 그 이기적인 합리화로부터 이끌어내셔야 했다. 모세는 황당할 정도로 어려운 일들을 시키기 위해 자신을 부르고 계신 분이 바로 하나님이라는 것을 깨달아야만 했다.

어눌함. 비범한 일을 행하는 것은 그렇다고 치자. 만약 이러한 비범한 일을 할 때 말을 해야 하는 경우도 생기는데 혀가 꼬이고 말을 웅얼웅얼하게 된다면 어떻게 할 것인가? 앞의 표적들이 청중들에게 뛰어난 효과를 끼쳤는데 말을 잘못해서 일을 다 망쳐버리면 어떻게 할 것인가?

흥미로운 사실 한 가지는 모세가 애굽 사람의 학술을 다 배워 그 말과 하는 일이 능했다는 것(행 7:22)을 스데반이 지적한 바가 있다는 것이다. 결국 진실은 스데반이 고의적으로 과장을 하고 있는 것이거나 모세가 거짓으로 겸손을 피우면서 하나님께서 자기에게 주신 재능을 부정하고 있는 것 중 하나일 것이다. 그러나 모세가 정말 어떤 종류의 언어적인 장애로 고통을 당했으며(Tigay 1978을 보라), 이것이 그에게 고민거리가 되었을 수도 있다.

불순종. 임무를 회피하고자 하는 모세의 시도는 "다른 사람을 보내소서"라는 다섯 번째의 반대를 통해서 그 절정에 이른다. 하나님께서는 마지못해서 모세의 요청을 받아들이시면서 아론을 모세의 대언자로 임명할 것을 제시하신다. 그러면 아론이 가진 자질은 무엇일까? 그는 말을 잘한다(4:14). 어느 정도나? 최소한 황금 송아지를 만드는 우상 숭배 행위를 지원하고 자금모집을 할 수 정도로(출애굽기 32장)!

하나님께서 최소한 자기에게 조수를 허락해 주신 것에 만족해서 모세는 장인에게 돌아가 작별(야곱이 라반을 떠날 때와는 좀 다름!)을 고하고는 애굽으로 간다.

이 대목에서 우리는 출애굽기에 나오는 것들 중 가장 이상해 보이는 사건에 대해서 읽게 된다. 모세는 목적지에 도착하기 전에 하나님을 만나게 되는데, 하나님은 그를 죽이려고 하신다(여기에서 그는 모세인가 아니면 모세의 [맏]아들인가?). 이 문단은 난점들로 가득 차 있다. 왜 하나님께서는 모세를 임명하자마자 죽이려고 하시는가? "여호와께서 그를 죽이려 하신지라"(4:24)라는 구절에서 그는 누구인가? 모세인가, 아니면 그의 두 아들 중의 하나인가? 만약 두 아들 중의 하나라면 그 아들은 도대체 누구인가? 이방 미디안 사람인 십보라는 이 위기에 즉각적으로 대처하는 법을 어떻게 알고 있는 것인가? "그것으로 그의 발에 갖다대며"라는 구절에서 그녀는 과연 누구의 발에 갖다댄 것인가? 모세의 발인가, 그 아들의 발인가, 아니면 공격하고 있는 신적 존재의 발인가(NRSV는 이 구절에서 임의로 모세라는 단어를 삽입하고 있다)? "당신은 피 남편"(Your are a bridegroom of blood; KJV, a bloody husband), 즉 문자적으로(그리고 기이하게) 번역해서 "당신은 피들의 사위/남편"(You are a son-in-law/bridegroom of bloods)이라는 말을 십보라가 했을 때 이 말의 뜻은 도대체 무엇인가? 프롤로프(Frolov 1996: 520)가 지적한 바와 같이 피라는 단어의 복수가 연계형으로서 그 앞에 오는 어떤 단어와 함께 사용되어 그 단어가 가리키는 그 개인 혹은 그 집단의 의미를 보충해줄 때는 그 혹은 그들의 악한 행위들 혹은 악한 의도들 외에 다른 것을 나타내는 법이 없다. 예를 들어 시므이는 다윗을 저주하면서 그를 "피(들)의 사람"(개역개정판에는 "피를 흘린 자"라고 되어 있음: 역자 주)이라고 부른다(삼하 16:7-8). 시편 55:23은 피를 흘리게 하는 사람들(문자적으로는 피[들]의 사람들, 또한 잠언 29:10을 보라)에 대해서 말하고 있다. 사무엘하 21:1은 피를 흘린 그[사울]의 집(blood-stainded house, 문자적으로는 피[들]의 집, house of blood)에 대해서 언급하고 있다. 에스겔서 22:2는 예루살렘을 피 흘린 성읍(문자적으로는 피[들]의 성읍)이라고 부르고 있다.

"여호와께서 그를 죽이려 하신지라"는 구절은 그냥 모세가 아주 심하게 아팠다는 것을 나타내는 아주 옛날식 표현일 수 있다(이러한 해석에 대한 반대 견해들은 Childs 1974: 103을 보라). 이러한 식의 표현은 "여호와께서 그의 마음을 완악하게 하셨다"라는 식의 표현과 비슷한 것일 수도 있다. 즉 병이나 불순종의 행위 등을 궁극적인 원인자이신 하나님이 하신 것으로 돌려 말하는 표현으로 이해하는 것이다. 그러나 이 표현이 그냥 모세가 육체적으로 아팠다는 것 이상의 의미를 품고 있지 않다고 이해함으로써 이 난해한 구절의 난점을 해결하려는 시도는 이 구절을 지나치게 자의적으로 해석하는 것으로 보인다. 또한 이러한 해석은 출애굽기의 이전 본문들에 나오는 "~하려고 하는지라"(sought to/tried to)라는 문구들과의 상응성을 파괴한다. 이 본문 이전에 나오는 이런 구절들에서는 이런 식의 의미가 들어있지 않음이 분명한데 말이다.

2:15: 바로가 모세를 죽이고자 하여(바카쉬, *Bqa*)

Pharaoh *sought/tried* [*Bqa*] to kill Moses

4:19: 애굽으로 돌아가라. 네 생명을 찾던(*Bqa*) 자가 다 죽었느니라

Go back to Egypt, for all the men who *sought/tried/wanted* [*Bqa*] to kill you are dead

4:24: 여호와께서 모세/그를 만나 그를 죽이려 하시는지라(*Bqa*)

the Lord met Moses/him and *sought/tried/was about to* [NIV] [*Bqa*] kill him

다시 말하자면 2장에서 바로가 모세에게 하려고 했던 일을 4장에서는 하나님이 하려고 하신다. 하나님께서 왜 이렇게 화를 내시는지에 대한 유일한 설명은 모세가 제사장/하나님의 종의 신분을 가진 아버지로서 자기 아들에게 할례를 베푸는 일을 하지 않았기 때문이거나 그가 3-4장에서 자기 삶을 향한 하나님의 뜻을 끈질기게 회피하려고 했기 때문일 것이다. 만약 전자의 이유가 맞다고 한다면 이것은 자기 교회 회중을 향한 사역에 매여서 정작 자기 가족에 대한 사역은 간과하는 하나님의 종들의 전형적인 케이스에 해당

한다. 솔로몬의 아가 1:6의 마지막 두 구절의 말을 빗대어 말하자면 "[그들이] 포도원지기를 삼았음이라. [정작] 나의 포도원은 내가 지키지 못하였구나"([They] made me take care of the vineyards; my own vineyard I have neglected, NIV)라고 할 수 있다.

모세가 여호와로부터 공격을 받은 이유는 그가 자기 아들들 중의 한 명(큰아들 게르솜?)에게 할례 베풀기를 게을리했기 때문임이 분명하다. 십보라는 이에 대해 즉각적으로 반응한다. 그녀는 돌을 가지고 자기 아들에게 할례를 베풀어서 그 양피를 가지고 누군가의 발(성기를 가리키는 완곡어법?)에 갖다 댄다. 아내의 이런 재빠른 조치 덕택에 모세(혹은 그들의 아들)는 목숨을 건진다. 프레다임(Fretheim 1991a: 80)은 십보라가 하나님의 진노로부터 모세(혹은 그들의 아들)를 구한 사건은 나중에 이스라엘을 하나님의 진노로부터 구원한 모세의 중보 사역(32장)을 내다보고 있음을 지적한다. 만약 십보라가 할례를 베풀지 않았다면 모세(혹은 그들의 아들)는 죽었을 것이다. 나중에 만약 모세가 기도로 하나님의 자비를 구하지 않았더라면 이스라엘도 죽게 되었을 것이며, 하나님은 모세와 더불어 새로운 시작을 하시게 되었을 것이다. 십보라는 라합이나 룻과 같다. 이 셋은 이방인이면서도 탁월한 지혜와 용기를 보여주었다. 그들은 하나님께서 자기 백성을 구원하고 보존하시는 일에 쓰임을 받았다.

이 이야기가 강조하고 있는 분명한 사실은 언약의 한 징표로서의 할례의 중요성이다. 이 할례 의식(儀式)은 할 수 있을 만한 형편이 될 때만 행하는 것이 아니다. 하나님은 이 의식의 필요성이나 적절성에 대한 자문을 예배자들에게 구하지 않으셨다. 할례는 그냥 하나님의 지상명령이다. 자신의 가족에 대한 사역은 자신의 회중에 대한 사역보다 우선한다. 이 사건과 관련해서 고든(C. H. Gordon 1965: 138)은 이렇게 말한다. "이것은 모든 세대의 히브리인들에게 다음과 같은 경고를 하기 위한 의도를 갖고 있다. '너희 아들들에게 할례를 시행하는 일에 소홀하지 말라! 모세도 이 의무로부터 벗어날 수 없었는데 하물며 너희야 말해 무엇하랴?'

그러나 이 이야기는 후손들에게 단순한 실물 교육 이상의 역할을 하고 있다. 우리는 할례가 하나님께서 아브라함 및 그의 자손들과 맺으신 특별한 언약의 징표라는 사실을 보았다(창세기 17장). 언약의 중보자인 모세는 언약의 징표를 준수해야만 한다. 또한 십보라가 자기 아들을 할례한 일은 자기 아들과 모세가 아브라함의 자손임을 인정하는 행위이다. 하나님과 아브라함 간의 언약은 아브라함의 자손인 모세를 포함하고 있다. 족장들의 언약과 시내산 언약 사이에 확고한 선을 그으려는 시도는 모세의 언약적인 의무가 아브라함의 언약적인 의무와 상응한다는 사실로 인해 배격된다.

그린버그(Greenberg 1969: 111)는 이 이야기를 브니엘에서의 야곱의 경험과 주제적으로 연결시킨다. 양 이야기에서 공히 어떤 신적인 존재가 어둠 속에서 아무 준비가 안 된 사람을 공격한다. 야곱은 에서와의 화해를 고대하고 있는 중이었다. 그리고 모세는 자기 동족 히브리 사람들과 다시 연합하여 바로를 대면하기 위해 애굽으로 돌아가는 중이었다. 모세는 피흘림을 통해서 구원을 받았는데, 이것은 이스라엘 사람들이 애굽으로부터 구원을 받는 것을 예시한다. 그러나 이스라엘 사람들 역시 피흘림을 통해서만 구원을 얻게 된다. 출애굽기 4장의 이 사건과 출애굽기 12장의 유월절 사이의 관계는 특히 흥미롭다. 양자 모두 밤에 일어난다(4:24; 12:8,12,29). 양자 모두 할례가 중요한 역할을 한다(4:25-26; 12:43-49). 양자 모두 "갖다 대다"(to touch)란 동사가 사용된다. 4:25에서 십보라는 모세 혹은 자기 아들의 발에 양피를 갖다 대었다. 12:22에서 이스라엘 백성들은 자기 집의 문 인방과 좌우 설주에 피를 갖다 대었다(개역개정판은 뿌리다로 번역: 역자 주) (NIV: put). 그리고 가장 중요한 사항으로 양 사건 모두 피 흘림이 하나님의 진노로부터 보호를 해준다.

창세기와 출애굽기에는 이 이야기와 주제적으로 비슷한 이야기들이 아직 더 있다. 예를 들어 하나님은 모세를 구출하시고 사명을 주시고는 그를 죽이려고 하신다. 이와 비슷하게 하나님은 자기 백성을 구출하시고 사명을 주시고는 얼마 안 되어 그들을 멸절시키려고 하신다(출 32:10). 양자의 경우 모두 하나님은 이들이 언약을 위반한 것 때문에 진노하신다. 십보라의 재빠른 조치는 모세의 목숨을 구한다. 그리고 모세의 중보기도는 이스라엘의 생명을 구한다.

라헬의 기민한 행동이 야곱을 라반으로부터 구한 것처럼 십보라의 재빠른 행동이 모세를 하나님으로부터 구한다. 나이트(Knight 1976: 35)는 몇 가지 흥미로운 질문들을 제기한다. 십보라는 언약에 대한 이런 개념을 자기 남편보다 더 분명하게 깨닫고 있었던 것일까? 그녀는 언약 안에서 남자와 여자가 하나님 아래에서 맺은 결합이 하나님의 언약의 중요성을 반영하고 있다고 믿었던 것일까? 그래서 그녀는 자기 남편이 자신과 하나님을 불명예스럽게 하고 있다고 믿었던 것일까? 십보라는 피흘림이 없이는 구속함이 없다는 위대한 계시의 핵심사항을 직관적으로 꿰뚫어 본 것일까?

최소한 가까운 장래에는 모세의 삶은 조금도 더 즐거운 것이 되지는 못할 것이다. 그는 하나님과 논쟁적인 대화를 치렀다(3:1-4:17). 그리고 사망의 위기를 경험했다(4:18-26). 그는 논쟁자 하나님을 만났다. 그리고 거룩한 공격자를 만났다. 물론 잠깐 안온한 순간이 있기도 했다(4:27-31). 모세는 돌아가서 환영을 받았으며, 모든 하나님의 백성들과 함께 섬김과 찬양의 예배를 드렸다.

그러나 바로는 완고하다. 그는 모세의 간청에 전혀 꿈쩍도 안 한다. "나는 여호와를 알지 못하니"(5:2, I do not know the Lord, NRSV)라는 바로의 말은 '나는 그의 권세를 인정하지 않는다' 는 뜻이다. 그의 말은 저항과 무지의 결합을 보여주는 것으로 보인다. 전에 바로는 요셉을 알지 못했다(1:8). 이제 이 바로는 야웨를 알지 못한다. 마치 6:3에서 족장들이 야웨를 야웨로 알지 못했다고 언급된 것처럼 말이다.

설상가상으로 히브리인들의 노역은 현실적으로 감당하지 못할 정도로 증가한다(5:4-18). 그 때문에 히브리인들은 자기들의 해방자로 나타난 이 사람에게 깊은 분노만을 품게 된다(5:19-21). 그들의 반응은 얼마나 심하게 차이가 나는가! 그들은 하루는 찬양을 하고는 그 다음날에는 바로 배척을 한다. 다른 한 명의 해방자(즉 예수 그리스도: 역자 주)에게도 사람들은 하루는 호산나를 외치고는 그 다음날에는 곧바로 그를 십자가에 매달라고 외친다. 22-23절에서의 모세의 말이 얼마나 적나라한지를 주목하라. 분노와 당혹감 속에서 그는 기도 중에 진실을 토로하는 전통을 연다. 이러한 전통은 시편의 탄식시(예를 들어 시편 73편)나 예레미야의 고백록(Jeremiah's confessions)(렘 12:1-6; 15:16-18; 20:7) 등에서 찾아볼 수 있다.

모세의 소명이 다시 확증됨(6장)

야곱이 브니엘에서 하나님의 확약을 받은 것(참고, 창 32:28과 35:10)처럼 이제 막 모세도 떨기나무 사건들에 대해서 확약을 받을 참이다. 확실히 지난 핑계거리들은 쉽게 사라지지 않는 법이다(참고, 6:12,30). 첫 번째 만남에서 모세는 자신의 무능을 강조하면서 하나님께서 주신 임무를 받아들이기를 거부했다. 여기에서 그를 괴롭히는 것은 자기 백성에게 가서 이야기하는 것보다 바로에게 가서 말하는 것이 훨씬 더 어려운 임무라는 점이다. 그는 자기 백성에게 가서 이야기하는 것에도 실패했다. 그런데 그가 어떻게 바로에게 가서 메시지를 전할 수 있겠는가? (참고, 만일 네가 보행자와 함께 달려도 피곤하면 어찌 능히 말과 경주하겠느냐? 네가 평안한 땅에서는 무사하려니와 요단 강물이 넘칠 때에는 어찌하겠느냐?) 모세는 여전히 결과에 대해서만 너무 집착하고 있다. 그에 대한 대답으로 하나님은 모세에게 일곱 개의 내가할 것이다(I will)란 말씀으로 격려해 주신다. 이 일곱 개의 약속은 또한 두 개의 나는이다(I am)란 말씀으로 둘러 싸여 있다. 도표 2를 보라.

도표 2

응답	절수	
"나는 여호와로라"(I am the Lord)	6	
1. "내가 너희를 빼어 내며"	6	
2. "[내가] 너희를 건지며"	6	구속
3. "[내가] 너희를 구속하여"	6	
4. "[내가] 너희로 내 백성을 삼고"	7	
5. "나는 너희 하나님이 되리니"	7	입양
6. "내가 땅으로 너희를 인도하고"	8	
7. "[내가] 그 땅을 너희에게 주어 기업을 삼게 하리라"	8	정착
나는 여호와로라"(I am the Lord)	8	

이 장에는 최소한 두 가지 비평학적 문제가 놓여 있다. 첫 번째 문제는 출애굽기 6:3의 "내가 아브라함과 이삭과 야곱에게 전능의 하나님으로 나타났으나 나의 이름을 여호와로는 그들에게 알리지 아니하고"라는 말씀이다. 만약 이 말씀대로 한다면 여호와께서 족장들 중의 한 명에게 정확하게 이 이름으로 자신을 밝히신 구절은 어찌 된 것인가? 창세기 15:7은 또 그[즉 아브라함]에게 이르시되 "나는 여호와로라"고 말씀하고 있다. 또 아브라함과 대화를 하고 있는 신이 여호와라는 것을 내레이터가 밝히고 있는 "여호와께서 아브라함에게 이르시되"(창 12:1)라는 구절 등은 어떻게 받아들여야 하는가? 또 여호와가 이미 알려져 있음을 시사해주는 것으로 보이는 구절들은 어찌 된 것인가? 예를 들어 창세기 12:8은 "그가 그 곳에서 여호와를 위하여 단을 쌓고 여호와의 이름을 부르더니"(There he built an altar to the Lord and called on the name of the Lord, RSV)라고 말하고 있다.

야웨란 이름은 창세기에서 독자적으로나 다른 단어와 함께 148번이나 등장하며, 대부분 내레이터에 의해서 언급되고 있다(96번). 하와는 창세기에서 이 이름을 하나님에게 사용하고 있는 첫 번째 인물이다(창 4:1). 아브라함도 역시 야웨란 이름을 사용하고 있다(예를 들어, 창 14:22; 15:2,8; 18:27,30,31,32; 22:14).

그러나 마치 하나님의 백성들이 그가 야웨이심을 처음으로 알게 된 것에 대해서 상이한 전승들을 갖고 있었던 것인양 위에서 언급된 모든 구절들이 전부 출애굽기 6:3과 모순이 된다고 생각하는 것은 타당성이 없다. 즉 야위스트 전승(J)에 따르면 족장들의 시대 및 그 이전부터 야웨라는 이름이 알려져 있었던 반면에 J보다 몇 세기 이후에 편찬된 제사장 전승(P)에 따르면 모세의 시대까지는 여호와란 이름이 알려지지 않았다고 보는 식으로 말이다. 어쩌면 하나님은 그저 단순히 족장들이 이 하나님 자신의 이름의 완전한 의미를 한 번도 완전하게 이해한 적이 없다고 말씀하고 계신 것인지도 모른다. 그들이 이 이름을 알고 있고, 사용하고 있고, 또 발음가능한 것으로 인식했다는 것은 분명하지만 말이다.

글리슨 아처(Gleason Archer 1973: 113)는 이렇게 말한다. "권능과 자비의 행위들을 통해 이전 세대들에게 자신을 엘 샤다이(전능하신 하나님)로 계시하신 하나님이 이제 모세의 세대에게는 이스라엘 모든 백성의 기적적인 구출을 통해 언약을 준수하시는 여호와로 계시하고 있다는 것을 출애굽기 6:3은 말해주고 있다.”

그러나 모세 및 그의 동시대인들과 후계자들은 정말 이 이름의 의미를 완전하게 파악했을까? “[아버지께서] 세상 중에서 내게 주신 사람들에게 내가 아버지의 이름을 알려지게 했나이다”(요 17:6, I have made your name known to those whom you gave me from the world, NRSV)라고 예수께서 말씀하실 수 있게 될 때에야 비로소 이에 대한 획기적인 진전이 이루어지게 된 것은 아닐까?

출애굽기 6장의 내용과 창세기의 내용들을 연결시켜 이해하는 다른 방법도 있다. 예를 들어, 모벌리(Moberly 1992: 36-79)는 창세기의 내러티브들은 야위스트 이야깃꾼들의 작품이긴 하지만 이들은 원래는 야위스트 전승에 속하지 않은 것들을 고치고 다듬어서 야위스트의 맥락 속으로 집어넣었다고 주장했다. 그러므로 창세기에서 야웨/주(Yahweh/the Lord) (역자 주: 개역개정판은 전부 ‘여호와’ 라는 이름으로 번역함)라는 이름은 누구에 의해 사용되었든지 간에 전부 시대착오적인(anachronistic) 것이라고 본다(즉 내레이터가 사용한 것이든 내러티브 상의 등장인물들이 한 것이든 간에). 창세기의 필자들은 등장인물들의 말을 그대로 기록하고 있는 것이 아니라 이 등장인물들이 이 이야깃꾼들의 시대에 살았더라면 사용했을 법한 말투를 사용하여 기록하고 있다. 모벌리의 이러한 해결책은 나름대로 그럴 듯하다. 그의 해결책은 창세기에 나오는 다른 사람들의 이름이나 개념들의 문제도 비슷한 식으로 해석할 수 있는 길을 열어준다. 에슬링거(Eslinger 1996: 194)는 출애굽기 5:2 이전의 그 어느 누구도 ‘야웨를 안다/모른다’ 고 말하고 있지 않으며, 창세기의 그 어떤 개인도 문자 그대로 야웨를 안다고 되어있지 않다는 점을 지적했다.

두 번째 비평학적인 문제는 6:14-27에 나오는 족보이다. 우리는 특히 모세와 아론까지 이어지는 계보에 관심이 있다. 도표 3을 보라.

도표 3

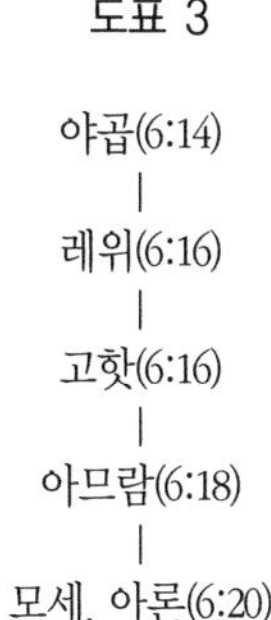

야곱(6:14)
|
레위(6:16)
|
고핫(6:16)
|
아므람(6:18)
|
모세, 아론(6:20)

여기에서 볼 수 있는 바와 같이 모세와 아론은 야곱의 고손자(高孫子)들이다. 다시 말하자면 애굽으로 들어간 자들과 애굽에서 탈출한 자들 사이에는 네 세대가 흘렀다. 이 사이 기간은 출애굽기 12:40-41에는 430년으로 되어 있고, 창세기 15:13에는 400년으로 되어 있으며, 창세기 15:16에는 네 세대로 되어 있다. 이 네 세대가 4 세기를 채우기에 충분한가?

또한 출 1:6는 그냥 간단하게 요셉의 죽음이 모세의 탄생보다 먼저 일어났음을 말해주고 있다(1:6). 창세기 50:23은 요셉이 자신의 증손자를 볼 만큼 충분하게 오래 살았다고 말하고 있다(요셉, 에브라임, 마길, 익명의 자녀들). 이 네 번째 세대의 아이들은 시대적으로 모세와 아론만큼이나 야곱으로부터 떨어져 있었을 것이며, 아마 어쩌면 모세와 아론보다 젊었을지도 모른다.

이 문제에 대해서는 두 가지 대답이 가능하다. 첫 번째 대답은 출애굽기 6:14-20에 나오는 모세와 아론의 족보가 연속된 세대들을 다 빠짐없이 완전하게 기록하고 있는 것이 아니라 선별적으로 기록하고 있다고 간주하는 것이다. 성경이나 지중해 지역의 다른 문헌들에서도 이러한 경우들이 없지 않다(Kitchen 1966: 54-55를 보라). 그리고 또한 성경의 다른 부분들은 요셉과 여호수아의 사이에 최소한 십 세대가 포함되어 있는 것으로 기록하고 있다. 예를 들어, 역대상 7:20-29는 (요셉), 에브라임, 레바, 레셉, 델라, 다한, 라단, 암미훗, 엘리사마, 눈, 여호수아의 계보를 열거하고 있다. 이러한 사실은 출애굽기 6:14-27이 선별적인 계보일 것임을 확증해 준다.

이 족보가 아론의 아들들(23절)과 손자 한 명(25절)에 대해서 언급하고 있는 반면에 모세의 후손에 대해서는 전혀 아무것도 언급하고 있지 않다는 점은 흥미롭다. 레위의 후손인 모세는 요셉의 후손인 여호수아에 의해서 계승되었다. 하나님께서 혈통에 근거해서 지도자를 선택하는 식의 계급 제도는 여기에는 나타나 있지 않다. 왕과 제사장은 혈통을 따르지만 선지자적인 대언자는 혈통을 따르지 않는다.

출애굽기 주석 및 참고도서

Ashby, G. 1998. *Go Out and Meet God: A Commentary on the Book of Exodus.* ITC. Grand Rapids: Eerdmans.

Beegle, D. 1972. *Moses, the Servant of Yahweh.* Grand Rapids: Eerdmans.

Binz, S. J. 1993. *The God of Freedom and Life: A Commentary on the Book of Exodus.* Collegeville, Minn.: Liturgical Press.

Birch, B. C. 1995. "Divine Character and the Formation of Moral Communities in the Book of Exodus." In *The Bible in Ethics: The Second Sheffield Colloquium.* Ed. J. W. Rogerson, M. Davies, and M. Daniel Carroll R. JSOTSup 207. Sheffield: Sheffield Academic Press. Pp. 119–35.

Brenner, A., ed. 1993. *A Feminist Companion to Exodus to Deuteronomy.* The Feminist Companion to the Bible 6. Sheffield: Sheffield Academic Press.

Brueggemann, W. 1994. "Exodus." In *The New Interpreter's Bible.* Vol. 1. Ed. L. E. Keck et al. Nashville: Abingdon. Pp. 675–981.

Cassuto, U. 1967. *A Commentary on the Book of Exodus.* Jerusalem: Magnes.

Childs, B. S. 1974. *The Book of Exodus: A Critical, Theological Commentary.* OTL. Philadelphia: Westminster.

Clements, R. E. 1972. *Exodus.* CBC. Cambridge: Cambridge University Press.

Clifford, R. J. 1990. "Exodus." In the *New Jerome Bible Commentary.* Ed. R. E. Brown, J. A. Fitzmyer, and R. E. Murphy. Englewood Cliffs, N.J.: Prentice Hall. Pp. 44–60.

Coats, G. W. 1988. *Moses: Heroic Man, Man of God.* JSOTSup 57. Sheffield: JSOT Press.

———. 1998. *Exodus 1–18.* FOTL 2A. Grand Rapids. Eerdmans.

Cole, R. A. 1973. *Exodus.* TOTC. Downers Grove, Ill.: InterVarsity Press.

Croatto, J. S. 1981. *Exodus: A Hermeneutic of Freedom.* Maryknoll, N.Y.: Orbis.

Daube, D. 1963. *The Exodus Pattern in the Bible.* All Souls Studies 2. London: Faber & Faber.

Davies, G. 1999. "The Theology of Exodus." In *In Search of True Wisdom: Essays in Old Testament Interpretation in Honour of Ronald C. Clements.* Ed. E. Ball. JSOTSup 300. Sheffield: Sheffield Academic Press. Pp. 137–52.

Dozeman, T. B. 1996. *God at War: Power in the Exodus Tradition.* Oxford: Oxford University Press.

Driver, S. R. 1911. *The Book of Exodus.* Cambridge Bible for Schools and Colleges.

Cambridge: Cambridge University Press.

Durham, J. I. 1987. *Exodus*. WBC 3. Waco, Tex.: Word.

Ellison, H. L. 1982. *Exodus*. The Daily Study Bible. Philadelphia: Westminster.

Enns, P. 2000. "Exodus." The NIV Application Commentary. Grand Rapids: Zondervan.

Fokkelman, J. P. 1987. "Exodus." In *The Literary Guide to the Bible*. Ed. R. Alter and F. Kermode. Cambridge, Mass.: Belknap. Pp. 56–65.

Fox, E. 1986. *Now These Are the Names: A New English Rendition of the Book of Exodus*. New York: Schocken.

Fretheim, T. E. 1991a. *Exodus*. Interpretation. Louisville: John Knox.

———. 1991b. "The Reclamation of Creation: Redemption and Law in Exodus." *Int* 45:345–65.

———. 1996. "'Because the Whole Earth Is Mine': Theme and Narrative in Exodus." *Int* 50:229–39.

Gowan, D. E. 1994. *Theology in Exodus: Biblical Theology in the Form of a Commentary*. Louisville: Westminster John Knox.

Greenberg, M. 1969. *Understanding Exodus*. New York: Behrman.

———. 1971. "Exodus, Book of." *EncJud* 6:1050–67.

Gutzke, M. G. 1974. *Plain Talk on Exodus*. Grand Rapids: Zondervan.

Halpern, B. 2003. "Eye-witness Testimony: Parts of Exodus Written within Living Memory of the Event." *BAR* 29 (5):50–57.

Hoffmeier, J. K. 1986. "The Arm of God versus the Arm of Pharaoh in the Exodus Narratives." *Bib* 67:378–87.

Houtman, C. 1993–2002. *Exodus*. 4 vols. Historical Commentary on the Old Testament. Kampen: Kok; Leuven: Peeters.

Huey, F. B., Jr. 1977. *Exodus: A Study Guide Commentary*. Grand Rapids: Zondervan.

Hyatt, J. P. 1971. *Commentary on Exodus*. New Century Bible. London: Oliphants.

Jacob, B. 1992. *Exodus*. Trans. Y. Elman. Hoboken, N.J.: Ktav.

Janzen, J. Gerald. 1997. *Exodus*. WBComp. Louisville: Westminster John Knox.

Janzen, W. 2000. *Exodus*. Believers Church Bible Commentary. Scottdale, Pa.: Herald.

Johnstone, W. 1990. *Exodus*. OTG. Sheffield: Sheffield Academic Press.

Kitchen, K. A. 2003. "Lotus Eating and Moving On—Exodus and Covenant." In *On the Reliability of the Old Testament*. Grand Rapids/Cambridge: Eerdmans. Pp. 241–312.

Knight, G. A. F. 1976. *Theology as Narration: A Commentary on the Book of Exodus*. Edinburgh: Handsel.

Kugel, J. L. 1997. *The Bible as It Was*. Cambridge, Mass.: Belknap. Pp. 285–437.

Leder, A. C. 1999. "Reading Exodus to Learn and Learning to Read Exodus." *CTJ* 34:11–35.

———. 2001. "The Coherence of Exodus: Narrative Unity and Meaning." *CTJ* 36:251–69.

Levenson, J. D. 1991. "Exodus and Liberation." *HBT* 13:134–74.

Millard, A. 2000. "How Reliable Is Exodus?" *BRev* 26 (4):50–57.

Newsome, J. 1998. *Exodus.* Interpretation Bible Studies. Louisville: Geneva.

Nicholson, E. W. 1973. *Exodus and Sinai in History and Tradition.* Richmond: John Knox.

Noth, M. 1962. *Exodus: A Commentary.* OTL. Philadelphia: Westminster.

Pixley, G. V. 1987. *On Exodus: A Liberation Perspective.* Trans. R. R. Barr. Maryknoll, N.Y.: Orbis.

Plasteras, J. 1966. *The God of Exodus: The Theology of the Exodus Narratives.* Milwaukee: Bruce.

Propp, W. C. 1999. *Exodus 1–18: A New Translation with Introduction and Commentary.* AB 2. New York: Doubleday.

Radday, Y. T., and Y. Levi. 1985. *An Analytic Linguistic Key-Word-in-Context Concordance to the Book of Exodus.* The Computer Bible 28. Wooster, Ohio: Biblical Research Associates.

Ramm, B. 1974. *His Way Out: A Fresh Look at Exodus.* Glendale, Calif.: Regal.

Rendtorff, R. 1989. "'Covenant' as a Structuring Concept in Genesis and Exodus." *JBL* 108:385–93.

Sarna, N. 1986. *Exploring Exodus: The Heritage of Biblical Israel.* New York: Schocken.

———. 1991. *Exodus: The Traditional Hebrew Text with the New JPS Translation.* JPS Torah Commentary. Philadelphia: The Jewish Publication Society.

Smith, M. S. 1996. "The Literary Arrangement of the Priestly Redaction of Exodus: A Preliminary Investigation." *CBQ* 58:25–50.

Sternberg, M. 1998. *Hebrews between Cultures: Group Portraits and National Literature.* Bloomington: Indiana University Press.

Van Seters, J. 1994. *The Life of Moses: The Yahwist as Historian in Exodus–Numbers.* Louisville: Westminster John Knox.

Vervenne, M., ed. 1996. *Studies in the Book of Exodus: Redaction, Reception, Interpretation.* BETL 126. Leuven: Leuven University Press.

Exodus 1–6

Ackerman, J. S. 1974. "The Literary Context of the Moses Birth Story (Exodus 1–2)." In *Literary Interpretations of Biblical Narratives.* Vol. 1. Ed. K. R. R. Gros Louis, J. S. Ackerman, and T. S. Warshaw. Nashville: Abingdon. Pp. 74–119.

Archer, G. 1973. *A Survey of Old Testament Introduction.* Chicago: Moody.

Ashby, G. W. 1994–1995. "The Bloody Bridegroom: The Interpretation of Exodus 4:24–26." *ExpT* 106:203–5.

Barr, J. 1969. "The Symbolism of Names in the Old Testament." *BJRL* 52:11–29.

Bietak, M. 2003. "Israelites Found in Egypt: Four Room House Identified in Medinet Habu." *BAR* 29 (5):40–49, 82–83.

Carroll, R. P. 1994. "Strange Fire: Abstract of Presence Absent in the Text. Meditations on Exodus 3." *JSOT* 61:39–58.

Childs, B. S. 1962. *Myth and Reality in the Old Testament.* SBT 27. London: SCM Press. Pp. 59–65.

Coats, G. W. 1972. "A Structural Transition in Exodus." *VT* 22:129–42.

———. 1973. "Moses in Midian." *JBL* 92:3–10.

Davies, G. F. 1992. *Israel in Egypt: Reading Exodus 1–2.* JSOTSup 135. Sheffield: JSOT Press.

Dumbrell, W. 1972. "Exodus 4:24–26: A Textual Re-examination." *HTR* 65:285–90.

Eslinger, L. M. 1991. "Freedom or Knowledge? Perspective and Purpose in the Exodus Narrative (Exodus 1–5)." *JSOT* 52:43–60.

———. 1996. "Knowing Yahweh: Exod. 6:3 in the Context of Genesis 1–Exodus 15." In *Literary Structure and Rhetorical Strategies in the Hebrew Bible.* Ed. L. J. de Regt et al. Assen: Van Gorcum. Pp. 188–98.

Exum, J. C. 1983. "'You Shall Let Every Daughter Live': A Study of Exodus 1:8–2:10." *Semeia* 28:63–82.

Feliks, J. 1971. "Burning Bush." *EncJud* 4:1528–30.

Frolov, S. 1996. "The Hero as Bloody Bridegroom: On the Meaning and Origin of Exodus 4,26." *Bib* 77:520–23.

Fuchs, E. 2000. "A Jewish-Feminist Reading of Exodus 1–2." In *Jews, Christians, and the Theology of the Hebrew Scriptures.* Ed. A. O. Bellis and J. S. Kaminsky. SBLSymS 8. Atlanta: Society of Biblical Literature. Pp. 307–26.

Garr, W. R. 1992. "The Grammar and Interpretation of Exodus 6:3." *JBL* 111:385–408.

Gordon, C. H. 1965. *The Ancient Near East.* New York: Norton.

Gottlieb, I. B. 1998. "Law, Love, and Redemption: Legal Connotations in the Language of Exodus 6:6–8." *JANES* 26:47–57.

Hamlin, E. J. 1974. "The Liberator's Ordeal: A Study of Exodus 4:1–9." In *Rhetorical Criticism: Essays in Honor of James Muilenburg.* Ed. J. J. Jackson and M. Kessler. PTMS 1. Pittsburgh: Pickwick. Pp. 33–42.

Harris, R. L. 1974. "The Pronunciation of the Tetragrammaton." In *The Law and the Prophets: In Honor of O. T. Alis.* Ed. J. H. Skitton. Nutley, N.J.: Presbyterian and Reformed. Pp. 215–24.

Holmgren, F. C. 2002. "Exodus 2:11–3:15." *Int* 56:73–76.

Hughes, P. E. 1997. "Moses' Birth Story: A Biblical Matrix for Prophetic Messianism." In *Eschatology, Messianism, and the Dead Sea Scrolls.* Ed. C. A. Evans and P. W. Flint. Grand Rapids: Eerdmans. Pp. 10–22.

Isbell, C. 1982. "Exodus 1–2 in the Context of Exodus 1–14: Story Lines and Key Words." In *Art and Meaning: Rhetoric in Biblical Narrative.* Ed. D. J. A. Clines et al. JSOTSup 19. Sheffield: JSOT Press. Pp. 37–61.

Janzen, J. Gerald. 1979. "What's in a Name? 'Yahweh' in Exodus 3 and the Wider Biblical Context." *Int* 33:227–39.

Kitchen, K. A. 1966. *Ancient Orient and Old Testament.* Chicago: Inter-Varsity Press.

———. 1968. "Moses: A More Realistic View." *CT* 12:920–23.

———. 1976. "From the Brickfields of Egypt." *TynB* 27:137–47.

Kline, M. 1975. "Old Testament Origins of the Gospel Genre." *WTJ* 38:1–27.

Kunin, S. D. 1996. "The Bridegroom of Blood: A Structuralist Analysis." *JSOT* 69:3–16.

McCarthy, D. J. 1978. "Exodus 3:14: History, Philology and Theology." *CBQ* 40:311–22. Repr., in *Institution and Narrative: Collected Essays.* AnBib 108. Rome: Biblical

Institute Press, 1985. Pp. 225–36.

Mendenhall, G. E. 1973. *The Tenth Generation: The Origins of the Biblical Traditions*. Baltimore: Johns Hopkins University Press.

Moberly, R. W. L. 1992. *The Old Testament of the Old Testament*. OBT. Minneapolis: Fortress.

Orlinsky, H. M. 1973. "Moses." In *Essays in Biblical and Jewish Culture and Bible Translation*. New York: Ktav. Pp. 5–38.

Patrick, D. 1994. "The Rhetoric of Revelation [Exodus 3–4]." *HBT* 16:20–40.

Phillips, A., and L. Phillips. 1998. "The Origin of 'I Am' in Exodus 3:14." *JSOT* 78:81–84.

Propp, W. H. 1993. "That Bloody Bridegroom (Exodus IV 24–26)." *VT* 43:495–518.

Robinson, B. P. 1986. "Zipporah to the Rescue: A Contextual Study of Exodus IV 24–26." *VT* 36:447–61.

———. 1997. "Moses at the Burning Bush." *JSOT* 75:107–22.

Seitz, C. 1999. "The Call of Moses and the 'Revelation' of the Divine Name: Source-Critical Logic and Its Legacy [Exodus 3, 1–4, 17; 6, 2–9]." In *Theological Exegesis: Essays in Honor of Brevard S. Childs*. Ed. C. Seitz et al. Grand Rapids: Eerdmans. Pp. 145–61.

Thompson, T. L. 1995. "How Yahweh Became God: Exodus 3 and 6 and the Heart of the Pentateuch." *JSOT* 68:57–74.

Tigay, J. H. 1978. "'Heavy of Mouth' and 'Heavy of Tongue': On Moses' Speech Difficulty." *BASOR* 231:57–64.

Weems, R. J. 1992. "'The Hebrew Women Are Not Like the Egyptian Women': The Ideology of Race, Gender and Sexual Reproduction in Exodus 1." *Semeia* 59:25–34.

Westermann, C. 1967. *Handbook to the Old Testament*. Trans. R. H. Boyd. Minneapolis: Augsburg.

Zlotnick-Sivan, H. 2004. "Moses the Persian? Exodus 2, the 'Other' and Biblical 'Mnemohistory.'" *ZAW* 116:189–205.

7. 재앙, 유월절, 출애굽

출애굽기 7:1-15:21

출애굽기의 이 부분은 주로 하나님께서 애굽에 내리신 재앙들(7:14-11:10; 12:29-32)과 홍해(혹은 갈대바다)를 통한 출애굽의 기록에 집중하고 있다. 모세는 "내가 너로 바로에게 신이 되게"(7:1, I made you as God to Pharaoh, RSV) 하겠다는 놀라운 말씀을 하나님에게서 미리 듣는다. 그러나 그가 이 말씀을 듣고 의기양양해지기도 전에 하나님은 또 이렇게 말씀하신다. "바로가 너희를 듣지 아니할 터인즉"(7:4). 사람들이 귀를 기울이지 않는 신이라니!

재앙들(7-11장)

재앙들의 기능은 "나는 여호와를 알지 못하니"라는 바로의 말로 거슬러 올라간다(5:2). 여기에서 핵심 단어는 "알다"라는 단어이다. 이 단어는 다음의 구절들 속에 나타난다:

6:7: "너희 하나님 여호와인줄 너희[이스라엘]가 알지라"

7:5: "애굽 사람이 나를 여호와인줄 알리라"

7:17: "네[바로]가 이로 인하여 나를 여호와인줄 알리라"(첫 번째 재앙)

8:10: 왕으로 우리 하나님 여호와와 같은 이가 없는 줄을 알게 하리니(두 번째 재앙)

8:22: "이 땅에서 내가 여호와인 줄을 네[바로]가 알게 될 것이라"(네 번째 재앙)

9:14: "온 천하에 나와 같은 자가 없음을 네[바로]가 알게 하리라"(일곱 번째 재앙)

9:29: "내[모세] 손을 여호와를 향하여 펴리니 그리하면 우박이 다시 있지 아니할지라. 세상이 여호와께 속한 줄을 왕이 알리이다"(역시 일곱 번째 재앙)

10:2: "내[여호와]가 그들[애굽 사람들] 가운데에서 행한 표징을 네 아들과 네 자손의 귀에 전하기 위함이라. 너희[모세와 이스라엘]는 내가 여호와인줄 알리라"(여덟 번째 재앙)

11:7: "여호와께서 애굽 사람과 이스라엘 사이에 구별하는 줄을 너희[모세와 이스라엘]가 알리라"(열 번째 재앙)

14:4: "내가 그와 그의 온 군대로 말미암아 영광을 얻어 애굽 사람들이 나를 여호와인줄 알게 하리라"(홍해를 건널 때)

14:18: "내가 바로와 그의 병거와 마병으로 말미암아 영광을 얻을 때에야 애굽 사람들이 나를 여호와인줄 알리라"

출애굽기 16:6,12에서 볼 수 있는 바와 같이 이 단어는 출애굽기 내에서 현재 우리가 다루고 있는 본문을 넘어서도 계속 나타난다. 광야에서 이스라엘은 하나님이 기적적으로 먹을 것을 공급하시는 것을 통해서 그가 여호와이신 것을 알게 될 것이다. 오경의 다른 부분에서 이 문구는 오직 신명기 29:6에만 나타난다. 오경 밖에서는 이 단어는 오직 간헐적으로만 사용된다(왕상 20:13,28; 사 45:3; 49:23,26; 60:16; 호 2:20; 욜 2:27; 3:17). 이 중에서 바로에게 주어진 말(네가 나를 여호와인줄 알리라)과 가장 비슷한 것은 이사야서 45:3이다. 이 구절에서 하나님은 페르시아 왕 고레스에게 말씀하시면서 이 문구를 사용하신다. 구약 중에서 출애굽기를 빼고는 이 문구가 잘 쓰이지 않는다는 사실에 예외가 되는 것은 에스겔서이다. 이 문구는 에스겔서에서 놀라울 정도로 많이 사용되었다. 특히 그 중 대부분은 이 선지자의 청중인 유다의 포로들에게 말씀을 주실 때 사용되었다(예를 들어 겔 5:13; 6:7,14; 7:4,9,27; 11:10,12; 12:15,16; 13:9,14,21,23). 이처럼 이 두 책이 이 문구를 이렇게 즐겨 사용하고 있기는 하지만 양자 사이에는 차이점이 있다. 출애굽기의 경우에는 억압과 압제가 이제 막 자유에게 길을 내주려고 하는 상황 속에서 사용되었고, 에스겔서의 경우에는 이제 막 자유가 억압과 압제에게 길을 내주었거나 또는 내주려고 하는 상황 속에서 사용되었다. 이 점에 있어서 이렇게 에스겔서와 출애굽기는 정반대가 된다.

재앙들의 목적

여호와를 아는 것에 대해 강조하고 있는 구절들이 이렇게 많다는 것은 애굽에 내려진 재앙들이 단순한 심판의 기능 이상의 역할을 하고 있음을 보여 준다. 이 재앙들은 바로에 대한 하나님의 복수가 아니다. 하나님의 의도는 애굽의 바로를 상처입고 피 흘리는 상태로 남겨 두시는 것이 아니다. 또한 하나님은 이 애굽 왕이 놀라운 기적들 앞에서 숨도 못 쉬도록 만들어 놓는 것에 관심을 갖고 있는 것도 아니다.

하나님이 정말 의도하시는 바는 바로와 그의 백성들 — 이스라엘은 말할 것도 없고 — 이 정말 진정한 하나님에 대한 지식을 얻도록 하시는 것이다. 재앙들은 교육적인 목적을 갖고 있다. 이 지식은 소문으로 들은 지식이 아니라 관찰과 대면을 통해서 얻은 지식이 될 것이다. 여호와를 여호와로 안다는 것은 곧 그의 권위를 인정하고 그에게 복종을 하는 것이다. 바로 이것이 바로가 선택해야 하고 또 그렇게 하도록 초대받은 사항이다.

열 가지 재앙은 다음과 같다:

1. 7:14-25, 물을 피로 만듦
2. 8:1-15, 개구리 떼
3. 8:16-19, 각디귀(혹은 이)
4. 8:20-32, 파리 떼(히브리인들은 해를 입지 않음, 8:22)

5. 9:1-8, 가축들에게 내려진 재앙(히브리인들의 가축들은 해를 입지
  않음, 9:4,6)
6. 9:8-12, 사람과 짐승에 독종이 남
7. 9:13-35, 우박, 천둥과 번개(히브리인들이 사는 지역은 제외, 9:26)
8. 10:1-20, 메뚜기 재앙
9. 10:21-29, 삼일 간의 흑암
10. 11:1-12:36, 사람과 가축의 첫 번째 소생들의 죽음(히브리인들은
  지시대로 준비한 경우 재앙을 피함, 12:7,13)

이 재앙들이 각기 애굽의 종교의 어떤 특정한 측면들을 공격목표로 삼고 있다는 주장이 자주 제기되어 왔다. 몇몇 경우에는 이 주장이 상당히 가능성이 있다. 그러나 어떤 경우에는 이런 연결을 찾기가 쉽지 않다. 출애굽기 12:12에서 "애굽의 모든 신을 내가 심판하리라"고 하나님이 말씀하신 적이 있기는 하다. 또한 민 33:4b는 "여호와께서 그들의 신들에게도 벌을 주셨더라"고 말하고 있음을 보라. 아마 다음의 재앙들이 이 점과 연결될 수 있을지도 모른다:

1. 하피(Hapi), 나일강의 신, 풍요를 가져다 줌
2. 헥/케트(Hek/qet), 개구리 머리를 한 여신으로서 다산을 상징
4. 케페르(라)(Kheper[a]), 딱정벌레의 모습을 함(이 신은 만약 파리 떼 속에 딱정벌레가 포함되어 있었다고 할 경우 열 재앙과 관련). 이 신은 하늘을 횡단하는 태양의 하루 일정을 상징함.
5. 많은 애굽의 신들과 여신들은 상형 문자에서 동물의 형상으로 그려져 있다. 하토르(Hathor)는 암소의 머리를 하거나, 아니면 인간의 머리에 암소의 뿔이나 귀로 장식되어 있는 여신이다. 크눔(Khnum)은 숫양의 머리를 한 남자의 모습을 하고 있다. 신들의 왕이자 바로들의 후견인인 아몬(Amon)은 숫양의 머리를 한 남자의 모습이거나 아니면 삼중의 관을 쓴 숫양이다. 땅의 신인 겝(Geb)은 거위의 모습을 하고 있거나 거위 위에 머리가 놓여 있는 남자의 모습이다. 신들의 여왕인 이시스(Isis)는 머리에 암소나 숫양의 뿔을 달

고 있다.

　7. 하늘의 여신인 누트(Nut) 역시 죽은 자들의 수호신이다.

　8. 세라피아(Serapia)는 메뚜기들의 수호자이다.

　9. 레(Re)는 태양을 의인화한 것으로서, 신들의 왕이자 인류의 아버지이다.

　10. 마지막으로 열 번째 재앙은 타우르트(Taurt)와 연관되어 있을 수 있다. 이 여신은 모성(母性)과 관련되어 있는 여신으로서 나중에 가정의 수호신이 되었다.

　그러나 우리는 재앙들이 애굽의 종교 및 신들과 연결되어 있다는 단서가 성경 본문에 나타나 있지 않다는 점에 주목해야 한다. 그러므로 이런 유사성들은 단지 우연의 일치일지도 모른다. 재앙의 내용 자체만으로 따진다면 몇몇 재앙들은 이미 전부터 애굽 사람들이 경험하던 것들일 가능성이 있다(예를 들어 나일 강의 물빛이 빨간 색을 띤다든지 개구리들이 강변의 습지로부터 올라오는 재앙 등). 그러나 또한 우박 재앙과 어둠 재앙 등의 경우에는 애굽에 사실상 거의 비가 내리지 않고 일년 내내 밝고 해가 쨍쨍한 날씨(태양빛을 속히 가려버리는 바람 폭풍이 불 때를 제외하고는)가 계속 된다는 점으로 볼 때 어쩌면 전에 전혀 경험해보지 못한 것일 수도 있다.

　일부 학자들은 재앙들을 애굽의 생태계 속에서 시간 순서대로 이해할 수 있다고 주장했다. 즉 출애굽기 7–10장에 나오는 내용은 일련의 자연현상을 기록한 것이라고 본다(Hort 1957; 1958). 다른 많은 학자들은 재앙의 기록이 역사적으로 정확하고 진실된 정보를 기록하고 있다는 주장을 옹호하려는 시도를 거부한다. 그러나 호프마이어(J. K. Hoffmeier 1992: 375)는 한 가지 흥미로운 질문을 제기한다. "매년 나일 강의 물이 불어나고 줄어드는 것과 맞추어서 발생하는 사건들의 순서와 호트(Hort) 등의 설명이 일치한다고 할 때 어떻게 수 세기 후의 편집자가 이처럼 이집트에서는 잘 맞아떨어지지만 팔레스타인 지역에서는 전혀 어울리지 않는 다양한 전승들을 이렇게 한데 모아놓는 것이 가능했을까?"

　즈빗(Z. Zevit 1976: 211)은 재앙들과의 연결점들을 다른 곳에서 찾았다. 그는 재앙 본문들과 창세기의 창조 기사 사이에 유사점들이 있음을 발견하고는 창세기 1-2장이 주제상으로 재앙 이야기들의 배경이라고 주장했다. 예를 들어, "피의 재앙에서 모든 호수"(7:19, all their pools of water)는 문자적으로 번역하면 "물들이 모인 모든 곳"(every gathering of their waters)이며, 이것은 창세기 1:10의 "모인 물"(waters that were gathered together)과 밀접하게 연결되어 있다. 또한 즈빗은 열 가지 재앙을 창세기 1:3,6,9,11,14, 20,24,26,28,29에 열 번 나오는 "하나님이 가라사대"라는 문구와 연결시킨다.

바로의 마음이 완악하게 됨

바로의 마음을 묘사하기 위해서 사용된 어휘들

바로의 마음이 완강하게 됨을 나타내주는 용어들은 출애굽기 4-14장에 약 22번 정도 나온다. 이 마음의 완강함을 나타내는데 사용된 히브리어 단어는 카베드, 하자크, 카샤 등의 세 단어이다.

카베드의 기본적인 의미는 "무겁다"(to be heavy)이다. 이 단어는 마음을 묘사하는 것 외에도 눈(창 48:10), 귀(사 6:10), 혹은 입과 혀(출 4:10) 등을 묘사하는 데에도 사용될 수 있다. 이 구절들은 모두 몸의 어떤 기관이 나이나 병 때문에 제대로 기능하지 못하는 것을 나타낸다(창 48:10; 출 4:10). 그래서 윌슨(R. R. Wilson 1979: 22)은 이 구절들에서 저자가 몸의 감각기관들이 더 이상 외부의 자극을 인지하지 못하는 것을 나타내기 위해 이 단어를 사용하고 있다고 말했다.

하자크란 단어는 "강하다, 단단하다"(to be strong, hard)라는 의미를 갖고 있다. 이 어근은 "여호와는 나의 힘이시라"라는 의미를 가진 히스기야란 이름과 "여호와께서 힘주시기를"(may God strengthen)이란 뜻을 가진 에스겔이란 이름 등에도 사용되고 있다. 부정적인 맥락에서 보자면 아마 이 단어에 가장 가까운 영어 표현은 bullheaded이다(역자 주: 완고한, 어리석은 등의 뜻을 갖고 있음). **카샤**는 "단단하다, 어렵다, 심하다"(to be hard, difficult, severe)라는 뜻을 갖고 있다.

아래에 나오는 출애굽기의 구절들은 이 히브리어 단어들 중 어느 하나를 사용하고 있다. 아래의 각 참고 구절 다음에는 거기에 사용된 동사가 표기되어 있으며, 그 동사의 변화형이 기본형인 칼(Qal)형인지 아니면 피엘(Piel)형이나 히필(Hiphil)형인지를 명시하고 있다. (아주 단순하게 말하면 칼형은 상태, 이다[to be, 즉 아름다운이란 형용사는 기본형이 아름답다이다:역자 주]를 나타내며, 피엘형과 히필형은 어떤 것에 의해 야기된 결과적인 상황이나 형편[-로 만들다, to make]을 나타낸다.) 번역본은 NRSV를 사용했다. (한글판은 가능한 한 개역개정판 사용: 역자 주.) 그리고 RSV와 차이가 나는 경우에는 예루살렘 성경(the Jerusalem Bible: JB)과 신영역 성경(the New English Bible: NEB)을 대비시켰다. 내가 보기에 최고의 역본들 중에 속한다고 생각되는 이 두 개의 현대판 성경 역본들은 위의 세 개의 히브리어 동사들을 번역하는데 있어서 선택의 유동성을 보여준다. 히브리어 본문의 절수가 영어 역본과 차이가 나는 경우에는 괄호 속에 히브리어 절수를 표기하였다.

1. 4:21, 내가 그의 마음을 완악하게 한 즉(I will harden his heart); make him obstinate(NEB); 하자크의 피엘형.

2. 7:3, 내가 바로의 마음을 완악하게 하고(I will harden Pharaoh's heart); I will make Pharaoh's heart stubborn (NEB, JB); 카샤의 히필형

3. 7:13, 그러나 바로의 마음이 완악하여(Still Pharaoh's heart was hardened; Pharaoh, however, was obstinate (NEB); Stubborn (JB); 하자크의 칼형.

4. 7:14, 바로의 마음이 완악하여(Pharaohs' heart is hardened); obdurate (NEB); adamant (JB); 카베드의 형용사형.

5. 7:22, 바로의 마음이 완악하여(Pharaoh's heart remained hardened); remained obstinate (NEB); was stubborn (JB); 하자크의 칼형.

6. 8:15[11], 바로가 그의 마음을 완강하게 하여; he became obdurate (NEB); became adamant (JB); 카베드의 히필형.

7. 8:19[15], 바로의 마음이 완악하게 되어(Pharaoh's heart was hardened); rcmaincd obstinatc (NEB); was stubborn (JB); 하자크의 칼형.

8. 8:32[28], 바로가 마음을 완강하게 하여(Pharao hardened his heart);

became obdurate (NEB); was adamant (JB); 카베드의 히필형.

9. 9:7, 바로의 마음이 완강하여(the heart of Pharaoh was hardened); he remained obdurate (NEB); became adamant (JB); 카베드의 칼형.

10. 9:12, 여호와께서 바로의 마음을 완악하게 하였으므로(the LORD hardened the heart of Pharaoh; made Pharaoh obstinate (NEB); made Pharaoh's heart stubborn (JB); 하자크의 피엘형.

11. 9:34, 바로가 마음을 완악하게 하니(he hardened his heart); became obdurate (NEB); became adamant (JB); 카베드의 히필형.

12. 9:35, 바로의 마음이 완악하여(the heart of Pharaoh was hardened; remained obstinate (NEB); was stubborn (JB); 하자크의 칼형.

13. 10:1, 내가 그의 마음을 완강하게 함은(I have hardened his heart; I have made him obdurate (NEB); stubborn (JB); 카베드의 히필형.

14. 10:20, 여호와께서 바로의 마음을 완악하게 하셨으므로(the Lord hardened Pharaoh's heart); made Pharaoh obstinate (NEB); made Pharaoh's heart stubborn (JB); 하자크의 피엘형.

15. 10:27, 여호와께서 바로의 마음을 완악하게 하셨으므로(the Lord hardened Pharaoh's heart); made Pharaoh obstinate (NEB); made Pharaoh's heart stubborn (JB); 하자크의 피엘형.

16. 11:10, 여호와께서 바로의 마음을 완악하게 하셨으므로(the LORD hardened Pharaoh's heart); made him obstinate (NEB); made Pharaoh's heart stubborn (JB); 하자크의 피엘형.

17. 13:15, 바로가 완악하여 우리를 보내지 아니하매(Pharaoh stubbornly refused to let us go); proved stubborn and refused to let us go (NEB); stubbornly refused to let us go (JB); 카샤의 히필형.

18. 14:4, 내가 바로의 마음을 완악하게 한 즉(I will harden Pharaoh's heart); make Pharaoh obstinate (NEB); make Pharaoh's heart stubborn (JB); 하자크의 피엘형.

19. 14:8, 여호와께서 애굽왕 바로의 마음을 완악하게 하셨으므로(the LORD hardened the heart of Pharaoh); made obstinate (NEB); make

stubborn (JB); 하자크의 피엘형.

20. 14:17, 내가 애굽 사람들의 마음을 완악하게 할 것인즉 (I will harden the hearts of Egyptians); made obstinate (NEB); make stubborn (JB); 카베드의 피엘형.

세 개의 동사 중에서 하자크가 가장 많이 쓰였으며(11번), 카베드(7번)와 카샤(2번)가 그 다음을 따르고 있다.

어휘들의 분석

이 이십 개의 구절들을 동사의 주어에 따라서 배열해 보는 것은 흥미로운 일이다. 도표 1을 보라.

도표 1

하나님이 주어인 경우(열 번)

카베드	하자크	카샤
10:1 히필	4:21 피엘	7:3 히필
14:17 피엘	9:12 피엘	
	10:20 피엘	
	10:27 피엘	
	11:10 피엘	
	14:4 피엘	
	14:8 피엘	

바로가 주어인 경우(네 번)

카베드	하자크	카샤
8:15[11] 히필		13:15 히필
8:32[28] 히필		
9:34 히필		

바로의 마음이 주어인 경우(여섯 번)

카베드	하자크	카샤

7:14 형용사	7:13 칼
9:7 칼	7:22 칼
	8:19[15] 칼
	9:35 칼

이 분석으로부터 최소한 다음의 몇 가지 점들이 관찰된다. 4:21과 7:3에는 "내가 바로의 마음을 완악하게 하리라"는 말씀이 하나님으로부터 모세에게 분명하게 주어진다. 두 번에 걸쳐서 모세는 재앙들이 시작하기 전에 이 말씀을 듣는다. 그러나 이 두 번의 경우 모두 모세는 하나님의 이 말씀에 대해서 항의를 하거나 설명을 요구하지 않는다. 사실 출애굽기 내러티브 속에서 이미 우리는 모세가 이따금씩 하나님에게 따지거나 부연설명을 요구하는 것을 본 적이 있다(3-4장). 그러나 여기에서는 그는 그저 순응을 한다.

그의 이러한 태도는 이제 그가 자신의 책무를 받아들이고, 하나님에게 더이상 질문을 하지 않아도 될 정도로 확신하고 있다는 것을 보여주는 것인가? 아니면 이런 수수께끼 같은 말씀을 하나님으로부터 들은 모세가 아직도 하나님께 항의를 계속하고 있는 것으로 받아들여야 하는가? 혹은 이런 하나님의 말씀들은 결과에 대한 하나님의 선언으로 간주해야 하는 것일까?

재앙들에 대한 서술들을 검토해보면 하나님께서 바로의 마음을 완강케 하시는 것에 대한 언급들이 오직 뒷부분에 가서야 나오는 것을 우리는 깨닫게 된다. 그래서

1. 바로의 마음이 완강하여(7:14)
2. 바로가 그 마음을 완강하게 하여(8:15[11])
3. 바로의 마음이 완악하게 되어(8:19[15])
4. 바로가 마음을 완강하게 하여(8:32[28])
5. 바로의 마음이 완강하여(9:7)
6. 여호와께서 바로의 마음을 완강하게 하였으므로(9:12)
7. 바로가 … 마음을 완악하게 하니(9:34)
   바로의 마음이 완악하여(9:35)

8. 내가 그의 마음을 완강하게 함은(10:1)
   여호와께서 바로의 마음을 완악하게 하셨으므로(10:20)
9. 여호와께서 바로의 마음을 완악하게 하셨으므로(10:27)
10. 여호와께서 바로의 마음을 완악하게 하셨으므로(11:10)

여기에서 주목할 만한 점은 하나님께서 바로의 마음을 완악하게 하신다는 언급은 여섯 번째 재앙이 한참 진행 중일 때까지는 나오지 않는다는 점이다. 하나님께서 그의 마음을 완악하게 하신 후에는 바로가 스스로 자신의 마음을 완악하게 했다는 것에 대한 언급은 두 번 밖에 나오지 않는다(9:34,35). 하나님께서 바로의 마음을 완악하게 하신 이후(# 6 [9:12])에도 바로가 최소한 한 번 이상 자신의 마음을 완악하게 할 수 있었다는 사실(# 7 [9:34])은 분명히 중요하다. 그러나 그 이후에는 하나님, 오직 하나님만이 바로의 마음을 완악하게 하신다(#8 [10:20]; #9 [10:27]; #10 [11:10]). 마치 바로의 기회의 창이 완전히 닫혀버린 것처럼 말이다.

모셰 그린버그(1969: 181)는 바로의 문제를 그림을 보듯이 생생하게 포착한다. 바로의 반응들의 극적인 발전과정 속에는 한 가지 원리가 지속적으로 나타난다. 그것은 바로의 완고함, 즉 그가 스스로 자신의 주권을 유지하려는 태도이다. 이것이 바로 문제의 본질이다. 이것은 하나님의 권세와 양립할 수 없다. 이렇게 볼 때 바로의 반항은 인간이 하나님의 권세 앞에서 자신의 힘, 자신의 권능을 주장하는 것에 대한 하나의 원형(archetype)적인 모습이다. 압박이 가해지면 인간은 어느 정도의 유연성과 수용성을 보이기도 하며, 심지어는 자신의 태도를 완전히 바꾸기도 한다. 도움을 요청하기도 하고, 더 나아가서는 자신의 죄를 고백하고, 양보를 하기도 한다. 그러나 이처럼 물러섰음에도 불구하고 결국 인간은 자신이 궁극적이고 자기충족적인 절대 권력 앞에서 결국 자기 주장을 펼치기를 그만두고 굴복해야만 하는가 하는 것에 대해서 다시 한 번 의심하는 태도를 취한다. 바로 이처럼 다시 이런 의심에 빠지는 것이 인간의 무모한 오만과 독립심의 핵심이다. 이렇게 해서 인간은 자신이 치러야 할 희생을 염두에 두지 않고 결국 사망에 이르기까지 저항한다.

이러한 현상은 그저 우연일까? 아니면 성경은 바로가 이제 하나님에게 너무나 둔감해져서 독자적으로 의지를 갖고 자신의 행동을 선택할 권리마저 박탈당하고 만 것으로 말하고 있는 것인가? 그는 자유를 박탈당한 것인가? 최소한 한동안은 바로는 스스로 선택할 수 있는 권리를 갖고 있었다. 그러나 그는 자신이 선택한 것들에 대해서 그 결과들마저 통제할 수는 없었다.

바로의 마음이 완악하게 되는 것에 대해 너무 초점을 맞추다 보면 하나님께서 그의 마음을 부드럽게 하기 위해 다음 몇 가지 방법들을 사용하셨다는 사실이 간과될 수 있다:

1. 모세의 기도를 통해: "여호와께 기도하라"(Pray to the Lord, 8:8[4],28[24]; 9:28; 10:17); "나를 위하여 기도하라"(8:28[24])

2. 바로의 신하들의 말을 통해: "이는 하나님의 권능이니이다"(8:19[15])

3. 바로가 어느 정도 순종하게 만드심을 통해: "내가 이 백성을 보내리니 그들이 여호와께 제사를 드릴 것이니라"(8:8[4]); "너희는 가서 이 땅에서 너희 하나님께 제사를 드리라 내가 너희를 보내리니 너희가 너희 하나님 여호와께 광야에서 제사를 드릴 것이나 너무 멀리 가지는 말라"(8:25-28[21-24]); "너희는 가서 섬기되 너희 양과 소는 머물러 두고 갈지니라"(10:24)

4. 바로로 하여금 어느 정도 회개하게 하심을 통해: "이번은 내가 범죄하였노라. 여호와는 의로우시고 나와 나의 백성은 악하도다"(9:27); "내가 너희의 하나님 여호와와 너희에게 죄를 지었으니 바라건대 이번만 나의 죄를 용서하고"(10:16). 9:27의 "내가 범죄하였노라"와 9:34의 "[그가] 다시 범죄하여"를 연결시켜서 모세 그린버그는 그가 죄를 시인하기는 했지만 더 계속해서 죄를 지었다고 지적했다(1969: 161). 바로는 마태복음 3:8의 말씀에 귀를 기울일 필요가 있다. "[회개의] 열매를 통해 너의 회개를 증명하라"(Prove your repentance by the fruit it bears, NEB).

5. 바로에게 계속해서 다른 기회를 주심을 통해: 하나님은 불타는 떨기나무 사건에서 모세에게 보여주셨던 것처럼 바로에게도 길이 참으신다. 모세는 가지 않겠다는 말을 계속해서 해댔는데 이제 바로는 보내지 않겠다는 말을 계속해서 해댄다. 바로가 굴복하기까지 하나님께서 열 번이나 사역을 하

셨다는 사실은 예상치 못한 바도 아니고 놀라운 일도 아니다. 결국 장기적인 효과 면에서, 아니 심지어는 홍수 이후의 처음 몇 세대 만을 보더라도 홍수라는 하나님의 심판이 도대체가 먹혀 들기나 했는가 말이다.

바로의 마음이 완악하게 됨에 대한 설명들

바로의 마음이 완악하게 되는 사건이나 기타 비슷한 사건들에 대해서 발터 아이히로트(Walter Eichrodt 1961-1967: 2: 178-79)는 이렇게 말했다:

> 그러나 놀라운 것은 이것이 그가 인간으로부터 스스로의 행동에 대해 책임을 져야 할 필요마저도 없애버리는 무조건적인 결정론으로 결코 귀결되지 않았다는 점이다. 인간에게는 항상 스스로 결정할 능력이 집요하게 남겨져 있었다. 선지자들의 모든 윤리적인 요구들은 결정권이 인간들에게 남겨져 있다는 확신에 근거하고 있다. 율법 역시 이런 전제에 근거하고 있다. 그러므로 인간이 도덕적인 자유를 갖고 있다는 생각과 하나님께서 모든 만물에 주권을 갖고 계시다는 종교적인 믿음은 서로 같은 힘을 가지고 공존하고 있다. 이 두 가지 사이의 관계를 어떻게든 조화시키고자 하는 시도는 전혀 보이지 않는다. 이 두 가지 생각이 다 절대적인 타당성을 갖고 있다는 것을 전혀 에누리 없이 받아들이고, 이 두 가지 사항을 동시에 인정하면서도 이 둘 사이의 긴장을 견뎌낼 수 있다는 점에서 구약은 하나님 체험의 강력함을 잘 보여준다.

하나님이 함께 엮어 놓은 것을 인간이 따로 떼어놓아서는 안 된다!

신약의 로마서 9-11장에서 우리는 이 모티프에 대한 설명을 더 찾아볼 수 있다. 여기에서 바울은 바로의 마음이 완악하게 된 것(9:17-18)과 이스라엘의 마음이 완악하게 된 것(11:7-25)에 대해서 언급하고 있다. 아이히로트의 말대로 우리는 신약 역시 구약만큼이나 하나님의 주권과 인간의 도덕적인 자유 사이의 긴장을 붙들고 있다는 것을 발견하게 된다. 바울의 이 글에서 두드러진 사힝은 바로 이 점이다.

육적으로 아브라함의 자녀인 것만으로는 아브라함의 영적인 자녀가 되기에 불충분하다는 자신의 주장을 증명하기 위해 바울은 창세기에 호소한다. 이삭과 이스마엘은 다 아브라함의 육적인 아들이었지만 약속의 자녀가 된 것은 오직 하나뿐이었다(9:7-9). 야곱과 에서 역시 다 이삭의 자녀들이었지만 야곱은 선택되고 에서는 버림받았다(9:10-13). 이에 근거해서 바울은 족장들의 이야기 속에 나타난 하나님의 선택의 원리를 보여줌으로써 하나님의 신실하심에 대한 질문을 제기했다(9:6).

그러면 하나님께서 선별적이신 분이라는 것은 곧 하나님께서 편벽되신 분이라는 것을 의미하는가(9:14)? 이스마엘과 에서는 아무 이유 없이 버림을 받은 것인가? 이러한 질문들에 대한 대답으로 바울은 출애굽기에 호소하여 이렇게 대답한다. "만약 족장들의 하나님이 불의하시다고 너희가 주장하고자 한다면 너희는 출애굽기의 하나님도 역시 불의하시다고 주장해야 한다." 왜냐하면 여기에서도 역시 선별행위가 작용하고 있기 때문이다. 하나님은 이스라엘에게는 자비를 보이신 반면에 바로의 마음은 완악하게 하셨다. (로마서에 '자비'라는 단어가 열한 번 나오는데 그 중에 아홉 번이 9-11장에 나옴을 주목하라: 9:15[2x],16,18,23; 11:30,31[2x],32.)

여기에서 중요한 것은 9:17이다: "내가 이 일을 위하여 너[바로]를 세웠으니 곧 너로 말미암아 내 능력을 보이고 … " 이 구절은 출애굽기 9:16의 인용이다. "내가 너[바로]를 세웠으니"(로마서)의 출애굽기의 표현은 "내가 너를 살려 놓았으니"(I have let you live)이다. (개역 한글판 성경은 KJV의 전통을 따라 로마서와 출애굽기의 문구가 동일하다. 그러나 RSV는 I have let you live로 번역하였다: 역자 주.) 그러므로 세웠으니(raising up)란 말은 '태어나다'(being born)나 '지음받다'(being created) 등의 의미와는 전혀 상관이 없다. 오히려 이 문구는 "내가 너를 멸망시키지 않았다" 혹은 "내가 너를 살아 있게 허락해 주었다"라는 의미를 갖고 있다. 살려 두는 것 자체가 하나님의 자비의 표현이다. 그의 긍휼과 그의 완악하게 하심은 둘 다 하나님의 주권의 표현이다(9:18).

이 하나님의 주권이라는 주제를 강조하기 위해 바울은 창조(토기장이로서의 하나님)라는 주제를 언급하며, 또한 호세아서와 이사야서의 몇 구절들에 호소한다(9:19-29).

이런 모든 것들 속에서 인간의 위치는 어디인가? 이 점이 바로 9:30-10:21의 관심사이다. 우리는 9:29에서 멈추어서는 안 된다. 하나님이 주권을 갖고 있다는 것은 분명히 사실이다. 그러나 그렇다고 해서 인간이 자유를 가진 존재라는 사실이 부인되지는 않는다. 유대인들 중에 의롭지 못한 자들이 있다면 그것은 그들의 불신앙이 미리 예정되어 있기 때문에 그런 것이 아니라 그들이 돌에 걸려 넘어졌기(역자 사역; 개역한글판은 "부딪힐 돌에 부딪혔느니라"고 되어 있는데, 이 번역은 마치 부딪히도록 예정된 돌에 부딪힌 것처럼 오해할 소지가 있으며 이런 해석은 해밀턴의 해석과는 상응하지 않는다) 때문에 그런 것이다(9:32, stumbled over the stumbling block, NRSV). 많은 설교자들과 선교사들은 로마서 10:14-15(그런즉 저희가 믿지 아니하는 이를 어찌 부르리요. 듣지도 못한 이를 어찌 믿으리요. 전파하는 자가 없이 어찌 들으리요)을 복음전파와 세계 선교에의 동참을 촉구할 때 사용해왔다. 문맥을 초월하여 이 본문을 활용할 때에는 이런 식의 적용을 할 수도 있을 것이다. 그러나 문맥 내에서 보면 바울은 아이러니컬하게 이 질문들을 제기하고 있는 것이다. 하나님은 바울이 편지를 쓰고 있는 대상인 유대인들에게 계속해서 사자들을 보내셨으며, 이 유대인들은 그들이 말씀을 전하는 것을 들었다. 그러므로 그들은 말씀을 듣지 못했다고 변명할 수가 없다. 하나님 편에서의 초청은 부족함이 없었다. "종일토록 내가 불순종하고 반역하는 이 백성에게 내 손을 펼쳤었노라"(역자 사역; All day long I have held out my hands to a disobedient and contrary people, NIV)(10:21). 결국 하나님의 신적인 주권(9:6-29)과 인간의 특권 및 책임(9:30-10:21)은 병존한다.

개별적인 유대인들에 대한 언급으로부터 나아가서 바울은 하나의 민족, 하나의 공동체로서의 유대인들에 대한 논의를 전개한다(11:1 이하). 비록 하나님은 유대인들 개개인은 버리셨지만 유대 백성 전체를 버리신 적은 결코 없다(11:2). 11:7-25에서 바울은 바로의 완악하게 됨과 유대인들의 완악하게 됨을 은근하게 비교한다. 이 양자의 경우 모두 하나님의 완악하게 하심은 구원의 목적을 위한 것이다. 하나님이 바로를 완악하게 하신 결과 이스라엘은 애굽으로부터 구원을 받았다. 그리고 하나님이 이스라엘을 완악하게 하신 결과 이방인들이 하나님의 왕국으로 들어갈 수 있도록 허락되었다. 그러면

남은 자들 뿐만 아니라 유대인들은 결국 어떻게 되는 것인가? 그들의 완악함은 영원한 것인가? 바울은 그렇지 않다고 힘주어 말한다. "온 이스라엘이 구원을 얻으리라"(11:26). 이 휘황찬란한 주장에 대해서 바울은 더 이상의 설명을 달지 않는다.

유월절(12:1-13:16)

출애굽기 12장은 유월절(Passover)의 준수에 대한 규례들을 담고 있다. 이에 대한 다른 상세한 정보들은 레위기 23:5-8; 민수기 28:16-25; 신명기 16:1-8 등에 나오는 오경의 제의력들(祭儀曆, the cultic calendars) 속에서 찾아볼 수 있다. 이 세 본문과 더불어 출애굽기 12장에서 유월절은 무교절(the feast of unleavened bread)과 밀접하게 연결되어 있다. 구약은 이 원래의 유월절 준수에 대한 기록 외에 유월절 준수에 대한 다섯 번의 다른 기록들을 담고 있다. 광야에서(민 9:1-14), 가나안 입성 후 길갈에서(수 5:10-12), 히스기야 시대에(대하 30:1-27, 열왕기서에는 이에 대한 기록이 없음), 요시야 시대에(짧은 형태의 기록이 왕하 23:21-23에 나오며, 상세한 형태의 기록은 대하 35:1-19에 나옴), 포로기 이후 시대에 공동체에 의해서(스 6:19-22) 유월절이 준수된 것들이 그것들이다.

유월절이란 히브리어 단어는 페사흐이다. 이 단어의 동사형은 파사흐(넘어가다[to pass over])인데, 이 동사는 출애굽기 12장에 세 번 나온다. "내가 피를 볼 때에 너희를 넘어가리니"(12:13); "여호와께서 그 문을 넘으시고"(12:23); "이는 여호와의 유월절 제사라. 여호와께서 애굽에 있는 이스라엘 자손의 집을 넘으사"(12:27).

그러나 "여호와께서 넘으시다"라는 말씀은 과연 어떤 것을 의미하는 것일까? 이것은 그가 문설주에 피가 스며 있는 집들을 건너 뛰시겠다는 뜻일까? 이에 대한 단서는 12:23에서 발견된다. "여호와께서 그 문을 넘으시고 멸하는 자가 너희 집에 들어가서 너희를 치지 못하게 하실 것임이니라." 그러므로 "넘어가다"라는 말은 "보호하다"(to protect) 혹은 NEB의 각주에서 제시하듯이 "경호하다"(stand guard over)라는 것을 의미한다. 여호와께서 직접 나서서 멸하는 자가 들어오는 것을 막으실 것이다. 그가 그의 백성을 위하여 몸소 보호막이 되실 것이다. 그들의 안위는 그의 함께 하심에 달려 있다.

여기에서 더 중요한 것은 피의 용도이다. 이 피는 양의 몸에서 받아내서, 문설주와 인방에 발라야 한다(12:7,13). 이 절차를 수행하지 않으면 재난을 당하게 된다.

그러므로 모세가 하나님의 말씀을 백성들에게 전하면서 전적으로 피의 역할에 초점을 맞추고 있는 것은 놀라운 일이 아니다(12:21-27). 브레버드 차일즈(Brevard Childs 1974: 200)가 말한 바와 같이 모세의 연설은 본문상으로 거대한 망원경과 같은 효과를 갖고 있다. 그는 집에서 먹을 식사에 대하여, 그리고 선택된 양(羊)의 질과 그것이 언제 도살되어야 하느냐 하는 것과 어떻게 고기를 요리해야 하는가 하는 것 등의 세세한 사항들에 대해서는 아무 말도 하지 않는다. 또 얼마만큼이나 그것을 먹어야 하는가 하는 것과 사람들이 어떤 옷을 입어야 하는가 하는 것 등에 대해서도 마찬가지이다. 이 모든 것들은 하나님께서 모세에게 주신 지시들 속에 이미 포함되어 있다(12:1-13).

출애굽기 12장은 유월절의 시기와 이유와 준수 방법뿐만 아니라 누가 참석해야 하느냐 하는 것도 역시 말해주고 있다(12:43-49). 유월절은 아무나 다 참여할 수 있는 것이 아니다. 그러면 누가 참석할 수 있는가? 이스라엘 회중(47절)이 참여할 수 있다. 그리고 노예들도 참석할 수 있는데(44절), 이들은 할례를 받은 경우 히브리인들과 같은 특권을 가질 수 있다. 그리고 야웨를 믿는 신자가 된 이방인들(48절)도 참석할 수 있다. 그러면 참석할 수 없는 사람들은 누구인가? 불신자인 이방인들(43절), 한시적으로 이스라엘 땅에 머무르는 거주 외국인이나 방문객들인 체류자들(45절), 다른 나라 소속이지만 이스라엘에서 사역하는 고용 하인들(45절) 등이 참여할 수 없다. 애굽을 탈출한 자들은 중다한 잡족(12:38)들이었기 때문에 이러한 구분은 필수적인 것이었다. 유월절 참여자들에 대한 명시가 이러한 중다한 잡족이 출애굽을 떠났다는 말씀 바로 다음에 나오는 이유는 바로 이것이다.

신약의 저자들은 이 양들로부터 참 양으로, 그리고 모형(the type)으로부터 원형(the antitype)으로 나아간다. 왜냐하면 바로 이것이 하나님의 계획의 완성이기 때문이다. 이 신약의 저자들에게 있어서 감옥은 애굽의 노예생활이 아니라 어둠의 왕국이며, 사로잡힘으로부터 부름을 받은 자들은 이제 이스라엘이 아니라 바로 이 세상이며, 구속은 지리적인 변화가 아니라 윤리적인 변화이다.

애굽에서의 유월절 양들(출 12:46)처럼 참 양이신 예수의 경우에도 뼈가 하나도 부러지지 않았다(요 19:36). 유월절 양으로서의 그리스도에 대한 신약의 서신서들의 언급은 고전 5:7(유월절 양, 곧 그리스도)와 벧전 1:19(흠 없고 점 없는 어린 양)에 나온다. 이 구절들에서 흥미로운 점은 바울과 베드로가 구원론에 대한 신학적인 논의보다는 이 참 양을 통한 구원이 거룩한 삶을 사는데 있어서 가진 의의에 더 많은 관심을 기울이고 있다는 점이다. 이 사도들은 구원의 문제를 넘어 성화의 문제로 나아가고 있다.

유월절에 대한 지시를 끝내자마자 모세는 무교절(13:3-10)과 초태생의 구별(13:11-16)에 대해 이스라엘에게 지시한다. 이 두 본문은 하나님의 구속으로부터(from)라는 측면뿐만 아니라 으로(into)의 측면도 갖고 있음을 강조하고 있다. 다시 말해 구속은 애굽으로부터 나오는 것일 뿐만 아니라 가나안 땅으로 들어가는 것이기도 하다(5,11절). 이스라엘이 새 땅을 소유하는 것은 족장들에게 주신 하나님의 약속의 성취이다. 갑자기 독자들은 창세기 12:7의 내용으로 되돌아가게 된다. 그러나 일단 그 땅에 들어가게 되면 이스라엘은 자신들이 목격한 것들을 하나님께서 그들에게 주신 자녀들에게도 전해주어야 한다(8,14절). 하나님의 신실하심은 과거(너희의 조상들), 현재(너희들), 미래(너희 자녀들)의 세 시대에 걸쳐 울려 퍼진다.

출애굽(13:17-15:21)

출애굽기 12:37은 여자와 어린 아이들 외에 육십만 명의 남자들이 애굽을 떠났다고 말하고 있다. 만약 그렇다면 애굽을 떠난 이스라엘 사람들의 총수는 이백만 명이 넘었을 것이다. 이 숫자는 출애굽기 38:26; 민수기 1:46;

2:32; 26:51에도 사실상 거의 그대로 반복되고 있다. 우리는 이 천문학적인 숫자를 어떻게 받아들여야만 할까? 출애굽기 23:29-30은 가나안 땅을 채우기에는 이스라엘 사람들의 수가 너무 적기 때문에 하나님께서 가나안 사람들을 서서히 내쫓으실 것이라고 말하고 있다. "네가 번성하여 그 땅을 기업으로 얻을 때까지 내가 그들을 네 앞에서 조금씩 쫓아내리라"(고딕체는 저자의 것). (또한 제16장의 도표 1을 보라.)

이스라엘의 수

인구조사를 통해 파악된 603,550명이란 사람들의 숫자에 대해서는 적지 않은 논의가 있어 왔다. 이 숫자는 레위인들, 모든 여성들, 그리고 스무 살 이하의 모든 어린 아이들의 숫자를 제외한 것이다. 이들을 포함시킬 경우 인구의 총수는 거의 이백만 명에 이를 것이다.

성경학자들 중 비평학자들은 이에 대해 여러 가지 다양한 설명들을 제시해 왔다. 그 중의 한 가지는 이 숫자들이 거의 허구적인 것으로서 아무런 역사적인 가치가 없다는 것이다. 즉 이 숫자들은 과장하기를 좋아하는 후대의 저자의 고삐 풀린 상상력의 산물이라는 것이다. 즉 창세기 5장에서 홍수 이전에 살았던 사람들의 엄청난 수명에 대해서 말해주고 있는 것이 P문서이듯이 여기에서 이 허구적인 숫자들을 만들어낸 것도 역시 다름 아닌 P문서라는 것이다(문서설을 받아들일 경우) (Davies 1995: 465-67을 보라). 렌즈버그(G. A. Rendsburg 2001: 393)는 우가릿에서 출토된 가나안 족속의 이야기와 비교를 했는데, 이 이야기 속에서 크렛(Kret)은 유괴당한 자기 아내를 찾는 과정에서 삼백만 명의 사람들과 동행하고 있다(직역하자면 삼백만 무리). 두 번째 주장은 이 숫자들이 역사적인 가치는 있기는 하지만 이 숫자는 사실은 다윗의 치세 동안에 치러진 인구조사의 결과를 반영하고 있다는 것이다.

세 번째 주장은 엘레프(eleP)라는 히브리어 단어를 어떻게 번역하느냐 하는 문제와 관련되어 있는데, 이 단어는 통상적으로는 천(千)이라고 번역된다. 이미 1905년에 저명한 고고학자인 플린더스 페트리 경(Sir Flinders Petrie 1906: 209-11)은 이 단어가 천이 아니라 가구(家口, family)로 번역되어야 한다고 주장했다. 더 최근의 제이콥 밀그롬(Jacob Milgrom 1978: 79-80)도 그의 이런 주장을 받아들였다. 이 주장을 증명하기 위해 인용된 구절들은 다음과 같다. 삿 6:15, "나의 집(clan, 엘레프)은 므낫세 중에 극히 약하고"; 민 1:16, "회중에서 부름을 받은 자요 그 조상 지파의 지휘관으로서 이스라엘 가문(clan, 엘레프)들의 우두머리라"; 삼상 10:19, "그런즉 너희 지파(셰베트,)와 너희 가문(clan, 엘레프)을 따라서 여호와 앞에 나아오라" (NRSV, JB, NIV, RSV, KJV: thousands); 삼상 10:21, "[그가] 베냐민 지파(셰베트)를 그 가족(family, 미쉬파하)대로 가까이 오게 하였더니." 마지막 두 구절은 가문(clan)과 가족(family)이 동의어임을 보여주고 있는 듯하다. 엘레프가 가문(clan)을 의미하는 것으로 보이는 기타 본문들은 수 22:14, 21, 30; 삼상 23:23; 사 60:22(NIV: a thousand); 슥 9:7; 12:5-6 (NRSV, NIV: leaders) 등이다. 그러므로 이런 주장에 따르면 유다 지파의 수는 74,600명이 아니라 74개 가문으로 이루어진 600명인 것이다.

네 번째 주장은 페트리의 주장과 상당히 비슷하다. 조지 멘덴홀(George E. Mendenhall 1958)은 엘레프란 단어가 가족, 가문, 혹은 천막을 의미하는 것이 아니라 가문 내의 군사적인 부대의 단위를 나타내는 것이라고 주장한다 (민 1:3을 보라). 이 주장에 따르면, 우리는 민수기 1:26-27을 다음과 같이 풀어 쓸 수 있을 것이다. "가족과 종족을 따른 유다 지파의 사람들의 수: 이십 세 이상으로 싸움에 나갈 만한 자를 그 명수대로 다 계수하니 74개의 부대가 등록되고, 그 숫자는 600명이었더라."

이 세 번째 주장과 네 번째 주장의 결과는 동일하다. 광야 생활을 한 남자들(20세 혹은 그 이상)의 수는 603,550명에서 5,550명으로 줄어든다. 복음주의 학자들은 많은 경우에 있어서 엘레프를 군사 부대의 단위나 가족으로 번역하는 것을 받아들였다. 험프리스(C. J. Humphreys 1998: 199)가 지적한 바와 같이 만약 출애굽기의 목적이 이집트 군대를 무찌르는 데 있어서 발휘된 하나님의 권능을 보여주는 것이라고 한다면 크게 과장된 이스라엘의 숫자는 이러한 목적과 조화되기 어렵다.

이 줄어든 숫자에 대한 부가적인 증거는 고대 근동의 군사 기록들에서 발견할 수 있다. 비록 가능성이 있다고는 해도 아직 전적으로 받아들여진 것은 아니지만 만약 람세스 2세(Ramses II, 주전 1304–1234년)가 출애굽 당시의 바로라고 보는 견해를 받아들인다면 이 바로가 시리아의 카데쉬(Kadesh)에서 치른 유명한 전투에서 그와 힛타이트의 왕 무와탈리스(Muwatallis)가 각각 약 이만 명의 군사를 가지고 전투를 치렀다는 사실은 흥미가 있다(Breasted 1906: 3: 127, 129). 이 두 부대는 그 당시 가장 강력한 초강대국들의 군대였던 것이다! 반면에 애굽을 떠날 때의 이스라엘은 애굽이나 힛타이트 군대의 약 4분의 1 정도의 숫자로 이루어진 한 무리의 남자들이었을 것이다(이십세 이상만 따질 경우).

그러면 이러한 모든 주장들이 성경의 이야기의 진정성을 설명해 주거나 해치고 있는가? 제임스 바(James Barr 1978: 250)는 출애굽기의 이 부분과 민수기의 첫 장들에 초점을 맞추면서 이렇게 질문했다. "현대의 보수주의자들이 거대한 무리를 기적적으로 먹이신 하나님의 능력에 의거해서 성경의 정확성을 담대하게 시인하고 있는가? 결코 조금도 그렇지가 못하다. 오히려 그들은 숫자들을 깎아내릴 방법을 찾아내기 위해서 모든 수단을 다하고 있다." 그러나 모든 복음주의 구약학자들이 현대의 모든 번역본들 속에 보존되어 있는 이 전통적인 해석을 포기했다는 식으로 독자들이 생각하지 않도록 하기 위해서는 이 거대한 숫자들의 신빙성을 옹호하고 있는 글리슨 아처(Gleason L. Archer 1973: 234–38)의 설명들을 읽어 볼 필요가 있다. "이 백성 이스라엘 자손이 우리보다 [너무] 많고 [너무] 강하도다"(출 1:19, Behold, the people of Israel are too many and too mighty for us, RSV)라는 바로의 말이 의미가 통하기 위해서는 이스라엘인들의 숫자가 상당히 많았음을 상정해야만 한다. 또한 성전을 짓기 위해 이스라엘이 헌납한 보석들의 무게가 거의 6.5톤이나 된다는 사실(출 38:21–31)은 그 많은 보석을 헌납할 수 있을 만큼 이스라엘의 숫자가 충분히 많았다는 것을 전제로 하고 있다. 이처럼 이들의 숫자가 많지 않았다면 어떻게 이 보석들이 애굽에서부터 광야로 운반될 수 있었겠느냐 하는 문제는 말할 필요도 없고 말이다.

갈대 바다 횡단

갈대 바다(홍해란 번역은 히브리어에 근거한 것이 아니라 헬라어의 에루쓰라 쌀라싸[eruthra thalassa]와 라틴어의 마레 루브룸[mare rubrum]에 근거하고 있기 때문에 홍해보다 갈대 바다가 더 나음)의 횡단은 기적적인 일로 그려져 있다. 히브리어 얌 숩을 홍해(Red Sea)가 아닌 갈대 바다(Reed Sea)로 읽는 것은 숩이 혼자 쓰일 때 출 2:3의 "[그 여자가] 아이를 거기 담아 나일 강 가 갈대(숩) 사이에 두고"라는 구절이나 출 2:5의 "그가 갈대(숩) 사이의 상자를 보고 시녀를 보내어 가져다가"란 구절 등에서 보듯이 갈대나 골풀을 가리킨다는 점을 반영한 것이다. 하나님의 백성은 물이 양 쪽으로 갈라서서 벽을 이룬 사이로 난 마른 땅을 횡단하였으며, 그 물의 벽은 후퇴하는 애굽 사람들 위로 합쳐져서 그들을 덮어 버렸다.

홍해가 갈라진 사건은 전혀 하찮은 사건이 아니다. 오늘날 홍해는 그 길이가 거의 1,200마일(약 1930 km) 정도 된다(북쪽의 아카바와 수에즈 해협을 제외하고). 그 너비는 124마일에서 155마일(200~250km)에 이른다. 그 평균 깊이는 1,600피트(약 488m) 이상이다. 가장 얕은 곳이 600피트(약 183m)이며, 가장 깊은 곳이 7,700피트(약 2347m)이다. 게다가 갈대 바다 혹은 골풀(rush) 바다라는 이름은 소금물이 아니라 갈대가 자랄 수 있는 민물을 전제로 하고 있다.

그러므로 우리는 히브리인들이 홍해나 수에즈 해협을 건넌 것이 아니라 애굽 북부의 어떤 민물 호수(아마 현대의 사이드 항[Port Said]에 가까운 만잘라 호수[Lake Manzalah]의 남쪽 끝)를 건넜다는 결론을 내려야 한다. 그러나 이것이 이 이야기가 가진 초자연적인 요소를 감쇄시키는 것은 물론 아니다. 육백 명의 애굽인들이 수장되었는데, 나이트(Knight 1976: 104-5)와 키친(Kitchen 1975: 47)이 지적한 바와 같이, 이 지역이 지진에 약하고 조수간만의 차이에 따른 파도가 있었을 것을 가정한다면 전혀 불가능한 것이 아니다. 이스라엘이 바다를 지났건, 호수를 지났건, 아니면 산호초를 지났건 하나님은 자기 백성을 세상에서 가장 큰 맹수인 애굽의 발톱에서 구해내셨다. 애굽에게는 치명적인 것이지만 하나님의 백성에게는 하나님이 주신 운명을 따라가는 길에 거쳐야 하는 하나의 통과의례이다(Dozeman 1996: 414). 애굽인들을 물에 빠져 죽게 만든 방법(신 11:4; 수 24:6)이 이스라엘에게는 구원의 방법(신 1:40; 2:1; 수 4:21-24)인 것이다.

이러한 놀라운 하나님의 사역은 하나님이 과연 자신들을 구해낼 능력이 있으신지, 모세가 과연 자신들을 인도할 능력이 있는지에 대한 이스라엘 사람들의 의구심을 지워버리고도 남았을 것이라고 누구나 당연히 생각할 것이다. 그러나 사실은 그렇지가 않았다. 해방된 지 얼마 안 된 이 하나님의 백성은 16:2-3에서 벌써 애굽에서 살던 때를 갈망하고 있다. 자유와 개척은 하루 세 끼가 보장된 노예생활보다 매력적이지 못했다.

14장은 "백성이 여호와를 경외하며 여호와와 그 종 모세를 믿었더라"(31절)는 말로 결론을 맺고 있다. 그러나 이런 믿음은 표현되어야만 한다. 왜냐하면 표현되지 않는 감동은 침체로 이어지기 때문이다. 모세는 14장의 마지막에서 여호와와 짝을 이루고 있다. 그러나 15장의 노래에서는 모세가 분명하게 빠져 있다는 사실을 우리는 주목해야 하다.

출애굽기 15장의 찬양의 기도에서 하나님이 주로 야웨로 불려지는 것은 적절하다. 열 번이나 이 사문자어 이름(the Tetragrammaton: 야웨란 이름이 히브리어 문자 네 개로 이루어져 있다는 것에서 파생된 용어:역자 주)이 사용되고 있다(1,3[2x],6[2x],11,16,17,18,21). 야웨란 이름의 축약형인 야(yah)는 한 번 사용되었다(2절). 아도나이란 이름도 한 번 사용되었다(17절). 그리고 엘이라는 이름도 두 번 사용되었다(2절). 그러므로 이 찬양시는 하나님의 주되심을 확고하게 천명하고 있다. 어떤 주석가들(예를 들어 Fretheim 1991: 162)은 출 1:1-15:21이 탄식시들, 즉 공동체나 개인이 하나님께서 자기 백성과 함께 하신다는 사실을 믿기 어렵게 느껴질 때 지은 시들에 자주 나타나는 패턴을 따르고 있다는 것을 관찰하였다. 출애굽기 이 본문은 위기에 대한 묘사와 하나님을 향한 부르짖음에 대한 묘사(출애굽기 1-2장)로부터 시작해서 하나님의 은혜로운 개입(하나님께서 무엇을 하고자 하시는지에 대한 말씀[출 3:1-7:7]과 하나님의 실제 행하심에 대한 언급[출 7:8-14:31])을 말해주고 나서는 일종의 송영(15:1-21)으로 끝을 맺는다. 부르짖음이 노래가 됐다.

이 찬양시는 하나님에 대해서 삼인칭(1-5절)으로 말하다가 이인칭(6-17절)으로 바꾸어 말하며, 다시 삼인칭으로 되돌아가서 끝을 맺는다(18-21절). 그러므로 비중상으로 볼 때 이 찬양시는 하나님, 즉 자기 백성들의 찬양 속에 거하시는 하나님께 직접 드려진 것이라고 할 수 있다.

이 찬양시에서 강조점은 주로 하나님께서 하신 일에 있다. 이스라엘이 섬기는 하나님은 역사하시는 하나님, 아주 단호하게 역사하시는 하나님이시다. 그러므로 하나님의 백성을 괴롭히는 일은 아주 위험한 일이다. 이미 창세기 12장에서 애굽의 바로는 이 진리를 깨달았다. 몸을 상처 입히는 것은 머리를 상처 입히는 것과 마찬가지이다. 바울은 교회를 핍박하는 것은 곧 그리스도를 핍박하는 것임을 지적했다.

이 찬양시는 하나님의 위대한 행위들을 기념할 뿐만 아니라 또한 그의 본성, 그의 그되심을 기념하고 있다. 그는 거룩함에 영광스러우시다(11절). 그는 언약과 신실한 사랑의 하나님이시다(13절). 그는 견줄 자가 없는 분이시다(11절).

그러므로 하나님의 역사와 본성은 미래를 예측할 수 있게 해준다(13-18절). 블레셋 사람, 에돔 사람, 모압 사람, 그리고 가나안 사람들 역시 애굽 사람들처럼 넘어질 것이다. 어떤 외부적인 세력도 하나님의 백성의 행진을 막을 수는 없을 것이다. 오직 죄와 불순종만이 그들의 행진을 방해할 수 있을 뿐이다.

13-18절의 경우에 역본들마다 흥미로운 번역상의 차이점들이 발견된다. 여기에서는 NIV 성경을 제공한다. NRSV는 괄호 안에 들어있다. (여기에서 해밀턴의 논의는 영어 성경을 가지고 진행되기 때문에 영어 본문을 우선 제공하지만 독자들을 위해서 개역개정판을 병기한다시틴: 역자 주).

1. 15:13: You *will lead[led]* the people you have redeemedyou will *guide [guided]* them to your holy dwelling. 주께서 구속하신 백성을 인도하시되 그들을 거룩한 처소에 들어가게 하시나이다.

2. 15:14: Nations *will hear and tremble[heardtrembled]*. 여러 나라가 듣고 떨며 두려움에 잡히며.

3. 15:15: Chiefs of Edom *will be terrified[were dismayed]* leaders of Moab will be seized[seized] people of Canaan *will melt away [melted away]*.

에돔 두령들이 놀라고 모압 영웅이 떨림에 잡히며.

4. 15:16: Terror and dread *will fall[fell]* upon themthey *will be still* [*became still*] as a stone until your people pass by[passed by] until the people you bought *pass by[passed by]*.

놀람과 두려움이 그들에게 임하매 그들이 돌같이 침묵하였사오니 주의 백성이 통과하기까지였나이다.

5. 15:17: You *will bring* them in and *plant* them [*brought … planted*].

주께서 백성을 인도하사 그들을 심으시리이다.

다시 말해서 NIV는 13-18절의 대부분의 동사들을 미래로 번역하고 있는 반면에 NRSV(및 기타 많은 역본들)는 과거나 완료 시제로 번역하고 있다(개역개정판은 NIV와 거의 같은 입장에 있다: 역자 주). NRSV와 같은 역본들은 이 동사들의 문법적인 형태(전문용어로 말하면 과거시제[preterites]) 때문에 이 동사들을 과거로 번역하고 있다. NIV와 같은 역본은 이 동사들이 아직 일어나지 않은 사건들을 다루고 있기 때문에 미래 시제로 번역했다. 하나님께서 하신 일(1-12절)은 계속 될 것이다(13-17절). 비록 미래에 일어날 이 사건들이 아직 일어난 것은 아니지만 이미 된 것으로 기념되고 있다. 13-18절에 언급된 사건들은 먼 미래에 일어나게 될 사건들(예를 들어 여호수아의 영도 아래에서의 가나안 정복, 다윗의 예루살렘 정복)도 있고 출애굽기의 이후의 장들에서 언급될 아주 가까운 미래에 일어날 사건(광야 여행, 시내 산 도착, 성막 건설)도 있다.

재앙기사(7-11장)

Brueggemann, W. 1995. "Pharaoh as Vassal: A Study of Political Metaphor." *CBQ* 57:27-51.

Chisholm, R. B., Jr. 1996. "Divine Hardening in the Old Testament." *BSac* 153:410-34.

Eakin, F. E., Jr. 1977. "The Plagues and the Crossing of the Sea." *RevExp* 74:473-82.

Eichrodt, W. 1961–1967. *Theology of the Old Testament.* Trans. J. Baker. 2 vols. OTL. Philadelphia: Westminster.

Fretheim, T. E. 1991. "The Plagues as Ecological Signs of Historical Disaster." *JBL* 110:385–96.

Greenberg, M. 1969. *Understanding Exodus.* New York: Behrman.

————. 1971a. "Plagues of Egypt." *EncJud* 13:604–13.

————. 1971b. "The Redaction of the Plague Narrative in Exodus." In *Near Eastern Studies: In Honor of William Foxwell Albright.* Ed. H. Goedicke. Baltimore: Johns Hopkins University Press. Pp. 243–52.

Gunn, D. M. 1982. "The 'Hardening of Pharaoh's Heart': Plot, Character and Theology in Exodus 1–14." In *Art and Meaning: Rhetoric in Biblical Literature.* Ed. D. J. A. Clines et al. JSOTSup 19. Sheffield: JSOT Press. Pp. 72–96.

Hoffmeier, J. K. 1986. "The Arm of God versus the Arm of Pharaoh in the Exodus Narratives." *Bib* 67:378–87.

————. 1992. "Egypt, Plagues in." *ABD* 2:374–78.

Hort, G. 1957. "The Plagues of Egypt." *ZAW* 69:84–103.

————. 1958. "The Plagues of Egypt." *ZAW* 70:48–59.

Irwin, B. P. 2003. "Yahweh's Suspension of Free Will in the Old Testament." *TynB* 54:55–62.

Kuyper, L. J. 1974. "Hardness of Heart according to Biblical Perspective." *SJT* 27:459–74.

Lemmelijn, B. 1996. "Transformations in Biblical Studies: The Story of the History of Research into the 'Plague Narrative' in Exod. 7:14–11:10." *JNSL* 22:117–27.

Lowenstamm, S. E. 1971. "Number of Plagues in Psalm 105." *Bib* 52:34–38.

————. 1974. "An Observation on Source-Criticism of the Plague Pericope." *VT* 24:374–78.

Margulis, B. "Plagues Tradition in Ps. 105." *Bib* 50:491–96.

McCarthy, D. J. 1965. "Moses' Dealing with Pharaoh: Exodus 7:8–10:27." *CBQ* 27:336–47. Repr., in *Institution and Narrative: Collected Essays.* AnBib 108. Rome: Biblical Institute Press, 1985. Pp. 115–26.

————. 1966. "Plagues and the Sea of Reeds: Exodus 5–14." *JBL* 85:137–58.

Noegel, S. E. 1995. "The Significance of the Seventh Plague." *Bib* 76:532–39.

————. 1997. "Moses and Magic: Notes on the Book of Exodus." *JANES* 24:45–59.

Stieglitz, R. 1987. "Ancient Records and the Plagues of Egypt." *BAR* 13 (6):46–49.

Van Seters, J. 1986. "The Plagues of Egypt: Ancient Tradition or Literary Invention?" *ZAW* 98:31–39.

Wilson, R. R. 1979. "The Hardening of Pharaoh's Heart." *CBQ* 41:18–36.

Zevit, Z. 1976. "The Priestly Redaction and Interpretation of the Plague Narrative in Exodus." *JQR* 66:193–211.

————. 1990. "Three Ways to Look at the Plagues." *BRev* 6 (3):16–23, 42, 44.

Passover and the Exodus (Exodus 12–15:21)

Ackerman, S. 2002. "Why Is Miriam Also among the Prophets? (And Is Zipporah among the Priests?).” *JBL* 121:47–80.

Archer, G. L. 1973. *A Survey of Old Testament Introduction.* Chicago: Moody.

Barr, J. 1978. *Fundamentalism.* Philadelphia: Westminster.

Batto, B. 1983. “The Reed Sea: Requiescat in Pace.” *JBL* 102:32–34.

Breasted, J. H. 1906. *Ancient Records of Egypt: Historical Documents from the Earliest Times to the Persian Conquest.* 5 vols. Chicago: University of Chicago Press. Repr., New York: Russell & Russell, 1962.

Childs, B. S. 1970. “A Traditio-historical Study of the Reed Sea Tradition.” *VT* 20:406–18.

———. 1974. *The Book of Exodus: A Critical, Theological Commentary.* OTL. Philadelphia: Westminster.

Coats, G. W. 1969. “The Song of the Sea.” *CBQ* 31:1–17.

———. 1975. “History and Theology in the Sea Tradition.” *ST* 29:141–54.

Collins, J. J. 1995. “The Exodus and Biblical Theology.” *BTB* 25:152–60.

Craigie, P. C. 1969. “Yahweh as a Man of Wars.” *SJT* 22:183–88.

Davies, E. W. 1995. “A Mathematical Conundrum: The Problem of the Large Numbers in Numbers i and xxvi.” *VT* 45:449–69.

Dozeman, T. B. 1996. “The *yam-sup* in the Exodus and the Crossing of the Jordan River.” *CBQ* 58:407–16.

Francisco, C. T. 1977. “The Exodus in Its Historical Setting.” *Southwestern Journal of Theology* 20:3–20.

Freedman, D. N. 1974. “Strophe and Meter in Exodus 15.” In *A Light unto My Path: Old Testament Studies in Honor of Jacob M. Myers.* Ed. H. N. Bream et al. Gettysburg Theological Studies 4. Philadelphia: Temple University Press. Pp. 163–203.

Frerichs, E. S., and L. H. Lesko, eds. 1997. *Exodus: The Egyptian Evidence.* Winona Lake, Ind.: Eisenbrauns.

Gottwald, N. 1989. “The Exodus as Event and Process: A Test Case in the Biblical Grounding of Liberation Theology.” In *The Future of Liberation Theology: Essays in Honor of Gustavo Gutierrez.* Ed. M. H. Ellis and O. Maduro. Maryknoll, N.Y.: Orbis. Pp. 250–60.

Grabbe, L. L. 2000. “*Adde praeputium praeputio magnus acervus erit:* If the Exodus and Conquest Had Really Happened.” *BibInt* 8:23–32.

Heinzerling, R. 2000. “On the Interpretation of the Census Lists by C. J. Humphreys and G. E. Mendenhall.” *VT* 50:250–52.

Hendel, R. 2001. “The Exodus in Biblical Memory.” *JBL* 120:601–22.

Hoffmeier, J. K. 1997. *Israel in Egypt: The Evidence for the Authenticity of the Exodus Tradition.* Oxford: Oxford University Press.

Huddlestun, J. 1992. “Red Sea.” *ABD* 5:633–42.

Humphreys, C. J. 1998. “The Number of People in the Exodus from Egypt: Decoding Mathematically the Very Large Numbers in Numbers i and xxvi.” *VT* 48:196–213.

———. 2000. “The Numbers in the Exodus from Egypt: A Further Appraisal.” *VT* 50:323–28.

Kitchen, K. A. 1975. “Red Sea.” *ZPEB* 5:46–49.

Knight, G. A. F. 1976. *Theology as Narration: A Commentary on the Book of Exodus.*

Edinburgh: Handsel.

———. 1995. *The Song of Moses: A Theological Quarry.* Grand Rapids: Eerdmans.

Levenson, J. D. 1991. "Exodus and Liberation." *HBT* 13:134–74.

Lowenstamm, S. E. 1969. "The Lord Is My Strength and Glory." *VT* 19:464–70.

Mann, T. W. 1971. "The Pillar of Cloud in the Reed Sea Narrative." *JBL* 90:15–30.

———. 1996. "Passover: The Time of Our Lives." *Int* 50:240–50.

McIntire, M. 1999. "A Response to Colin J. Humphreys's 'The Number of People in the Exodus from Egypt: Decoding Mathematically the Very Large Numbers in Numbers i and xxvi.'" *VT* 49:262–64.

Mendenhall, G. E. 1958. "The Census Lists of Numbers 1 and 26." *JBL* 77:52–66.

Milgrom, J. 1978. "Priestly Terminology and the Political and Social Structure of Pre-monarchic Israel." *JQR* 69:65–81. Repr., in *Studies in Cultic Theology and Terminology.* SJLA 36. Leiden: Brill, 1983. Pp. 1–17.

———. 1999. "On Decoding Very Large Numbers." *VT* 49:131–32.

Miller, P. D., Jr., 1973. *The Divine Warrior in Ancient Israel.* Cambridge, Mass.: Harvard University Press.

Oblath, M. D. 2000. "Of Pharaohs and Kings—Whence the Exodus?" *JSOT* 87:23–42.

Patterson, R. D. 1995. "The Song of Redemption." *WTJ* 57:453–61.

Petrie, F. 1906. *Researches in Sinai.* London: Murray.

Rendsburg, G. A. 2001. "An Additional Note to Two Recent Articles on the Number of People in the Exodus from Egypt and the Large Numbers in Numbers 1 and 26." *VT* 51:392–95.

Routledge, R. 2002. "Passover and Last Supper." *TynB* 53:203–21.

Snaith, N. 1965. "The Seed of Reeds: The Red Sea." *VT* 15:395–98.

Van Seters, J. 2001. "The Geography of the Exodus." In *The Land I Will Show You: Essays in the History and Archaeology of the Ancient Near East in Honor of J. Maxwell Miller.* Ed. J. A. Dearman and P. M. Graham. JSOTSup 343. Sheffield: Sheffield Academic Press. Pp. 255–76.

Vervenne, M. 1994. "The Sea Narrative Revisited." *Bib* 75:80–98.

Walsh, J. T. 1977. "From Egypt to Moab: A Source-Critical Analysis." *CBQ* 39:20–33.

Wolters, A. 1990. "Not Rescue but Destruction: Reading Exodus 15:8." *CBQ* 52:223–40.

8.광야에서의 시험

출 15:22-18:27

15:1-21 후에 15:22-18:27로 들어가면서 상황과 분위기는 극적으로 변화된다. 15:1-21의 찬양은 15:22-26의 불평에 길을 내준다. 불평이 감사의 자리를 대신한다. 15:1-21의 찬송 후에 너무나도 순식간에 말이다. 사실 출애굽기의 이 부분의 키워드 중의 하나인 룬(lun, 불평하다, 투정하다, 투덜거리다)은 구약성경에서 오직 광야 이야기들에만 등장한다(출 15:22-17:16; 민 11:1-36:13). 즉 이 단어는 출 15:24; 16:2,7,8; 17:3 및 민수기의 비슷한 이야기들(민 14:2,27[2x],29,36; 16:11,41; 17:5,10)에만 나타난다. 광야 이야기의 밖에서 이 단어가 사용된 유일한 경우는 수 9:18이다. "회중이 다 족장들을 원망하니."

출애굽기의 이 부분과 앞 부분의 재앙 이야기들 사이에는 양자를 서로 묶어주는 단어들이 많다. (1) 7:24에는 "애굽 사람들이 [피가 된] 나일강 물을 마실 수 없으므로"라고 되어 있다; 15:23에는 "마라의 쓴 물을 마시지 못하겠으므로"라고 되어 있다. (2) 9:18,22에서는 "하나님께서 애굽에 우박을 [비처럼] 내리셨다"(to rain) (개역한글판은 그냥 "내리다"라고만 되어 있음: 역자 주); 16:4에서 하나님은 "이스라엘 진에 양식을 비 같이 내리리니"(rain)라고 말씀하신다. (3) 10:14,15에서는 메뚜기가 올라 와서(NIV는 invaded, 즉 "쳐들어와서"로 번역하고 있음 개역개정판에는"이르러"라고 번역되어 있음: 역자 주) "온 땅에 덮였다"; 16:13에서 "메추라기가 올라와서 진에 덮였다."

(4) 7:20에서 모세는 치켜든 지팡이로 나일 강을 "쳤다"; 17:5-6에서 그는 지팡이로 바위를 "쳤다." (5) 재앙의 목적은 바로/애굽 사람들이 "내가 여호와인 줄 아는 것이다"(7:5,17 등등 NRSV). 하나님은 자기 백성이 누가 자신들의 구원자이자 공급자인지를 "알게" 하시기 위해 만나와 메추라기를 주셨다(16:6,8).

애굽으로부터 시내 산까지의 세 달 동안의 여정은 모세나 이스라엘 백성들에게 있어서 근심 걱정이 없는 여정은 아니었다. 이 짧은 여행 기간 동안 그들은 최소한 다음과 같은 네 번의 위기를 맛보았다: 마라의 쓴 물(15:22-27); 충분한 양의 양식의 필요(16:1-36); 르비딤에서 마실 물이 부족함(17:1-7); 아말렉인들의 침략(17:8-16). 여기에 덧붙여 다섯 번째의 위기를 꼽는다면 그것은 모세의 건강 상태가 될 것이다. 그는 분명히 지나치게 과로하고 있다. 그가 그런 식으로 무한정 계속 지탱해 나갈 수 있을 것인가? 이스라엘은 지도자를 잃게 될 것인가? 현재 그는 위험스럽게도 육체적으로 완전히 소진된 상태에 있다(18:1-27). 그의 손은 지쳤고(17:12), 그의 스케줄은 꽉 차 있다(18:13).

이 8장에서 다루고 있는 본문들을 관통하는 중심 단어는 "증명하다, 시험하다"라는 뜻을 가진 나사이다. 이 단어는 15:25와 16:4에서는 하나님이 주어로 되어 있으며, 이스라엘은 시험의 대상이다. 이 단어는 하나님께서 이삭의 문제로 아브라함을 시험했을 때 사용된 단어이다(창 22:1). 나사 는 또한 십계명 직후에 나오는 출애굽기 20:20에도 사용되고 있다(또한 신 8:2,16; 33:8을 보라). 하나님이 시험하시는 것을 언급(동일한 히브리어 동사 사용)하고 있는 다른 본문들은 삿 2:22; 3:1,4; 대하 32:31; 시 26:2 등이다. 모벌리(Moberly 2000: 98)는 대하 32:31과 시 26:2의 경우를 제외하고는 나머지 모든 시험들은 다음과 같이 상당히 중요한 상황 속에서 일어나고 있다는 것을 지적했다. (1) 아브라함의 삶의 클라이막스의 순간(창 22:1); (2) 애굽으로부터 구원받은 이후 이스라엘의 운명이 시작되는 시점(출 15:25; 16:4); (3) 하나님께서 왜 자기 백성에게 십계명을 주셨는지에 대해서 설명하시려는 순간(20:20); (4) 이스라엘의 사십 년간의 광야 방랑에 대한 언급 가운데(신 8:2,16); (5) 거짓 선지자를 따르거나 그에게 꼬임을 당하는 것을 피하기 위한 분별작업에 대해 언급하는 가운데(신 13:3); (6) 레위인이 하나님에 대한 충성을 유지하여 제사장의 직분을 수여받을 때(신 33:8); (7) 하나님이 약속의 땅에서 이스라엘을 시험하기 위해 열국을 남기신 것에 대해 언급하는 가운데(삿 2:22; 3:1,4).

출애굽기의 이 부분에서 이 동사는 부정적인 어조로 두 번 사용되었다(17:2,7). 이 두 번의 경우 모두 주어와 목적어는 서로 뒤바뀌어져 있다. 즉 신명기 6:16처럼 이 본문들에서는 이스라엘이 주어이고 하나님이 목적어이다. 17장에 나오는 이 두 절 속에서의 의미는 명백하다. 하나님은 시험을 받아야 하는 분이 아니시다. 그의 미쁘심은 증명되어야 할 성질의 것이 아니다. 하나님을 시험하는데 있어서 동반되는 것은 불평이다(15:24; 16:2). 확실히 이 불평들은 직접적으로는 모세를 향한 것이다. 그러나 하나님의 종에 대하여 의문을 제기하는 것은 곧 하나님에 대하여 의문을 제기하는 것과 마찬가지이다(16:7-8; cf. "사람에게 거짓말한 것이 아니요 하나님께로다," 행 5:4). 불평이라는 것은 환난의 때에 하나님이 충분히 능력이 있는 분이 아니라고 생각하는 마음자세이다. 출애굽기 17:1-7에 기록된 반역에 대하여 언급하면서 히브리서의 저자는 불평이 완고함으로 이어지고 결국은 하나님의 왕국에서의 지위를 상실하게 만든다고 말하고 있다(히 3:7-13).

여기에는 감사함으로 하나님께 간구하는 식의 태도는 아쉽게도 거의 나타나 있지 않다. 그럼에도 불구하고 하나님은 화를 내지 않으신다. 대신 그는 응답하신다. 그러나 그것은 이스라엘이 불평했기 때문에 응답하시는 것이 아니라 그들이 불평함에도 불구하고 응답하시는 것이다.

첫째, 모세가 나무를 물에 던져 넣자 쓴 물이 단 물이 되었다(15:25). 이것은 모세의 기도의 결과였다. 첫 번째 재앙의 경우에는 물이 피로 변했었다. 그러나 여기에서는 쓴 물이 단물로 변했다. 신약에서는 물이 포도주로 변하게 될 것이다(요 2:9).

둘째, 일용할 양식과 고기가 만나와 메추라기의 형태로 주어졌다(16:1-36). 이 두 음식은 한때 시나이 반도(the Sinai peninsula)에서 사용된 전형적인 음식이었다는 주장이 있곤 했다. 만나는 타마리스크(tamarisk) 나무의 가지들 위에 있는 곤충이나 이 같은 것들이 이 나무 가지에 달린 열매에 구멍을 뚫을 때 생기는 분비물이라는 설명이 제기되곤 했다(물론 이것으로는 식욕을 채우기에는 어림도 없다!). 메추라기는 꿩 과에 속한 새들 중 가장 작은 종이다. 시나이 반도는 이 새들이 봄에 아프리카에서 유럽으로 날아가거나 가을에 아프리카로 돌아올 때 쉬었다 가는 장소이다.

여기에서 아주 흥미로운 것은 만나를 하루치 이상 거두어 들이지 말라는 하나님의 명령이다(16:4). 유일한 제한 사항은 거두어 들이는 양이 하루에 소비할 수 있는 양이어야 한다는 것이다(16:16, 18). 그 다음 날까지 남은 것이 있어서는 안 되었다(16:19). 충분히 예상할 수 있는 바와 몇몇 사람이 이에 불순종했는데, 그들은 당혹스러운 결과를 겪었다(16:20). 매일 하나님은 자기 백성에게 신선한 만나를 제공하셨다. 이렇게 하심으로써 하나님은 그들에게 신뢰의 관계에 대해서 가르침을 주셨다. 그리고 이 가르침은 "목숨을 위하여 무엇을 먹을까 무엇을 마실까 염려하지 말라 내일 일을 위하여 염려하지 말라"(마 6:25, 34)는 예수의 말씀이나 일용할 양식을 하나님께 구하라는 예수의 가르침(마 6:11) 속에 반영되어 있다. 이스라엘 사람들은 하루하루 자신들의 육체적인 필요를 채우기 위해서 그에게 의지해야 했다. 내일은 하나님께서 관여하실 문제이지 그들이 걱정할 사항이 아니었다.

만나의 양에 대한 제한과 더불어 만나를 안식일에 거두는 것에 대한 규정(16:25-26)도 나오는데 이는 안식일에는 만나를 구할 수가 없기 때문이다. 하나님의 제과점은 이날에는 문을 닫는다. 그러나 이번에도 역시 모세의 말을 믿는 않는 자들이 있었다. 하지만 그의 말은 진짜였다. 의심이 많은 자들은 아무것도 발견할 수가 없었다(16:27).

이야기의 서두에서 하나님은 모세에게 금요일에는 만나를 갑절로 거두게 될 것이라고 말씀하셨다(16:5). 그리고 바로 그 말씀대로 이루어졌다(16:22). 그러나 5절과 22절 사이에 아무데서도 모세가 이 정보를 백성들에게 알려 주었다는 내용이 없다. 브레버드 차일즈(Brevard Childs 1974: 290)는 이에 대해서 다음과 같이 재미있게 표현한다. "말하자면 하나님은 이스라엘에게 깜짝 파티를 열어 주신 것이다. '회중의 모든 지도자가 와서 모세에게 알리매'라는 22절 후반절의 내용은 그들의 행복한 놀라움을 확증해 준다. 그들의 입은 놀라움으로 인해 벌어졌다."

마지막으로, 우리는 모세가 만나를 항아리에 넣어서 증거판 앞에 놓으라고 아론에게 명령한 사실에 주목할 필요가 있다. 증거판(Testimony)은 십계명이 새겨진 언약의 돌판을 가리키는 것이다(출 31:18; 32:15; 34:29를 보라). 또는 이것은 증거판이 안치된 법궤를 가리키는 것일 수도 있다(출 25:22; 26:33-34를 보라). 출애굽기 25:16,21은 증거판을 법궤에 넣으라는 명령을 담고 있다.

물론 출애굽기 16장의 당시에는 증거판(출 27:21; 30:6,36을 보라)이나 법궤나 성막 같은 것이 아직 만들어지지도 않은 상태이다. 그러나 하나님의 율법을 법궤 속에 넣으라는 하나님의 명령이 주어지기도 전에 하나님의 만나를 법궤 앞이나 안 혹은 위에 놓으라는 명령이 먼저 나온다는 것은 얼마나 중요한 사실인가? 하나님은 우리에게 율법을 주신 분이신가? 물론 맞다. 그러나 그보다 먼저 하나님은 자비롭고도 풍성하게 우리의 필요를 충족시켜 주시고 자신의 신실하심과 은혜로우심을 보여주셨다.

세 번째 위기는 르비딤에서 물이 부족했던 일이다(17:1-7). 앞에서는 비록 마실 수는 없는 것이라고 하더라도 물이 있기는 했다. 그러나 이제는 아예 물 자체가 없다. 이 문제에 대한 하나님의 해결책은 아주 이례적이다. 6절에서 우리는 하나님께서 모세에게 이렇게 말씀하시는 것을 본다. "내가 호렙 산에 있는 그 반석 위 거기서 네 앞에 서리니 너는 그 반석을 치라." 이 모든 것은 비밀스럽게 행해진 것이 아니라 공개적으로 이루어졌다(6절 후반절).

하나님께서 모세 앞에 서셨다는 것 자체도 놀랍다. 어떤 사람 앞에 선다는 것은 때때로 복종이나 섬김의 상태를 나타낸다(예를 들어 창 18:18; 신 1:38; 10:8; KJV의 삼상 16:22). "아브라함은 여호와 앞에 그대로 섰더니"라는 창 18:22의 말씀은 한때는 "여호와는 아브라함 앞에 그대로 섰더니"라고 되어 있었을 가능성도 있다. 최소한 후대의 서기관들이 하나님과 관련하여 말해지거나 암시된 것들 중 자신들의 눈에 거슬리는 내용을 담고 있는 성경 본문을 수정한 흔적들이 남아 있다. 이러한 본문상의 변경사항들은 티쿠네 소페림(tiqqune soferim), 즉 서기관들의 수정사항이라고 불린다(Ginsburg 1966: 347-63, 특히 352-53).

하나님께서는 지팡이로 두드림을 당할 바위에 몸소 서신다. 그렇게 그는 상해를 입을 수 있는 자리에 스스로 서신다. 바울이 "우리 조상들이 다 같은 신령한 음식[출애굽기 16장]을 먹으며 다 같은 신령한 음료[출애굽기 17장]를 마셨으니 이는 그들을 따르는 신령한 반석으로부터 마셨으매 그 반석은 곧 그리스도시라"(고전 10:1,3-4)라고 말할 때 어쩌면 바울은 바로 이런 이미지를 염두에 둔 것인지도 모른다.

비록 이 때 하나님께서 이스라엘을 목마름과 사망으로부터 구해내시기는 했지만 이 장소에 붙여진 맛사와 므리바(시험과 다툼)라는 이름은 하나님의 선하심을 상기시키는 것이 아니라 백성들의 불신앙을 상기시킨다. 그들의 태도가 하나님의 사역에 그림자를 드리웠다.

세 번 연속 하나님께서는 초자연적인 역사를 행하셨다. 성경에서 기적이 나타나는 곳을 관찰해 보는 일은 흥미가 있다. 성경의 상당 부분에는 기적의 흔적이 전혀 없다. 지혜 문학이 그 명백한 예이다. 예를 들어 이사야나 예레미야의 예언이나 사무엘서와 열왕기 같은 역사서들 속에서, 그리고 바울 서신이나 공동서신서들(the catholic Epistles: 야고보서, 베드로전후서, 유다서, 요한 서신들을 지칭: 역자 주)에 기적에 대한 이야기들이 얼마나 나오는가? 사실 기적이 많이 등장하는 곳은 모세의 생애, 엘리야와 엘리사 시대, 그리고 예수의 사역과 사도행전의 일부분, 즉 성경의 앞 부분과 가장 큰 유혹의 시대와 교회의 출발시기 등 세 군데에 지나지 않는다. 기적이 분명히 존재하기는 하지만 기적이 너무 많은 것은 결코 아니다. 너무 많은 기적은 기적이 아주 없는 것과 마찬가지로 쇠잔케 한다. 예수(그의 사역은 분명히 기적으로 충만했다)께서 "사람들이 인자를 누구라 하느냐"고 물으셨을 때 제자들이 그 대답으로 언급한 세 사람 중 두 명, 즉 예레미야와 세례 요한은 우리가 아는 한 단 한 번도 기적을 행한 적이 없다(마 16:13-16). 그러므로 예수의 사역의 본질은 그가 얼마나 많은 이적과 놀라운 일들을 행하셨는가 하는 것에서 찾는 것이 아니라 다른 어떤 것에서 찾아야만 할지도 모른다.

네 번째 위기는 아말렉 족속이 이스라엘 진영을 갑자기 쳐들어 온 때이다(17:8-16). 르비딤에서의 첫 번째의 사건에서는 하나님께서 바위 위에 서셨다. 그러나 이제는 모세가 산꼭대기에 선다(17:8). 내려치는 막대기(17:6)가 여전히 모세의 손에 있다(17:9). 그러나 이제 중요한 것은 지팡이가 아니라 그의 손이다.

사실 모세의 손을 들고 내리는 것이 승리나 후퇴를 가져온다는 사실은 목적이나 기능의 측면에서는 전혀 설명이 되지 않는다. 모세가 도대체 무엇을 하고 있었는지 우리가 알 수 없다고 말하는 것이 아마 최선일 것이다. 어떤 학자들의 주장처럼 그는 독려를 하고 있었던 것인가? 아니면 그는 단지 하나님의 도움을 촉구하기 위해 지팡이를 하늘로 치켜든 것일 뿐인가? 전통적인 견해는 그가 중보자의 자세를 취하기 위해 이런 자세를 취했다고 보는 것인데, 이 견해는 다음의 두 가지 근거에서 볼 때 간단하게 배격되어서는 안 된다. 첫 번째 근거는 시편에서 기도 중에 손을 드는 것에 대한 언급들이다. 이것들을 살펴보면 두 번의 경우는 숭배의 몸짓(63:4; 134:2)에서 그렇게 하고, 한 번의 경우는 간구의 몸짓(28:2)에서 그렇게 한다. 두 번째 근거는 모세가 언제나 일관성있게 뛰어난 중보자로 그려지고 있다는 점이다. 이미 우리는 모세가 하나님께 부르짖었다는 언급을 세 번이나 본 적이 있다(14:15; 15:25; 17:4).

모세가 지팡이를 들고 산꼭대기에 서 있는 동안 여호수아는 아래에서 전투를 치르고 있다(17:13). 모세가 무엇을 하고 있든지 간에 그것 때문에 적과 싸우는 일이 면제되지는 않는다. 여리고 성이 무너지도록 되어 있기는 했지만 이스라엘이 그 둘레를 행진하기까지는 그렇게 되지 않았다. 예수는 물로 포도주를 만들 수 있으셨지만 종들이 물로 항아리를 채우기까지는 그렇게 하지 않으셨다.

아말렉 족속의 공격은 이스라엘의 마지막 문제가 아니었다. 오히려 지금까지 기술한 이 네 가지 위기들은 이스라엘이 시내 산을 떠난 후에도 다시 발생했다. 물과 관련이 있는 첫 번째, 세 번째의 위기는 또 하나의 므리바 사건인 민수기 20:2-13의 사건과 상응한다. 먹을 것의 부족과 관련된 두 번째 위기는 민수기 11:4-35의 사건과 아주 비슷하다. 네 번째 위기는 아말렉의 또 한 번의 공격과 짝을 이룬다(민 14:39-45).

그러나 출애굽기에 기록된 이야기들과 민수기에 기록된 이야기들 사이에는 커다란 차이가 한 가지 있다. 전자의 이야기들 속에서는 불만을 토로한 자들이 자신들의 태도에도 불구하고 개인적으로 아무런 벌을 받지 않는다.

그러나 언약이 체결된 이후에 나오는 후자의 이야기들 속에서는 모세는 가나안 땅으로 들어가지 못하게 되며(민 20:12), 수많은 이스라엘 사람들은 하나님이 내리신 재앙 때문에 죽게 되며(민 11:33), 아말렉 족속은 첫 번째와는 달리 이스라엘에게 승리를 거둔다(민 14:45). 이러한 양자간의 차이는 언약 이전의 죄들(예를 들어 처녀를 성적으로 유혹한 경우 그 아버지에게 금전적인 보상을 하는 것)보다 언약 이후의 죄들(예를 들어 간음에 사형을 내리는 것)이 더 큰 부수적 결과들을 가져 온다는 것을 시사해 주고 있는 것처럼 보인다.

비록 우리가 그렇게 불러도 되는지 모르겠지만 다섯 번째의 위기는 모세의 장인 이드로가 이스라엘 진영을 방문함으로써 긴급하게 돌아가기 시작한다(18:5). 그는 여호와께서 이스라엘을 애굽에서 이끌어내셨다는 소문 때문에 방문하게 되었다. 솔로몬을 방문한 시바의 여왕처럼 이드로는 몸소 이 소문들의 진실성을 확인하고자 했다.

모세는 그동안 일어난 일들을 아주 열심히 증거했다(18:8). 그의 증거를 듣고 이드로는 찬양과 더불어 야웨를 따르겠다는 새로운 헌신 혹은 더욱 깊은 헌신("이제 내가 알았도다"라는 말을 어떻게 해석하느냐에 따라 다름)을 한다.

이 모든 일들이 과중한 임무를 수행하고 있는 모세 이야기의 배경이 된다. 이드로는 모세가 권위를 위임하고, 모든 것을 다 혼자 하려고 하지 말라고 제안한다. 이런 식의 제안은 지도자들이 받아들이기 쉬운 것이 아니다. 특히 그들이 메시야적인 강박관념을 갖고 있고 권력을 독점하기를 좋아하는 경우에는 더욱 그러하다. 사도들은 자신들이 모든 일들에 다 관여할 수 없다는 것을 깨닫고 자신들은 말씀과 기도에 전념하는 대신 과부들을 돌보는 일은 영적인 자질들을 갖춘 일곱 집사들에게 위임했다(행 6:1-6).

모세는 어떤가? 그는 이런 조언을 받아들이기에는 너무 자부심이 넘치지 않을까? 잠언 12:15 하반절은 "지혜로운 자는 권고를 듣느니"라고 말하고 있으며, 13:10 하반절은 "권면을 듣는 자는 지혜가 있느니라"고 말하고 있다. 이런 태도는 간함을 받을 줄 모르는 왕의 태도와 대조가 된다(전 4:13). 이상하게도 이 제안은 하나님의 사자가 모세의 귀에 속삭여 준 것이 아니라 미디안의 제사장인 이드로에게서 나온 것이다. 때로는 이 세대의 아들들이 빛의 아들들보다 더 지혜로울 수도 있지 않은가(눅 16:8)? 대부분의 경우 하나님은 모세에게 직접 말씀하시지만 이번 경우에는 하나님께서는 그에게 다른 사람을 통하여 말씀하신다. 어쩌면 가장 기대하지 못한 사람을 통해서 말이다.

다행히도 모세는 이드로의 생각을 기꺼이 받아들인다. 그는 오직 어려운 소송 사건들만을 재판할 것이며, 이제 통상적인 사건들은 그가 임명한 자들이 취급할 것이다. 이 이야기는 이드로가 자기 사위에게 작별을 하고 미디안으로 돌아감으로써 끝을 맺는다. 그는 궁금증을 가진 자로 찾아왔다. 그러나 이제 그는 자기의 호기심을 만족시키고 기쁜 마음으로 떠나간다. 그는 자신의 질문들에 대한 대답을 얻었다. 이제 그는 믿는다. 그것은 그가 풍문을 들었기 때문이 아니라 직접 자신의 귀로 확인하고 깨달았기 때문이다.

광야에서의 시험(출 15:22-18:27)

Brueggemann, W. 1977. *The Land.* Philadelphia: Fortress. Pp. 28–44.

Carpenter, E. 1997. "Exodus 18: Its Structure, Style, Motifs and Function in the Book of Exodus." In *A Biblical Itinerary: In Search of Method, Form and Content; Essays in Honor of George W. Coats.* Ed. E. Carpenter. JSOTSup 240. Sheffield: Sheffield Academic Press. Pp. 91–108.

Childs, B. S. 1974. *The Book of Exodus: A Critical, Theological Commentary.* OTL. Philadelphia: Westminster.

Coats, G. W. 1968. *Rebellion in the Wilderness: The Murmuring Motif in the Wilderness Traditions of the Old Testament.* Nashville: Abingdon.

———. 1972. "The Wilderness Itinerary." *CBQ* 34:135–52.

———. 1975. "Moses versus Amalek: Aetiology and Legend in Exodus xvii 8–16." In *Congress Volume, Edinburgh 1974.* Ed. G. W. Anderson. VTSup 28. Leiden: Brill. Pp. 29–41.

Davies, G. I. 1974. "The Wilderness Itineraries: A Comparative Study." *TynB* 25:46–81.

Feliks, J. 1971a. "Mana." *EncJud* 11:883.

———. 1971b. "Quail." *EncJud* 13:1420.

Ferris, P. W. 1975. "Manna Narrative of Exodus 16:1–10." *JETS* 18:191–99.

Ginsburg, C. D. 1966 [1897]. *Introduction to the Massoretico-Critical Edition of the Hebrew Bible.* New York: Ktav.

Moberly, R. W. L. 2000. *The Bible, Theology, and Faith: A Study of Abraham and Jesus.* Cambridge: Cambridge University Press.

Smith, M. S. 1997. *The Pilgrimage Pattern in Exodus.* JSOTSup 239. Sheffield: Sheffield Academic Press.

Talmon, S. 1966. "The 'Desert Motif' in the Bible and in Qumran Literature." In *Biblical Motifs: Origins and Transformations.* Ed. A. Altmann. Cambridge, Mass.:

Harvard University Press. Pp. 31–63.

Tigay, J. H. 1975. "Empirical Basis for the Documentary Hypothesis." *JBL* 94:329–42.

9. 율법과 언약
출애굽기 19-24장

　세 달 동안의 여행을 통해 히브리인들은 시내 산에 도착했다. 이 시내 산은 보통 예벨 무사(Jebel Musa: 아랍어로 모세의 산이라는 뜻)와 연관이 있는 것으로 간주되고 있는데, 이 산은 높이가 7,500피트(약 2290미터)이다. 모세는 이 산을 계속해서 오르내린다. 19:3, "모세가 하나님 앞에 올라가니"; 19:7, "모세가 내려와서"; 19:9, "모세가 올라가니"(함축됨); 19:14, "모세가 산에서 내려와"; 19:20, "모세가 올라가매"; 19:25, "모세가 내려가서"(Arichea 1989를 보라).

　이스라엘 사람들은 출 19:1에서 시내 산에 도착한 후 민 10:11-12까지 그곳을 떠나지 않는다. 그들은 애굽을 떠난 후 삼 개월만에 시내 산에 도착했다(출 19:1). 민수기 10:11은 이스라엘 사람들이 둘째 해 둘째 달 스무날에 시내 산을 떠났음을 말해준다. 즉 시내 산에서의 체류는 약 11개월 동안 지속되었던 것이다. 확실히 이 기간은 하나님의 백성들의 삶에 있어서 기념비적이고 결정적 순간이었음이 분명하다. 블렌킨숍(Blenkinsopp 1992: 48)에 따르면 오경이 다루고 있는 사건들은 2,706년에 걸쳐 있다. 이 거의 삼천년의 기간 중 오직 11개월에 해당하는 기간만이 시내 산에 국한된다. 그럼에도 불구하고 이 시내 산에 관련된 본문(출 19:1-민 10:10)은 오경의 약 1/3을 차지한다. 쉬람(Schramm 2000: 328)과 관련하여 다음과 같은 통계를 냈다. 창 1:1-출 18:27=2,028절; 출 19:1-민 10:10=1,972절; 민 10:11-신 34:12=1849절.

시내 산에서의 언약(19장)

모세가 처음으로 시내 산에 올라갔을 때 하나님은 말씀하시고 모세는 경청한다(3-6절). 그 말씀의 첫 번째 내용은 이스라엘을 향한 하나님의 신실하심과 돌보심을 상기시키는 내용이다. 이스라엘은 우연히, 혹은 열성 때문에 이 먼 곳까지 오게 된 것이 아니다(4절). 우리는 4절의 "나의 어떻게 행하였음과 내가 너희를 업어 내게로 인도하였음을"에서 5절의 "너희가 내 말을 잘 들으면"으로 나아간다. 우리는 원인에서 효과로, 하나님의 사랑에서 인간의 책임으로, 그리고 마지막으로 효과에서 결과(너희가 되리라)로 나아간다.

1. 원인: "나의 애굽 사람에게 어떻게 행하였음과 내가 어떻게 독수리 날개로 너희를 업어 내게로 인도하였음을"
2. 효과: "너희가 내 말을 잘 듣고 내 언약을 지키면"
3. 결과들: "너희는 내 소유가 되겠고"; "너희는 제사장 나라가 되며"; "너희는 거룩한 백성이 되리라". 하나님의 백성은 독특하며, 이 세상으로부터 구별되어 있다. 그러나 이것은 오직 이 세상에서 화해의 대사(大使)로 봉사하기 위한 것이다.

위 3번의 세 가지 내용 중 첫 번째 내용은 특권에 대한 것이며, 두 번째 내용은 책임(이것 역시 특권임), 그리고 세 번째 내용은 성격에 대한 것이다. 특별한 소유(treasured possession, NRSV; 개역개정판은 그냥 소유라고 번역하고 있으며 말 3:7에는 특별한 소유라고 번역되어 있음: 역자 주)라는 표현은 히브리어 단어 세굴라를 번역한 것이다(이스라엘의 특권적인 지위를 나타내기 위해 신 7:6; 14:2; 26:18; 시 135:4; 말 3:17 등에 다시 사용됨). 대상 29:3과 전 2:8에 따르면 이 단어는 왕의 부를 가리키는 말이며, 왕이 소유한 특별한 보화를 나타낸다. 불가타 역(the Vulgate)은 이 단어를 peculium이라는 단어로 잘 번역하고 있는데, 이 단어는 분리된 것, 특별한 가치를 지닌 것을 가리킨다(또한 KJV의 유명한 번역인 나의 특별한 백성[my peculiar people]이라는 표현도 역시 마찬가지인데, 여기에서 peculiar는 '특유한, 특별한' [distinctive, special] 등의 의미를 갖고 있다).

두 번째 내용은 하나님의 백성이 섬김을 위한 백성(a servant people), 곧 세숫대야와 수건을 들고 수종을 드는 공동체(a towel-and-basin community)로 부르심을 받았다는 것을 하나님의 백성에게 일깨워주고 있다. 세 번째 문구인 거룩한 백성(a holy nation)은 성경에서 처음으로 이 백성과 관련하여 '거룩한' 이라는 단어를 사용하고 있다. 이전까지는 이 단어는 오직 특정한 시간들(창 2:3)이나 특정한 장소들(출 3:5)을 가리키는 데에만 사용되었다. 이 표현은 신명기에 곧잘 사용되고 있는데 백성(nation)이라는 단어를 민(people)이라는 단어로 사용하고 있다는 것만이 차이가 난다(7:6; 14:2,21; 26:19; 28:9). (개역개정판의 번역으로는 선명하게 이 두 단어가 구분이 되지 않는다. 히브리어 상으로는 출애굽기의 백성이라는 단어는 고이이며, 신명기는 거룩한 백성을 성민이라는 단어로 번역하고 있는데, 이때의 민은 이스라엘을 가리킬 때 더 흔히 사용되는 단어인 암 이다: 역자 주). 이 두 책의 표현 간의 한 가지 차이는 출애굽기(19:6; 22:31)가 거룩을 목표이자 이상("너희는 거룩한 백성이 되리라")으로 제시하고 있다면, 신명기는 이것을 이미 달성된 것(예를 들어 7:6: "너는 여호와 네 하나님의 성민이라")으로 간주하고 있다는 점이다.

이스라엘 백성은 이 말씀에 대해서 자신있게 열정적으로 대답을 했는데, 어쩌면 그들은 자신들의 대답이 가진 의미를 깊이 생각하지 않고 너무 쉽게 성급하게 대답한 것일 수도 있다(8절).

두 번째(10-13절)에도 역시 하나님만 말씀하신다. 순종의 서약을 하는 것과 스스로를 거룩하고 정결케 하는 것은 별개의 문제이다. 시내 산에서의 하나님의 첫 번째 말씀에 대한 이스라엘의 응답은 말이었다. 이제 하나님의 말씀에 대한 이스라엘의 두 번째 반응은 행동, 즉 깨끗한 옷을 입고, 목숨을 걸고 산 가까이 나아가는 일을 삼가는 것 등의 행동이다. 산의 지경을 침범하는 것은 오늘날로 말하면 고압선을 만지는 것과 같이 위험한 행동이다. 세 번째로 이 백성은 통상적인 육체 관계를 잠시 삼가야 한다(5절; 고전 7:5의 바울의 주의사항과 "만지지도 말라 너희가 죽을까 하노라"고 하와가 뱀에게 한 말[창 3:3]을 참고하라).

이스라엘 백성은 삼일 동안 하나님 만날 준비를 하면서 보낸다(16절). 아무것도 함부로 하거나 마구잡이로 해서는 안 된다. 무심코 행동해도 될 여지는 전혀 없다. 하나님 존전으로 경솔하고 성급하게 다가가서는 안 된다. 그분을 만나기 위해서는 열성적이고 사려 깊은 준비가 필요하다. 그 중에서도 가장 중요한 일은 예배자가 거룩해지고 정결케 되어야 한다는 것이다(14절). 죄를 알고도 그 죄를 하나님의 존전에 가져가서는 안 된다. 하나님께 가증스러운 것들은 모두 정화되어야만 한다.

세 번째 말씀이 주어지기 전에 여호와께서는 시내 산 정상에 내려 오신다(18절). 시내 산은 결코 하나님의 거처가 아니다. 이곳은 단지 하나님의 임시 처소로서의 역할만을 할 뿐이다. 하나님은 자기 백성에게 자신을 나타내시면서 천둥과 번개와 짙은 구름과 빽빽한 연기와 불과 산의 진동과 나팔 소리가 함께 동행하신다. 이 모든 것들은 물론 이스라엘이 하나님을 과도할 정도로 친근하게 느끼도록 하기 위한 것일 리가 없다. 그들이 이제 곧 만나게 될 분은 그들의 주인이신 것이다. 그러나 이 장 전체를 관통하고 있는 천둥, 구름, 번개, 죽음의 경고 등의 자극적인 요소들로 말미암아 이스라엘 사람들이 시내 산으로부터 가능한 한 멀리 도망쳐서 시내 산과 자신들 사이에 거리를 멀리 두고 싶은 충동을 받게 된 것은 아니다. 이 찬란하고 신비스러운 하나님의 임재는 사람들을 쫓는 것이 아니라 끌어들인다. 그래서 사람들은 시내 산에 너무 가까이 다가서지 말라는 말씀을 듣는다(19:12-13). 고완(Gowan 1994: 27)이 지적한 바와 같이, 그들이 경고를 받아들이는 것은 중요하다. 왜냐하면 여기에서의 위험은 도망치는 것이 아니라 가능한 한 가까이 다가서는 것이었기 때문이다.

발터 아이히로트(Walther Eichrodt 1961-67: 1:16)는 이러한 신현 현상들(theophanies)이 다른 종교의 그것들과 어떻게 차이가 나는지를 잘 지적하고 있다. 가나안과 바빌로니아의 개념들과는 완전히 다르게 [성경의] 신현은 해나 달, 샘과 강, 나무와 숲처럼 인간에게 혜택을 주는, 친근하고 환영을 받는 자연 현상들이 아니라 갑작스럽게 나타나서 인간을 두렵게 하고 인간을 파멸시킬 것처럼 위협하는 그러한 자연 현상들이다.

이제 세 번째로 모세는 산 위로 오른다(20절). 이번에는 하나님께서 하나의 제한을 덧붙이신다. 제사장도 하나님께 다가가서는 안 된다(24절). 오직 아론만이 모세와 동행할 수 있다. 성막의 예표인 시내 산 정상은 지성소가 되었다. 하나님의 거룩하신 임재가 거기서 이루어졌다. 이 장소는 모세, 그리고 장차 대제사장이 될 아론을 제외하고는 모든 사람에게 금지되어 있다.

히브리서 12:18-29는 출애굽기 19장에 대한 흥미로운 주석이다. 이 본문은 시내 산에서 옛 언약 하에 하나님께 다가가는 것과 시온산에서 새 언약 하에 하나님께 다가가는 것을 대조시키는 것으로써 시작된다(18-24절). 하나님의 임재의 표시인 현란한 신현 현상들은 예수께 자리를 내준다. 그러나 이런 변화는 인간의 책임이 줄어든 것을 의미하는 것이 아니라 오히려 늘어난 것을 의미한다(25-29절). 왜냐하면 (시내 산에서) 소멸하시는 불이셨던 하나님은 지금도 여전히 소멸하시는 불이시기 때문이다. 하나님께서 자신을 계시하시는 수단이 바뀌었다고 했지만 하나님 자신이 바뀌신 것은 결코 아니다. 그는 거룩하신 하나님에서 "친소비자적인" 하나님으로 바뀌신 것이 아니다.

십계명(20:1-20)

이스라엘이 애굽에서 종살이하던 시절에 이스라엘 사람들과 애굽 사람들 사이에 이루어진 모든 회담들 속에서 모세는 항상 중개자의 역할을 했다. 하나님은 직접 바로와 이야기하는 대신에 모세를 보내서 바로와 말하게 하셨다. 이 역할은 유월절("이스라엘 회중에게 말하여 이르라," 12:3)과 출애굽 시("이스라엘 자손에게 명령하여," 14:2)에도 계속 이어진다. 시내 산에서도 계속 그의 역할은 하나님의 말씀을 백성들에게 전달해 주는 것이다("너는 이 말을 이스라엘 자손에게 전할지니라," 19:6).

십계명에 이어 나오는 율법들(20:21-23:33) 속에서도 모세의 중개자로서의 역할이 다시 강조되어 있다. "너는 이스라엘 자손에게 이같이 이르라"(20:22). 또한 이와 비슷하게 성막에 대한 하나님의 말씀도 모세를 통하여 백성들에게 주어진다(25:1; 35:1).

이와는 대조적으로 십계명의 계시에는 이 주제가 빠져 있다. 모세는 자기 동족들과 더불어 하나님의 말씀을 듣는 자가 된다. 여기에서 하나님은 자기 백성에게 직접 말씀하신다. "하나님이 이 모든 말씀으로 말씀하여 가라사대"(20:1). 성경이 이런 방식을 택하고 있는 이유는 십계명이 우리의 생활 방식과 도덕적 헌신에 대한 하나님의 가장 높고 숭고한 뜻을 담고 있다는 것을 나타내 주기 위해서인가? 십계명의 바로 뒤에 나오는 구절에 주목하라. "내가 하늘로부터 너희에게 말하였노라"(20:22). 하나님은 시내 산에서 말씀하신 것이 아니라 하늘로부터 말씀하신 것이다.

하나님께서 이스라엘에게 말씀하실 때 그는 집단으로서의 그들이 아닌 개인으로서의 그들에게 말씀하신 것이다. 십계명에 나오는 모든 2인칭 주어(you)는 복수가 아니라 단수이다. 히브리어에는 2인칭 단수와 복수가 분명하게 구분되어 있다. 그러므로 4절의 "만들지 말며"는 로 타아세이다. 이것이 만약 복수라면 로 타아수가 될 것이다.

비록 하나님이 몸소 십계명을 전하시기는 하지만 2-6절에서 자신에 대해서 일인칭으로 말씀하시는 것은 흥미롭다("나는 여호와니라 내 앞에[개역개정판 난하주 참조: 역자 주] … 나 여호와 너의 하나님은 나를 미워하는 자의 죄를 … 나를 사랑하고 내 계명을 지키는 자에게는"). 반면에 7-17절에서는 하나님은 자신을 삼인칭으로 말씀하신다(예를 들어, "나 여호와는 나의 이름을 망령되이 일컫는 자를 죄 없다 하지 아니하리라"로 되어 있을 것으로 기대하겠지만 이 구절은 "여호와는 그의 이름을 망령되이 일컫는 자를 죄 없다 하지 아니하리라"로 되어 있음).

십계명의 특징들

십계명들 중 여덟 개의 계명은 부정문으로 된 금지 명령들이다. 긍정문을 사용한 계명은 두 개밖에 되지 않는다: "안식일을 기억하여 거룩히 지키라 … 네 부모를 공경하라." 율법이 본질적으로 제한적인 특징을 갖고 있다는 점에 비추어 볼 때 이런 현상은 놀라운 것이 아니다. 율법은 제지하는 성격을 갖고 있다. 율법은 규범적이라기보다는 금지적이다. 공동체 생활은 특정한 종류의 행동들을 금지시킴으로써 질서화될 수 있다.

열 개의 계명들 중 여덟 개의 계명은 이인칭 단수를 주어로 한 부정문 형태의 정언적(apodictic, categorical) 금지 명령들이다. 히브리어는 금지를 표현할 때 두 가지 방법이 있다. 첫 번째의 것은 부정어 알 + 지시형 동사(jussive form)의 구문을 쓰는 것이다(칠십인역에서는 메 + 보통 명령형 혹은 부정과거 가정법 동사의 구문으로 이것을 번역했다). 두 번째의 것은 부정어 로 + 미완료형 동사(imperfect)의 구문을 쓰는 것이다(칠십인역에서는 보통 우 + 미래 직설법 동사의 구문으로 이것을 번역했다).

존 브라이트(John Bright 1973)는 구약에 나오는 이러한 두 가지 형태의 금지 명령들을 분석했다. 이 두 가지 형태의 차이점에 대해서 그는 다음과 같은 결론을 내렸다: 알과 지시형 동사를 함께 쓰는 형태는 그 의미가 두 번째의 형태보다 더 약하며, 특정한 경우의 특정한 명령에 사용되며, 미래적인 의미가 없다. 반면에 로를 미완료와 함께 쓰는 형태는 현재와 미래에 모두 타당성을 가진 정언적 금지 명령에 사용된다.

첫 번째 형태는 지혜 문학에서 현저하게 사용된다. 이 형태의 금지 명령은 동기절(motive clause)에 의해서 그 명령의 이유가 제시되는 경우가 자주 있다: "그들과 함께 길에 다니지 말라 대저 그 발은 악으로 달려가며"(잠 1:15-16). 두 번째 형태는 오경에서 확실히 많이 사용되고 있다. 특히 율법 및 제의에 관한 사항들을 취급하고 있는 부분들에서 많이 사용되고 있다. 따라서 언약법들을 담고 있는 출애굽기 21-23장과 34장의 네 장에는 첫 번째 형태의 명령형은 두 번밖에 나오지 않은데 반해 두 번째 형태의 명령형은 55번이나 사용되었다.

십계명 중 금지명령을 담고 있는 율법 조항들이 히브리어로 나타낼 수 있는 가장 강력한 형태의 부정어법을 일관되게 사용하고 있다는 사실은 결코 우연이 아니다. 이 계명들은 회의를 통해 자기들에게 편리한 대로 재검토하거나 수정을 가할 수 있는 성질의 것이 아니다. 언어학적인 측면에서 볼 때 이 계명들은 본질적인 영속성을 띠고 있다. 이 계명들은 퇴화되지 않는다. 이것들은 절대성을 갖고 있다.

십계명의 목적

조지 멘덴홀(George E. Mendenhall 1973: 200)은 언약과 율법 사이에 여섯 가지의 차이점들이 있음을 지적했다. 여기에서 우리의 관심을 끄는 것은 이 둘 사이에 목적의 측면에서 차이가 난다는 그의 주장이다. 언약의 목적은 새로운 관계를 창조하는 것이다. 반면에 율법의 목적은 기존의 관계를 규범들을 통해 조정하거나 영구화시키는 것이다. 브레버드 차일즈(Brevard Childs 1974: 83)도 이와 비슷한 말을 했다. 율법은 언약의 백성에게 요구되는 거룩성이 무엇인지를 정의해 준다. 하나님의 속성에 비추어서 거룩성을 평가해 볼 때 우리는 언약을 도덕주의적으로 해석하는 것을 용인할 수 없다.

출애굽기 19장은 언약의 수립에 대해서 다루고 있다. 그리고 20장 및 그 이후의 장들은 율법을 다루고 있다. 십계명의 목적은 20:20에 분명하게 명시되어 있다. "두려워하지 말라. 하나님이 임하심은 너희를 시험하고 너희로 경외하여 범죄하지 않게 하려 하심이니라." 이 절은 "두려워 말라 너희로 경외하여"란 거의 모순에 가까운 상반된 내용을 담고 있는 듯이 보인다(히브리어로는 '두려워하다'와 '경외하다'란 표현이 같은 단어를 사용함: 역자 주). 한스 볼프(Hans W. Wolff, 1974)는 창세기와 출애굽기에 나오는 "하나님을 경외함"(fear of God)이란 표현을 집대성해서 분석했다. 그는 출 20:20을 이렇게 번역했다. "두려워 말라. 왜냐하면 하나님은 그를 경외함이 너에게 효과를 발휘해서 네가 죄를 짓지 않도록 너를 시험하기 위해 오셨기 때문이다."

두려움의 한 가지 종류는 책망을 받았다. 그러나 다른 한 가지 종류의 두려움은 반드시 필요한 것이다. 어떤 두려움은 버려야 하고, 어떤 두려움은 보존해야 할까? 영원히 계속되지 못할 종류의 두려움은 공포와 떨림이라는 종류의 두려움이다. 두려움에 기초한 관계는 건강하지 못하다. 예수께서 탄생하셨을 때 목자들에게 나타난 하나님의 영광은 그들에게 두려움을 자아내었다. "[그들이] 크게 무서워하는지라." 그들을 진정시키기 위해 천사는 "무서워하지 말라"(눅 2:9-10)고 말해야만 했다. 천사들의 "무서워하지 말라"는 말은 모세의 "두려워하지 말라"는 말과 동일하다.

그러면 어떤 종류의 두려움은 장려되어야 하는가? 장려되어야 할 두려움은 하나님께서 계시하신 율법에 순종한다는 의미에서의 두려움이다. 하나님께서 자기 백성에게 십계명을 주신 목적은 "너희로 범죄하지 않게 하려 하심"이다. 이 어투는 요한일서 2:1을 상기시킨다. "내가 이것을 너희에게 씀은 너희로 죄를 범하지 않게 하려 함이라." 계명은 하나님의 기준이다. 그러나 요한의 새로운 말은 하나님의 연민에 대한 것이다. "만일 누가 죄를 범하여도 아버지 앞에서 우리에게 대언자가 있으니 곧 의로우신 예수 그리스도시라." 출애굽기 22:20과 창세기 22장의 아브라함의 연결점들은 특히 중요하다. 이 두 본문은 시험받는 자에게 여호와 경외를 이끌어내기 위한 목적에서 하는 하나님의 시험(나사란 히브리어 동사를 사용하고 있음)에 대해서 언급하고 있는 구약의 유일한 두 개의 본문이다. 아브라함은 시험을 받았지만 순종을 통해서 자신이 하나님을 경외함을 증명했다. 이제 이스라엘은 십계명을 통해서 시험을 받고 있다. 이 계명들에 순종한다면 이들이 여호와를 경외한다는 것이 증명될 것이다. 이런 측면에서 볼 때 아브라함은 이스라엘이 본받아야 할 모범이다.

십계명은 하나님의 열 개의 명령이다. 이것들은 율법이다. 그러나 이것들 속에는 하나님의 약속도 포함되어 있지 않을까? 이 계명들은 단순히 위로부터 주어진 법률 이상의 의미를 갖고 있지 않을까? 하나님께서는 율법만 주신 것이 아니라 그것들을 지킬 수 있는 능력도 주시지 않았을까? 그 누구도 스스로의 능력으로 이 기준들을 다 맞출 수는 없다. 아우구스티누스의 기도는 이런 점에서 의미가 있다. "당신의 뜻대로 명하시고 당신이 명하신 대로 행하소서."

십계명의 구조

이 계명들은 신명기 4:13; 10:4과 출애굽기 34:28에서 (히브리어로) "열 개의 말씀들"이라고 불려지고 있다. 정확히 어디에서 어떤 식으로 이 열 개의 말씀들이 나누어지고 구분되는가 하는 문제는 아직 해결되지 못했다. 이 점은 이 십계명의 계명들이 서로 다른 종파들에 의해서 각기 다른 방식으로 파악되고 있다는 점을 통해서 드러난다. 유대교는 20:2의 "나는 너를 애굽 땅, 종 되었던 집에서 인도하여 낸 네 하나님 여호와니라"는 말씀을 제 1 계명으로 본다는 점에 있어서 독특하다. 가톨릭과 개신교는 이 구절을 십계명의 서론으로 본다. 또한 유대교에서는 다른 신들(3절)과 새긴 우상(4-6절)에 대한 말씀을 한 계명으로 계산해서 이것을 제 2 계명으로 본다. 제 3 계명부터 제 10 계명까지는 대부분의 개신교 전통과 일치한다.

로마 가톨릭과 루터교의 전통은 3-6절을 제 1 계명으로 간주한다. 제 2 계명(7절, 하나님의 이름을 존중하라는 계명)은 개신교와 유대교 전통에서는 제 3 계명에 해당된다. 이 계명의 번호는 아홉 번째(또는 여덟 번째) 계명(거짓 증거)까지 계속해서 한 개씩 차이가 난다. 개신교와 유대교 전통에서 마지막 계명(17절, 탐심)으로 간주되는 계명이 가톨릭과 루터교 전통에서는 아홉 번째와 열 번째 계명으로 나뉘어진다(17절 전반절과 17절 후반절) (제 9 계명, 네 이웃의 집을 탐내지 말지니라; 제 10 계명, 네 이웃의 아내를 탐내지 말지니라). 앞으로 십계명의 각 계명을 다룰 때 우리는 개신교에서 널리 받아들여진 견해를 따를 것이다.

신명기 5:6-21에는 출애굽기의 십계명과 거의 동일한 본문이 들어 있다. 이 신명기의 십계명은 본질적으로는 출애굽기의 십계명과 동일하다. 그러나 제 4,5,6 계명에 세 개의 중대한 변화가 있다. "안식일을 기억하라"는 네 번째 계명에서 신명기 5:12는 "지키라"는 말을 대신 사용하고 있다. 또한 "네 하나님 여호와가 네게 명령한 대로"(as the Lord your God commmanded you)라는 동기절(the motive clause)을 추가하고 있다. 또한 출애굽기 20:11은 육 일 동안 세상을 창조하신 후에 하나님께서 휴식한 날에 근거해서 안식일을 말하고 있는 반면에 신명기 5:15는 이스라엘이 애굽으로부터 탈출한 것에 근거해서 안식일을 말하고 있다.

두 십계명 간의 두 번째 차이점은 다섯 번째의 부모에 대한 계명 속에 들어 있다. 이번에도 역시 신명기 5:16은 "네 하나님 여호와께서 네게 명한 대로"라는 문구를 덧붙이고 있다. 또한 출애굽기에서는 발견되지 않는 "복을 누리리라"는 말씀을 담고 있다. 세 번째로 출애굽기 20:17의 열 번째 계명은 먼저 이웃의 집을 탐하는 것을 금지하고 나서 두 번째로 이웃의 아내를 탐하는 것을 금지하고 있는 반면에 신명기 5:21은 이 두 명령의 순서를 뒤집어 놓고 있다. 또한 탐하지 말아야 할 것의 목록 속에 밭이 추가되어 있다.

처음 네 개의 계명의 의도가 나중의 여섯 개의 계명의 의도와 차이가 난다는 점은 상당히 명백하다. 처음 네 개의 계명은 수직적이며, 하나님과의 관계에 초점을 맞추고 있는 반면에 나중 여섯 개의 계명은 수평적이며, 인간 대 인간의 관계에 초점을 맞추고 있다. 어쩌면 부모에 대한 계명이 수평적 관계에 대해서 다루고 있는 계명들 중 첫 번째 계명의 자리를 차지하고 있다는 것은 중요한 의미를 가지고 있을 수도 있다(Cassuto 1967: 246을 보라). 여기에는 창조자(creator)로부터 출산자(procreator)로의 전환이 담겨있다. 사람은 이 두 존재 덕택에 생명을 갖게 된 것이다.

가장 큰 계명이 무엇이냐는 질문(마치 이 계명들이 중요성에 따라 순위가 매겨질 수 있는 것처럼)을 받았을 때 예수는 신명기 6:5를 인용했다. "네 마음을 다하고 목숨을 다하고 뜻을 다하여 네 하나님 여호와를 사랑하라"(마 22:37). 이것은 처음의 네 계명을 한 문장으로 요약한 것이다. 그리고 더 이상의 대답을 부탁받지 않으셨지만 예수는 계속해서 말씀하셨다. "둘째도 그와 같으니 네 이웃을 네 자신 같이 사랑하라"(마 22:39). 이것은 나중의 여섯 개의 계명을 한 문장으로 요약한 것이다. 예수께서 사랑을 명령으로 본 것은 흥미롭다. 이것은 사랑의 본질에 어긋나는 것이 아닐까? 사랑은 자발적으로 선택하는 것이 아닌가? 그러나 예수는 사랑을 하나의 명령, 혹은 궁극적인 요구사항의 차원에서 언급하심으로써 하나님과 이웃에 대한 사랑은 감정이 아닌 의지를 주축으로 해야 한다는 것을 말씀하시고 있는 것이다.

영생을 얻기 위해 계명들을 지키라는 예수의 말씀에 부자 청년은 "어느 계명을 지켜야 하느냐"고 물었다. 예수는 처음의 네 개의 계명에 대해서는 한 마디의 언급도 없이 두 번째 범주의 계명들만 언급하셨다. 또한 이 두 번째의 계명들을 열거하시는 순서도 흥미가 있다. 그는 여섯 번째, 일곱 번째, 여덟 번째, 아홉 번째 계명을 말씀하시고 나서야 다섯 번째 계명을 언급하셨던 것이다! 형제, 자매에 대한 사랑이 없으면 하나님을 사랑할 수가 없는 법이다. 이것은 하나님에 대한 사랑의 표현을 하나의 허구적인 몸짓으로 만들어 버린다(이것이 바로 요한일서의 메시지들 중의 하나이다).

십계명의 주해

제 1 계명은 "너는 내 앞에 다른 신들을 네게 두지 말라"이다. 여기에서 "내 앞에"란 표현의 의미는 "나 외에"란 말이 뜻하는 바와 거의 동일하다(개역개정판은 "나 외에는"이라는 번역을 선택하고 있으며 "내 앞에"란 번역은 난하주에 제시되어 있다: 역자 주). 어떻게 경배드려야 하는가에 대해서 말해주고 있는 두 번째 계명과 달리 이 첫 번째 계명은 누구에게 예배를 드려야 하는지를 말해주고 있다. 하나님의 백성은 그 누구도, 그리고 그 어떤 것도 자신들에게 궁극적인 주권을 행사하거나 자신들로부터 궁극적인 충성심을 뺏어가도록 용인해서는 안 된다. 이 계명이 존재한다는 사실, 그리고 더 나아가서는 이 계명이 목록의 첫 자리를 차지하고 있다는 사실은 신앙 공동체의 구성원들이 하나님을 대체하는 다른 것들에게 경배를 올리는 일에 쉽게 빠지는 경향이 있다는 사실을 전제로 하고 있다. (이 말씀은 모압 사람들이나 블레셋 사람들에게 주어진 것이 아니고 하나님과의 언약 관계에 있는 자들에게 주어진 것이다.) 비근한 예를 들자면 고속도로에 속도제한이 생기게 된 이유는 이러한 제한이 없다면 많은 운전자들이 공공도로를 마치 개인용 자동차 경주장처럼 사용할 것이라는 점 때문이다(에너지 절약의 문제는 별도로 하고).

다른 신들을 섬기지 말라는 계명은 하나님을 대체할 수 있는 다른 숭배의 대상들이 존재하지 않거나 매력적이지 못하다면, 그리고 사람들 속에 그러한 것들로 나아가는 성향이 존재하지 않는다면 무의미한 것이다. 어차피 대부분의 사람들이 하고 싶어하지 않는 행동들은 굳이 금지하거나 말릴 필요조차 없다는 것은 논리적인 사실이다. 그러므로 예를 들어 높은 절벽에서 뛰어내리지 말라는 계명 같은 것은 없다. 역으로 금지 명령형으로 된 계명들의 반대 경우, 즉 수행적 계명들(performative commandments)의 경우에는 누구나 자연히 그렇게 행하거나 선택할 것이라고 생각되지 않는 행동들을 행할 것을 촉구한다. 그래서 예수는 추종자들이 서로 사랑할 것을 명령하셨다. 우리의 행동을 우리가 선택하도록 내버려두면 우리는 서로를 무시하거나, 이용해먹거나, 아니면 괴롭히려고 들 것이다.

제 2 계명은 "너를 위하여 새긴 우상을 만들지 말라"이다. 구약의 종교는 우상(偶像)에 반대하는 종교이다. 물론 성막이나 성전의 장식들에서 볼 수 있는 바와 같이 종교적인 예술은 허용되어 있다. 그러나 하나님의 형상을 만드는 일은 금지되어 있다. 족장들이나 모세가 하나님과 대면하여 말했음을 언급하고 있는 본문들의 경우에도 단 한 번도 그들이 무엇을 보았는지에 대한 언급이나 하나님이 어떻게 생기신 분인지에 대한 언급은 나오지 않는다.

에이브러햄 헤셸(Abraham J. Heschel 1954: 118)은 실제적인 상징물(real symbols)과 관례적인 상징물(conventional symbols)을 구분하고 있다. 국기(國旗)를 관례적인 상징물의 한 보기로 들면서 그는 이러한 종류의 상징물은 실제의 것을 대신 보여주기는 하지만, 그 이유는 이러한 종류의 상징물이 그것이 상징하는 것의 고유한 속성을 담고 있기 때문이 아니라 단지 연상작용이나 관계성이나 관례에 의해서 그것을 상징하게 되었기 때문이라고 주장한다. 반면에 실제적인 상징물은 비가시적인 것을 대신해서 보여주는 가시적인 물건, 또는 현존하지 않는 것을 대신해서 보여주는 현존하는 물건이다. [이런 종류의] 상징물을 소유하는 사람은 신을 소유하는 것이다.

성경에는 우상에 대한 풍자들이 좀 나온다. 특히 이사야서 뒷 부분의 장들에는 이러한 내용이 풍부하게 들어 있다. 예를 들어 이사야서 46:1-2는 고레스의 침공 때에 바벨론을 탈출하려는 바빌로니아인들에 대해서 말하고 있다. 그들은 자기들의 신들을 동물의 등에 실어서 나르고 있다. 왜 그럴까? 그 신들이 위험에 처해 있기 때문에 그럴까? 사람들은 자기가 믿는 신들의 안전을 책임져야 할까? 만약 사람들이 위기의 순간에 자기의 신들을 돌보지 않는다면 누가 돌볼까? 이 신들은 비록 인간이 만든 것들이기는 하지만 귀중하게 대접받는다. 이런 내용들을 통해서 하나님은 자기 백성에게 말씀하신다. "너희가 나를 너희 등에 지고 다니는 것이 아니라 내가 너희를 등에 업고 다닌다."

신의 형상에 접근할 수 있다는 말은 그 신을 어떻게든 통제하고 조작할 수 있다는 말이나 거의 마찬가지이다. 아마 우리는 우상숭배의 정의에 대해서 아우구스티누스의 다음 말보다 더 나은 말을 할 수 없을 것이다. "우상숭배는 써먹어야 할 것을 써먹는 것이 아니라 숭배하는 것이다. 또는 숭배해야 할 대상을 숭배하는 것이 아니라 써먹는 것이다.”

제 3 계명은 “너는 네 하나님 여호와의 이름을 망령되게 부르지 말라”는 것이다. 아마 이 계명은 현대적인 의미의 신성모독이나 무례함 이상의 것을 금지하고 있는 듯하다. 물론 이 계명이 법정에서 거짓 증거하는 것이나 맹세하는 것을 금지하고 있다는 주장이 아주 틀린 것은 아니다. 그러나 이런 주장이 이 계명의 의미를 남김없이 다 말한 것은 결코 아니다.

“망령되이”라는 히브리어 단어는 “실체가 없다” 혹은 “가치가 없다”라는 의미에서 비어 있다는 뜻을 가진 히브리어 어근에서 파생되었다. 아무 이유 없이 무의미하게 하나님을 언급하거나 그분의 이름을 부르는 것은 하나님의 이름을 공허하게, 즉 아무 힘이나 사실성이나 실체가 없는 것을 위해 하나님의 이름을 사용하는 것이다. 그래서 엘튼 트루블러드(Elton Trueblood 1972: 31)는 이렇게 말했다. “가장 참람된 것은 신성모독이 아니라 입에 발린 말이다”(The worst blasphemy is not profanity, but lip service).

제 4 계명은 “안식일을 기억하여 거룩하게 지키라”는 것이다. 차일즈(Childs 1974: 415)는 “거룩히 지키라”(keep it holy)는 동사를 히브리어 문법상 작위 동사(작위동사는 목적어+목적보어를 이끄는 동사로 목적어를 목적보어의 상태로 만드는 것을 나타내는데 사용되는 동사[예: He made him king에서 made가 작위동사임]: 역자 주)적인 효력을 가진 피엘(factitive piel)로 이해해서 “거룩하게 만들라”(make holy)로 번역했다. 앞의 육 일 동안의 여러 가지 관심사들은 허먼 워우크(Herman Wouk 1959: 60)가 생생하게 잘 표현한 바와 같이 회복의 마술 속으로의 은둔을 위해서 잠시 한 켠으로 제껴진다. 움베르토 카수토(Umberto Cassuto 1967: 415)는 안식일, 즉 일곱 번째 날과 안식일을 지켜야 하는 일곱 생명체들 — 너, 네 아들, 네 딸, 네 남종, 네 여종, 네 육축(동물마저도 안식일을 지켜야 했다!), 객 — 사이에 관계가 있음을 지적했다.

출애굽기와 신명기의 동기절(motive clause)들의 차이점들과 관련해서 너무 많은 주장들을 억지로 해서는 안 된다. 우리는 이미 출애굽기가 안식일을 창조 후의 휴식으로서의 일곱 번째 날과 연결시키고 있는 반면에 신명기는 이것을 애굽으로부터의 탈출과 연결시키고 있다는 점을 관찰했다. 네피어

(B. D. Napier 1963: 82)가 지적한 바와 같이 이 계명에 대한 두 개의 판본에서 안식일의 근거는 창조이다. 신명기는 한 백성의 창조에 관심이 있으며, 출애굽기는 세상의 창조에 관심이 있다.

특별한 날이나 거룩한 날을 지키는 것은 이스라엘에만 국한된 현상은 아니었다. 성경의 안식일과 바빌로니아의 샤파투(shapattu)가 연관성이 있을 가능성에 대해서는 적지 않은 글들이 쓰여졌다. 아이히로트(Eichrodt)의 글을 보자.

바빌로니아에서는 일곱 번째 날들(즉 매 달의 일곱 번째, 열네 번째, 열아홉 번째, 스물한 번째, 스물여덟 번째 날들)은 디에스 네파스투스(*dies nefastus*, 즉 재수 없는 날이란 뜻: 역자 주) (바빌로니아어로는 우무 림누의 성격을 갖고 있다. 이 날에는 특별히 조심을 했는데, 특히 왕은 모든 조심스러운 조치들을 취해야만 했다(예를 들어 마차를 타지 않는다거나 희생제사를 드리지 않는다거나 하는 것 등). 일반적으로 볼 때 이런 날들에 일을 쉬는 것에 대한 언급은 전혀 없다. 바빌로니아에서는 오직 열다섯 번째 날에만 일을 쉬었는데, 그것은 결코 이 날이 기쁘고 축제적인 날이었기 때문이 아니었다. 이 날이 휴일이 된 것은 전혀 다른 동기들 때문이었는데, 그것은 이 날이 전혀 재수가 없는 날이었으므로 신들을 진정시키고(여기에서 움 누흐 립비, 즉 "마음을 진정시키는 날"이라는 이름이 나옴) 일종의 회개의 날 혹은 기도의 날을 통하여 신들의 진노를 달랠 필요가 있었기 때문이다.

어떤 의미에서는 이 네 번째 계명은 처음의 두 개의 계명들에 근거하고 있으며, 당연히 이 두 계명에 따라나온다(그리고 부분적으로는 보호한다). 안식일을 바로 준수하는 것은 사람들이 자신의 일이나 관심사를 우상화하는 것을 막아 준다. 이 날에는 일을 해서는 안 된다. 공적으로 제사를 드리는 날들의 경우는 수고스러운 일이나 힘든 일(멜레케트 아보다)만을 금지하고 있지만(민 28:18,25,26; 29:1) 안식일과 욤 키푸르(Yom Kippur), 즉 대속죄일의 경우에는 그 어떤 일(콜 멜라카)도 해서는 안 되었다. 민 29:7과 레 23:3,28을 보라.

이 네 번째 계명은 처음 두 개의 계명과 관련이 있을 뿐만 아니라 공동체 내에서의 구성원들 간의 관계를 다루고 있는 나머지 여섯 개의 계명과의 다리를 놓아주는 계명이기도 하다. 왜냐하면 안식일은 아이든, 노예든, 이방인이든 간에 만약 안식일이 아니었다면 휴식을 취하지 못했을 모든 사람들에게 주어진 하나님의 선물이기 때문이다.

제 5 계명은 "네 부모를 공경하라"는 것이다. 성경을 읽는 독자는 네 부모에게 복종하라는 명령을 기대했을 수도 있을 것이다. 그러나 복종하는 것은 공경하는 것보다 쉬운 일이다. 사람은 증오하는 동시에 복종할 수는 있다. 그러나 증오하는 동시에 공경할 수는 없다.

이 명령의 중대성은 공경하라는 동사가 사용되었다는 점 때문에 더욱 커진다. 이 단어는 하나님을 목적어로 하는 경우가 몇 번 나온다(삼상 2:30; 시 50:23; 잠 3:9; 사 29:13; 43:20,23). 하나님과 부모님은 공경의 대상이 될 가치가 있다. 이 중요한 히브리어 단어는 때때로 "영광을 돌리다"라고 번역되며, 하나님을 어떻게 경배해야 하는지를 묘사할 때 사용된다(시 22:23; 50:15; 86:9,12; 사 24:15).

이것은 부모님이 예배의 대상이라는 말은 아니다. 예수는 제 5 계명을 인정하고 인용했다(마 15:4; 막 7:10; 바울 역시 엡 6:2에서). 그러나 그는 또한 "아버지나 어머니를 나보다 더 사랑하는 자는 내게 합당하지 아니하고"(마 10:37)라고 말씀하셨다. 부모가 만약 하나님 앞에서 다른 신들이 된다면 그들은 정말 무기력한 신들일 뿐이다.

레 19:3의 경우에는 순서가 반대로 되어 있지만 하여튼 안식일을 지키라는 계명과 부모를 공경하라는 계명은 연결되어 등장한다. 어쩌면 이 두 계명이 연결되어 있는 이유는 안식일을 지키는 것이 곧 하나님을 공경하는 일이며, 따라서 부모를 공경하는 일과 짝을 이룬다는 생각 때문일지도 모른다.

제 6 계명은 "살인하지 말라"(you shall not kill)이다. 어떤 학자들은 이 절을 "살해하지 말지니라"(you shall not murder)로 번역한다. 즉, 이 계명은 모든 형태의 살인(즉 특정 범죄들에 대한 벌로서 사형을 시행하는 것이나 전쟁에 참가하는 것 등)을 금하고 있는 것이 아니라 단지 분노나 탐욕 때문에 불

필요하게 사람을 죽이는 것을 금하고 있다는 것이다. 때로는 이 동사는 벌을 내릴 수 없는 종류의 살인(민 35:11; 신 4:42; 수 20:3,5)을 기술하는데도 사용된다. 이 점은 함께 사용된 "무심코" 혹은 "부지중에" 등의 설명구들을 통해서 알 수 있다. 이 점에 대한 또 하나의 예는 민 35:27이다. 살인자가 도피성 밖에서 떠도는 중에 그를 죽이는 경우에는 피의 복수가 죄가 안 된다.

그러나 이것들은 예외적인 경우들이다. 이 동사의 통상적인 의미는 죄책이 가능한 살인들을 가리킨다. 따라서 이 계명은 "살해하지 말지니라"(you shall not murder)로 번역하는 것이 가장 좋은 듯 하다. 특히 부정을 나타내는데 있어서 로가 사용된 것을 볼 때 더욱 그러하다. 가인은 직접 살해를 했다. 다윗은 간접적인 방법으로 살해를 했다. 하나님은 사람이 다른 사람을 죽이는 것을 금하시며, 자살하는 것도 금하신다. 구약에서 자살한 것이 분명한 경우가 아히도벨의 경우 단 한 건뿐이라는 점은 흥미롭다(삼하 17:23).

예수는 여섯 번째 계명을 확장하여 분한 마음을 품는 것, 다른 사람에게 나쁜 말을 하는 것, 다른 사람을 비하시키는 것 등에도 적용시키셨다(마 5:21-26). 그는 고소자들과 빨리 화해하라고 훈계하셨다.

제 7 계명은 "간음하지 말라"이다. 앞의 계명이 삶의 존엄성, 그리고 가정의 존엄성을 높이기 위한 것이라면 이 계명은 결혼의 존엄성을 높이기 위한 것이다. 결혼은 단순히 편하기 위해서 맺는 관계가 아니다. 또한 함부로 행동해도 되는 관계도 아니다. 간음은 아주 심각한 결과를 가져온다.

예수는 이 명령을 육체적인 것뿐만 아니라 시각적인 것까지도 포함하도록 확장시키셨다(마 5:27-30). 정욕은 소유욕일 뿐만 아니라 또한 자기만을 만족시키고자 하는 것이다. 다윗이 밧세바와 한 행동을 보라. 이것은 다른 사람을 하나의 물건으로 전락시키는 것이다. 여기에는 상호 간의 의무와 헌신이 존재하지 않는다.

다른 종류의 금지된 성적 관계들에 대해서 나열하고 있는 레 20:10-21과 같은 성경 본문들은 단지 이 간음에 대한 계명을 확장시킨 것일 뿐이라는 생각이 든다. 이 문제에 대해서는 수천, 수만의 계명이 존재하는 것이 아니라 단 하나의 계명만이 존재하는 것이다. 십계명이 언급하고 있는 위반행위들은 모든 사항들을 총망라하고 있는 것이 아니라 단지 대표적인 것을 언급하고 있는 것이다. 폰 라트(von Rad 1962: 1:194)가 지적한 바와 같이 이것은 광대한 삶의 외곽 끝에 있는 한계선을 표시해주는 표지판인 것이다. 십계명이 딱 열 개의 계명으로 제한되어 있고 더 이상 부가적인 조항들이 존재하지 않는다는 점을 볼 때 이것을 사용법 설명서나 지침서로 이해하는 것은 전혀 옳지 않다. 이 십계명은 기본적 원칙들 혹은 한계선을 표시해주는 것으로 이해할 때 그 영속적 가치가 있다.

제 8 계명은 "도둑질하지 말라"이다. 이것은 재산을 도둑질하는 것, 그리고 어쩌면 유괴까지도 포함하는 것이다. 소유권은 확정되어 있다. 아무 대가도 치르지 않고 어떤 것을 가지려고 하는 것은 책망을 받아야 한다. 이 계명은 "네 것은 곧 내 것이니까 너에게서 뺏어야겠다"는 식의 사고방식에 반대한다.

바울이 빌립보 교회에 준 말씀 속에는 도둑질에 대한 해독제가 들어 있다. "나의 하나님이 너희 모든 쓸 것을 채우시리라"(빌 4:19). 이 약속은 필요한 것을 채워주신다는 뜻이지 탐욕을 채워주신다는 뜻은 아니다.

제 9 계명은 "네 이웃에 대하여 거짓 증거하지 말라"이다. 아마 이 계명은 법정에서 거짓되고 잘못된 증언을 하거나 시장에서 공식적인 거래를 하거나 물물교환을 할 때 적용되었을 것이다. 만약 열왕기상 21장에 나오는 아합과 이세벨과 나봇의 포도원 이야기가 율법에 대한 가르침(거짓 고소나 거짓 증언은 다른 사람에게 정당하게 속한 것을 빼앗는 수단이 될 수 있다)을 따르고 있다면 어쩌면 이 이야기는 왜 이 계명이 제 8 계명과 제 9 계명 사이에 오는지에 대해서 어떤 단서를 제공해 줄 수 있다. 제 8 계명은 힘이나 도둑질에 의해서 다른 사람의 소유물을 취하는 것에 대해서 말하고 있다. 그리고 제 9 계명은 거짓 증언에 의해 다른 사람의 소유물을 취하는 것에 대해 언급하고 있다. 마지막으로 제 10 계명은 다른 사람의 소유물을 탐하는 것에 대해서 말하고 있다.

그러나 더욱 광범위하고 보편적인 일들에 적용될 수 있도록 해석해도 무방하다. 이 계명은 의도적이든 아니든 간에 다른 사람의 인격에 의문을 제기하는 모든 형태의 악의적인 말들을 다 포함하는 것이다. 남의 인격을 비방하는 것은 창세기 3장의 이야기만큼이나 오래된 것이다.

이 계명은 의도적이든 아니든 간에 어떤 사람의 인격에 손상을 줄 만한 나쁜 말을 하는 것을 포함한다. 인격에 손상을 주는 이러한 발언은 벌써 창세기 3장에 나올 정도로 오래 된 것이다.

야고보가 혀를 불이라고 말한 데에는 다 그럴만한 이유가 있다. 혀는 통제되지 않으면 선동적이 된다. 재갈을 물리지 않으면 신앙 공동체의 단결성을 깨뜨리는 가장 치명적인 무기가 된다.

이제 이 계명이 금지하고 있는 바의 반대 측면을 보기 위해 바울의 말에 주목해보자. "각각 자기보다 남을 낮게 여기고"(빌 2:3). 이러한 태도는 거짓 증거하고 싶은 유혹을 억제시켜 줄 것이다.

제 10 계명은 "탐내지 말라"이다. 이 계명은 앞의 아홉 계명, 또는 최소한 바로 앞의 다섯 계명과 두 가지 점에 있어서 뚜렷하게 차이가 난다. 첫 번째 점은 이 계명이 구체적이고 가시적인 행위들을 다루는 앞의 계명들과는 달리 내면의 주관적인 태도에 대해서도 금지하고 있다는 점이다. 단순히 행위가 아니라 생각과 감정도 도덕적인 중요성들을 갖고 있다. 두 번째 차이점은 탐욕이 어떻게 죄가 되는지 따져 보고 그에 대해 심판을 내릴 수 있는 수단이 있느냐 하는 문제가 개입되어 있다는 점이다.

처음 아홉 개의 계명은 이와 관련해서 아무 문제가 없다.

첫째, "너는 다른 신들을 네게 있게 말라." 출애굽기 22:20의 "여호와 외에 다른 신에게 희생을 드리는 자는 멸할지니라"는 말씀을 보라.

둘째, "너를 위하여 새긴 우상을 만들지 말라." 황금 송아지 사건 이후의 거의 재난에 가까운 결과를 보라(출애굽기 32장).

셋째, "너는 네 하나님 여호와의 이름을 망령되게 부르지 말라." 이 계명에 바로 이어서 나오는 말씀을 보라. "여호와는 그의 이름을 망령되게 부르는 자를 죄 없다 하지 아니하리라."

넷째, "안식일을 기억하여 거룩하게 지키라." 출애굽기 31:15의 말씀을 보라. "일곱째 날은 큰 안식일이니 여호와께 거룩한 것이라. 안식일에 일하는 자는 누구든지 반드시 죽일지니라."

다섯째, "네 부모를 공경하라." 출애굽기 21:15,17을 보라. "자기 아비나 어미를 치는[저주하는] 자는 반드시 죽일지니라."

여섯째, "살인하지 말라." 출애굽기 21:12을 보라. "사람을 쳐 죽인 자는 반드시 죽일 것이나."

일곱째, "간음하지 말라." 신명기 22:22을 보라. "어떤 남자가 유부녀와 동침한 것이 드러나거든 그 동침한 남자와 그 여자를 둘 다 죽여 이스라엘 중에 악을 제할지니라."

여덟째, "도둑질하지 말라." 출애굽기 22:1-3을 보라. "사람이 소[를] 도둑질하[면] 그는 소 한 마리에 소 다섯 마리로 갚고"란 말씀을 보라. 또한 출애굽기 21:16을 보라. "사람을 납치한 자[는] 반드시 죽일지니라."

아홉째, "네 이웃에 대하여 거짓 증거하지 말라." 신명기 19:18-19을 보라. "그 증인이 거짓 증거하여 그 형제를 거짓으로 모함한 것이 판명되면 그가 그의 형제에게 행하려고 꾀한 그대로 그에게 행하여 너희 중에서 악을 제하라."

즉 패턴은 다음과 같다. 십계명에는 아주 직설적인 금지 명령 혹은 금령이 들어 있다. 그러나 여기에는 특정한 위반에 대한 벌이 언급되어 있지 않다. 하지만 십계명 이후의 법들에서는 우리는 이 계명들을 범하게 될 가능성과 이 계명들을 범한 경우 내려질 벌들이 명시된 것을 보게 된다.

그러면 이런 패턴은 제 10 계명의 경우에도 계속 적용되고 있는가? "탐내지 말라 탐내면 죽을지니라"라는 식으로 말이다. 그러나 이런 구절을 찾을 수 있다면 그것이 오히려 놀라운 것이 될 것이다. 하지만 이런 개념이 이야기 속에 나타나는 경우가 없지는 않다. 하와의 이야기, 아간의 이야기, 아합과 이세벨이 나봇의 포도원을 두고 한 일에 대한 이야기, 그리고 가룟 유다의 이야기 등이 여기에 해당된다.

어떤 주석학자들은 신명기 7:25의 "너는 은이나 금을 탐내지 말며 취하지 말라"는 말씀이나 미가서 2:2의 "밭들을 탐하여 빼앗고"라는 말씀 등에 근거하여 이"탐욕하다"라는 동사가 감정뿐만 아니라 행동도 내포하고 있다고 주장했다.

그러나 우리는 이런 설명이 주석학적인 연구의 결과로 얻어진 것이라기보다는 이 계명을 율법적인 강제력이 있는 금지 명령으로 이해할 수 있도록 하기 위한 욕심에서 나온 것이 아닌가 하는 생각이 든다. 또한 신명기의 십계명(신 5:21)에 사용된 "탐욕하다"란 동사는 두 개가 서로 다르다. 첫 번째 것은 출애굽기 20:17에 두 번 사용된 동사와 마찬가지로 하마드이다. 그러나 두 번째의 것은 아봐이다. "네 이웃의 집[을] 탐내지 말지니라." 신명기 5:21에서 하마드와 동의어로 쓰인 이 동사는 외적인 행동과는 전혀 거리가 먼 감정적인 측면에 관계되어 있다. 차일즈(Childs 1974: 427)가 지적한 바와 같이, 신명기의 판본은 원래의 계명에 이미 들어 있던 이 명령의 주관적인 측면을 더욱 분명하게 만들고 있다.

어쩌면 이 계명이 맨 마지막에 놓이게 된 것은 바로 이것 때문일지 모른다. 이 계명은 모든 계명들 중에서 가장 포괄적이며, 십계명의 나머지 계명들에는 빠져 있는 것을 포함하고 있다. 살인과 간음과 도둑질과 거짓말하는 것의 배후에는 탐욕이 깔려 있다는 사실을 모를 사람이 누가 있겠는가? 바로 탐욕이 모든 문제의 뿌리인 것이다.

우리는 금지적인 내용을 담고 있는 계명들을 다소 긍정적인 내용으로 바꾸어서 표현하고 있는 바울의 말들에 주목해 왔다. 여기에서 다시 한 번 그의 말을 보도록 하자. 이 구절은 빌립보서에 나온다. "어떠한 형편에든지 나는 자족하기를 배웠노니"(4:11). 자기 욕망의 주인이 되느냐 종이 되느냐 하는 것의 차이는 바로 이것이다.

언약의 책(20:21-23:33)

우리가 여기에서 다루고자 하는 출애굽기의 이 부분의 제목은 출애굽기 24:7의 "[그가] 언약서를 가져다가 백성에게 낭독하여 듣게 하매"라는 말씀에서 가져온 것이다.

하나님께서 이스라엘 백성에게 직접 말씀하신 십계명과 달리 출애굽기의 이 부분에서 모세는 다시 한 번 중개자의 역할을 한다. "너는 이스라엘 자손에게 이같이 이르라"(20:22). 그는 저자도 아니고 편집자도 아닌 단순한 전달자이다. 우리는 여기에서 베드로가 말한 "예언은 언제든지 사람의 뜻으로 낸 것이 아니요 오직 성령의 감동하심을 받은 사람들이 하나님께 받아 말한 것임이라"(벧후 1:21)라는 말씀을 적용해도 될 듯싶다. 성경은, 그리고 특히 출애굽기의 이 장들은 모세가 진리의 기원자가 아니라 단지 진리의 전달자라는 생각을 방대한 본문을 통해 강화시켜 주고 있다.

그러나 많은 기독교인들은 출애굽기 21-23장을 마치 물고기를 먹듯이 접근하고 있다. 즉 뼈는 전부 내버리고 살만 발라 먹고 있다는 것이다. 이 비유를 좀 더 활용하자면 20장의 십계명은 살, 즉 하나님의 영원한 말씀이다. 그리고 그 다음의 세 장은 뼈이다. 별로 감동도 주지 않고, 맛도 없으며, 우리 시대와도 어울리지 않는다. 그러므로 없어도 상관없다는 식이다. 성경 본문이 중요도에 따라 각기 서로 다른 위상을 갖고 있는 것은 아니지만 이것은 별개의 문제이다. 예를 들어, 이 세 장을 강해 설교의 보고라고 받아들이기는 쉽지 않은 것이다.

언약의 책에 나오는 율법들의 유형

여기에 나오는 율법들은 다음과 같다:

1. 우상숭배 금지 및 제단에 대한 율법(20:22-26).
2. 남녀 노예에 대한 율법(21:1-11).
3. 살인, 부모에게 언어나 육체적인 폭력을 행사하는 것, 유괴에 대한 금령들. 이 모든 죄들은 사형 죄에 해당됨(21:12-17).
4. 이웃, 종, 임신한 여인 등의 다른 사람들을 해하고 불구로 만드는 사람들을 처벌하는 것에 대한 율법들(사형 죄에 해당하지 않는 경우들)(21:18-26).
5. 받는 버릇이 있는 소가 사람을 사망에 이르게 한 경우에 대한 율법으로 부주의한 주인에게 내리는 벌도 포함되어 있음(21:28-32).
6. 구덩이를 덮지 않아서 짐승이 멋모르고 빠진 경우에 대한 율법(21:33-34).
7. 한 가축이 다른 가축에 의해서 치명상을 입은 경우에 대한 율법. 필요한 조치가 취해지지 않은 경우에는 상처를 입힌 동물의 주인에게 책임

이 있음(21:35-36).

8. 도둑질에 대한 금령으로 보상을 명령(22:1-4).

9. 불법적으로 가축에게 꼴을 먹이거나 불을 지름으로써 다른 사람의 밭에 해를 입힌 것에 대한 율법(22:5-6).

10. 물건을 빌린 자와 다른 사람의 소유물을 위탁 받은 자에 대한 율법(22:7-15).

11. 처녀를 유혹해서 혼전 성관계를 가진 경우에 대한 율법(22:16-17).

12. 마술, 수간(獸姦), 우상숭배, 이방인에 대한 푸대접, 고리대금업 등의 종교사회적 문제들에 대한 잡다한 법들의 모음(22:18-31).

13. 증인과 재판관에 관한 사항 등 법정에서의 정의에 대한 내용(23:1-9).

14. 안식일 율법(23:10-13).

15. 세 가지 절기를 지킬 것에 대한 촉구(23:14-19전반절).

16. 어린 염소를 그 어미의 젖으로 삶는 것의 금지(23:19하반절).

17. 에필로그(23:30-33).

이 율법들의 순서에 대해서 어떤 의의를 찾아내려고 하는 것은 소용없는 일이다. 그러나 어쩌면 첫 번째 율법과 마지막 율법이 주제상으로 상응성을 갖고 있다는 점은 그냥 단순히 간과해서는 안될 일인 듯하다. 이 법전은 예배에 대한 부름, 즉 예배자를 하나님의 존전 앞에 직접 세우는 예배로의 부름으로 시작되고 끝을 맺는다. 하나님을 바르게 섬기는 법(제단에 대한 율법)과 하나님을 바른 때에 섬기는 법(세 번의 연례적인 절기에 대한 율법)이 그것이다.

비록 율법들의 순서에 있어서는 어떤 특정한 양상이 없지만 이 율법들을 표현하는데 사용된 문학적인 양식에 있어서는 하나의 뚜렷한 패턴이 나타나 있다. 첫 번째 율법(제단법, 20:22-26)의 문구가 십계명의 문체와 상당히 비슷하다는 점에 주목하라. "너희는 나를 비겨서 은으로 신상을 만들지 말고 너는 층계로 내 제단에 오르지 말라." 나는 이러한 종류의 율법을 정언적 율법(apodictic law)이라고 부른다는 점을 이미 앞에서 언급한 바 있다.

반면에 21:1부터 22:17까지의 율법들은 조건적인 성격을 띠고 있다.

(21:12,15,16,17은 예외이다.) 이런 종류의 율법은 결의론적 율법(casuistic law)이라고 불린다. 결의론적인 율법은 어떤 보편적인 내용을 다루는 것이 아니라 특정한 상황과 관련되어 있다. 따라서 이런 형태의 율법들은 대부분 우선적으로 전제절(前提節, a protasis)을 갖고 있는데, 이 전제절은 문제가 되는 특정 상황에 대해서 언급한다. 보통 이런 형태의 율법의 위반 사항은 "했을 때라든지"라고 할 경우 등의 문구로 표현되고 시작된다: "사람이 서로 싸우다가", "사람이 그 종을 때리면", "때때로 히브리 종을 살 때" 등과 같이 합법적인 거래에 대한 언급이 나오기도 한다.

이런 형태의 율법의 두 번째 부분은 보통 귀결절(apodosis)이라고 불린다. 대개 귀결절은 위반의 결과에 대해서 말해준다. "사람이 그 종을 쳐서 당장에 죽으면(전제절) … [그 사람은] 반드시 형벌을 받으려니와(귀결절)." 상황에 대한 더 자세한 기술이나 정상참작의 여지가 덧붙여지는 경우도 자주 있다. 만약 그 율법 조항의 당사자들이 합법적인 거래를 하는 경우 귀결절은 이 당사자들 쌍방이 가진 권리들에 대해서 말해준다.

22:18부터 23:19까지는 다시 정언적인 율법이 나온다. "너는 무당을 살려두지 말라." 따라서 이 언약의 책은 정언적 율법(20:22-26)으로부터 시작해서 결의론적 율법(21:1-22:17)으로 바뀌었다가 다시 정언적 율법(22:18-23:19)으로 바뀐다. 출애굽기 21:1은 "네가 백성 앞에 세울 율례(미쉬파팀)는 이러하니라"라고 되어 있다. 출애굽기 24:3은 "모세가 와서 여호와의 모든 말씀과 그 모든 율례를 백성에게 고하매"라는 말씀으로 시작된다.

이로부터 이끌어낼 수 있는 한 가지 그럴 듯한 결론은 결의론적인 율법을 담고 있는 21:1-22:17이 한때는 나머지 율법들과 독립적으로 존재하다가 나중에 편집자에 의해서 이 곳에 삽입되어졌다고 보는 것이다. 이 견해가 성경신학계의 주류 견해이다.

그러나 다른 해결책도 있지 않을까? 사이러스 고든(Cyrus H. Gordon, 1965: 83)은 고대 근동의 문학 양식과 더불어 성경의 몇몇 본문들을 연구했는데, 그가 발견한 바들은 이 부분을 성급하게 떼어내고자 하는 견해와 상치된다. 일례로 욥기는 산문으로 시작해서 산문으로 끝이 나며, 그 사이에 운문이 들어 있다. 다니엘서는 히브리어로 시작해서 히브리어로 끝이 나며, 그 사이에 아람어 부분이 들어 있다. 언약의 책도 이런 문학적인 구조를 갖고 있을 가능성이 있지 않을까? 처음 부분과 마지막 부분은 동일한 양식을 갖고 있는 반면에 중간 부분은 이 부분들과 다른 식으로 말이다. (십계명은 부정문 형태를 띤 세 개의 계명으로 시작했다가 긍정문 형태를 띤 두 개의 계명으로 바뀌어지며, 다시 부정문 형태의 다섯 개의 계명으로 끝이 난다.)

성경의 법전과 성경외적인 고대 근동 법전의 비교

성경의 율법을 주전 이천년기와 일천년기의 이스라엘 주변 국가들의 법전들과 비교해 보는 것이 좋을 듯하다. 가장 중요한 법전들을 오래된 것부터 나열하면 다음과 같다:

1. 우르-남무 법전(Code of Ur-nammu). 이 법전의 이름은 우르 제 3 왕조(주전 2100-2000년경)의 첫 번째 왕의 이름을 딴 것이다. 역사상 알려져 있는 첫 번째 법전이다(주전 2050년경). 이것은 수메르어로 쓰여져 있으며, 오직 부분만이 남아 있다. 이 법전은 서론과 29개의 법률 조항을 담고 있으며, 결의론적인 율법의 형태로 되어 있다.

2. 에쉬눈나 법전(Code of Eshnunna). 여기서 에쉬눈나는 인명이 아니라 지명이다. 이 에쉬눈나는 현재의 바그다드 근처에 있으며, 우르의 멸망(주전 2000년)과 함무라비 시대(주전 1800-1600년) 사이에 번창했다. 총 61개의 법률 조항으로 이루어져 있는 이것은 바빌로니아어로 쓰여진 것으로서는 가장 오래된 것이며, 주전 1980년경까지 거슬러 올라간다.

3. 리피트-이쉬타르의 법전(Code of Lipit-Ishtar). 이 법전의 이름은 우르 멸망 후에 등장한 가장 번성한 도시국가들 중의 하나인 이신(Isin)의 제 1 왕조(주전 2000-1900년경)의 통치자의 이름을 딴 것이다. 이 법전은 프롤로그, 법률 조항, 에필로그의 세 부분으로 이루어져 있다. 역시 수메르어로 쓰여져 있다. 38개의 법률 조항들이 부분적으로 혹은 완전한 모습으로 남아 있는데 전부 결의론적인 율법의 형태를 띠고 있다. 주전 1930년까지 거슬러 올라 간다.

4. 함무라비 법전(Code of Hammurabi). 함무라비는 바벨론의 제 1 왕조의 여섯 번째 왕이며, 주전 1792-1750년경에 통치했다. 이 법전 역시 에쉬눈나 법전처럼 바빌로니아어로 쓰여져 있으며, 성경외적인 법률 문헌들 중에서 가장 잘 알려져 있다. 그리고 리피트-이쉬타르 법전처럼 프롤로그 – 법률조항 – 에필로그의 세 부분으로 구성되어 있다. 이 법전에는 282개의 결의론적인 법률 조항들이 들어 있다.

5. 힛타이트 율법전(The Hittite Law Code). 이 법전은 정확하게 연대를 파악할 수가 없다. 그러나 힛타이트 전문 학자인 해리 호프너 2세(Harry Hoffner 1975: 1: 800)가 힛타이트 율법의 첫 번째 수정본의 연대는 텔리피누(Telipinu)의 치세 때(주전 1525-1500년)까지 거슬러 올라간다고 주장한 바가 있기는 하다. 법률 조항들은 두 개의 토판 속에 들어 있는데, 각 토판마다 100개씩의 율법 조항들을 담고 있다.

6. 중기 앗시리아의 율법들. 이 법률 조항들은 진흙 토판들 위에 보존되어 있다. 이 토판들은 앗시리아의 왕 티글라트-필레세르 1세(Tiglath-pileser I, 주전 1115-1077년)의 시대까지 거슬러 올라간다. 그러나 율법 조항들 자체는 그 토판들보다 3세기 정도 앞선 것일 수도 있다. 약 116개의 법률 조항들이 열한 개의 토판들 속에 보존되어 있으며, 역시 결의론적인 율법의 형태를 띠고 있다. 법률 위반에 대한 형벌로 코를 베거나 손가락을 자르는 등의 온갖 종류의 절단형이 이전의 법전들과 확연하게 차이가 날 정도로 많이 들어 있다.

이러한 법전들이 존재한다는 것이 곧 이 법 조항들이 법정에서 혹은 재판관들에 의해서 사용되었다는 것을 의미하는 것은 아니다. 이 법률들은 결코 규범적인 위치를 차지하지 못했다. 오히려 거의 무시를 당한 편이었다. 앗시리아 학자들 중 다음 두 명이 이 점을 잘 지적하고 있다.

레오 오펜하임(A. Leo Oppenheim 1977: 158)은 "이 법전[함무라비 법전]은 당시의 사법적인 관행과 아무런 직접적인 관련이 없다. 많은 본질적인 점들에 있어서 이 법전의 내용들은 왕이 사회적으로 가진 책임들, 그리고 그가 현실과 이상 사이의 차이에 대해서 인식하고 있다는 점을 문서상으로 표현해 놓은 것일 뿐이다"라고 지적하였다.

또한 윌리엄 헬로(William W. Hallo 1971: 176)는 이렇게 말했다. "[이 법전들]은 범죄들에 대한 보편적인 기준의 역할을 하지 않았다. 또한 법정에서 판결을 내릴 때 참고되거나 꼭 활용된 것도 아니다. 그러나 이 법전들은 학교에서 학습되었으며 서기관들이나 재판관들의 교육 프로그램의 한 부분을 차지하고 있었다는 것은 틀림없는 사실이다." 다시 말해 판결을 내리는 데 있어서 지침이 된 것은 법전들이 아니라 전통이나 대중적인 여론, 심지어는 상식 등이었던 것이다.

이 법률 문헌들을 검토해 보면 어떤 경우에는 출애굽기의 언약의 책이나 신명기의 율법들과 문구 하나까지 동일한 경우들도 발견하게 된다. 또 어떤 율법들은 출애굽기의 율법들과 용어상의 차이를 빼놓고는 현저하게 비슷하다. 차일즈(Childs 1974: 462-63)는 언약의 책과 이방 법전들 사이의 비슷한 부분들을 매 항목마다 발견하였다.

또한 웨스트브룩(Westbrook 1994b: 21)은 다음과 같이 지적하였다. "언약의 책의 절반 이상의 조항들에서 우리는 이런저런 설형문자 법전들과 병존하는 부분들, 비슷한 법령들, 혹은 완전히 동일한 법령들을 발견한다." 성경의 율법들이 고대 근동의 법전들과 비슷한 법령들을 담고 있다는 것은 최소한 다음 두 가지 근거에서 볼 때 놀랍거나 예기치 못한 것이거나 의심스러운 것으로 여겨질 필요가 없다. 첫째, 언약의 책이 금지하고 있는 많은 행위들은 살인 등과 같이 고대의 모든 사회들이 다 금지하고 있는 사항들이다. 예를 들어 출 21:12의 "사람을 쳐 죽인 자는 반드시 죽일 것이니라"는 조항은 만약 어떤 사람이 살인을 하면 그 사람은 죽임을 당해야 한다는 수메르의 우르-남무 법전과 크게 다르지 않다. 둘째, 불과 출애굽의 몇 장 전(18장)에 보면 이스라엘 사회에 어떻게 정의를 시행할 것인가 하는 것에 대한 조언이 비(非)이스라엘적인 원천, 즉 모세의 장인 이드로에게서 나왔음을 볼 수 있다(Olson 1996: 262를 보라).

여종에 대한 율법

자기 아버지에 의해서 종으로 팔리게 된 딸에 대한 출애굽기 21:7-11의 율법을 예로 들어서 살펴보기로 하자. 내용을 살펴보면 남종과는 달리 그녀는 육 년 후에도 자유인이 되지 못할 수도 있다. 그러나 만약 그녀가 장차 남편이 될 사람의 마음에 들지 못하면 그녀는 자기 가족에게 돌아가야 한다. 만약 그녀가 주인의 며느리가 된다면 그녀는 딸처럼 대우를 받아야 한다. 그리고 혹시 그녀가 주인과 결혼하게 되면 나중에 주인이 다른 여자와 결혼하더라도 그녀의 지위는 낮아지지 않는다. 그녀의 주인이나 남편이 이 네 가지 사항들 중 어느 것을 위반하면 그녀는 자유를 얻게 된다.

이와 비슷한 율법들을 살펴보자.

함무라비 법전 170,171조: "어떤 남자의 첫 번째 아내가 그의 아이들을 낳고 또한 그의 여종도 역시 그의 아이들을 낳아 준 경우 만약 그가 살아 있을 동안에 그 남자가 낳은 자식에게 '내 아이들!'이라고 말한 적이 있다면 첫 번째 아내의 아이들과 여종의 아이들은 부모의 재산을 동등하게 나누어 가져야 한다." 171조는 한 남자와 그의 여종의 자녀들의 반대 상황에 대해서 언급하고 있다: "만약 그가 [그들을] '내 아이들!'이라고 부른 적이 없다면." 이 경우에는 여종의 자녀들은 부모의 재산을 물려 받을 자격이 없다. 그러나 그들은 해방되어야 한다.

함무라비 법전 119조: "빚을 상환할 때가 된 사람이 자기 아이를 밴 여종을 팔았다면 이 주인은 상인이 치른 값을 되돌려주고 그 여종을 대속해 주어야 한다."

함무라비 법전 146,147조: "애를 배지 못하는 여자가 자기 남편에게 여종을 준 경우 그 여종이 자기보다 먼저 애를 낳게 되면 그 여종을 팔 수 없다."

에쉬눈나 법전 31조: "한 남자가 자기 여종의 동정을 뺏은 경우 그는 3분의 1 미나의 은을 지불해야 한다. 그리고 그 여종은 자기 주인의 소유로 남는다."

에쉬눈나 34조: 만약 궁전의 여종들이 자기 아들이나 딸을 궁전이나 사원에서 일하는 사람들에게 기르도록 맡기면 궁전은 그녀가 맡긴 아들이나 딸을 다시 되돌릴 수 있다."

힛타이트 법전 31조(토판 1번): "한 자유인 남자와 여종이 사랑해서 같이 살다가 그가 그녀를 아내로 취해서 가정을 이루고 아이들을 가졌는데 나중에 헤어지게 되면 그 남자는 그 아이들을 차지하며, 그녀는 한 아이를 차지한다." 법률 조항 32조와 33조는 각각 남종이 자유인 여자와 결혼한 경우와 남종이 여종과 결혼한 경우를 다루고 있다. 이 두 경우 모두 결혼관계가 깨지게 되면 결과는 31조와 동일하다.

리피트-이쉬타르 25,26조: "한 남자와 여자가 결혼해서 자녀들을 낳아서 그 자녀들이 여전히 살아 있는 동안에 한 여종이 이 남자 주인의 아이를 갖게 되었는데 그 남자가 이 여종과 자녀들에게 자유를 주었을 경우 그 여종의 자녀들은 자기 이전 주인의 자녀들과 재산을 나누지 못한다." 제26조는 홀아비가 여자 노예와 결혼했는데 이 여자 노예가 첫 번째와 두 번째 결혼으로부터 모두 아이를 낳은 경우를 다루고 있다. 첫 번째 결혼을 통해서 난 자녀들에게서 상속자의 지위를 빼앗을 수 없다.

뿔로 받는 버릇이 있는 소에 대한 율법

성경과 성경외적인 법전 사이의 공통점에 대해서 한 가지만 예를 더 들어 보자. 이것은 출애굽기 21:28-36의 뿔로 받는 버릇이 있는 소에 관한 것이다. 이 법은 하나의 긴 율법 조항으로 되어 있긴 하지만 사실은 세 개의 조항을 담고 있다. (1) 소가 사람을 받는 경우(21:28-32); (2) 구덩이를 파놓고 덮어 놓지 않음으로써 동물이 떨어져 다치게 만든 부주의한 사람에 대해서 다루고 있는 중간 조항(21:33-34); (3) 소가 다른 소를 받는 경우(21:35-36). 세부적인 내용을 보자면 어떤 소가 사람을 죽이면 그 소를 죽이되 그 고기는 먹어서는 안 된다. 그 소의 주인에게는 책임이 없다. 그러나 그 소가 성질이 나쁜 것으로 알려져 있는데 그 주인이 경고를 무시한 경우 그 소가 사람을 죽이면 그 주인도 역시 처형을 당하게 된다. 어떤 사람의 소가 다른 사람이 파놓은 구덩이에 빠지면 후자는 그 죽은 소의 주인에게 배상을 해야 한다. 만약 어떤 소가 다른 사람의 소를 죽이면 그 손해를 서로 나눈다. 소유자가 자기 소가 받는 버릇이 있다는 것을 알고 있으면서도 아무런 조치를 취하지 않았을 경우에는 그 소유자가 모든 책임을 져야 한다.

비슷한 조항들은 다음과 같다.

함무라비 법전 250조: "한 소가 길을 걷고 있다가 사람을 죽게 한 경우는 소송을 걸 수 없다."

함무라비 법전 251조: "소가 받는 버릇이 있는 것에 대해서 시청에서 주인에게 경고를 했는데도 그 주인이 그 소의 뿔을 싸매거나 그 소를 묶어두지 않아서 그 소가 귀족 중의 한 명을 받아 죽이면 그 주인은 은 반 미나를 지불해야 한다.

에쉬눈나 법전 53조: "한 소가 다른 소를 받아 죽이면 두 소의 주인은 살아 있는 소와 죽은 소의 값을 똑같이 나누어 갖는다."

에쉬눈나 법전 54조; "소가 받는 버릇이 있는 것에 대해서 당국에서 그 주인에게 고지를 했는데도 불구하고 그 주인이 그 소의 뿔을 빼지 않았다가 그 소가 사람을 뿔로 받아 죽이면 그 소의 주인은 은 삼분의 이 미나를 지불해야 한다."

핑켈스타인(Finkelstein 1981: 36-39)은 출애굽기의 경우에는 소가 사람을 받았을 경우(21:28-32)와 소가 다른 소를 받았을 경우(21:35-36) 간에 중대한 차이가 있다는 점을 파악했다. 반면에 에쉬눈나 법전의 경우에는 이 경우들이 출 21:33-34에 나오는 것과 같은 중간 조항이 없이 이어서 나타난다. 사람에 가해진 손해는 재산에 가해진 손해보다 더 중대하다. 이것은 왜 함무라비 법전과 에쉬눈나 법전의 경우에는 사람을 죽인 못된 소의 주인이 단지 벌금만 물고 마는데 반하여 언약의 책에서는 사형(출 21:29)을 당하는지를 설명해준다.

성경의 법전과 성경외적인 법전 간의 차이

성경의 율법 조항들과 거의 정확하게 일치하는 법률 조항들을 이방 문헌에서도 많이 찾아볼 수 있다는 점은 잘 살펴 보았다. 이처럼 비슷한 법률 조항들이 이방 문헌에도 존재하는 것보다는 존재하지 않는 것이 더 성경의 율법들의 진정성을 의심하게 만들 것이다. 모든 사회나 문명은 일련의 일탈 행위들(예를 들어 살인, 증오, 억압 등)을 불법화하고 또한 일련의 다른 행위들

(예를 들어 가난한 자에게 공의를 베풀거나 연민을 가지는 것)은 조장하게 마련이다. 이러한 점들에 있어서 이스라엘은 별날 것이 없었다. 또한 주변 국가들의 관행을 훨씬 넘어서는 하나님의 말씀을 특별히 더 받은 것이 아닌 경우도 많았다.

그러나 그렇다고 해서 고대 지중해 지역의 법전들을 모두 동일시해서는 안 된다. 상호 간의 유사성이 아주 두드러지게 나타나는 부분에 있어서도 성경의 법전과 성경외적인 법전들 사이에는 분명한 차이점들이 드러난다. 예를 들어, 받는 버릇이 있는 소에 대한 여러 법들에 대한 논의를 살펴보자. 우리가 이미 살펴본 바와 같이 가장 중요한 차이점은 출애굽기의 본문이 훨씬 더 강한 처벌을 규정하고 있다는 점이다. 함무라비 법전과 에쉬눈나의 법전에서는 오직 희생자 가족에 대한 경제적인 보상만이 다루어지고 있다. 그 주인은 은 반 미나를 지불해야 한다(함무라비 251조). 그 주인은 은 삼분의 이 미나를 지불해야 한다(에쉬눈나 54조). 반면에 출애굽기 21:28은 그 소를 죽일 것(참고, 창 9:5-6)과 그 고기를 먹지 말 것을 명하고 있다. 또한 그 주인이 그 소가 가진 위험성에 대한 경고들을 무시했다가 그 소가 사람을 죽이면 피해자의 가족이 큰 보상금을 받는 것으로 합의를 해 주지 않는 한 그 주인 역시 죽임을 당해야 한다(출 21:30). 여기에서 우리는 인간의 생명에 높은 가치가 부여되고 있음을 보게 된다. 다른 사람의 목숨을 앗아간 것에 대해서는 벌금이 정당한 대가가 될 수가 없는 것이다.

우리는 또한 종들에 관한 법에서도 뚜렷한 강조점의 차이를 발견할 수 있다. 이에 대한 출애굽기의 법들은 거의 전적으로 종들이 가진 권리들에 관심이 있거나, 그 종들이 어떤 식으로든 학대를 받거나 부당한 취급을 받을 경우에 그 주인이 보상을 해주어야 하는 부분에 관심이 있다(21:1-11,20-21,26-27,32). 언약의 책에서는 이에 대한 법률 조항들이 그 서두에 나오는 반면에 함무라비 법전에서는 이 주제에 대한 법률 조항들이 말미(제278-282조)에 나온다는 점은 그저 무의미한 것만은 아님에 틀림없다.

언약의 책은 출 21:23-25의 "눈에는 눈, 이에는 이"라는 조항을 제외하면 몸을 절단하는 식의 처벌이 전혀 들어 있지 않다. 반면에 주전 일천년대 중기의 앗시리아의 법들에는 그러한 식의 판결들이 만연했다. 또한 심지어는 함무라비 법전도 특정 범죄들에 대해서 머리털(127조)을 반을 깎아내거나, 혀(192조), 눈(193조), 노예의 귀(205조)나 손(218,226,253조)을 잘라내는 식의 처벌들에 대해 규정하고 있다. 전쟁 죄수들도 비슷한 처벌을 받았을 수도 있다. 블레셋인들의 손아귀에 든 삼손(삿 16:21)이나 암몬 사람 나하스가 길르앗 야베스의 거민들을 협박할 때 한 말(삼상 11:2)이나 블레셋 사람들에 의해 난도질당한 사울(사망 31:9-10)이나 암몬 지경에서 다윗의 군대가 당한 일(삼하 10:4) 등을 보라.

성경도 역시 "눈에는 눈, 이에는 이"를 규정하고 있는 것은 사실이다(출 21:24-25). 이것은 바로 그 유명한 동해동형법(同害同刑法, 렉스 탈리오니스[lex talionis])으로서 함무라비 법전 197조의 "뼈에는 뼈"와 200조의 "이에는 이"와 일치한다. 그러나 함무라비 법전의 이 두 조항은 귀족이 자기와 같은 계층의 사람을 상해한 경우에만 해당된다.

예수께서 마태복음 5:38 이하에서 이 법에 대해 언급한 내용의 의미를 곡해함으로써 많은 사람들은 이것이 구약과 신약의 사상의 차이를 보여주는 가장 고전적인 예라고 생각해 왔다. 즉 구약은 복수에 대해서 가르치고, 신약은 용서에 대해서 가르치고 있다는 것이다. 그러나 이러한 이원론적인 생각은 전혀 사실과는 거리가 멀다. 언약의 책 자체(출 23:4-5)에도 원수를 도울 것에 대한 명령이 나오기 때문이다.

출애굽기의 법이 가르치고 있는 것은 정의가 모든 사람에게 공평하게 적용되어야 한다는 원리이다. 다시 말해 죄와 처벌은 서로 상응해야 한다(눈에는 눈이어야 하고, 이에는 이어야 함)는 것이다. 형벌은 죄의 대가를 초과해서는 안 된다(가난한 자와 특권 없는 자들이 지나친 형벌의 희생자가 되지 않도록). 또한 형벌은 죄의 대가보다 작아서도 안 된다(부자들이 그 지위나 사교능력이나 돈을 통한 매수에 의해 법의 처벌을 피해 나가지 못하도록).

예수께서 산상수훈에서 강조하는 바는 사람이 자기에게 가해진 악에 대해서 그저 단순하게 정의를 시행하는 차원을 넘어서서 자기에게 해를 가한 사람을 도와주는 차원까지 나아갈 것을 촉구하는 것이다.

결론적으로 말해 성경의 법과 성경외적인 법의 차이를 너무 지나치게 강조하거나(Jackson 1973a를 보라) 축소시키는 것은 옳지 않다. 비교 연구시 가장 중요한 것은 개별적인 법 조항들보다도 출애굽기의 이 부분에서 하나님이 차지하고 있는 위치이다. 첫째, 하나님은 이 율법들의 저자이시다. "여호와께서 모세에게 이르시되 너는 이스라엘 자손에게 이같이 이르라"(출 20:22). "네가 백성 앞에 세울 율례는 이러하니라"(21:1). 함무라비 법전이 기록된 석비에도 역시 이 법들을 기록하는 임무를 정의의 신이자 태양신인 샤마쉬(Shamash)로부터 위임받는 장면을 보여주는 양각화가 새겨져 있는 것이 사실이다. 또한 이 법전의 에필로그와 프롤로그는 샤마쉬(Shamash)와 마르둑(Marduk)의 주권과 권위에 호소하고 있다. 그러나 282개의 법 조항 그 어느 곳에서도 신이 말하는 법은 없다. 이 점은 다른 법전들의 경우에도 역시 마찬가지이다.

이와는 대조적으로 하나님은 모세에게 말할 것을 위임하실 뿐만 아니라 그분 자신이 직접 전체를 통하여서 일인칭으로 말씀하신다. 특히 20:22-26; 22:20-23:19가 더욱 그러하다. "내가 하늘에서부터 너희에게 말하는 것을 너희가 친히 보았으니"(20:22); "내게 토단을 쌓고"(20:24). ("나를" 혹은 "나"라는 단어가 20:22-26의 짧은 부분에 일곱 번이나 들어 있다). "또한 내가 위하여 한 곳을 정하리니"(21:13); "내가 반드시 그 부르짖음을 들을지라"(22:23); "내가 죽이리니"(22:24); "내가 들으리니"(22:27); "나는 악인을 의롭다 하지 아니하겠노라"(23:7); "내가 네게 이른 모든 일을 삼가 지키고"(23:13); "내가 네게 명한 대로"(23:15); "내가 보내어"(23:20) 등의 구절도 참고하라. 법률 조항들을 선포하는데 있어서도 율법의 중보자인 모세는 율법의 수여자인 하나님에게 종속적인 위치에 선다. 모세는 말이 없이 사라진다. 그리고는 마지막에 가서야 잠깐 다시 나타난다.

비록 우리는 이 법 조항들에 나타난 바와 같이 이스라엘이 주변 국가들보다 더 높은 도덕적인 민감성을 갖고 있었다고 말하고 싶지만 그럼에도 불구하고 언약의 책에서조차 우리는 여전히 약간의 불공평한 것들이 남아 있음을 볼 수 있다. 종들은 많은 특권들을 누리고 있음에도 불구하고 여전히 자유인들보다는 못한 대우를 받고 있다. 살인한 자는 사형을 당하는 것(21:12)이 규정이지만 종이 죽임을 당하면 그 주인은 형벌을 받는 것으로 끝이다(출 21:20). 반드시 죽일 것이니라는 규정은 나오지 않는다. 동해동형법과 만민을 위한 공평한 정의를 말하고 있는 법들에서 노예는 언급되지 않는다(출 21:26-27). 남종은 육 년 후에 자유의 몸이 된다(출 21:2). 그러나 여종의 경우에는 강제로 성적인 가해를 당한 경우를 제외하고는 이러한 규정이 적용된다는 언급이 없다(출 21:27). 일년에 세 번 찾아오는 절기들에는 오직 남자들만이 순례에 참여하며(출 23:17), 여자는 제외되었다. 이 마지막 사항은 어떤 사람들의 주장과는 달리 구약이 가부장적이고 여성혐오적임을 보여주는 필연적인 증거는 아니다. 여자가 성전의 창기(娼妓)로서 활동했던 고대 근동의 대중적인 풍요 제의들(fertility cults)에서 여자들이 천한 역할을 했던 것에 비추어 볼 때 이스라엘의 절기들에 여자들이 배제된 것은 이들을 차등적 지위로 깎아 내리고 있는 것을 보여주는 것이 아니다. 이것은 오히려 인간으로서의 이들의 명예와 존엄성을 보호하고 존중해주는 방법인 것이다. 또한 23:17과 같은 구절이 말하고 있는 내용은 이러한 절기에 참석하는 것이 남자에게는 의무적인 것이지만 여성에게는 선택 사항이었다는 것일 수도 있다. 임신 중이거나 아기를 돌보아야 하는 경우에는 여자는 이런 것에 참여하는 것을 면제받을 수도 있었을 것이다.

언약의 책이 함무라비 법전보다 더 숭고한 위치에 있는 것은 사실이지만 우리는 이 첫 번째의 산상수훈인 언약의 책 역시 두 번째의 산상수훈의 더 충만한 말씀을 고대하고 있다.

언약 비준 의식(24:1-18)

말씀을 행하는 자가 아니라 단지 듣는 자로서 하나님의 말씀을 듣는 것으로는 충분하지가 않다. 또한 마음이 내키지도 않으면서 순종의 표시로서 고개만 까닥거리는 것도 용납되지 않는다. 이스라엘 백성이 시내 산에 도착한 직후에 "여호와의 명하신 대로 우리가 다 행하리이다"(출 19:8)라고 대답한 것은 아마 성급한 일이었던 듯 하다. 그들은 출애굽기 19:5-6에 기록된 "너희가 내 말을 잘 듣고"라는 하나님의 도전을 충분히 소화할 준비가 되어 있다고 생각했던 듯하다.

이처럼 이스라엘 백성이 대답하고 난 이후에 하나님께서 십계명을 직접 말씀하시고, 모세가 언약의 책을 전달하고(출 20-23장과 24:3a,7), 이것들을 기록(24:4)하는 일이 뒤따른다. 이스라엘은 하나님의 말씀을 받아들이고 앞으로 거기에 충성할 것을 이구동성으로 맹세한다. 그것도 한 번이 아니라 두 번씩이나! 그들이 전심으로 신실하게 맹세를 했다는 점에는 의심의 여지가 없다(베드로의 "내가 주와 함께 옥에도, 죽는 데도 가기를 준비하였나이다" 라는 말처럼). 그러나 32장의 사건들이 보여주는 바와 같이 그러한 충성의 맹세는 오래 지속될 수가 없었다. 하지만 모세는 그들의 충성심에 대해서 아무런 의문도 제기하지 않는다. 그는 그들의 말을 있는 그대로 받아들여준다.

언약의 체결을 매듭짓기 위해 모세는 출 17:15에서 한 것처럼 산 아래에 제단을 짓고 합당한 사람들이 하나님께 희생제사를 드리도록 시켰다(히브리어로 제단은 '희생제사의 장소' 라는 의미를 갖고 있다). 잡은 동물의 피의 절반은 제단에 뿌리고, 나머지 절반은 사람들 위에 뿌렸다. 이 특별한 의식은 이제 새로 맺어진 관계에 대해서 쌍방의 헌신을 말해주는 듯하다. 여기에서 제단에 의해 상징되는 하나님은 자신을 스스로 자기 백성들에게 구속시킨다. 그는 자기 백성들에게 불성실하지 않을 것이다. 이와 마찬가지로 이 백성도 헌신하기로 한다. 서로가 서로에게 헌신하지 않는다면 어떻게 좋은 관계가 맺어질 수 있겠는가? 잰즌(Janzen 1997: 187)이 주장한 바와 같이 피는 또한 언약 관계에 전적으로 헌신되어 그 관계를 위해서라면 그 자신을 내어 놓을 준비가 되어 있는 삶을 나타낸다. 그러나 피가 제단(6절)에 먼저 뿌려지고 나서 백성들(8절)에게 뿌려진 의식에 대해서는 다른 설명도 가능하다. 이런 의식은 제사장들의 임명식 때 다시 한 번 치러진다. 희생제물의 피가 먼저 제단에 뿌려지고(출 29:30; 레 8:24)나서 아론과 그의 아들들에게 뿌려진다(출 29:21; 레 8:30). 또한 이 두 이야기는 모두 먹는 장면(출 24:11b와 출 29:22-34; 레 8:31-36)을 담고 있다. 창 26:30과 31:54가 보여주듯이 언약은 종종 식사와 더불어 봉인되고 기념되었다(오늘날의 결혼 피로연의 경우처럼). 따라서 하나님은 자기 백성 중의 일부의 (작은) 집단(제사장 계급)을 기름 부어 임명하시기 전에 자기의 언약 백성 전부가 자기를 섬기도록 기름 부어 임명하신 것이다.

이 의식이 끝난 후에 이제 이 일에서 놓임을 받은 모세는 선별된 사람들과 산에 오른다. 이 장면의 묘사에 사용된 단어들은 아주 충격적이다. "이스라엘의 하나님을 보니 그들은 하나님을 뵙고"(출 24:10-11). 이어서 이들은 천상의 잔치를 갖는다. "그들은 먹고 마셨더라." 아무런 대화도 기록되어 있지 않다는 사실은 놀라운 것이 아니다.

우선 74명의 사람들이 백성들 중에서 구별되어졌다(출 24:9). 그 다음에 모세가 다시 이 무리로부터 분리되어졌다(24:12). 그러나 이것은 오직 육 일 동안 기다린 다음의 일이었다. 그리고는 우리는 다시 19장과 비슷한 장면으로 되돌아간다. 맹렬한 불과 같은 하나님의 영광이 산과 모세를 감싼다. 모세에게 있어서 산의 정상은 지성소와 같은 곳이다. 이곳으로 모세는 혼자 들어간다. 그의 심장 박동이 빨라졌을 것이 틀림없다.

모세가 "산에 올라 구름 속으로 들어가서"(18절)라고 되어 있는 상황과 "모세가 회막에 들어갈 수 없었으니 이는 구름이 회막 위에 덮이고 여호와의 영광이 성막에 충만함이었으며"라고 되어 있는 40:35을 비교해 보는 것은 흥미로운 일이다. 시내 산(모세가 하나님의 구름 속으로 들어가도록 허락되지 않은 회막과 대조됨)에서는 그는 하나님의 구름 속으로 들어가도록 허락을 받았다. 이 양자(들어가는 것을 허락 받은 것과 못 받은 것)를 함께 이해할 수 있는 거의 유일한 방법은 모세가 시내 산에서 들어감을 허락 받은 것이 일회적이고 유일하고 비반복적인 경험이라고 생각하는 것이다. 모세는 회막에 들어갈 때는 하나님의 목소리는 들을 수 있었지만 그를 볼 수는 없었다. 법궤는 수건/휘장에 의해 그의 시야로부터 가려져 있었다

시내 산 신현과 언약(출 19-24장)

Alexander, T. D. 1999. "The Composition of the Sinai Narrative in Exodus xix i–xxiv ii." *VT* 49:2–20.

Arichea, D. C., Jr. 1989. "The Ups and Downs of Moses: Locating Moses in Exodus 19-33." *BT* 40:244–46.

Blenkinsopp, J. 1992. *The Pentateuch: An Introduction to the First Five Books of the*

Bible. New York: Doubleday.

———. 1997. "Structure and Meaning in the Sinai-Horeb Narrative." In *A Biblical Itinerary: In Search of Method, Form and Content; Essays in Honor of George W. Coats*. Ed. E. Carpenter. JSOTSup 240. Sheffield: Sheffield Academic Press. Pp. 109–25.

Brettler, M. Z. 2000. "The Many Faces of God in Exodus 19." In *Jews, Christians, and the Theology of the Hebrew Scriptures*. Ed. A. O. Bellis and J. S. Kaminsky. SBLSymS 8. Atlanta: Society of Biblical Literature. Pp. 353–67.

Dozeman, T. B. 1989a. "Spatial Form in Exodus 19:1–8a and in the Large Sinai Narrative." *Semeia* 46:87–101.

———. 1989b. *God on the Mountain: A Study of Redaction, Theology and Canon in Exodus 19–24*. SBLMS 37. Atlanta: Scholars Press.

Eichrodt, W. 1961–1967. *Theology of the Old Testament*. Trans. J. Baker. 2 vols. OTL. Philadelphia: Westminster.

Gowan, D. E. 1994. *Theology in Exodus: Biblical Theology in the Form of a Commentary*. Louisville: Westminster John Knox.

Hague, M. R. 2001. *The Descent from the Mountain: Narrative Patterns in Exodus 19–40*. JSOTSup 323. Sheffield: Sheffield Academic Press.

Hendel, R. S. 1989. "Sacrifice as a Cultural System: The Ritual Symbolism of Exodus 24,3–8." *ZAW* 101:366–90.

Hilber, J. W. 1996. "Theology of Worship in Exodus 24." *JETS* 39:177–89.

Mendenhall, G. E. 1990. "Covenant." *Encyclopaedia Britannica*. 15th ed. 32 vols. Chicago and London: Encyclopaedia Britannica. Vol. 5, pp. 226–30.

Muilenburg, J. 1959. "The Form and Structure of the Covenantal Formulations." *VT* 9:347–65.

Nicholson, E. W. 1974. "The Interpretation of Exodus xxiv 9–11." *VT* 24:77–97.

———. 1975. "The Antiquity of the Tradition in Exodus xxiv 9–11." *VT* 25:69–79.

———. 1976. "The Origin of the Tradition in Exodus xxiv 9–11." *VT* 26:148–60.

———. 1986. *God and His People: Covenant and Theology in the Old Testament*. Oxford: Clarendon.

Phillips, A. 1984. "A Fresh Look at the Sinai Pericope—Part 2." *VT* 34:282–94. Repr., in *Essays on Biblical Law*. JSOTSup 344. Sheffield: Sheffield Academic Press, 2002. Pp. 37–48.

Rad, G. von. 1962. *Old Testament Theology*. Trans. D. M. G. Stalker. 2 vols. New York: Harper & Row. Vol. 1, pp. 190–219.

Rendtorff, R. 1989. "'Covenant' as a Structuring Concept in Genesis and Exodus." *JBL* 108:385–93. Repr., in *Canon and Theology: Overtures to an Old Testament Theology*. Minneapolis: Fortress, 1993. Pp. 125–34.

Schramm, B. 2000. "Exodus 19 and Its Christian Appropriation." In *Jews, Christians, and the Theology of the Hebrew Scriptures*. Ed. A. O. Bellis and J. S. Kaminsky. SBLSymS 8. Atlanta: Society of Biblical Literature. Pp. 327–52.

Van Seters, J. 1988. "'Comparing Scripture with Scripture': Some Observations on the Sinai Pericope of Exodus 19–24." In *Canon, Theology and Old Testament Interpretation: Essays in Honor of Brevard S. Childs*. Ed. G. M. Tucker et al. Philadelphia: Fortress. Pp. 111–30.

Weinfeld, M. 1975. "Berith." *TDOT* 2:253–79.

The Ten Commandments (Exodus 20:1–21)

Barclay, W. 1974. *The Ten Commandments for Today*. New York: Harper & Row.

Bright, J. 1973. "The Apodictic Prohibition: Some Observations." *JBL* 92:185–204.

Brooks, R. 1990. *The Spirit of the Ten Commandments: Shattering the Myth of Rabbinic Legalism*. San Francisco: Harper & Row.

Brown, W. P., ed. 2004. *The Ten Commandments: The Reciprocity of Faithfulness*. Library of Theological Ethics. Louisville: Westminster John Knox.

Cassuto, U. 1967. *A Commentary on the Book of Exodus*. Jerusalem: Magnes.

Childs, B. S. 1974. *The Book of Exodus: A Critical, Theological Commentary*. OTL. Philadelphia: Westminster.

Clines, D. J. A. 1995. "The Ten Commandments, Reading from Left to Right." In *Words Remembered, Texts Renewed: Essays in Honour of J. F. A. Sawyer*. JSOTSup 195. Sheffield: Sheffield Academic Press. Pp. 97–112.

Curtis, E. M. 1985. "The Theological Basis for the Prohibition of Images in the Old Testament." *JETS* 28:277–87.

Greeley, A. M. 1975. *The Sinai Myth: A New Interpretation of the Ten Commandments*. New York: Doubleday.

Greenberg, M. 1971. "Decalogue." *EncJud* 5:1435–46.

Haggerty, B. A. 1978. *Out of the House of Slavery: On the Meaning of the Ten Commandments*. New York: Paulist Press.

Harrelson, W. 1980. *The Ten Commandments and Human Rights*. Philadelphia: Fortress.

Heschel, A. J. 1954. *Man's Quest for God: Studies in Prayer and Symbolism*. New York: Scribner.

Johnstone, W. 1988. "The Decalogue and the Redaction of the Sinai Pericope in Exodus." *ZAW* 100:361–85.

Mendenhall, G. E. 1973. *The Origins of the Biblical Tradition*. Baltimore: Johns Hopkins University Press.

Miller, P. D., Jr. 1989. "The Place of the Decalogue in the Old Testament and Its Law." *Int* 43:229–42.

Napier, B. D. 1963. *The Book of Exodus*. The Layman's Bible Commentary 3. Richmond: John Knox.

Nicholson, E. W. 1977. "The Decalogue as the Direct Address of God." *VT* 27:422–33.

Patrick, D. 1995. "The First Commandment in the Structure of the Pentateuch." *VT* 45:107–18.

Phillips, A. 1970. *Ancient Israel's Criminal Law: A New Approach to the Decalogue*. Oxford: Blackwell.

———. 1983. "The Decalogue—Ancient Israel's Criminal Law." *JJS* 34:1–20. Repr., in *Essays on Biblical Law*. JSOTSup 344. Sheffield: Sheffield Academic Press, 2002. Pp. 2–24.

———. 1984. "A Fresh Look at the Sinai Pericope—Part 1." *VT* 34:39–52. Repr., in *Essays on Biblical Law*. JSOTSup 344. Sheffield: Sheffield Academic Press, 2002. Pp. 25–37.

Provan, I. 2001. "'All These I Have Kept Since I Was a Boy' (Luke 18:21): Creation,

Covenant and the Commandments of God." *Ex Auditu* 17:31–46.

Segal, Ben-Zion, ed. 1985. *The Ten Commandments in History and Tradition.* Jerusalem: Magnes.

Stamm, J. J., and M. E. Andrews. 1967. *The Ten Commandments in Recent Research.* Naperville, Ill.: Allenson.

Tappy, R. E. 2000. "The Code of Kingship in the Ten Commandments." *RB* 107:321–33.

Trueblood, E. 1972. *Foundations for Reconstruction.* Waco, Tex.: Word.

Weinfeld, M. 1973. "The Origin of the Apodictic Law: An Overlooked Source." *VT* 23:63–75.

Williams, J. G. 1971. *Ten Words of Freedom: An Introduction to the Faith of Israel.* Philadelphia: Fortress.

Wolff, H. W. 1974. "The Elohistic Fragments in the Pentateuch." In *The Vitality of Old Testament Traditions,* by H. W. Wolff and W. Brueggemann. Atlanta: John Knox. Pp. 67–82.

Wouk, H. 1959. *This Is My God.* New York. Doubleday.

The Covenant Code (Exodus 20:22–23:33)

Anderson, C. B. 2004. *Women, Ideology, and Violence: Critical Theory and the Construction of Gender in the Book of the Covenant and Deuteronomic Law.* New York: Continuum.

Blenkinsopp, J. 1995. *Wisdom and Law in the Old Testament: The Ordering of Life in Israel and Early Judaism.* Rev. ed. New York: Oxford University Press. Pp. 94–102.

Carmichael, C. M. 1972. "A Singular Method of Codification in the *Mishpatim.*" *ZAW* 84:19–25.

———. 1992. *The Origins of Biblical Law: The Decalogues and the Book of the Covenant.* Ithaca, N.Y.: Cornell University Press.

Elison, H. L. 1973. "The Hebrew Slave: A Study in Early Israelite Society." *EvQ* 45:30–35.

Fensham, F. C. 1976. "The Role of the Lord in the Legal Sections of the Covenant Code." *VT* 26:262–74.

Finkelstein, J. J. 1981. *The Ox That Gored.* Transactions of the American Philosophical Society 71.2. Philadelphia: American Philosophical Society.

Fuller, R. 1994. "The Miscarriage Interpretation and the Personhood of the Fetus." *JETS* 37:169–84.

Gordon, C. H. 1965. *The Ancient Near East.* New York: Norton.

Greenberg, M. 1960. "Some Postulates of Biblical Criminal Law." In *Yehezkel Kaufmann Jubilee Volume.* Ed. M. Haran. Jerusalem: Magnes. Pp. 5–28.

Greengus, S. 1992. "Law." *ABD* 4:242–65.

———. 1976. "Law in the Old Testament." *IDBSup* 532–37.

———. 1994. "Some Issues Relating to the Comparability of Laws and the Coherence of the Legal Tradition." In *Theory and Method in Biblical and Cuneiform Law: Revision, Interpolation and Development.* Ed. B. M. Levinson. JSOTSup 181.

Sheffield: Sheffield Academic Press. Pp. 60–87.

Hallo, W. W., and W. K. Simpson. 1971. *The Ancient Near East: A History.* New York: Harcourt Brace Jovanovich.

Hanson, P. D. 1977. "The Theological Significance of Contradiction within the Book of the Covenant." In *Canon and Authority.* Ed. G. W. Coats and B. O. Long. Philadelphia: Fortress. Pp. 110–31.

Haran, M. 1979. "Seething a Kid in Its Mother's Milk." *JJS* 30:23–35.

Hoffner, H. A., Jr. 1975. "Hittites." In *Wycliffe Bible Encyclopedia.* Ed. C. F. Pfeiffer, H. F. Vos, and J. Rea. 2 vols. Chicago: Moody. Vol. 1, pp. 799–801.

Jackson, B. S. 1972. *Theft in Early Jewish Law.* New York: Oxford University Press.

———. 1973a. "Reflections on Biblical Criminal Law." *JJS* 24:8–38.

———. 1973b. "The Problem of Exod. xxi 22–25 (ius talionis)." *VT* 23:273–304.

———. 1975. *Essays in Jewish and Comparative Legal History.* SJLA 10. Leiden: Brill.

———. 1979. "Legalism." *JJS* 30:1–22.

Kline, M. 1977. "Lex Talionis and the Human Fetus." *JETS* 20:193–201.

Lemeche, N. P. 1975. "The Hebrew Slave: Comments on the Slave Law, Ex xxi 2–11." *VT* 25:129–44.

———. 1976. "Manumission of Slaves—The Fallow Year—The Sabbatical Year—The Yobel Year." *VT* 26:38–59.

Levinson, B. M., ed. 1994a. *Theory and Method in Biblical and Cuneiform Law: Revision, Interpolation and Development.* JSOTSup 181. Sheffield: Sheffield Academic Press.

———. 1994b. "The Case for Revision and Interpolation within the Biblical Legal Corpora." In *Theory and Method in Biblical and Cuneiform Law: Revision, Interpolation and Development.* Ed. B. M. Levinson. JSOTSup 181. Sheffield: Sheffield Academic Press. Pp. 37–59.

Lowenstamm, S. E. 1977. "Exodus xxi 22–25." *VT* 27:352–60.

Malul, M. 1990. *The Comparative Method in Ancient Near Eastern and Biblical Legal Studies.* AOAT 227. Neukirchen-Vluyn: Neukirchener Verlag.

McKay, J. W. 1971. "Exodus xxiii 1–3, 6–8: A Decalogue for the Administration of Justice in the City Gate." *VT* 21:311–25.

Mendenhall, G. E. 1954. "Law and Covenant in Israel and in the Ancient Near East." *BA* 17 (2):26–46.

Olson, D. T. 1996. "The Jagged Cliffs of Mount Sinai: A Theological Reading of the Book of the Covenant (Exod. 20:22–23:19)." *Int* 50:251–63.

Olyan, S. M. 1996. "Why an Altar of Unfinished Stones? Some Thoughts on Ex 20,25 and Dtn 27,5–6." *ZAW* 108:161–71.

Oppenheim, A. L. 1977. *Ancient Mesopotamia: Portrait of a Dead Civilization.* 2nd ed. Chicago: University of Chicago Press.

Patrick, D. 1973. "Casuistic Law Governing Primary Rights and Duties." *JBL* 92:180–87.

———. 1977. "The Covenant Code Source." *VT* 27:145–57.

———. 1978. "I and Thou in the Covenant Code." In *SBLSP 1978.* Ed. P. J. Achtemeier. Missoula, Mont.: Scholars Press. Vol. 1, pp. 71–86.

————. 1985. *Old Testament Law*. Atlanta: John Knox.

Paul, S. 1970. *Studies in the Book of the Covenant in the Light of Cuneiform and Biblical Law*. VTSup 18. Leiden: Brill.

————. 1971. "Book of the Covenant." *EncJud* 4:1214–17.

Sprinkle, J. M. 1993. "The Interpretation of Exodus 21:22–25 (*lex talionis*) and Abortion." *WTJ* 55:233–53.

————. 1994. *The Book of the Covenant: A Literary Approach*. JSOTSup 174. Sheffield: Sheffield Academic Press.

Tate, M. 1977. "The Legal Traditions of the Book of Exodus." *RevExp* 74:483–509.

Van Seters, J. 1996. "The Law of the Hebrew Slave." *ZAW* 108:534–46.

Wenham, G. J. 1971. "Legal Forms in the Book of the Covenant." *TynB* 22:95–102.

Westbrook, R. 1986. "Lex Talionis and Exodus 21, 22–25." *RB* 93:52–69.

————. 1988. *Studies in Biblical and Cuneiform Law*. Cahiers de la Revue biblique 26. Paris: Gabalda.

————. 1994a. "The Deposit Law of Exodus 22, 6–12." *ZAW* 106:390–404.

————. 1994b. "What Is the Covenant Code?" In *Theory and Method in Biblical and Cuneiform Law: Revision, Interpolation and Development*. Ed. B. M. Levinson. JSOTSup 181. Sheffield: Sheffield Academic Press. Pp. 15–36.

Wright, D. P. 2003. "The Laws of Hammurabi as a Source for the Covenant Collection (Exodus 20:23–23:19)." *Maarv* 10:11–87.

10. 성막, 황금 송아지, 언약의 갱신
출애굽기 25-40장

출애굽기의 마지막 부분(성막에 대한 내용)은 클라이막스와 거리가 먼 듯이 보인다. 그리고 현대의 구약의 독자들에게는 지겹게 보이기까지 한다. 이 장들에 대해 개괄적인 내용 외에 지속적인 관심을 기울이는 사람이 과연 있을까? 혹시 인테리어 디자이너나 건축가라면 몰라도. 그렇기는 해도 하여튼 성경은 성막을 지으라는 하나님의 명령(25-31장)으로부터 시작해서 우상숭배를 통해 이 명령의 수행이 중단되고 지연되는 이야기(32-34장)를 거쳐 마침내 하나님의 명령이 수행되는 이야기(35-40장)까지 장장 열여섯 장에 걸쳐서 성막에 대한 복잡다단한 내용을 제공해 주고 있다.

하나님에 대한 바른 섬김과 하나님이 자기 백성을 통해 짓기 원하시는 것을 건설하는 내용을 담고 있는 두 부분(25-31장과 35-40장) 사이에는 하나님을 잘못 섬기는 것과 하나님께서 자기 백성들이 만들지/짓지 말았으면 하는 것을 만드는/짓는 내용을 담고 있는 부분(32-34장)이 중간에 끼여 있다. 우리는 또한 이스라엘이 무엇인가를 만드는 것에 대한 이야기로 출애굽기가 시작되고 끝나는 것을 보게 된다. 책의 서두에서 그들은 바로를 위해 국고성들을 짓도록 강요되었다(1:11). 그러나 책의 마지막에 가서 그들은 하나님께서 자신들 가운데 거하시도록 움직이는 예배 처소를 건설하기로 한다.

성막(25-31장; 35-40장)

성막에 관한 성경 학계의 대부분의 관심사는 그 역사성에 대한 것이었다. 신학적인 연구는 거의 무시되어왔다. 19세기 말엽의 벨하우젠(Julius Wellhausen)의 견해는 수정되기는 했지만 폐기되지는 않았다. 그의 주장에 따르면 출애굽기의 성막 기록은 허구이며, 광야 방랑기 중에 그러한 구조물이 세워진 적은 전혀 없다. 그는 이 성막에 대한 기록이 솔로몬 성전을 모델로 해서 포로 시대 후기에 작성된 것이라고 생각했다.

역사적인 연구

벨하우젠은 다음과 같은 사항들에 기초해서 자신의 이런 견해를 피력했다. 첫째, 과연 우리는 이스라엘이 광야에서 충분한 양의 재료와 천 등을 구할 수 있었을 것이라고 믿을 수 있겠는가? 물론 출애굽기 12:35-36(또한 3:21-22; 11:2-3) 등의 본문은 이스라엘이 빈 손으로 애굽을 떠나지 않았다는 것을 분명히 말해주고 있기는 하지만 말이다. 출애굽기 38:21-31은 사용된 금, 은, 동의 양에 대해서 말하고 있다. 브레버드 차일즈(Brevard Childs 1974: 637)는 히브리인의 무게 단위 및 이것을 현대적인 계량법으로 환산하는 것에 대해서 스코트(R. B. Scott)의 견해를 따르고 있는데, 그에 따르면 성막 건설에 사용된 보석의 양은 금이 1,900 파운드, 은이 6,437 파운드, 동이 4,522 파운드라고 계산했다. 이것을 다 합하면 13,000 파운드 혹은 6.5 톤에 약간 모자라는 양의 금속이 사용되었던 것이다. 이 문제에 대한 연장선상에서 벨하우젠은 이스라엘이 광야에서 이 금속들을 다룰 기술, 그리고 공예나 목공 기술 등을 보유하고 있었느냐 하는 것에 대해서 의문을 품었다. 상당히 후대의 솔로몬도 성전을 지을 때에 자국인 대신에 페니키아의 장인들을 들여올 수밖에 없었던 것을 고려해 볼 때 이것은 더욱 강력한 반론이 된다(왕상 7:13이하).

둘째, 벨하우젠은 정복 이후의 성막의 역할에 대해 성경이 사실상 침묵하고 있다는 점에 주목했다. 이에 대한 언급은 정말 거의 없다시피 하며, 이 언급들조차도 주로 이 성막이 팔레스타인의 어디에 세워졌는지를 밝히는 목적에만 국한되어 있다(수 18:1; 19:51; 삼상 1:7; 2:22). 성막이 출애굽기가 우리에게 말해주고 싶어하는 바와 같이 정말 그렇게 획기적인 것이었다면 성막에 대한 언급이 정말 이렇게 희박할 수가 없을 것이라고 그는 의심했다.

이 문제와 관련하여 현대의 학자들은 여러 가지 토대에 근거해서 벨하우젠의 이러한 철저한 회의주의와 결별하였다. 현재의 일치된 견해는 중요한 본문인 출애굽기 33:7-11에 반영되어 있는 것과 같은 어떤 단순한 형태의 천막 성소 같은 것이 모세 시대에 실존했을 것이라고 보는 것이다.

이 본문이 말하고 있는 성소는 이스라엘의 진 가운데가 아니라 밖에 위치한, 훨씬 작은 크기의 구조물이다. 출애굽기 25-31장과 35-40장의 상세한 묘사들은 이 소박한 장막을 제사장 문서가 나중에 과장해서 기록한 것이라고 격하시킨다. 그러나 우리는 33:7-11에 언급된 장막이 정말 그런 예배의 처소이자 하나님께서 자기 백성에서 말씀을 전해주시는 장소로서의 역할을 했는지에 대해서 의아심을 품을 수밖에 없다.

이 장막은 더 영구적인 진 중앙의 성막의 대체물로서 앞 장의 우상숭배 때문에 필요해진 것이 아니었을까(Moberly 1983: 63-66, 171-77)? 앞 문단(33:1-6)에서 하나님은 이 백성의 우상숭배의 죄 때문에 이 백성들 가운데서 자신의 임재를 거두겠다고 말씀하셨다. 어쩌면 우리가 이 때문에 이 맥락에서 이 장막을 보게 된 것일 수도 있다. 이 장막이 진 밖에 있는 것으로 한 절(7절) 내에서 두 번씩이나 언급되고 다시 멀리 위치한 것으로 부연해서 설명되고 있다는 사실은 이 장막에 대한 이러한 해석을 32-33장의 넓은 맥락 속에서 강력하게 지지해준다.

P의 화려한 성막과 E의 단순한 장막을 하나로 합치거나(즉 하나의 성막을 두 개가 전적으로 다르게 묘사했다고 보는 것) 이 두 구조물이 목적이나 기원에 있어서 서로 다르다고 보려는 시도들은 무수히 행해졌다. 이 중 후자의 접근 방법은 소수 견해이다.

그러나 우리가 이 두 개의 장막은 서로 전혀 별개의 것이라는 가정, 그리고 출애굽기 본문이 그 어디에서도 이 두 구조물이 같은 것이라고 말하고 있지 않다는 사실을 받아들인다면 우리는 성막의 역사를 가설적으로 재구성해야 할 필요가 없어진다(Feinberg 1975: 582).

신학적 분석

출애굽기의 이 장들에 기술된 성막에 대해서 우리는 다음의 사항들을 관찰할 수 있다.

속죄소 위에 있는 그룹들을 속죄소의 장식용 연결부속으로 볼 경우 성막에는 일곱 개의 기구(器具)들이 들어 있다. 기구들의 이러한 숫자는 단순한 우연일까?

성막에서 일하는 사람들이 입는 의복의 숫자는 여덟 가지인데, 이 중 네 개는 대제사장만 입는 것이고(에봇, 28:6-12; 판결 흉패, 28:15-30; 에봇 받침 겉옷, 28:31-35; 패, 28:36-38), 나머지 네 개는 모든 제사장들이 입는 것이었다(제사장 옷, 띠, 관, 고의, 28:40-42). 신체 중에서 의복으로 덮지 않는 부분은 발뿐이었는데 이것은 어쩌면 제사장들이 맨 발로 임무를 수행했다는 것을 나타내는 것일 수도 있다(하나님께서 모세와 여호수아에게 그의 앞에서 신발을 벗으라고 명령했던 사실을 참고하라, 출 3:5; 수 5:15).

하나님은 성막을 설계하는 임무를 다른 그 어느 누구에게도 맡기지 않으신다. 그가 유일한 건축가이시다. 성막도 십계명과 마찬가지로 하나님의 계시에 뿌리를 두고 있다.

"그러므로 그[혹은 그들이] 여호와께서 모세에게 명하신 대로 하였더라[혹은 행하였더라]"라는 말이 출애굽기의 마지막 장들에 자주 반복되고 있는 것은 놀라운 일이 아니다.

이 구절은 39장에 열 번 나타나며(1,5,7,21,26,29,31,32,42,43절), 40장에는 여덟 번 나타난다(16,19,21,23,25,27,29,32절). 또한 36장에도 두 번 나타난다(1,5절). 하나님의 명령은 생각하고 토론할 대상이 아니라 시행하고 실천할 대상인 것이다.

성막과 제사장 의복들을 만드는데 필요한 재료들은 백성들이 자발적으로 바친 물건들이다. 아무도 의무적으로 혹은 할당 받은 만큼만 세금을 바치거나 낸 것이 아니다. 바치는 것은 자발적이다(25:1-7, 특히 2절). 모세의 호소

그림 1

75'
150'
지성소
(26:33–34)
언약궤
(25:10–16;
37:1–5)
속죄소 혹은 시은좌
(25:17–22;
37:6–9)
장
(26:31–33;
36:35–36)
분향단
37:25–28)
성소
(26:33)
정금 등대
(25:31–40;
37:17–24)
진설병 상
(25:23–30;
37:10–16)
문
(26:36; 36:37)
놋 물두멍
(30:17–21;
38:8)
뜰
(27:9–19; 38:9–20)
번제단/놋 단
(27:1–8; 38:1–7)
W
S
N
E
뜰 문
(27:16; 38:18)

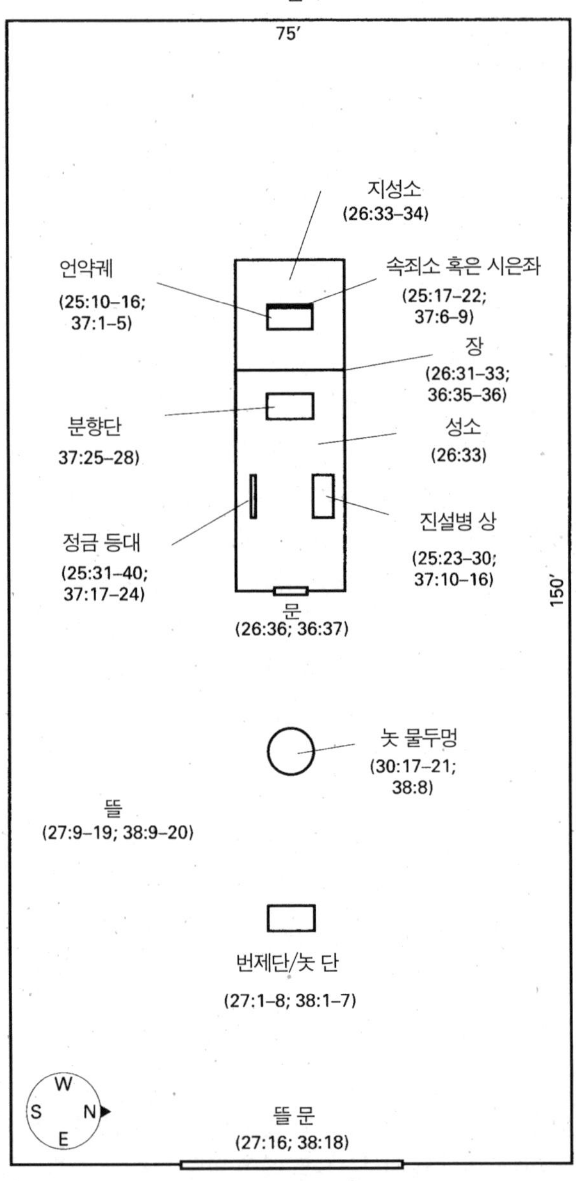

에 대한 반응은 놀라웠다. 헌금을 간청하거나 졸라대야 하는 대부분의 목회
자들과는 반대로 모세는 사람들이 더 바치는 것을 말려야 했을 정도였다. 참
으로 그릇이 큰 회중들이었다(36:2-7)!

성막 기구들은 가운데에 위치한 것들부터 언급한 다음에 밖에 있는 것들
의 순서로 언급된다. 그러나 꼭 언제나 일관성있게 그런 것은 아니다. 또한
실제의 건설과정을 다루고 있는 본문을 보면 실제 건설과정의 공정의 순서
와 하나님의 지시의 순서는 같지가 않다. 도표 1을 보라.

도표 1

명령			완성		
지성소	궤	25:10-16	궤	37:1-5	**지성소**
	속죄소	25:17-22	속죄소	37:6-9	
성소		25:23-30	진설병	37:10-16	**성소**
	상	25:31-40	상	37:17-24	
뜰	놋단	27:1-8	분향단	37:25-28	**뜰**
성소	분향단	30:1-10	놋단	38:1-7	**성소**
뜰	물두멍	30:17-21	물두멍	38:8	**뜰**

왼쪽 난에서 가장 흥미로운 점은 분향단을 지으라는 명령(30:1-10)이 성전
기구들에 대한 앞의 다른 명령들로부터 두 장(28-29장) 뒤에 떨어져서 나온
다는 점이다. 이런 이유 때문에 30:1-10이 후대의 삽입이라고 보려는 학자들
이 있는데, 이들에게 대응하면서 므나헴 하란(Menahem Haran 1978: 228-
29)은 "[이 문단이] P문서가 우리에게 전수해 준 형태로 볼 때에는 우리의 고
전학적인 취향을 만족시켜주지 못한다는 점은 분명하다 … 그러나 이런 현
상이 문서들을 다시 여러 개의 상이한 자료층으로 분리하는 근거가 될 수는
없다"라고 지적했다. 그러나 왜 분향단에 대한 서술이 25장의 다른 성막 내
부의 성물들에 대한 서술들과 동떨어져 있는지에 대해서는 다른 설명이 가
능할 수도 있다. 제이콥 밀그롬(Jacob Milgrom 1991: 236-37)은 모세에게 주
신 하나님의 지시사항들이 청사진으로의 성막(25:1-27:19)과 실제 사용시의

성막(27:20-30:38)의 두 부분으로 나뉘어져 있다는 점을 관찰했다. 분향단의 경우에는 기능적인 측면에서 서술이 되고 있기 때문에 두 번째 부분에 오게 된 것이다(30:7-8). 이러한 설명은 왜 뜰의 물두멍이 25-31장에서 그 용도 혹은 사용 목적을 밝히고 있는 아주 뒷 부분(30:17-21)에 가서야 나오게 되었는지를 설명해 준다.

출애굽기 본문은 우리가 너무 지나치게 상징적으로 성막을 해석하지 않도록 주의를 기울이고 있다. 개별적인 기구나 천이나 커튼의 고리나 색깔마다 숨겨진 의미를 찾아내려고 하는 것은 주석학적인 것이라기보다는 공상에 가까운 것이다.

한편 회막 혹은 성막이 후대의 성전보다 우월한 것이라고 주장하는 요즘의 경향도 마찬가지로 비난을 받아야 마땅하다. 일례로 월터 브루그만(Walter Bruggemann 1979: 167-70)은 "'회막'이라는 옛 전승은 하나님의 이동성과 자유를 상징해준다. 반면에 '성전' 전승은 야웨께서 이스라엘과 언제나 함께 하신다는 사상을 강조해 준다. 이렇게 해서 하나님의 함께 하심이라는 주제가 중심이 되어버리고 하나님의 자유는 심하게 위축되어버렸다"라고 주장하고 있다.

이런 주장에 대해서 나는 다음과 같은 질문들을 던지고 싶다: "구약이 정말 이러한 갈등에 대해서 분명하게 말해주고 있는가? 이러한 구분이 정말 성경이 분명히 주장하고자 하는 바인가?"

성막의 서술에는 분명히 상징적인 요소가 있기는 있다. 여러 가지 대칭적인 요소들이 이런 점을 드러내 주고 있다. 뜰의 길이는 너비의 두 배이다. 성소는 지성소의 두 배의 크기이다. 지성소는 한 변이 10 규빗으로 이루어진 정사각형 모양을 하고 있다.

각각의 기구에 사용된 금속도 거룩성의 정도를 보여준다. 기구가 더 중요할수록 더 비싼 금속이 사용되고 있다. 정금이라는 단어는 궤(25:11), 속죄소(25:17), 진설병 상(25:24), 등대(25:31,36,38,39), 분향단(30:3) 등 오직 성막 본체의 기구들에만 사용되고 있다. 반대로 뜰의 제단과 물두멍은 놋이나 구리로 되어 있다(27:2,4,6; 30:17). 보통의 금은 틀이나 고리나 채(후자는 궤 같은 것을 운반하는데 사용되었다)나 진설병 상이나 분향단을 만들기 위해서 사용되었다. 궤의 경우에는 운반에 사용되는 채를 고리에서 **빼어놓는** 법이 없었다(25:15). 은은 휘장 가까이에 있는 기둥의 밑둥치(26:32)나 뜰 모서리에 있는 기둥들을 연결하는 고리들(27:10)과 같은 한정된 물건들에만 사용되었다.

이러한 정도의 차이는 사용된 섬유 재료의 경우에도 적용된다. 가장 중요한 천은 성소와 지성소를 구분하는 휘장이다. 이것은 청색, 자색, 홍색 실과 더불어 섬세한 베 실로 만들어졌다(26:31). 성막의 막은 정반대이다. 이것은 주로 섬세한 베 실을 위주로 해서 청색, 자색, 홍색의 실이 함께 사용되어 만들어졌다(26:1). 가장 급이 낮은 것은 염소의 털로 만든 막이다(26:7).

창조 기사와 성막의 기록 사이의 유사성

창세기의 요셉 이야기를 다루면서 나는 창세기의 시작 부분과 끝 부분 사이에 몇 가지 유사성이 있다는 것을 논의한 바가 있는데 또 다른 어떤 학자들은 창세기의 시작 부분과 출애굽기의 마지막 부분, 그 중에서도 특히 창조와 성막 사이에 유사성이 있다는 주장을 한 바가 있다. 일례로 커니(P. J. Kearney 1977)는 25-31장에 나오는 하나님의 일곱 개의 말씀(25:1; 30:11; 30:17; 30:22; 30:34; 31:1; 31:12)을 창조의 칠 일과 연결시켜서, 각각의 날이 성막에 대한 출애굽기의 하나님의 일곱 개의 말씀과 일치함을 지적하였다. 그의 주장 중 일부의 것들은 억지로 보이기는 하지만 어떤 부분들은 상당히 타당성이 있어 보인다. 그 중에서도 특히 여섯째, 일곱째 날과 여섯째, 일곱째 말씀 사이의 관계가 그러하다. 그는 또 출애굽기 25-31은 창조, 출애굽기 32-33장은 타락, 그리고 출애굽기 34-40장은 회복의 구조를 갖고 있다고 보았다.

이와는 약간 다르게 조셉 블렌킨솝(Joseph Blenkinsopp 1976: 280; 1977: 62)은 창조 기사와 성막 기사에서 중요한 유사 구절들을 골라냄으로써 이 양자를 연결시켰다. 블렌킨솝의 주장을 지침으로 해서 내가 도표 2에서 해 놓은 대로 이 구절들을 정리해 보면 편리하다.

도표 2*

하나님이 그 지으신 모든 것을 보았다. 보라, 그것이 보시기에 심히 좋았다. (창 1:31)	모세가 그 모든 것을 보았다. 보라, 그들이 그것을 행하였다. 여호와께서 명하신 대로 그들이 행하였다.(출 39:43)
천지와 만물이 다 이루어졌다.(창 2:1)	성막 곧 회막의 모든 일이 다 이루어졌다 (출 39:32)
하나님이 지으시던 그 일을 마치셨다(창 2:2)	모세가 그 일을 마쳤다 (출 40:33)
하나님이 일곱 째 날을 복 주셨다.(창 2:3)	모세가그들을 축복하였다. (출 39:43)

* 개역개정판은 이 도표상의 상응구절들에서 히브리어 원문상으로 동일한 단어들을 상이한 한국어 단어로 번역하고 있기 때문에 그 상응성이 잘 보이지 않으므로 독자들을 위해 필요한 경우 사역을 하였다(역자 주).

양자 사이의 연결성을 보여주는 또 한 가지 점은 하나님의 신(the Spirit of God)이란 표현이 세상의 창조에 대한 기록과 성막의 창조에 대한 기록에 모두 나타난다는 점이다(창 1:2; 출 31:3; 35:31). 하나님의 신으로 채움을 받은 첫 번째 사람이 족장들이나 율법 수여자 모세나 선지자들이나 사사가 아니라 성막 건설의 감독자인 공장 브살렐이라는 점을 우리는 간과하면 안 된다.

시내 산과 성막간의 유사성

성막과 창조 사이의 유사성은 앞에서 살펴보았다. 그러면 또 성막과 시내 산 사이에는 어떤 관계가 있을까? 이스라엘이 19-24장에서 하나님에 대해 경험한 것이 성막의 원형인 것으로 보인다. 19-24장의 시내 산 정상은 25-40장의 지성소에 해당한다. 오직 모세만이 시내 산 정상에 오를 수 있었는데 나중에는 오직 아론만이 지성소에 들어갈 수 있게 된다. 시내 산의 정상을 눈으로 보고자 하면 죽음으로 처벌받는다(출 19:21). 마찬가지로 성막의 지성소를 눈으로 보려고 하는 것도 마찬가지의 처벌을 받게 된다(레 16:2). 여호수아와 아론 및 칠십 장로들은 시내 산의 산등성이까지 오를 수 있었다(여호수아는 이들보다 조금 더 오를 수 있었는데, 구름의 언저리까지 갈 수 있지 않았을까 한다[24:13]). 그러나 그 이상 나아갈 수는 없었다. 마찬가지로 오직 제사장들만이 성소 안으로 들어갈 수 있었다. 그러나 그 이상 나아갈 수는 없었다. 세 번째 영역은 산 아래 지역이다(24:4). 이 곳에는 모든 백성이 모였으며, 모세는 여기에 단을 세웠다. 성막에서 이 영역에 상응하는 것은 뜰 안의 앞 부분이었다. 이 곳에서 백성들은 자신들의 희생제물을 드렸다.

성막과 시내 산 사이의 유사성 중 첫 번째의 것은 성막이 시내 산을 영구화한다는 점이다. 시내 산 계시의 결론 부분에 가서 "우리는 여호와의 영광이 시내 산 위에 머무르고 구름이 육 일 동안 산을 가리더니"(24:16)라는 말씀을 발견한다. 성막이 완성되었을 때 "구름이 회막에 덮이고 여호와의 영광이 성막에 충만하매"(40:34)라는 말씀이 나온다. 한때 시내 산에서 이루어지던 하나님의 임재는 이제 성막에서 이루어진다.

둘째, 성막은 시내 산을 강화시킨다. 시내 산 정상에서 모세는 구름 속으로 들어갔다(24:18). 그러나 동일한 하나님의 영광이 성막을 감쌌을 때는 모세는 회막에 들어갈 수가 없었다(40:35). 시내 산의 하나님의 현현은 통과할 수 있었다. 그러나 성막에서의 하나님의 현현은 처음에는 들어갈 수가 없었다.

셋째, 성막은 시내 산을 완성한다. 시내 산은 결혼, 즉 새로운 관계의 시작이다. 이제 배우자는 서로 함께 살기 시작한다. 시내 산에서 하나님은 "내가 너를 선택하였다"고 말씀하셨다. 이제 성막에서 하나님은 "내가 이스라엘 자손 중에 거하여 그들의 하나님이 되리니"(29:43-46)라고 말씀하신다. 성막에 거룩성을 부여해 주는 것은 금이나 비싼 천이나 레위인들이 아니라 바로 이 점이다. 다시 말해 성막이 거룩한 이유는 거룩하신 하나님께서 거기 거하시기 때문이다. 그가 떠나시면 거룩성도 사라진다.

넷째, 성막은 시내 산을 확장시킨다. 이스라엘은 시내 산을 떠나면서 시내 산을 가지고 갈 수 없었다. 그러나 그들은 이동 가능한 성막은 함께 가지고 갈 수 있다. 시내 산을 떠난다는 것이 곧 시내 산의 하나님을 두고 간다는 말은 아니다. 시내 산에 임재하시면서 자신의 임재의 범위를 시내 산 정상으로 제한하셨던 하나님은 이제 자기 백성 가운데 거하시는 하나님이 되실 것이다.

성막은 하나님과 인간이 서로 가장 가까이 다가갈 수 있는 장소이다. 하나님은 이 곳에서 자기 백성을 만나신다(29:42-43). 그러므로 성막은 데이비스(Davies 1962: 506)가 말한 바와 같이 구약에서 성육신 교리의 교두보 역할을 하고 있다. 하나의 건물을 통해서 자기 백성 가운데서 거하셨던 하나님은 이제 예수 그리스도를 통해서 우리 가운데 거하신다(요 1:14, "말씀이 우리 가운데 거하시매"[이 구절의 헬라어를 문자적으로 번역하자면 "우리 가운데 성막을 치시매"가 된다: 역자 주]; 골 1:19, "하나님의 모든 충만하심이 그[즉 성자] 안에 거하시고"[For in him 〈the Son〉 all the fullness of God was pleased to dwell, NRSV] — 이 한글 번역은 해밀턴이 택한 NRSV의 본문을 사역한 것으로서 해밀턴 의 생각을 부각시키기 위해 사역한 것임: 역자 주).

히브리서의 저자에게 성막 혹은 장막은 천상의 성막을 예표하는 것이었다. (계시록 21:16은 양자를 동일시한다. 성경에서 장방형의 모양을 갖고 있는 것은 거룩한 성 예루살렘[21:10]과 지성소뿐이다.) 그러나 후자는 전자보다 더 위대하고 더 완벽하다. 이것은 손으로 만들어진 것이 아니다(히 9:11). 그 속에서 사역하는 대제사장은 예수 그리스도시다. 따라서 신약은 성막이라는 주제를 두 가지로 사용하고 있다. 첫째, 성막은 성육신하신 예수 그리스도 속에 하나님이 거하심을 나타낸다. 둘째, 성막은 또한 하늘에 거하시는 하나님을 나타낸다. 이 양자를 통해서 신자는 하나님께 다가간다.

황금 송아지와 언약 갱신(32-34장)

출애굽기 32장은 모세가 없는 중에 시내 산 아래에서 이스라엘과 아론이 황금 송아지를 만드는 뻔뻔스러운 우상숭배의 행위를 한 것에 대해서 이야기해주고 있다. 이들은 바로 얼마 전에 "여호와께서 말씀하신 모든 것을 우리가 준행하리이다"(24:3,7)라고 한 번도 아니고 두 번씩이나 말한 바로 그 사람들이다. 개종자이자 헌신된 신자였던 그들이 거의 순식간에 죄인들이 되어버렸다. 순종의 맹세는 잊혀지고 말았다.

아론은 이 이야기에서 악인으로 등장한다. 출애굽하기 전에 하나님은 아론에 대해서 모세에게 이렇게 말씀하신 바가 있다. "아론이 있지 아니하냐. 그가 말 잘 하는 것을 내가 아노라"(4:14,16); "네 형 아론은 네 대언자가 되리니"(7:1). 하나님은 결코 그를 낮게 평가하지 않으셨다! 그러나 설득력있게 말을 잘 하는 그 아론이 우상으로 쓸 송아지를 만드는데 사용될 재료를 얻어내는 일(32:2-3)과 그 송아지를 실제 만드는 일(32:4)에 앞장 섰다. 그리고 저질러진 이 모든 일들에는 종교적인 요소가 개입되어 있다(32:5-6)! 마치 갑자기 어떤 선지자가 나타나서 "여호와께서 번제와 다른 제사를 그의 목소리 청종하는 것을 좋아하심 같이 좋아하시겠나이까?"(삼상 15:22)라고 말할 만한 상황이 벌어진 것이다.

설상가상으로 아론은 자기 동생이 따질 때 모든 잘못을 백성들에게 떠넘기려고 했다. "이 백성의 악함을 당신이 아나이다"(32:22). 그는 또한 이 커다란 잘못에 자신이 연루되어 있다는 것을 얼버무리려고 할 만큼 뻔뻔스럽다! "그들이 그것[금]을 내게로 가져왔기로 내가 불에 던졌더니 이 송아지가 나왔나이다"(32:24). 아론과 창세기 3장의 아담 사이의 유사성은 명백하다. 이 두 사람은 모두 다른 사람들이 자기들에게 무엇인가를 갖다 주었기 때문에 자신들이 그 일들을 행했다고 주장한다("여자 그가 그 나무 실과를 내게 게 주므로 내가 먹었나이다"[창 3:12]; "그들이 그것을 내게 가져왔기로 내가 불에 던졌더니"[출 32:24b]). 어떤 학자들은 여기에서 아론이 거짓말을 하고 있는 것이 아니라고 생각한다. 그들은 실제로 이 이야기에는 송아지가 불꽃에서 스스로 만들어진 것이라는 생각이 전제되어 있다고 주장한다(Loewenstamm 1967; 1975를 보라). 그러나 이럴 가능성은 거의 없다. 또한 이런 식의 해석은 이 장이 신실한 모세와 간교한 아론을 대비시키고 있다는 점을 완전히 간과하고 있다.

아론이 악인이라면 모세는 영웅이다. 무엇보다도 그는 중보자이다. 구약과 신약을 통틀어 보아도 필적할 만한 것이 없을 정도의 대담한 표현을 사용해서 그는 하나님께서 자기 백성을 멸절시키려는 생각을 실행에 옮기시지 말 것을 촉구하고 있다(32:12). 모세의 이런 간구를 하나님은 들으신다. "여호와께서 후회하사/뜻을 돌이키사/마음을 바꾸사 말씀하신 화를 그 백성에게 내리지 아니하시니라"(And the Lord repented of/relented of/changed his mind about the evil that he thought to do to his people)(32:14) (이 인용구절의 후회하사 등의 번역은 모두 히브리어 나함의 번역으로 영어 역본들이 주로 선택하고 있는 것들임: 역자 주). 파스칼은 말하기를 "하나님은 피조물들에게 원인자(原因者, 즉 하나님을 가리킴: 역자 주)로서의 위엄성을 빌려주시기 위해 기도를 주셨다라고 하였다.

예헤즈켈 카우프만(Yehezkel Kaufmann 1960: 284-85)은 모세가 이스라엘이 회개하게 만듦으로써 하나님의 분노가 지나가게 만든 것이 아니라 그 백성들을 위해서 중보하고 족장들에게 주신 하나님의 약속과 하나님의 이름의 영광스러움을 상기시킴으로써 하나님의 진노를 누그러뜨렸다고 지적했다. 모세는 자신이 하나님과 누리고 있는 관계를 담보로 걸면서까지 중보기도를 했다. "그렇지 않사오면 원컨대 주의 기록하신 책에서 내 이름을 지워 버려 주옵소서"(32:32; 참고, 롬 9:3에서의 바울의 말).

구약은 나함(회개하다? 뜻을 돌이키다? 마음을 바꾸다?)이란 동사를 하나님을 주어로 해서 34번 사용하고 있다. 두 개의 본문(민 23:19; 삼상 15:29)은 하나님께서 사람과 달리 결코 죄를 회개하지 않으시는 분이라는 것을 가르치고 있다. 실제로 하나님은 다윗을 택하신 것에 대해서 결코 후회하지 않으셨다(시 110:4). 그러나 하나님의 후회하심/뜻을 돌이키심에 대해서 언급하고 있는 다른 삼십여 개의 본문에서는 하나님께서 여러 번이나 악(죄가 아님!)을 후회하고 계신 것으로 말해지고 있다. 물론 NIV 등의 역본들은 이 악이란 단어를 재앙(calamity), 재난(disaster) 등으로 번역하고 있다. (참고로 말하자면 히브리어에서는 악, 화[禍], 재앙, 혹은 재앙을 내리려는 하나님의 생각 등의 단어가 모두 동일하게 라아라는 단어로 표현되며, 이 히브리어를 어떻게 번역해야 할지는 문맥에 따라 결정된다. 다시 말해 인간이 저지르는 잘못된 행위들도 히브리어로 라아이고, 그 악에 대한 하나님의 심판으로서의 재앙도 라아이며, 재앙을 내려야겠다는 하나님의 생각도 역시 라아인 것이다: 역자 주). 때때로 하나님은 사람의 회개에 대한 반응으로 악(이 경우는 재앙을 내리려던 생각쯤으로 의역할 수 있음: 역자 주)을 후회하시거나 뜻을 돌이키신다(예를 들어, 렘 18:8; 26:3; 욘 3:9-10). 또한 출애굽기 32장이나 아모스 7:3,6 등에서 볼 수 있는 바와 같이 어떤 때는 하나님은 어떤 사람이 죄인을 위해서 중보기도를 할 때 그에 대한 반응으로 후회하시거나 뜻을 돌이키신다.

여기에서 우리는 이러한 현상에 대해 극단적인 해석은 자제해야 한다. 한편으로 볼 때 출애굽기 32장의 하나님의 후회에 대한 언급이 제시하고 있는 바는 하나님께서는 비록 절대적인 주권자이긴 하지만 뜻을 굽히시거나 양보하지 않으시는 분이 아니시며, 우리의 중보기도를 중요하게 받아들이시는 분이시며, 사랑과 자비에 있어서 변함이 없으신 분이라는 점이다. 다른 한편 출애굽기 32장의 하나님의 후회에 대한 언급은 우리가 중보기도를 통해 좋은 논거를 가지고 하나님을 우리 편으로 끌어당길 수 있다거나, 우리가 만약 하나님이라면 이렇게 할 것이라고 생각하는 것을 하나님께서 행하시도록 설득할 수 있다는 것을 말해주고 있는 것으로 이해해서는 안 된다. 매스터(Master 2002)가 우리에게 일깨워주고 있는 바와 같이 출애굽기 32장은 출애굽기 전체가 전하고자 하는 메시지와 주장하고자 하는 바에 근거해서 파악되어야 한다. 예를 들어 뜻을 바꾸는 것에 열려 있는 하나님은 출애굽기 3-6장에서 자기 백성을 애굽에서 인도해내기 위해 자발적이고 열정적이고 순종하는 마음을 가진 사람을 찾으시면서 모세에 대한 자신의 생각을 바꾸실 수도 있었지만 그렇게 하지 않으셨다. 7-14장에서 하나님의 뜻은 바로가 협조를 하든 안 하든 간에 무조건 이스라엘을 해방시키는 것이었다. 15-18장에서 하나님의 뜻은 이 백성이 불평하는 죄를 저지르고 있음에도 불구하고 이들을 가나안으로 인도하고 은혜롭게 그들의 필요를 채워주시는 것이었다. 32장에서 이스라엘의 미래와 관련하여 모세에게 주신 하나님의 말씀은 심판의 선언이라기보다는 심판의 위협의 형태를 띠고 있으며, 따라서 이 말씀은 모세가 선지자답게 중보기도로 반응하기를 촉구하고 고무하고 있는 것이다. 그러므로 출애굽기 32장에서의 하나님은 마음을 바꾸는 분이시라기보다는 자비로운 분이시라고 특징지을 수 있을 것이다(Master 2002: 595).

그러나 모세는 단순한 중보자 이상의 존재이다. 그는 이 백성을 그냥 봐주고 넘어가지 않는다. 백성의 타락한 모습을 보고 진노한 모세는 하나님이 만드시고 새기신 돌판을 땅에 내리치는데, 이러한 모습은 성전에서의 예수의 모습과 다르지 않다. 모세는 송아지를 갈아서 가루로 만들어 물에 타서 백성들에게 먹였다(32:20). 어떻게 20절과 같이 그가 (1) 금을 불태우고(여기에서 불태우다란 단어의 의미가 녹이다란 의미가 아닌 한), (2) 금을 가루로 갈며, (3) 또 태운 것을 어떻게 도대체 가루로 갈 수 있었는가 하는 것은 어느 정도는 여전히 수수께끼이다. 어쩌면 이 송아지는 나무로 틀을 잡은 것이거나 나무로 된 받침대 위에 놓여 있었거나 했는데, 바로 이것이 불에 태워진 것이 아닌가 하는 생각도 든다. 그러나 본문에는 이러한 생각을 지지할 만한 단서는 없다.

그러나 왜 모세가 불에 태운 후에 가루로 만든 뒤 물에 뿌린 금을 백성들로 하여금 마시게 했는가 하는 것만은 수수께끼가 아니다. 다른 배경(민 5:11-31)에서 보면 어떤 남편이 자기 아내의 정절을 의심하는 경우 물두멍(추측컨대)으로부터 취한 물을 성막 바닥의 흙과 섞은 후에 그 아내된 여자로 마시게 한다(민 5:16-22). 그 배합물을 마시면 죄의 여부가 몸에 드러나게 된다.

우리의 본문은 모세가 이 백성들로 하여금 배합물을 마시게 한 목적이 무엇이었는지를 말해주고 있지 않다. 그러나 이것은 어쩌면 죄인과 무죄한 자를 구분하는 수단/시험이 아니었을까 하는 생각을 해볼 수 있다. 만약 이것이 아니라면 레위인들은 어떻게 해서 죽여야 할 사람들을 알아낼 수 있었겠는가(출 32:26-29)? 민 5:11-31과 출애굽기 32장을 이어주는 또 하나의 연결점은 이 두 본문 모두 간음한(혹은 간음을 저지렀을 가능성이 있는) 아내나 우상숭배의 죄를 저지른 이스라엘 등 절대 침해를 받아서는 안 되는 관계를 배신한 자들에 대해 다루고 있다(Janzen 1990: 607).

그러나 궁극적으로 모세가 관심을 갖고 있는 것은 이 백성의 구속과 교화이다(32:30). 이 백성과 아론 앞에서는 그는 비판적이다. 그는 야단을 치고 적대적이다. 그러나 하나님 앞에서는 그는 중재자이자 중보자이며 지도자이다.

이 백성을 멸절하는 대신 하나님은 모세에게 이 회중을 이끌고 가라고 명령하신다. 그러나 하나님은 자기 대신에 대리자를 보내실 것이다(32:34; 33:1-5). 이제 더 이상 자기 백성 가운데 거하지 않으시겠다는 하나님의 뜻은 회막이 진 밖에 세워진 점, 그리고 모세만이 그 곳으로 나아갈 수 있다는 점에 의해서 더욱 강하게 드러난다(33:7-11). 이제 하나님은 멀어지셨다.

그러나 하나님과 이스라엘 사이에 볼 일이 아직 다 끝나지 않은 것과 마찬가지로 모세도 하나님에게 볼 일이 아직 다 끝나지 않았다. 32장에서 시작된 모세의 중보기도는 33장에서도 계속해서 이어진다. 모세는 "주의 길을 내게 보이시며 주의 영광을 내게 보이시기"를 간구한다(13,18절).

"나는 너희와 함께 올라 가지 아니하리니"(33:3)라는 말씀과 "내가 친히 [너와 함께] 가리라"(My presence will go with you)(33:14)라는 말씀이 뚜렷한 대조를 이루고 있다는 점은 간과할 수가 없다. 차일즈(Childs)는 모세의 간구 속에 숨은 뜻을 잘 파악하였다. "하나님은 '내가 친히 너와 함께 가리라'고 말씀하신다. 그리고 모세는 '주께서 친히 가지 아니하시려거든 우리를 이 곳에서 올려 보내지 마옵소서' 라고 대응한다. 이것은 하나님께서 양보하신 바를 축소시킴으로써 더욱 완전한 대답을 얻어내기 위한 것이다. 모세가 정말로 원하고 있는 바는 나와 주의 백성이라는 반복적인 표현 속에서 분명하게 드러난다. 하나님의 응답은 계속 모세와만 결부되어 있다. 그래서 모세는 이 점을 거부하고 하나님의 응답 속에 이 백성도 포함되어지기를 간청한다."

앞의 모세의 두 개의 간구 속에는 하나의 응답이 주어진다. "우선 주의 길을 보이소서"라는 첫 번째 간구에 대한 답은 "내가 친히 너와 함께 가리라"는 것이다. 그리고 "주의 영광을 내게 보이소서"라는 간구에 대한 답은 "내가 나의 모든 선한 형상을 네 앞에 지나게 하고(즉 시각적 계시) 여호와의 이름을 네 앞에 반포하리라(즉 개념적 계시)"는 것이다(33:19). 이 약속은 나중에 34:6에 가서 지켜진다. "여호와께서 그의 앞으로 지나시며 반포하시되 '여호와라 여호와라 자비롭고 은혜롭고 … .'" 이 말씀에 이어지는 구절은 하나님의 속성에 대해서 기술하고 있는데, 이것은 유대교 전통에서 흔히 하나님의 열세 가지 속성이라고 불려진다. 또한 이 속성의 목록은 민수기 14:18; 느 9:17,31; 시 86:15; 103:8; 145:8; 렘 32:18; 욜 2:13; 욘 4:2; 나 1:3 등의 구절들 속에도 반영되어 있다. 하나님의 속성은 그가 행하시는 것들과 역사하시는 방법을 통해서 드러난다.

전에 하나님은 몸소 호렙의 바위 위에 서신 바가 있다(17:6). 이번에는 모세가 바위틈에 서서 하나님의 등의 어렴풋한 자취를 본다(33:23). 엘리야가 호렙산/시내 산에서 여호와께서 지나가실 때 본 것처럼 말이다(왕상 19:11-13).

34장에서 우리는 언약 갱신을 목격한다. 이 장에서 사용된 어휘들은 출애굽기 19장을 연상시킨다. "아침 전에 예비하고 아무도 너와 함께 오르지 말며 양과 소도 산 앞에서 먹지 못하게 하라 여호와께서 구름 가운데 강림하사"(34:2-5).

모세는 여전히 자기 회중에 대해 관심이 있다. "주는 우리 중에서 행하옵소서 우리의 악과 죄를 사하시고 우리를 주의 기업으로 삼으소서"(34:9). 여기에는 뻐기는 듯한 태도가 들어있지 않다. 또한 모세는 자기의 무죄함을 주장하지도 않는다. 그는 완전히 자신을 이 백성과 동일시한다.

10-16절은 모든 이스라엘에게 주시는 하나님의 말씀이다. 첫째, 하나님은 모든 형태의 이방 신앙에 대해 관용을 베풀어서는 안 된다는 것을 명령하신다(11-16절). 믿지 않는 자와 멍에를 같이 메어서는 안 된다. 이어서 나오는 17-26절에는 십계명(34:17,21)과 언약의 책(34:23,26)에서 나온 율법들 중에서 선별된 것들이 들어 있다.

이 중에서 가장 흥미로운 것은 34:17의 율법이다. "너는 신상들을 부어 만들지 말지니라." 이 율법 조항이 십계명의 처음 두 계명과 유사하기는 하지만 가장 직접적인 연결은 32장의 황금 송아지와 관련하여 일어난 일들이다. 다시 말해 하나님은 황금 송아지 사건 같은 것이 다시 반복되어서는 안 된다고 말씀하고 있는 것이다. 여기 본문의 금령(禁令)들이나 권고 사항들은 두 가지 범주, 즉 우상숭배에 대한 금지 혹은 제의적인 절기들의 준수에 대한 권고 등의 두 가지 범주로 나뉘어진다. 이 두 가지 범주는 바로 이스라엘이 황금 송아지를 만들면서 범한 죄들이다. 그들은 금지된 우상을 만들었으며, 이와 더불어 종교적인 축제를 벌였다.

아주 적절하게도 이 장은 모세가 시내 산에서 내려오는 것으로 끝을 맺는다. 이 때 그의 얼굴에서는 광채가 빛났는데, 이 점은 모세를 제외한 모든 사람의 눈에 분명하게 보였다(34:29-30). 34장에서 돌판을 들고 산에서 내려오는 모세의 모습과 32장(15절)에서 돌판을 들고 산에서 내려오는 모세의 모습은 얼마나 차이가 나는가! 분노로 가득 찬 얼굴이 이제는 광채가 빛나는 얼굴로 대체되었다. 차일즈(Childs 1974: 619)는 이렇게 언급한다. "이 성경 이야기의 관심사는 모세의 얼굴에 신적인 광채가 나타난 것을 그가 일종의 환골탈태를 한 것으로 이해해서는 안 된다는 것이다. 모세 자신이 신이 된 것이 아니다. 그는 자신의 모습이 변한 것을 깨닫지 못하고 있다. 이 이야기가 강조하고자 하는 바는 그의 얼굴에 빛나는 광채가 단지 하나님의 영광을 반사해서 비추고 있는 것일 뿐이라는 점이다." 바로 이것이 시편 8편의 요점이다. 사람은 하나님보다 조금 못하게 만들어졌으며, 영광과 존귀로 관 씌워져 있다. 인간은 하나님을 반영하는 존재일 뿐이지 결코 동등한 존재가 아니다.

29-35절은 두 개의 부분, 즉 이 특정한 상황에서 일어난 일을 다루고 있는 부분(29-33절)과 미래의 모든 상황, 곧 모세가 하나님의 존전에 들어가서 계시받은 것을 이스라엘 백성들에게 전해줄 때마다 일어나는 일들을 다루고 있는 부분(34-35절)으로 나뉜다. 모세는 하나님의 영광이 빛나게 되는 매개체이다. 또한 그는 하나님의 말씀이 나오는 매개체이다. 분명히 모세는 신적인 존재로 변모하지는 않았다. 그러나 그는 자기의 형이자 제사장인 아론을 포함한 동시대의 모든 인물들과 구별되어졌다. 그리고 이 모든 것이 다 하나님의 선물이다. 도즈먼(Dozeman 2000: 29)이 말한 바와 같이 "권위는 그[모세] 자신의 인품이나 카리스마에서 나오는 것이 아니라 하나님의 가르침의 통로로서의 그의 역할로부터 나오는 것이다."

모세의 얼굴이 "광채가 났다, 혹은 빛났다"(29,30,35절)고 본문이 언급할 때 사용되고 있는 단어는 "뿔이 났다"라는 의미의 단어이다. 그래서 일부 학자들은 모세가 뿔이 달린 가면을 썼다거나 하나님의 영광에 너무 많이 접근함으로서 얼굴이 변형되어 얼굴에 물집이 잡히거나 작은 뿔이 달린 것처럼 되었다고 주장한다(Propp 1987). 그러나 이럴 가능성은 거의 없다.

여기에서 아마 저자는 32장의 황금 송아지(혹은 소)와 그 뿔을 상기시키기 위하여 모세의 빛나는 얼굴을 묘사하는데 뿔들과 관련된 동사를 선택한 것 같다. 하나님은 이 백성들이 송아지를 만들면서 그 송아지가 해주기를 원했던 역할, 즉 중개자의 역할 및 하나님의 함께 하심의 표지으로서의 역할을 모세가 하도록 하신 것이다(Moberly 1983: 109). 이 사건에 대한 사도 바울의 언급(고후 3:7-18)은 다른 무엇보다도 예수의 모든 제자들이 하나님의 영광을 반영하고 있음을 가르치고 있다("벗은 얼굴로 다 주의 영광을 반영하고 있는 우리"[we, who with unveiled faces all reflect the Lord's glory, NIV] — 이 고후 3:18의 인용구에서 해밀턴은 NIV의 번역을 택하고 있는데, 이 번역이 개역 성경과 다르기 때문에 NIV를 사역하였다는 점을 참고하라: 역자 주). 하나님의 비범한 종을 위해서 예비된 특권은 이제 하나님의 영광을 자기 얼굴을 통해 비추고 있는 메시야 예수를 따르는 아주 평범한 추종자들에게까지 확장되었다(고후 4:6).

성막(출 25-31; 35-40)

Abrahams, I. 1971. "Tabernacle." *EncJud* 15:679–88.

Blenkinsopp, J. 1976. "The Structure of P." *Bib* 38:275–92.

———. 1977. *Prophecy and Canon: A Contribution to the Study of Jewish Origins.* SJCA 3. Notre Dame, Ind.: University of Notre Dame Press. Pp. 54–79.

Brueggemann, W. 1979. "Trajectories in OT Literature." *JBL* 98:161–85.

Childs, B. S. 1974. *The Book of Exodus: A Critical, Theological Commentary.* OTL. Philadelphia: Westminster.

Cross, F. M., Jr. 1981. "The Priestly Tabernacle in the Light of Recent Research." In *Temples and High Places in Biblical Times.* Ed. A. Biran. Jerusalem: Nelson Glueck School of Biblical Archaeology of Hebrew Union College-Jewish Institute of Religion. Pp. 169–80.

Davies, G. Henton. 1962. "Tabernacle." *IDB* 4:498–506.

Elnes, E. E. 1994. "Creation and Tabernacle: The Priestly Writers' 'Environmentalism.'" *HBT* 16:144–55.

Feinberg, C. 1975. "Tabernacle." *ZPEB* 5:572–83.

Freidman, R. E. 1992. "Tabernacle." *ABD* 6:292–300.

Gutmann, J. 1971. "The History of the Ark." *ZAW* 83:22–30.

Haran, M. 1965. "The Priestly Image of the Tabernacle." *HUCA* 36:191–226.

———. 1971a. "Priestly Vestments." *EncJud* 13:1063–69.

———. 1971b. "Shewbread." *EncJud* 14:1394–96.

———. 1978. *Temples and Temple Service in Ancient Israel.* Oxford: Clarendon.

Hurowitz, V. 1985. "The Priestly Account of Building the Tabernacle." *JAOS* 105:21–30.

Jackson, J. J. 1995. "The Ark and Its Making." *HBT* 17:117–22.

Kearney, P. J. 1977. "Creation and Liturgy: The P Redaction of Exodus 25–40." *ZAW* 89:375–87.

Klein, R. W. 1996. "Back to the Future: The Tabernacle in the Book of Exodus." *Int* 50:264–76.

Lewis, J. 1977. "The Ark and the Tent." *RevExp* 74:28–44.

Longacre, R. E. 1995. "Building for the Worship of God: Exodus 25:1–30:10." In *Discourse Analysis of Biblical Literature: What It Is and What It Offers.* Ed. W. R. Bodine. SemeiaSt. Atlanta: Scholars Press. Pp. 41–49.

McEvenue, S. E. 1974. "The Style of a Building Instruction." *Semitica* 4:1–9.

Milgrom, J. 1991. *Leviticus 1–16.* AB 3. New York: Doubleday.

Motyer, J. A. 1974. "The God Who Is Sufficient: The Indwelling God (Exodus 25:1–40:38)." *The Keswick Week,* 111–21.

Rodriguez, A. M. 1986. "Sanctuary Theology in the Book of Exodus." *AUSS* 24:29–37.

Woudstra, M. H. 1970. "The Tabernacle in Biblical-Theological Perspective." In *New Perspectives on the Old Testament.* Ed. J. Barton Payne. Waco, Tex.: Word. Pp. 88–103.

황금 송아지와 언약 갱신(출 32–34장)

Bailey, L. R. 1971. "The Golden Calf." *HUCA* 42:97–115.

Brichto, H. C. 1983. "The Worship of the Golden Calf: A Literary Analysis of a Fable on Idolatry." *HUCA* 54:1–44.

Coats, G. W. 1977. "The King's Loyal Opposition: Obedience and Authority in Exodus 32–34." In *Canon and Authority.* Ed. G. W. Coats and B. O. Long. Philadelphia: Fortress. Pp. 91–109.

Dozeman, T. B. 2000. "Masking Moses and Mosaic Authority in Torah." *JBL* 119:21–45.

Frankel, D. 1994. "The Destruction of the Golden Calf: A New Solution." *VT* 44:330–39.

Halpern, B. 1976. "Levitic Participation in the Reform Cult of Jeroboam I." *JBL* 95:31–42.

Hanson, A. 1976. "John 1:14–18 and Exodus 34." *NTS* 23:90–101.

Honeycutt, R. L., Jr. 1977. "Aaron, the Priesthood, and the Golden Calf." *RevExp* 74:523–35.

Irvin, W. H. 1997. "The Course of the Dialogue between Moses and Yhwh in Exodus 33:12–17." *CBQ* 59:629–36.

Janzen, J. G. 1990. "The Character of the Calf and Its Cult in Exodus 32." *CBQ* 52:597–607.

Kaufmann, Y. 1960. *The Religion of Israel.* Trans. M. Greenberg. Chicago: University of Chicago Press.

Knoppers, G. N. 1995. "Aaron's Calf and Jeroboam's Calves." In *Fortunate the Eyes That See: Essays in Honor of David Noel Freedman in Celebration of His Seventieth Birthday.* Ed. A. B. Beck et al. Grand Rapids: Eerdmans. Pp. 92–104.

Laney, J. C. "God's Self-Revelation in Exodus 34:6–8." *BSac* 158:36–51.

Loewenstamm, S. E. 1967. "The Making and Destruction of the Golden Calf." *Bib* 48:481–90.

———. 1975. "The Making and Destruction of the Golden Calf—A Rejoinder." *Bib* 56:330–43.

Master, J. 2002. "Exodus 32 as an Argument for Traditional Theism." *JETS* 45:585–98.

McCann, J. C., Jr. 1990. "Exodus 32:1–14." *Int* 44:277–81.

Moberly, R. W. L. 1983. *At the Mountain of God: Story and Theology in Exodus 32–34.* JSOTSup 22. Sheffield: JSOT Press.

Newing, E. G. 1993. "Up and Down—In and Out: Moses on Mount Sinai; The Literary Unity of Exodus 32–34." *ABR* 41:18–34.

Oswalt, J. 1973. "The Golden Calves and the Egyptian Concept of Deity." *EvQ* 45:13–20.

Perdue, L. G. 1973. "The Making and Destruction of the Golden Calf—A Reply." *Bib* 54:237–46.

Propp, W. H. 1987. "The Skin of Moses' Face—Transfigured or Disfigured?" *CBQ* 49:375–86.

Sasson, J. M. 1968. "Bovine Symbolism in the Exodus Narrative." *VT* 18:380–87.

Sommer, B. D. 2001. "Conflicting Constructions of Divine Presence in the Priestly Tabernacle." *BibInt* 9:25–40.

제3부

레
위
기

11. 제사 제도
레위기 1-7장

사람들은 다섯 개의 책으로 이루어져 있는 오경의 중요한 중간 부분인 레위기가 전부 레위 지파에 대한 내용이기 때문에 그런 이름이 붙은 것이라고 추정하고는 한다. 확실히 레위기 전체에는 제사장들에 대한 많은 언급들이 나오는 것이 사실이다(실제로 194번 나옴). 또한 이 책의 몇몇 장들은 아예 제사장 직분과 관련된 내용만을 전적으로 다루고 있다(예를 들어 8-10; 21-22장). 이와는 대조적으로 레위기는 레위 지파에 대해서는 오직 희년과 관련하여 25:32-33에서 아주 간단한 언급만 하고 있다("레위 족속의 성읍의 가옥은 레위 사람이 언제든지 무를 수 있으나 만일 무르지 아니하면 희년에 돌려보낼지니 대저 레위 사람의 성읍의 가옥은 이스라엘 자손 중에서 받은 기업이 됨이니라"). 그러나 민수기에는 전적으로 레위 지파의 역할에 대해서 다루고 있는 단원이나 부분들이 여러 개 있다: 1:47-53 (레위 지파의 인구조사); 2:17,33; 3:1-4:49 (레위 지파의 역할); 7장 (특히 4-5절); 8:5-26; 16장 (레위 지파가 주동하여 모세에게 반기를 듦); 17:1-3 (레위 지파의 지팡이에 아론의 이름을 기록한 이야기); 18장 (제사장과 레위 지파의 의무와 보상); 26:57-62 (레위 지파의 인구조사); 31:47 (레위 지파를 위한 전리품); 35:1-4 (레위 지파의 성읍). 그러므로 어떤 면에서 보면 레위기란 이름은 레위기보다는 민수기에 더 적절해 보인다. 만약 레위기가 레위 지파에 대한 것이라면 말이다. 그러나 사실 레위기(Leviticus)란 단어는 헬라어 역본인 칠십인역과 라틴어 역본인 불가타 역(the Vulgate)이 이 단어를 오경의 이 세 번째 책의 제목으로 삼고 있는 데서 파생된 것인데, 이 언어들 속에서 이 단어는 원래 레위 지파를 지칭하고 있는 것이 아니라 제사 직분과 관련된(priestly-related) 정도의 의미를 가진 다소 포괄적인 용어였을 가능성이 많다. 사실이 이렇다면 이 단어는 이 책의 제목으로 적절하다고 할 수 있다. 레위기란 제목을 이런 식으로 이해하는 것은 레위기에 대한 성경 시대 이후의 랍비 전통상의 이름과 잘 조화된다. 랍비 전통에 따르면 이 책의 이름은 토라트 코하님(torat kohanim), 즉 제사장들을 위한, 혹은 제사장에 의한 지침들이었던 것이다.

레위기는 자연스럽게 다섯 부분으로 나뉘어진다.

1. 제사에 대한 율법들(1-7장)
2. 제사장의 위임에 대한 율법들(8-10장)
3. 육체적 · 도덕적 부정에 대한 율법들(11-16장)
4. 육체적 · 도덕적 거룩에 대한 율법들(17-26장)
5. 맹세에 대한 율법들(27장)

노만 가이슬러(Norman L. Geisler 1977: 66)는 레위기가 두 부분으로 나뉘어져 있다고 주장했다. 즉 레위기가 제사 제도(1-7장)와 제사장 제도(8-10장)를 통해서 거룩하신 분에게 나아가는 길(1-10장)을 다루고 있는 부분과 위생(11-16장)과 성화(17-27장)를 통해서 거룩에 이르는 길(11-27장)을 다루고 있는 부분으로 나뉘어져 있다는 것이다.

레위기는 그 안의 모든 내용이 하나님에 의해 계시된 것이라는 점을 특히 강조하고 있다. 원래 다른 종교에서 파생된 제도들이 레위기에 포함되어 있다는 암시는 전혀 없다. 또한 이 책의 내용이 하나님을 섬기는 것에 대한 좋은 길을 다른 공동체 구성원들에게 가르치기 위해서 제의 담당자의 모임에서 만들어낸 것이라는 암시도 없다.

레위기의 내용이 계시의 산물이라는 점은 이 책의 스물일곱 장 중 스무 장이 "여호와께서 모세에게 이르시되"라는 말로 시작하고 있다는 점에 의해서 강조되고 있다. 2,3,5,7,9,10,26장만이 예외에 속한다. 그러나 이 장들 중에서 어떤 장들은 앞 장의 내용을 연이어서 다루고 있으며(이 때문에 이 문구가 등장하지 않는 것이다), 또 어떤 장들에서는 이 문구가 시작 부분에 등장하는 것이 아니라 중간에 나온다.

레위기는 신앙 공동체의 구성원들에게 선포된 내용이다. 언약은 이미 이루어졌으며, 혼인 관계는 계속 잘 진행되고 있다. 출애굽기는 하나님이 섬김을 받으시게 될 장소, 즉 성막에 대해서 상당한 양을 다루는 것으로 끝을 맺었다. 이제 레위기는 이 주제를 확대해서 하나님을 섬기는 방법에 대해서 다루고 있다. 다시 말해, 출애굽기의 강조점이 장소에 있다면 레위기의 강조점은 태도와 바른 관계에 있다고 할 수 있다.

최소한 그 어휘의 빈도수에 있어서 볼 때 레위기는 구약의 그 어떤 책보다도 더 이스라엘의 거룩한 삶을 강조하고 있다. 과연 거룩한 삶이 무엇인가 하는 것에 대한 내용들은 우리가 이 책을 읽어 나감에 따라 표면에 드러나게 될 것이다. 그러나 초보자들을 위해서, 우리는 거룩이라는 단어가 성경의 다른 어떤 책보다도 이 레위기에 더 많이 등장한다는 점을 지적하고자 한다. KJV에 근거한 스트롱(Strong)의 「완벽 성구사전」(*Exhaustive Concordance*)은 레위기에 거룩이라는 단어가 90번 사용되었으며, 이 중 50번이 19-27장에 나타난다는 것을 보여주고 있다. 스트롱은 또한 열일곱 번은 거룩하다(sanctify)란 단어가 사용되었으며, 이것 역시 상당수(다시 말해 열일곱 번중 열네 번)가 19-27장에 나타난다는 점을 지적하고 있다. 우리가 q-d-s란 히브리어 어근에만 초점을 맞추어 보면, 만델케른(Mandelkern)의 성구사전에 의거할 때 이 단어가 형용사, 명사, 동사형으로 레위기에 150번 사용되었다는 것을 알 수 있다(구약에서 이 어근이 사용된 총빈도수의 20퍼센트 정도).

또한 우리는 보통 레위기가 제사장의 거룩에 대해서만 다루고 있다고 생각하거나 혹은 제사장의 거룩에 대해서 주로 다루고 있다고 생각하기 쉬운데, 이것은 전혀 사실이 아니다. 이 책이 전적으로 제사장에 대해서만 다루고 있는 경우는 거의 없다(8-10장과 16장의 일부와 21:1-22:16만이 예외적인 경우로 열거될 수 있을 뿐이다). 그 나머지 부분은 모든 백성과 연관되어 있다. 그러므로 레위기는 모든 사람에게 적용되는 거룩성에 대해서 다루고 있는 것이지 종교적인 직분자들의 거룩성만을 다루고 있는 것이 아니다. 즉 레위기는 누구도 도달할 수 없는 거룩성에 대해서 다루고 있는 것이 아니라 모든 사람이 도달할 수 있는 거룩성에 대해서 다루고 있는 것이다.

제사 제도

처음 일곱 장은 하나님과 인간의 관계를 지속시켜주는 효과를 가진 제사 제도에 대해서 전적으로 다루고 있는데, 이 제사제도는 하나님께서 명하신 것이다. 희생이 없는 예배는 생각할 수도 없다. 죄가 하나님과 인간 사이를 갈라놓을 때 죄인이 할 일은 희생제사(외적인 행동)와 회개(내적인 마음가짐)이다. 그러나 앞으로 살펴보게 될 바와 같이 몇몇 제사들은 죄나 속죄와는 관련이 없다. 또한 우리는 1-7장에 나열된 제사들이 모든 제사를 남김없이 다 망라한 것이라고 생각하면 안 된다. 예를 들어, 이 일곱 장에는 향을 올리는 것(출 30:7-8)이나 전제(전제, drink offering, 출 29:38-41)는 빠져 있다. 레위기의 이 첫 장들의 강조점은 공적으로 드려야 하는 제사와 대비하여 개인이 드려야 하는 제사 및 제물에 있다. 즉 평범한 이스라엘 사람이 하나님께 가장 자주 반복해서 드려야 하는 제사들에 강조점이 놓여 있는 것이다.

제사는 다음의 다섯 가지가 있다.

1. 전번제(the whole burnt offering, 1장): 히브리어로는 올라, 즉 올라가는 것이라고 불려졌으며, LXX에는 홀로코스트(holocaust)라고 되어 있다.

2. 소제(the cereal offering, 2장): 전적으로 곡식만이 사용됨.

3. 화목제(the peace/fellowship/well-being offering, 3장): 아마 언약의 식사인 듯.

4. 속죄제(the sin offering, 4:1-5:13): 죄에 대한 회개의 제사.

5. 속건제(the guilt/reparation offering, 5:14-6:7): 역시 죄에 대한 회개의 제사, 그러나 원상 회복을 부가적으로 강조하고 있으므로 속죄제의 한 특별 항목으로 볼 수 있음.

　1-3번의 제사와 4-5번의 제사는 쉽게 구분된다. 앞의 세 개의 제사를 다루고 있는 본문들은 그 각각의 제사가 하나님께 미치는 효과에 대해서 언급하는 것으로써 그 절정에 이른다. 이 제사들은 바쳐짐으로써 여호와께 향기로운 냄새가 된다(열 번 언급됨).

　1. 1:9,13,17(전번제)
　2. 2:2,9,12; 6:15,21(소제)
　3. 3:5,16(화목제)

　그러나 마지막 두 개의 제사와 관련해서는 이 표현은 오직 4:31에만 나타난다.
　반면에 이 나중 두 개의 제사와 관련해서는 "제사장이 그것으로 그/그들을 위하여 속죄한즉 그/그들이 사함을 받으리라"는 독특한 문구가 반복적으로 등장한다(아홉 번).

　4. 4:20,26,31,35; 5:10,13 (속죄제)
　5. 5:16,18; 6:7 (속건제)

　이처럼 처음 세 개의 제사는 제사가 하나님께 미치는 결과, 즉 이 제사들이 하나님께 향기로운 냄새가 된다는 것에 대해서 지적함으로써 결말을 맺는다. "향기로운"(pleasing)에 해당하는 히브리어 단어는 누아흐(쉬다, 편안히 있다, 안락함/즐거움을 누리다의 의미[창 5:29의 노아란 이름도 이 동사에서 파생됨])란 단어로부터 나온 것이다. 반면에 나중 두 개의 제사는 그 제사를 드리는 자에게 미치는 결과, 즉 제사를 드리는 자가 용서를 받는다는 점에 대해서 지적함으로써 결말을 맺는다.
　이 두 가지 범주의 제사들에는 두 번째 차이점이 있다. 처음 세 개의 제사들의 경우에는 언제 그 제사를 드려야 하는지 혹은 어떤 죄 때문에 그러한 제사를 드려야 하는지에 대해서 전혀 언급하고 있지 않다. 이 제사들은 자발적인 성격의 것이며, 하나님께 찬양과 감사를 드리기 위해서 드려지는 것이다. 물론 1:4에 전번제가 개인의 속죄를 위한 것이라는 점이 분명한 사실이기는 하다. 또한 "우리는 그를 위하여 기쁘게 받으심이 되어"란 독특한 문구가 속죄제나 속건제의 경우에는 등장하지 않으며, 대신 "사함을 받으리라"는 중요한 문구가 처음 세 개의 제사의 경우에는 빠져 있다는 것을 주목할 필요가 있다.

이러한 위의 세 제사와 달리 나중 두 개의 제사는 "누구든지 여호와의 금령 중 하나라도 범하였으되"(4:2)라는 구절에서 볼 수 있는 바와 같이 그 제사를 드려야 하는 특정한 경우들을 명시하고 있다. 속죄제는 하나님이 금지하신 사항들을 부지중에 범한 경우에 효과가 있다. 속건제 역시 부지중에 행한 위반사항과 관련이 있지만 금령들을 범한 경우가 아니라 여호와의 성물에 대하여 부지중에 범죄한 경우에 소용이 있다(5:15). 성물은 성막의 거룩한 기구들(예를 들어 민 4:4: 이것, 곧 지극히 거룩한 물건들을 관리하는 것이 고핫 자손들의 일이다[This is the work of the Kohathites in the Tent of Meeting: the care of the most holy things, NIV]), 성소의 보물창고에 헌납된 금속들이나 물건들, 짐승의 첫 새끼나 첫 수확물들, 십일조 등을 가리키는 듯 하다. 즉 속죄제가 저지르지 말아야 할 것을 저지른 죄를 처리하기 위한 제사라고 한다면 속건제는 해야 할 것을 하지 않은 죄를 처리하기 위한 제사라고 할 수 있다. 그러므로 마지막 두 개의 제사들은 처음 세 개의 제사들과는 달리 속죄 및 사유의 측면을 갖고 있다는 것이 명백하다. 죄와 그 죄의 용서가 이 제사들의 주요 관건인 것이다.

이러한 구분으로부터 이 두 가지 범주의 제사들 사이의 세 번째 차이점이 드러난다. 그 차이는 피의 사용법에 관한 것이다. 처음 세 개의 제사들(사실은 전번제와 화목제의 경우에만)의 경우에는 희생제물의 피는 제사장에 의해 뜰에 있는 제단, 즉 놋 제단에 뿌려지거나(자라크 [1:5,11,15; 3:2,8,13]) 제단 곁에 배출된다(마짜[1:15]). 이런 절차는 통치자나 지파 우두머리의 속죄제의 경우(4:25)나 일반 사람들의 속죄제(4:30,34)의 경우에도 동일하게 시행된다. 그러나 이 경우에도 제사장은 피를 바깥 제단 곁에 뿌리는(자라크) 대신에 피의 일부를 제단의 뿔에 바르거나(나탄) 나머지 피를 제단 밑에 쏟는다(샤파크).

그렇지만 제사장이나 전체 회중을 위한 속죄제의 경우에는 그림이 달라진다. 이 두 가지 경우에는 제사장은 피를 회막 안으로 가지고 들어간다. 이 피중 일부는 지성소와 성소를 나누는 막 앞에 일곱 번 뿌린다(여기에서 뿌리다는 동사는 **자라크**가 아니라 나자인데 양자가 본질적으로 동의어이긴 하다). 그리고 일부는 분향단(즉 성소 안에 있는 단)의 뿔에 바르며(나탄), 그 나머지는 밖에 있는 놋 제단의 밑에 쏟는다(샤파크)(4:5-7,16-18). 이것을 통해 성경은 죄를 지은 사람이 중요한 인물일수록 그 죄도 크다는 것을 말해주고 있다. 또한 레위기 6:30은 속죄제물의 피를 회막 안으로 가지고 들어간 경우 그 동물의 고기를 먹어서는 안 된다는 것을 구체적으로 명시하고 있다. 이 경우에는 먹는 것이 아니라 불로 태우는 것이 철칙이다. (속죄일[16장]에 대한 논의를 할 때 자세히 다루기는 하겠지만 16:14-15에서 볼 수 있는 바와 같이 이 날에는 희생 제물의 피를 지성소로 가지고 들어가는데 이러한 절차는 레위기 1-7장의 제사들의 경우에는 허락되지 않았다는 점을 주목할 필요가 있다.)

네 번째 차이점은 처음 세 개의 제사의 경우에는 아주 두드러지게 나타나고 있는 어휘들이 나중 두 개의 제사들의 경우에는 훨씬 덜 두드러진다는 점이다. 이러한 어휘들 중 첫 번째 어휘는 여호와 앞으로 제물을 드린다, 가져간다는 것을 강조해주고 있다(카라브: 문자적으로는 가까이 가져간다는 뜻). 이 단어는 다음과 같은 본문들 속에 나타난다.

전번제(6번): 1:3(2번),10,14; 7:8(2번)
소제(7번): 2:1,4,12,14(2번); 6:14 (MT 6:7),20(MT 6:13)
화목제(15번): 3:1(2번),6,7(2번),12; 7:11,12(2번),13,14,16,18,25,29
속죄제(3번): 4:3,14; 5:8
속건제(1번): 7:3

* MT는 맛소라 사본의 약자: 역자 주.

이와 비슷하게 예물(코르반: 카라브란 동사에서 파생된 것으로 가까이 가져간 것, 혹은 물건이란 뜻)이란 히브리어 단어 역시 처음 세 개의 제사의 경우보다 나중 두 개의 제사의 경우에 더 자주 등장한다.

전번제(4번): 1:3,10,14(2번)
소제(8번): 2:1(2번),4,5,7,13(2번); 6:20(MT 6:13)
화목제(12번): 3:1,2,6,7,8,12,14; 7: 13,14,15,16,29
속죄제(4번): 4:23,28,32; 5:11
속건제(없음)

따라서 제물을 하나님 앞에 "드리다/가까이 가져가다"란 동사는 처음 세 개의 비속죄적이고 자발적인 제사들의 경우에는 28 번 나타나지만 속죄적이고 의무적인 제사들의 경우에는 네 번밖에 나타나지 않는다. 그리고 예물이란 명사는 처음 세 개의 제사의 경우에는 24 번 나타나지만 나머지 두 제사의 경우에는 오직 네 번만 나타난다.

용서를 얻기 위한 예비 단계로서의 성격을 가진 예물이라기보다는 헌신 및 감사의 행위로서 하나님께 드리는 예물로서의 성격에 해당하는 제사의 경우에 이 동사 및 명사가 압도적으로 사용되고 있다는 점은 이 제사들의 주요 목적이 속죄가 아니라는 점을 시사해주고 있다. 이 제사들은 하나님의 존전에 들어가기 위한 절차의 일부로서 예물을 드림으로써 그 드리는 자와 하나님 사이의 관계가 실제적이고 역동적임을 표현하는 수단이다.

레위기 1:1–6:7이 죄의 용서를 표시해주는 것을 목적으로 하고 있는 제사보다는 하나님께 대한 헌신을 표현하는 것을 목적으로 하고 있는 제사에 대해서 먼저 다루고 있다는 것은 결코 단순한 우연이 아님이 분명하다. 레위기는 하나님과의 관계의 회복으로부터 시작되는 것이 아니라 관계에 대한 찬사로부터 시작되고 있는 것이다. 다시 말해 레위기는 관계에 대한 찬사로부터 시작해서 필요한 경우에 하나님과 관계를 회복하는 방법에 대해서 말하는 것으로 옮겨가고 있는 것이다.

지금까지 우리는 자발적이라고 할 수 있는 제사들과 속죄적이고 사유적인 성격을 가진 제사들 사이의 중요한 차이점들에 대해서 살펴보았다. 이 제사들 간의 또 한 가지 중요한 관계도 역시 살펴보아야 하는데 이것은 1:1-6:7의 제사 제도와 6:8-7:38의 이 제사들에 대한 보충적인 지시사항들 사이의 관계와도 연관이 있다.

이에 대해 우리는 두 가지 점을 주목할 수 있다. 첫째, 1:1-6:7은 제물을 바치는 사람이 갖고 있는 책임들에 대해서 주로 다루고 있다. 일례로 1:2은 "이스라엘 자손에게 고하여 이르라"고 말해주고 있다. 반면에 6:8-7:38은 제사를 집전하는 사람들의 책임들에 대해서 다루고 있다. 그래서 6:9의 서두는 "아론과 그 자손에게 명하여 이르라"고 되어 있다. 앞 단원은 평범한 신도들을 향하여 언급하고 있고, 뒷 단원은 제사의 집전자들을 향하여 언급하고 있는 것이다. 이 두 집단 중 어느 하나가 책임을 회피하면 제사에 공백이 생기는 것이다.

제사들에 대한 지시사항들

두 번째 주목할 점은 이 두 본문에서의 제사들의 순서에 대한 것이다. 도표 1을 보라.

도표 1

1:1-6:7	6:8-7:38
전번제	전번제
소제	소제
화목제	속죄제
속죄제	속건제
속건제	화목제

앤슨 레이니(Anson Rainey 1970: 486-87)는 첫 번째 목록의 순서는 교육적인 순서, 즉 교습적인 차원에서 논리적이거나 개념적인 연관관계에 따라서 제사들을 배열해 놓은 순서라고 보았다. 그는 또한 두 번째 목록의 순서

는 행정적인 맥락의 순서, 즉 성전의 서적들에 집행상의 절차를 따라 기록되어 있는 순서라고 보았다. 고든 웬함(Gordon Wenham 1979: 118-19)은 첫 번째 목록이 신학적인 동기에서 나온 것이라고 주장했다. 바로 이 때문에 음식의 제사들이 죄의 용서를 위한 제사들보다 앞서 나온다는 것이다. 반면에 두 번째 목록은 빈도수에 따른 것이라고 그는 생각한다. 즉, 매일 드려지는 일상적인 제사로부터 때에 따라 드려지는 제사의 순서로 배열되어 있다는 것이다.

레위기 1-7장은 이 제사들에 어떤 중요성의 차이를 부여하고 있지 않다. 이 제사들이 덜 중요한 것으로부터 더 중요한 것의 순서로 배열되어 있다거나 혹은 그 반대의 순서로 배열되어 있다는 근거는 성경 본문에 전혀 나와 있지 않다. 마치 신약에서 바울이 성령의 은사나 열매들을 나열하면서 그 중요성에 차별을 두고 있지 않은 것처럼 말이다. 그러므로 이 제사들 중 어떤 것들은 성경의 사상에 있어서 핵심적인 자리를 차지하고 있는 반면에 어떤 것들은 별로 중요하지 않다고 보는 것은 전혀 근거가 없는 생각이다.

나는 레이니(1970: 494-98)가 이 제사들의 세 번째 종류의 순서를 잘 파악하였다고 생각한다. 그는 이것을 절차상의 순서라고 불렀다. 예를 들어 제사장의 위임식(레 8장)에서 속죄제는 번제 앞에 오며 — 이것은 레 1-7장의 순서와 다르다 — 그 뒤를 이어 요제(화목제)가 드려진다(8:14-17; 8:18-21; 8:22이하). 그 다음 장은 아론의 대제사장직의 시작에 대해서 다루고 있다. 이 장에서도 역시 제사들의 순서가 흥미롭다. 자신의 속죄를 위해서 아론은 먼저 속죄제를 드린 다음에 번제를 드린다(9:8-11; 9:12-14). 백성들의 제사의 경우에는 그 순서가 속죄제(9:15), 번제(9:16), 소제(9:17), 화목제(9:18-21)의 순이다.

나실인의 경우에는 제사의 순서가 특히 분명하게 부각된다. 그가 하나님께 어떤 제사를 드려야 하는가가 언급될 때에는 번제, 속죄제, 화목제의 순서로 언급된다(민 6:14-15). 그러나 이 제사들을 하나님께 드리는 순서가 언급될 때에는 속죄제, 번제, 화목제의 순서로 언급된다(민 6:16-17). 히스기야가 성전을 정화할 때 그 순서는 속죄제가 가장 먼저 오고(대하 29:20-24), 그 후에 번제(29:25-30)와 다른 제사들(29:31-35)이 이어진다. 번제는 언제나 일관성있게 맨 처음에 드려진다. 여기에서 요점은 죄가 먼저 해결되어야 한다는 점이다. 고백하지 않은 죄를 무시하고 성결 및 하나님과의 교제에 대해서 이야기하는 것은 원천적으로 불가능하며, 또한 허용되어 있지도 않다.

그러나 여기에 대해서는 약간 고려할 점이 있다. 어떤 면에서는 4:1-5:13과 6:24-30 (MT 6:17-23)의 경우에는 속죄제(sin offering)라는 번역이 가장 적당하다. 그러나 이 본문을 넘어서서 계속 나아가다 보면 이 히브리어 단어는 정화의 제사(purification offering)로 번역하는 것이 더 나은 듯 하다. 그 이유는 어떤 사람이 하나님께 속죄의 제사를 드릴 때 대부분의 경우는 어떤 죄가 저질러졌기 때문이 아니다. 예를 들어 나실인이 자기의 직분을 벗어날 때 그는 속죄 제물을 드리는데(민 6:14), 이것은 그가 어떤 죄를 범했기 때문이 아니다. 새로 엄마가 된 사람이 속죄 제물을 드리는 것이 그녀가 어떤 죄 때문에 그러는 것이 아니듯이 말이다(레 12:6-7).

제사들의 공통적인 요소

여기 레위기에 기술되어 있는 대부분의 제사들은 몇 가지 공통분모를 갖고 있다.

예배자가 예물을 가져 옴

예배자는 하나님의 존전에 결코 빈 손으로 오지 않는다. 찬송가의 한 구절 속에 표현되어 있는 식의 태도("내 손에 있는 것을 가져오지 않네")는 레위기에서는 찾아 보기 힘들다. 예배자는 자기의 예물이나 하나님의 예물을 가지고 나아온다.

예물의 의미

예물은 코르반이라는 이름으로 자주 불려지는데, 이 단어는 보통 예물이라고 번역되어 있다(이 단어에 대한 간단한 설명들은 위를 보라). 이 단어는 다섯 가지 제사 중 속건제를 제외한 나머지 제사들을 지칭하는데 최소한 한 번 이상 사용되었다. 레위기와 민수기는 이 단어를 거의 독점하다시피 하고 있다. 이 단어는 민수기에 38번, 레위기에 39번 나온다(그 중 31번이 레위기 1-7장에 나온다). 이 단어는 구약의 다른 곳에서는 단지 두 번만 나올 뿐이다(이 단어의 헬라어 음역이 마 7:11에 나온다). 이 단어를 예물보다 더 문자적으로 직역을 한다면 "가까이 가져온 것"이 될 것이다. 그러므로 이 제사들은 사람이 어떻게 하나님과 가까이 살 것인가 하는 문제와 관련이 있다. 레위기는 하나님과 인간 사이에 가까움과 친밀성이 있을 수 있는가 하는 문제에 대해서 답을 주고 있는 것이다.

예물에 대한 설명

대부분의 제물은 소, 염소, 양과 같은 가축들이다. 그러나 때로 곡식이 바쳐지는 경우도 있다. 동물이 아닌 곡식이 제물로 바쳐지는 것은 개인의 경제적 능력에 따라 달린 것으로 보인다. 그러나 하나님께는 가장 비싸고 귀한 것이 드려진다. 하지만 이것이 전부가 아니다! 바쳐진 동물들은 흠이 없어야 한다.

희생 제물로 사용되는 동물들에 대해서 서술할 때 사용되는 히브리어 단어인 타밈은 노아(창 6:9), 아브라함(창 17:1), 욥(욥 12:4), 혹은 그 누구라도 하나님의 존전에 나아가기를 소망하는 모든 예배자들(시 15:2)에게 적용될 수 있는 단어이다. 그러므로 이 단어는 육체적인 정결뿐만 아니라 도덕적인 정결도 포괄한다. 구약 전체의 맥락에서 볼 때 제사와 관련해서 강조점은 육체적인 결함이 없는 동물(레위기)에서 희생양이 될 종(도덕적인 흠결이 없는 사람)으로 옮겨간다. 이사야 53장의 메시지는 바로 우리의 슬픔을 대신 지시고, 우리의 죄악과 허물을 위해 대신 고초를 겪으면서도 그 입을 벌리지 않으신 종에 대한 것이다. 신약의 메시지를 위한 배경이 사상적으로 이보다 더 이상 아름답게 예비될 수가 없을 것이다(벧전 1:19을 보라).

선지자들이 제사의 남용에 대해서 심한 비판을 했다는 것은 잘 알려진 사실이다. 그들은 하나님의 백성이 제사 의식은 충실하게 지키면서도 삶은 신실하지 못한 것에 대해 분노했다. 제사는 윤리적인 부패를 가리는 연막으로 사용되어서는 안 된다. 외적인 순종은 내적인 거룩과 일치해야 한다. 이에 대해서는 우리는 이사야서 1:11-17; 호세아서 6:6; 아모스서 5:21-24; 미가서 6:6-8 등의 본문에서 주전 8세기와 7세기 초의 선지자들이 외친 바를 들 수 있을 것이다. 나중의 7세기와 6세기에도 이러한 내용이 예레미야서(예를 들어 6:20), 그 중에서도 특히 그의 유명한 성전 설교(7:1-15) 등에 나온다. 이러한 내용은 시편에도 역시 반영되어 있다(시 51:16-17을 보라).

흠이 없는 희생 제물에 대한 가장 분명한 언급은 포로기 이후 시대의 말라기의 메시지에서 찾아볼 수 있는 듯하다. 백성들이 바치는 예물은 불완전하고("너희는 나의 것을 도적질하고도", 3:8) 그들의 삶은 부정할 뿐만 아니라("너희가 여호와를 괴롭게 하고도," 2:17) 그들이 바친 희생제물조차 흠이 있는 것들이었다("내 이름을 멸시하는 제사장들아," 1:6). 바쳐진 동물들은 발을 절름거리고, 눈이 멀고, 병들었다. 이 동물들은 너무나도 형편없는 것이어서 이 백성은 감히 자기 땅의 권력자에게는 이런 것들을 바칠 수가 없을 정도였다(1:8b).

희생제물의 정결성에 대한 이러한 강조는 바울의 다음 말씀과 별반 다르지 않다. "너희 몸을 하나님이 기뻐하시는 거룩한 산 제물[죽은 것이냐 산 것이냐가 아니라 죽은 것과 산 것!]로 드리라"(롬 12:1). 여기에다 바울은 우리가 이것을 오직 하나님의 모든 자비하심으로만 할 수 있다는 점을 덧붙인다.

예물은 바치는 자의 능력에 좌우된다

바쳐야 할 예물은 대부분 바치는 자의 능력이나 재력에 따라 차등이 있다. 예를 들어 번제는 소(1:3-5), 양이나 염소(1:10), 혹은 새(1:14) 중에서 드릴 수 있다. 비천한 사람들에게 터무니없는 요구가 주어지지 않는다. 제이콥 밀그롬(Jacob Milgrom)은 동물이 전혀 사용되지 않는 소제가 실상은 가난한 사람의 번제가 되었다고 주장했다.

속죄를 위한 제물들의 경우에도 비슷한 차등이 적용되는데, 여기에서는 더 심각한 죄인으로부터 덜 심각한 죄인까지의 차등이 존재한다. 즉 속죄제의 경우에 있어서 제사장이나 온 회중은 수송아지(4:3,14)를 바치고, 족장은 숫염소(4:23)를 바치고, 보통 사람은 암염소(4:28), 암양(4:32), 혹은 새(5:7)를 바친다. 이처럼 그 어디에도 하나님께서 자신을 섬기는 자들을 착취하신다는 인상은 나타나 있지 않다. 우리는 우리에게 주어진 것에 따라 바치는 것이다. 그러므로 여기에 나타나 있는 원칙은 꼭 동등한 예물을 바쳐야만 동등한 제사로 인정되는 것은 아니라는 점이다. 과부의 푼돈도 돈 많은 자선가의 수백만 불과 마찬가지로 정당한 예물이 될 수 있는 것이다.

예물을 바친 자가 제의에 직접 참여함

예물을 드리는 자는 단순히 수동적인 구경꾼으로서의 역할만 하는 것이 아니라 능동적으로 제의에 참여한다. 그는 희생제물을 바칠 때 그 동물의 머리에 자기 손을 얹는다(1:4; 3:2,8,13; 4:4,15,24,29,33). "안수하다"라는 히브리어 단어 사마크는 보통 단순히 손을 갖다대는 것을 의미하는 것이 아니라 어느 정도 압력을 가해 누른다는 것을 의미한다. 예를 들어 이 동사는 삿 16:29에 나오는데, 여기에서 삼손은 블레셋 신전의 가운데에 있는 두 개의 중심 기둥에 손을 뻗쳐 그것에 자신을 기댄다(bracing himself /leaning). 구약에서 이 단어가 손을 목적어로 하고 있는 경우는 총 24번이다. 소제의 경우에는 이러한 절차가 생략되어 있는데, 이것은 아마 최소한 다음의 두 가지이유 때문일 것이다. 첫째, 곡식을 바칠 때 어떻게 그 위에 손을 올려 놓을수 있었겠는가? 둘째, 이 절차는 피의 제사에 한정되어 있기 때문에 곡식의 제물에는 해당되지 않았을 수 있다.

그러면 손을 얹는 목적은 과연 무엇인가? 레위기 1-7장은 이 질문에 대답을 하려고 하지 않는다. 본문은 단지 이 절차를 말하고 있을 뿐 그 이유를 언급해 주지는 않는다. 구약의 다른 곳들에서 안수는 축복의 전수(창 48:13-14)나 저주와 심판의 전가(레 24:14)를 위해서 하는 것이다. 민수기 8:9-10은 이와 관련하여 가장 밀접한 본문인 듯 하다. 모세는 레위인들을 회중 앞으로 나오게 해서(레 1-7장과 마찬가지로 q-r-b란 어근을 사용), 그 회중이 이 레위인들에게 안수하게 한다. 이 레위인들은 회중의 장자들을 대신하는 자들이다. "이스라엘 자손 중 모든 초태생 곧 모든 처음 태어난 자 대신 내가 레위인을 취하였느니라"(민 8:16,18).

만약 이것이 레위기의 제물에 대한 안수와 상응성이 있다고 할 경우 제물로 쓰일 동물에게 안수하는 것은 곧 이 동물이 대속물이라는 것을 의미한다. 그러면 이것은 예배자의 죄를 희생 제물에게 전가시키는 것이라고 보아도 되는가? 꼭 그렇지는 않다. 속죄일 의식의 경우에는 아론이 살아 있는 염소에게 안수하는 것은 죄의 전가를 의미하는 것이 분명하다: "아론은 두 손으로 산 염소의 머리에 안수하여 모든 불의와 그 범한 모든 죄를 염소의 머리에 두어"(레 16:21). 그러나 이 염소는 하나님께 희생제물로 드려져서 그 살이 불태워지거나 섭취되거나 한 것이 아니다. 이 염소는 광야로 보내졌다. 그리고는 더 이상 별다른 절차가 더 치러지지 않았다. 그 염소는 죽은 것이 아니다. 그러므로 이보다 더 가능성있는 해석은 안수가 소유권을 나타낸다고 보는 것이다. "이것은 이 제물의 주인이 이것은 저의 예물, 저의 제물이며, 이제 저는 저의 소유권을 양도합니다"라는 것을 표현하는 방식인 것이다.

예배자의 책임

짐승이 예배장소로 보내지면 제사장이 아닌 예배자가 이 짐승을 죽인다(목을 따서?). 잡다(kill)라는 의미로 사용된 히브리어 단어는 **샤하트**이다. 이 단어는 보통 제의적으로 짐승을 잡는 것을 지칭하는데 국한되어 있으며, 구약에 84번이 나오는데, 그 중에 36번이 레위기에 나온다. 롤랑 드 보(Roland de Vaux 1964: 452)는 이처럼 짐승을 죽이는 것(그리고 나서 태우는 것)의 의의는 이 제물을 먹는 것을 제외하고는 사용하지 못하게 함으로써 이 제물을 다시는 돌이킬 수 없이 하나님께 바쳐진 것으로 만들고, 그렇게 함으로써 세속적인 용도로는 사용하지 못하게 하는 것이라고 보았다.

희생 제물을 도살하는 것 외에도 예배자는 그 동물의 가죽을 벗기고 각을 뜨며, 창자를 씻는 일 등을 담당한다(1:6-9,12-13).

제사장의 책임

희생 제물의 피는 받아서 제사의 종류에 따라 바깥이나 안의 제단에 뿌린다. 이것은 제사장의 임무로 명시되어 있다(예를 들어 1:5,11,15; 3:2,8,13; 4:5-7).

흥미롭게도 레위기 1-7장은 이 행위의 중요성이나 제의에서 피가 하는 역할에 대해서는 아무런 언급도 하지 않는다. 이 의식은 아무 설명이나 신학적인 분석이 없이 그저 단순하게 기술되어 있다. 이것에 대한 설명은 정작 레위기 17:11에 나타난다. "육체의 생명은 피에 있음이라. 내가 이 피를 너희에게 주어 제단에 뿌려 너희의 생명을 위하여 속죄하게 하였나니 생명이 피에 있으므로 피가 죄를 속하느니라."

이 중요한 구절이 갖고 있는 문제들은 유능한 히브리어 학자들이 제시한 서로 매우 다른 번역들을 비교해 보면 금방 명백하게 드러난다.

> 육체의 생명은 피에 있느니라. 내가 그것을 너희에게 주어 제단 위에서 너희의 생명을 위하여 대속물이 되게 하였나니 피는 생명의 값에 따라 대속할 수 있느니라. (Levine 1974: 68)

> 육체의 생명의 본질은 피에 있느니라. 나는 몸소 너희를 위해 그것이 제단 위에서 보상적 대가(compensatory payment)가 되도록 정하였느니라. 이는 (취해진) 생명을 위한 보상적 대가(compensatory payment)가 되는 것이 바로 피이기 때문이니라. (Brichto 1976: 23, 28)

> 육체의 생명은 피에 있느니라. 바로 내가 그것이 제단 위에서 너희 생명을 위하여 대속이 되게 하였노라. 이는 바로 생명으로서의 피가 대속을 하기 때문이니라. (Milgrom 1971a: 156; 1971b: 1041)

> 육체의 생명은 피에 있느니라. 그것이 너희 영혼을 위한 대속물이 되도록 내가 너희를 위하여 그것을 제단 위에 주었노라. 이는 (그 안에 있는) 생명으로 인해 대속함을 이룰 수 있는 것이 바로 피이기 때문이니라. (Rainey 1971: 600)

이 레위기 17:11이 희생 제사의 대속적인 효력에 대한 이론의 토대가 될 수 있는지의 여부는 논쟁의 대상이다. 만약 이 이론이 맞다면 왜 레위기 1-7장에는 대속의 효과에 대한 언급이 나오지 않는 것인가? 왜 1-7장에는 17:11과 같은 구절이 들어있지 않는가? 17:11은 자신이 속해 있는 문맥, 즉 짐승의 도살에 제한을 가하고 있는 17:1-16과 어떤 관계가 있는가? 이 본문의 구절들이 대속이나 죄의 용서와는 전혀 관계가 없는 유일한 제사인 화목제(17:5)에 대해서 다루고 있다는 점은 또 어떻게 이해해야 하는가?

어쩌면 레위기 1-7장이 피의 역할을 크게 강조하고 있는 이유는 대속이라는 개념 때문이 아니라 단지 이 제사들에 죽음이 연계되어 있다는 단순한 이유 때문일 수 있다.

제사와 그 의미

동물들을 바쳐서, 죽이고, 각을 떠서, 씻고, 피를 받아낸 다음에는 그 제물의 전부 혹은 선별된 부분을 제단 위에 놓고 태운다(1:9,13,17; 3:5,11,16; 4:10,19,26,31,35). 소제의 경우에도 마찬가지이다(2:2,9,16). 제단 위에서 태우는 행위를 히브리어 본문은 일관성있게 q- t-r라는 단어로 표현하고 있다.

짐승의 살을 진 밖에서 태우는 행위를 지칭할 때에는 히브리어 본문은 "태우다"라는 동작을 나타내는 더 일반적인 단어인 s- r-p (참고. 세라핌, the seraphim, 태우는 것들 — 개역개정판은 스랍들이라고 표기함: 역자 주)를 사용하고 있다(4:12,21; 8:17; 9:11) 이 단어는 레위기의 경우에는 대제사장이나 온 회중을 위한 속죄제의 경우에만 한정되어 사용되고 있다. 이 단어는 강하게 불로 태우는 것을 말한다. 아마 "소각하다"로 번역하는 것이 더 나을 것이다. 이런 점에 있어서 이 단어는 서서히 잘 조절해가면서 태우는 행위를 가리키는 q- t- r와 대조된다.

제사장들이 제단 위에서 태우는 제물들이 여호와께 향기로운 냄새라고 기술된 점은 예상치 못할 바는 아니다. 그러나 과연 우리는 이것을 어떻게 이해해야 할까? 이 제물들은 하나님이 드시는 음식으로서 하나님께서 영양을 공급받는 수단인가? 아니면 이것은 혹시 신화의 잔재는 아닌가? 내 생각에는 예헤즈켈 카우프만(Yehezkel Kaufmann 1970: 111)이 이 문제에 대해서 가장 나은 설명을 제공해 준 것 같다. 이런 문구들을 화석화된 언어의 잔재라고 지칭한 그는 선지서에서 이와 비슷한 표현들이나 개념들이 나온다는 것을 지적했다.

고전적인 선지자들이 이런 표현들을 사용하는데 있어서 아무 거리낌을 느끼지 않았다는 것은 이 표현들이 잘못된 것이 아니라는 것을 아주 잘 증거해 주고 있다. 만약 희생제물이 하나님이 먹는 음식이라는 생각을 대부분의 사람들이 갖고 있었다면 이런 견해를 지지하지 않는 선지자들과 율법사들은 이런 표현들을 사용하려 들지 않았을 것이다. 왜냐하면 이런 표현들은 그들이 잘못된 것이라고 간주하고 있는 이런 견해를 더욱 굳건하게 만들 수도 있을 것이기 때문이다. 분명히 말하지만 선지자나 율법사들은 이런 견해에 맞서 싸웠다.

제사들이 하나님께 향기로운 냄새가 된다는 점에 비추어 볼 때 그리스도의 죽음에 대한 에베소서 5:2의 바울의 말은 훨씬 더 잘 이해가 된다. "사랑 가운데서 행하라. 그는 우리를 위하여 자신을 버리사 향기로운 제물과 희생제물로 하나님께 드리셨느니라."

희생제물의 처리

희생제물을 처리하는 데에는 여러 가지 절차가 있었다. 번제의 경우에는 가죽을 제사장의 몫(7:8)으로 주는 것을 제외하고는 제물 전체를 불에 태웠다(1:9,13). 소제의 경우에는 그 일부는 제사장에게 식량으로 주었다(2:3,10; 6:16,18). 속죄제의 경우에는 제사장이 제물의 일부를 제단에서 태웠다. 이 때 태우는 부분으로는 내장의 일부와 그 내장들을 싸고 있는 지방들이 포함되었다(4:8-10). 제사장이나 온 회중을 위한 속죄제의 경우에는 잔해와 남은 내장들을 폐기물처럼 진 밖에 내다가 태웠다(4:11,12,21). 그러나 보통 사람들의 속죄제의 경우에는 그렇게 하지 않았다. 또한 우리는 제사장들이나 회중들이 바친 속죄제의 고기의 경우에는 제사장들이 먹어서는 안 된다는 점을 알 수가 있다(6:30). 여기에서 우리는 다시 한 번 원칙을 이해하게 된다. 즉 죄를 지은 자가 중대한 존재일수록 그 죄도 중대한 것이 된다.

화목제의 경우는 독특하다. 이 제사는 제물의 고기를 처리하는 방법이 여러 가지이다. 일부는 제단에 태우며(3:3-5), 일부는 제사장에게 준다(7:31-35). 세 번째 사항은 독특하기 그지 없는데, 제물을 바친 사람 역시 희생제물의 일부를 먹도록 되어 있다(7:15-21). 화목제는 제물을 바친 자가 그 제물을 먹는 것이 허용된 유일한 제사이다. 피를 먹는 것에 대한 경고가 화목제의 경우에만 주어진 이유는 바로 이것이다(3:17; 7:26,27; 17:10,12,14). 이 제물의 고기를 먹을 때에 예배자는 피가 완전히 제거되었는지를 확인해야 한다. 이처럼 화목제의 경우에는 하나님은 자기 백성이 그 존전으로 나아와서 함께 식사를 하도록 초청하셨다. 다시 말해 성스러운 제사와 교제의 식사가 다 예배의 한 켠씩을 차지하고 있는 것이다.

죄의 용서

마지막 두 개의 제사, 즉 속죄제와 속건제가 전적으로 죄의 용서와 관련되어 있다는 점을 나는 이미 앞에서 언급한 바 있다. 그러나 여기에는 한 가지 부연설명이 필요하다. 이 두 가지 제사는 부지중에, 알지 못하고, 무심코, 혹은 비고의적으로 지은 죄를 용서하기 위한 것이다. 이 문구는 모든 차원의 속죄제(4:2,13,22,27; 5:1-13의 경우는 아님)와 속건제(5:14,18)에 다 적용된다.

레위기 4:1-5:13은 일곱 가지 경우에 우리가 자신도 모르는 사이에 죄를 지을 수 있다는 것을 제시하고 있다(이 분석의 표현은 나의 동료인 로슨 스톤[Lawson Stone]에게서 빌려온 것이다) (개역개정판의 "그릇 범하였으되"라는 표현에서 "그릇"이라는 부사는 "잘못해서"라는 의미가 있기 때문에 본문의 내용을 곡해하게 만들 소지가 있는 것으로 보이며, 따라서 아래에 인용된 성경 본문에서는 "그릇"을 "부지중"에로 바꾸어 놓았다: 역자 주):

1. 우리가 잘 알지 못한 상태에서 넘지 말아야 할 선을 넘었을 때(4:1-12): "누구든지 여호와의 금령 중 하나라도 부지중에 범하였으되."

2. 우리가 그냥 사람들이 하는 대로 따라 하다가 잘못한 경우(4:13-21): "만일 이스라엘 온 회중이 여호와의 금령 중 하나라도 부지중에 범하여."

3. 우리가 어떤 큰 일을 맡고 있기 때문에 그 정도는 저질러도 괜찮을 것이라고 생각한 경우(4:22-26): "만일 족장이 부지중에 범하여."

4. 우리가 자신은 별로 대단한 존재가 아니기 때문에 괜찮을 줄 알고 저지른 경우(4:27-35): "만일 평민의 한 사람이 부지중에 범하여."

5. 우리가 어떤 일을 옳게 해야 하는데 그렇게 하지 못한 경우(5:1-3): "만일 누구든지 저주하는 소리를 듣고서도 증인이 되어 그가 본 것이나 알고 있는 것을 알리지 아니하면 그는 자기의 죄를 져야 할 것이요."

6. 우리가 충동적으로 말하거나 행동한 경우(5:4-13): "만일 누구든지 입술로 맹세하여 하리라고 함부로 말하면."

7. 우리가 별 생각 없이 거룩한 것을 사소하게 취급한 경우(5:14-16):" 누구든지 여호와의 성물에 대하여 부지중에 범죄하였으면."

이러한 경우들로부터 보통 두 가지 해석이 도출된다. 첫 번째 해석은 구약의 제사 제도가 의도하지 않은 가운데 저질러진 죄만을 위한 것이지 고의적으로 저지른 죄를 위한 것은 아니라고 보는 해석이다. 레위기 본문 외에도 민수기 15:27-31은 부지중에 죄를 지은 사람에게는 대속의 방법이 있다고 분명히 말하면서 이렇게 덧붙인다. "고의로 무엇을 범하면 여호와를 비방하는 자니 그 백성 중에서 끊어질 것이니라. 그의 죄악이 자기에게로 돌아가서 온전히 끊어지리라."

이러한 해석의 연장선에서 두 번째 해석이 파생되는데, 기독교 내의 많은 레위기 학자들은 그리스도의 제사의 우월성은 바로 이 점에 있다는 결론을 내린다. 왜냐하면 그의 죽음은 모르고 지은 것이나 고의로 지은 것을 포괄하여 모든 죄를 다 해결해 주는 대속물이기 때문이다. 그러나 이 생각이 상당히 매력적이기는 하지만 우리는 이러한 결론이 잘못된 주석에 근거하고 있지는 않은가 하는 의심을 품게 된다. 또한 더 나아가서 레위기가 고의적으로 지은 죄와 관련된 제사제도에 대해서 언급하고 있지 않다는 주장에 대해서도 심각한 의문이 제기될 여지가 있다. 나는 잠시 후 이 점에 대해서 다루고

자 한다.

그러나 먼저 "부지중에 지은 죄"라는 단서를 달아놓은 의도는 무엇일까? 왜 레위기는 이런 구분을 하고 있을까? 이것은 죄, 즉 미리 의도한 것이든 의도하지 않은 것이든 간에 모든 죄가 다 끔찍한 것이며 하나님을 모독하는 행위인 것이지 죄가 하나님께서 자기 능력을 전시할 기회가 되는 것이 아님을 말해 주고 있는 구약적인 표현방식일까? 구약은 반(反) 율법주의적인 사고방식을 거부하는데 있어서는 신약만큼이나 열성적이다. 구약의 신자들 역시 신약의 신자들만큼이나 "죄가 더한 곳에 은혜가 더욱 넘쳤나니(롬 5:20)라고 말할 수 있었다. 그러나 이 아름다운 진리가 죄에 대한 방종으로 오염되어서는 안 된다.

레위기 1-7장으로 돌아가 보도록 하자. 이 본문에 고의적으로 지은 죄는 용서되지 못한다는 생각에 반대되는 제사 제도가 있는가? 그 단서는 속건제를 분석해 보면 찾을 수 있다(5:14-6:7). 이 본문 역시 "누구든지 부지중에 범죄하였으면"(5:15)이란 조건절로 시작된다. 제이콥 밀그롬(Jacob Milgrom 1976b: 84-128)은 이 제사를 아주 잘 분석하였는데, 여기에서 나는 기본적으로 그의 논지를 따르고 있다.

이 제사의 공통분모는 이 제사가 상대편의 소유물에 대하여 어떤 손해를 끼치는 죄를 처리한다는 점이다. 불이익이나 손해를 당한 상대는 하나님 자신(5:14-16과 5:17-19의 경우)이거나 인간(6:1이하)일 수 있다. 이런 이유 때문에 그 손해를 보상할 때는 오분의 일을 더해주는 것이 이 제사의 핵심사항이다(5:16; 6:5를 보라).

6:1-7에서 다루어진 상황들(다른 사람에 대한 죄)을 검토해 보면 이 죄들이 부지중에 지은 것이 아님을 알 수 있다. 예를 들어 아는 사람이 물건을 맡긴 것을 돌려주기를 거부하거나, 남의 것을 훔치거나, 다른 사람이 잃어버린 물건을 자기가 발견했다는 사실을 숨기거나 하는 등의 죄는 모르고 짓는 죄일 수가 없는 것이다! 6:1-7은 바로 이런 상황을 다루고 있다. 또한 이 본문에서 다루어지고 있는 죄인은 더 나아가서는 자신의 무고함을 주장하거나 자신의 뻔뻔스러운 죄악을 감추기 위해 거짓 진술(6:3,5의 표현을 빌리자면 거짓 맹세)을 하기도 한다.

어떻게 고의적인 죄가 용서받을 수 있는가 하는 난제를 풀기 위해 우리는 레위기 5:14-6:7과 비슷하면서도 약간 다른 경우를 하나 더 살펴보는 것이 좋을 것이다. 그 본문은 바로 민수기 5:6-8이다. 민수기의 이 구절에서 새로운 점이자 중요한 점은 고의적인 죄의 경우에는 고백이 반드시 필요하다는 것이다. 고백은 죄가 확정되고 나서 배상을 하기 전에 반드시 행해져야 하는 것이다(민 5:7). 그렇게 함으로써 이 죄는 의도하고 않고 지은 죄의 영역에 들어가게 되며, 용서를 받을 수 있게 된다.

밀그롬(Milgrom 1976b: 109-10)의 말을 인용해 보기로 하자. "이러한 제사 제도의 기본적인 원리[통상적으로는 오직 부지중에 죄를 지은 자들만 제사를 통해 속죄를 받을 수 있다고 생각되고 있음]를 더 정확히 이해하자면 오직 죄인이 회개하지 않는 경우에만 제사를 통한 대속이 소용이 없다는 것이다. 다시 말해 제사를 통해 속죄함을 받을 수 없는 자는 고의적으로 죄를 지은 자가 아니라 죄를 짓고도 회개하지 않는 자인 것이다"(1976: 124).

이 견해는 히브리서가 말씀해 주고 있는 바와 정확하게 상응한다. 히브리서 6:4,6과 비교해 보라. "다시 새롭게 하여 회개하게 할 수 없나니 이는 그들이 하나님의 아들을 다시 십자가에 못 박아 드러내 놓고 욕되게 함이라. 또 우리는 진리를 아는 지식을 받은 후 짐짓 죄를 범한즉 다시 속죄하는 제사가 없고"(히 10:26)란 말씀을 보라. 죄지은 자가 회복을 받고 그리스도와 구속적인 교제를 맺지 못하는 이유는 다름이 아니라 죄를 고백하고 참회하지 않기 때문인 것이다.

레위기 주석 및 연구들

Bamberger, B. J. 1979. *Leviticus*. The Torah: A Modern Commentary. New York: Union of American Hebrew Congregations.

Bellinger, W. H., Jr. 1998. "Leviticus and Ambiguity." *Perspectives in Religious Studies* 25:217-25.

Bonar, A. A. 1966. *A Commentary on Leviticus*. Repr., London: Banner of Truth.

Budd, P. J. 1996. *Leviticus: Based on the New Revised Standard Version*. NCBC. London: Marshall Pickering; Grand Rapids: Eerdmans.

Carroll, M. P. 1985. "One More Time: Leviticus Revisited." In *Anthropological Approaches to the Old Testament*. Ed. B. Lang. IRT 8. Philadelphia: Fortress. Pp. 117–26.

Childs, B. S. 1979. *Introduction to the Old Testament as Scripture*. Philadelphia: Fortress. Pp. 180–89.

Clements, R. E. 1970. "Leviticus." In *The Broadman Bible Commentary*. Vol. 2. Ed. C. J. Allen. Nashville: Broadman. Pp. 1–74.

Damrosch, D. 1987. "Leviticus." In *The Literary Guide to the Bible*. Ed. R. Alter and F. Kermode. Cambridge, Mass.: Belknap. Pp. 66–77.

Douglas, M. 1995. "Poetic Structure in Leviticus." In *Pomegranates and Golden Bells: Studies in Biblical, Jewish and Near Eastern Ritual, Law, and Literature in Honor of Jacob Milgrom*. Ed. D. P. Wright, D. N. Freedman, and A. Hurvitz. Winona Lake, Ind.: Eisenbrauns. Pp. 239–56.

————. 1999. *Leviticus as Literature*. Oxford: Oxford University Press.

Fabry, H.-J. 2000. "The Reception of the Book of Leviticus in Qumran." In *The Dead Sea Scrolls—Fifty Years after Their Discovery: Proceedings of the Jerusalem Congress, July 20–25, 1997*. Ed. L. H. Schiffman et al. Jerusalem: Israel Exploration Society. Pp. 74–81.

Gerstenberger, E. S. 1996. *Leviticus*. OTL. Louisville: Westminster John Knox.

Goldberg, L. 1980. *Leviticus: A Study Guide Commentary*. Grand Rapids: Zondervan.

Gorman, F. H., Jr. 1990. *The Ideology of Ritual: Space, Time, and Status in Priestly Theology*. JSOTSup 91. Sheffield: JSOT Press.

————. 1997. *Divine Presence and Community: Leviticus*. ITC. Grand Rapids: Eerdmans.

Grabbe, L. L. 1993. *Leviticus*. OTG. Sheffield: JSOT Press.

————. 1997. "The Book of Leviticus." *CurBS* 5:91–110.

Harrison, B. 1999. "The Strangeness of Leviticus." *Judaism* 48:208–28.

Harrison, R. K. 1980. *Leviticus: An Introduction and Commentary*. TOTC. Downers Grove, Ill.: InterVarsity Press.

Hartley, J. E. 1992. *Leviticus*. WBC 4. Dallas: Word.

Hayes, J. H. 1998. "Atonement in the Book of Leviticus." *Int* 52:5–15.

Jensen, P. P. 1992. *Graded Holiness: A Key to the Priestly Conception of the World*. JSOTSup 106. Sheffield: JSOT Press.

Kaiser, W. C., Jr. 1994. "The Book of Leviticus: Introduction, Commentary and Reflections." In *The New Interpreter's Bible*. Vol. 1. Ed. L. E. Keck et al. Nashville: Abingdon. Pp. 983–1191.

Kinlaw, D. F. 1969. "Leviticus." In *Beacon Bible Commentary*. Vol. 1. Kansas City, Mo.: Beacon Hill Press. Pp. 317–95.

Klawans, J. 2003. "Ritual Purity, Moral Purity, and Sacrifice in Jacob Milgrom's *Leviticus*." *RelSRev* 29:19–28.

Knohl, I. 1995. *The Sanctuary of Silence: The Priestly Torah and the Holiness School*. Minneapolis: Fortress.

Kugler, R. A. 1997. "Holiness, Purity, the Body, and Society: The Evidence for Theological Conflict in Leviticus." *JSOT* 76:3–27.

Leder, A. C., and D. A. Vroege. 1999. "Reading and Hearing Leviticus." *CTJ* 34:431–42.

Levine, B. 1989. *Leviticus: The Traditional Hebrew Text with the New JPS Translation.* JPS Torah Commentary. Philadelphia: The Jewish Publication Society.

Milgrom, J. 1971. "Leviticus." *EncJud* 11:138–47.

———. 1976. "Leviticus." *IDBSup* 541–45.

———. 1989. "Leviticus." In *The Books of the Bible.* Ed. B. W. Anderson. 2 vols. New York: Scribner. Vol. 1, pp. 63–70.

———. 1991. *Leviticus 1–16: A New Translation with Introduction and Commentary.* AB 3. New York: Doubleday.

———. 2000. *Leviticus 17–22: A New Translation with Introduction and Commentary.* AB 3A. New York: Doubleday.

———. 2001. *Leviticus 23–27: A New Translation with Introduction and Commentary.* AB 3B. New York: Doubleday.

Noordtzij, A. 1982. *Leviticus.* Bible Student's Commentary. Trans. R. Togtman. Grand Rapids: Baker.

Poorthuis, M. J. H. M., and J. Schwartz, eds. 2000. *Purity and Holiness: The Heritage of Leviticus.* Jewish and Christian Perspective Series 2. Leiden: Brill.

Rendtorff, R., and R. A. Kugler, eds. 2003. *The Book of Leviticus: Composition and Reception.* VTSup 93. Leiden: Brill.

Rooker, M. F. 2000. *Leviticus.* NAC 3A. Nashville: Broadman & Holman.

Ross, A. P. 2002. *Holiness to the Lord. A Guide to the Exposition of Leviticus.* Grand Rapids: Baker.

Sawyer, J. F. A., ed. 1996. *Reading Leviticus: A Conversation with Mary Douglas.* JSOTSup 227. Sheffield: Sheffield Academic Press.

Sherwood, S. K. 2002. *Leviticus, Numbers, Deuteronomy.* Berit Olam. Collegeville, Minn.: Liturgical Press. Pp. 1–94.

Smith, C. R. 1996. "The Literary Structure of Leviticus." *JSOT* 69:17–32.

Tidball, D. 1996. *Discovering Leviticus.* Leicester: Crossway.

Waltke, B. K. 1975. "Leviticus." *ZPEB* 3:913–20.

Walton, John H. 2001. "Equilibrium and the Sacred Compass: The Structure of Leviticus." *BBR* 11:293–304.

Warning, W. 1999. *Literary Artistry in Leviticus.* BIS 35. Leiden: Brill.

Wenham, G. 1979. *The Book of Leviticus.* NICOT. Grand Rapids: Eerdmans.

Wevers, J. W. 1986. *Text History of the Greek Leviticus.* MSU 19. Göttingen: Vandenhoeck & Ruprecht.

Wright, D. P. 1999. "Holiness in Leviticus and Beyond: Differing Perspectives." *Int* 53:351–64.

Leviticus 1–7

Abba, R. 1977. "The Origin and Significance of Hebrew Sacrifice." *BTB* 7:123–38.

Anderson, G. A. 1987. *Sacrifices and Offerings in Ancient Israel: Studies in Their Social and Political Importance.* HSM 41. Atlanta: Scholars Press.

Baker, D. W. 1979. "Division Markers and the Structure of Leviticus 1–7." In *Studia Biblica 1978*. Ed. E. A. Livingstone. 3 vols. JSOTSup 11. Sheffield: JSOT Press. Vol. 1, pp. 9–15.

———. 1987. "Leviticus 1–7 and the Punic Tariffs: A Form Critical Comparison." *ZAW* 99:188–97.

Brichto, H. C. 1976. "On Slaughter and Sacrifice, Blood and Atonement." *HUCA* 47:19–56.

Collins, J. J. 1977. "The Meaning of Sacrifice: A Contrast of Methods." *BRes* 22:19–37.

Davies, D. 1977. "An Interpretation of Sacrifice in Leviticus." *ZAW* 89:387–98. Repr., in *Anthropological Approaches to the Old Testament*. Ed. B. Lang. IRT 8. Philadelphia: Fortress. Pp. 151–62.

Eichrodt, W. 1961–1967. *Theology of the Old Testament*. Trans. J. Baker. 2 vols. OTL. Philadelphia: Westminster. Vol. 1, pp. 141–72.

Freeman, H. E. 1963. "The Problem of the Efficacy of the Old Testament Sacrifices." *Grace Journal* 3:21–28.

Geisler, N. 1977. *A Popular Survey of the Old Testament*. Grand Rapids: Baker.

Goodsir, R. 1979. "Animal Sacrifices—Delusion or Deliverance?" In *Studia Biblica 1978*. Ed. E. A. Livingstone. 3 vols. JSOTSup 11. Sheffield: JSOT Press. Vol. 1, pp. 157–60.

Gray, G. B. 1970 [1925]. *Sacrifice in the Old Testament: Its Theory and Practice*. Repr., New York: Ktav.

Jensen, P. P. 1995. "The Levitical Sacrificial System." In *Sacrifice in the Bible*. Ed. R. T. Beckwith and M. J. Selman. Grand Rapids: Baker. Pp. 25–40.

Kaufmann, Y. 1960. *The Religion of Israel*. Trans. M. Greenberg. Chicago: University of Chicago Press.

Kiuchi, N. 1987. *The Purification Offering in the Priestly Literature: Its Meaning and Function*. JSOTSup 56. Sheffield: JSOT Press.

Leach, E. 1985. "The Logic of Sacrifice." In *Anthropological Approaches to the Old Testament*. Ed. B. Lang. IRT 8. Philadelphia: Fortress. Pp. 136–50.

Levine, B. 1974. *In the Presence of the Lord: A Study of Cult and Some Cultic Terms in Ancient Israel*. SJLA 5. Leiden: Brill.

Marx, A. 2003. "The Theology of Sacrifice according to Leviticus 1–7." In *The Book of Leviticus: Composition and Reception*. Ed. R. Rendtorff and R. A. Kugler. VTSup 93. Leiden: Brill. Pp. 103–20.

McCarthy, D. J. 1969. "The Symbolism of Blood and Sacrifice." *JBL* 88:166–76.

———. 1973. "Further Notes on the Symbolism of Blood and Sacrifice." *JBL* 92:205–10.

Milgrom, J. 1967–1968. "The Cultic Š[e]GĀGĀ and Its Influence in Psalms and Job." *JQR* 58:115–25.

———. 1971a. "A Prolegomenon to Leviticus 17:11." *JBL* 90:149–56.

———. 1971b. "Kipper." *EncJud* 10:1039–44.

———. 1971c. "Sin Offering and Purification Offering." *VT* 21:237–39.

———. 1972. "The Alleged Wave-Offering in Israel and in the Ancient Near East." *IEJ* 22:33–38.

———. 1975a. "The Priestly Doctrine of Repentance." *RB* 82:186–205.

———. 1975b. "The Compass of Biblical Sancta." *JQR* 65:205–16.

———. 1976a. "Two Kinds of *Hatta'*t." *VT* 26:333–37.

———. 1976b. *Cult and Conscience: The ASHAM and the Priestly Doctrine of Repentance.* SJLA 18. Leiden: Brill.

———. 1976c. "Atonement in the OT." *IDBSup* 78–82.

———. 1976d. "Sacrifices and Offerings, OT." *IDBSup* 763–71.

———. 1990. "The *Modus operandi* of the *hatta'*t: A Rejoinder." *JBL* 109:111–13.

———. 1991. "The *hatta'*t: A Rite of Passage?" *RB* 98:120–24.

———. 1993. "On the Purification Offering in the Temple Scroll." *Revue de Qumran* 16:99–101.

———. 1996. "Further on the Expiatory Sacrifices." *JBL* 115:511–14.

Miller, P. D., Jr. 2000. *The Religion of Ancient Israel.* Louisville: Westminster John Knox. Pp. 106–30.

Rad, G. von. 1962. *Old Testament Theology.* Trans. D. M. G. Stalker. 2 vols. New York: Harper & Row. Vol. 1, pp. 250–62.

Rainey, A. 1970. "The Order of Sacrifices in Old Testament Ritual Texts." *Bib* 51:485–98.

———. 1971. "Sacrifice." *EncJud* 14:599–607.

———. 1975. "Sacrifice and Offerings." *ZPEB* 5:194–211.

Schenker, A. 1997. "Once Again, the Expiatory Sacrifices." *JBL* 116:697–99.

Snaith, N. H. 1957. "Sacrifices in the Old Testament." *VT* 308–17.

———. 1963. "Wave Offering." *ExpT* 74:127.

———. 1965. "Sin-Offering or Guilt-Offering?" *VT* 15:73–80.

———. 1970. "The Sprinkling of Blood." *ExpT* 82:23–24.

Vaux, R. de. 1964. *Studies in Old Testament Sacrifice.* Cardiff: University of Wales Press.

———. 1965. *Ancient Israel.* Trans. J. McHugh. 2 vols. New York: McGraw-Hill. Vol. 2, pp. 415–56.

Watts, J. W. 2003. "The Rhetoric of Ritual Instruction in Leviticus 1–7." In *The Book of Leviticus: Composition and Reception.* Ed. R. Rendtorff and R. A. Kugler. VTSup 93. Leiden: Brill. Pp. 79–100.

Wenham, G. J. 1995. "The Theology of the Old Testament Sacrifice." In *Sacrifice in the Bible.* Ed. R. T. Beckwith and M. J. Selman. Grand Rapids: Baker. Pp. 75–87.

Wright, D. P. 1986. "The Gesture of Hand Placement in the Hebrew Bible and in the Hittite Literature." *JAOS* 106:433–46.

Zimmerli, W. 1977. *Old Testament Theology in Outline.* Trans. D. E. Green. Atlanta: John Knox. Pp. 148–55.

Zohar, N. 1988. "Repentance and Purification: The Significance and Semantics of *ht'*t in the Pentateuch." *JBL* 107:609–18.

12. 제사장의 임명
레위기 8-10장

레위기 6:8-7:38이 단순히 1:1-6:7의 내용에 대한 보충이 아니라 제사 의식들과 관련하여 제사장들이 해야 할 사항들에 대한 지침들을 담고 있다는 것은 이미 앞에서 지적하였다. 그러면 제사장들이 성직을 수행하기 위해서 갖추어야 할 자격들은 무엇이며, 그 출발점은 또 어디인가?

제사장의 임명(8장)

8장의 모든 일들은 회막 문(3,4,33,35절), 즉 안의 장막으로 들어가는 입구 앞에 있는 넓은 노천 뜰에서 이루어진다. 클링베일(Klingbeil 1995: 64,79)이 지적한 바와 같이 이 시점에서 제사장들은 과도기적인 상황에 처해 있다. 그들은 아직 임명을 받은 것이 아니기 때문에 제사를 집전할 수가 없다. 그러나 그들이 단순한 일반 백성이 아닌 것도 역시 분명하다. 그들이 임명을 받는 절차는 씻음과 거룩하게 함(5-6절), 제복의 착용(7-9절), 희생 제사를 드림(14-29절) 등인데, 이 중 제사는 속죄제, 번제, 화목제 혹은 위임식 제사의 순서로 드려진다. 이러한 위임식에 대한 지시사항들은 출애굽기 29장에 나온다. 그리고 레위기 8장에서는 이 위임식이 시행된다.

이러한 지시 — 시행의 틀은 출애굽기의 성막 본문과 비슷한 양상을 띠고 있다. 다시 말해 출애굽기 25-31장은 성막을 건설하라는 지시를 담고 있고, 35-40장은 이 지시에 대한 시행과정을 기술하고 있다. 이처럼 지시와 시행의 패턴은 이 두 본문 속에 분명하게 드러나 있다. 즉 성막 본문에서의 출애굽기 25-31장과 출애굽기 35-40장 사이의 관계는 제사장에 관한 본문에서 출애굽기 28-29장과 레위기 8장 사이의 관계와 동일하다. 또한 지시를 시행하는 것을 기록하고 있는 본문의 절정 부분에는 "여호와께서 그[모세]에게 명하심과 같았더라"(he did … as the Lord commanded)는 문구가 나오는데, 이 양 본문이 다 이 문구를 담고 있다. 우리는 이 문구가 출애굽기 39-40장에 많이 등장한다는 점을 이미 지적한 바가 있다. 이 문구는 레위기 8:4,5,9,13, 17,21,29,34,36 등에도 많이 나온다. 더 정확히 말하자면 이 세 장에는 각각 일곱 번씩 모세 혹은 어떤 사람이 "여호와께서 자기에게 명하신 대로 하였다"는 말씀이 나온다. 출애굽기 39장(제사장 의복 제작)의 경우에는 1,5,7,21,26,29,31절에, 출애굽기 40장(성막의 설치)에는 19,21,23,25,27,29,32절에, 레위기 8장(제사장 임명)에는 4,9,13,17,21,29,36절 등이다. 또한 이 양 본문에는 어떻게 하는 것이 옳은 것이고 어떻게 하는 것이 잘못된 것인가 하는 것에 대한 대조가 들어 있다. 즉 어떻게 하나님을 섬겨야 하는가(출 25-31장) 하는 것과 어떻게 하나님을 섬기면 안 되는가(출 32장) 하는 것의 대조, 그리고 어떻게 바르게 직분을 섬겨야 하는가(레 8-9장) 하는 것과 어떻게 직분을 수행하면 안 되는가(레 10:1-2,16-20) 하는 것의 대조가 나타나 있다.

임직(consecration) 혹은 임명(ordination)이라는 단어와 임명하다(ordain)라는 히브리어 단어는 밀접하게 연결되어 있다. 임직이라는 단어는 밀루임, 즉 채움(a filling)이라는 단어인데, 이 단어는 칠십인역에는 완성(completion) 혹은 완전(perfection)이라고 번역되어 있다. "임명하다"라는 단어는 히브리어로는 "손을 채우다"(to fill the hands), 즉 밀레 야드라는 표현이 사용되고 있다.

임직식의 제사는 8:22-35에 나오는데, 이것은 출애굽기 29:19-34의 내용과 동일하다. 몇 가지 주목할 만한 점이 여기 있다. 첫째, 이 장 뿐만 아니라 다음의 두 장에서도 모세는 감독자이고 아론은 아랫사람이다(Wenham 1979: 132를 보라). 제이콥 밀그롬(Jacob Milgrom 1971: 142; 1976b: 542)은 놀랍게도 제사장에 대한 선지자의 우월성이 제사 문서에 의해 강조되어 있다고 지적했다.

두 번째 흥미로운 점은 레위기 3장의 화목제의 경우보다 더 많이 피가 사용되고 있다는 점이다. 숫양의 피는 제사장의 오른쪽 귓부리와 오른손 엄지손가락과 오른쪽 엄지 발가락에 발라진다. 왜 하필이면 바로 이런 신체부위들에 이렇게 바르는가? 제사장은 하나님의 말씀을 잘 들을 수 있도록 특별히 하나님께 민감해야 하는 존재들이어야 한다는 것을 나타내고자 하는 것이 아니었을까? 또한 제사장들은 시편 기자가 말한 대로 하나님의 존전에 나아가기 위해서는 손을 깨끗하게 해야 하는 존재들이어야 한다는 것을 나타내고자 하는 것이 아니었을까(시 24:4)? 제사장은 하나님의 거룩한 곳에 우뚝 서고(시 24:3), 또 흠 없이 행해야 하는(시 15:2) 존재들이어야 한다는 것을 나타내고자 하는 것이 아니었을까?

"위임하다"라는 단어는 8:33에 나온다. 이 절은 다음과 같이 번역할 수 있을 것이다. "그가 칠 일 안에 너희 손을 채울 것이니 너희 손을 채우는 채움의 날까지 [너희는] 칠일 동안은 회막에서 나가지 말라." 제사장의 위임과 관련해서 이 표현은 출 28:41; 29:9,33,35; 32:29; 레 16:32; 21:10; 민 3:3; 삿 17:5,12; 왕상 13:33에도 나온다.

그러므로 제사장이 된다는 것은 그 사람의 손이 채워진다는 것이다. 그러나 이런 구절들이 정말 의미하는 것은 무엇일까? 이 본문들은 제사장이 받을 임금을 가리키고 있는 것일까? 드 보(de Vaux 1965: 2: 346-47)가 주장한 바와 같이 그가 성소에 바쳐진 수입과 제물들의 일부를 차지할 권리가 있다는 뜻일까? 이런 추론은 전리품의 분배에 대해서 다루고 있는 마리(Mari)의 설형문자 문헌들에 근거한 것이다. 예를 들어 정복된 성읍에서 전리품으로 취한 노예는 "정복자들의 손을 채운다."

이 히브리어 표현의 정확한 기원을 찾아내는 일은 어쩌면 불가능할지도 모른다. 제사장의 손이 채워진다는 것은 그의 삶이 거룩한 것 이외의 그 어떤 것으로도 채워져서는 안 된다는 것을 상징하고 있지 않을까? 제사장 직분은 단순한 소일거리가 아니라 전적인 헌신을 해야 하는 것이다. 예수처럼 제사장들은 거룩하신 아버지의 일을 해야 한다. 레위기 9:17의 "또 소제를 드리되 그 중에서 한 움큼을 취하여(원어는, 봐예말레 카포, 즉 손을 채워서) 단 위에 불사르고"란 말씀이 무엇을 의미하는가 하는 것에 대해서 생각해 보는 것은 흥미로운 일이다. 이것은 그가 그저 단순히 한 움큼을 잡았다는 뜻인가(레위기 2:2의 "제사장은 한 줌을 취하여, 붸카마쯔 밋샴 멜로 쿰쪼"), 아니면 그가 그저 자신의 첫 번째 희생 제사를 기념했다는 뜻인가?

제사장 계급과 상관없이 하나님의 일에 온전히 헌신하는 것을 나타내는 경우에도 이 "채우다"라는 히브리어 동사가 사용된다. 갈렙에 대해서 모세는 "그가 온전히 여호와께 순종하였다"고 말하고 있다(신 1:36). 이 구절의 히브리어 원문을 문자 그대로 직역하면 "그가 온전히 여호와를 추종하여 [자신을] 채웠다"라고 되어 있다. 이 구절은 민수기서 32:11-12와 여호수아서 14:8,9,14에서도 역시 갈렙의 헌신에 대해서 말할 때 사용되었다.

제사장들의 위임은 공적인 의식이다(8:3-4). 그러나 아론과 그의 아들들이 기름부음을 받거나(10-13절) 제사를 드리기(14-35절) 전에 아론이 규정된 제사장 의복을 갖춰 입어야 한다는 것은 중요한 사항이다(5-9절). 우림과 둠밈은 기이한 물건들이다(8절). 이것들이 무엇이든 간에 이것들은 출 28:30; 민 27:21; 신 33:8; 삼상 14:41; 28:6; 스 2:63; 느 7:65 등에도 언급되어 있다. 학자들의 만장일치적 견해에 따르면 이 두 물건은 두 개의 납작한 물체로서 아마 돌이었던 것 같으며, 제사장이 하나님으로부터 어떤 가르침을 받기 위해 사용한 신성한 제비라는 것이다. 우림이라는 단어는 "저주하다"라는 의미를 가진 히브리어 동사와 관련이 있으며(하나님의 아니오라는 표시?), 둠밈은 "완전하다, 흠결이 없다"(하나님의 예라는 표시?)라는 의미를 가진 히브리어 동사와 관련이 있다.

어떤 학자들(예를 들어 Kaufmann 1960: 89)은 우림과 둠밈이 이스라엘과 구약에만 있는 독특한 것이라고 주장했다. 반면 다른 학자들(예를 들어 Lipinski 1970: 496)은 이방 종교들에도 이와 비슷한 것들이 있었다고 주장했다. 우림과 둠밈이 이방종교의 것을 받아들이거나 수정한 것이든, 아니면 이스라엘에만 고유한 전혀 새로운 것이든 간에 발터 아이히로트(Walther Eichrodt 1961-1697: 1:114)는 아주 예리한 통찰력을 보여준다:

[이스라엘은] 하나님의 뜻을 묻는데 있어서 기술적으로 가장 단순한 이 방법 이외에는 그 어떤 것에도 빠져들어서는 안 되었다. 이런 점에 있어서 이것은 야웨 종교의 정신을 보여주는 중요한 단서이다. 사제 계급은 신의 뜻을 자기들 마음대로 좌우하려고 하는 성향이 있기 때문에 평민들은 알아볼 수 없는 복잡한 주술 체계를 개발하게 마련이다. 그러나 [이스라엘에서는] 이것 때문에 그런 시도가 영구히 차단되어 있었다.

8장에서 모세는 항상 능동적인 반면에 아론과 그의 아들들은 수동적이다. 아론과 그의 아들들은 앞으로 나오도록 요구되며, 씻겨지고, 옷 입혀지고, 기름부음을 받는다. 그리고 모세가 그들을 위하여 세 가지 종류의 희생제사를 드린 후에 다시 기름부음을 받고, 마지막으로 몇 가지 마지막 지시사항을 모세로부터 받는다. 즉 아론과 그의 아들들이 어떤 것을 할 수 있게 되기 전에 그들 자신에 대하여, 그리고 그들 자신을 위하여 어떤 일들이 먼저 행해져야만 하는 것이다. 하나님께서 그들을 통하여 역사하시기 전에 하나님은 먼저 그들을 향하여 역사하셔야만 하는 것이다.

제사장 사역의 시작(9장)

지금까지 8장은 칠 일에 걸쳐 아론과 그의 아들들을 거룩하게 준비시키고 위임식을 하는 것에 대해서 기술하였다. 이제 이것들이 다 끝나고 아론은 회중을 위하여 첫 번째 제사를 드릴 준비가 되었다. 다른 사람들을 위한 아론의 사역은 아기가 모태로부터 나온 지 팔 일만에 할례를 받는 것처럼 제 팔 일에 시작된다. 칠 일이라는 표현은 구약에 85번 나온다. 그 중 70번은 예배의 어떤 사항과 연관된 맥락에서 등장하며, 이 중 많은 경우가 회복의 시간, 혹은 구별됨과 전환의 시간을 나타낸다. 오늘날 우리는 이것을 통과의례(a rite of passage)라고 부를 수 있을 것이다(Klingbeil 1997: 509). 그러나 아론이 드리는 이 제사는 9장 후반부에 가서야 치러진다. 그 전의 1-14절의 내용은 아론 자신에 관한 것이다. 15-21절에 가서야 겨우 그는 이 제사를 집전하게 된다.

레위기 9장은 제사장이 스스로 하나님과의 관계에서 책망할 것이 없는 상태에 있지 않으면 다른 사람들을 위한 그의 사역이 헛되다는 것을 강조하고 있는 듯이 보인다. 이 장은 또한 비록 제사장이 성스러운 임무를 띠고 있고 성스러운 직위를 차지하고 있기는 하지만 그럼에도 불구하고 여전히 끊임없이 죄 씻음을 받아야 하는 불완전한 인간이라는 점을 일깨워주고 있다.

아론이 거룩케 됨을 입을 때 이미 속죄제와 번제가 드려지기는 했지만 이것으로 다 된 것이 아니다(8:14-21). 새로 위임을 받은 이 제사장은 중보자의 역할을 하기 전에 다시 한 번 이 전 과정을 다 치러야만 한다. 다시 한 번 그는 자기 자신을 위하여 속죄제를 드리고(9:8-11), 이어서 번제를 드린다(9:12-14).

모세는 아론이 속죄제를 위해서 송아지를 잡을 것과 번제를 위해서 숫양을 잡을 것을 명령하는데(9:2,8) 이것은 아마도 상황을 더욱 극적으로 만들기 위한 것인 듯 하다. 그런데 왜 굳이 송아지일까? 아론이 지난 번에 마지막으로 본 송아지는 그가 시내 산에서 만든 황금 송아지였다(출 32장)! 또 왜 굳이 숫양일까? 하나님께서 이삭 대신 아브라함에게 예비하신 것이 바로 숫양이 아니었던가(창 22:13)? 송아지는 얼마 전의 범죄를 상기시키고, 숫양은 옛적의 순종의 이야기를 상기시킨다.

아론은 자기에게 주어진 이러한 모든 요구사항들을 다 충족시킨 이후에야 회중을 위하여 자신이 맡은 사역을 할 수 있었다. 그는 이제 회중을 위해서 하나님께 드리는 네 가지 제사, 즉 속죄제, 번제, 소제, 화목제를 집전한다(9:15-21). 이 장은 희생제사들이 하나님의 임재로 하여금 가까이 임하게 한다는 것을 세 번에 걸쳐서 언급하고 있다. "오늘 여호와께서 너희에게 나타날 것임이니라" 혹은 "여호와의 영광이 너희에게 나타나리라"라는 말씀이 4,6,23절에 반복해서 주어지고 있음을 주목하라. 처음 두 절은 임재에 대한 약속들("나타나리라")이며, 마지막 절은 그 성취이다("나타났다").

그러므로 9장의 사건들은 모세의 명령, 제사장을 위한 제사들, 회중을 위한 제사들, 하나님의 영광이 나타나심, 찬양으로 경배하고 엎드림의 순서로 되어 있다. "온 백성이 이를 보고 소리지르며 엎드렸더라"(24절). 장엄함 속에 나타난 하나님의 영광 때문에 온 회중은 경배함으로 엎드렸다. 이러한 경험은 다른 사람들의 경우에도 있었다. 에스겔(겔 1:28; 3:23), 다니엘(8:17), 바울(행 9:4), 요한(계 1:17)의 경우를 보라.

바른 절차와 틀린 절차(10장)

9장은 섬김을 강조하는 것으로 끝을 맺었다. 그런데 이제 10장은 최소한 그 첫 부분에서나마 하나님의 심판을 강조하고 있는 것은 얼마나 놀라운 일인가! 아론의 두 아들인 나답과 아비후는 "다른 불"("strange fire)(개역 한글판의 "다른"의 히브리어는 자라인데, 이 단어는 "다른, 이방인의, 금지된 "등의 뜻을 갖고 있으며 문맥상 "다른"이란 표현 대신 "금지된, 잘못된" 정도의 번역이 더 나은듯 하다: 역자 주)을 하나님께 드리다가 그 때문에 목숨으로 값을 치렀다. 제사장으로 위임을 받은 이 두 아들을 잃은 것은 정말 커다란 충격이다. 그런데 설상가상으로 아론과 나머지 두 아들은 이 죽은 두 사람에 대한 슬픔을 사람들에게 드러내서는 안 되었다(10:6).

도대체 그 죄가 무엇이었기에 그들이 죽어야 할 만큼 큰 죄였을까? 이 의문에 대한 구체적인 대답은 우리가 알 수 없다. 고대의 랍비들의 저작들로부터 현대의 연구서들에 이르기까지 여기에 대해서 수많은 주장들이 제기되어 왔다. 주후 5세기에 팔레스타인에서 쓰여진 설교적인 주석인 「레위기 랍바」(Leviticus Rabbah)는 이 문제에 대해서 답을 제시하려고 한다. "나답과 아비후가 술에 취해 있던 것은 아닐까? 혹시 그들이 손을 씻지 않고 회막에 들어갔던 것은 아닐까? 혹시 그들이 '이 두 늙은이들[모세와 아론]이 언제나 죽어 우리가 이 회중을 다스리게 될까? 하고 생각한 모사꾼이자 기회주의자들은 아니었을까?"

어쩌면 잘못은 어떤 잘못된 의식 절차 때문일 수도 있다. 이 견해는 오늘날의 많은 학자들이 받아들이는 견해이다. 일례로 롤린(J. C. H. Laughlin 1976: 561)과 하란(M. Haran 1978: 183, 232)은 그들의 죄는 제단의 불이 아닌 다른 불로 향을 피운 것이라고 주장한다. 밀그롬(J. Milgrom 1991a: 598)

은 다른 불이란 문구를 "인가받지 않은 목탄들(unauthorized coals)이라고 번역하며, 이것이 나타낼 수 있는 유일한 의미는 이 탄들이 [성막] 바깥 [뜰의] 제단으로부터 온 것이 아니라 세속적인(profane) 혹은 화덕과 같은 바깥 것들로부터 온 것을 가리킨다고 본다.

로빈슨(G. Robinson 1978: 308-9)은 한 발자국 더 나간다. 안식일에 불 피우는 것을 사형을 당할 죄로 금지하고 있는 성경 본문(출 35:2-3; 민 15:32-36)이나 거짓 신들을 섬기는데 불을 사용하는 것을 언급하고 있는 본문(예를 들어 렘 44:15-23)에 근거해서 그는 "이것은 문제의 죄가 배교, 즉 우상숭배와 관련이 있음을 시사해 준다"고 결론내렸다.

이 본문의 핵심은 제사장들이 규율을 따라야 한다는 것이다. 불순종, 혹은 하나님께서 계시하신 길을 떠나는 것은 재난을 가져온다. 8장에서 모세가 여호와께서 명하신 대로 모든 것을 하는 것과 이렇게 아론의 두 아들이 여호와께서 명하시지 않은 것을 하는 것은 강한 대비를 이룬다. 여호와께서 "명하시지 않은" 것을 하는 것은 레위기 10장을 제외하고는 예레미야서에만 나온다(Beal and Linafelt 1995: 26을 보라). 하나님은 결코 자기 자녀를 희생제물로 바치라고 명령하신 적이 없다(렘 7:31; 19:5; 32:35). 또한 결코 간음과 거짓을 저지르라고 명령하신 적도 없다(렘 29:33).

그러나 아직 모든 문제가 다 끝난 것은 아니다. 얼마 가지도 않아 모세는 아론의 남은 두 아들인 엘르아살과 이다말 때문에 아론에게 따진다(16-20절). 이 두 장면 사이에는 아론이 이스라엘 백성들에게 하나님의 모든 규례를 가르치게 되어 있다는 말씀이 나온다(11절). 여기에 존재하는 아이러니는 놓치기 어렵다. 그는 이미 자기 가족 내에서 실패했기 때문에 다른 사람들을 가르칠 자격이 없다!

그의 두 아들은 백성들이 가져온 속죄제물에 대해서 잘못을 저지른다. 이런 제물의 경우 제사장들은 그것을 먹도록 되어 있다(6:26,29). 그러나 그들은 그렇게 하지 않았다(10:17). 이 절차를 취하지 않은 것이 왜 그런 격렬한 논쟁을 불러일으킨 것일까? 나는 밀그롬(Milgrom 1976a: 337)이 문제의 핵심을 정확히 잘 파악했다고 생각한다:

심각한 죄의 경우를 제외하고는 제사장들이 바쳐진 모든 속죄제물을 먹어야 한다는 P문서의 법전의 규정은 이스라엘의 제사 의식으로부터 주술적이고 악마적인 요소들을 배제시키는데 있어서 하나의 커다란 도약을 이루었다. 이것은 고대 근동의 증거들과 상응하는 것으로 생각되는데, 이 증거들에 따르면 [고대 근동에서] 죄를 사하는 의식에 사용된 제물들은 그 잔류물이 가진 효력이 나쁜 마술에 사용될 가능성을 남기지 않도록 하기 위해 항상 완전히 폐기처분되어야 했다. 그러나 이스라엘은 속죄 제물을 먹어야 한다는 규례를 통해 새롭고 급진적인 개념을 탄생시켰다. [이 개념에 의하면] 성소는 제의가 가진 내재적 힘 때문이 아니라 오직 하나님의 뜻에 의해서 정화된다는 것이다. 그러므로 아론과 그 아들들이 정상적인 속죄 제물을 먹는 대신 불에 태운 행동은 그들이 그것을 먹기 두려워해서 그렇게 한 것이 아니냐는 의심을 야기시켰다. 그리고 어쩌면 이러한 행동은 주술적인 관행들이나 미신들이 다시 물밀듯이 침범해 들어오는 문을 여는 것일 수도 있었다.

나답과 아비후는 자신들의 위반 행위 때문에 불에 탔다. 그러나 그들의 두 형제인 엘르아살과 이다말은 그렇게 되지 않았다. 모세는 비록 이 남은 두 아들들이 해야 할 일을 하지 않은 죄에 대해서는 노하였지만 아론이 한 해명에 대해서는 만족해 하였다. 비록 아론이 모세에게 한 해명의 핵심이 무엇인지는 파악하기 어렵지만(그의 두 아들의 죽음과 그들의 시체가 소를 부정하게 만들고, 그 연장선상에서 희생제물도 부정한 것으로 만든 것일까?) "이런 일이 내게 임하였거늘"(19절)이란 그의 말은 이 나머지 두 아들이 제의적인 절차를 따르지 않은 이유가 (나답과 아비후의 경우처럼) 반항 때문이 아니라 그 순간의 특정 상황, 즉 두 아들의 죽음 때문이었음을 시사해준다. 비록 제사장이 대중 앞에서 애도를 표현하는 것은 금지되어 있었지만 개인적으로 사별의 아픔에 대해서 슬퍼하는 것은 오히려 건강하고, 필요한 것이다. 이것은 결코 정도에서 벗어난 것이 아니다. 모세가 아론의 이런 해명을 받아들였다는 것은 꼭 모든 일탈이 다 기계적 율법주의에 의해 똑같이 처리되어야 하는 흑백의 문제는 아니라는 것을 보여준다.

레위기 8-10장

Anderson, G. A., and S. M. Olyan, eds. 1991. *Priesthood and Cult in Ancient Israel.* JSOTSup 125. Sheffield: JSOT Press.

Beal, T. K., and T. Linafelt. 1995. "Sifting for Cinders: Strange Fire in Leviticus 10:1–5." *Semeia* 69–70:19–32.

Bibb, B. D. 2001. "Nadab and Abihu Attempt to Fill a Gap: Law and Narrative in Leviticus 10:1–7." *JSOT* 96:83–99.

Cody, A. 1969. *A History of Old Testament Priesthood.* AnBib 35. Rome: Pontifical Biblical Institute.

Eichrodt, W. 1961–1967. *Theology of the Old Testament.* Trans. J. Baker. 2 vols. OTL. Philadelphia: Westminster.

Fleming, D. 1998. "The Biblical Tradition of Anointing Priests." *JBL* 117:401–14.

Greenberg, M. 1998. "The True Sin of Nadab and Abihu." *Jewish Bible Quarterly* 26:263–67.

Haran, M. 1971. "Priests and Priesthood." *EncJud* 13:1069–86.

———. 1978. *Temples and Temple Service in Ancient Israel.* Oxford: Clarendon.

Houston, W. 2000. "Tragedy in the Courts of the Lord: A Socio-Literary Reading of the Death of Nadab and Abihu." *JSOT* 90:31–39.

Kaufmann, Y. 1960. *The Religion of Israel.* Trans. M. Greenberg. Chicago: University of Chicago Press.

Klingbeil, G. A. 1995. "Ritual Space in the Ordination Ritual of Leviticus 8." *JNSL* 21 (1):59–82.

———. 1996. "The Syntactic Structure of the Ritual of Ordination (Leviticus 8)." *Bib* 77:509–16.

———. 1997. "Ritual Time in Leviticus 8 with Special Reference to the Seven Day Period in the Old Testament." *ZAW* 109:500–513.

Laughlin, J. C. H. 1976. "The 'Strange Fire' of Nadab and Abihu." *JBL* 95:559–65.

Leithart, P. J. 1999. "Attendants of Yahweh's House: Priesthood in the Old Testament." *JSOT* 85:3–24.

Levine, B. 1993. "Silence, Sound, and the Phenomenology of Mourning in Biblical Israel." *JANES* 22:89–106.

Lipinski, E. 1970. "Urim and Thumim." *VT* 20:495–96.

Milgrom, J. 1971. "Leviticus." *EncJud* 11:138–47.

———. 1976a. "Two Kinds of *hatta'ʾt.*" *VT* 26:333–37.

———. 1976b. "Leviticus." *IDBSup* 541–45.

———. 1991a. *Leviticus 1–16.* AB 3. New York: Doubleday.

———. 1991b. "The Consecration of the Priests: A Literary Comparison of Leviticus 8 and Exodus 29." In *Ernten, was man sät: Festschrift für Klaus Koch zu seinem 65. Geburtstag.* Ed. D. R. Daniels, U. Glessmer, and M. Rösel. Neukirchen-Vluyn: Neukirchener Verlag. Pp. 273–86.

Moore, M. S. 1996. "Role Pre-emption in the Israelite Priesthood." *VT* 46:316–29.

Nelson, R. 1993. *Raising Up a Faithful Priest: Community and Priesthood in Biblical Theology.* Louisville: Westminster John Knox.

Robinson, G. 1978. "The Prohibition of Strange Fire in Ancient Israel." *VT* 28:301–17.

Sabourin, L. 1973. *Priesthood. A Comparative Study.* Studies in the History of Religion 25. Leiden: Brill.

Segal, P. 1989. "The Divine Verdict of Leviticus x 3." *VT* 39:91–95.

Vaux, R. de. 1965. *Ancient Israel.* Trans. J. McHugh. 2 vols. New York: McGraw Hill. Vol. 2, pp. 345–57.

Wenham, G. 1979. *The Book of Leviticus.* NICOT. Grand Rapids: Eerdmans.

13. 정함과 부정함
레위기 11-15장

10장 중간에서 우리는 제사장의 임무 중 한 가지가 "거룩하고 속된 것을 분별하며 부정하고 정한 것을 분별하고 또 여호와가 명한 모든 규례를 가르치리라"(10:10-11)는 것임을 보았다. 그러므로 제사장은 사제이자 가르치는 자이며, 제의 집전자이자 교사인 것이다.

여기에서도 아론이 모세의 수하에 있다는 것은 분명하다. 앞으로 세 장에 걸쳐서 다루어지고 있는 거룩하고 정한 것에 대한 구분과 속되고 부정한 것에 대한 구분은 아론의 생각이 아니다. 이것은 아론, 엘르아살, 이다말의 삼인의 연합 회의에서 결정된 것도 아니다. 그들은 여호와께서 모세에게 명한 것을 가르치도록 되어 있다(10:11). 앞으로 나오는 장들의 서두는 "여호와께서 모세와 아론에게 고하여 이르시되"(11,13장)이거나 "여호와께서 모세에게 일러 가라사대"(12,14장)이다. 다시 말해서 이 장들의 내용은 모세가 단독으로 하나님께 명령을 받은 것이거나 아론이 모세와 더불어 명령을 받은 것이다.

레 10:10에 나오는 네 개의 핵심 단어인 (1) 거룩(holy, 코데쉬), (2) 속됨(common, 홀), (3) 불결함/부정함(unclean/impure, 타메), (4) 깨끗함/정(결)함(clean/pure, 타호르)은 이 다섯 장에 두드러지게 나타나는데, 그 중에서도 특히 마지막 두 개의 단어가 더욱 현저하게 두드러진다. 이 네 단어 중 두 개는 바람직한 것(거룩과 정결함/정[결]함)을 가리키고, 두 개는 바람직하지 못한 것(속됨과 불결함/부정함)을 가리킨다. 긍정적인 것을 나타내는 단어인 거룩과 깨끗함/정(결)함은 서로 정확히 상응하는 동의어가 아니다. 이 점은 속됨과 불결함/부정함의 경우에도 역시 마찬가지이다. 우리는 성경이 하나님을 거룩하다(코데쉬)고 말하지만 하나님을 정하다(타호르)고 말하는 경우는 전혀 없다는 사실을 보면 이 두 단어가 서로 완전히 상호교환 가능한 단어가 아니라는 것을 알 수 있다. "나 여호와 네 하나님이 거룩하니 너희도 거룩하라"고 하나님께서 말씀하시고 있는 구절들은 있지만 "나 여호와 네 하나님이 정결하니 너희도 정결하라"는 구절은 없다. 그 어떤 존재나 사람도 거룩한 동시에 부정할 수는 없다. 그러나 속된 사람이나 사물은 정할 수도 있고 부정할 수도 있는 것이다.

거룩의 반대말로 속됨이 나은가, 아니면 부정함이 나은가 하는 것은 논쟁의 대상이다. 어떤 사람들은 속됨이 반의어로 더 낫다고 생각하는 반면에 어떤 사람들은 불결함/부정함이 더 낫다고 생각한다. 밀러(Miller 2000: 150)는 이 논쟁과 관련하여 호소력있는 중간 입장을 찾아내었다. "속된 것 혹은 세속적인 것(홀) 속에는 거룩에 상반되는 것이 있[을 수도 있]다. 그러나 부정함(타메)이란 존재는 거룩을 방해한다."

우리가 꼭 기억해야 할 것은 부정함이 곧 죄악됨과 같은 말은 아니라는 점이다. 비록 죄악됨이 부정함을 낳을 수 있기는 하지만 말이다. 이러한 구분은 카파르(속죄하다[to make atonement for])란 동사가 제사 제도에 관한 본문(1-7장)과 정함 및 부정함에 대한 본문(11-15장)에서 어떻게 사용되는가 하는 것과 이 두 본문에서 특히 어떤 다른 어구들이 이 단어에 따라 나오는지를 대조해 보면 드러난다. 제사제도에 관한 본문에서는 "제사장이 그것으로 회중/그를(을) 위하여 속죄한즉"이란 표현에는 항상 "그들/그가 사함을 얻으리라"는 문구가 따라 나온다(4:20,26,31,35; 5:6,10,13,16,18,26; 5:6은 예외). 이와는 대조적으로 정-부정을 다루는 본문에는 "제사장이 그것으로 회중/그/그것을(를) 위하여 속죄한즉"(12:7,8; 14:18,19,20,21,29,31,53; 15:30)이라는 표현이 나올 때는 그에 이어 깨끗[정결]하리라(be clean)(12:7,8; 14:20,53)라는 동사가 따라 나온다. 죄가 있는 자의 경우에는 반드시 속죄함을 받아야만 한다(항상 동사 수동태로 되어 있음). 그러나 부정한 자의 경우에는 제사직에 있는 사람과 더불어 적절한 절차를 따르기만 하면 정결하게 되었다는 선언을 받을 수 있다(항상 동사 능동태로 되어 있음; 그들은 깨끗하게 됨을 받았다[to be cleansed]는 식의 표현은 사용되지 않는다).

부정함을 유발할 수 있는 상황이나 행동은 거의 절대적으로 많은 경우 음식 섭취, 출산, 질병 및 감염, 사망 및 사망과 관련된 사항, 배우자와의 성적인 관계, 신체의 각종 유출 현상 등 전적으로 자연스럽고 통상적인 것들이다. 부정과 관련한 이러한 대다수의 경우들을 라이트(Wright 1992:730)는 "허용된 부정"이라고 불렀다. 그리고 그는 이것을 자신이 "허용된 부정 및 기타 도덕적 위반 사항들의 잘못된 관리"(1992: 733)라고 부르는 것으로부터 파생되는 "금지된" 부정과 구분하였다. 허용된 부정의 경우에는 그 효과는 미미하고 오래 가지 않는다(저녁까지). 그저 목욕을 하고/하거나 옷을 세탁하는 것만으로도 충분하다. 밀러(2000: 271-72)는 "허용된"(permitted) 부정 대신 "용인된"(tolerated) 부정이라는 말을 선호한다. 그 이유는 그 어떤 부정도 허용되었다고 해서 꼭 그렇게 하도록 조장된 것은 결코 아니며, 부정이라는 것은 거룩함 및 거룩함과 관련된 것들을 위협하기 때문에 가능한 한 그 발생빈도를 줄이게끔 되어 있기 때문이다.

정한 동물과 부정한 동물(11장)

11장 전체는 이스라엘이 사람들이 먹는 음식이라는 한 가지 주제를 다루고 있다. 즉 그들이 무엇을 먹어도 되고 안 되는지를 다루고 있다. 도표 1은 이 주제를 다섯 가지 영역에서 다루고 있다.

과일이나 채소가 금지된 음식으로 열거된 경우는 그 어디에도 없다. 오직 육류만이 금지된 음식으로 다뤄지고 있다는 것은 아주 명백하다. 하나님께서 인간이 먹을 수 있는 음식에 대해서 주신 첫 번째 지시가 그 이유를 제공해 준다. "내가 온 지면의 씨 맺는 모든 채소와 씨 가진 열매 맺는 모든 나무를 너희에게 주노니 너희 먹을 거리가 되리라"(창 1:29). 이 지시사항은 땅과 공중에 거하는 모든 동물들에게도 적용된다(창 1:30).

도표 1

본문	본문	본문	본문	본문
1-8 육상 동물	9-12 어류	13-23 새와 날개 달린 곤충들	24-40 죽은 동물이나 부정한 동물을 만짐으로써 야기되는 부정함	41-44 기어 다니는 것들
1-3 허용됨	9 허용됨	13-19 금지된 새들	24-28 금지된 육상 동물 때문에 사람이 부정하게 되는 경우	41-44 금지됨
4-8 금지됨	10-12 금지됨	20,23 금지된 날개 달린 곤충들	29-38 기어다니는 것들 때문에 부정하여지는 것들 39-40 허용된 동물들 때문에 사람이 부정하게 되는 경우	
				45-47 결론
				45 금지의 근거
				46-47 결론적인 내용들

　　홍수 후에야 인간은 채식에서 육식으로 전환한다(창 9:3-5를 보라). 뱀이 저주를 받은 후에야 무화과 잎으로 만든 치마(창 3:7)가 가죽 덮개로 바뀌어진다(창 3:21).

　　정한 동물과 부정한 동물의 목록을 설명하기 위한 시도들이 수도 없이 많이 행해졌는데, 이러한 시도들은 대개는 성경 본문 자체에 근거를 두고 있지 않다. 지속적으로 제시되어온 설명들은 최소한 다음의 네 가지이다. 첫 번째 설명은 윤리적인 설명이다. 이 접근방법은 주전 1세기의 이집트의 유대인인 아리스테아스(Aristeas)의 인용문 속에 반영되어 있다. 음식에 관한 율법들은 윤리에 근거한 것이다. 왜냐하면 피의 섭생을 삼가는 것은 피흘림에 대한 공포를 사람에게 주입시킴으로써 인간의 폭력적인 본능을 길들이기 때문이다. 노아가 하나님의 명령에 따라 정한 동물과 부정한 동물을 다같이 방주에 태운 것은 흥미롭다(창 7:2). 부정한 동물들 역시 하나님의 자비의 대상인 것이다.

두 번째 설명은 미학적인 것이다. 모양이 혐오스러운 동물들은 식탁에 오를 가능성이 적다.

세 번째 근거는 신학적인 것이다. 이방의 곡하는 관습들이 이스라엘에서 금기시되었던 것과 마찬가지로 이방 종교들과 관련된 동물들 역시 이스라엘에서 금기시되었다고 보는 것이다.

그러나 아마 가장 자주 제기된 설명은 위생학적인 것일 것이다. 어떤 짐승들이 자동적으로 제외된 이유는 이 짐승들이 병의 매개체가 될 가능성이 크기 때문이라는 것이다. 12세기의 유대교 철학자이자 신학자인 마이모니데스(Maimonides)는 이 점을 잘 강조해 주고 있다: "이 규례들은 우리에게 식욕을 다스리는 법을 가르쳐 주고자 하고 있다. 토라가 금한 음식들은 모두 인체에 나쁘거나 해로운 결과를 가져다 준다"(Guide to the Perplexed 3:48).

하지만 아주 최근에 와서 인류학자 메리 더글러스(Mary Douglas)는 새로운 주장을 내놓았다. 우선 그녀는 레위기 11장에 나오는 형태학적인 기준들에 호소한다. 굽이 갈라지고 새김질을 하는 포유동물들은 허용되어 있으며, 또한 수중 동물들은 지느러미와 비늘을 갖고 있어야만 한다. 그래서 더글러스(Douglas 1975: 266)는 이렇게 주장한다. "[음식에 대한 규례들]은 비정상적인 동물들, 즉 두 개의 서로 다른 생활공간의 사이에서 살고 있거나, 다른 생활공간에서 사는 동물들이 보유하고 있는 특징들을 갖고 있거나, 또는 자기의 생활공간에 사는 동물들이 보유하고 있는 특징들을 갖고 있지 않은 동물들은 금지하고 있다. 정결한 동물들은 자기가 속한 동물 집단의 특징들을 다 갖추고 있어야 한다"(Douglas 1975: 284). 여기에서 금지된 동물들이 가진 비정상적인 요소들에 대한 기준들을 동물에서 인간으로 확대해서 살펴보는 것은 간단하다. 하나님께서 자기 종의 중요한 혹은 뚜렷한 특징을 결여하고 있는 동물들을 배격하셨다면 두 세계에 걸쳐 있는 사람들, 즉 비정상적인 신자들은 더욱더 배격하지 않으시겠는가?

더 최근의 글에서 더글러스(Douglas 1993; 1999)는 레위기 11장(20, 21, 23, 31-33, 41, 42, 43, 44, 46)의 동물들, 즉 떼를 지어 다니거나 다리로 기

거나 배로 기는 동물들에 대해 초점을 맞추고 있다. 이 구절들은 21절을 제외하고는 이 짐승들이 땅에서 살든지 바다에서 살든지 공중에서 살든지 간에 이것들을 먹는 것을 금지하고 있다. 그러나 창세기 1장은 이 떼를 지어 다니거나 다리로 기거나 배로 기는 짐승들 역시 하나님에 의해 창조되었으며 "좋았더라"고 말씀하고 있다(창 1:24–25). 이 짐승들 역시 홍수 때에 멸망했다(창 7:21). 그러나 이들 역시 홍수 이후 하나님의 재창조 과정의 일부이다(창 8:17). 더글러스(Douglas 1993: 18)가 보기에 이 비육식성의 약한 짐승들은 포식자의 희생자들, 즉 인간 사회에서 가난하고 억눌리고 주변자적인 존재들을 상징한다. 이런 짐승들을 먹지 않는 것은 문명의 주류에 속하지 못한 자들에게 공의와 연민을 보여주라는 가르침을 상기시켜 준다. 그러나 이런 알레고리적인 설명은 차치하고 우리는 왜 배로 기어 다니는 짐승들이 인간이 먹어서는 안 되는 음식으로 규정되었는지에 대한 다른 설명이 혹시 있는가 하는 것에 대해서 궁금한 생각이 든다. 이것은 일종의 죄책감의 연상 작용과 연관이 있는 것은 아닐까? 뱀은 인간을 유혹해서 하나님에게 불순종하도록 만든 것 때문에 종신토록 "배(가혼)로 다니라"(창 3:14)는 저주를 하나님께 받은 바가 있다. 그런데 먹는 것이 금지된 짐승들도 역시 배(가혼)로 밀고 다닌다(레 11:42).

오경에서 음식에 대한 규례들이 나올 때마다 "거룩"이라는 단어가 등장하는 것은 결코 우연한 일이 아니다. 출애굽기 22:31은 이렇게 말씀하고 있다. "너희는 내게 거룩한 사람이 될지니 들에서 짐승에게 찢긴 것의 고기를 먹지 말고 개에게 던질지니라"(또한 레위기 20:25–26과 신명기 14:21을 보라). 가장 좋은 예는 우리가 다루고 있는 장, 특히 44절에 나온다. "내가 거룩하니 너희도 몸을 구별하여 거룩하게 하고." 제이콥 밀그롬(Jacob Milgrom 1993: 291–92)은 다음과 같이 바르게 잘 지적하였다. "성경에서 비교적 적은 수의 규례들만이 거룩성에 대한 촉구와 병행하여 나타난다. 그리고 또한 이러한 규례들 중 음식에 대한 금지규례들만큼 거룩성에 대한 요구가 또박또박 반복적으로 강조되어 있는 경우는 없다."

이 문제가 유대인들에게 결코 사소한 것이 아니었다는 점은 에스겔의 말을 통해서 알 수 있다(겔 4:14). 다니엘은 비록 왕의 식탁에 앉아서 왕에 걸맞는 식사를 하도록 초청을 받았지만 음식에 대한 규례들을 지키기로 선택한다(단 1:8). 예수의 추종자로서 오순절의 성령을 충만하게 받은 베드로는 레위기 11장의 금지규례들을 어기려고 하지 않는다(행 10:14). "속되고 깨끗지 아니한 물건을 내가 언제든지(never) 먹지 아니하였나이다"라는 베드로의 말(행 10:14)은 그가 예수께 "결코"(never)라는 말을 쓴 네 번째의 경우인데, 이 때마다 예수는 그 다음 절에서 그를 꾸짖으셨다. "이 일이 결코 주에게 미치지 아니하리이다"(마 16:22), "나는 결코 버리지 않겠나이다"(마 26:33), "내 발을 절대로(never) 씻기지 못하시리이다"(요 13:8)라는 베드로의 말과 사도행전 10장의 "언제든지(never) 아니하였나이다"라는 그의 말을 비교해 보라.

거룩이라는 것은 사람이 밥상에서 취하는 그의 태도에 반영되어 있다는 것을 주목하는 것은 중요하다. 사람이 부정한 것을 하나님의 성전으로 가져 가는 것은 하나님을 영화롭게 하지 못한다. 마찬가지로 사람이 부정한 것을 또 하나의 성전, 곧 자신의 몸에 집어넣는 것 역시 하나님을 영화롭게 하지 못한다(고전 3:16; 6:19-20). 음식의 문제는 가족 구성원들과 집 안에서 행해지는 거룩의 문제이다. 이것은 남들이 보지 않는 곳에서 신실하게 삶으로 실천하는 거룩의 문제인 것이다.

해산에 따른 부정(12장)

이 장은 여인이 아기를 출산한 후의 절차들에게 대해서 다루고 있다. 우선 그녀는 한 주 동안 격리되어 있어야 한다(2절). 아이가 할례를 받은 후에 다시 그녀는 한 달 동안 격리되어 있어야 한다(4절). 그녀의 출산 후 처음 외출은 회막으로 가기 위한 것이다(6절). 구약 성경의 많은 부분이 가부장제적인 시각에서 편파성을 띠고 있다고 주장하는 여권옹호론자들은 여아가 태어난 경우 산모의 격리기간이 두 배나 된다는 사실에 주목한다(한 주가 두 주가 되고, 33일이 66일이 됨). 그러나 왜 여아의 출산이 산모의 정화 기간을 두 배로 길게 만드는 지는 분명하지가 않다. 이것이 꼭 여성성을 비하하는 것은 아닌 것 같다. 여아에게 정화의 기간이 두 배로 긴 것은 이 새로 태어난 여아가 언젠가는 자기 엄마처럼 그 자신도 산모가 될 것이라는 점을 생각해볼 때 이것은 새로 태어난 딸과 그 딸의 미래의 출산 능력을 보호하기 위한 배려라고 보는 것이 더 타당성이 있는 듯하다.

산모가 번제물과 속죄제물을 하나님께 바치는 것은 오직 이 40일 혹은 80일의 기간이 끝난 후에 바치는 것이지 끝나기 전이나 그 기간 동안에 바치는 것이 아니다. 이처럼 희생제물들을 바치는 것은 성이 죄악이며, 출산이 속죄를 해야만 하는 허물이라는 것을 보여주는 것인가? 그럴 가능성은 거의 없다. 만약 이것이 죄라면 레위기 12장은 이 주제에 대한 성경의 다른 모든 가르침들과 상치될 것이다.

우리는 남자와 여자가 유출병이 있는 경우에 번제와 속죄제를 바쳐야 한다는 것에 주목할 필요가 있다(레 15:13-15,29-30). 나실인으로서의 서약 기간 중에 더럽혀진 때에도 역시 같은 희생제물을 봉헌할 것이 요구되고 있다(민 6:10-11). 이러한 경우들을 그에 연루된 사람들의 죄와 연결시키는 것은 얼토당토않은 지나친 해석이다. 이 제사들은 정결의식으로 이해하는 것이 더 타당할 것이다. 출산 후의 피의 유출이 바로 부정함의 원인인 것이다.

현대의 기독교 교회나 병원의 출산실에서 이런 의식의 상당수가 행해지지 않는 것은 사실이다. 그러나 데니스 킨로(Dennis F. Kinlaw 1969: 1:355)는 다음과 같이 바르게 잘 지적하였다. "비록 현대 의학에 의해서 출산의 위험이 많이 감소되고 생물학적인 지식에 의해서 출산의 신비감이 많이 줄기는 했지만 그렇다고 해도 출산의 은혜로운 신비와 신성함을 회복하기 위해 어떤 절차들을 회복시킬 필요가 있다는 것을 누가 감히 부인하겠는가?"

고대와 현대를 막론하고 우리는 출산일이 임박했을 때나 출산 당일, 그리고 출산 직후의 시기가 새 아기와 산모가 다 무사하기를 바라는 기대와 소망, 그리고 걱정으로 가득 차 있다는 것을 알고 있다. 산모를 "부정하다"(현대의 의학 용어를 가지고 말하자면 "감염되기 쉽다"는 표현에 해당)고 선언함으로써 레위기는 산모와 태아를 혹시 있을지 모르는 각종 위험으로부터 보호하고 지켜주고자 한다(Levine 1989: 249).

이러한 제의(즉 취약한 상태에 있는 산모와 태아를 보호하는 수단으로서 제의적인 격리를 하는 것)와는 대조적으로 이방 종교들은 악마적인 존재들을 쫓아내기 위한 주문과 주술을 사용한다. 예를 들어 시리아 북부의 아르슬란 타쉬(Arslan Tash)에서 나온 부적 및 이에 대한 페니키아 문헌을 들 수 있다. "여신 날 것들(the Flyers, 날개 달린 악마들?), 신 파드리쉬샤의 아들 사슴(Sasm son of Padrishisha), 그리고 양의 교살자(the Strangler of the Lamb)에 대한 주문. 내가 들어가는 집에 너는 들어가지 말라. 내가 거니는 뜰에 너는 거닐지 말라. 날 것들에 대한 주문. 그 어두운 방에서 사라져라! 즉시! 즉시! 오 밤의 악마들이여" (번역 P. Kyle McCarter, in *The Context of Scripture: Monumental Inscriptions from the Biblical World* [ed. W. W. Hallo and K. Lawson Younger Jr.; 3 vols.; Leiden: Brill, 1997–2002], 2:222–23).

문둥병(13-14장)

레위기의 이 두 장은 문둥병 및 진단방법(13장), 그리고 문둥병자를 정결하게 하는 방법(14장)에 대해서 전적으로 다루고 있다. 여기에서 이 문둥병이라는 단어는 여러 가지 피부병들을 포괄하는 총칭적인 용어이며, 이 중 대부분의 것들은 사실은 전염성과는 상관이 없다고 추정해도 무난하다 (히브리어의 문둥병이라는 단어에 대한 연구를 보려면 Harrison 1962; Hulse 1975; Sawyer 1975; Wilkinson 1977; 1978을 보라). 이 문제의 질병이 옷이나 건물에도 영향을 미칠 수 있다는 점은 이 단어가 심지어는 부패, 진균류, 곰팡이 등도 포괄하고 있음을 보여주는 듯 하다.

도표 2는 레위기의 이 장들이 다루고 있는 영역들을 개괄하고 있다.

도표2

본문	본문
13:1-59 진단	14:1-57 정화와 기타 진단법
1-28,38-39 피부	1-32 회복을 위한 의식

24-37 머리카락	33-53 집에 생기는 문둥병 진단
40-44 머리 가죽	
45-46 격리	
47-59 삭아가는 옷	
	54-57 요약 정리

우리가 충분히 예견할 수 있는 바와 같이 성경의 제사 규례에 대한 본문들은 정결의 문제, 즉 깨끗함과 더러움, 정함과 부정함의 문제에 대해서 언급하고 있다. "깨끗하다" 혹은 "정결하다"라는 히브리어 단어는 구약에 200번 이상 나오는데, 이 중 93번이 레위기와 민수기에 나온다(전체의 약 43퍼센트). "더럽다" 혹은 "부정하다"라는 단어는 구약에서 280번 이상 나오는데, 이 중 182번이 레위기와 민수기에 나온다(전체의 약 64퍼센트) (Neusner 1973: 26의 도표를 보라).

문둥병자가 자신의 부정함을 제거하고 회중 가운데로 돌아오기 위해서는 세 단계의 의식을 치러야 한다. 우선 첫 번째 날의 의식이 있다(14:2-8). 이 의식의 목적은 병을 깨끗하게 하는 것이 아니라 이미 병이 치유되었다는 것을 증명하기 위한 것임을 주목하는 것이 중요하다. 바로 이것이 14:3의 "그 환자에게 있던 문둥병 환처가 나았으면"이라는 말씀의 명백한 의미이다. 그러므로 이 제의는 치유를 위한 것이 아니라 상징적이고 종교적인 것이다. 또한 제사장이 치유자나 의사의 역할을 하는 것도 아니다. 굳이 말한다면 그는 공중보건 담당 성직자인 것이다(Milgrom 1971a: 35).

또한 일곱 번째 날에는 두 번째 의식(14:9)이 있고, 여덟 번째 날에는 세 번째 의식(14:10-32)이 있다. 이 의식들의 초점은 적정한 희생제물들을 바치는 것이다. 다시 한 번 레위기 1-7장에서와 마찬가지로 문둥병자가 가난한 경우를 위한 유보사항들이 있다.

구약이 문둥병을 죄의 결과로 본다고 생각하는 것은 전적으로 잘못된 생각이다(물론 민수기서 12장의 미리암에 대한 이야기나 대하 27:16-21의 웃시야 왕과 같은 경우에는 문둥병이 하나님의 심판을 보여주는 것이기는 하다). 아기를 출산한 여인의 경우와 마찬가지로 몸에 반점이 나타난 사람들은 일정 기간 회중으로부터 떨어져 있으라는 지침이 주어진다. 희생제물을 바침으로써 그들은 다시 회중 가운데로 들어올 수 있도록 허락을 받는다. 이렇게 해서 추방은 교제로 바뀐다.

성경에서 문둥병이 일종의 죄라는 견해를 입증하는 것은 완전히 불가능하지 않을지는 모르지만 극히 어려운 문제이다. 레위기는 문둥병이 죄와 비슷하지만 그 자체가 죄는 아니며, 또한 죄의 한 표지도 아니라고 말하고 있다. 이것은 사람으로 하여금 하나님과 제의적인 교제를 나누게 하지 못한다는 점에서는 죄와 비슷하다. 물론 문둥병은 죄와 마찬가지로 잠재적이고, 점진적이고, 전염성이 있고, 마비시키고, 징그럽다. 이런 점에서 보면 왜 알레고리적인 해석을 하는 사람들이 이러한 유추를 하게 됐는지 쉽게 이해가 된다 (이미 레위기 랍바[Leviticus Rabba]에 나옴; 이 레위기 랍바는 레위기에 대한 랍비의 주석 및 설교적 주석을 담고 있는데, 주후 1세기에 이스라엘에서 편집되었지만 훨씬 이전의 문헌들도 품고 있다). 또한 민 12:9-11과 대하 26:19 등의 본문은 하나님께서 죄에 대한 벌로서 문둥병을 주실 수 있다는 것을 가르쳐 주고 있다. 그리고 출 15:26에서 하나님은 "너희가 내 계명에 귀를 기울이며 내 모든 규례를 지키면 내가 애굽 사람에게 내린 모든 질병의 하나도 너희에게 내리지 아니하리라"고 말씀하신다. 이것은 하나님께서 죄에 대한 심판으로 병을 내려주실 수 있음을 분명하게 보여주고 있다.

그리스도께서 행하신 기적들은 문둥병자들과 관계가 많다. 그러나 흥미롭게도 장님들이나 절름발이들은 치유를 받았지만 문둥병자들은 깨끗케 됨(카타리조)을 받았다. 이 단어가 다른 문맥들에서 사용된 예들을 살펴보면 이 단어는 아주 뚜렷한 도덕적 성격을 띠고 있음을 알 수가 있다(행 15:9; 고후 7:1; 엡 5:26; 약 4:8; 요일 1:7,9).

부정함과 유출병(15장)

특별히 몸의 성기 부분에서 유출이 있는 경우가 레위기 15장의 관심사이다.

1. 남자가 비정상적인 유출병이 있는 경우(15:1-15)
2. 남자가 정상적인 유출이 있는 경우(15:16-18)
3. 여자가 정상적인 유출이 있는 경우(15:19-24)
4. 여자가 비정상적인 유출병이 있는 경우(15:25-33)

두 번째와 세 번째의 경우에는 유출시 단지 목욕을 하는 것만으로도 부정함을 제거할 수 있다(15:18,21). 그러나 첫 번째와 네 번째의 경우에는 희생제사가 필요하며(15:14-15,29-30), 남자와 여자가 따라야 하는 절차가 서로 다르다. 남자의 경우는 자신의 제물을 취하여 회막문 여호와 앞으로 가서 제사장에게 준다(14절). 여자의 경우는 자신의 제물을 취하여 회막문 앞 제사장에게로 가져온다(29절). 남자와 달리 여자는 "여호와 앞으로 가서"란 표현이 없다. 이 표현이 언급이 되지 않은 이유는 남자의 경우에 이미 이 점을 언급했기 때문에 굳이 말하지 않더라도 당연히 그 점이 상정되어 있는 것이거나, 아니면 여자는 남자와 같은 정도로 하나님의 존전에 나아갈 수 없다는 점을 반영하고 있는 것이거나 할 것이다(Wegner 2003).

이 장에 대한 더 정밀한 개요는 다음과 같다:

A. 서론(1-2a절)
　B. 남자가 비정상적인 유출병이 있는 경우(2b-15절)
　　C. 남자가 정상적인 유출이 있는 경우(16-18절)
　　　D'. 성관계(18절)
　　C'. 여자가 정상적인 유출이 있는 경우(19-24절)
　B'. 여자가 비정상적인 유출이 있는 경우(25-30절)
A'. 요약(31-33절)

이러한 식의 구조분석은 18절이 이 장의 중심이라는 것을 두드러지게 보여준다. 이 구절은 결혼한 배우자 사이의 성관계를 다루고 있으며, 이 장에서 남자와 여자의 부정함을 함께 다루고 있는 유일한 구절이다. 한 남자와 여자 사이의 가장 친밀하고 사적인 순간도 그들의 종교적 신념들에 의해 영향을 받고 있는 것이다. 내 신앙과 관련하여 내가 믿는 바가 내가 나의 배우자와 성관계시에 어떻게 행동하느냐 하는 것을 어느 정도는 결정하는 것이다. 그리고 레위기 15장의 경우에는 성적인 만남이 양 배우자에게 부정함을 유발하기 때문에 안식일 전에 성관계를 갖는 것은 금지된다. 특히 성소에 가야 하는 경우에는 더욱 그렇다. 레빈(Levine 1989: 92,96)이 지적한 바와 같이 성적인 관계에 대한 금지는 고대 근동의 대부분의 종교들과 정반대가 된다. 이 후자의 종교들에서는 성과 관련된 모든 것들이 제의 및 의식에서 중요한 역할들을 했던 것이다.

이런 종류의 규례에 대한 설명은 15:31에 나온다. "너희는 이와 같이 이스라엘 자손이 그들의 부정에서 떠나게 하여 그들 가운데에 있는 내 장막을 그들이 더럽히고 그들이 부정한 중에서 죽지 않도록 할지니라." 이 성경상의 이유를 분석하면서 제이콥 뉴스너(Jacob Neusner 1973: 20)는 이렇게 말한다. "이 한 구절 속에 정결에 대한 제사장적 이데올로기가 완벽하게 나타나 있다. 모든 정결의 문제는 제의적인 이유 때문에 중요성을 띤다. 정결성을 추구해야 하거나 보존해야 할 다른 이유는 고려되지도 않고 있다."

여기에서 다루어지고 있는 문제는 그리스도께서 유출병이 있는 여인을 고친 사건 속에서 더 깊이 고찰되고 있다 (막 5:25-34). 그녀는 그의 옷을 만지고자 했다. 그러나 그녀를 낫게 만든 것은 예수의 옷이 아니라 그녀의 믿음이었다. 예수께서는 "내 옷이 너를 고쳤다"고 하신 것이 아니라 "네 믿음이 너를 구원하였다"고 하셨다. 미신이 아닌 신앙의 행위가 치유를 가져온 것이다.

정리를 하자면 레위기 11-15장에서 다루어지고 있는 모든 정함과 부정함의 문제는 도덕과는 상관이 없다. 음식의 문제를 제외한 나머지 모든 정결법들은 출산, 병, 유출의 문제 등 사람의 생활 속에서 정상적으로 발생하거나 불가피한 일들을 다루고 있다.

문둥병의 경우 우리는 신약이 죄를 깨끗케 한다는 표현을 하는데 사용하는 단어와 똑같은 단어가 문둥병의 경우에도 사용되고 있다는 것을 보았다. 즉 정결은 육체적인 문제뿐만 아니라 도덕적인 문제이기도 한 것이다.

그러나 이것은 신약이 새로 만들어낸 개념은 아니다. 놀랍게도 구약이 이미 정결이라는 단어를 제의적인 차원을 넘어서서 도덕적인 무흠성을 포괄하도록 확장시켜 놓았다. 예를 들어 다윗은 이렇게 기도한 바가 있다. "나를 정결케 하소서. 내가 정하리이다 내 속에 정한 마음을 창조하시고"(시 51:7,10). 그리고 하나님께서는 회복된 이스라엘의 죄악들을 도말하시겠다고 약속하신다(겔 36:33). 그러므로 구약은 도덕적인 정결성을 강조할 때 항상 제의적인 용어를 직접 빌려 온다. 이처럼 제의적인 용어를 아무런 여과 없이 빌려오는 것이 어떤 의의를 갖고 있는 것인가? 내 생각에는 이 문제에 대해서 게할더스 보스(Geerhardus Vos 1948: 182)가 가장 정확하게 본 것 같다. 그는 양자간의 연관성을 설명하면서 이렇게 말했다. "하나님은 사람들이 제의 의식으로부터 제외되는 부끄럽고 편치 못한 경험을 하는 것을 통해서 죄에 대해서 경험하도록 가르치신다." 육체적인 불결함과 마찬가지로 도덕적인 불결함 역시 하나님과 인간 사이에 벽을 만든다. 하나님의 치유는 어떤 다른 것이 아니라 바로 정결하게 만드시는 것이다.

레위기 11-15장

Brin, G. 1977. "Firstlings of Unclean Animals." *JQR* 68:1–15.

Childs, B. S. 1985. *Old Testament Theology in a Canonical Context.* Philadelphia: Fortress. Pp. 84–91.

Davies, M. L. 1987–1988. "Levitical Leprosy: Uncleanness and the Psyche." *ExpT* 99:136–39.

Douglas, M. 1966. *Purity and Danger. An Analysis of Concepts of Pollution and Taboo.* London: Routledge & Kegan Paul.

———. 1972. "Deciphering a Meal." *Daedelius* 101:61–81.

———. 1975. *Implicit Meanings: Essays in Anthropology.* London: Routledge & Kegan Paul.

———. 1993. "The Forbidden Animals in Leviticus." *JSOT* 59:3–23.

———. 1999. *Leviticus as Literature.* Oxford: Oxford University Press. Pp. 134–75.

Firmage, E. B. 1990. "The Biblical Dietary Laws and the Concept of Holiness." In *Studies in the Pentateuch.* Ed. J. A. Emerton. VTSup 41. Leiden: Brill. Pp. 177–208.

Frymer-Kensky, T. 1983. "Pollution, Purification, and Purgation in Biblical Israel." In *The Word of the Lord Shall Go Forth: Essays in Honor of David Noel Freedman in Celebration of His Sixtieth Birthday.* Ed. C. L. Meyers and M. O'Connor. Winona Lake, Ind.: Eisenbrauns. Pp. 399–414.

Gorman, F. H., Jr. 1990. *The Ideology of Ritual: Space, Time and Status in the Priestly*

Theology. JSOTSup 91. Sheffield: JSOT Press. Pp. 151–79.

Harrison, R. K. 1962. "Leprosy." *IDB* 3:111–13.

Houston, W. 1993. *Purity and Monotheism: Clean and Unclean Animals in Biblical Law*. JSOTSup 140. Sheffield: JSOT Press.

———. 2003. "Towards an Integrated Reading of the Dietary Laws of Leviticus." In *The Book of Leviticus: Composition and Reception*. Ed. R. Rendtorff and R. A. Kugler. VTSup 93. Leiden: Brill. Pp. 142–61.

Hulse, E. V. 1975. "Nature of Biblical Leprosy and the Use of Alternative Medical Terms in Modern Translations of the Bible." *PEQ* 107:87–105.

Jenson, P. P. 1992. *Graded Holiness: A Key to the Priestly Conception of the World*. JSOTSup 106. Sheffield: JSOT Press.

Kass, L. R. 1994. "Why the Dietary Laws?" *Commentary* 46:42–48.

Kinlaw, D. F. 1969. "Laws Concerning Uncleanness." In *Beacon Bible Commentary*. Vol. 1. Kansas City, Mo.: Beacon Hill Press. Pp. 353–62.

Klawans, J. 2000. *Impurity and Sin in Ancient Judaism*. New York: Oxford University Press.

Levine, B. 1989. *Leviticus: The Traditional Hebrew Text with the New JPS Translation*. JPS Torah Commentary. Philadelphia: The Jewish Publication Society.

Magonet, J. 1996. "'But If It Is a Girl, She Is Unclean for Twice Seven Days . . .': The Riddle of Leviticus 12:5." In *Reading Leviticus: A Conversation with Mary Douglas*. Ed. J. F. A. Sawyer. JSOTSup 227. Sheffield: Sheffield Academic Press. Pp. 144–52.

Meier, S. 1989. "House Fungus: Mesopotamia and Israel (Lev. 14:33–53)." *RB* 96:184–92.

Milgrom, J. 1963. "The Biblical Diet Laws as an Ethical System." *Int* 17:288–301.

———. 1971a. "Leprosy." *EncJud* 11:33–36.

———. 1971b. "Sin-Offering or Purification Offering?" *VT* 21:237–39.

———. 1990. "Ethics and Ritual: The Foundations of the Biblical Dietary Laws." In *Religion and Law: Biblical-Judaic and Islamic Perspectives*. Ed. E. R. Firmage, B. G. Weiss, and J. W. Welch. Winona Lake, Ind.: Eisenbrauns. Pp. 159–91.

———. 1991. "The Composition of Leviticus, Chapter 11." In *Priesthood and Cult in Ancient Israel*. Ed. G. A. Anderson and S. M. Olyan. JSOTSup 125. Sheffield: JSOT Press. Pp. 182–91.

———. 1993. "The Rationale for Biblical Impurity." *JANES* 22:107–11.

Miller, P. D., Jr. 2000. *The Religion of Ancient Israel*. Louisville: Westminster John Knox.

Moskala, J. 2001. "Categorization and Evaluation of Different Kinds of Interpretation of the Laws of Clean and Unclean Animals in Leviticus 11." *BRes* 46:5–41.

Neusner, J. 1973. *The Idea of Purity in Ancient Judaism; With a Critique and a Commentary by Mary Douglas*. SJLA 1. Leiden: Brill. [See especially chapter 1, "The Biblical Legacy."]

Rabinowicz, H. 1971. "Dietary Laws." *EncJud* 6:26–46.

Rad, G. von. 1962. *Old Testament Theology*. Trans. D. M. G. Stalker. 2 vols. New York: Harper & Row. Vol. 1, pp. 272–79.

Rendsburg, G. A. 1993. "The Inclusio of Leviticus xi." *VT* 43:418–21.

Sawyer, J. F. A. 1976. "A Note on the Etymology of *sara'at.*" *VT* 26:241–45.

Schearing, L. S. 2003. "Double Time . . . Double Trouble? Gender, Sin and Leviticus 12." In *The Book of Leviticus: Composition and Reception.* Ed. R. Rendtorff and R. A. Kugler. VTSup 93. Leiden: Brill. Pp. 429–50.

Selvidge, M. 1984. "Mark 5:25–34 and Leviticus 15:19–20: A Reaction to Restrictive Purity Regulations." *JBL* 103:619–23.

Toombs, L. 1962. "Clean and Unclean." *IDB* 1:641–48.

Vos, G. 1948. *Notes on Biblical Theology.* Grand Rapids: Eerdmans.

Wegner, J. R. 2003. "'*Coming before the Lord*': The Exclusion of Women from the Public Domain of the Israelite Priestly Cult." In *The Book of Leviticus: Composition and Reception.* Ed. R. Rendtorff and R. A. Kugler. VTSup 93. Leiden: Brill. Pp. 451–65.

Wenham, G. J. 1981. "The Theology of Unclean Food." *EvQ* 53:6–15.

———. 1983. "Why Does Sexual Intercourse Defile (Lev 15, 18)?" *ZAW* 95:432–34.

Whitekettle, R. W. 1995. "Leviticus 12 and the Israelite Woman: Ritual Process, Liminality and the Womb." *ZAW* 107:393–408.

———. 1996. "Levitical Thought and the Female Reproductive Cycle: Wombs, Wellsprings and the Primeval World." *VT* 46:376–91.

Wilkinson, J. 1977. "Leprosy and Leviticus: The Problem of Description and Identification." *SJT* 30:153–70.

———. 1978. "Leprosy and Leviticus: A Problem of Semantics and Translation." *SJT* 31:153–66.

Wright, David P. 1987. *The Disposal of Impurity: Elimination Rites in the Bible and in Hittite and Mesopotamian Literature.* SBLDS 101. Atlanta: Scholars Press.

———. 1990. "Observations on the Ethical Foundations of the Biblical Dietary Laws: A Response to Jacob Milgrom." In *Religion and Law: Biblical, Jewish, and Islamic Perspectives.* Ed. E. R. Firmage, B. G. Weiss, and J. W. Welch. Winona Lake, Ind.: Eisenbrauns. Pp. 193–98.

———. 1991. "The Spectrum of Priestly Impurity." In *Priesthood and Cult in Ancient Israel.* Ed. G. A. Anderson and S. M. Olyan. JSOTSup 125. Sheffield: JSOT Press. Pp. 150–81.

———. 1992. "Unclean and Clean (OT)." *ABD* 6:729–41.

14. 속죄일
레위기 16장

레위기의 이 한 장 전체는 속죄일에 대해서 다루고 있다. 그리고 성스러운 절기력의 한 부분인 레위기 23:26-32는 욤 (하크)키푸림,즉 속죄일이라고 불려지는 이 특별한 날에 대한 부가적인 내용을 다루고 있다. 랍비 문헌은 이 날을 그냥 "그 날" 혹은 "그 위대한 날"이라고 부르고 있다(미쉬나 중 요마 [Yoma]라는 항목을 보라). 신약도 이와 비슷하게 이 날을 간단하게 금식절 (the Fast)이라고 부르고 있다: "여러 날이 걸려 금식하는 절기가 이미 지났으므로" (행 27:9).

레위기 23:26-32에는 16장에는 없는 두 가지 내용이 더 추가되어 있다. 그 첫 번째 내용은 이 날을 금식과 자기부인을 통해 철저하게 지키지 못하는 것의 결과에 대해서 23:26-32이 최고로 강력한 표현을 사용하고 있다는 점이다. "이 날에 누구든지 어떤 일이라도 하는 자는 내가 그의 백성 중에서 멸절시키리니"(30절).

제사 법전에는 심판의 주체를 직접 하나님으로 명시하는 경우는 드물다. 더 흔한 표현인 "… 자는 그 백성 중에서 끊어질 것이라"(레 7:20,21,25,27; 17:4,9; 18:29; 19:8; 20:17,18; 22:3; 23:29)는 표현을 대신해서 사용되고 있는 덜 흔한 표현인 "내가 그의 백성 중에서 끊으리라"(17:10; 20:3,5,6)는 표현이 이와 가장 유사한 표현이라고 할 수 있을 것이다.

두 번째 추가적인 내용은 "구일 저녁 곧 그 저녁부터 이튿날 저녁까지 이 날을 지키라"는 23:32의 언급이다. 안식일과 더불어 이 날은 구약이 이런 식으로 묘사하고 있는 유일한 날이다. 시간에 대한 이런 언급은 거룩한 날들의 시작 시간에 대하여 유대교가 사용하고 있는 기준의 배경을 제공해주고 있다. 즉 그 전날 저녁부터 당일 낮까지가 그 기준인 것이다.

속죄일에 대한 비평학계의 견해들

대부분의 주석서들은 16장의 본문을 분할하는 것에 지면을 전적으로 할애하고 있다. 이 장의 통일성에 대해서 비평학자들은 거의 만장일치로 두 가지 결론을 받아들이고 있다. 그 첫 번째 결론은 속죄일이라는 것 자체가 모세의 시대에는 전혀 존재한 적이 없다는 것이다. 다시 말하자면 현재 본문에 나오는 내용은 명백하게 시대착오적인 내용이라는 것이다. 마치 마틴 루터 킹 목사의 기념일이 링컨 대통령 시절에 존재했다고 주장하는 식이라는 것이다. 비평학자들은 속죄일이 이스라엘 역사 중 아주 후대, 즉 포로기 이후 시대 혹은 심지어는 에스라와 느헤미야의 시대보다도 늦은 시대에 등장했을 가능성이 아주 높다고 본다.

그러나 이러한 주장은 주로 침묵에 의한 논증에 근거하고 있다(de Vaux 1965: 2:509-10). 포로기 이전 시대의 어떤 역사서나 선지서의 본문도 이 날에 대해서 언급하고 있지 않으므로 이 날은 그 전에는 존재하지 않았다는 것이다. 그러나 이러한 침묵에 의한 논증은 아주 조심스럽게 사용해야만 한다. 이 문제에 관하여 흥미가 있는 독자들은 예헤즈켈 카우프만(Yehezkel Kaufmann 1960: 210 n. 17)과 제이콥 밀그롬(Jacob Milgrom 1976a: 83) 의 글을 참고해 보도록 하라. 그러나 그렇다고 해서 속죄일 준수가 시간이 흐름에 따라 수정되었으며, 레위기 16장이 성경 시대의 말기에 가까운 시기에 준수되던 내용을 반영하고 있다는 것을 부인하는 것은 아니다. 예를 들어 우리는 크리스마스 주일 혹은 부활절 주일 절기를 지키는 방식이 시간이 지나면서 변화되었지만 그 핵심적인 중추를 차지하고 있는 사항들은 결코 변형되지 않는다는 점을 생각해 보면 될 것이다.

속죄일에 대하여 폭넓게 받아들여진 두 번째 결론은 레위기 16장이 이질적인 요소들이 결합된 본문이며, 따라서 여러 개의 문헌층으로 나눠질 수 있다는 것이다. 마르틴 노트(Martin Noth 1977: 117)의 언급이 그 대표적인 예이다:

> 이 장이 상당히 긴 형성과정의 역사를 가지고 있다는 점은 첫 눈에 드러나는데, 이 점은 이 본문이 이상할 정도로 일관성과 통일성을 결여하고 있다는 점을 통해서 잘 드러난다. 이 본문은 정말로 너무나도 복잡다단하기 때문에 이 본문의 문헌층을 분석하는 일은 지금까지 신뢰할 만한 결과를 산출하지 못했다. 그러나 이 장이 복잡한 성장과정의 역사를 거쳐서 형성되었다는 점만은 일반적으로 인정되고 받아들여지고 있다.

이런 견해가 나오게 된 근거는 본문에 중복기사(doublets)나 반복되는 구절들이 나온다는 것이다. 일례로 6절은 "아론은 자기를 위한 속죄제의 수송아지를 드리되 자기와 권속을 위하여 속죄하고"라고 되어 있는데, 이 구절은 11절에 다시 반복되고 있다. 그러나 이런 반복적인 구절이 반드시 이질적인 전승들의 존재를 증명해 주는 것으로 보아야 하는가? 6-10절은 사건의 일반적인 개관이고, 11-28절은 같은 사건을 밀착해서 상세하게 기록한 것이라고 볼 수는 없는가?

이 장이 여러 문서들의 결합으로 이루어져 있다는 것에 대한 두 번째 근거는 29-34절에 나오는 결론구이다. 이 부분이 후대에 첨부된 부록인 것처럼 보인다는 것이다. 이 본문에 나오는 다른 내용들과 아울러 독자들은 속죄일이 매년 일곱 번째 달, 즉 티쉬리 월(Tishri)의 10일에 준수되어야 한다는 내용을 보게 된다(29절). 보통은 제의를 지키는 날이나 날짜는 해당 본문의 시작 부분에 등장한다.

그러나 여기에서는 이것이 맨 마지막에 나오는 것이다. 이로부터 파생되는 결론은? 이 부록의 저자가 최소한 레위기 23장의 축제들을 기술하고 있는 저자와 다르다는 것이다. (신약의 예를 들자면 바울의 기도가 각 서신의 시작 부분이나 중간 부분에 나오는 것이 관행이기 때문에 데살로니가전서 5:23-24에 기록된 기도는 바울의 것이 아니라고 주장할 수 있을까? 순서나 위치의 문제는 진정성의 문제와는 별 상관이 없는 듯하다.)

속죄의 대상들

속죄일이란 표현이 히브리어로 문자 그대로 "속죄들의 날"(the day of atonements)이라고 되어 있는 것은 어쩌면 우연이 아닌 듯하다. 이 장에 나오는 속죄의 대상은 세 가지, 곧 대제사장과 성소와 백성이다.

레위기 16장은 반복 기법, 즉 최소한의 핵심구절들만이라도 반복해주는 기법을 통해서 중요한 개념들을 강조해주고 있다. 구속에 대한 어떤 것이 이루어지기 전에 대제사장은 먼저 자신의 죄를 해결해야 한다. "아론은 자기를 위한 속죄제의 수송아지를 드리되 … 자기[를] 위하여 속죄하고 … 자기를 위한 속죄제의 수송아지를 드리되 자기[를] 위하여 속죄하고 자기를 위한 그 속죄제 수송아지를 잡고 … 자기[를] 위하여 속죄하고 자기[를] … 위하여 속죄하고"(6,11,17,24절). 그러므로 이 일곱 번 사용된 "자기를 위하여"란 표현은 높은 위치에 있는 성직자가 먼저 자기 자신의 잘못들을 바로잡는 것이 반드시 필요함을 강조해 주고 있다. 대제사장은 이러한 절차들을 치룰 필요가 없다는 식의 사고방식은 생각할 수도 없는 것이며, 이단적이기까지 하다.

히브리서 9장은 예수께서 이 패턴을 깨뜨리셨음을 우리에게 말해주고 있다. 그는 성소에 매 년마다 들어가신 것이 아니라 단 한 번 들어가셨다. 또한 동물의 피를 가지고 들어가신 것이 아니라 바로 자신의 피를 가지고 들어가셨다(히 9:11-14). 예수는 자복해야 할 죄가 없으시기 때문에 자신을 위해 속죄를 할 필요가 없으시다.

이 날에는 사람뿐만 아니라 생명이 없는 물건도 속죄함을 받아야 한다는 점이 흥미롭다. 다음의 구절들을 비교해 보라. "지성소를 위하여 속죄하고"(16절); "단으로 나와서 그것을 위하여 속죄할지니"(18절); "단을 성결케 할 것이요"(19절); "그 지성소와 회막과 단을 위하여 속죄하기를 마친 후에"(20절); "지성소를 위하여 속죄하며 회막과 단을 위하여 속죄하고"(33절).

그러므로 아주 실질적인 의미에서 심판은 하나님의 집에서 시작된다. 예수께서 하신 것처럼 성전은 깨끗하게 되어야 할 필요가 있다. 구약은 죄가 마치 움직이는 물체와 같은 것이며, 하나님의 백성의 죄로 인해 하나님의 존전으로 파고드는 것이며, 성소의 거룩한 기구들을 둘러싸버리는 어떤 것이라고 보고 있는 것일까?

"속죄하다, 대속하다"라는 의미의 **카파르**란 히브리어 동사의 용법은 흥미롭다. 셈족 언어를 연구하는 학자들은 이 동사에 함축된 의미에 대해서 서로 간에 이견의 폭이 크다. 그 중 온건한 견해는 이 동사가 "문지르다"라는 의미를 갖고 있다는 것이다. 즉 어떤 것이 문질러 벗겨지거나(예를 들어 죄를 문질러서 씻어내거나 깨끗케 한다는 식으로), 문지름을 통해 덮여진다는 것이다(예를 들어 죄가 덮인다는 등). 쿰란에서 발견된 레위기의 탈굼(주전 2세기?)에는 레위기 16장의 몇 구절만이 남아 있는데, 이 탈굼이 히브리어 단어 **카포레트**(시은좌, 속죄소)를 덮개, 뚜껑을 의미하는 아람어 단어인 ksy로 번역하고 있다는 점이 중요하다(Fitzmyer 1978: 15–17; 1980: 17–18을 보라). 오늘날 히브리어 학자들 사이에서 선호되는 견해는 이 카파르란 단어가 "문지르다, 덮다"(rub on, cover)라는 의미가 아니라 "문질러 벗기다, 제거하다"란 의미를 갖고 있다는 견해이다.

우리가 여기에서 특히 흥미를 갖고 있는 점은 히브리어에서 이 단어 다음에 어떤 목적어가 오느냐 하는 것이다. 좀처럼, 그리고 특히 제의적인 문헌들에서는 사람이 동사 카파르의 직접 목적어가 되는 경우가 거의 없다. 그리고 최소한 레위기의 경우에 이 동사의 주어는 제사장이다. 하나님이 주어가 되는 경우는 전혀 없다. 이 동사의 목적어가 사람인 경우에는 그 앞에 "하기 위해서"(for, on behalf of), "에 관해서"(with respect to) 등의 전치사가 온다. 사람은 속죄 의식의 대상이 아니라 — 즉 피가 그 사람에게 부어지거나 칠해지는 경우는 없다 — 수혜자인 것이다.

이와는 대조적으로 무생물적인 물건들은 아무런 전치사의 개입 없이 동사 카파르의 직접 목적어가 될 수 있다. 레위기 16:33은 이 양자 간의 차이를 잘 보여주고 있다. "지성소를 속죄하며 회막과 단을 속죄하고(동사 카파르는 직접 목적어와 함께 쓰이는데, 이 직접 목적어는 번역이 되지 않는 불변화사인 에트에 의해 표시됨) (한글로 말하자면 이 에트는 "~을, 를"에 해당함: 역자 주) 또 제사장들과 백성의 회중을 위하여 속죄할지니"(동사 카파르가 제사장들과 회중이라는 단어 앞에 나오는 전치사 알과 함께 사용됨) (한글에서는 알이 이 단어들 뒤에 와서 "~를 위하여"로 번역됨: 역자 주).

레빈(B. A. Levine 1974: 66)에 따르면 레위기 및 관련 문헌들은 제의 자체가 자동적인 효력을 갖고 있다는 생각을 방지하기 위해 동사 카파르 다음에 사람이 나오는 경우에는 '카파르 + 직접목적어'의 구문을 일부러 피하고 있다고 한다. 이러한 제의 행위들은 필요한 것이기는 하지만 이것이 속죄의 근거가 될 수는 없는 것이다. 이것들은 단지 목적을 위한 수단일 뿐이다. 용서와 사죄를 주시는 분은 바로 하나님 자신이신 것이다.

피의 사용

레위기 1-7장을 검토하면서 우리는 속죄 의식들에 피가 자주 언급되는 것을 보았다. 레위기 16장의 가장 두드러진 특징 중의 하나는 속죄일에, 그리고 오직 이 날에만 피가 성막의 가장 깊은 곳에 위치한 성소인 지성소로 들어가게 된다는 점이다. 이에 대한 성경 구절들은 "휘장 안에 ⋯ 앞에서 ⋯ 속죄소 앞에"라고 말하고 있다(12-15절). 도표 1은 이 구절들 속에 언급되어 있는 절차들을 그림으로 보여주고 있다.

도표 1

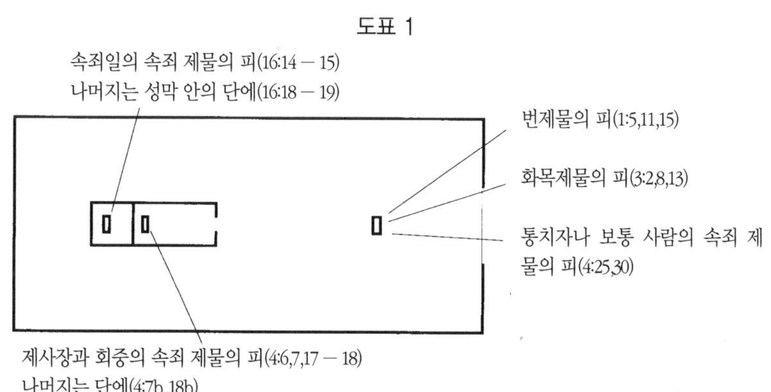

왜 이 날에 피가 성막의 가장 성스러운 장소로 운반되는가 하는 것은 궁금한 사항이다. 아마 그 대답은 이 장의 16, 21절에 나타나는 "범과"(transgressions)라는 특별한 단어에 있는 듯 하다(개역개정판은 이 단어와 그 다음의 죄라는 단어를 하나로 묶어서 그 범한 모든 죄라고 번역하고 있는데 이때 수식어인 범한이 바로 transgressions란 단어를 형용사적으로 번역한 점을 유의할 필요가 있다: 역자 주). 게르하르트 폰 라트(Gerhard von Rad 1962: 1:263 n. 177)는 이 단어가 구약에서 86번 나오는데, 그 중 비평학자들이 보통 P 문서라고 부르는 방대한 문헌 속에서는 이 단어가 단지 두 번밖에 나오지 않으며, 이 두 번은 바로 이 레위기 16:16, 21에 나온다는 점을 발견했다. 이 단어는 레위기의 다른 곳에서는 나오지 않는다. 이 단어는 정치나 국제관계의 문제를 다룰 때 사용하는 전문용어들 중에서 빌려온 것이다. 전문적인 의미로 사용될 때 이 단어는 반역이나 항거를 의미한다. 폰 라트는 또한 이 단어(즉, 페샤)가 죄를 표현할 때 사용되는 가장 심각한 용어라는 점에는 의심의 여지가 없으며, 특히 선지자들이 그런 의미로 사용했다고 지적했다.

이러한 종류의 죄는 부지중에 지은 죄와 정반대가 된다. 바로 이러한 이유 때문에 속죄일, 즉 가장 심각한 죄를 다루는 이 날에 피가 하나님의 존전 앞으로 가능한 한 가까이 운반되는 것이다. 성막 뜰의 놋단이나 성소 내의 분향단은 이 피의 수용처로서 충분하지가 못한 것이다.

레위기 16장이 제사 문헌에서 이 범과(혹은 허물: 역자 주)라는 단어를 근접해서 두 번 사용하고 있는 것처럼 요셉 이야기도 이 단어를 두 번 연속해서 쓰고 있는 다른 예이다(비록 NIV 성경은 이 점을 모호하게 만들고 있지만). 요셉의 형제들은 요셉에게 돌아가신 자기들의 아버지 야곱의 말을 인용하면서 이렇게 말한다. "이제 바라건대 그 허물(transgressions, NIV는 "잘못들"[wrongs]로 번역함)과 죄를 용서하라"(창 50:17).

카마이클(Carmichael 2000: 171)이 지적한 바와 같이 어쩌면 바로 이 점 때문에 후대의 유대교(예를 들어 희년의 서[Jubilees] 등과 같은 문헌들)가 요셉 이야기를 속죄일과 연관시키게 되었는지도 모른다. 바로 이 날 요셉의 형제들이 자신들의 잘못된 범과의 죄에 대해서 용서를 구하였던 것처럼 이스라엘 백성들도 속죄일에 자신들의 범과의 죄에 대하여 하나님의 용서를 구하도록 된 것이다. 요셉은 애굽으로 보내어졌으며, 속죄양은 광야로 보내어졌다.

사실 이 날은 희생제사 혹은 제거 작업을 통해서 거의 모든 종류의 죄들을 제거하는 날이다. 죄를 나타내는 각각의 단어 앞에 "모든"이란 표현이 빈번하게 사용되고 있다는 점에 주목하라. "이스라엘 자손의 모든 불의와 그 범과, 곧 그들의 모든 죄"(all the wickedness and rebellion of the Israelitesall their sins(21절, NIV); "너희 모든 죄에서 너희가 정결하리라"(30절); "이스라엘 자손의 모든 죄를 위하여"(34절). 오늘날 여러 지방 정부들이 일 년 혹은 이 년에 한 번씩 커다란 폐기물 차들을 준비해서 사람들이 평소에 잘 처분할 수 없었던 물건들을 처분할 수 있게 해주는 것처럼 자비의 하나님은 자기 백성이 삶 속의 잡동사니들과 쓰레기들을 처분할 수 있도록 한 날을 따로 떼어 놓으셨다. 이 속죄일을 카와시마(Kawashima 2003: 372)는 "제의적 하수구 시스템"이라고 부른다. 브루그만(Brueggemann 1997: 666)이 말한 바와 같이 "야웨는 이스라엘이 야웨와의 충만한 관계를 회복할 수 있도록 신뢰성있고 권위있는 장치를 하사하셨다."

속죄의 염소

도살한 속죄 제물의 피를 바치는 일은 속죄일 의식의 절반에 해당하는 부분일 뿐이다. 다른 절반의 의식 역시 이 속죄일에만 치러지는 독특한 의식이다. 회중을 위한 속죄제물 중 염소 한 마리는 살려 둔다(5,10,20절). 레위기 1-7장에 기술된 의식들과는 달리 이 의식에서는 염소의 머리에 안수를 하는 사람은 예배자가 아니라 아론이다(21절). 그리고 나서 제의를 집전하는 제사장이 이스라엘의 모든 죄를 고백한다. 이 절차 역시 예배자 자신이 자신의 죄에 대해서 고백하는 레위기 5:5와 차이가 난다. 그리고 나서 이 염소는 모든 허물을 지고 광야로 간다. (독자들은 이 히브리어 단어가 "짊어지다"라는 의미와 "용서하다"라는 의미를 다 갖고 있다는 점을 알 필요가 있다.) 이처럼

"대신 죄를 짊어진다"는 생각은 고난 받는 종에 대한 이사야의 노래들 중 "우리의 슬픔을 당하였거늘"(사 53:4)이라는 말씀과 "그가 많은 사람의 죄를 담당하며"(사 53:12)라는 구절의 배경이 된다. 또한 세례 요한의 "보라, 세상 죄를 지고 가는 하나님의 어린 양이로다"(요 1:29)라는 외침의 배경도 된다. 이 사건의 모형론적인 의미는 히브리서 6:19-20; 9:7-14에 상세하게 설명되어 있다.

해석의 문제는 다음 구절들의 NRSV와 NIV의 번역을 비교함으로써 살펴 볼 수 있다.

16:8 : 아론은 두 염소를 위하여 제비 뽑되 한 제비는 여호와를 위하고 [다른] 한 제비는 아사셀을 위하여 할지며 (NRSV)

(And Aaron shall cast lots on the two goats, one lot for the Lord and the other lot *for Azazel*)

[다른] 한 제비는 속죄 염소를 위하여 할지며 (NIV)

(He is to cast lots for the two goats — one lot for the Lord and the other *for the scapegoat*)

16:10 : 아사셀을 위하여 제비 뽑은 염소는 산 채로 여호와 앞에 두었다가 아사셀을 위하여 광야로 보낼지니라 (NRSV)

(But the goat on which the lot fell *for Azazel* shall be presented alive before the Lord to make atonement for it, that it may be sent away into the wilderness *to Azazel*)

속죄 염소가 되도록 제비 뽑힌 염소는 산채로 여호와 앞에 두었다가 속죄양 으로 광야로 보낼지니라 (NIV)

(But the goat chosen by lot as *the scapegoat* shall be presented alive before the Lord to be used for making atonement by sending it into the desert *as a scapegoat*)

(참고로 개역개정판은 해밀턴이나 NIV 성경이 따르고 있는 번역, 즉 더 전

통적인 해석을 따르고 있는 것이 아니라 NRSV의 바탕이 된 역본인 RSV의 번역을 따르고 있음을 참고하라: 역자 주.)

이 두 번역본 사이의 차이는 분명하다. NRSV에 따르면 히브리어 단어 아자셀은 산 염소가 보내지는 대상(또는 장소?)이다. 반면에 NIV에 따르면 이 히브리어 단어는 이 산 염소를 가리키는 말이다.

NRSV의 번역은 오늘날 대부분의 학자들의 지지를 받고 있다. 이런 이유 때문에 요즘 유행하는 일반적인 이론에 따르면 이 아사셀은 어떤 초자연적인 존재, 어쩌면 마귀와 같은 존재로서 광야에 출몰한다는 것이다. 따라서 여기에 깔린 생각은 악을 제거하는 가장 효과적인 방법은 그것을 그 원래의 장소로 쫓아내는 것이라는 것이다.

이러한 견해에 대한 추가적인 근거는 보통 다음의 두 구절에서 빌려 온다. 첫째, 광야가 귀신이 사는 곳이라는 생각이 구약의 다른 몇몇 구절에도 나타나 있다는 것이다. 레위기 17:7은 들판에서 숫염소 마귀들(goat-demons, 스이림)에게 바치던 희생제사에 대해서 언급하고 있다. 가장 많이 인용되는 구절은 이사야서 34:14인데, 이 구절에서 선지자는 하나님께서 에돔을 멸망시킬 것에 대해 이야기하면서 그 땅이 야생 동물과 새들로 가득 찬 광야가 될 것이라고 말하고 있다. 여기에서 언급된 동물들 중에는 숫염소(레 17:7과 같은 단어)와 릴리쓰(Lilith; RSV는 the night hag, 즉 마녀로 번역하고 있음)가 포함되어 있다(이 릴리쓰를 개역개정판 성경은 "올빼미"로 번역하고 있으며, 표준 새번역은 "밤짐승"으로 번역하고 있다: 역자 주). 이 릴리쓰는 주술에서 잘 알려져 있는 악명 높은 여자 밤 마귀(night-demon)이다. 숭배의 대상으로서의 숫염소 마귀에 대한 언급은 대하 11:15에 나온다. 그리고 광야가 더러운 영혼들이 출몰하는 장소라는 생각은 마태복음 12:43; 눅 11:24에도 나타나 있다.

아사셀을 악마적인 존재와 동일시하는 생각을 지지해주는 두 번째 근거는 묵시 문헌들에서 발견된다. 에녹 1서(I Enoch)는 아사셀이 사람의 딸들을 원하던 천사들의 지도자(창세기 6장을 보라)라고 본다. 그런데 이 아사셀은 라파엘에게 묶여서 어두운 광야로 쫓겨났다는 것이다.

그러면 여기에서 우리는 이스라엘의 종교의 역사를 통해 검열되지 않은 신화의 한 자락을 보고 있는 것인가? 이처럼 속죄일이라는 중요한 절기의 한 중요한 의식이 항상 치러질 때마다 제물을 악마의 소굴로 내보내는 절차가 행해졌다고 믿어도 되는가?

웬함(G. J. Wenham 1979: 234)은 헤르츠(J. H. Hertz)를 인용하고 있는데, 나는 그의 관찰이 옳다고 믿는다. "숫염소"에게 제물을 바치는 행위는 아주 심각한 죄라고 바로 그 다음 장에서 언급되어 있다(17:7). 그러므로 광야의 귀신에게 경의를 표현하는 일이 바로 그 앞 장에서 가장 거룩한 의식과 관련되어있을 리가 없다. 정말 성경이 한 장에서는 폭풍을 타고 다니는 바알을 인정하고 나서 바로 그 다음 장에서 쉐마(신 6:4이하의 내용)를 언급할 수 있겠는가 말이다.

그러면 NIV는 어디에서 속죄 염소(scapegoat이 단어는 우리말로 보통 속죄양으로 번역되지만 뒤에 나오는 설명에서 보듯이 영어의 어원을 보면 '도망가다' 라는 의미의 'escape' 와 '염소', 즉 'goat' 가 합성된 것임을 유의하라: 역자 주)란 번역을 얻은 것인가? 첫째, 아사셀이란 히브리어 단어는 두 개의 셈어, 즉 염소라는 히브리어 단어와 가다(to go)라는 아람어 단어로 이루어져 있다. scapegoat란 번역은 틴데일(Tyndale)이 1530년에 영어로 번역한 성경에서 파생되었는데, 이 번역에서 그는 escapegoat란 용어를 만들어냈다. 문맥상으로 볼 때 이 번역은 탁월한 것이었다. 왜냐하면 희생제물이 됨으로써 생명을 부지하지 못하는 다른 염소와는 달리 이 염소는 희생제물로 사용되지 않으므로 살아남게 된다. 즉 이 염소는 죽음을 피하고, 광야, 사막으로 보내지는데, 염소는 이런 곳에서 양보다 훨씬 더 생존력이 높다(Douglas 2003을 보라). 둘째, 바로 이것이 고대의 많은 역본들이 이해하고 있는 이 단어의 의미이다. 그 중에서도 특히 칠십인역과 불가타 역본(제롬이 번역한 라틴어 역본: 역자 주)이 그러하다. 예를 들어 칠십인역은 8,10,26절에서 다음과 같이 세 가지의 다르면서도 유사한 방식으로 이 히브리어 단어를 번역하고 있다. "보내질 것"(8,10절); "놓여지기 위해 보내질 것"(10절); "놓아주기로 결정난 염소"(26절).

카우프만(Kaufmann 1960: 114)이 지적한 바와 같이 만약 아사셀이 이 염소가 가는 목적지를 가리키는 것이라고 한다면, 이 아사셀은 아무런 능동적인 역할도 하지 말아야 할 것이다. 만약 죄가 추방되지 않는다면 야웨의 무서운 진노가 내려질 것이다. 그러나 아사셀로부터는 아무런 해악도 오지 않는다 … 이 제의의 가치는 어떤 위험한 악마적인 힘을 쫓아내는데 있는 것이 아니라 하나님의 명령을 수행하는데 있다.” (카우프만의 아사셀 해석에 대한 레빈[Levine 1974: 79-83]의 비판은 주로 레위기 16:10의 번역 문제에 집중되어 있다. 그는 이 제의가 카우프만이 생각하는 것보다 훨씬 더 주술적인 목적을 갖고 있다고 생각한다.)

백성들의 역할

회중들이 이 제의들에서 하는 역할은 아주 작다. 아론은 숫염소 두 마리를 골라서 살아남을 염소의 머리에 안수한다. 그는 나머지 한 마리 염소를 잡아 백성들을 위한 속죄제물로 삼는다. 그리고 아론만이 성소에 들어간다.

그러면 백성들은? 그들은 수동적이기만 하고, 제의에 참여하지 않는가? 그럴 리가 만무하다. 29절과 31절의 초점은 속죄일이 안식일로 기능해야 한다는 것이다. 백성들은 일을 하지 말아야 하며, 또 스스로를 괴롭게 혹은 자기부인을 해야 한다. 물론 이것은 자해를 하거나 스스로에게 매질을 가하는 것을 말하는 것이 아님은 분명하다. 이것은 속죄일이 일반 백성에게는 국가적으로 기도와 금식과 회개의 날, 즉 가차없이 자기 자신을 뒤돌아보고 투명하게 하는 시간임을 의미하는 것이다. 속죄일에 스스로를 괴롭게 하는 것에 대해서는 또한 레위기 23:27-32를 보라.

성막에서의 의식들은 적절한 것이며, 하나님의 명령에 따른 것이다. 그러나 이것은 오직 신앙공동체가 진심으로 회개할 때에만 효력이 있는 것이다. 성경은 제의가 “그 자체로 효력이 있다”(ex opere operato)는 생각을 그 어디에서도 인정하고 있지 않다.

그러나 하나님의 종교가 단지 자기부인과 자기절제의 종교이기만 한 것은 아니다. 물론 이러한 요소들이 있는 것은 사실이지만 그 이상의 것들이 그 안에는 포함되어 있다. 레위기 23장에 나오는 거룩한 절기력에 따르면 칠 월의 속죄일(23:26-32) 다음에는 바로 칠 월의 초막절(23:33-44)이 이어진다. 그리고 이 절기에는 "너희 하나님 여호와 앞에서 칠 일 동안 즐거워 하도록" 되어 있다(40절 후반절). 그리고 이 절기는 레위기 23장의 절기 중 즐거움이 포함된 유일한 절기이다. 그러므로 레위기는 이렇게 말하고 있는 것이다. "하나님과의 관계를 바르게 하고 그분에게 반하는 모든 것들, 네가 망쳐버린 모든 것들을 네 삶에서 제거하라. 그리고 나서 즐거움을 만끽하라!"

레위기 16장

Ahituv, S. 1971. "Azazel." *EncJud* 6:111–19.

Brueggemann, W. 1997. *Theology of the Old Testament: Testimony, Dispute, Advocacy.* Minneapolis: Fortress.

Carmichael, C. 2000. "The Origin of the Scapegoat Ritual." *VT* 50:167–82.

Douglas, M. 2003. "The Go-Away Goat." In *The Book of Leviticus: Composition and Reception.* Ed. R. Rendtorff and R. A. Kugler. VTSup 93. Leiden: Brill. Pp. 121–41.

Eichrodt, W. 1961–1967. *Theology of the Old Testament.* Trans. J. Baker. 2 vols. OTL. Philadelphia: Westminster. Vol. 1, pp. 130–31.

Fitzmyer, J. A. 1978. "The Targum of Leviticus from Qumran Cave 4." *Maarav* 1 (1):5–23.

———. 1980. "The Aramaic Language and the Study of the New Testament." *JBL* 99:5–21.

Gorman, F. H., Jr. 1990. *The Ideology of Ritual: Space, Time and Status in the Priestly Theology.* JSOTSup 91. Sheffield: Sheffield Academic Press. Pp. 61–102.

Grabbe, L. L. 1987. "The Scapegoat Tradition: A Study of Early Jewish Interpretation." *JJS* 18:152–67.

Hasel, G. 1981. "Studies in Biblical Atonement II: The Day of Atonement." In *The Sanctuary and the Atonement.* Ed. A. V. Wallenkampf and W. R. Lesher. Washington, D.C.: Review and Herald Publishing Association. Pp. 115–33.

Helm, R. 1994. "Azazel in Early Jewish Tradition." *AUSS* 32:217–26.

Janowski, B. 1995. "Azazel." In *Dictionary of Deities and Demons in the Bible.* Ed. K. van der Toorn et al. Leiden and New York: Brill. Pp. 240–47.

Jenson, P. P. 1992. *Graded Holiness: A Key to the Priestly Conception of the World.* JSOTSup 106. Sheffield: Sheffield Academic Press. Pp. 197–209.

Kaufmann, Y. 1960. *The Religion of Israel.* Trans. M. Greenberg. Chicago: University of Chicago Press.

Kawashima, R. S. 2003. "The Jubilee Year and the Return of Cosmic Purity." *CBQ* 65:370–89.

Kraus, H. J. 1966. *Worship in Israel*. Richmond: John Knox. Pp. 68–70.

Levine, B. A. 1974. *In the Presence of the Lord: A Study of Cult and Some Cultic Terms in Ancient Israel*. SJLA 5. Leiden: Brill.

Lyonnet, S., and L. Sabourin. 1970. *Sin, Redemption, and Sacrifice: A Biblical and Patristic Study*. AnBib 48. Rome: Biblical Institute Press. Pp. 61–184.

McClean, B. H. 1991. "The Interpretation of the Levitical Sin Offering and the Scapegoat." *SR* 20:345–56.

Milgrom, J. 1976a. "Atonement, Day of." *IDBSup* 82–83.

———. 1976b. "Atonement in the OT." *IDBSup* 78–80.

Noth, M. 1997. *Leviticus*. Trans. J. E. Anderson. Rev. ed. OTL. Philadelphia: Westminster.

Rad, G. von. 1962. *Old Testament Theology*. Trans. D. M. G. Stalker. 2 vols. New York: Harper & Row. Vol. 1, pp. 262–72.

Rodriguez, A. M. 1996. "Leviticus 16: Its Literary Structure." *AUSS* 34:269–86.

Roo, C. R. Jacqueline de. 2000. "Was the Goat for Azazel Destined for the Wrath of God?" *Bib* 81:223–42.

Rudman, D. 2004. "A Note on the Azazel-goat Ritual." *ZAW* 116:396–401.

Tawil, H. 1980. "Azazel, the Prince of the Steppe: A Comparative Study." *ZAW* 92:43–59.

Vaux, R. de. 1965. *Ancient Israel*. Trans. J. McHugh. 2 vols. New York: McGraw-Hill. Vol. 1, pp. 507–10.

Wenham, G. 1979. *The Book of Leviticus*. NICOT. Grand Rapids: Eerdmans.

Wright, David P. 1992a. "Azazel." *ABD* 1:536–37.

———. 1992b. "Day of Atonement." *ABD* 2:72–76.

Zatelli, I. 1998. "The Origin of the Biblical Scapegoat Ritual: The Evidence of Two Eblaite Texts." *VT* 48:254–63.

15. 성결에의 선언문
레위기 17-27장

비평학적인 견해에 따르면 27장을 제외한 레위기의 이 마지막 장들은 한 때 독립적인 율법 문서로 존재하다가 후대에 와서 P에 접목되었다고 한다. 마치 언약의 책(the Book of the Covenant : 출애굽기 20:22-23:33에 나오는 율법 부분을 가리키는 학술 용어: 역자 주)이 후대에 출애굽기에 삽입된 것으로 간주되듯이 말이다.

이 발견은 19세기 말의 독일인 학자 아우구스트 클로스터만(August Klostermann)에 의해서 이루어졌는데, 그는 레위기의 이 장들에게 성결법전(Heiligkeitgesetz, the Holiness Code)이라는 이름을 부여하였다(오늘날 이 문서는 보통 H란 약식기호로 표시된다.)

최근까지 만장일치적으로 받아들여지고 있던 견해에 따르면 성결법전이 먼저 등장했는데, 제사장 문서의 저자들이 나중에 이것을 자기들의 문헌에 첨가시켜서 오늘날 우리가 보고 있는 것과 같은 레위기 후반부의 모습으로 만들었다는 것이다.

요즘의 일부 학자들은 크놀(Knohl 1995)의 예리한 연구에 근거해서 P 문서와 H의 연대기적인 순서를 뒤집는다. 즉 P의 전승들이 성결법전보다 더 오래되었으며, 성결법전은 굳이 P 문서의 수정판은 혹시 아닐지라도 편집적인 확충본 정도는 된다고 생각한다.

이런 입장을 옹호하는 사람들은 P의 저작연대를 바벨론 유수 중이나 이후의 시기로 보던 것에서부터 불가피하게 끌어올려서 솔로몬의 성전 건설 중이나 직후의 시기로 간주한다. 따라서 결국 JEDP 이론은 JEPD 이론으로 대체되게 된다(글자의 순서는 각 문서의 저작연대의 순서를 나타낸다: 역자주).

레위기의 이 마지막 장들에 대한 이런 비평학적인 견해들에 대해서 독자들이 어떻게 느끼느냐 하는 것과는 상관없이 이 장들이 1-16장에서 발견되는 것보다 훨씬 더 강한 어조로 거룩성을 행위 및 생활방식의 근간으로 강조하고 있다는 지적만은 확실히 타당성이 있다.

지금까지 살펴본 1-16장에서는 "거룩하다/거룩하게 하라" 등의 표현들이 모두 성소나 성소에 관련된 물건들, 혹은 성소에서 봉사하는 성직자들에게만 사용되어 왔다. 하나님의 백성이 무엇을 먹고, 먹지 않느냐 하는 문제와 관련하여 거룩성을 언급하고 있는 11:44-45만이 유일한 예외였다. 이와는 대조적으로 지금까지의 이러한 1-16장의 제한된 범위의 거룩에 대한 강조는 17-27장에서는 모든 이스라엘을 포괄하도록 확장된다. 모든 사람들의 생활양식으로서 거룩성을 요구되는 현상을 우리는 거룩성의 "일반화 현상"(laicization)이라고 부를 수 있을 것이다.

물론 이것은 전혀 예상하지 못했던 바는 아니다. 만약 1-16장의 핵심적인 초점이 하나님의 백성이 어떻게 섬기느냐 하는 문제를 다루고 있다고 한다면 말이다.

비록 그것이 하나님의 거룩한 성소에서 하나님의 거룩한, 혹은 거룩함을 입은 종들의 사역을 통해서 이루어지는 것이기는 하지만 말이다. 이제 17-27장은 주로 하나님의 백성이 어떻게 섬기느냐 하는 문제보다는 어떻게 사느냐 하는 문제에 초점을 맞추고 있다. 거룩하신 하나님을 섬기는 자들은 거룩한 삶을 살기를 염원하며, 거룩하신 하나님께서 자신들에게 주신 자원들을 그러한 삶에 어울리도록 하는데 사용하려고 할 것이다. 나는 이미 히브리어 어근 q-d-s가 레위기에 150번 나타난다는 사실을 언급했다(동사, 명사, 형용사 등으로). 그 빈도수를 더 상세하게 분석해 보면 다음과 같은 흥미로운 점이 드러난다. 도표 1을 보라.

도표 1

본문	빈도수	합계
1-16	65	
17-27	85	150
17	0	
18	0	
19	5	
20	7	
21	13	
22	19	
23	12	
24	3	
25	2	
26	2	
27	22	85

　　분명한 사실은 레위기의 처음 열여섯 장보다 나중의 열한 장에 q-d-s란 단어가 훨씬 더 많이 사용되고 있다는 점이다. 그 중에서도 27,22,21,23장(빈도순)이 이 어근을 가장 많이 사용하고 있다(85번중 66번). 그리고 이 단원의 처음 두 장, 즉 17,18장은 이 어근을 사용하고 있지 않다.

　　레위기에서 하나님의 백성은 여러 번 거룩으로 부르심을 받는데, 이러한 부르심은 절대절명의 명령의 형식을 띠고 있다. 예를 들어 11:44-45, "내가 거룩하니 너희도 몸을 구별하여 거룩하게 하고"; 19:2, "너희는 거룩하라 나 여호와 너희 하나님이 거룩함이니라"; 20:7, "너희는 스스로 깨끗케 하여 거룩할지어다 나는 너희 하나님 여호와니라"; 20:26, "너희는 내게 거룩할지어다 이는 나 여호와가 거룩하고" 등이 그렇다. 이 구절들은 시간의 제약을 받지 않을 뿐만 아니라 더 진전된 계시에 의해 폐기되지도 않는데, 이 점은 베드로가 신앙공동체에게 기독교적 메시지를 선포하면서 아무 수정 없이 이 구절들을 사용하고 있다는 점을 통해 증명된다(벧전 1:15-16을 보라).

앞 문단에 인용된 네 구절을 보면 각 명령에는 "나는 너희 하나님 여호와니라"(for I am the LORD your God) 혹은 "나 여호와가 거룩함이니라"(for I the Lord am holy) 등의 동기절이 뒤따라 오는 것을 알 수 있다. 이 명령들이 항상 하나님에 의해 직접 일인칭으로 주어졌다는 것은 결코 우연이 아니다. 레위기에서 모세나 아론이 "너희는 거룩하라 이는 그가 거룩함이니라"고 말한 적은 결코 없다. 그러므로 이 기준을 세우신 분은 바로 하나님 자신이시다. 중요한 것은 이 명령들을 협박으로 이해해서는 안 된다는 것이다. 하나님은 "거룩하게 사는 게 좋을 걸, 안 그러면 곤란해"라는 식으로 말씀하고 계신 것이 아니다. 우리는 이것을 하나님의 초청의 말씀으로 이해해야 한다. 물론 자신의 삶 속에서 잘 알고 있으면서도 잘못된 행동강령을 선택하면 그 선택에 따른 결과를 맞이하게 된다는 것은 엄연한 사실이다. 그러나 하나님의 방식은 자기 백성에게 겁을 주거나 꼼짝 못하게 해서 거룩한 삶을 살도록 만드시는 것이 아니라 자기 자신을 척도이자 본보기로 내세우심으로써 그들을 거룩한 삶으로 유도하시는 것이다.

물론 "하나님이 거룩하시니 너희도 거룩하라"는 말씀은 너희는 하나님만큼 거룩해져야 한다는 것을 의미하지는 않는다. 물론 이러한 식의 말씀은 성경의 다른 곳들에서도 많이 알려져 있다. 예를 들어 "그러므로 하늘에 계신 너희 아버지의 온전하심과 같이 너희도 온전하라"(마 5:48)는 말씀이 있다. 이러한 식의 표현은 또한 요한 1서에서도 풍부하게 나타난다: "그가 빛 가운데 계신 것 같이 우리도 빛 가운데 행하면"(1:7); "그의 안에 산다고 하는 자는 그가 행하시는 대로 자기도 행할지니라"(2:6); "주를 향하여 이 소망을 가진 자마다 그의 깨끗하심과 같이 자기를 깨끗하게 하느니라"(3:3); "의를 행하는 자는 그의 의로우심과 같이 의롭고"(3:7); "믿고, 그가 우리에게 주신 계명대로 사랑할 것이니라"(3:23).

레위기가 본질적으로 거룩하신 분은 오직 하나님뿐이시라는 것을 주장하고 있다는 것은 분명한 사실이다. 그는 모든 거룩한 것의 기원이자 원천이시다. 또한 레위기는 하나님이 자기 백성을 사로잡힘에서 구원하시고 새 땅을 주실 뿐만 아니라 거룩하신 하나님의 추종자에 걸맞는 형태의 삶을 그들 속에 창조하시기를 원하신다고 말해주고 있다. 출애굽기는 구원과 구출이라는 주제를 다루고 있기는 하지만 또한 레위기의 이 장들 속에서 강조되고 있는 성화라는 주제의 초석들을 놓아주었다(출 19:6; 22:31을 보라). 이 거룩한 삶이 구체적으로 어떤 것인가 하는 것이 이제 우리가 앞으로 이 단원을 살펴나감에 따라 더 분명하게 떠오를 것이다.

1-16장과 17-27장이 서로 강조점에 있어서 여러 가지 차이가 있는 것은 사실이지만 우리는 양자간의 유사성에도 주목해야 한다. 이 양 본문의 단원들은 서로 상응한다. 예를 들어 1-7장(섬김의 행위)은 23-25장(섬김의 시간)과 상응한다. 8-10장(제사직분)은 21-22장(제사직분의 규례)과 상응한다. 11-15장(정결한 삶)은 18-20장 및 26-27장(거룩한 삶)과 상응한다.

추가로 두 개의 더 큰 단락들 모두에게 공통되는 다른 주제들도 있다. 그 중 하나는 어떤 사람을 부정/불결하게 만드는 상황들을 계속해서 강조하며, 항상 그런 것은 아니지만 통상, 그러한 부정함을 제거하는 데 필요한 조치들에 대하여 진술하기도 한다. 레위기에서 부정함을 초래하는 상황은 5:2-3에서 맨 처음 언급되고, 22:4-8에서 맨 마지막으로 언급되며, 그 중간에 있는 장들에서도 자주 언급된다. 그러나 그것들이 모두 같은 것은 아니다. 어떻게 보면 부정함을 초래하는 상황에 대한 17-27장의 설명은 1-16장의 것보다 더 엄격한 것으로 보인다. 쿠글러(Kugler 1997: 26)가 지적한 바와 같이, 부정함에 대한 1-16장의 관심사는 대부분이 사람의 몸으로 들어오거나 나가거나 접촉하는 것들에 초점을 맞추고 있다. 이와는 대조적으로 부정함에 대한 17-27장의 관심사는 대부분이 사람의 몸이 행하는 것들에 초점을 맞추고 있다. 이것은 부정함의 죄에 대한 처벌이 왜 이곳에 자리하고 있는지를 잘 설명해 주고 있는 것으로 보인다. 부정함의 죄를 범한 자는 "끊어져야 한다"(범죄자의 후손들이 끊어지는 경우 아니면 범죄자 자신이 죽음 이후에 "열조에게로 돌아가는" 경우를 가리킴). 1-16장에서는 '카라트' 동사의 이러한 용례가 네 번밖에 나오지 않지만(7:20, 21, 25, 27), 17-27장에서는 열세 번이나 나온다(17:4, 9, 10, 14; 18:29; 19:8; 20:3, 5, 6, 17, 18; 22:3; 23:29). 그리고 17-27장에서는 이 동사의 한층 엄격하고 능동적인 형태가 사용된다: "내[하나님]가 그를 백성 중에서 끊으리라"(17:10; 20:3, 5, 6). 또는 한 개의 구절을 더 언급하자면, "하나님의 이름을 욕되게 한다"는 표현이 17-27장에서는 여섯 번 나오지만(18:21; 19:12; 20:3; 21:6; 22:2, 32), 1-16장에서는 한 번도 나오지 않는다.

고기를 먹는데 있어서 주의할 점(17장)

아주 적절하게도 실제 생활에 있어서의 거룩한 삶을 다루고 있는 이 레위기의 단원은 음식에 대한 규례들로부터 시작된다. 이 장에는 q-d-s 란 히브리어 어근이 전혀 나타나지 않는 것은 사실이다. 그러나 다른 맥락의 본문(레위기 11장의 논의를 보라)에서 이미 우리는 음식의 선택 문제가 거룩성과 관련이 있음을 살펴본 바가 있다.

17장이 16장에 이어 나온다는 점은 의도적이다. 첫째, 이 두 장은 (동물의) 피의 위치를 강조하고 있다. 16장은 피를 가장 거룩하게 사용하는 것, 즉 지성소로 가지고 들어가는 내용을 담고 있다. 17장은 피를 가장 잘못된 방식으로 사용하는 것, 즉 피를 고기와 함께 먹는 문제를 다루고 있다. 둘째, 레 16:29는 "본토인이든 거류하는 거류민이든"간에 상관없이 다루어지고 있는 특정 주제가 모든 사람에게 적용된다는 것을 가르쳐주고 있는 첫 구절이다. 비록 이 구절 혹은 이런 형태를 띤 구절들이 18-25장에 많이 나타나기는 하지만(18:26; 19:10,33-34; 20:2; 22:18; 23:22; 24:16,22; 25:23,35,47) 17장에 특히 많이 등장한다(8,10,12,13,15절).

므나헴 하란(Menahem Haran 1971: 821)이 지적한 바와 같이 레위기의 이 단원은 공동체 혹은 개인의 일상생활의 문제를 다루고 있다. 이 단원에는 제의적인 사항들이나 그에 대한 설명들은 거의 나타나 있지 않다. 레위기 17장이 이 점을 잘 보여준다. 신앙인은 고기(어쨌든 사치품?)를 어떤 식으로 먹으며, 희생제물을 어디로 가져가야 하는가?

이에 대해 두 가지 중요한 금기 조항이 있다. 첫째, 어떤 희생 짐승도 성소 밖에서 잡아서는 안 된다(3-4절). 이 두 구절과 신명기 12:15의 "각 성에서 네 마음에 즐기는 대로 생축을 잡아 그 고기를 먹을 수 있나니"라는 말씀 및 그와 비슷한 신명기 12:21의 "너는 너의 각 성에서 먹되"라는 말씀의 차이에 대해서 지금까지 학자들은 많은 강조를 해 왔다. 레위기가 금지하고 있는 것을 신명기는 허용하고 있다는 것이다.

P를 D보다 후대의 것으로 보는 비평학적인 견해는 여기에서 난관에 부딪힌다. 또는 이러한 비평학적인 견해에 따르면 최소한 이 제사 규율만은 완전히 말도 안 되는 이야기라고 할 수 있을 것이다. 사실 이 규율에 따르자면 이스라엘의 대다수의 사람들은 고기를 먹을 수 없게 된다. 이것은 마치 성 베드로 성당에서만 미사를 드릴 수 있다고 말하는 것이나 마찬가지이다. 만약 이런 규율이 존재한다면 로마에서 멀리 떨어진 곳에 있는 가톨릭 신자들은 어떻게 할 것인가?

웬함(G. J. Wenham 1974: 243)은 이 점을 잘 지적했다. "이 규례[즉 레 17:3-7]는 모든 사람들이 광야 방랑 시절과 같이 성소에 가까이 살던 시절에나 효력이 있었을 것이다. 가나안 정착 이후에는 모든 희생제물을 성소에서만 잡아야 한다는 규례는 도저히 준행하기가 불가능한 것이 되었을 것이다. 성소에서 멀리 사는 사람들은 채식주의자가 되어야만 했을 것이다."

광야에서 하나님은 성막이 진 안의 다른 모든 구조물과 구별되는 특별한 곳임을 자기 백성에게 가르치고 계셨다. 성막은 이 조직체의 심장이었다. 희생제물들은 예배자가 임의적으로, 혹은 자기가 보기에 적절하다고 생각되거나 편리하다고 생각되는 아무 곳에서나 드려져서는 안 된다. 오직 한 곳, 하나님의 집만이 그것들을 드려야 할 처소이다. (이 주제에 대한 예헤즈켈 카우프만[Yehezkel Kaufmann 1960: 180-82]의 흥미로운 설명들은 참고할 만한 가치가 있다.) 만약 우리가 레위기 17장의 본문은 하나님에게 드려질 제물로 짐승을 잡는 것 혹은 도살하는 것에 대해서 말하고 있고, 신명기 12장의 본문은 가정에서 소비하기 위해 짐승들을 잡는 것 혹은 도살하는 것으로 이해하면 이 두 본문은 서로 조화가 될 수 있다.

희생 제물의 도살과 관련된 두 번째 금기 조항은 고기를 먹기 전에 피를 다 빼야 한다는 것이다. 이 조항은 피를 마시는 것이 아니라 먹는 것에 대한 금기 조항이다. 이 조항은 레위기에서 이미 앞에 한 번 나온 바가 있다(3:17; 7:26; cf. 신 12:16,23). 사실 이 금지 사항은 이미 창 9:4에 나와 있으며, 단지 이스라엘 사람들뿐만 아니라 모든 인류에게 구속력을 가지고 있다. 이 점은

왜 야고보 등이 예루살렘의 사도들의 회의에서 비유대인 기독교도들의 필요
사항들을 다룰 때 레위기와 신명기의 음식 규례 준수는 면제시켜 주면서도
피는 금지했는지를 설명해준다(행 15:20,29).

레위기 19:26의 "너희는 무엇이든지 피째 먹지 말며"(you shall not eat any
flesh with blood in it)라는 말씀이 동일한 문제를 다루고 있느냐 하는 것은
논란의 여지가 많다. 하지만 이 번역은 상당히 자의적으로 번역한 것이다.
히브리어 원문은 그냥 "너희는 피 위로 먹지 말라"(You shall not eat over
the blood)고 되어 있다. 이 동일한 표현은 사무엘상 14:32-33과 에스겔서
33:25에도 역시 나타난다. 어쩌면 이 조항은 피를 지하의 신들에게 바치던
이방의 제의를 언급하고 있는 것이거나(Milgrom 1971b), 희생제물의 피를 제
단이 아닌 땅에 붓는 행위를 가리키는 듯 하다.

성(性)적인 정결(18-20장)

18장은 "너희는 하지 말고"(you shall not)란 말씀으로 가득 차 있으며, 19
장은 "너희는 하라"(you shall)란 말씀으로 채워져 있다. 그러므로 이 두 장에
서 거룩이라는 개념은 부정적인 측면과 긍정적인 측면에서 다루어지고 있는
것이다. 20장은 18장(성적인 측면에서의 결합)과 19장(마술적인 측면에서의
결합)에서 금지하고 있는 비합법적인 결합들을 저지를 경우 내려지는 형벌
들에 대해서 다루고 있다. 이 형벌들로는 다음과 같은 것들이 있다. 몰렉을
섬긴 것에 대해서는 공동체가 사형을 집행하게 되어 있는데, 공동체가 이 책
임을 태만히 하는 경우는 하나님이 집행을 하신다(20:2-5). 금지된 주술 행
위에 참여하면 하나님에 의해서 죽임을 당하게 된다(20:6). 불법적인 성관계
를 가진 경우에는 공동체에 의해 죽임을 당하거나(20:10-16, "이들을 반드시
죽일지니"), 하나님에 의해 죽임을 당하거나(20:17-19, "백성 중에서 끊어지
리라"), 자식을 갖지 못하게 되거나(20:20-21, "자식이 없이 죽으리라") 하는
등의 벌을 받는다. 그러나 하나님께서 "어떤 사람을 끊는다"(cut off)고 본문
이 말할 때 그것은 하나님께서 직접 어떤 사람의 목숨을 끝장낸다는 것을 의

미하는 것이 아닐 수도 있다. 이것은 특히 2절과 3절의 경우에 더욱 그러한데, 이 구절들은 "먼저 그 지방 사람들이 먼저 돌로 칠 것이요"(2절)라고 한 다음에 "나도 … 그를 그의 백성 중에서 끊으리니"(3절)라고 말하고 있다. 그러므로 "끊는다"는 말은 "죽이다"라는 말과 다를 수 있으며, 전자는 하나님이 행하시는 것이고 후자는 인간이 행하는 것을 나타낼 수도 있다. 그러므로 "[하나님]에 의해 끊어짐을 당한다"는 말은 (a) 후손을 잃는다(시 109: 13)는 의미이거나 (b) 장차의 삶을 부인당하고 조상들과의 재결합을 거부당한다는 의미일 것이다.

여기에서 다시 한 번 강조점은 이스라엘의 행위가 주변의 다른 이방 종교를 가진 민족들보다 도덕적으로 우월해야 한다는 것이다(18:3). 이스라엘은 성적인 윤리의 척도를 위해 애굽이나 가나안을 기웃거려서는 안 된다. 불신자들은 신앙 공동체가 보유하고 있는 도덕적 기준을 가지고 있지 않기 때문이다.

성적인 문제들에 대한 비성경적인 종교들의 생각과 태도에 대해서는 사이러스 고든(Cyrus H. Gordon 1965: 125)이 한 다음과 같은 말을 통해 어느 정도 엿볼 수가 있다. "신적인 존재들이 권모술수, 뇌물수수, 조롱거리가 될 만한 추잡한 행동, 꼴사나운 동성연애 등의 망나니 짓들을 한다고 생각하는 것에 대해서 고대 근동 사람들이 어려움을 겪었을 것이라고 생각하는 우를 우리 현대의 학자들이 범해서는 안 된다." 이들의 신들의 사는 꼴이 이 정도였다면 그보다 한참 처지는 이 사람들의 사는 꼴은 어떠했겠는가? 특히 사람들은 자기 신들을 자기들의 모습과 비슷하게 묘사하게 마련이라고 한다면 말이다.

그러므로 이러한 금지규정들이 근본적으로 이스라엘의 주변 이웃들의 풍습에 대한 반응에 불과할 뿐이라고 결론내린다면 그것은 잘못된 것이다. 오스왈트(John Oswalt 1979: 59-60)는 동성애란 주제에 대해서 다루면서 이렇게 말한다. "이러한 [레위기 18장과 20장의] 윤리규범들은 그저 단순히 히브리인 이외의 민족들의 생활양식에 대한 반작용으로 나타난 것이 아니다 … 오히려 이러한 행동들이 금지된 이유는 이것들이 성경과 완전히 상치되는 세계관으로부터 파생된 것으로서 이러한 세계관을 따르도록 유도하고 있기 때문이다 … 이 규범들은 성과 세상에 대해서 한 가지 공통된 사고방식을 공유하고 있는데, 그것은 경계선을 인정하지 않는다는 것이다."

18장은 근친상간적인 관계(6-18절)를 주로 다루고 있기는 하지만 기타 성적인 일탈행위들(19-23절)에 대해서도 다루고 있다. 월경 중에 있는 여인과 관계를 갖는 것(이 때는 임신이 안 되기 때문?) (19절), 간음(20절), 이스라엘의 일부 이웃 민족들이 섬겼던 몰렉에게 자녀를 바치는 것(21절), 동성연애(22절), 수간(獸姦, 23절) 등이 그것이다.

6-18절에 금지된 관계들 중 최소한 두 가지는 언제나 금지되어 있었던 것은 아니었다. 레위기 18:9는 "너는 네 자매를 범하지 말라"고 말씀하고 있다. 그러나 아브라함은 자기의 이복누이와 결혼했다(창 20:12; 또한 삼하 13:13[?] "저[다윗 왕]가 나를 네게 주기를 거절치 아니하시리라"). 또한 레위기 18:18은 "너는 아내가 생존할 동안에 그의 자매를 데려다가 그의 하체를 범하여 그로 질투하게 하지 말지니라"고 말씀하고 있다. 그러나 야곱이 한 일이 바로 이것이다(창 29:16-30). 이것은 족장 전승의 고대성에 대한 간접적인 증거이기도 하다. 한때는 합법적이었던 것이 이제는 비합법적인 것이 된 것이다(Kaufmann 1960: 318-19를 보라).

18장과 20장의 이러한 위반행위들의 심각성은 이 두 장에 "토하다"라는 동사가 사용된 점을 통해 드러나는데, 이 동사는 물고기가 요나를 토해낸 것을 표현하는데 사용된 단어이다(욘 2:11). "내가 그 악으로 말미암아 벌하고 그 땅도 스스로 그 거민을 토하여 내느니라"(18:25). "너희는 나의 모든 규례를 지켜 행하라. 그리하여야 내가 너희를 인도하여 거주하게 하는 땅이 너희를 토하지 아니하리라"(20:22).

레위기는 비합법적인 성관계에 대한 정언적(apodictic) 규례들(18장)로부터 갑자기 합법적인 거룩성에 대한 정언적 규례들(19장)로 넘어간다. 기본적으로 19장은 윤리적·제의적 율법조항들의 모음집인데, 그 안의 많은 조항들이 "나는 여호와니라"라는 문구로 끝을 맺고 있다. 이 문구는 이 장에 열네 번 사용되었다(18장에 다섯 번, 20장에 두 번 사용된 것과 대조적으로). 이 결구가 반복적으로 사용되고 있다는 점은 이 율법조항들이 하나님 및 하나님의 거룩한 속성에 뿌리를 두고 있다는 사실을 강조해주고 있다. 이 조항들은 어느 특정한 공의회나 신학 분파의 산물이 아닌 것이다.

이 장에서 거룩은 사회적인 거룩으로 정의되고 있다. 다시 말하자면 거룩은 관계를 통해 가장 잘 드러난다. 이 장에 나오는 내용들 중 사적이거나 은둔자적인 내용은 별로 없다. 거룩은 부모(3절), 자녀(29절), 하나님(4-8,26-28,30-31절), 가난한 자나 이방인(9-10,15,33-34절), 여자(20-22절), 이웃이나 형제(11-18,35-36절), 노인(32절), 동물(19절), 땅(19,23-25절), 그리고 장애인들과의 관계 속에서 드러난다.

각 단락은 거룩한 삶이 보여주는 여러 가지 양상을 나열하고 있다. 거룩은 부모님과 하나님을 경외하는 것, 노인을 공경하는 것, 가난한 자의 필요를 채워주는 것, 진실을 말하는 것, 불의의 유혹을 이겨내는 것 등을 통해서 나타난다.

이 장에서 가장 기억할 만한 구절은 18절 후반절의 "이웃 사랑하기를 네 몸과 같이 하라"는 말씀이다. 이 구절은 신약에 아홉 번 인용되고 있다(마 5:43; 19:19; 22:39; 막 12:31,33; 눅 10:27; 롬 13:9; 갈 5:14; 약 2:8). 또한 요한일서 4:20의 "누구든지 하나님을 사랑하노라 하고 그 형제를 미워하면 이는 거짓말하는 자니"와 같은 말씀 속에도 담겨져 있다. 그러나 레위기 19장에 따르면, 이웃을 내 몸과 같이 사랑하는 것만으로는 충분하지 않다. 사람은 나그네나 이방인들도 역시 내 몸과 같이 사랑해야 한다(33-34절). 아웃사이더를 밖에 내팽개쳐 두어서는 안 된다.

제사장의 정결(21-22장)

이 두 장은 하나의 인간, 하나의 백성으로서의 제사장에 대해서 다루고 있다. 그 중에서도 특히 다음의 사항들이 중점적으로 다루어지고 있다. 제사장이 애도할 수 있는 사람들의 수와 제사장이 신부로 삼아서는 안 되는 부류의 여자들이 누구인가 하는 것에 대해서 다루어진다(21:1-9). 대제사장의 경우에는 이 규제가 훨씬 더 엄격하다(21:10-15).

육체적인 흠결(대부분의 경우 영구적인 흠결임)이 있는 자는 제사장의 직무를 행하는 것이 금지되어 있다(21:16-24). 제사장은 13-15장에 언급된 것과 같은 이유로 해서 부정하게 된 때에는 제사 음식을 먹어서는 안 된다(22:1-9). 제사장의 집안에서 제사 음식을 먹을 수 있는 사람에 대한 규정이 다루어진다(22:10-16). 흠이 있는 짐승은 제물이 될 수 없다(22:17-30).

21장이 제사장과 관련된 다른 사항들을 다루기 전에 먼저 사망과 애도에 대해서 언급하고 나서 결혼을 이야기하는 것은 흥미롭다. 혹자는 이 반대의 순서, 즉 결혼을 먼저 이야기하고 나서 사망과 애도에 대해서 다루는 순서를 기대했을지 모르겠다.

그러나 이 순서는 제사장 및 대제사장에게 공통적으로 적용된다(제사장: 사망과 애도[21:1-6], 결혼[21:7]; 대제사장: 사망과 애도[21:10-12]; 결혼 [21:13-15]). 레위기 21장이 사제직분의 사람이 애도해야 할 사람에 대한 제한(대제사장의 경우에는 자신의 부모마저도!)으로부터 시작되는 이유는 성경의 신앙을 고대 근동에 만연되어 있던 죽은 자 숭배나 강령술 등으로부터 분리시키고자 하기 때문이다.

이러한 모든 규례들의 공통분모는 하나님께서 제사장을 거룩하게 하셨다는 것이다(21:8,15,23; 22:9,16,32). 그러므로 그는 거룩해야 한다. 대체적으로 이러한 규례들은 오직 이스라엘의 제사장들에게만 부과된 독특한 기준들이었다. 모든 시대에 있어서 하나님의 거룩하심으로의 초대는 "하나님의 음식을 드리는" 자들의 삶을 통하여서 드러나야 한다는 것은 분명한 일이다. 그들이 먼저 모범을 보이고 시행하지 못한다면 하물며 일반 회중들이 어찌 그런 거룩한 삶을 흉내내기라도 할 수 있겠는가?

이러한 제사장들에 대한 규례들을 속에서 우리는 또한 사람이 사회로부터 떠나서는 거룩함을 얻지 못한다는 것을 보게 된다. 거룩은 사람이 자기 가족, 아내, 가계에 소속된 일꾼들과 맺고 있는 관계, 그리고 자신의 외적인 모습과 관련된 것이다.

거룩한 절기들(23장)

백성들과 제사장들은 거룩해야 한다. 그리고 건물들과 특정 장소들도 거룩해야 한다. 이제 이 단원은 이 목록에 거룩한 날들과 절기들을 첨가시킨다. 이 목록에는 안식일(3절), 유월절과 무교절(4-8절), 사람들이 손을 대기 전에 새 소출 중 봄에 익는 첫 곡식을 하나님께 바치기 위해 농부들이 보리 이삭을 드리는 절기(9-14절), 칠칠절 혹은 오순절(15-22절), 나팔절(23-25절), 속죄일(26-32), 초막절(33-44절) 등의 절기들이 나열되어 있다. 레위기 23장에 따르면, 거룩한 삶이란 것은 자신의 삶을 매 주(3절), 매 절기(4-44절) 마다 하나님께서 다스리시게 하고, 섬김을 중심으로 해서 자신의 일을 해야 하는 것이지 그 반대가 되어서는 안 된다는 것을 보여준다.

이 거룩한 날들은 즐거운 날들이다. 종종 이 두 가지 개념은 서로 완전히 동떨어진 것으로 여겨지곤 한다. 거룩하면 즐겁지가 못하고, 즐거우면 거룩하지 못하다는 것이다. 그러나 하나님의 백성은 "여호와 앞에서 즐거워 해야 한다"(40절). 최소한 칠칠절 혹은 오순절에는 말이다.

이 날들에는 통상적인 노동은 쉰다(3,7,8,21,25,28,30,31,35,36절). 이 날들은 가족들이 함께 하는 시간이다. 그리고 가난한 자들에게 베푸는 날들이다(22절).

모든 날들이 다 거룩하다는 주장은 그 어떤 날도 거룩하지 않다는 생각으로 발전하기 쉬운 듯하다. 유대교에서 이런 절기들이 갖고 있던 의미의 일단을 우리는 포로기 이후 시대의 선지자들에게서 찾아 볼 수 있다. 칠십 년 동안 하나님의 백성은 포로 생활을 했다. 그들은 유월절, 오순절, 초막절을 거의 한 세기 동안이나 지키지 못했다.

어떤 기독교인이 크리스마스, 수난절, 부활절을 그 긴 기간 동안 지킬 수가 없었다고 한 번 상상해 보라! 그 긴 시간 후에 하나님께서 두 명의 선지자들을 자기 백성에게 보내셨는데, 흥미롭게도 그들의 이름은 자신들의 메시지를 상징적으로 나타내 주고 있었다.

이들 중 한 명의 이름은 스가랴였다. 그의 이름은 "하나님께서 기억하셨다"는 뜻을 가지고 있다. 과연 하나님은 기억하고 계셨을까? 그가 우리를 잊지 않았다고 우리가 과연 믿을 수 있을까? 두 번째 선지자의 이름은 학개였다. 그의 이름은 "나의 절기들"이란 뜻이었다. 우리가 70년 동안 거룩한 절기들을 지키지 못하고 있을 때 절기란 이름을 가진 새 목사님이 부임해 왔다고 생각해 보라! 이 두 선지자의 이름은 하나님의 약속과 신실성을 말해주고 있다.

거룩한 처소와 이름(24장)

성막과 관련하여 두 가지 사항이 여기에서 다루어지고 있다. 첫 번째 사항은 성막을 밝히는데 순전한 기름을 사용해야 한다는 것이다(1-4절). 두 번째 사항은 진설병, 즉 열 두개의 밀가루 빵을 여섯 개씩 두 줄로 진열한 것을 매 안식일마다 교체해야 한다는 것이다(5-9절). 네 번(2,3,4,8절)에 걸쳐 우리는 회막에서의 이러한 절차들이 계속해서, 규칙적으로(continually, regularly, 타미드) 행해져야 한다고 규정되어 있는 것을 본다. 즉 1-4절의 경우에는 매일(저녁부터 아침까지 등잔불을 밝히는 것), 그리고 5-9절의 경우에는 매주(제사장들이 드려진 거룩한 떡을 먹음) 행해져야 하는 것이다.

그리고 나서 하나님의 성호를 저주한 어떤 혼혈인의 이야기가 나온다(10-16절). 이 죄는 사형으로 다스려지는 죄로서, 이 형 집행은 두건을 뒤집어 쓴 사형집행인에 의해서 이루어지는 것이 아니라 온 회중에 의해서 이루어진다(14,16절).

이 장은 일련의 율법 조항들로 끝을 맺는다. 왜 이 율법 조항들의 첫 번째 것, 즉 사람이 다른 사람을 죽이는 것에 대한 조항(17절)이 여기에 오는지는 명백하다. 이 조항은 신성모독을 한 자가 그 죄 때문에 돌에 맞아 죽임을 당한 기록에 뒤이어 나온다. 인간의 생명을 취하는 것이 모두 다 불법적인 것은 아니다.

여기에서 특히 흥미로운 것은 신체의 일부에 손상을 입히는 렉스 탈리오니스(lex talionis, 동해동형법[同害同刑法])(19-20절; 출 21:23-24)가 다시 등장한다는 점인데, 이 법은 외국인들과 본토인을 다 포괄하도록 확장되고 있다(22절). 제이콥 밀그롬(Jacob Milgrom 1971: 146)은 이렇게 지적한다. "동해동형법이 외국인들에게도 확장해서 적용되었다는 것은 P 문서의 율법이 달성한 위대한 도덕적 업적들 중의 하나이다. 힘 있는 자와 힘 없는 자의 구분이 완전히 철폐되었을 뿐만 아니라 이스라엘인들과 비이스라엘인들의 구분도 완전히 철폐되어진 것이다." 진정한 거룩은 거룩하지 못한 삶의 특징인 지역주의와 분파주의를 극복하는 것이다.

안식년과 희년(25장)

이 장은 두 가지 중요한 해에 대해서 다루고 있다. 그 하나는 매 칠 년마다 돌아오는 안식년(1-7절)이고, 다른 하나는 매 오십 년마다 돌아오는 희년이다(8-55절).

안식년과 관련해서 중요한 점은 매 칠 년마다 땅을 쉬게 해야 한다는 것이다. 그러나 성경의 다른 구절들은 안식년과 관련해서 다른 중요한 점들을 언급하고 있다. 출애굽기 23:10-11은 안식년이 가난한 자들을 위한 것이라고 말하고 있다. 신명기 15:1-11은 이 해가 빚진 자들을 위한 것으로서 그들의 빚이 탕감을 받는 해라고 말하고 있다. 매 칠 년마다 한 번씩 땅을 경작하지 않고 놔둠으로써 하나님의 백성은 마치 자신들이 매 주마다 쉬듯이 하나님께서 자신들에게 선물로 주신 땅도 역시 때때로 휴식이 필요하다는 것을 떠올리게 된다. 카와시마(Kawashima 2003a: 385)가 관찰한 바와 같이 모든 이(땅 주인, 노예, 일꾼들, 짐승들)들이 안식년 동안에 자연스럽게 자라는 동일한 음식을 먹게 될 것이라는 약속은 모든 생물들이 하나님께서 베푸신 동일한 은덕을 공유하는 창세기 1장의 배경을 떠올리게 한다. 그러므로 안식년은 기근을 경험하는 해가 아니라 모든 이들의 필요를 채워주시는 하나님 덕분에 낙원으로 돌아가는 해인 것이다.

쥬빌리(Jubilee, 즉 희년)라는 이름은 숫염소 혹은 염소뿔이라는 뜻을 가진 히브리어 단어 요벨(10절)을 영어로 음역한 것이다. 희년의 시작은 염소뿔을 부는 것을 통해 선포된다. 안식년과 마찬가지로 희년에는 휴경을 해야 한다(11-12절). 땅은 원소유자에게 무상으로 반환되어야 한다(25-55절). 땅의 소유권이 매 오십 년마다 평등해지게 되는 것이다. 이것의 신학적인 기초는 23절에서 발견된다. "토지는 다 내 것임이라." 여호와는 땅과 경제의 하나님인 것이다.

희년의 준수를 통해 하나님은 안식년을 준수할 때보다 훨씬 더 혹독할 수도 있는 상황 속으로 자기 백성을 집어넣으시는데, 이러한 상황 속에서 그들은 그를 신뢰해야만 한다. 49년과 50년째 되는 해에는 씨를 뿌려서는 안 된다. 만약 48년째 되는 해가 가뭄이 들었다면 어떻게 해야 하는가? 하나님은 먹을 것이 없는 삼 년 동안 자기 백성을 먹여 살리실 것인가(20-21절)? 출애굽기 16장의 만나 이야기에 이와 비슷한 경우가 나온다. 이 장에서 하나님은 안식일에 자기 백성들이 만나를 거두지 못하도록 하셨는데, 대신에 여섯 째 되는 날에 만나를 두 배나 내려주셔서 제칠 일에 먹도록 하셨다.

어떤 사람이 이해할 수 있는 이유든 없는 이유든 간에 가난하게 되면 그 형제는 그의 빚을 대신 갚아주어야 한다(25-28, 35-38, 47-55절). 채권자들은 음식과 처소를 가지고 이윤을 얻는 것이 금지되어 있다(35-38절). 또한 빚진 자가 노예 생활을 할 수밖에 없는 경우에도 그를 노예처럼 다루어서는 안 된다(39-46절).

24-25절에는 "무르다, 무름, 무를 수 있는"(redeem, redemption, redeemable) 등의 단어가 열여덟 번 사용되고 있다(24, 25, 26[2번], 29[2번], 30, 31, 32, 33, 48[2번], 49[3번], 51, 52, 54절). 동사 가알(무르다[redeem])과 명사 고엘(무르는 자[redeemer])과 그울라(무름[redemption])는 레위기에서 오직 27장에 가서야 다시 나타난다(아홉 번: 13, 15, 19, 20[2번], 27, 28, 31, 33절 — 사실은 13, 19, 31절에 이 어근이 두 번씩 사용되고 있는 것을 포함하면 총 열두 번이 되는데 영어 역본에서는 이 점이 잘 드러나지 않는다). 25:24-55에서 희년에 대한 언급들은 무름에 대한 이러한 모든 언급들과 섞여서 여기저기에 나타난다(28[2번], 30, 31, 33, 40, 50, 52, 54절). 빚 갚음에 대한 법이 희년보다 더 나은 선택이라는 것은 명백하다. 예를 들어 빚을 갚을 수 있는 능력이 생기거나 가까운 친척이 도와주려고 할 때 바로 땅을 되사는 것이 희년까지 기다리는 것보다 낫게 보인다. 특히 희년이 앞으로 몇십 년이나 남아있다고 한다면 말이다.

로널드 사이더(Ronald J. Sider 1977: 89)는 이 점을 강력하게 주장한다. 희년을 알리는 나팔 소리가 속죄일에 울려 퍼진 것은 단순한 우연이 아닌 것이 분명하다(레 25:9)! 하나님과의 화해는 형제자매와의 화해를 위한 전제조건인 것이다. 또한 이것을 역으로 말하자면, 하나님과의 진정한 화해는 필연적으로 사람들과의 관계를 변화시키는 것이다. 다시 한 번 진정한 거룩은 다른 사람들과의 관계 속으로 스며든다. 특히 희년과 관련해서 말하자면 가난한 자, 빚진 자, 예속된 자와의 관계 속에서 그것이 나타난다.

두 갈래 길(26장)

하나님의 축복(3-13절)을 가져오는 삶과 하나님의 진노를 불러일으키는(14-46절) 삶은 두 갈래 길이다. 레위기 26장은 레위기 중에서 제단으로의 부름(altar call)의 장이라는 이름을 붙일 만한 본문인데, 마치 신명기 중에서 신명기 27-28장이 하고 있는 것과 같은 기능을 하고 있다. 축복은 세 가지, 즉 추수를 위한 충분한 비(4절), 땅의 평화(6절), 그리고 무엇보다도 중요한 것인 하나님의 함께 하심(11절)이다. 하나님의 진노는 병과 아픔(16절), 전쟁(23-39절) 등의 상황과 그에 따른 역병, 기근, 인육을 먹을 수밖에 없는 처지 등이다.

종교적인 서원들(27장)

이 장은 종교적인 서원을 하는 것에 대한 장이라기보다는 그 서원들을 철회하는 것에 대한 장이라고 말하는 것이 더 정확할 것이다. 구약은 한 번 바치기로 서원한 것을 취소하는 것에 대해서 그 정당성을 인정해주고 있는가? 이 질문에 대한 이 장의 대답은 그렇다는 것이다. 특정한 경우들에는 말이다.

1. 사람들은 무를 수 있다(1-8절)
2. 부정한 동물들은 무를 수 있다(9-13절). 그러나 하나님께 제물로 바치는 정결한 동물은 그렇게 안 된다.

3. 가옥은 무를 수 있다(14-15절)

4. 땅은 무를 수 있다(16-25절)

5. 생축의 첫 새끼들 중 오직 부정한 것들만 무를 수 있다(26-27절)

6. 여호와께 온전히 바친 것(사람, 생축, 땅)은 무를 수 없다(28-29절)

7. 곡식의 십일조는 무를 수 있지만 가축의 십일조는 무를 수 없다(30-33절). 왜냐하면 이것은 2번의 규정대로 제물로 바칠 수 있는 것이었기 때문이다.

각각의 경우에 자신이 하나님께 드린 것을 무르고 싶을 때에는 그 드린 것의 가격의 오분의 일을 벌금으로 내야 한다(13,15,19,27,31절). 이것은 어떤 물건이나 사람을 하나님께 바친다고 서원했을 때 그 서원을 경솔히 결정해서는 안 된다는 것을 지적해주는 성경적인 표현방식이다. 마치 결혼처럼 말이다. 많은 학자들이 주장하고 있는 바와 같이 이 장은 17-26장에 추가된 부분일 수 있다.

왜냐하면 26:46이 결론처럼 보이기 때문이다. 그렇지만 비록 이 장이 추가된 부분인 경우라고 할지라도 이 부분은 위대하며, 적절하게 추가되었다고 말할 수 있다. 17-26장과 관련해서 뿐만 아니라 1-26장 전체와 관련해서도 말이다. 26장의 초점은 순종 및 불순종에 대한 보상과 벌이다. 27장에는 보상과 관련된 단어는 하나도 나오지 않는다. "특별한 서원을 한 자는 나의 축복을 받을 것이다"라는 식의 말씀도 나오지 않는다. 여기에서 레위기는 하나님을 향한 순수한 찬양과 헌신의 행위가 가진 무한한 특권에 대한 내용으로 끝을 맺는다.

보답으로 주어지는 번영에 대한 약속(사실 만약 이런 약속 때문이라면 당신은 20 퍼센트쯤 더 초라하게 될 것이다) 때문이 아니라 오직 하나님과 그의 성소에 대한 사랑에서 나오는 그러한 찬양과 헌신의 행위가 가진 무한한 특권에 대한 내용으로 말이다.

26장은 하나님께서 이스라엘 백성들에게 주신 약속에 대해서 다루었다. 그러므로 이와 같이 레위기기 백성들이 히나님께 드리는 서원에 대한 내용을 바로 그 다음 장에서 다루고 있다는 것은 얼마나 적절한 일인가? 믿음과 거룩의 핵심에는 약속과 헌신이 들어 있다. 하나님의 것이 나의 것이고, 나의 것이 하나님의 것인 것이다.

성결법전(레위기 17–27장)

Eichrodt, W. 1961–1967. *Theology of the Old Testament.* Trans. J. Baker. 2 vols. OTL. Philadelphia: Westminster. Vol. 1, pp. 270–82.

Eissfeldt, O. 1965. *The Old Testament: An Introduction.* Trans. P. R. Ackroyd. New York: Harper & Row. Pp. 233–39.

Gammie, J. G. 1989. *Holiness in Israel.* OBT. Minneapolis: Fortress.

Haran, M. 1971. "Holiness Code." *EncJud* 8:820–25.

Joosten, J. 1996. *People and Land in the Holiness Code.* VTSup 67. Leiden: Brill.

Kaufmann, Y. 1960. *The Religion of Israel.* Trans. M. Greenberg. Chicago: University of Chicago Press.

Knohl, I. 1995. *The Sanctuary of Silence: The Priestly Torah and the Holiness School.* Minneapolis: Fortress.

Kugler, R. A. 1997. "Holiness, Purity, the Body, and Society: The Evidence for Theological Conflict in Leviticus." *JSOT* 76:3–27.

Milgrom, J. 1971. "Lev. 17–26, The Holiness Source." *EncJud* 11:143–47.

———. 1976. "Sanctification." *IDBSup* 782–84.

Schwartz, B. J. 1999. *The Holiness Legislation: Studies in the Holiness Code.* Jerusalem: Magnes.

Wenham, G. 1979. *The Book of Leviticus.* NICOT. Grand Rapids: Eerdmans.

Wright, David P. 1992. "Holiness (OT)." *ABD* 3:237–49.

———. 1999. "Holiness in Leviticus and Beyond: Differing Perspectives." *Int* 55:351–64.

Leviticus 17

Brichto, H. C. 1976. "On Slaughter and Sacrifice, Blood and Atonement." *HUCA* 47:22–36.

McCarthy, D. J. M. 1969. "The Symbolism of Blood and Sacrifice." *JBL* 88:166–76.

Milgrom, J. 1971a. "A Prolegomenon to Lev. 17:11." *JBL* 90:149–56.

———. 1971b. "Blood." *EncJud* 4:1115–16.

———. 2000. "Does H Advocate the Centralization of Worship [Lev. 17:1–7]?" *JSOT* 88:59–76.

Schwartz, B. J. 1991. "The Prohibitions concerning the 'Eating' of Blood in Leviticus 17." In *Priesthood and Cult in Ancient Israel.* Ed. G. A. Anderson and S. M. Olyan. JSOTSup 125. Sheffield: JSOT Press. Pp. 34–66.

————. 1996. "'Profane' Slaughter and the Integrity of the Priestly Code." *HUCA* 67:15–42.

Snaith, N. H. 1974. "The Meaning of *sᵉirim*." *VT* 24:115–18.

————. 1975. "The Verbs *Zabah* and *Shahat*." *VT* 25:242–46.

Wood, B. G. 1973. "In the Blood Is Life—A Common Belief in Ancient Times?" *Bible and Spade* 2:105–18.

Leviticus 18–20

Bigger, S. 1979. "The Family Laws of Leviticus 18 in Their Setting." *JBL* 98:187–203.

Carmichael, C. M. 1982. "Forbidden Mixtures." *VT* 32:394–415.

————. 1994. "Laws of Leviticus 19." *HTR* 87:239–56.

————. 1997. *Law, Legend, and Incest in the Bible: Leviticus 18–20*. Ithaca, N.Y.: Cornell University Press.

Day, J. 1989. *Molech: A God of Human Sacrifice in the Bible*. University of Cambridge Oriental Publications 41. Cambridge: Cambridge University Press.

Douglas, M. 1999. "Justice as the Cornerstone: An Interpretation of Leviticus 18–20." *Int* 53:341–50.

Frymer-Kensky, T. 1989. "Law and Philosophy: The Case of Sex in the Bible." *Semeia* 45:89–102.

Gordon, C. H. 1965. *The Common Background of Greek and Hebrew Civilizations*. New York: Norton.

Green, A. R. W. 1975. *The Role of Human Sacrifice in the Ancient Near East*. Missoula, Mont.: Scholars Press.

Hartley, J. E., and T. Dwyer. 1996. "An Investigation into the Location of the Laws on Offering to Molek in the Book of Leviticus." In *"Go to the Land I Will Show You": Studies in Honor of Dwight S. Young*. Ed. J. E. Coleson and V. H. Matthews. Winona Lake, Ind.: Eisenbrauns. Pp. 81–94.

Heider, G. C. 1985. *The Cult of Molek: A Reassessment*. JSOTSup 43. Sheffield: JSOT Press.

Hoffner, H. A., Jr. 1973. "Incest, Sodomy and Bestiality in the Ancient Near East." In *Orient and Occident: Essays Presented to Cyrus H. Gordon on the Occasion of His Sixty-fifth Birthday*. Ed. H. A. Hoffner. Neukirchen-Vluyn: Neukirchener Verlag. Pp. 81–90.

Horton, F. L. 1973. "Form and Structure in Laws Relating to Women: Leviticus 18:6–18." In *SBLSP 1973*. Ed. G. W. MacRae. Cambridge, Mass.: Society of Biblical Literature. Pp. 20–33.

Houtmann, C. 1984. "Another Look at Forbidden Mixtures." *VT* 34:226–28.

Johnson, L. T. 1982. "The Use of Leviticus 19 in the Letter of James." *JBL* 101:391–401.

Kaiser, W. C., Jr. 1971. "Leviticus 18:5 and Paul: Do This and You Shall Live (Eternally?)." *JETS* 14:19–28.

Magonet, J. 1983. "The Structure and Meaning of Leviticus 19." *Hebrew Annual Review* 7:151–67.

Malmat, A. 1990a. "'Love Your Neighbor as Yourself': What It Really Means." *BAR* 16 (4):50–51.

———. 1990b. "'You Shall Love Your Neighbor as Yourself': A Case of Misinterpretation [Lev 19,18]?" In *Die Hebräische Bibel und ihre zweifache Nachgeschichte: Festschrift für Rolf Rendtorff zum 65. Geburtstag.* Ed. E. Blum, C. Macholz, and E. W. Stegemann. Neukirchen-Vluyn: Neukirchener Verlag. Pp. 111–15.

McKeating, H. 1979. "Sanctions against Adultery in Ancient Israelite Society, with Some Reflections on Methodology in the Study of Old Testament Ethics." *JSOT* 11:52–72.

Meachem, T. 1997. "The Missing Daughter: Leviticus 18 and 20." *ZAW* 109:254–59.

Milgrom, J. 1977. "The Betrothed Slave-Girls: Leviticus 19:20–22." *ZAW* 89:43–50.

———. 1995. "The Most Basic Law in the Bible." *BRev* 11 (4):17, 48.

———. 1996a. "Law and Narrative and the Exegesis of Leviticus xix 19." *VT* 46:544–48.

———. 1996b. "The Changing Concept of Holiness in the Pentateuchal Codes, with Emphasis on Leviticus 19." In *Reading Leviticus: A Conversation with Mary Douglas.* Ed. J. Sawyer. JSOTSup 227. Sheffield: JSOT Press. Pp. 65–75.

Mohrmann, D. C. 2004. "Making Sense of Sex: A Study of Leviticus 18." *JSOT* 29:57–79.

Olyan, S. 1994. "'And with a Male You Shall Not Lie the Lying Down of a Woman': On the Meaning and Significance of Leviticus 18:22 and 20:13." *Journal of the History of Sexuality* 5:179–206.

Oswalt, J. 1979. "The Old Testament and Homosexuality." In *What You Should Know about Homosexuality.* Ed. C. W. Keysor. Grand Rapids: Zondervan. Pp. 17–77.

Phillips, A. 1973. "Some Aspects of Family Law in Pre-exilic Israel." *VT* 23:349–61.

———. 1980. "Uncovering the Father's Skirt." *VT* 30:38–43.

Schwartz, B. J. 1986. "A Literary Study of the Slave Girls Pericope—Leviticus 19:20–22." *Scripta hierosolymitana* 31:241–55.

Snaith, N. H. 1966. "The Cult of Molech." *VT* 16:123–24.

Stager, L. E. 1985. "The Archaeology of the Family in Ancient Israel." *BASOR* 260:370–72.

Tosato, A. 1984. "The Law of Leviticus 18:18: A Reinvestigation." *CBQ* 46:199–214.

Walsh, J. T. 2001. "Leviticus 18:22 and 20:13: Who Is Doing What to Whom?" *JBL* 120:201–9.

Leviticus 21–22

See also the bibliography at the end of Leviticus 8–10.

Levine, B. A. 1976. "Priests." *IDBSup* 687–90.

Milgrom, J. 1976. *Cult and Conscience: The ASHAM and the Priestly Doctrine of Repentance.* SJLA 18. Leiden: Brill. Pp. 63–66.

Zipor, M. 1987. "Restrictions on Marriage for Priests (Lev 21, 7, 13–14)." *Bib* 68:259–67.

Leviticus 23

Andreason, N. E. 1978. *Rest and Redemption: A Study of the Biblical Sabbath.* Andrews University Monographs 11. Berrien Springs, Mich.: Andrews University Press.

Eichrodt, W. 1961–1967. *Theology of the Old Testament.* Trans. J. Baker. 2 vols. OTL. Philadelphia: Westminster. Vol. 1, pp. 119–33.

Haran, M. 1972. "The Passover Sacrifice." In *Studies in the Religion of Ancient Israel.* VTSup 23. Leiden: Brill. Pp. 86–116.

Hui, T. K. 1990. "The Purpose of Israel's Annual Feasts." *BSac* 147:143–54.

Kaiser, W. C., Jr. 1985. *The Uses of the Old Testament in the New.* Chicago: Moody. Pp. 145–76.

Kaufmann, Y. 1960. *The Religion of Israel.* Trans. M. Greenberg. Chicago: University of Chicago Press. Pp. 305–9.

Kraus, H. J. 1966. *Worship in Israel.* Richmond: John Knox. Pp. 32–35.

Milgrom, J. 1997. "The First Fruits Festival of Grain and the Composition of Leviticus 23:9–21." In *Tehillah lᵉ-Moshe: Biblical and Judaic Studies in Honor of Moshe Greenberg.* Ed. M. Cogan et al. Winona Lake, Ind.: Eisenbrauns. Pp. 81–89.

Robinson, G. 1980. "The Idea of Rest in the Old Testament and the Search for the Basic Character of Sabbath." *ZAW* 92:32–42.

―――. 1988. *The Origin and Development of the Old Testament Sabbath: A Comprehensive Exegetical Approach.* Beiträge zur biblischen Exegese und Theologie 21. Frankfurt am Main and New York: Lang.

Siker-Gieseler, J. 1981. "The Theology of the Sabbath: A Canonical Approach." *Studia Biblica et Theologica* 11:5–20.

Stewart, R. 1971. "The Jewish Festivals." *EvQ* 43:149–61.

Vaux, R. de. 1965. *Ancient Israel.* Trans. J. McHugh. 2 vols. New York: McGraw-Hill. Vol. 2, pp. 475–83.

Leviticus 24

Hutton, R. R. 1999. "The Case of the Blasphemer Revisited (Lev xxiv 10–23)." *VT* 49:532–41.

Master, J. R. 2002. "The Place of Chapter 24 in the Structure of the Book of Leviticus." *BSac* 159:415–24.

Mittwock, H. 1965. "The Story of the Blasphemer Seen in a Wider Context." *VT* 15:386–89.

Weingreen, J. 1972. "The Case of the Blasphemer (Leviticus xxiv, 10ff.)." *VT* 22:118–23.

Leviticus 25

Bergsma, J. 2003. "The Jubilee: A Post-Exilic Priestly Attempt to Reclaim Lands?" *Bib* 84:225–46.

Brueggemann, W. 1977. *The Land.* Philadelphia: Fortress.

Carmichael, C. M. 1999. "The Sabbatical/Jubilee Cycle and the Seven-Year Famine in Egypt." *Bib* 80:224–39.

Casperson, L. W. 2003. "Sabbatical, Jubilee, and the Temple of Solomon." *VT* 53:283–96.

Fager, J. 1993. *Land Tenure and the Biblical Jubilee: Uncovering Hebrew Ethics through the Sociology of Knowledge.* JSOTSup 155. Sheffield: JSOT Press.

Gamaron, H. 1971. "The Biblical Law against Loans on Interest." *JNES* 30:127–34.

Gnuse, R. 1985. "Jubilee Legislation in Leviticus: Israel's Vision of Social Reform." *BTB* 15:43–48.

Habel, N. 1995. *The Land Is Mine: Six Biblical Land Ideologies.* OBT. Minneapolis: Fortress.

Hoenig, S. 1969. "Sabbatical Years and the Year of Jubilee." *JQR* 59:222–36.

Hudson, M. 1999. "'Proclaim Liberty throughout the Land': The Economic Roots of the Jubilee." *BRev* 15 (1):26–33, 44.

Kawashima, R. S. 2003a. "The Jubilee Year and the Return of Cosmic Purity." *CBQ* 65:370–89.

———. 2003b. "The Jubilee, Every 49 or 50 Years?" *VT* 53:117–20.

Kinsler, F. Ross. 1999. "Leviticus 25." *Int* 53:395–99.

Lang, H. 1986. "The Jubilee Principle: Is It Relevant for Today?" *Ecumenical Review* 38:437–43.

Lemeche, N. 1976. "Manumission of Slaves—the Fallow Year—the Sabbatical Year—the Jobel Year." *VT* 26:38–59.

Maloney, F. J. 2000a. "The Scriptural Basis of Jubilee, Part I: The First Testament—The End of Servitude." *ITQ* 65:99–110.

———. 2000b. "The Scriptural Basis of Jubilee, Part II: The Second Testament—At What Price?" *ITQ* 65:231–44.

Maloney, R. 1974. "Usury and Restrictions on Interest-Taking in the Ancient Near East." *CBQ* 36:1–20.

Milgrom, J. 1995. "The Land Redeemer and the Jubilee [Lev 25, 33a 39–43]." In *Fortunate the Eyes That See: Essays in Honor of David Noel Freedman in Celebration of His Seventieth Birthday.* Ed. A. B. Beck et al. Grand Rapids: Eerdmans. Pp. 66–69.

North, R. 1954. *Sociology of the Biblical Jubilee.* AnBib 4. Rome: Pontifical Biblical Institute.

———. 2000. *The Biblical Jubilee . . . after Fifty Years.* AnBib 145. Rome: Pontifical Biblical Institute.

Ringe, S. H. 1985. *Jesus, Liberation, and the Biblical Jubilee: Images for Ethics and Christology.* OBT. Philadelphia: Fortress.

Schenker, A. 1998. "The Biblical Legislation on the Release of Slaves: The Road from

Exodus to Leviticus." *JSOT* 78:23–41.

Sider, R. J. 1977. *Rich Christians in an Age of Hunger: A Biblical Study.* Downers Grove, Ill.: InterVarsity Press. Pp. 88–92.

Sutherland, J. R. 1982. "Usury: God's Forgotten Doctrine." *Crux* 18:9–14.

Ucko, H., ed. 1997. *The Jubilee Challenge: Utopia or Possibility? Jewish and Christian Insights.* Geneva: WCC Publications.

Vaux, R. de. 1965. *Ancient Israel.* Trans. J. McHugh. 2 vols. New York: McGraw-Hill. Vol. 1, pp. 173–77.

Weinfeld, M. 1985. "Freedom Proclamations in Egypt and in the Ancient Near East." In *Pharaonic Egypt: The Bible and Christianity.* Ed. S. Israelit-Groll. Jerusalem: Magnes. Pp. 317–27.

———. 1990. "Sabbatical Year and Jubilee in the Pentateuchal Laws and Their Ancient Near Eastern Background." In *The Law in the Bible and in Its Environment.* Ed. T. Veijola. Publications of the Finnish Exegetical Society 51. Göttingen: Vandenhoeck & Ruprecht. Pp. 39–62.

———. 1995. *Social Justice in Ancient Israel and in the Ancient Near East.* Minneapolis: Fortress.

Westbrook, R. 1971a. "Jubilee Laws." *ILR* 6:209–26.

———. 1971b. "Redemption of Land." *ILR* 6:367–75.

———. 1991. *Property and the Family in Bibical Law.* JSOTSup 113. Sheffield: JSOT Press. Pp. 36–57.

Westphal, M. 1978. "Sing Jubilee." *The Other Side* 14 (March): 29–35.

Wright, C. J. H. 1984. "What Happened Every Seven Years in Israel? Old Testament Sabbatical Institutions for Land, Debts and Slaves." *EvQ* 56:129–38, 193–201.

———. 1992. "Jubilee, Year of." *ABD* 3:1024–27.

Leviticus 26

Milgrom, J. 1997. "Leviticus 26 and Ezekiel." In *The Quest for Context and Meaning: Studies in Biblical Intertextuality in Honor of James A. Sanders.* Ed. C. A. Evans and S. Talmon. BIS 25. Leiden: Brill. Pp. 57–62.

Leviticus 27

Gehman, H. S. 1975. "The Oath in the Old Testament: Its Vocabulary, Idiom, and Syntax; Its Semantics and Theology in the Masoretic Text and the Septuagint." In *Grace upon Grace: Essays in Honor of Lester J. Kuyper.* Ed. J. I. Cook. Grand Rapids: Eerdmans. Pp. 51–63.

Milgrom, J. 1976. *Cult and Conscience: The ASHAM and the Priestly Doctrine of Repentance.* SJLA 18. Leiden: Brill. Pp. 44–63.

Wenham, G. J. 1978. "Leviticus 27,2–8 and the Price of Slaves." *ZAW* 90:264–65.

제4부

민수기

16. 시내 산으로부터의 출발을 위한 준비
민수기 1:1-10:10

어떤 의미에서 레위기가 오경의 세 번째 책의 제목으로 이상하다고 생각한다면 오경의 이 네 번째 책의 통상적인 영어 제목에 대해서도 역시 같은 말을 할 수 있을 것이다. 민수기(Numbers: 한글의 민수기는 백성들의 수에 대한 기록이라는 뜻으로 영어의 제목인 숫자들과 별다를 바가 없음: 역자주)는 불가타역의 누메리(Numeri)에서 빌려온 것인데, 이것은 다시 칠십인역의 아리트모이(Arithmoi)에서 차용한 것이다. 확실히 숫자의 목록이나 통계에 대한 내용이 민수기의 여기저기에 골고루 흩어져 있는 것은 사실이다 (예를 들어 1장과 26장의 인구조사 목록, 3장과 4장의 레위 지파의 인구조사 내용 등이 있다). 그러나 민수기가 이런 숫자들로만 가득 차 있는 것은 아니다.

히브리어 성경상에서 이 책의 제목은 "광야에서"이다. 이 제목은 민수기 1:1의 히브리어 본문의 네 번째 단어에서 따온 것이다("그리고 말씀하셨다—여호와께서—모세에게—시내 광야에서"). 애굽과 가나안 사이에 걸쳐 있으며, 비교적 비거주지역인 이 광야는 출 15:22에서 처음으로 이스라엘이 발을 내디딘 곳인데, 바로 이 곳이 민수기의 지리적 배경이다. 이곳은 하나님의 백성이 자신들의 필요를 채워 주시는 하나님의 권능에 대한 신뢰를 더 깊게 할 수도 있고, 아니면 하나님의 능력 및 풍요로움을 의심하게 될 수도 있는 장소이다. 이스라엘이 해방과 땅의 소유 사이에 끼어 있는 중간 지대인 이 광야를 지나갈 때 이 곳은 그들에게 가능성을 보여주는 곳이 될 수도 있고 문 젯거리가 될 수도 있다(Fretheim 2001: 111).

민수기가 본문 배열에 있어서 아쉬운 것도 많고 당혹스러운 것도 많다는 것에 대해 학자들은 거의 의견의 일치를 보이고 있다. 그래서 레빈(B. A. Levine 1976: 634)은 "민수기가 토라의 책들 중 가장 일관성이 없는 책"이라고 말하였다. 덴탄(R. C. Dentan 1962: 567)도 "이 책은 사실상 통일성이 없으며, 미리 정해진 논리적 구도를 가지고 작성된 것이 아니므로 이 책의 개요에 대해서 어떤 것을 제시하든 간에 그것들은 대개 주관적이고 인위적일 수밖에 없다"고 말했다. 한 가지 예를 들어보자면, 주석가들은 왜 15장의 잡다한 율법 조항들의 모음집이 정탐꾼에 대한 기록(13-14장)과 고라의 반역에 대한 기록(16장) 사이에 오는지를 설명해보려고 하였지만 아직까지는 별로 성공적이지 못했다.

민수기에 대한 이런 평가에 의견을 달리 하는 사람들은 거의 없다. 하지만 그 반대자들 중에는 브레버드 차일즈(Brevard Childs)란 학자가 포함되어 있다. 그는 민수기의 모든 내용, 즉 제의적인 내용, 법률적인 내용, 내러티브, 그리고 심지어는 통계 정보까지도 다 거룩이라는 포괄적인 주제를 중심으로 해서 배열되어 있다고 주장한다. 그는 말하기를, "비록 다루는 주제가 다양하고 본문의 형성의 역사가 복잡하기는 하지만 그럼에도 불구하고 민수기는 자기 백성을 향한 하나님의 뜻을 제사장적인(sacerdotal) 시각에서 통일성있게 해석하는 태도를 견지하고 있으며, 거룩한 것과 거룩하지 못한 것의 날카로운 대조를 통해서 이 점을 표현하고 있다"고 하였다(Childs 1979: 199). 나는 민수기가 J/E, 그리고 대개는 P의 자료들을 무작위로 모아놓은 것이라고 보는 다른 학자들의 견해보다 차일즈의 견해 쪽에 더 가깝다.

이 책의 단락들을 나누는 일은 지리적이고 연대기적 자료에 근거해서 시작하는 것이 가장 좋을 것이다.

1:1-10:10 시내 산으로부터의 출발을 위한 준비
  1:1: "이스라엘 자손이 애굽 땅에서 나온 후 둘째 해 둘째 달 첫째 날에 여호와께서 모세에게 일러 가라사대"

10:11-20:21 시내 산에서 출발해서 가데스에 도착

　10:11: "둘째 해 둘째 달 스무날에 구름이 증거의 성막에서 떠오르매"

20:22-36:13 가데스로부터 모압으로의 여정

　20:22: "이스라엘 자손 곧 온 회중이 가데스를 떠나"

도표 1은 각 단락의 연대기를 열거하고 있다.

도표 1

	본문	참고구절
20일	1:1-10:10	민 1:1; 10:11
38년	10:11-20:21	민 33:38(아론의 사망 시기)
6개월	20:22-36:13	민 33:38; 신 1:3

　　정확히 어디에서 두 번째 단락이 끝나고 세 번째 단락이 시작되는지에 대해서 주석가들의 의견이 일치하지 않는다는 점은 주목할 만한 가치가 있다. 노트(M. Noth)와 덴탄(R. C. Dentan)은 두 번째 단락이 20:13에서 끝난다고 보았다. 그레이(G. B. Gray, *A Critical And Exegetical Commentary on Numbers* [1903])는 21:9을 두 번째 단락의 끝으로 보았다. 「새 옥스퍼드 주석 성경」(*The New Oxford Annotated Bible*, RSV를 사용, 1973년 발행)은 편집주 란에서 21:13을 두 번째 단락의 끝으로 보았다. 모리아티(F. L. Moriarty)는 22:1이 두 번째 단락의 끝이라고 주장했다.

　데니스 올슨(Dennis Olson)은 몇 개의 연구(1985, 1996, 1997)를 통해 민수기가 두 부분으로 나뉘어져 있다고 주장했다. 1장과 26장의 인구조사를 열쇠로 삼아 그는 첫 단원이 1-25장이고, 두 번째 단원은 26-36장이라고 보았다. 첫 단원은 애굽을 탈출한 첫 세대에 대해서 다루고 있는데, 이들은 (여호수아와 갈렙을 제외하고는) 가나안으로 들어갈 수 없었다. 그들은 끊임없는 죄와 불순종으로 광야에서 멸망당했다. 두 번째 단원은 광야 아이들의 세대(wilderness-baby generation)를 다룬다. 이 두 번째 세대는 신명기의 연설을 듣게 될 세대이며, 여호수아의 영도 아래 가나안에 들어갈 세대이다. 올슨은

민수기가 이처럼 옛 세대의 죽음(1–25장)과 새 세대의 탄생(26–36장)에 대한 것이라고 주장한다.

1–25장과 26–36장 사이에는 강력하게 대비되는 점들이 존재하는데, 그 대비되는 모든 사항들은 후자의 본문을 더 밝은 빛으로 그려주고 있다. 1–25장의 이스라엘 세대는 맨 처음 맞는 군사적 충돌에서 패배한다(14:45). 그러나 26장 이후의 군사적 충돌에서 26–36장의 두 번째 세대는 승리를 거둔다(31장). 1–25장의 다른 곳들에서 이스라엘은 충돌을 피하고 싶어하거나(13:31–32) 충돌을 피해간다(20:21). 1–26장에서 이스라엘이 승리를 거둔 경우들, 즉 21:1–3에서 아랏을 멸망시키고 21:21–35에서 시혼과 옥을 패퇴시킨 기록 등에서 승리의 공은 두 번째 세대에게 돌려져야 하는 것으로 보인다. 첫 세대가 하나님의 심판 아래 곧 사라질 판에 승승장구하는 용사들로서 활약하고 있는 것으로 보기보다는 이런 식으로 생각하는 편이 더 그럴듯해 보인다. 리(W. W. Lee)는 통찰력 있는 연구를 통해 올슨과 견해를 달리했다. 그는 26장보다는 21:1–3이 옛 세대로부터 새 세대로의 이전을 보여준다고 주장했다.

두 단원 사이의 두 번째 대조는 1–25장의 경우에는 많은 이스라엘이 죽거나 고통을 당하지만 26–36장의 경우에는 아무도 죽거나 고통을 당하지 않는다는 점이다.

1. 11:1: "여호와의 불을 … 붙여서 진영 끝을 사르게 하시매"
2. 11:33: "여호와께서 심히 큰 재앙으로 치셨으므로"
3. 12:10: "미리암은 나병에 걸려 눈과 같더라"
4. 14:37: "곧 … 자들은 여호와 앞에서 재앙으로 죽었고"…
5. 16:32: "땅이 그 입을 열어 … 그들을 삼키매"
6. 16:35: "여호와께로부터 불이 나와서 … 이백오십 명을 불살랐더라"
7. 16:49: "염병에 죽은 자가 만 사천칠백 명이었더라"
8. 20:28: "아론이 그 산 꼭대기에서 죽으니라"
9. 25:8: "[비느하스]가 배를 꿰뚫어서 두 사람을 죽이니"
10. 25:9: "그 염병으로 죽은 자가 만 사천 명이었더라"

나는 민수기의 첫 번째 단원을 시내 산으로부터의 출발을 위한 준비라고 이름붙였다. 이 단원은 1:1-10:10에 걸쳐 있다. 지리적으로 볼 때 이스라엘은 시내 산에서 떠나지 않았다. 출발준비는 어떤 것들이 있는가?

인구조사와 지파들의 배열(1-2장)

독자에게 놀라움과 극적인 효과를 준다는 측면에서 볼 때 민수기의 처음 두 장에 나오는 내용들은 하나님의 뜻이 계시되기 전에 시내 산을 집어삼켰던 우렁찬 천둥과 연기가 준 효과를 전혀 따라가지 못한다. 기적적인 것이 별 볼일 없는 것으로, 놀라운 것이 시시한 것으로 변해버린 것인가?

이 두 장에서 모세는 이스라엘 회중의 인구조사를 하라는 명령을 받는다(1:1-3). 그는 인구조사를 도와줄 사람을 위해 레위 지파를 뺀 나머지 각 지파로부터 한 명씩의 대표를 할당받는다(1:4-16). 그리고 인구조사가 행해진다(1:17-46). 레위 지파는 이 인구조사에서 제외된다(1:47-54). 각 부족은 회막의 동서남북 중 어느 하나의 위치를 지정받는데, 그 지정된 자리는 그들이 진을 치든 행군을 하든 간에 항상 지켜야 하는 자리이다(2:1-34).

그러나 여기에는 우리가 주목해야 할 사항이 몇 가지 있다. 인구조사는 20세 이상의 모든 남자, 즉 이스라엘 중 이십 세 이상으로 싸움에 나갈 만한 모든 자(1:3)를 계수하는 것이다. 이스라엘은 늑대들 사이를 지나가는 양과 같다. 스스로를 지키기 위해서든 정복하기 위해서든 군사활동은 불가피하다. 아말렉 족속과의 이전의 만남(출 17:8-16)은 앞으로 겪을 일의 전조이다. 이스라엘이 여행을 시작하자마자 곧 불가피하게 겪게 될 일은 "싸움에 나갈 만한"이란 어구에 의해서 표현되어 있다. 이 어구는 1장에 열다섯 번 나온다(3,18,20,22,24,26,28,30,32,34,36,38,40,42,45). 이 백성이 진군할 때 하나님께서 이들의 위에/가운데/앞에 함께 하신다고 해서 준비된 군대가 불필요한 것이 되는 것은 아니다. 하나님은 이 백성의 밖에서 역사하시는 것이 아니라 이 백성을 통해서 역사하심을 통해 이 백성이 하나님 자신의 목적을 실현해 가는 것을 목도하신다.

여기에서 우리가 주목해야 할 점은 인구조사를 하는데 있어서 주도권을 하나님이 갖고 계신 것이지 모세가 갑자기 병력을 늘려야 할 필요성을 느끼게 되어서 인구조사를 하는 것이 아니라는 것이다. 독자들은 다윗이 인구조사를 하려고 할 때 요압이 지적한 것과 같은 태도를 모세에게서는 전혀 찾아볼 수 없다. "내 주 왕은 어찌하여 이런 일을 기뻐하시나이까"(삼하 24:3; 대상 21:3에 나오는 병행구에서 볼 수 있듯이 여기에는 단어 하나가 더 들어 있음).

앞에서 나는 민수기에서의 거룩이란 주제에 대해서 언급했다. 이 주제는 1장의 맨 마지막 문단(47-54절)에 등장한다. 이 문단에서 레위 지파는 다른 지파들과는 달리 인구조사에 포함되지 않는다. 이것은 그들이 완전히 열외되었기 때문인가? 민수기 1:50-51은 레위 지파에게 세 가지 임무, 즉 성막을 운반하고, 철거하고, 재조립하는 일을 부여하고 있다. 그리고는 이 엄숙한 말씀이 이어진다. "다른 사람이 가까이 오면 죽임을 당할지라"(1:51 하반절)(개역개정판에는 능동태로 되어 있는 것을 원문에 따라 수동태로 직역함: 역자 주). 다른 사람의 책무를 범하는 자는 죽임을 당한다.

그러나 여기에는 그 이상의 것이 있다. 두 절 뒤에 이런 말씀이 나온다. "레위인은 증거의 성막 사방에 진을 쳐서 이스라엘 자손의 회중에게 진노가 임하지 않게 할 것이라. 레위인은 증거의 성막에 대한 책임을 지킬지니라"(1:53). 레위인들은 거룩한 경호원들이다. 그들은 성막에서의 임무와 관련하여 금지된 것을 침범하려는 자들을 쳐죽이게 되어 있다. 만약 그 침입자를 멈추게 하지 못하면 온 회중이 하나님의 심판을 받게 된다.

그러므로 이스라엘은 적을 대하는 일에도 무심해서는 안 되지만(1-46절) 하나님을 섬기는 일에도 부주의하거나 무관심해서는 안 된다(47-54절). 적이 이스라엘을 멸절시킬 수도 있지만 하나님의 분노 역시 같은 결과를 가져올 수 있는 것이다! 이스라엘은 어떤 일이 있더라도 "내 방식대로 하겠어"라는 식의 태도만은 취해서는 안 된다.

옥던(G. S. Ogden 1996: 425)이 관찰한 바와 같이 현재 우리가 갖고 있는 성경에서 민수기 2장은 조립 혹은 분해된 성막이 진 한가운데 위치하는 것으로 말미암아 하나님의 임재의 중심성이 강조되는 형태로 배열되어 있다. 성막의 네 면에는 각각 제사장과 모세(동쪽), 레위 지파의 고핫 자손(남쪽), 게르손 자손(서쪽), 므라리 자손(북쪽)이 위치하며, 이 네 집단의 바깥 쪽에 각 면마다 세 지파씩 배치가 된다.

    2:1-2: 진에 대한 지시(2구절)

    2:3-9: 동쪽에 유다 지파가 잇사갈 지파와 스불론 지파 사이에 섬(7구절)

    2:10-16: 남쪽에 르우벤 지파가 갓 지파와 시므온 지파 사이에 섬(7구절)

    2:17: 레위 지파와 성막이 가운데 위치함(1구절)

    2:18-24: 서쪽에 에브라임 지파가 베냐민 지파와 므낫세 지파 사이에 섬(7구절)

    2:25-31: 북쪽에 단 지파가 아셀 지파와 납달리 지파 사이에 섬(7구절)

    2:32-33 정리 및 총합 (2구절)

    [2:34: 준행에 대한 언급]

두 번의 레위 지파 인구 조사(3-4장)

　　이 두 장은 대부분 레위 지파의 숫자 및 의무에 대한 내용으로 되어 있다. 그러나 독자들은 첫 번째 인구조사의 결과를 접하기도 전에 아론의 두 아들인 나답과 아비후, 즉 시내 광야에서 여호와 앞에 다른 불을 드리다가 여호와 앞에서 죽은 그들에 대한 언급을 다시 한 번 듣게 된다(3:4). 하나님을 섬기는 데에는 바른 방법이 있으며, 이것을 어기면 일반인(1:51)이건 제사장(3:4)이건 치명적인 결과를 맞이하게 된다.

　　그러나 이것이 전부가 아니다. 3장은 하나님을 섬기는 것과 관련된 잘못들에 대해서 두 번이나 더 경고를 한다: "외인이 가까이 하면 죽임을 당할 것이니라"(10,38절). 제이콥 밀그롬(Jacob Milgrom 1970: 17-18)은 본문이 금지하고 있는 것은 번역에서 보는 것과 같이 단순히 가까이 가는 것 혹은 접근하는 것이 아님을 신빙성있게 증명하였다. 사실 이 단어가 정말 의미하는 바는 "자신의 특권을 넘어서다" 혹은 "다른 사람이 책임진 일을 빼앗다" 혹은 "침해하다"라는 것이다. 레위 지파를 포함하여 이스라엘 사람들은 자신들이 해야 하는 일과 하지 말아야 하는 일을 잘 알고 있어야 했다. 그리고 이 두 가지를 혼동하지 말아야 했다. 그렇지 않을 경우 그들은 그 잘못의 대가를 치러야 했다!

레위 지파의 인구조사는 왜 두 번이나 나오는가(3:14-39; 4:1-49)? 사실 이 두 인구조사는 서로 상당히 다르다. 이 양자를 구분하는 한 가지 단서는 3:15의 "레위 자손을 그들의 조상의 가문과 종족을 따라 계수하되 일 개월 이상된 남자를 다 계수하라"는 말씀에서 발견된다. 반면에 두 번째 인구조사는 "삼십 세 이상으로 오십 세까지의 사람들을 계수하는" 것이다(4:3). 그러므로 첫 번째 인구조사는 갓난 아기부터 죽기 전까지의 모든 남자를 계수하는 것이고, 두 번째 인구조사는 삼십 세부터 오십 세까지의 20년 간의 나이에 해당하는 사람들을 계수하는 것이다.

그러면 우리는 첫 번째 인구조사에 포함된 레위인들은 평생 동안의 그들의 직무를 위해서 미리 계수가 된 것이라고 볼 수 있지 않을까? 바로 이 점 때문에 여기에는 나이 제한이 나와있지 않은 것으로 보인다. 반면에 두 번째 인구조사에서는 사역을 할 레위인들만 포함되어 있기 때문에 나이 제한이 언급되어 있다. 즉 청소년기와 청년기를 지나 장정이 된 후부터 늙은 나이가 되기 전까지의 20년 동안이 그 기간이다.

왜 사역에 나이 제한이 있는지에 대해서는 4장의 본문이 그 이유를 설명해 주고 있다. 여기에 묘사된 사역은 육체노동이다. 더 구체적으로 말하자면 이 사역은 성막을 조립하고, 분리하고, 나르는 일이다. 일이라는 단어(민 4:3,4,23,24)를 힘든 육체 노동이라고 번역해도 크게 대과가 없을 것이다. 바로 이런 이유 때문에 은퇴할 나이가 50세로 규정되어 있는 것이다. 또한 바로 이런 이유 때문에 시작하는 나이가 30세인 것이다. 1장에서 군대 복무를 시작할 수 있는 나이가 20세인데 반하여 레위인이 성소에서 일할 최소연령이 30세라는 점은 흥미롭다. 여호와의 군대에서 봉사할 수 있는 연령보다 10년이나 더 긴 성숙 기간이 여호와에 대한 봉사를 시작하기 위해서는 필요한 것이다.

레위인들이 해야 할 책무는 세 가지이며, 이 일들은 레위 자손들에게 배분

되어 있다. 고핫 자손의 직무는 4:4-20에 나온다. 그들의 직무는 성막의 성물들을 나르는 것이다(15,19절). 바로 이런 이유 때문에 두 가지 사항이 더 첨가되어 있다. 첫째, 이 장은 성막의 거룩한 기구들을 분해하는 일은 고핫 자손의 일이 아니라 아론과 그 아들들의 일이라고 말하고 있다(5-14절)! 고핫 자손들은 성막을 분해하는 자들이 아니라 운반하는 자들이다.

둘째, 이런 중요한 금령에 대한 강조로써 만약 고핫 자손들이 자신들의 영역을 넘어서면 죽게 될 것이라는 점이 지적되어 있다(15,18,20절). 최소한 지금까지 민수기는 통계 자료나 임무 할당에 대해서 기록하고 있는 중에도 불순종의 결과가 어떤 것인지에 대하여 말할 기회가 있을 때마다 그 기회를 좀처럼 놓치지 않고 있다. 하나님이 거룩하신 분이시기 때문에 여기에 대해서는 달리 방도가 없다.

레위 지파들 중 두 번째 집단은 게르손 자손들이다(21-28절). 그들의 주된 일은 성막의 휘장들을 나르거나, 아니면 최소한 그 휘장들을 나르는 수레들을 지키는 일이다. 고핫 자손의 경우와 달리 그들이 제사장들의 지시를 받는지에 대해서, 그리고 그들이 제사장들의 일을 침탈하는 것이 치명적인 잘못인지에 대해서는 언급이 없다.

세 번째 레위 집단은 므라리 자손들이다(29-33절). 게르손 자손들과 마찬가지로 그들은 수레에 의해 운반되는 성막의 일부 기구들을 지키는 일을 한다. 그들이 담당한 기구들은 나무 틀과 기둥들이다.

우리는 여기에서 고핫 자손들이 가장 큰 특권을 누리고 있다는 것을 알 수 있다. 그들은 또한 가장 큰 책임을 지고 있다. 많은 것이 주어진 자에게는 많은 것이 요구되는 법이다. 가장 높이 올라간 자들이 가장 심하게 떨어지는 법이다.

진을 거룩하게 지키기(5장)

민수기는 처음 두 장에서 이스라엘의 보통 사람들에 대해서 다루고 있다(1-2장). 그리고 그 다음 두 장은 종교적인 사역을 담당한 자들에 대해서 다루고 있다(3-4장). 이제 그 다음의 두 장(5-6장)은 다시 보통 사람들에게로 돌아가는데, 각 단락에서 제사장이 중요한 역할을 하고 있다. 제사장들은 부정함의 문제를 취급한다(5:1-4). 그들은 또한 어떤 사람이 다른 사람이 저지른 죄로 인하여 피해를 입었는데 그에게 가족이 없는 경우 그 배상을 대신 받는다(5:5-10). 그들은 간음을 저지른 것이 의심되는 여인이 치르는 의식을 집전하기도 한다(5:11-31). 그들은 나실인의 삶에서도 중요한 역할을 한다. 특히 나실인의 직무를 시작하려 할 때나 그만두려고 할 때 그러하다(6:1-21). 또한 그들은 백성을 기도로 축복한다(6:2-27).

처음 네 장은 그 위치나 역할에 있어서 성막의 거룩성에 초점을 맞추었다. 이 곳은 하나님이 거하시는 처소이기 때문에 모든 것이 그분의 명령대로 지켜지고 수행되어야 한다. 그러므로 이 네 장이 모두 같은 구절로 끝을 맺는다는 것은 결코 우연이 아니다: "이스라엘 자손이 그대로 행하되 여호와께서 모세에게 명령하신 대로 행하였더라"(1:54; 2:34; 3:51; 4:49).

이러한 점들을 개괄하고 난 다음에 따라 나오는 지시사항들이 진을 거룩하게 유지하기 위한 여러 가지 다양한 규례들로 이루어져 있다는 것은 극히 당연하다. 처음 네 장의 내용은 "너의 위치가 어디냐, 네가 무엇을 해야 하느냐" 하는 것 등의 긍정적인 내용이었다. 이제 이와 대조적으로 5장은 부정적인 측면들을 강조하고 있다. 이 장은 진을 더럽히거나 진의 가치를 떨어뜨리는 자들을 진 밖으로 내쫓는 것을 그 내용으로 하고 있다. 그래서 문둥병자는 다른 종류의 유출병을 가진 사람들처럼 추방을 당했다(레 13:46) (참고, 그러나 레위기 15장은 레위기 13장과는 달리 "진영 밖으로 보내지다/진영 밖에서 살다"라는 표현을 사용하지 않는다). 그는 고핫 자손처럼 처벌을 당해 죽임을 당하지는 않는다. 그러나 그는 회중으로부터 추방된다.

이러한 규례를 알 때에야 비로소 우리는 문둥병자를 만진 예수의 행동을 제대로 이해할 수가 있다(막 1:41). 제자들이 만약 이 일을 봤다면 그들이 "주여, 당신은 스스로를 부정하게 만들었습니다"라고 말했으리라는 것은 어렵지 않게 미루어 짐작할 수 있다. 이 점을 확인해서 상황을 약간 바꾸어서 예수가 과연 그 문둥병자를 만진 손을 자기 제자, 예를 들어 베드로의 몸에 그냥 갖다댔다면 어땠을까?

육체적인 더러움들도 어떤 것들은 하나님의 진을 부정하게 만든다고 한다면(5:1-4) 고의적인 죄와 그것의 해로운 결과의 경우에도 과연 진을 부정하게 만들까? 5:5-10은 이 질문에 대한 답을 준다(본질적으로 이 본문은 레 5:14-6:7의 속죄제에 대한 부분을 부연해서 설명하고 있다). 회중 속에서 죄가 발생하면 그 죄는 죄를 범한 사람에 의해서 공개적으로 시인되어야 한다. 왜냐하면 하나님의 자녀 중 하나에게 죄를 범하는 것은 곧 하나님 자신에게 죄를 범하는 것과 마찬가지이기 때문이다. 그러므로 입으로 죄를 고백하는 것 — 그 지은 죄를 자복하고 — 과 강탈하거나 훔친 물건의 값어치에 오분의 일을 더한 배상을 치르는 것은 필수불가결한 일이다. 이 모든 일들은 제사장이 행하는 속죄 의식에 앞서 이루어진다.

이 본문에는 또한 새로 첨가된 사항이 있다. 범죄의 희생자가 친족이 없이 죽는 경우에도 의무나 배상은 결코 면제되지 않는다. 그 돈은 제사장이나 성소에 바쳐져야 한다(8-10절). 이 규정은 확고하다. 하나님의 진은 거룩한 장소이며, 깨끗한 장소이다. 레위인들이나 보통 사람들이 하나님의 계획으로부터 벗어나는 일은 용납되지 않는다. 부정한 사람은 반드시 배제되어야 한다. 이웃에게 죄를 지은 경우에는 그 죄를 지은 자가 분명하게 시인하고 회개함으로써 피해자 및 하나님과의 관계를 완전히 회복하는 길을 닦아야 한다.

이 장의 세 번째 문단(11-31절)은 하나님의 백성 가운데서 거룩을 유지하는 것에 대해서 다루고 있다. 여기에서 문제는 아내가 간음을 한 것으로 여겨지는 경우에 대한 것이다. 남편은 아내의 부정을 의심하고 있기는 하지만 증인들이 없다. 그리고 아내가 현장에서 붙들린 것도 아니다.

앞의 본문은 두 사람 간의 실제적인 죄에 대해서 다루었는데, 이제 이 본문은 배우자 간의 심증만 있는 죄에 대해서 다루고 있다. 5:5-10과 5:11-31을 연결시켜주는 한 가지 요소는 이 두 본문이 다 신실하지 못함에 대해서 다루고 있다는 점이다. 전자는 5:6에 따르면 하나님에 대해 신실하지 못함을 다루고 있다. 후자는 5:12에 따르면 배우자에게 신실하지 못함을 다루고 있다. 양자의 경우 모두 히브리어 본문은 신실치 못한 행위를 표현할 때 사용되는 '마알 마알'(즉 동족 동사와 동족 목적어의 조합)이란 표현을 쓴다. 이 표현은 상대방에게 신성모독적 행위를 하거나 신뢰를 깨뜨리는 행위를 하는 것을 나타내는데 사용한다. 단지 저질러진 것으로 의심만 가는 죄의 경우에도 조사가 이루어져야 한다는 것은 얼마나 흥미로운 일인가? 만약 그러한 의심이 단지 의심에 불과한 것으로 밝혀진다면 그것으로 그만이다. 그러나 만약 충격적이고 혐오스러운 일이 발견된다면 그것은 해결되어야 한다.

현대의 독자들은 "이것이 과연 타당한 것인가" 하는 생각 때문에 이런 이야기로부터 도망치려고 할 것이다. 왜 의심받은 아내만 그런 검토의 과정을 겪어야 하는가? 아내가 자기 남편의 부정에 대해서 의심을 하는 경우에는 어떻게 할 것인가? 그녀도 이런 경우에 어떤 조치를 취할 수 있는 것인가? 남편이 자기 아내의 탈선행위에 대해 막연한 망상이 들 때는 언제나 그는 자기 아내로 하여금 이러한 심리과정을 거치게 만들 수 있는 것인가? 아내는 단지 자기 남편의 호기심을 만족시키기 위해서 이 끔찍한 합성액(mixed drink)을 마셔야만 하는가?

이에 대해서 우리는 다음과 같은 사항들을 관찰해 볼 수 있다. 첫째, 우리는 이 남편이 자신의 의심을 억누르거나 머릿속에서 도저히 지워낼 수 없을 때에만 이런 심리과정을 거쳤을 것이라고 생각한다. 끈질긴 의심은 마음속에서 쉽사리 사라지지 않는 법이다. 그런 경우에는 무언가 대책이 있어야 한다. 병적으로 투기심이 강하고 아주 불안정한 마음상태를 가진 남편이 자기 아내를 계속 시험하도록 허락되어 있지는 않을 것이다. 셔우드(S. K. Sherwood 2002: 146)는 이 법이 정말 시행된 적이 있을까 하는 의심을 한다. 사실 성경은 이 법이 강제로 시행된 경우를 전혀 기록하고 있지 않다. 그러나 혹시 이 법이 시행되었더라도 이 법이 지시하고 있는 수치스러운 절차들을 치르고 난 후에는 비록 그 아내가 무죄로 밝혀진다고 해도 그녀는 공동체 가운데서 존경과 명예를 상실하게 될 것이고 그 남편도 역시 마찬가지일 것이다. 따라서 남편은 자기 아내로 하여금 이런 일을 치르게 만들고자 한다면 오랫동안 고심에 고심을 거듭해야 했을 것이다.

둘째, 아내가 거쳐야 하는 심리절차를 무슨 험악한 일이라도 되는 것처럼 생각하는 것은 옳지 않다. 이 고발당한 아내는 뜨거운 물에 손을 담가야 하는 것도 아니고, 못 위를 맨발로 걸어가야 하는 것도 아니고, 거꾸로 물 속에 처박혀야 하는 것도 아니다. 이런 것들이야말로 험난한 심리과정이라 할 수 있을 텐데 말이다. 예를 들어 함무라비 법전의 132조는 5:11-31과 같은 문제에 대해서 이렇게 말하고 있다. "다른 남자의 일로 해서 한 남자의 아내에게 손가락질이 가해지고 있기는 하지만 그녀가 다른 남자와 누워 있는 상태에서 잡힌 것이 아니면 그녀는 자기 남편을 위해 강물에 뛰어들어야 한다. 만약 그녀가 죄가 있다면 그녀는 가라앉아 익사할 것이다. 만약 죄가 없다면 그녀는 살아남을 것이다." 함무라비 법전에서는 위험이 정말 실제적인 것이다. 그러나 민수기에서는 위험은 가정적인 것이다. ("이 물이 네 창자에 들어가서 네 배를 붓게 하고 네 넓적다리를 떨어지게 하리라"라는 벌의 의미는 도대체 무엇일까? 이것은 육체적인 쇠약이나 불임을 가리키는 것인가? 아니면 다른 어떤 것을 의미하는 것인가?) 이 심리과정이 그다지 험악한 것이 아니라는 사실은 다른 식의 심리방법들의 경우 피심리자가 무죄라는 것이 밝혀지기 전까지는 유죄라는 가정 하에서 심리가 이루어진다는 점이다. 하지만 브리크토(H. C. Brichto 1975: 66)와 새슨(J. Sasson 1972: 251)이 제대로 관찰한 바와 같이 성경의 의식의 경우에는 이것이 정반대이다. 이 본문의 심리는 피고소자의 죄를 밝히기 위한 것이 아니라 무죄를 밝히기 위한 것이다. 프라이머-켄스키(Frymer-Kensky 1984: 24)는 정말 시죄법에 의한 시험의 경우 그 상황에 대한 (이교) 신의 결정이 즉각적으로 드러나는데 반하여 민수기 5장의 경우에는 그렇지가 않다는 점을 지적한다.

세 번째 점은 앞 문단으로부터 파생된다. 이 심리절차는 변덕스러운 남편의 일시적인 의구심을 충족시켜주기 위해 그녀의 인간성을 무시하는 것이 아니라 오히려 그 반대라는 것이다. 구약에서 여성들이 불리한 위치를 차지하고 있는 경우들이 자주 있다는 것을 살펴본 후에 브리크토는 이렇게 말한다. "이 의식은 그녀에게 호의를 베푸는 차원에서 나온 것이다. 이것은 남편에게 '참든지 아니면 입을 닥치든지'(put up or shut up) 하라고 요구하고 있는 것이다"(Brichto 1975: 67). 만약 그가 자기 아내의 정숙함을 믿지 못하겠거든 용기를 내서 어떻게든 확인할 절차를 밟아보라는 것이다. 그러나 만약 그가 자신이 생각으로만 갖고 있는 것을 실제로 따져볼 용기가 없으면 그만 의심을 버리고 아내를 더 이상 괴롭히지 말라는 것이다.

나실인(6장)

아론 계열 제사장의 축도에 대해서 다루고 있는 21-27절을 제외하고는 이 장은 전적으로 나실인에 대해서 다루고 있다. 성경에 나오는 유명한 나실인들 때문에 우리는 이 직책에 대해 익숙하다. 삼손, 사울, 세례 요한등이 그들이다(눅 1:15). 이 세 명은 모두 당대의 지도자들이었다. 삼손과 사무엘은 블레셋에 대항해서 이스라엘의 군대를 지휘한, 탁월한 군사 지도자 혹은 선지자였다. 그들의 활약상을 볼 때 그들은 어떤 수도회의 수사들 중의 한 명이라기보다는 웨스트 포인트(미국 육군 사관학교: 역자 주)의 졸업생 같다.

그러나 민수기 6장에서는 이런 활동적인 모습은 보이지 않는다. 이 장은 나실인들이 무엇을 해야 하느냐 하는 것보다는 무엇을 하지 말아야 하느냐 하는 것에 더 관심을 기울이고 있다. 나는 이것이 민수기의 지금까지의 강조점, 즉 거룩에 대한 하나님의 명령들과 같은 선상에 있다고 생각한다. 하나님의 율법들은 회피해서는 안 되는 것이다.

또한 이 장에 나와 있는 구절들, 즉 자기 몸을 구별하는 모든 날 동안에는(NIV는 "나실인으로 사는 동안에는"으로 번역하고 있음: 역자 주), "그 서원을 하고 구별하는 모든 날 동안은"(5절), "자기의 몸을 구별한 날이 차면"(13절), "이는 곧 서원한 나실인이 자기의 몸을 구별한 일로 … 행할 법이며"(21절) 등의 구절들을 볼 때 민수기 6장은 삼손이나 사무엘과 같이 평생 동안 나실인이었던 자들이 아닌 일시적인 나실인들에 대해서 다루고 있는 것으로 보인다. 우리 시대의 비근한 예를 들자면 단기 선교사와 종신 선교사의 경우를 생각해 볼 수 있을 것이다.

나실인들에게는 세 가지 금기사항이 있다. 첫째, 그는 포도주와 독주, 포도로 만든 식초, 포도, 포도즙을 멀리해야 한다. 둘째, 머리를 깍지 말아야 한다. 셋째, 그는 자기 가족을 포함한 그 누구의 시신과도 접촉해서는 안 된다. 결국 나실인은 식욕을 절제해야 하며, 구별된 모습을 해야 하며, 관계에 있어서 신중해야 하는 것이다.

나실인이 실수로 시체와 접촉한 경우에는 속죄의 절차를 밟아야 한다(9-12절). 나실인으로 서원한 날 수를 다 채운 때에도 그는 번제, 속죄제, 화목제를 드려야 한다. 이 제사들은 속죄제, 번제, 화목제의 순서로 하나님께 드려졌다(13-20절).

5장은 하나님의 진 안에 있는 부정한 자들의 존재에 대한 한 가지 언급으로부터 시작된다. 그들은 남녀를 불문하고 격리되어야 한다(5:3). 이 장은 "남자나 여자나 사람들이 범하는 죄를 범하여"라는 것을 강조함으로써 시작된다. 그리고 이 장의 나머지 부분은 남편과 아내의 관계에 대해서 다루고 있다. 이와 마찬가지로 나실인의 직책도 남자와 여자에게 열려 있다. 어느 한 쪽이 이 직책을 독점한 것이 아니다.

나실인에게 주어진 금령들이 제사장들 중에서도 대제사장에 대한 금령들과 아주 비슷하다는 점을 생각해 볼 때 이 직책이 여성에게도 열려 있었다는 것은 아주 놀라운 일이다. 예를 들어 나실인은 자기 가족 중에서 사망한 자의 시신으로 인해 자신을 더럽혀서는 안 된다(민 6:7). 대제사장의 경우에는 이와 동일한 규율이 적용되지만(레 21:11) 다른 직급의 제사장들에게는 이 규율이 적용되지 않는다(레 21:1-4). 또한 나실인은 취하게 하는 것들을 삼가야 한다(민 6:4). 아론과 그의 아들들의 경우는 그들이 회막에 들어갈 경우에 이 금령이 적용되었다(레 10:9). "머리를 자르지 말라"는 금령은 대제사장의 머리에 대한 금령(레 10:6; 21:10)과 상응하며, 머리에 기름 붓는 것에 대한 규정(레 21:10; 출 29:7)도 마찬가지이다. 레위지파나 제사장으로서의 사역은 남자만이 할 수 있었지만 나실인으로서의 사역에는 성에 따른 제약이 없었다.

어쩌면 이 장의 마지막 문단인 21-27절에 나오는 아론 계열 제사장들의 축도 역시 나실인은 "여호와께 거룩한 자"(8절)여야 한다는 명령을 통해 나실인에 대한 규례들과 연결되어 있는지도 모른다. 사실 이 명령은 제사장들에게도 주어졌기 때문이다. 그들은 "여호와께 거룩해야 한다"(레 21:6-7). 또한 나실인에 대한 규례들은 "이스라엘 자손에게 전하여"(2절)라는 문구로 시작된다. 아론과 그의 아들들에 대해서 모세는 "너희는 이스라엘 자손을 위하여 이렇게 축복하여 이르되"(23절)라고 말하도록 명령받았다.

여기에서 중요한 점은 축복을 주시는 분은 아론이 아니라는 점이다. 그는 복의 전달자이지 복의 근원자가 아니다. 복을 주시는 분은 바로 여호와시다.

오직 여호와만이 복을 주실 수가 있다(축복문 속에 여호와란 이름이 세 번이나 등장하고 있다는 점을 주목하라). 하나님께서 하시는 일은 자기 백성에게 "복을 주시고 [그들을] 지키시는" 일이다. "축복하다"란 동사는 성경을 읽는 독자들에게 낯이 익다. 그러나 "지키다"라는 동사의 의미는 덜 알려져 있다. 이 동사는 성경에 450번 정도 사용되고 있는데 폴 리이만(Paul Riemann 1970: 483)에 따르면 언약의 규범이나 사회적인 의무사항들 중 한 사람이 다른 사람을 지켜야 한다는 것이 명시된 경우는 [성경의] 그 어디에도 없다. 여호와, 오직 여호와만이 지키는 분이시다.

그는 또한 "자기 백성을 향하여 그 얼굴을 비춰시며 그 얼굴을 향하여 드시는 분"이시다. 여기에서 우리는 이 축복의 말씀들이 궁정의 이미지를 의도적으로 사용하고 있는 것이 아닌가 하는 생각을 하게 된다. 왕이신 하나님께서 자비롭게도 신하들로 하여금 자신을 알현할 수 있도록 허락하신다. 그는 결코 멀리 계신 분이 아니다. "얼굴을 들다"라는 표현은 성경의 다른 곳에서 더 분명한 의미로 사용되고 있다. 욥기 42:8-9은 이렇게 말씀하고 있다. "내 종 욥이 너희를 위하여 기도할 것인즉 내가 그를 기쁘게 받으리니 … 여호와께서 욥을 기쁘게 받으셨더라"를 보라. 이 두 절에서 "받다"라는 단어는 직역을 하자면 "얼굴을 들다"라는 뜻이다. 하나님이 "자기 백성을 향하여 얼굴을 든다"는 것은 그들을 "받아들인다"는 뜻이다. 즉 얼굴에 있는 이목구비를 다 들어 올려서 웃는 표정을 지으시며, 그들에게 호감을 보이신다는 것이다. 이와 비슷하게 야곱은 자기가 에서에게 보내는 선물이 에서를 감동시켜서 그가 "받아들이기를" 바랐다. 즉 야곱을 향하여 "얼굴을 들어올리기를" 바랐다(창 32:20[MT 21]). 반면에 "얼굴을 내린다는 것은 찡그리다"라는 뜻이다(창 4:6; 렘 3:12를 보라).

히브리어 본문을 보면 축복문의 세 행의 길이가 매 행마다 두 단어씩 추가됨으로써 축복의 문장이 길어지고 있다는 사실이 흥미롭다.

24절: 여호와께서-너를 복 주시고-너를 지키시기를(3 단어)
25절: 여호와께서-그의 얼굴을-네게-비춰시며-[네게]-은혜 베푸시기를
(5 단어)

26절: 여호와께서-그의 얼굴을-네게-드시며-평강을-너에게-주시기를
(7 단어)

* 히브리어 원문의 단어의 수를 반영하기 위해 약간 사역을 하였다. 하이픈(-)은 각
단어를 구분해 놓은 것이다. 참고로 히브리어는 인칭 대명사와 다른 품사가 결합된 경
우 통상적으로 단어 하나로 계산해서 말한다. 역자 주.

민수기 1-6장은 원인-결과의 관계를 보여주고 있는 듯하다. 순종하고 거
룩한 삶에 대한 헌신을 할 때(1:1-6:21) 그 결과는 축복의 하나님께서 함께
하시는 것이다(6:22-27).

여호와 앞에 드릴 헌물(7:1-10:10)

7장에 나오는 내용은 1-6장의 내용보다 한 달 전의 것이다. 모세가 성막을
세운 것(민 7:1)은 제 2 년 1월 1일이다(출 40:17을 보라). 민수기 1장은 이것
보다 한 달 뒤의 일, 즉 제 2 년 2 월 1일의 일이다. 그럼에도 불구하고 6장 마
지막과 7장 시작 부분 사이에는 연결이 있다. 6장은 하나님께서 자기 백성을
위해서 무엇을 하시기 원하시는지를 강조함으로 끝을 맺는다. 그리고 7장은
이 백성이 하나님을 위해서 무엇을 하기 원하는지를 강조해주고 있다. 6장
마지막에서 축복을 주신 하나님은 이제 7장에서는 받으시는 하나님이다. 하
나님께 선물을 드리는 것이 하나님으로부터 선물을 받은 것 다음에 나온다
는 점은 하나님께 선물을 드리는 것이 하나님으로부터 받은 선물에 보답하
기 위한 반응인 것이지 하나님으로부터 축복이라는 선물을 받아내려는 수단
이 아님을 보여주고 있다.

7장은 오경에서 가장 긴 장이다. 이 장은 각 지파의 지도자들이 여호와께
헌물을 드리는 것을 내용으로 하고 있다. 12-88절은 각 지파의 지도자들과
그들이 성막을 위해 갖다 바친 제물들에 대해서 상세하게 기록하고 있다. 이
목록은 유다 지파로부터 시작해서 납달리 지파로 끝을 맺는다. 각 지파는 재

화들(은반 혹은 금수저)과 소제, 번제, 속죄제, 화목제를 위한 짐승들을 가져오는데, 그 목록은 다 이 순서로 되어 있다. 예배는 하나님께 봉헌물을 가져오는 것 이상의 것이다. 그것은 제사를 통해 교제를 나누는 것이다.

7장의 제물에 대한 기록(12-88절) 역시 그 서두에 중요한 언급, 즉 하나님의 거룩함에 대한 언급이 나온다(1-11절). 백성의 우두머리들은 성막의 기구들을 운반하기 위한 수레들을 헌납한다(1-8절). 고핫 자손들이 어깨로 운반해야 하는 성막의 성물들은 예외였다(9절). 민수기 4:1-15는 고핫 자손들이 성물들을 만져서는 안 된다는 것을 말해주고 있다. 이것은 제사장들의 일이었다. 성물들은 또한 수레로 나르는 것도 안 되었다. 사람이 몸소 날라야 했다.

이 장은 하나님께서 지성소에서 모세와 말씀하시는 것으로 끝을 맺는다(89절). 본문은 단순히 "[그가] 말씀하시는 목소리를 들었으니"라고 되어 있다. 이 본문은 그가 여호와를 보았다고 말하지 않는다. 하나님과 모세와의 만남은 눈으로 보는 것이 아니라 귀로 듣는 것이었다. 하나님은 들을 수는 있지만 볼 수는 없는 분이다. 하나님은 들리기만 하고 보이지는 않았는데, 이것은 모세가 지성소 안으로 들어가지 않았기 때문이다. 그는 지성소와 성소를 구분하는 휘장/막에서 멈추었다. 야웨께서 다른 사람들과는 다른 방식으로 모세와 대화한다는 것은 사실이다. 그러나 모세에게도 제한은 있다.

8장은 레위인들의 성직 임명에 대해서 다루고 있는데, 이 장은 아론 계열 제사장들의 위임식을 다루고 있는 레위기 8장과 상당히 비슷하다. 그러나 한 가지 커다란 차이가 있다. 제사장들은 임명을 받을 때 거룩하게 함을/위임을 받는데(출 29:1,21,23; 레 8:12,30) 반하여 레위인들은 봉사를 시작할 때 정결하게 함을 받는다(민 8:7[2번],15,21[2번]). 7장과 8장 사이의 연결고리는 이 두 장이 모두 선물에 대한 내용이라는 것이다. 7장은 하나님께 드리는 백성들의 헌물을 다루고 있다(7:3을 보라). 그리고 8장은 제사장들에게 주시는 하나님의 선물, 즉 레위인들에 대해서 다루고 있다(8:19를 보라). 이들의 실제 서품 의식에 대한 기록(5-22절)의 앞에는 아론 계열 제사장들이 성막의 등불을 점등하는 책임(출 25:31-40; 27:20-21; 레 24:2-4)을 갖고 있다는 것을 언급하고 있는 간략한 문단(1-4절)이 나온다. 민수기에서 레위 지파에 대한 자료 앞에 제사장들과 관련된 자료가 먼저 나오는 경우는 이번이 두번째이다 (참고, 4:5-15a, 제사장; 4:15b-49, 레위 지파).

레위인들의 서품 의식은 거의 전적으로 정결 의식으로 이루어져 있다. 레위인들은 정결케 됨을 필요로 한다(6-7[2번],15,21절). 그들은 스스로 깨끗케 하여야 한다(21절). 번제와 속죄제는 필수적이다(12절). 희생제물들과 비슷하게 레위인들은 처음 난 자들의 대속적 역할을 한다. 바로 이 점 때문에 그들은 안수를 받는다(10,11,16,18절). 그들의 역할은 이스라엘이 하나님의 진노로 인해 멸망하지 않게 하는 것이다(19절). 그들은 외인이 성막에 가까이 다가오는 것을 막음으로써 이 일을 담당한다(또한 1:53과 18:5를 보라).

제이콥 밀그롬(Jacob Milgrom 1970: 74 n. 271)은 레위인들의 서품 의식에서 대속의 역할이 강조되고 있다는 점을 설명했다. 그의 설명은 11,15,19,22,24,26절의 봉사(work)란 단어의 사용에 초점을 맞추고 있다. "나는 민수기 8장의 [레위인들의] '봉사' 라는 것이 언제나 [어떤 것을] 제거하는 행위를 가리키고 있다고 주장한다 … 이 견해를 통해서만 우리는 레위인들의 위임식에 왜 정결 의식이 수반되는지를 설명할 수 있다. 성막 주변이나 성막에서 떨어진 곳에서 경비의 임무를 수행할 때에는 성물들과의 접촉이 생기지 않기 때문에 아무런 정결 의식이 필요하지가 않다. 반면에 레위인들의 임무 중 성물을 직접 만져야만 하는 유일한 임무인 제거 작업의 경우에는 정결의식을 통한 깨끗케 함과 희생제사가 필요하다."

민수기의 내용을 그 대상의 시각에서 정리해 보면 다음과 같다: 1-2장, 일반 백성; 3-4장, 성직자; 5:1-6:21, 일반 백성; 6:22-27, 성직자; 7:1-89, 일반 백성; 8장 성직자.

9:1-14장은 다시 일반 백성에 대한 내용으로 돌아가며, 특히 연기된 유월절에 대해서 다루고 있다. 부득이한 경우에는 유월절을 원래 규정보다 한 달 후, 즉 첫 번째 달이 아닌 두 번째 달에 드릴 수 있다(3,5,11절). 유월절 준수를 연기할 수 있는 합법적인 경우들로는 어떤 것들이 있는가? 두 가지의 경우가 언급되어 있다. 장거리 여행 중에 있거나 시체를 만져서 부정하게 된 경우(10절)는 유월절을 연기해야 한다. 이 두 가지 이유 이외의 다른 이유 때문에 유월절을 첫 번째 달에 지키지 않으면 백성 중에서 끊어지게 된다. 다

시 한 번 경고와 주의와 엄정함의 언급이 나온다. 즉 하나님 앞에서 정결하지 못한 경우에는 유월절을 연기해도 되지만, 기타 다른 경우에는 하나님께 경배를 드려야 하는 의무로부터 벗어나려 하지 말라는 것이다.

백성이 시내 산을 떠나 가나안으로 향하기 직전에 유월절에 대한 언급이 나오는 것은 백성이 애굽을 떠나 시내 산으로 향하기 직전(출 12:29-51)에 첫 번째 유월절에 대한 정보(출 12:1-28)가 제공된 것과 상응한다. 양 본문의 경우 모두 하나님의 백성은 계속 나아가기(pass on) 위해서는 자신들의 하나님이 자신들을 넘어 가신(pass over) 날을 기념해야 한다.

9장의 결론 부분은 6장의 결론 부분과 상당히 비슷하다. 6장에서의 강조점은 복을 주시는 하나님의 임재이다. 그분의 얼굴은 빛나신다. 이제 9장에서의 강조점(15-23절)은 하나님께서 함께 하시면서 인도하시는 것에 대한 것이다. 구름이 머물면 진을 치고, 구름이 떠오르면 행진을 해야 한다. 이 본문에서 구름이란 단어가 자주 사용되고 있는 점(15-23절에서 열한 번 사용됨)은 이스라엘이 하늘의 구름을 볼 수 있는 낮 시간 동안에 여행을 했다는 것을 시사해준다(그러나 11절 하반절을 보라). 논리적으로 볼 때는 적과 광야의 햇빛으로부터 보호를 받기 위해 대개 어둠이 드리워진 가운데 여행하는 것이 더 지혜로운 것처럼 보인다. 그러나 하나님은 인간의 논리나 실용성에 좌우되는 분은 아니다.

이 장에서 우리가 다룬 민수기의 본문의 마지막 부분(10:1-10)은 두 개의 은나팔에 대해서 언급하고 있다. 이 악기들은 특정한 절기나 새해의 첫 날이나 회중을 모을 때나 진을 거둘 때 부는 것이었다. 5-7절은 나팔이 경보를 알려주며, 때로는 군사경보기처럼 사용된다는 것을 강조해 주고 있다. 그러므로 이 나팔들은 예배나 연주회용이라기보다는 비상시를 위한 것이었다. 제사장들의 사역 중에는 음악을 위한 악기는 거의 무시되고 있다(Kaufmann 1960: 11 n. 304). 대개 개인 및 회중의 예배의 처소에 대해서 다루고 있는 레위기(특히 1-6장)는 음악에 대해서는 단 한 번도 언급하고 있지 않다.

민수기 주석과 연구서들

Ackerman, J. S. 1987. "Numbers." In *The Literary Guide to the Bible*. Ed. R. Alter and F. Kermode. Cambridge, Mass.: Belknap. Pp. 78–91.

Allen, R. B. 1990. "Numbers." In *The Expositor's Bible Commentary*. Vol. 2. Ed. F. E. Gaebelein. Grand Rapids: Zondervan. Pp. 657–1008.

Ashley, T. R. 1993. *The Book of Numbers*. NICOT. Grand Rapids: Eerdmans.

Brown, R. 2002. *The Message of Numbers*. The Bible Speaks Today. Downers Grove, Ill.: InterVarsity Press.

Budd, P. J. 1984. *Numbers*. WBC 5. Waco, Tex.: Word.

Caine, I. 1971. "Numbers, Book of." *EncJud* 12:1249–54.

Childs, B. S. 1979. *Introduction to the Old Testament as Scripture*. Philadelphia: Fortress. Pp. 190–201.

Cole, R. D. 2000. *Numbers*. NAC 3B. Nashville: Broadman & Holman.

Davies, E. W. 1995. *Numbers*. NCBC. Grand Rapids: Eerdmans.

Dentan, R. C. 1962. "Numbers, Book of." *IDB* 3:567–71.

Douglas, M. 1993. *In the Wilderness: The Doctrine of Defilement in the Book of Numbers*. JSOTSup 158. Sheffield: JSOT Press.

Dozeman, T. B. 1998. "The Book of Numbers: Introduction, Commentary and Reflections." In *The New Interpreter's Bible*. Vol. 2. Ed. L. E. Keck et al. Nashville: Abingdon. Pp. 1–168.

Fretheim, T. E. 2001. "Numbers." In *The Oxford Bible Commentary*. Ed. J. Barton and J. Muddiman. Oxford: Oxford University Press. Pp. 110–54.

Harrison, R. K. 1992. *Numbers: An Exegetical Commentary*. Wycliffe Exegetical Commentary. Grand Rapids: Baker.

Knierim, R. P. 1990. "The Book of Numbers." In *Die Hebräische Bibel und ihre zweifache Nachgeschichte: Festschrift für Rolf Rendtorff zum 65. Geburtstag*. Ed. E. Blum, C. Macholz, and E. W. Stegemann. Neukirchen-Vluyn: Neukirchener Verlag. Pp. 155–63.

Kugel, J. L. 1997. *The Bible as It Was*. Cambridge, Mass.: Belknap. Pp. 461–500.

Lee, W. W. 2000. "The Transition from the Old Generation to the New Generation in the Book of Numbers: A Response to Dennis Olson." In *Reading the Hebrew Bible for a New Millennium: Form, Concept, and Theological Perspective*. Vol. 2, *Exegetical and Theological Studies*. Ed. W. Kim et al. SAC. Harrisburg, Pa.: Trinity. Pp. 201–20.

Levine, B. A. 1976. "Numbers, Book of." *IDBSup* 631–35.

———. 1993. *Numbers 1–20: A New Translation with Introduction and Commentary*. AB 4A. New York: Doubleday.

———. 2000. *Numbers 21–36: A New Translation with Introduction and Commentary*. AB 4B. New York: Doubleday.

L'Heureux, C. E. 1990. "Numbers." In *The New Jerome Biblical Commentary*. Ed. R. E. Brown, J. A. Fitzmyer, and R. E. Murphy. Englewood Cliffs, N.J.: Prentice-Hall. Pp. 80–93.

Maarsingh, B. 1987. *Numbers: A Practical Commentary*. Trans. J. Vriend. Text and Interpretation. Grand Rapids: Eerdmans.

Milgrom, J. 1970. *Studies in Levitical Terminology*. Vol. 1, *The Encroacher and the Levite: The Term ʿAboda*. University of California Publications, Near Eastern Studies 14. Berkeley: University of California Press.

————. 1990. *Numbers: The Traditional Hebrew Text with the New JPS Translation*. JPS Torah Commentary. Philadelphia: The Jewish Publication Society.

————. 1992. "Numbers, Book of." *ABD* 4:1146–55.

Moriarty, F. L. 1968. "Numbers." In *The Jerome Biblical Commentary*. Ed. R. E. Brown, J. A. Fitzmyer, and R. E. Murphy. 2 vols. in 1. Englewood Cliffs, N.J.: Prentice-Hall. Vol. 1, pp. 86–100.

Noth, M. 1969. *Numbers: A Commentary*. Trans. J. D. Martin. Philadelphia: Westminster.

Ogden, G. S. 1996. "The Design of Numbers." *BT* 47:420–28.

Olson, D. T. 1985. *The Death of the Old and Birth of the New: The Framework of Numbers and the Pentateuch*. BJS 71. Chico, Calif.: Scholars Press.

————. 1996. *Numbers*. Interpretation. Louisville: John Knox.

————. 1997. "Negotiating Boundaries: The Old and New Generations and the Theology of Numbers." *Int* 51:229–40.

Oswalt, J. 1975. "Numbers, Book of." *ZPEB* 4:461–69.

Ringe, S. H. 1999. "Reading Back, Reading Forward." *Semeia* 88:189–94.

Sakenfeld, K. D. 1989. "Numbers." In *The Books of the Bible*. Ed. B. W. Anderson. 2 vols. New York: Scribner. Vol. 1, pp. 71–87.

————. 1995. *Journeying with God: A Commentary on the Book of Numbers*. ITC. Grand Rapids: Eerdmans.

Sherwood, S. K. 2002. *Leviticus, Numbers, Deuteronomy*. Berit Olam. Collegeville, Minn.: Liturgical Press. Pp. 95–195.

Snaith, N. H. 1967. *Leviticus and Numbers*. The Century Bible. London: Nelson. Pp. 179–347.

Sturdy, J. 1976. *Numbers*. CBC. Cambridge: Cambridge University Press.

Wenham, G. J. 1981. *Numbers: An Introduction and Commentary*. TOTC. Downers Grove, Ill.: InterVarsity Press.

————. 1997. *Numbers*. OTG. Sheffield: Sheffield Academic Press.

Wevers, J. W. 1982. *Text History of the Greek Numbers*. MSU 16. Göttingen: Vandehoeck & Ruprecht.

Williams, G. 1994. "The Verb *qarab* 'Come Near' in Numbers." *BT* 45:245–47.

Numbers 1:1–10:10

Kaufmann, Y. 1960. *The Religion of Israel*. Trans. M. Greenberg. Chicago: University of Chicago Press.

Milgrom, J. 1997. "Encroaching on the Sacred: Purity and Polity in Numbers 1–10." *Int* 51:241–53.

Numbers 1–2

In the bibliography for Exodus 12–15:21 see Davies 1995; Heinzerling 2000; Humphreys 1998; 2000; Milgrom 1999; Rendsburg 2001.

Archer, G. L. 1973. *A Survey of Old Testament Introduction.* Chicago: Moody. Pp. 234–38.

Mayes, A. D. H. 1974. *Israel in the Period of the Judges.* Naperville, Ill.: Allenson. Pp. 16–34.

Milgrom, J. 1978. "Priestly Terminology and the Political and Social Structure of Pre-Monarchic Israel." *JQR* 69:65–81.

Sasson, J. 1978. "A Genealogical 'Convention' in Biblical Chronography?" *ZAW* 90:171–85.

Wenham, J. W. 1967. "Large Numbers in the Old Testament." *TynB* 18:19–53.

Numbers 3–4

Abba, R. 1962. "Priests and Levites." *IDB* 3:876–89.

Cody, A. 1969. *A History of Old Testament Priesthood.* AnBib 35. Rome: Pontifical Biblical Institute. Pp. 29–38.

Milgrom, J. 1970. *Studies in Levitical Terminology.* Vol. 1, *The Encroacher and the Levite: The Term ʿAboda.* University of California Publications, Near Eastern Studies 14. Berkeley: University of California Press.

Spencer, J. R. 1998. "PQD, the Levites, and Numbers 1–4." *ZAW* 110:535–46.

Vaux, R. de. 1965. *Ancient Israel.* Trans. J. McHugh. 2 vols. New York: McGraw-Hill. Vol. 2, pp. 358–71.

Numbers 5

Verses 5–10

Milgrom, J. 1974. *Cult and Conscience: The ASHAM and the Priestly Doctrine of Repentance.* SJLA 18. Leiden: Brill. Pp. 104–6.

Verses 11–31

Bach, A. 1993. "Good to the Last Drop: Viewing the Sotah (Numbers 5,11–31) as the Glass Half Empty and Wondering How to View It Half Full." In *The New Literary Criticism and the Hebrew Bible.* Ed. J. C. Exum and D. J. A. Clines. JSOTSup 143. Sheffield: JSOT Press. Pp. 26–54.

Brichto, H. C. 1975. "The Case of the Sōṭā and a Reconsideration of Biblical Law." *HUCA* 46:55–70.

Fishbane, M. 1974. "Accusations of Adultery: A Study of Law and Scribal Practice in Numbers 5:11–31." *HUCA* 45:25–45.

Frymer-Kensky, T. 1976. "Ordeal, Judicial." *IDBSup* 638–40.

———. 1984. "The Strange Case of the Suspected Sotah (Numbers V 11–31)." *VT* 34:11–26.

McKane, W. 1980. "Poison, Trial by Ordeal and the Cup of Wrath." *VT* 30:474–92.

Milgrom, J. 1981. "The Case of the Suspected Adulteress, Numbers 5:11–31: Redaction and Meaning." In *The Creation of Sacred Literature: Composition and Redaction of the Biblical Text.* Ed. R. E. Friedman. University of California Publications in Near Eastern Studies 22. Berkeley: University of California Press. Pp. 69–75.

———. 1985. "On the Suspected Adulteress (Numbers V 11–31)." *VT* 35:368–69.

Pardee, D. 1985. "Marim in Numbers V." *VT* 35:112–15.

Phillips, A. C. 1970. *Ancient Israel's Criminal Law: A New Approach to the Decalogue.* Oxford: Blackwell. Pp. 118–21.

Sasson, J. 1972. "Numbers 5 and the 'Waters of Judgment.'" *BZ* 16:249–51.

Ward, E. F. de. 1977. "Superstition and Judgment." *ZAW* 89:1–19.

Numbers 6

Verses 1–21

Diamond, E. 1997–1998. "An Israelite Self-Offering in the Priestly Code: A New Perspective on the Nazirite." *JQR* 88:1–18.

Eichrodt, W. 1961–1967. *Theology of the Old Testament.* Trans. J. Baker. 2 vols. OTL. Philadelphia: Westminster. Vol. 2, pp. 303–6.

Milgrom, J. 1971. "Nazirite." *EncJud* 12:907–9.

———. 1974. *Cult and Conscience: The ASHAM and the Priestly Doctrine of Repentance.* SJLA 18. Leiden: Brill. Pp. 66–70.

Rainey, A. 1970. "The Order of Sacrifices in Old Testament Ritual Texts." *Bib* 51:485–98.

Riemann, P. 1970. "Am I My Brother's Keeper?" *Int* 24:482–91.

Vaux, R. de. 1965. *Ancient Israel.* Trans. J. McHugh. 2 vols. New York: McGraw-Hill. Vol. 2, pp. 466–67.

Verses 22–27

Brichto, H. C. 1971. "Priestly Blessing." *EncJud* 13:1060–61.

Freedman, D. N. 1975. "The Aaronic Benediction." In *No Famine in the Land: Studies in Honor of John L. McKenzie*. Ed. J. W. Flanagan and A. W. Robinson. Missoula, Mont.: Scholars Press. Pp. 411–42.

————. 1980. "The Aaronic Benediction (Numbers 6:24–26)." In *Pottery, Poetry and Prophecy: Studies in Early Hebrew Poetry*. Winona Lake, Ind.: Eisenbrauns. Pp. 229–42.

Korpel, M. C. A. 1989. "The Poetic Structure of the Priestly Blessing [Numbers 6,24–26]." *JSOT* 45:3–13.

Miller, P. D., Jr. 1975. "The Blessing of God: An Interpretation of Numbers 6:22–27." *Int* 29:240–51.

Westermann, C. 1978. *Blessing in the Bible and the Life of the Church*. Trans. K. R. Crim. OBT. Philadelphia: Fortress. Pp. 42–45.

17. 시내 산에서 가데스로

민 10:11-20:21

이스라엘은 시내 산에 도착한 이래로 하나님과 모세로부터 많은 말씀을 들었다. 지시사항들, 규례들, 권면들이 많이 주어졌다. 그러나 이제는 진을 거두고 앞으로 나아가야 할 시간이 되었다. 베드로와 야고보와 요한에게 변화산이 종착역이 아니었던 것처럼 시내 산은 결코 하나님께서 자기 백성을 위하여 준비하신 종착역이 아니었다. 그러나 하나님은 자신의 더 깊은 면을 보여주심으로써 미래를 위해 자기 백성을 격려해야 했다.

행진에서 불평으로(10:11-12:16)

프랭크 크로스(Frank M. Cross 1973: 308-17)는 "이스라엘 자손이 … 에서 떠나"라는 문구가 출애굽기와 민수기에 빈번하게 나오는 것을 발견하고, 이것을 창세기에 열 번 나오는 " … 의 계보가 이러하니라"라는 문구와 비교했다. "이스라엘 자손이 … 에서 떠나"라는 문구는 출애굽기 12:37; 13:20; 14:2; 15:22; 16:1; 17:1; 19:2에는 일곱 번 나온다.

나머지 다섯 번은 민수기 10:12; 20:1, 22; 21:10; 22:1에 나온다. 그러나 시내 산으로부터의 출발은 특별하다. 이스라엘은 잊지 못할 기억들을 가지고 그 곳을 떠난다. 10:1-35의 장면은 극적이고, 가슴 설레게 한다. 깃발들이 휘

날린다. 하나님께서 함께 하시는 것이 뚜렷하게 보인다. 모든 사람들의 마음이 정복을 향해 있다. 시내 산을 떠나면서 모세는 자기 장인 호밥에게 "당신은 우리가 광야에서 어떻게 진 칠지를 아나니 우리의 눈이 되리이다"라고 하면서 동행할 것을 부탁하는데, 이것은 우리에게 약간 놀라움으로 다가온다(29-32절, 특히 31절). (개역개정판에는 호밥은 르우엘의 아들, 즉 처남으로 되어 있지만 해밀턴은 그냥 장인으로 기술하고 있다. 이것은 처남 혹은 장인을 가리키는 히브리어 단어가 자음은 동일한데 후대에 첨가된 모음만 서로 다르다는 점에 기인한다. 그러나 이 본문이 분명히 호밥을 르우엘의 아들이라고 부르고 있다는 점과 출 18:23에서 장인 이드로가 고향으로 돌아간 것을 고려해 보면 호밥은 장인이라기보다는 처남으로 이해하는 것이 더 타당성이 있는 것으로 보인다: 역자 주.) 그렇다면 이스라엘을 인도한 것은 누구인가? 불 구름 속에 임재하신 하나님(9:15-23)이신가, 호밥인가? 아니면 둘 모두인가? 만약 양자 모두가 맞다면 이 본문은 하나님의 뜻을 이루는데 있어서 하나님의 사역과 인간의 사역이 모두 중요하다는 성경의 사상을 잘 나타내는 주는 본문이 될 것이다. 비근한 예로 우리는 여호수아 1장에서 하나님이 여호수아에게 전적으로 승리를 보증해주신 다음에 바로 나오는 여호수아 2장에서 여호수아가 여리고를 정탐하기 위해 정탐꾼들을 파견하는 장면을 생각해 볼 수 있다. 비록 본문이 분명하게 말해주고 있지는 않지만 설혹 호밥이 첫 번째 거절(민 10:30) 이후에 다시 동행하기로 결정했다고 해도 이후의 본문은 그의 공헌에 대해서 부각시키지 않고 있다. 이어지는 내러티브들에서 영광은 야웨에게 드려지고 있으며, 모세의 장인에게는 주어지지 않는다.

독자들은 11장과 12장에서 충격적인 장면을 맞이할 준비가 전혀 되어 있지 않다. 여기에는 낙관적인 태도와 용맹무쌍한 모습보다는 분열과 불평과 절망과 당혹의 장면들만 나오며, 그때마다 그에 합당하게 하나님의 심판이 내려진다.

이 처참한 본문에는 세 가지 장면이 들어 있다. 첫 번째 장면은 여러 가지 불행들에 대해서 원망하는 장면이다. "원망하였다"란 표현에 사용된 히브리어 단어의 어형(히트파엘형, Hithpael)을 볼 때 이것은 하나의 독립적인 사건이 아니라 하나의 행동 패턴이었음을 나타내는 듯하다. 하나님은 진 끝을 불사르심으로써 이에 대응하신다. 오직 모세의 중보 기도만이 이 심판을 끝나게 한다(11:1-3). 둘째 장면에서 백성들은 오직 만나라는 한 가지 음식만을 먹는 것에 불만을 품고 다른 음식들을 달라고 하나님께 부르짖는다(11:4-34). 세 번째 장면에서 미리암은 모세가 아내를 고르는데 있어서 현명했는지, 그리고 오직 모세만이 하나님과 아주 특별한 관계를 누리고 있다는 것이 진실인지에 대해서 따지고 든다(12장).

이 사건들의 가장 직접적인 목적은 복을 주시기 위해서 진 가운데 임재하시는 하나님(1-10장)과 어떤 집단이나 개인이 회중의 정체성을 깨뜨릴 때 심판을 주시기 위해 임재하시는 하나님(11-12장)을 대비시키는 것이다. 그 때문에 불사름이 발생하고(11:1), 재앙이 일어나고(11:33), 형제를 참소한 자들은 문둥병에 걸린다(12:10). 각 사건들 속에서 모세가 하는 역할은 흥미롭다. 첫 번째 사건에서는 모세는 성공적인 중보자의 역할을 한다. 그는 아무런 질문도 제기하지 않으며, 아무런 꾸짖음도 하지 않는다. 그러나 두 번째 사건에서 고기를 달라는 울부짖음이 나왔을 때에는 이야기가 전혀 달라진다. 11:2의 경우에는 모세가 기도했지만 11:10의 경우에는 모세도 기뻐하지 않는다. 모세는 이 백성이 불평하고 애굽에서 먹던 음식을 그리워하는 것이 자기에 대한 고발이라고 생각한다. 그는 크게 당혹해하며, 감사할 줄 모르는 이 둔감한 사람들을 더 이상 떠맡으려고 하지 않는다. 이들을 위해서 계속 사역하느니 차라리 죽고 싶어한다(15절). 원망은 전염성이 있다. 모세는 자기 회중의 수준까지 낮아지며, 그들의 태도를 닮는다.

이런 모세에 대한 반응으로서 하나님은 그의 임무를 경감시켜 주기도 하시고, 그를 책망하기도 하신다(16절 이하). 우선 하나님은 모세가 더 이상 혼자서 고군분투하지 않도록 그의 임무를 줄여 주신다. 하나님은 그에게 칠십 명의 장로들을 제공해주신다. 이제 그들이 모세의 지도자로서의 짐을 분담할 것이다. 마치 모세는 나눠주고도 남을 만큼 영(Spirit)을 누리고 있는 것처럼 보인다. 그리고 그렇게 나눠준다고 해서 그가 누리고 있는 영의 분량이 줄어드는 것도 아니다. 마치 한 초의 촛불을 다른 촛불에 나눠준다고 해서 그 초의 촛불이 약해지는 것이 아닌 것처럼 말이다(Sommer 1999: 610). 그러나 이것은 또한 하나님의 책망이기도 하다. 만약 모세가 일을 그만두고 싶다면 그렇게 하도록 허락될 것이다. 그러나 그 전에 그는 회중 가운데서 칠십 명을 먼저 선출해야 한다. 하나님은 모세에게 주셨던 영을 그들에게 부어 주실 것이다. 모세는 꼭 있어야만 하는 존재가 아니다. 그러나 하나님의 영은 꼭 있어야만 한다. 모세가 가진 능력들은 바로 하나님의 영 때문인 것이다.

이 모든 일은 회막에서 일어났다(16b,24절). 그러나 영은 그 한정된 장소에 국한되지 않는다. 이 영은 진 안에 있던 다른 두 사람, 즉 엘닷과 메닷에게도 임한다(26절). 그러나 편협한 여호수아는 이것을 멈추게 만들고 싶어한다(28절). 경직성은 잘 사라지지 않는 법이다(28절). 이런 식의 태도는 제자 요한이 예수께 한 말 속에도 반영되어 있다. "주여 어떤 사람이 주의 이름으로 귀신을 내어 쫓는 것을 우리가 보고 우리와 함께 따르지 아니하므로 금하였나이다"(눅 9:49). 그러나 모세는 여호수아의 이런 좁은 시각을 공유하지 않는다. "여호와께서 그의 영을 그의 모든 백성에게 주사 다 선지자가 되게 하시기를 원하노라"는 모세의 말(민 11:29)은 진정으로 보편주의적인 사상을 보여준다. (몇 개의 주석들은 29절의 모세의 말을 다소 냉소적인 것으로 해석한다. 즉 "하나님의 백성들이 다 선지자가 되어 내가 겪어본 이런 고초들을 직접 겪어보고 난 후에 어떤 생각들을 하게 되는지 한번 봤으면"이라는 의미로 말했다는 것이다.)

하나님은 맛있는 음식들에 대한 백성들의 요구를 받아들이신다. 그러나 출애굽기 16장과는 달리 그들은 값을 치러야 한다. 그들이 이 맛난 음식들을 즐기기도 전에 재앙이 내린다(33절). 시편 106:15의 해설대로 "여호와께서는 그들이 요구한 것을 그들에게 주셨을지라도 그들의 영혼은 쇠약하게 하셨도다." 하나님은 들어주시지만 용서하지는 않으신다. 메추라기를 날라옴으로써 결국 큰 재앙이 임하게 만든 "바람"이라는 단어와 칠십 장로들 위에 임하여 그들로 하여금 예언하게 만든 "영"이라는 단어의 히브리어는 동일하다. 히브리어로는 이 두 단어 모두 **루아흐**인 것이다. 그러므로 민수기 11:4-34는 하나님의 루아흐가 역사할 때 황홀할 정도의 축복을 누릴 수도 있고 멸절에 가까운 재앙을 당할 수도 있음을 힘있게 잘 보여주고 있다.

세 번째 사건은 12장에 들어 있다. 11장에서 모세가 간접적으로 도전을 받았다면 12장에서는 정면으로 도전을 받는다. 11:1-3에서 하나님은 원망하는 소리를 들으신다(1절을 보라) (그런데 그것을 모세에게 말씀해주셨을까?). 그리고 11:4-34에서는 모세가 불평을 듣고(10절) 그것을 하나님에게 이야기한다. 즉 11:1-3과 11:4-34에서 공히 공격을 당하는 입장에 있는 분은 하나님이시다. 그런데 이제 12:1-16에서는 모세가 공격을 당한다. 그에 대한 첫 번째 비난은 모세가 배우자를 잘 선택했느냐 하는 것이다. 그는 어떤 구스 여인과 결혼했다(12:1). 이 비판은 아론보다는 미리암에게서 나온 듯하다. 왜냐하면 12:1은 원문상으로 "그리고 그녀가, 즉 미리암과 아론이 모세를 비방하니라"라고 되어 있기 때문이다. 이 문장의 동사는 삼인칭 복수가 아니라 삼인칭 단수 여성형이다. (이와 동일한 구문이 삿 5:1에서도 발견된다. 그 때 그녀가, 즉 데보라와 바락이 노래했다.) 그 때문에 로빈슨(Robinson 1989: 432)은 심지어 아론이 "미리암의 조역"이라고 부르기도 한다.

"하나님께서 너희가 어찌하여 내 종 모세 비방하기를 두려워하지 아니하느냐"(12:8)라고 하셨을 때 이 "너희"란 복수 인칭 대명사 속에는 아론이 포함되어 있기는 하지만 오직 미리암만이 문둥병에 걸린 이유는 아마 이것 때문인 듯하다. 크로스(Cross 1973: 204)는 지적하기를, 만약 구스 여자란 말이 흑인을 지칭하는 것이거나 성경에서 흔히 그러하듯이 에디오피아인인을 지칭하는 것이라면 이 이야기에서 "미리암의 하얗게 된 피부는 그녀가 구스 여자에 대해서 반기를 든 것에 대한 벌로서 아주 적절하게 잘 들어맞는다"고 하였다.

그러나 반면에 민수기 12:1은 단지 모세의 아내가 구산(Cushan) 부족 출신이라는 것을 말해주고 있는 것일 수도 있는데, 이 경우 이 지역은 합 3:7의 "구산의 장막이 환난을 당하고 미디안 땅의 휘장이 흔들리는도다"라는 말씀에서 보는 바와 같이 미디안 땅에 해당한다. 만약 이 견해가 맞다면 이것은 모세가 미디안 출신의 십보라와 결혼했다는 출애굽기 2:21의 내용과 완전히 일치한다.

모세는 하나님의 기분을 상하게 하는 말을 하는 것의 결과로 문둥병이 걸리게 된 사람의 처지에 대해서 아주 잘 알고 있다. 일찍이 그 자신이 하나님의 말씀에 순종하여 애굽으로 돌아가는 것을 세 번째로 회피하고자 했을 때 그가 당한 일이 바로 이것이기 때문이다(출 4:1-9, 특히 6-7절을 보라).

흥미롭게도 아론은 오직 모세로부터만 자비를 간구한다(11-12절). 이번에도 중보기도를 올리는 사람은 역시 모세이다(13절). 그러므로 우리는 다시 한 번 11:1-3의 모세로 돌아간다. 그의 기도는 하나님의 심판을 경감시키기는 하지만 취소시키지는 못한다. 모세가 미리암이나 아론을 꾸짖는 말은 전혀 나타나지 않는다. 그는 자신을 비방하는 자들에게 침묵이라는 방침으로 대응한다. 사실 애커먼(Ackerman 2002: 80)이 관찰한 바와 같이, 민수기의 나머지 부분들에서 모세와 아론은 상당히 좋은 관계에 있는 듯 하다(13:26; 14:2,5,26; 15:33; 16:3,11,16-22,36-40,41-50; 17:1-11; 18:1-7; 19:1; 20:2,6,8,10). 이와는 대조적으로 미리암은 민수기 12장 이후에 오직 한 번만 더 등장하는데, 곧 그녀가 죽을 때뿐이다(20:1하반절).

문제가 제기된 것은 모세와 그의 유일무이한 아내의 관계에 대해서 뿐만 아니다. 그와 하나님의 유일무이한 관계에 대해서도 문제가 제기된다. "여호와께서 모세와만 말씀하셨느냐?" 그가 계시의 유일한 통로이냐? 그가 하나님의 말씀을 독점하고 있느냐? 그가 이 세상에서 하나님의 유일한 대변자이냐? 그가 교황 같은 인물이냐? 이에 대한 하나님의 대답은 간단하다. 그렇다는 것이다(6-8절을 보라).

민수기 11장은 모세에 대해서 12장과는 다른 빛을 던져주고 있다. 11장에서는 모세가 다른 사람들과 공유하는 사역에 강조점이 주어져 있다. 하나님은 모세에게 주신 것과 동일한 영을 칠십 장로에게 주실 것이다. 이 신적인 자원은 모세가 독점하고 있는 것이 아니다. 이와는 대조적으로 12장은 모세의 사역의 독특성에 대해 초점을 맞추고 있다(6-8절을 보라). 하나님은 오직 모세와만 대면하여 말씀하신다. 모세는 사역에서 뿐만 아니라 인품에 있어서도 특별하다. 그는 아주 온유하다(3절). 히브리어 성경에서 이 단어가 단수로 사용되고 있는 경우는 이번뿐이다. 다른 곳에서 복수로 쓰일 때 이 단어는 하나님께 부르짖는 "고통받는 자"(the afflicted)들을 가리킨다. 다른 하나님의 종들의 경우와 마찬가지로 모세의 경우에도 성공적인 리더십의 열쇠는 기쁜 마음으로 다른 사람들과 사역을 공유하는 동시에 또한 하나님께서 그에게만 특별히 주심으로써 그를 구별하신 독자적인 사역을 갖는 것이다. 성경이 만인 제사장 사상을 가르치고 있는 것은 분명한 사실이다. 그러나 성경이 만인 선지자 사상도 가르치고 있는 것 같지는 않다.

브레버드 차일즈(Brevard Childs 1979: 198)가 지적한 바와 같이 이 이야기들 및 그에 뒤따르는 이야기들은 1:1-10:11의 주제, 즉 하나님의 백성이 절대적으로 거룩해야 한다는 주제를 계속해서 이어나가고 있다. 이 공동체의 거룩성은 공동체가 불화와 반목으로 찢겨질 때 상처를 입는다. 그렇게 되면 하나님은 축복을 심판으로 바꾸시는 수밖에 없게 된다.

비평학자들은 11장(메추라기 이야기와 장로들의 이야기)과 12장(모세의 아내 이야기, 모세와 하나님의 관계에 대한 이야기)에 각각 두 개의 서로 다른 이야기가 엉성하게 혼재되어 있다는 것을 밝히는데 너무 혈안이 되어 있다. 예를 들어 조지 코우츠(George W. Coats)의 연구들을 보라. 그는 전승사적인 연구방법을 강조하는 마르틴 노트(Martin Noth)의 연구들에 큰 영향을 받았다. 이에 반해 데이비드 조블링(David Jobling 1977; 1978)의 철저한 연구는 찬사를 받을 만하다. 그의 연구는 성경에 대한 발생학적인 접근방법(the genetic approach), 즉 성경 본문의 형성사를 추적하는 접근방법을 넘어서서 최종적인 형태의 본문을 다루고 있다.

이런 연구를 따를 때 이 두 장의 주제의 공통점이 분명하게 드러난다. 이 각각의 내러티브를 관통하는 중심적인 흐름(program)이 있는데 그것은 하나님이 이스라엘에게 가나안의 약속의 땅을 주시고자 한다는 것이다. 그리고 거기에는 또한 여기에 역행하는 흐름(counterprogram)이 있는데, 이 움직임은 백성들이 광야 여행에 반기를 든다든지, 음식에 대해서 불평을 한다든지, 모세가 자신의 역할에 대해서 이의를 제기한다든지, 미리암과 아론이 모세에게 반기를 든다든지 하는 것 등에 의해서 촉발된다. 그리고 마지막으로 이 역행하는 흐름에 다시 하나님께서 역행하시는 흐름(counter-counterprogram)이 나타나는데, 그 목적은 통일성을 회복하시고자 하는 것이다. 이 마지막의 흐름에 의해서 선동자들은 벌을 받게 된다. 하나님의 뜻은 한 백성, 한 음식, 한 지도자인 것이다.

올라갈 것인가 말 것인가?(13:1-14:15)

민수기의 이 두 장은 가나안을 공격하는 것이 타당한지를 결정하기 위해 가데스 혹은 가데스바네아로부터 가나안으로 정탐꾼들을 파견하는 이야기와 그 정탐꾼들의 보고가 발표됐을 때 그에 대해서 어떤 반향이 일어났는가 하는 이야기를 다루고 있다. 정탐꾼을 보내는 계획이 하나님으로부터 나왔다는 사실에 우리는 주목할 필요가 있다. "사람을 보내어 내가 이스라엘 자손에게 주는 가나안 땅을 정탐하게 하되." 우리는 하나님께서 그냥 직접 정보를 제공하셔서 이러한 모험에 드는 시간과 위험을 겪지 않게 하셨으면 좋지 않았을까 하고 생각해 볼 수 있다. 그러나 반드시 사람들이 조사하고 검토를 해야 했다.

현대의 비평적인 성경 학자들은 이 두 장이 두 개의 이야기를 엮어 놓은 것이라는데 의견의 일치를 보이고 있다. 그들에 따르면 원래의 이야기는 하나의 단일한 이야기였으며, J/E 문서로 거슬러 올라간다. 그런데 나중에 이 이야기가 손질되고, P로부터 파생된 다른 이야기에 의해 보충된다. 이 본문이 이처럼 이질적인 요소들을 갖고 있다는 것을 증명하는 근거는 이 이야기에 상호배타적인 중복기사(doublet)들이 들어 있다는 것이다. 예를 들어 정탐꾼들은 오직 네게브 지역만을 정탐한 것으로 되어 있다(13:22 [J/E]). 그러나 하맛 어귀 르홉은 가나안의 한참 북부 지역이므로 혹시 그들이 가나안 땅 전체를 정탐했던 것은 아닐까(13:21 [P])? 부정적인 보고에 대항한 사람은 오직 갈렙뿐인가(13:30 [J/E]), 아니면 갈렙과 여호수아 모두인가(14:6 [P])? 갈렙만이 약속의 땅에 들어간 것인가(14:24 [J/E]), 아니면 갈렙과 여호수아 모두 들어간 것인가(14:30 [J/E 혹은 J/E에 후대에 첨가된 부분?])?

비평학자들이 원래의 두 개의 이야기를 재구성한 것은 대략 다음과 같다 (서로들간에 약간의 차이는 있지만):

13:1-7a P	13:25-26 P	14:5-10 P
13:7b-20 J/E	13:27-31 J/E	14:11-25 J/E
13:21 P	14:1-3 P	14:26-28 P
13:22-24 J/E	14:4 J/E	14:39-45 J/E

하지만 양자가 정말 서로 간에 모순이 되는 중복기사들인지는 논란의 여지가 있다. 그러나 우리가 이 문제를 다루기 전에 우리는 먼저 성경 비평학 전반에 대한 루이스(C. S. Lewis)의 경고를 주목할 필요가 있다. 「기독교에 관한 사색들」(*Christian Reflections*)이란 글에서 그는 자기 작품을 평론하는 사람들이 왜 루이스가 이런 글을 쓰게 되었는가, 무엇이 그로 하여금 그렇게 하도록 영향을 끼쳤는가, 그의 글의 목적이 무엇인가 하는 것 등의 문제들(이런 문제들은 저자들이 언제나 일일이 꼭 집어서 명시하거나 자질구레하게 언급하는 문제들은 아니다)에 대해서 나름대로 답을 제시하고자 할 때마다 꼭 잘못된 답을 제시한다고 지적했다. 하지만 잘 모르는 독자들이 볼 때에는 그들의 이런 말들이 너무 그럴 듯 해 보여서 정말 맞는 것처럼 들릴 수가 있다.

이제 고대의 책들이 쓰여진 과정을 재구성하는 문제로 돌아가서 루이스는 이렇게 말한다:

> 성경 비평학자들은 항상 [성경 저자들이 가진] 관습들, 언어, 인종적 속성들, 계층적 속성들, 종교적 배경, 저작 습관들, 기본적인 사고방식들 등의 문제들에 직면한다. 만약 이런 문제들을 성경 비평학자들이 모두 완전하게 파악하려고 한다면 그들의 판단력과 학문적 노력은 가히 초인적이어야만 할 것이다. 하지만 아무리 학문적으로 노력한다고 해도 내 평론가들이 나에 대해서 알아낼 수 있는 만큼도 결코 확실하고 분명하게 그들은 이런 것들에 대해서 알아낼 수가 없을 것이다. 그러므로 반드시 기억하라. 이런 것들에 대해서 결코 확실한 것을 밝혀낼 수 없다는 바로 이 점 때문에 그들이 틀렸다는 것 또한 결코 까발려지지 않을 것이라는 점을. 성 마태는 죽고 없다. 그리고 그들이 성 베드로를 만났을 때에는 이런 것들 말고도 다루어야 할 더 중요한 문제들이 있을 것이다.

민수기 13-14장의 경우 한 개의 이야기가 원래의 다른 이야기에 덧씌워졌다고 보는 것이 가능할 수도 있다. 만약 중복기사란 것이 정말 결부되어 있다면 이런 식의 설명이 바로 현재의 본문 모습에 대한 바른 설명일 수도 있다. 그렇다면 다음 단계는 서로 결합되어 있는 이 두 이야기를 따로 분리해 내는 것이 될 것이다(우리가 위에서 대체적으로 받아들여진 견해를 따라서 해 본 것처럼). 예전의 성경 비평학이 한 것은 바로 여기까지이다. 그러나 더 최근의 경향은 이러한 편집과정을 어떻게든 설명해 보려는 것이다(예를 들어 McEvenue 1971: 117-27).

논리적으로 생각해볼 때 우리는 민수기 13-14장이 정말로 모순되는 요소들로 짜여져 있는지를 묻게 된다. 동등한 정도의 타당성을 가진 다른 설명도 있지 않을까? 열두 명의 정탐꾼이 같이 움직였을 것 같지는 않다. 비밀 공작을 수행하기 위해서는 서로 떨어져 다닐 필요가 있었을 것이다. 평생 두 지역, 즉 애굽과 시나이 반도 일부만을 알고 있었던 히브리 정탐꾼들에게 남방(Negeb)이라는 지명은 어떤 의미를 갖고 있었을까? 남방이라는 단어는 혹시 가나안 전체를 지칭하는 제유법적인 표현은 아니었을까?

첫 번째 날에는 갈렙이 반대를 하고, 둘째 날에는 갈렙과 여호수아가 함께 반대를 했을 가능성도 있다. 13장에서는 정탐꾼들로부터 항거가 나왔지만 14장에서는 두려운 마음이 온 회중을 삼켜 버렸다. 맥래(A. MacRae 1970: 179)는 13장과 관련하여 이렇게 말했다. "여호수아는 모세와 너무 가깝기 때문에 사람들이 그의 말을 모세와 분리해서 받아들이기가 어려웠을 것이므로 갈렙이 이렇게 [반대를 제기]하는 것이 더 효과적이었을 것이다."

갈렙의 구원은 불신앙적인 다른 정탐꾼들의 멸망과 대비된다(14:24). 그리고 갈렙과 여호수아의 구원은 악한 회중의 멸망과 대비된다(14:27,30).

우리는 가능성이 있는 것으로 여겨지는, 혹은 내재적인 모든 모순점들에 대해 억지로 눈을 감아주어야 하는가? 그렇다면 14:30의 "갈렙과 여호수아 외에는 내가 맹세하여 너희에게 살게 하리라 한 땅에 결단코 들어가지 못하리라"는 말씀을 우리는 어떻게 이해해야 하는가? "갈렙과 여호수아 외에는 [한 사람도]"라는 말을 우리는 어디까지 이해해야 하는가? 모세와 아론 역시 이 사건으로 인해 심판을 받은 것인가? 물론 그렇지 않다.

통일성이 있건 합성된 것이건 간에 최종적인 형태의 본문에서 이 두 장을 우리는 어떻게 보아야 하는가? 우선 이 두 장은 11장과 12장의 이야기를 계속 이어나가고 있음이 명백하다. 이 앞의 두 장에서는 불신앙의 죄 때문에 하나님의 진에 난리가 나서 불로 인한 죽음, 재앙, 문둥병 등이 발생했다. 이제 이와 마찬가지로 이 나중의 두 장에서도 불신앙의 죄는 즉각적인 죽음(14:37), 요절 및 약속의 땅으로부터의 추방(14:22-23,29-30), 패배(14:45) 등의 치명적인 결과들을 가져 온다. 이스라엘 사람들은 아말렉과의 싸움에서 결국 무승부를 기록한다. 즉 시내 산에 도착하기 전에는 승리(출 17:8-14)를 거두었지만 시내 산을 떠난 이후에는 패배를 기록한다.

다시 한 번 이 두 장은 내적인 대립으로 가득 차 있다. 13장은 정탐꾼들의 부정적인 보고에 초점을 맞추고 있으며, 14장은 온 회중의 부정적인 반응에 초점을 맞추고 있다. 정탐꾼들의 보고는 패배주의적이고 비관주의적인 반면에 갈렙의 보고는 긍정적이다(13:25-33). 그 땅의 과실들은 어마어마하게 크고(13:23,24,27b), 그 땅의 거주민들은 훨씬 더 어마어마하게 크다(13:28, 31,33). 백성들은 애굽으로 돌아갈 것인지(14:1-5), 아니면 가나안을 차지하기 위해 싸울 것(14:6-9)인지에 대해 논쟁한다. 하나님은 이 백성을 멸절시키겠다고 하시고(14:11-12), 모세는 그러지 마시라고 간구한다(14:13-19). 내레이터는 "이스라엘 자손이 다 모세와 아론을 원망하며"(14:2)라고 기술한다. 하나님은 물으신다. "나를 원망하는 이 악한 회중에게 내가 어느 때까지 참으랴"(14:27). 갈렙과 여호수아는 가나안 땅에 들어 가게 될 것이다. 그러나 동시대의 다른 사람들은 아무도 들어가지 못할 것이다(14:28-30). 신실하지 못한 정탐꾼들의 자녀들은 가나안 땅에 들어가게 될 것이다(14:31). 그러나 그들 역시 그 아버지 세대의 불신앙으로 인해 고통을 당할 것이다(14:33). 믿음이 없는 자들은 모세와 아론과 갈렙과 여호수아를 돌로 치고자 했다(14:10). 그러나 모세는 자기의 적대자들을 용서하고 사해 주실 것을 간구한다(14:19). 하나님은 즉각적인 응징(14:37)과 더불어 계속적인 응징을 하시겠다고 말씀하신다(14:29,32,34).

프레다임(T. E. Fretheim 2001: 120-21)은 여러 가지 점에 있어서 이 백성들이 자신들이 원하던 것들을 아이러니컬한 방식으로 얻게 된다는 것을 지적한다. 14:28에서 "너희 말이 내 귀에 들린 대로 내가 너희에게 행하리니"라고 하신 말씀처럼 그런 식으로 하나님은 그들이 원하던 결과들이 그들에게 이루어지게 만드신다. 그들은 자신들이 광야에서 곧장 죽어버렸으면 좋겠다고 말했는데(14:2), 이제 그들은 그 소원대로 될 것이다(14:32). 여호수아는 여호와께서 우리가 함께 하신다는 것을 이 백성들에게 설득시키고자 애썼는데(14:9), 이제 그들은 여호와께서 자기들과 함께 하지 않으신다는 것을 곧 발견하게 된다(14:42). 가나안을 사십 일 동안 정탐한 것(13:25)은 이제 사십 년의 심판으로 변한다(14:34). 하나님에 의해 그 땅으로 들어가게 되기를 원치 않는다는 이 백성의 소망(14:3)도 역시 그대로 이루어진다. "[그] 땅에 결단코 들어가지 못하리라"(14:30).

지금까지 오경을 공부하면서 우리는 규정된 규범들을 깨뜨리면 사망선고가 내려지게 되는 상황에 익숙해졌다. 그런 유의 규정들로는 살인, 우상숭배, 성적인 일탈, 허락 없이 성물을 만지는 것 등이 있다. 이런 경우들에 있어서 심판은 언약의 규례들을 어긴 사람들에게 개별적으로 내려졌다.

그러나 이제 여기에서는 몇몇의 특정한 개인들이 아닌 온 회중이 신실치 못하다는 판결을 받았다. 마치 이전의 노아 시대처럼 오직 몇몇 사람들만이 이 상황에서 무사하게 살아남을 수 있었다.

노아가 자기 시대의 다수의 견해를 참고 견뎌야 했던 것처럼 갈렙과 여호수아도 역시 마찬가지이다. 하나님의 약속에 대한 굳은 신앙 때문에 노아는 비웃음을 극복하고 승리를 얻었다. 그리고 갈렙과 여호수아는 적대감을 극복하고 승리를 얻었다. 반면에 조롱하는 자들과 의심이 많은 자들은 방주와 땅에 들어가지 못했다.

모세에 대한 계속적인 반역(15-18장)

앞뒤의 문맥과 관련이 있는 내용이 즉각적으로 눈에 띄지 않는 15장은 민수기의 내러티브의 흐름을 깨뜨리고 있는 것처럼 보인다. 이 장은 전적으로 제의적인 것에 대한 내용으로 되어 있으며, 모세에 대해 불평하는 이야기들 사이에 끼여 있다(13-14장; 16-18장). 예를 들어 이 상황을 설명해 보자면 성찬식용 포도주 만드는 법에 대한 상세한 논의가 로마 가톨릭 교회의 지도권에 대한 루터의 반론들 사이에 끼여 있다고 한 번 생각해보라.

그러나 이 장이 아무런 이유도 없이 여기에 삽입되었다고 보는 견해는 부당하다. 이 장에는 다섯 가지 주제가 들어 있다. 레위기의 처음 세 가지 제사들인 번제, 소제, 화목제에 대한 추가적인 정보(1-16절), 첫 열매의 제사(17-21절), 무지에 의해 혹은 부지중에 지은 죄와 관련된 속죄제에 관한 추가적인 정보 및 중복 정보(22-31절), 안식일의 위반, 그 중에서도 특히 안식일에 나무를 모음으로써 위반한 것에 대한 사형집행의 예(32-36절), 옷에 술을 다는 것에 대한 규례(37-41절) 등이 그것이다. 술 장식이 후대 유대교에서 갖고 있는 중요성은 마태복음의 두 구절, 즉 "그 겉옷 가"(the fringe of his garment) (9:20)와 "옷술을 크게 하며"(23:5) 등의 구절에 나타난 관습을 통해서 가늠해 볼 수 있다.

민수기 15 장은 주변 문맥과 몇 가지 방식으로 연결되어 있는 듯 하다. 우선 이 장은 극의 흐름상 쉼표의 역할을 하고 있는 것을 알 수 있다(Caine 1971: 1250). 그러나 왜 이 쉼표가 필요하고, 또 이것을 통해 얻는 효과는 또 무엇인가? 이 장은 주변문맥과 도대체 어떤 (일반적인) 연관관계를 갖고 있는가? 14장은 회중의 죄를 다루고 있는데 반하여 15장(22-26절)은 속죄제를 통해서 온 회중이 속죄를 받을 수 있는 길을 제공해 주고 있는 것인가? 아니면 혹시 13-14장의 사건은 "고의적으로 [죄를] 범하는" 자들에 대한 15:30-31의 말씀에 대하여 한 가지 강력한 예를 제공해주고 있는 것일까? 그런 자들에게는 속죄함이 없으며, 그들은 "끊어지게"(cut off) 될 것이다.

또한 여기에는 대조의 법칙이 분명하게 드러나 있는 것이 아닐까? 14장의 마지막 부분에서 이스라엘은 가나안을 공격할 수가 없었다. 그래서 남방으로부터 가나안을 통과하는 계획을 포기해야 했다(39-45절). 그러나 이제 15장의 서두는 "너희는 내가 주어 살게 할 땅에 들어가서"라고 되어 있다. 심판의 말씀이 분명하게 선포된 것은 사실이다. 그러나 그것이 하나님의 최종적인 목표이거나 최후의 말씀인 것은 아니다.

레위기 법전의 처음 세 가지 제사가 15:1-16에 언급되어 있는데, 이 제사들은 속죄의 제사들이 아니라 자원적이고 자발적인 제사들로서 하나님께 감사와 찬양으로 드리기 위한 것이다. 민수기 13,14,16장에서는 이 감사와 찬양의 마음이 얼마나 적은지!

모든 부지중에 지은 범죄들, 즉 회중들의 죄들(15:22-26)과 개인들의 죄들(15:27-29)은 고의적으로 짓는 죄와 생생한 대조를 이룬다(15:30). 13-14장과 16장의 이야기들은 이 후자의 경우에 해당된다. 이러한 죄들을 해결해 주는 희생제사의 규정은 없다. 오직 모세의 중보기도만이 죄인들을 구원할 수 있다(14:13-19; 16:22). 그러나 그것마저도 완전히 그렇게 해 주지는 못한다.

옷단 귀에 다는 술(37-41절)은 이스라엘이 하나님 앞에서 거룩해야 한다는 것, 즉 도덕주의적인 차원에서 거룩한 것이 아니라 순종에 근거해서 거룩해야 한다는 것을 이스라엘에게 말씀해 주시는 하나님의 방법이다(15:40). 거룩한 생활이 자기 백성을 향한 하나님의 도덕적인 목표라면 이 명령들을 둘러싸고 있는 장들은 그러한 생활양식과 정반대되는 삶을 보여주고 있는 것이다.

16장의 서두에서 우리는 모세에 대한 계속적인 비난을 발견한다. 지금까지는 그에 대한 반항이 회중(11장), 그의 가족(12장), 그리고 정탐꾼들(13장)로부터 나왔다. 그러나 이제 우리는 성스러운 직책을 가진 자들 중에서 반대가 일어나는 것을 본다(16장).

이 장에서 선동자는 고라이다. 그는 고핫 가문에 속한 레위인이다. 일반 백성인 다단과 아비람, 그리고 회중 가운데의 지도자들 250명과 더불어 고라는 모세를 공격한다(16:3).

고라는 따지고 든다. 모세만이 거룩을 독점하고 있는가? 모세에게 있어서 고라의 비판을 통렬하게 만드는 것은 고라가 모세의 첫 번째 사촌이라는 점이다. 출 6:14-25에 따르면 모세의 아버지인 아므람과 고라의 아버지인 이스할은 형제간이며, 이 두 아버지는 모두 레위의 세 아들들 중의 한 명인 고핫의 아들들이다. 12장에서 같은 가족으로부터 모세에게 반대가 제기된 적이 있는데, 이제 16장에서는 아버지 쪽의 첫 번째 사촌으로부터 모세에게 반대가 제기된다. 또한 우리는 왜 고핫 계열 레위인인 고라가 르우벤 지파의 두 명의 일반 백성과 협력하게 되는지를 이해해 볼 수가 있는데, 민수기 3:29에 따르면 고핫 가문은 성막의 남쪽 편에 진을 친다. 남쪽 편에서 바로 그들 뒤에는 르우벤 지파가 위치한다(민 2:10). 같은 병을 가진 사람들만 서로 연민을 느끼게 되는 것이 아니라 자아가 강한 사람들, 즉 자신들은 현재 자신들이 누리고 있는 것보다 더 큰 것을 누릴 자격이 있는 존재라고 믿는 사람들도 서로 친근감을 느끼게 마련이다.

그들이 제기한 비판은 신랄하다. 그러나 과연 그 비판은 정당한 것인가, 아니면 거짓된 것인가? 어떤 점에 있어서는 고라의 말에도 꽤 타당한 것처럼 보이는 면이 들어 있다. 하나님의 백성은 모두 다 거룩하다. 하나님 자신이 출 19:6("너희가 거룩한 백성이 되리라")과 신 7:6("너는 여호와 네 하나님의 성민이라") 등과 같은 구절에서 직접 그렇게 말씀하신 적이 있다. 이 문제에 대해서 모세는 즉흥적으로 자신을 변호하려고 하지 않고, 이 문제를 하나님의 판단에 맡긴다(5-7절). 갈멜 산에서의 엘리야와 선지자들간의 싸움(왕상 18장)처럼 여호와는 진리와 거짓, 선지자들과 사기꾼들 사이를 구분하실 것이다. 갈멜 산에서처럼 이 경우에도 갈등은 한 명 대 다수의 대결로 이루어진다. 그래서 모세는 "고라야 들으라"라고 하지 않고 "너희 레위 자손들아 들으라"(16:8)라고 말한다. 고라는 단지 큰 무리의 대변자일 뿐이다.

고라의 항거 뒤에 깔린 동기는 16:8-10에서 발견된다. 감독의 자리를 차지할 수도 있는데 왜 굳이 교구 목사로 만족하려고 하겠는가?

하나님은 모세만큼 인내심을 가지고 계시지 않는다! 하나님은 이 난국을 전격전으로 해치우려고 하신다(21절). 그러나 모세와 아론은 반역자들을 위해서 중보기도를 드린다(22절). 만약 벌이 반드시 내려져야 한다면 전체가 아니라 잘못한 사람들에게만 내리게 해 달라고. 모세의 이 기도는 그대로 이루어진다(31-33절). 고라와 그의 친족들은 땅에 의해 삼킴을 당한다. 성경에서 삼킴의 장면들은 모두 하나님의 심판 및 승리와 관련되어 있다. 이 본문 외에도 우리는 아론의 지팡이가 애굽의 경쟁자들의 지팡이들을 삼킨 장면(출 7:12)이나 바로 및 애굽 사람들을 땅이 삼킨 것에 대해서 모세와 미리암이 찬양으로 축하하는 장면(출 15:12), 큰 물고기가 무책임한 요나를 삼킨 장면(욘 1:17), 사망이 그리스도의 승리로 인해 삼킴을 당하는 장면(고전 15:54) 등을 생각해 볼 수 있다. 잘못된 행동으로 인해 회중에게 하나님의 진노(케쩨프)가 임하는 것을 방지하는 임무를 가진 레위 지파가 자신들의 잘못된 행동으로 인해 진노의 대상이 되는 것은 상당히 아이러니컬하다. "한 사람이 범죄하였거늘 온 회중에게 진노하시나이까"(케쩨프)(민 16:22)? 마고넷

(Magonet 1982: 10)이 지적한 바와 같이 민 16:22는 민수기 내에서 1:53 이후에 처음으로 진노/케쩨프를 사용하고 있다.

고라의 죄는 두 가지이다. 첫 번째 죄는 반항한 것이며, 두 번째 죄는 자신에게 부여되지 않은 임무를 침범한 것이다. 땅이 고라 및 그의 추종자들을 삼킨 사건은 이스라엘 자손의 기념물이 되었는데, 이는 아론 자손이 아닌 다른 사람은 여호와 앞에 분향하러 가까이 오지 못하게 하기 위함이었다(40절). 민수기는 하나님께서 각 집단마다 서로 다른 책임을 맡기셨다는 것을 다시 한 번 강조해주고 있다. 이들 중 어느 한 집단이 "어떠한 형편에서든지 나는 자족하기를 배우지 못했노니"라고 하면서 사도 바울이 취한 태도에 반대되는 태도를 취하게 되면 문제가 발생하기 시작한다(참고. 빌 4:11).

하나님께서 정하신 임무의 한계가 아주 엄중하다는 사실은 18:3의 "레위인은 성소의 기구와 제단에는 가까이 못하리니 두렵건대 그들과 너희[아론과 제사장들]가 죽을까 하노라"는 말씀에 의해서 강조되어 있다(또한 18:7을 보라). 우리는 이 중차대한 명령을 이미 민수기 1:51; 3:10; 3:38; 4:20에서 본 바가 있다. 우리가 여기에서 만인제사장이라는 개념을 찾아보려고 해도 소용이 없다. 권위는 확고하고, 각 권한의 한계도 정해져 있다. 사역의 범위는 확실하게 정의되어 있고, 활동범위도 규정되어 있다.

모세에 대한 다단과 아비람의 불평은 고라의 것과는 다르다. 고라의 경우에는 문제가 모세가 오만하며, 자기가 마치 다른 모든 사람들 위에 있는 것처럼 생각한다는 것이었다. 반역에 참여한 정치적 분파의 한 우두머리로서 다단과 아비람은 모세의 효과적이지 못한 리더십과 그의 리더십 스타일에 대해서 불평했다(13-14절). "네가 우리 위에 왕이 되려 하느냐"(13절 하반절)는 그들의 말은 모세가 전에 자기 백성들에게서 들었던 말, 즉 "누가 너를 우리를 다스리는 자로 삼았느냐"(출 2:14)는 말을 상기시킨다. 사라르, "다스리다"란 히브리어 단어는 오직 민 16:13에만 나타난다. 출애굽기 2:14는 이 사라르란 동사에서 파생된 동족어 명사인 사르, 군주, 방백, 우두머리를 사용하고 있다(Magonet 1982: 7을 보라).

불평이라는 것의 한 가지 특징은 전염성이 아주 강하다는 것이다. 모세는 한 가지 불평을 해결하고 나자마자 또 다른 한 가지 불평에 맞서야 한다. 혹자는 고라와 행동을 같이 한 모든 사람들이 땅에 삼킴을 당하고, 향로를 가지고 나아간 250 명이 하나님의 불에 타 죽는 것을 본 생존자들이 더 이상 계속해서 불평하기를 망설일 것이라고 생각할는지도 모르겠다. 땅에 얼굴을 향하고 엎드려야 할 사람은 단지 모세와 아론이 아니라 그들 모두여야 할 것이다. 그러나 불평하는 마음이 산사태 같은 지경에 이르면 그것을 멈추게 하기가 정말 어려운 법이다. 놀랍게도 모세는 자기가 아니라 하나님께서 행하신 일 때문에 비난을 받는다. "너희가 여호와의 백성을 죽였도다"(41절 [히브리어 본문 17:6]). (히브리어 성경에서 16장과 17장의 구분점은 영어 번역본과 다르다. 영 16:1–35=히 16:1–35; 영 16:36–50=히 17:1–15; 영 17:1–13=히 17:16–28.) 앞에서 모세의 기도가 백성들의 목숨을 구했다면(22절) 이 번에는 모세의 기도가 그들을 혼란에서 구원한다(46–48절[MT 17:11–13]). 그러나 이번에는 모세의 지시에 따라 백성을 구원하는 수단이 되는 것은 아론이다. 선지자 모세는 자기 백성을 구원하는데 있어서 간절한 중보기도를 사용한다. 반면에 제사장 아론은 자기 백성을 구원하는데 있어서 하나님께서 지시해주신 의식(ritual)을 사용한다. 아론이 반역자들을 속하기 위해서 향을 드린 것(47절 [MT 17:12])은 16장의 앞 부분에서 다른 사람들이 향을 드렸지만 죽임을 당한 것과 큰 대조를 이룬다. 다른 사람의 생명과 안위를 위해서 향을 드리는 것과 자신을 내세우고 돋보이게 하기 위해서 향을 드리는 것 사이에는 엄청난 차이가 있다. 다시 한 번 모세는 하나님을 진정시킨다. 자신이 비방의 표적이 되고 있는데도 말이다! 여기에서 모세는 자기 아내를 흉내내고 있는데, 그녀는 모세에 대한 하나님의 진노를 재빠른 조처를 통해서 누그러뜨린 적이 있다(출 4:25).

17장[MT 17:16–28]은 여러 가지 점에 있어서 앞의 내용과 연결되어 있다. 아론의 싹 난 지팡이 사건을 통해서 아론의 탁월한 지위를 확고하게 하려는 시도가 행해진다. 16장과 17장에서는 하나님의 선별하심이라는 주제가 나타난다. 이 주제의 핵심 단어는 "택하다"라는 단어이다. 앞에서는 드려지는 향을 받아들이시는 것(16:7)을 통해서 하나님께서 거룩하게 선택하신 자가 누구인지를 확정지으셨다면 이번에는 지팡이를 받아들이시는 것(17:5 [MT 20절])을 통해서 하나님께서 제사장으로 선택하신 자가 누구인지를 확정지으신다. 결정은 하나님께 달린 것이다. 선택을 통한 하나님의 분명한 응답을 통해 더 이상의 불평은 억제되어야 할 것이다.

땅이 갈라지고, 고라가 죽임을 당하고, 재앙이 내리고, 하나님이 아론을 인정하신 것에 대해 백성들은 감정적으로 어떻게 반응하는가? 그들은 충격을 받고, 말을 잃었으며, 두려움에 가득 차 있다. 그들에게는 성소에 다가가는 것이 마치 다니엘이 사자굴로 걸어 들어가는 것처럼 느껴진다. 왜 죽음을 재촉하려고 들겠는가(17:12-13 [MT 27-28절])?

나는 18장의 목적이 이러한 고민과 두려움에 대한 하나님의 반응을 보여 주기 위한 것이라고 주장한다. 하나님의 집이 무방비상태의 사람들을 죽음으로 유인하는 덫과 같다면 어떻게 모든 백성이 진심으로 하나님을 섬기는 것이 가능하겠는가? 아래에서 내가 추구하고 있는 주장의 노선은 제이콥 밀그롬(Jacob Milgrom 1970: 18-35)에게 큰 빚을 지고 있다.

18:1-7(그리고 특히 이 사항에 대해서는 21-23절)의 목적은 사람들의 걱정을 덜어주고자 하는 것이다. 여기에서 우리는 제사장들이 "성소와 제사장 직분에 대한 죄를 함께 담당할 것임을 알게 된다"(18:1). 그리고 나중에 우리는 레위인들은 회막에서 봉사하며, "[그들은] [그]들의 죄를 담당할 것"(18:23)이라는 말씀을 듣게 된다(개역개정판은 이 23절의 두 번째 문장의 주어를 첫번째 문장의 주어와 같은 레위인들로 보고, 또한 그 목적어를 자기들의 죄로 번역하고 있으나 아래에서 해밀턴이 이 문장에 대해 다른 해석을 주장하고 있으므로 히브리어 원문을 구문을 그냥 살려서 사역했음을 유의하라: 역자 주). 그 목적은 18:5에 나와 있다. "그리하면 여호와의 진노가 다시는 이스라엘 자손에게 미치지 아니하리라."

18:23의 핵심 구절인 "[그들은] [그]들의 죄를 담당할 것이요"라는 말씀은 해석상의 문제가 있다. 여기에서 [그]들은 누구인가? 이것은 [이스라엘이] 자기들의 죄를 담당할 것이라는 말인가? 그럴 가능성은 거의 없다. 그러면 [레위인들은] [자기 자신들의] 죄를 담당할 것이라는 말인가? 어쩌면 그럴 수도 있다. 혹은 [레위인들은] [이스라엘의] 죄를 담당할 것이라는 말인가? 이것은 한 편이 다른 한 편의 죄를 담당한다는 것이다. 만약 이것이 맞는 해석이라면 민수기 18장, 그 중에서도 특히 21-23절은 레위인들이 일반 백성들의 죄

를 대신해서 담당한다는 것이다. 밀그롬(Milgrom 1970: 32-33)은 이 세 번째 해석을 옹호하면서 이렇게 말한다:

> 집단적인 책임의 교리는 하나님에 대항하여 지은 모든 죄에 관한 P의 신학의 초석이다. 그러나 성소 내에서만은 [이 죄가 가져다주는] 파괴적인 결과를 오직 성직자들에게만 국한시키고자 하는 시도가 여기에 나타나 있다. 공포에 찬 이스라엘에게 주어진 엄청난 위로는 바로 이것이다. 일반 백성들이 아무 두려움 없이 성소에서 예배드릴 수 있도록 해주기 위해 집단적 책임이라는 핵심적인 교리가 이 경우에만은 절충되어진다.

18장은 제사장(1-19절)과 레위인(20-32절)의 특권 및 의무에 초점을 맞추고 있다. 하나님은 이 대부분의 정보를 아론에게 직접 주신다. 레 10:8 를 제외하고는 민 18:1,8,20의 본문이 하나님께서 아론에게 지시사항을 직접 계시하신 유일한 본문이다. 보통의 경우에는 하나님께서 모세에게 말씀을 하시고, 모세는 이 말씀을 다시 아론이나 백성들에게 전달한다. 간혹 모세와 아론이 같이 말씀을 받는 경우도 있다. 이 장의 끝(25절)에서 십일조의 십일조를 레위인이 제사장에게 주어야 한다는 것을 다룰 때에 가서야 하나님은 모세에게, 그리고 모세를 통하여 말씀하신다. 이러한 전환은 아마 실용적인 측면에서 설명이 가능한 듯하다. 25-32절의 관심사는 아론과 그의 동료 제사장들이 레위인들로부터 십일조를 받는 문제이다. 하나님은 성직자의 조직 내의 상호 간의 책임에 대한 문제를 모세에게 계시하시는데, 이는 그가 이 십일조에 의해서 혜택을 받지 않기 때문이다. 그는 이 문제에 직접적인 연관이 없는 제삼자이다.

두 가지 종류의 부정(19:1-20:21)

19장은 부정함의 한 종류, 즉 죽은 것을 만지거나(11-13,16절) 죽은 것에 가까이 감(14절)으로써 생기는 제의적인 부정에 대해서 다루고 있다. 앞의 단원(16-18장)에서는 죽음이라는 주제가 두드러졌다. 고라 및 그와 함께 반역을 한 사람들(16:35), 그리고 재앙에 의해 죽임을 당한 14,700명(16:49 [히. 17:14])이 이 죽음의 희생자들이었다. 아론은 죽은 자들과 산 자들 사이에 선다(16:48 [히. 17:13]). 이 단원에는 죽음에 대한 두려움(17:12-13)과 성물에 가까이 다가가거나(18:3,7,22) 잘못된 십일조를 바침으로써(18:32) 죽게 될 가능성에 대한 내용이 들어있다.

시체를 만짐으로써 더럽혀진 사람들을 위해서는 다시 정결하게 되는 방법이 제공되어 있다. 이 의식에는 진 밖에서 도살된 붉은 암소의 피를 뿌리는 절차가 포함되어 있다. 부정하게 된 사람에게 그가 부정하게 된 지 삼 일째 되는 날과 칠 일째 되는 날에 이 암소를 태운 재를 섞은 물을 뿌린다(19:17-19).

민수기에서 시체와의 접촉을 통해서 부정하게 되는 것의 문제는 여기에서 처음으로 다루어지는 것이 아니다. 민수기 5:2-3은 "주검으로 [인해] 부정하게 된 자는 다 진 밖으로 보내져야 한다"고 분명하게 말씀해주고 있다. 그러나 19장에서 논의되고 있는 이와 비슷한 상황들의 경우에는 이러한 규정이 따라 나오지 않는다. 왜 그럴까? 문서설에 의존해서 이 문제를 해결해야만 할까? 꼭 그럴 필요는 없다. 어쩌면 상호 간의 이런 차이점들은 민수기 5장의 경우에는 광야에서 진에 거주할 때를 다루고 있고, 민수기 19장의 경우에는 미래의 때, 즉 "이는 그들의 영영한 율례니라"(19:21)는 말씀이 이스라엘이 팔레스타인에 정착하고 난 때를 가리킨다고 설명함으로써 해결될 수도 있다(Milgrom 1978: 516을 보라).

만약 이 견해가 맞다면 민수기의 이 부분에는 하나의 패턴이 있다. 대체적으로 불행한 현재의 역사 다음에는 하나님께서 구속의 방편을 제공해 주시는 미래 시대에 대한 장이 따라 나온다. 예를 들자면 11-14장은 현재의 하나님의 심판을 다루고 있다. 반면에 15장은 미래를 향한 제의적인 규례를 담고 있으며(15:15,21,23), 인간의 죄를 덮어 주시는 하나님의 은혜를 강조해 주고 있다. 또한 16-18장은 현재의 하나님의 심판을 다루고 있다. 반면에 19장은 미래의 제의적인 규례들을 담고 있는데, 이번에도 역시 인간의 부정함을 씻어 주시는 하나님의 능력을 강조해 주고 있다. 죽은 사람과 접촉하거나 가까이 다가감으로써 부정하게 된 것을 정결하게 해주는 것에 초점을 맞추고 있는 이 장이 16-17장의 고라, 다단, 아비람 및 기타 많은 사람의 죽음에 대한 기록과 20장의 미리암과 아론의 죽음에 대한 기록 사이에 나온다는 점은 확실히 중요하다.

어떤 면에서는 시체와의 접촉을 통해서 부정하게 되는 경우는 다른 식으로 부정하게 되는 경우들과 비슷하다. 예를 들어 이런 상황에 연루된 사람은 칠일 동안 부정하게 된다는 19:11의 내용은 일 주일간의 정화 기간을 필요로 하는 부정함에 연루된 다른 경우들과 상응한다(아이를 낳은 엄마[레 12:2]; 감염성이 있는 피부병을 가진 사람[레 14:8]; 비정상적인 유출현상을 겪은 사람[레 15:13,28]). 그러나 이 다른 경우들에는 해당자는 정화기간의 끝에 속죄의 제사/정화의 제사를 드려야 한다(레 12:6-8; 14:19; 15:14-15,29-30). 그러나 이 경우에는 그렇지가 않다. 이러한 절차가 생략되어 있다는 점을 볼 때 이 특정한 종류의 부정은 심각성이 중한 범주들에 비해 심각성의 정도가 약한 것으로 분류될 수 있는 듯하다. 따라서 민수기 19장은 극단들을 피하고 있다. 즉 죽음을 가볍게 대해서는 안 되지만 그렇다고 해서 그것에 몰두하거나 집착해서도 안 되는 것이다.

이 단원의 두 번째 종류의 부정은 부정이라는 이름으로 불려지고 있지는 않다. 이 부정은 물이 없는 것에 대한 불평에 초점을 맞추고 있다(참고, 출 17:1-7). 이 분규는 미리암의 죽음에 대한 기록(20:1)과 아론의 죽음에 대한 언급(20:22-29)으로 둘러싸여 있다.

흥미롭게도 민수기 11장과는 달리 사람들은 그 불평의 결과로 고통을 겪지 않는다. 그러나 이번에는 모세가 겪는다! 그는 "너희가 나를 믿지 아니하고 이스라엘 자손의 목전에 나의 거룩함을 나타내지 아니한 고로"(20:12) 약속의 땅에서 제외된다. 백성들이 위기에 처했을 때는 모세가 중보기도를 해주었다. 그러나 이제 누가 모세를 위해서 기도해 줄 것인가? 그를 위해서도 역시 중보자가 존재하는가? 만약 그렇지가 못하다고 한다면 이 이야기는 많이 받은 자는 많은 요구를 받는다는 원칙을 잘 보여준다. 하나님께서 이스라엘을 향하여 하신 "내가 땅의 모든 족속 중에 너희만 알았나니 그러므로 내가 너희 모든 죄악을 너희에게 보응하리라"(암 3:2)는 말씀이 여기에 적용될 수도 있을 듯하다. 이 말씀을 다음과 같이 적용해 볼 수 있을 것이다. "내가 모든 백성 중에서 너만을 지도자로 세웠나니 내가 너의 모든 죄악을 너에게 보응하리라."

이 본문은 모세와 아론의 죄의 구체적인 성격에 대해서 말해주지 않는다. 20:12의 판결의 말씀은 "너희가 나를 믿지 아니하고"라고 되어 있다. "믿다"라는 히브리어 단어는 하나님께서 14:11에서 "어느 때까지 나를 믿지 않겠느냐"고 하시면서 백성들을 책망하실 때 사용하신 것과 동일한 단어이다. 첫 번째 세대는 야웨를 신뢰하지/믿지 않은 것 때문에 땅에 들어가지 못했다. 모세와 아론 역시 야웨를 신뢰하지/믿지 않았다. 따라서 그들 역시 땅에 들어가지 못하게 될 것이다. 아브라함이 한 것(창 15:6, 민 20:12처럼 아만의 히필 형에 전치사 베가 따라 나옴)을 아브라함의 후손들과 아론과 모세는 하지 못했다. 그리고 그렇게 하지 못한 것에 대한 대가는 너무나도 크다. 이 본문은 모세의 불신의 증거나 태도가 정확히 무엇인지에 대해서 더 자세하게 다루고 있지는 않다. 그가 바위를 향해 말하는 대신 바위를 때린 것이 문제인가? 한 번이 아니라 두 번을 때린 것이 문제인가? 그가 백성들에게 너무 짜증을 부린 것이 문제인가("반역한 너희여")? 만약 이 마지막의 것이 문제라면(이게 가장 그럴 듯해 보인다) 모세가 자기 백성들에게 가한 비난("반역한 너희여"[you rebels!])은 야웨께서 아론과 모세에게 가한 책망과 같은 것이다("너희가 므리바 물에서 내 말을 거역[했느니라]"[Both of you rebelled against my command] [24절 하반절]). 그러면 누가 더 큰 반역자인가? 이 회중인가, 아니면 하나님께서 이 회중의 지도자로 구별해서 세우신 자들인가?

하나님께서 모세를 배격하셔서 그가 가나안 땅으로 백성들을 인도해 들어갈 기회를 박탈하신 이야기(1-13절) 바로 다음에는 이스라엘이 여전히 모세의 지휘 아래 에돔의 땅을 통과하기 위해 허락을 받으려고 하는 이야기가 나온다(20:14-21). 모세는 방금 들은 나쁜 소식에도 불구하고 이 백성을 계속해서 지휘한다. 그는 자기가 맡은 임무에서 바로 해제되지도 않고, 자신의 사역에 위축을 받지도 않는다. 하나님께서 "그만 여기까지, 더 이상은 안 돼"라고 말씀하실 때까지 그는 계속 그럴 것이다.

Numbers 10:11–36

Childs, B. 1979. *Introduction to the Old Testament as Scripture*. Philadelphia: Westminster.

Coats, G. W. 1972. "Wilderness Itinerary." *CBQ* 34:135–52.

Cross, F. M. 1973. *Canaanite Myth and Hebrew Epic: Essays in the History of the Religion of Israel*. Cambridge, Mass.: Harvard University Press. Pp. 308–17.

Leiman, S. Z. 1974. "The Inverted '*Nuns*' at Numbers 10:35–36 and the Book of Eldad and Medad." *JBL* 93:348–55.

Levine, B. 1976. "More on the Inverted *Nuns* of Num. 10:35–36." *JBL* 95:122–24.

Numbers 11–12

Ackerman, S. 2002. "Why Is Miriam Also among the Prophets? (And Is Zipporah among the Priests?)" *JBL* 121:47–80.

Anderson, B. W. 1994. "Miriam's Challenge." *BRev* 10 (3):16, 55.

Ben-Amos, D. 1990. "Comments on R. C. Culley's 'Five Tales of Punishment in the Book of Numbers.'" In *Text and Tradition: The Hebrew Bible and Folklore*. Ed. S. Niditch. SemeiaSt. Atlanta: Scholars Press. Pp. 35–45.

Burns, R. J. 1987. *Has the Lord Spoken Only through Moses? A Study of the Biblical Portrait of Miriam*. SBLDS 84. Atlanta: Scholars Press. Pp. 41–79.

Butler, T. C. 1979. "An Anti-Moses Tradition." *JSOT* 12:9–15.

Coats, G. W. 1968. *Rebellion in the Wilderness: The Murmuring Motif in the Wilderness Traditions of the Old Testament*. Nashville: Abingdon. Pp. 96–115, 124–27, 261–64.

———. 1982. "Humility and Honor: A Moses Legend in Numbers 12." In *Art and Meaning: Rhetoric in Biblical Literature*. Ed. D. J. A. Clines, D. M. Gunn, and A. J. Hauser. JSOTSup 19. Sheffield: JSOT Press. Pp. 97–107.

Culley, R. C. 1990. "Five Tales of Punishment in the Book of Numbers." In *Text and Tradition: The Hebrew Bible and Folklore*. Ed. S. Niditch. SemeiaSt. Atlanta: Scholars Press. Pp. 25–34.

Dawes, S. B. 1990. "Numbers 12,3: What Was Special about Moses?" *BT* 41:336–40.

DeVries, S. J. 1975. "The Time Word *mahar* as a Key to Tradition Development." *ZAW* 87:65–79.

Jobling, D. 1977. "A Structural Analysis of Numbers 11 and 12." In *SBLSP 1977*. Ed. P. J. Achtemeier. Cambridge, Mass.: Society of Biblical Literature. Pp. 171–204.

———. 1978. *The Sense of Biblical Narrative: Three Structural Analyses in the Old Testament*. JSOTSup 7. Sheffield: Department of Biblical Studies, University of Sheffield.

Kselman, J. S. 1976. "Notes on Numbers 12:6–8." *VT* 26:500–505.

Leveen, A. B. 2002. "Variations on a Theme: Differing Conceptions of Memory in the Book of Numbers." *JSOT* 27:201–21.

Robinson, B. P. 1989. "The Jealousy of Miriam: A Note on Num. 12." *ZAW* 101:428–32.

Rogers, C. 1986. "Moses: Meek or Miserable?" *JETS* 29:257–63.

Sommer, B. D. 1999. "Reflecting on Moses: The Redaction of Numbers 11." *JBL* 118:601–24.

Trible, P. 1989. "Bringing Miriam out of the Shadows." *BRev* 10 (3):14–25, 34.

———. 1995. "Eve and Miriam: From the Margins to the Center." In *Feminist Approaches to the Bible*. Ed. H. Shanks. Washington, D.C.: Biblical Archaeology Society. Pp. 15–24.

Wilkinson, J. 1999. "The Quail Epidemic of Numbers 11:31–34." *EvQ* 71:195–208.

Numbers 13–14

Beck, J. A. 2000. "Geography and the Narrative Shape of Numbers 13." *BSac* 157:271–80.

Brin, G. 1980. "The Formula 'From . . . Onward/Upward' (*m . . . whlʾh wmʿlh*)." *JBL* 99:161–71.

Coats, G. W. 1968. *Rebellion in the Wilderness: The Murmuring Motif in the Wilderness Traditions of the Old Testament*. Nashville: Abingdon. Pp. 137–56.

Condie, K. 2001. "Narrative Features of Numbers 13–14 and Their Significance for the Meaning of the Book of Numbers." *Reformed Theological Review* 60:123–27.

Flanagan, J. W. 1976. "History, Religion, and Ideology: The Caleb Tradition." *Horizons* 3:175–85.

Fretheim, T. E. 2001. "Numbers." In *The Oxford Bible Commentary*. Ed. J. Barton and J. Muddiman. Oxford: Oxford University Press. Pp. 110–54.

Lerner, B. D. 1999. "Timid Grasshoppers and Fierce Locusts: An Ironic Pair of Biblical Metaphors." *VT* 49:545–48.

MacRae, A. 1970. "Numbers." In the *New Bible Commentary*. Ed. D. Guthrie and A. J. Motyer. Rev. ed. Grand Rapids: Eerdmans.

McEvenue, S. E. 1969. "A Source-Critical Problem in Nm 14,26–38." *Bib* 50:453–65.

———. 1971. *The Narrative Style of the Priestly Writer*. AnBib 50. Rome: Pontifical Biblical Institute. Pp. 90–144.

Newing, E. G. 1987. "The Rhetoric of Altercation in Numbers 14." In *Perspectives on Language and Text: Essays and Poems in Honor of Francis I. Andersen's Sixtieth Birthday*. Ed. E. W. Conrad and E. G. Newing. Winona Lake, Ind.: Eisenbrauns. Pp. 211–28.

Sakenfeld, K. D. 1975. "The Problem of Divine Forgiveness in Numbers 14." *CBQ* 37:317–30.

Vaux, R. de. 1978. *The Early History of Israel*. Philadelphia: Westminster. Pp. 523–26.

Numbers 15

Caine, I. 1971. "Numbers, Book of." *EncJud* 12:1249–54.

Fox, M. V. 1974. "The Sign of Covenant Circumcision in the Light of Priestly ʾot Etiologies." *RB* 81:481–523.

Knohl, I. 1991. "The Sin Offering Law in the 'Holiness School' (Numbers 15:22–31)." In *Priesthood and Cult in Ancient Israel*. Ed. G. A. Anderson and S. M. Olyan. JSOTSup 125. Sheffield: JSOT Press. Pp. 192–203.

Robinson, G. 1978. "The Prohibition of Strange Fire in Ancient Israel: A New Look at the Case of Gathering Wood and Kindling Fire on the Sabbath." *VT* 28:301–17.

Numbers 16–18

Alter, R. 1981. *The Art of Biblical Narrative*. New York: Basic Books. Pp. 104–7.

Coats, G. W. 1968. *Rebellion in the Wilderness: The Murmuring Motif in the Wilderness Traditions of the Old Testament*. Nashville: Abingdon. Pp. 156–84.

Levine, B. 1996. "Offerings Rejected by God: Numbers 16:15 in Comparative Perspective." In *"Go to the Land I Will Show You": Studies in Honor of Dwight W. Young*. Ed. J. E. Coleson and V. H. Matthews. Winona Lake, Ind.: Eisenbrauns. Pp. 107–16.

Magonet, J. 1982. "The Korah Rebellion." *JSOT* 24:3–25.

Mann, T. W. 1987. "Holiness and Death in the Redaction of Numbers 16:1–20:13." In *Love and Death in the Ancient Near East*. Ed. J. H. Marks and R. M. Good. Guilford, Conn.: Four Quarters. Pp. 181–90.

Milgrom, J. 1970. *Studies in Levitical Terminology*. Vol. 1, *The Encroacher and the Levite: The Term ʿAboda*. University of California Publications, Near Eastern Studies 14. Berkeley: University of California Press. Pp. 18–35.

———. 1988. "The Rebellion of Korah, Numbers 16–18: A Study in Tradition History." In *SBLSP 1988*. Ed. David J. Lull. Atlanta: Scholars Press. Pp. 570–78.

Pierce, R. W. 1987. "Male/Female Leadership and Korah's Revolt: An Analogy?" *JETS* 30:3–10.

Snaith, N. H. 1973. "Notes on Numbers 18:9." *VT* 23:373–75.

Wenham, G. J. 1981. "Aaron's Rod (Numbers 17, 16–28)." *ZAW* 93:280–81.

Numbers 19

Etkin, W. 1979. "The Mystery of the Red Heifer: A Scientific Midrash." *Judaism* 28:353–56.

Milgrom, J. 1978. "Studies in the Temple Scroll." *JBL* 97:501–23.

———. 1981. "The Paradox of the Red Cow (Num xix)." *VT* 31:62–72.

Wold, D. J. 1979. "The Kareth Penalty in P: Rationale and Cases." In *SBLSP 1979*. Ed. P. J. Achtemeier. Missoula, Mont.: Scholars Press. Pp. 1–45.

Numbers 20:1–21

Beck, J. A. 2003. "Why Did Moses Strike Out? The Narrative—Geographical Shaping of Moses' Disqualification in Numbers 20:1–13." *WTJ* 65:135–41.

Coats, G. W. 1976. "Conquest Traditions in the Wilderness Theme." *JBL* 95:177–90.

Freund, R. A. 1994. "'Thou Shalt Not Go Thither': Moses and Aaron's Punishment and Varying Theodicies in the MT, LXX and Hellenistic Literature." *SJT* 8:105–25.

Margaliot, M. 1983–1984. "The Transgression of Moses and Aaron: Numbers 20:1–13." *JQR* 74:196–208.

Propp, W. H. 1988. "The Rod of Aaron and the Sin of Moses." *JBL* 107:19–26.

Sakenfeld, K. D. 1985. "Theological and Redactional Problems in Numbers 20.2–13." In *Understanding the Word: Essays in Honour of Bernhard W. Anderson.* Ed. J. T. Butler, E. W. Conrad, and B. Ollenburger. JSOTSup 37. Sheffield: JSOT Press. Pp. 133–54.

18. 가데스에서 모압으로

민수기 20:22-36:13

　이 단원은 아론의 죽음에 대한 기사(20:22-29)로 시작된다. 이 사건은 33:38-39과 신명기 32:50에서 다시 회고된다. 모세는 이미 자기 가족 중의 하나인 누나 미리암과 사별했다(20:1). 다시 한 번 이 이야기는 민수기의 두드러진 주제, 즉 죄는 결코 그냥 묵과되지 않는다는 주제를 반영하고 있다. 모세와 더불어 아론은 하나님을 "믿지" 않았으며(20:12), 그의 명령에 "거역했다"(20:24). 이 두 동사는 모두 이인칭 남성 복수로 되어 있다.

　아론이 곧 죽게 될 것임을 들은 사람은 놀랍게도 다름 아닌 모세이다. 모세는 아론과 그의 아들 엘르아살을 호르 산으로 데리고 가서 아론의 대제사장 의복을 엘르아살에게 넘겨 주도록 명령을 받았다. 제사장 직분의 리더십이 이처럼 첫 세대에서 두 번째 세대로, 아버지에게서 아들로 이동하는 것은 이제 사십 년 동안의 광야 방랑 시기에 있어서 커다란 역동적 변화, 즉 출애굽 세대로부터 그들의 자녀 세대로의 전환이 일어나고 있음을 상징적으로 보여준다. 이 장면은 브엘세바에서 아브라함과 이삭이 경험한 바를 상기시킨다(창 22장). 아브라함은 이삭을 데리고(이 때 이삭은 그 여행의 목적이 무엇인지 잘 모르고 있는 상태이다) 모리아 산으로 간다. 하나님께 철저히 순종적이고 의문을 제기하지 않는 아브라함의 모습은 역시 하나님께 철저히 순종적이고 의문을 제기하지 않는 모세의 모습과 일치한다. 이들은 모두 자기의 가장 가까운 가족에게 마지막 작별인사를 할 준비가 되어 있다.

모세는 아론이 죽는 이유를 너무나도 잘 알고 있다. 그러나 모세는 그가 왜 죽어야만 하는지를 사람들에게 드러내주어야 한다고 강박적으로 생각하거나 그의 장례식을 경고와 훈계로 가득 찬 설교의 기회로 삼으려고 하는 등의 움직임은 보여주지 않는다.

몇 가지 때이른 저항들(20:22-21:35)

21장에는 세 가지의 갈등이 나타나 있다. 첫 번째 갈등은 남방 지역의 가나안 사람들과의 전투이다. 이스라엘은 이들에게 복속당할 뻔 했지만 하나님께 서원을 한 후에 그 위험으로부터 벗어났다. 서원이라는 주제는 얼마 안 가서 민수기 30장 전체를 통해서 다루어지게 될 것이다. 한 가지 눈에 확 띄는 점은 모세가 이 전투에 대한 이야기 속에서 등장하지 않는다는 점인데, 이것은 20:12에서 그가 가나안 땅에 들어가지 못하게 될 것이라는 하나님의 말씀을 듣게 된 이후에 그가 해오던 중추적 역할이 약화되고 있다는 것을 분명하게 보여주고 있다. 이 전투에 있어서의 승리의 업적은 저주받은 출애굽 세대가 아니라 차세대가 누려야 하는 것이다. 다시 한 번 이스라엘은 음식과 물이 없는 것에 대해서 불평을 한다. 또한 이스라엘은 모압으로 가는 길에 아모리인들의 왕인 시혼(21:10-32[신 2:24-37에 다시 언급됨])과 바산 왕 옥(21:33-35[신 3:1-11에 다시 언급됨])과 맞닥뜨린다. 이스라엘은 약속의 땅으로 들어가기 위해 투쟁해야 할 뿐만 아니라 약속의 땅을 향해 가기 위해서도 투쟁해야 한다.

두 번째 갈등은 흥미롭고도 새로운 국면을 더해준다. 이번에는 하나님께서 물이나 음식을 내려주시지 않는다. 대신 하나님은 모세가 어떤 행동이나 말을 하기도 전에 불뱀을 보내신다. 뱀이란 히브리어 단어는 창세기의 3장의 뱀과 동일하다. "불[과 같은]/독이 있는"이란 뜻을 가진 히브리어 단어는 사라프인데, 이 단어는 이사야가 이상 중에 성전에서 보았던 천사 같은 존재들을 묘사하기 위해 사용된 단어이다(사 6:2).

뱀에게 물려서 죽게 될 위험에 처한 백성들은 "우리가 범죄하였사오니"라는 고백을 하면서, 재앙을 멈추게 해주시기를 간구한다. 이들이 간구할 때 사용한 표현은 출애굽기 앞 부분에 나오는 표현을 연상시킨다. 전에 바로는 "여호와께 구하여 개구리를 나와 내 백성에게서 떠나게 하라"(출 8:8)고 간청한 적이 있는데, 이제 여기에서 이스라엘 백성들은 "여호와께 기도하여 이 뱀들을 우리에게서 떠나게 하소서"(21:7)라고 간청한다.

백성들의 이러한 간청에 대한 하나님의 응답은 흥미롭다. 모세가 기도해도 하나님은 뱀들이 물러가게 하지 않으신다. 대신 그는 치료법을 제공해 주신다. 그것은 장대에 높이 들린 불뱀이다. 이 들려진 뱀이 있다고 해서 사람들이 뱀의 공격을 피할 수 있게 되는 것은 아니다. 그러나 물린 사람이 그 뱀을 바라보면 치유가 된다.

우리는 이 사건이 신약의 이와 유사한 사건과 어떻게 연결이 되게 되었는지 쉽게 이해가 된다. "모세가 광야에서 뱀을 든 것 같이 인자도 들려야 하리니 이는 그를 믿는 자마다 영생을 얻게 하려 하심이니라"(요 3:14-15).

하나님은 뱀을 제거하지 않으셨다. 또한 그는 (아직!) 죄의 존재를 없애지도 않으셨다. 그러나 그는 이 문제로부터 해방되는 길을 주셨다. 이 해결책은 문젯거리 자체와 유사한 듯 하면서도 다르다. 구약의 "보다"라는 단어에 상응하는 신약의 단어는 "믿다"이다. 여기에서 이 두 단어는 동의어적으로 쓰이고 있다. 그러므로 토저(A. W. Tozer 1948: 89)가 말한 바와 같이 "믿음은 구원하시는 하나님을 바라보는 인간의 눈길이다."

어쩌면 이 사건의 경우에는 기도가 잘못 드려진 것일 수도 있다. "이 뱀들을 우리에게서 떠나게 하소서"라고 기도하는 대신 "당신의 이름을 영화롭게 하지 않고 영광을 돌리지 않는 태도를 우리에게서 떠나게 하소서"라고 기도했어야 했다. 혹은 앞의 기도를 한 다음에 최소한 이 나중의 기도를 연이어서 드렸어야 했다. 그들이 바랐던 것은 감화가 아니라 일시적 집행유예였던 것이다.

21장의 10-20절은 광야에서의 이스라엘의 계속적인 여정을 기록하고 있다. 여행 자체는 사건이 많았던 것은 아니지만 이 문단에 나오는 두 개의 시 때문에 주목할 필요가 있다. 그 중 한 개는 여호와의 전쟁기라는 잊혀진 책 (오경 배후에 가설적인 문서가 아닌 실제의 자료가 깔려 있다는 증거들 중의 하나)에서 차용된 인용문(14-15절)이고, 다른 하나는 우리가 편의상 우물의 노래(17-18절)라고 부르는 것이다.

이 장의 나머지 부분은 이스라엘이 아모리 족속의 시혼, 그리고 바산의 옥과 대적한 것을 기록하고 있다. 이중 시혼과의 전쟁이 옥과의 전쟁보다 훨씬 더 자세하게 기록되어 있다. 전자와의 전쟁은 열두 절에 걸쳐 기록되어 있는데 반하여 후자와의 전쟁은 세 줄로 기록되어 있다.

하나님의 백성은 시혼의 영토에는 관심이 없다. 오히려 이스라엘의 눈은 더 나은 땅, 하나님이 지으시고 만드신 땅(참고, 히 11:10)을 바라보고 있었다. 이 목적 때문에 이스라엘은 더 위대한 종착지에 이르기 위해 그 지역을 통과해 갈 수 있기를 바랐다(이 주제는 천로역정의 주제와 비슷하지 않은가?). 이 단순한 부탁을 시혼은 받아들이기를 거부했다. 만약 시혼이 편하게 동의만 했다면 태풍이 일지 않았을 것이다. 그러나 완강하게 불응했기 때문에 시혼은 자기 성읍들, 그 중에서도 특히 헤스본이 이스라엘의 수중으로 넘어가는 꼴을 보게 되었다. 나중에 예수 역시 이와 비슷한 상황에 처하시게 되었다. 그는 사마리아의 마을들을 지나가시기를 원했다. 그러나 그 요청은 받아들여지지 않았다. 그 청은 거부당했다. 사마리아인들은 시혼처럼 행동했다. 그러나 사마리아인들을 벌하는 대신에 예수는 그들이 시혼과 같은 꼴을 당하기를 원하는 자들을 도리어 꾸짖으셨다(눅 9:51-56). 그는 꼭 그 길을 고집하시는 대신에 모세가 전에 에돔인들에게 했던 것처럼 딴 길로 돌아가셨다(민 20:21; 눅 9:56). 대부분의 경우 정면대결보다는 우회가 더 바람직하다.

만약 시혼과 아모리인들이 성급하게 군사적인 행동(21:23)을 취하지 않았더라면 이스라엘 사람들도 역시 마찬가지로 행동했을 것이다. 그러나 이스라엘은 군사적으로 대응하는 수밖에 없었다. 그리고 큰 승리를 거두었다.

이 사건은 27-30절에서 한 시를 인용함으로써 인증되고 정당화되었는데, 이 시는 시혼이 전에 모압인들로부터 헤스본을 차지하게 된 일을 언급하고 있는 듯하다(29절을 보라). 그러나 이제 시혼은 자기가 차지한 것을 내주고 말았다. 이 시를 해석하는 데에 어려운 점들이 아주 많다는 것은 사실이다. 그 난점들의 예를 들어 보자. 이 시를 읊은 시인(27절)은 누구인가? KJV는

"잠언을 말하는 자들"(they that speak in proverbs)이라고 번역하고 있고, NIV는 "이 때문에 시인들이 말하여 가로되"(this is why the poets say)라고 번역하고 있으며, NRSV는 "그러므로 민요 가수들이 말하여 가로되"(therefore, the ballad singers say)라고 번역하고 있다. 아니면 혹시 여기의 히브리어 단어 모슬림을 조롱하는 자들이라고 번역해야 하는 것은 아닌가? 또한 핵심구절인 30절 역시 고대와 현대의 번역본들의 차이에서 볼 수 있듯이 아주 당혹스럽다. 30절 역시 모압에 대한 시혼의 승리를 다루고 있는 것인가, 아니면 시혼에 대한 이스라엘의 승리를 다루고 있는 것인가?

최소한 전체의 이야기, 그리고 특히 이 시는 이득이 손실이 될 수도 있고, 새 영토가 강탈될 수도 있다는 것을 말해주고 있다. 고집이 센 것은 어리석음이나 마찬가지가 될 수 있는 것이다.

성경에는 시혼과의 전투에 대한 기록이 두 개가 더 있다. 신명기 2:26-37과 사사기 11:19-26가 그것이다. 이 세 기록들을 서로 연결시켜 보고자 하는 성경학자들은 다음 두 가지 견해 중에서 어느 한 가지를 택한다. 첫 번째 견해는 민수기가 원래의 기록이고, 신명기 2장과 사사기 11장은 이 민수기의 기록에서 파생된 것이라고 보는 것이다(J. R. Bartlett, Roland de Vaux). 다른 한 가지 견해는 신명기의 기록이 셋 중에서 가장 오래된 것이고, 민수기 21:21-31은 후대에 이것을 손질한 것이라고 보는 것이다(John Van Seters).

반 시터스(Van Seters)는 민수기의 이야기를 신명기 이후의 기록으로 간주할 뿐만 아니라 이 일화 전체를 허구적인 것으로 간주하려고 든다! 부분적으로 그는 민수기와 신명기의 기록상의 차이점들을 자신의 이러한 결론의 토대로 삼는다.

양 기록 사이에 차이점들이 존재한다는 것은 사실이다. 그 중 한 가지 중요한 차이는 "이스라엘이 아모리 왕 시혼에게 사자를 보내어 가로되"(민 21:21)란 말씀과 "내[즉 모세]가 시혼에게 사자를 보내어"란 말씀의 차이이다. 시혼에게 사자를 보낸 것은 모세인가, 백성들인가? 이 문제의 연장선상에서 볼 때 모세는 민수기 21:21-31에 전혀 언급되어 있지 않다. 그는 이 이야기에서 아무런 역할도 하지 않고 있다.

민수기의 기록과는 달리 신명기 2장의 기록은 하나님의 활동에 대한 언급으로 가득 차 있다. 다음의 구절들이 신명기에서만 사용된다는 점을 주목하라. "내가 시혼을 네 손에 넘겼은즉 이제 더불어 싸워서"(24절); "오늘부터 내가 천하만민이 너를 무서워하며 너를 두려워하게 하리니"(25절); "네 하나님 여호와께서 그의 마음을 완고하게 하셨음이"(30절); "그 때에 여호와께서 내게 이르시되 내가 이제 시혼과 그의 땅을 네게 넘기노니"(31절); "우리 하나님 여호와께서 그를 우리에게 넘기시매"(33절); "우리 하나님 여호와께서 그 모든 땅을 우리에게 넘겨주심으로"(36절).

이러한 차이점들로부터 어떤 결론들을 내릴 수 있는가? 반 시터스(Van Seters 1972: 196)는 민수기가 다른 기록들을 세속화시키고 있는 편이라고 기꺼이 주장한다. 그러나 민수기가 모세의 역할과 하나님의 역사하심을 축소시키고 있는 다른 이유, 더 넓은 맥락에서 이것을 설명해줄 수 있는 이유가 존재하지 않을까?

시혼에 대한 이야기는 모세가 한 일이 용인될 수 없다고 하나님께서 말씀하신 적이 있는 바위 사건과 그다지 멀리 떨어져 있지 않다. 이제 곧 모세는 약속의 땅에 들어가지 못하게 될 것이다(20:12). 아론은 이미 들어가지 못하게 되었고(20:29), 죽었다. 민수기 21:21-30에서 모세의 역할에 대한 언급이 없는 이유는 20:12의 사건을 반영하고 있기 때문일 수 있다. 그러므로 모세는 땅을 정복하는 일에 아주 작은 역할밖에 하지 못하게 될 것이다(Coats 1976: 189-90).

나는 또한 이 기록들이 아주 이념적인 성격을 가지고 있기 때문에 역사적으로 신뢰성이 없다고 한 반 시터스의 주장(1972: 197)에 대해 당혹감을 느낀다. 도대체 어떤 근거로 우리는 이념적인 것은 역사적으로 사실일 수가 없고, 이념적이지 않은 것이 역사적으로 사실이라고 말할 수 있는 것인가? 이러한 논리를 나는 도대체 납득할 수가 없다.

신접자 발람(22-24장)

이 본문은 민수기 본문들 중에서 가장 유명한 본문들 중의 하나이다. 이스라엘의 위용은 그들보다 앞서 퍼져 나가서 모압의 수장(首長) 발락을 공포에 떨게 했다. 왜 발락의 아버지 십볼이 자주 언급되고 있는지(특히 22장; 22:2,4,10,16; 23:18)는 분명하지가 않다. 그러나 어쩌면 이것은 모압을 이끌고 있는 십볼의 아들 발락과 이스라엘을 이끌고 있는 십보라의 남편 모세를 대비시키고자 한 것은 아니었을까? 십볼은 새를 의미한다. 그러므로 이것은 한 새의 아들과 한 새의 남편의 대결인 것이다. 민수기의 앞 부분에서는 이스라엘이 가나안 거민들을 두려워했었다(13:33). 그러나 비유적으로 말하자면 이제는 이스라엘이 마치 아낙 자손이나 네피림같이 되었으며, 모압 자손은 메뚜기 같이 되어버렸다.

이스라엘은 비탄에 빠질 때면 애굽으로 돌아가기를 갈구하고는 했다. 그러나 이제 모압인들은 어디로 갈 것인가? 그들은 어디에서 안위를 찾을 것인가? 군사적인 저항은 위험한 선택이다. 두려움에 휩싸인 사람들은 과장을 하게 마련이다. 발락이 볼 때에는 이스라엘은 너무 숫자가 많아서 지면을 덮을 정도였다(22:5). 이스라엘에 대해서 이렇게 말한 것은 바로가 압제/출애굽에 대해서 말한 사항과 유사하다(출 1:9-10). (사실 민 22:5와 원문상으로 더 비슷한 구절은 출 1:7이다: 역자 주.)

그런 위기의 순간에 사람이 꺼낼 수 있는 카드는 마술이다. 그래서 발락은 모압으로부터 멀리 떨어진 유브라데 강 갈그미스의 브돌에 사는 발람에게 급한 전갈을 보낸다. 만약 발락이 사절을 보낸 브돌이 바로 이 브돌이 맞다면 그 거리는 대략 400 마일(약 647 km) 정도 되며, 그 여정은 약 한 달이 걸린다.

발람이 그의 청을 받아들일 경우 그가 할 일은 무척 간단하다. 그는 그저 이스라엘에게 저주의 주술을 퍼부어서 꼼짝 못하게 만듦으로써 발락이 그들을 쉽게 무찌를 수 있게 해주기만 하면 된다. 발락은 자신의 청을 아주 매력적으로 만들기 위해 엄청난 사례를 약속한다(22:7,17). 이러한 태도 속에는 종교적인 힘을 돈으로 살 수 있다는 사고방식, 즉 사고 팔 수 있는 재화와 같은 것이라고 보는 사고방식이 깔려 있다. 사도 시대의 마술사 시몬은 사람에게 임하는 성령의 권능이 마치 메뉴판의 음식처럼 돈으로 살 수 있는 것처럼 생각했다(행 8:18-19). 그러나 정말 좋은 주술사는 싼 값에 행차하지 않는 법이다.

　하지만 결국 발람은 발락의 청을 받아들인다. 그는 발락이 종려나무 잎사귀와 호산나로 자기를 환영할 것이라는 기대를 품고 나귀 등에 타서 모압으로 향한다. 발람은 처음에는 청을 거절했는데 그 이유가 하나님께서 그에게 그렇게 하도록 시키셨기 때문이란 것은 독자들에게는 놀라운 일이다. 그러나 사절들이 훨씬 더 후한 상급에 대한 약속을 가지고 다시 돌아오자 발람은 약간 모호한 태도를 취한다(22:19). 22:20에서 하나님은 발람에게 사절들과 같이 가도 좋다고 허락하시지만 두 절 후에는 발람이 가는 것에 대해 화를 내신다(22:22)! 하나님께서 허락하셨을 때 그것이 곧 하나님이 인가를 하셨다는 것과 동일한 의미인지는 발람에게 분명하지가 않다. 발람의 나귀에 관한 에피소드는 발람을 제외한 다른 사람들에게는 유머 같이 들린다. 발람은 자기 나귀에게 섣부른 행동을 하려고 했지만 하나님의 사자가 직접 나타나서 이를 제지한다. 신적인 존재를 맞이한 발람은 나중에 여호수아가 하나님의 사자를 만났을 때(수 5:14) 한 것처럼 엎드린다(22:31). 그리고 발람은 앞 장에서 이스라엘이 "우리가 범죄하였사오니"(21:7)라고 말한 것처럼 "내가 범죄하였나이다"라고 말한다.

　발람은 나귀가 사람의 말을 한 것에 대해서 전혀 놀란 것처럼 보이지 않는다. 로버트 올터(Robert Alter 1981: 106)가 말한 바와 같이 "분노로 인해 발람은 자기 나귀가 기적적으로 언어 능력을 보여주고 있다는 것을 거의 깨닫지 못하고 있는 듯이 보인다." 마치 자신이 항상 이 나귀와 사소한 말다툼을 하고 있었다는 듯이 말이다. 성경의 이야기들에서 동물들이 중요한 역할을 하는 경우가 자주 있다. 우리는 아브라함과 숫염소, 요나와 물고기, 베드로와 닭, 예수와 당나귀의 이야기를 생각해 볼 수 있을 것이다.

　발람의 당나귀에 가장 비근한 예는 하와를 유혹한 뱀이다(창세기 3장). 민수기 22장과 창세기 3장은 구약에서 동물이 인간의 언어로 의사소통을 한 유일한 두 개의 내러티브이다. 그러나 이 두 장 사이의 유사성은 여기에서 멈추지 않는다(Savran 1994). 당나귀와 뱀이 한 첫 번째 말은 질문이다(민 22:28; 창 3:1하반절). 그러나 뱀의 거짓된 질문이 혼란과 의심을 야기시키기 위한 것이라면 당나귀의 진실한 질문은 혼란을 밝히기 위한 것이다. 창세기

3장에서는 축복에서 저주로의 흐름이 나타나 있다. 반면에 민수기 22-24장에서는 저주에서 축복으로의 흐름이 나타나 있다. 발람이 발락에게 "가령 발락이 그 집에 가득한 은금을 내게 줄지라도 나는 여호와의 말씀을 어기고 선악간에 내 마음대로 행하지 못하고"(민 24:13)라고 말한 것은 창세기 2-3장의 "선악을 알게 하는 나무"라는 두드러진 주제를 상기시킨다.

이 이야기의 나머지 부분에는 발락과 발람이 함께 등장하는데, 발람은 네 개의 신탁을 전한다(23:7-10; 23:18-24; 24:3-9; 24:14-24). 이 네 개의 메시지들은 "노래"라고 지칭되고 있다. 이 노래란 말의 히브리어 단어는 **마샬**이다. 이 단어는 민수기의 앞 단원과의 또 하나의 연결점을 제공해 주는 듯도 한데, **모슬림**이 부른 노래(21:27)가 바로 그것이다. 처음 세 개의 신탁은 발람이 발락의 청에 따라 준 것이고, 네 번째 신탁은 자발적으로 준 것이다. 아마 우리는 발람과 나귀에 관한 세 개의 장면과의 상응성(22:21-23,24-25,26-28)을 여기에서 보고 있는 듯 하다. 이 각각의 장면은 점점 더 발람을 곤란하게 만들었다. 마찬가지로 발람과 발락에 관한 세 개의 장면(23:1-12,13-26; 23:27-24:14)도 이 예언자가 이스라엘의 미래에 대하여 점점 더 휘황찬란한 예언을 내어놓음에 따라 점점 더 발락을 불편하게 만든다. 나귀가 발람에게 했던 "내가 당신에게 무엇을 하였기에"(What have I done to you?)란 질문은 발락이 발람에게 한 질문에서는 뒤집혀진다. "그대가 어찌하여 내게 이같이 행하느냐?"(What have you done to me?) (23:11).

발락은 자신이 기대했던 것과는 정반대의 말을 발람에게서 듣게 된다. 발람이 준 신탁들은 저주가 아닌 축복이었다. 그러나 정작 가장 놀란 사람은 발람 자신이었다. 그가 발락에게 한 입으로 두 말을 하려고 한다거나 원래부터 이스라엘을 축복할 의도를 가지고 있었다는 단서는 없다. 발람의 이야기에는 두 가지 기적이 등장하는데 이 두 가지 기적은 모두 말과 관계가 있다. 첫 번째 기적은 하나님께서 발람의 당나귀로 하여금 말하게 하신 것이며, 두 번째 기적은 발람이 이스라엘에게 저주가 아닌 축복을 하게 만드신 것이다. 이 두 개의 혀에 하나님은 손을 대셨다. 그러나 우리는 하나님께서 발람의 혀를 만지시기 전에 먼저 그의 눈을 만져서 여셨다는 것을 주목해야 한다(22:31). 하나님께서는 하갈(창 21:19)에게도 그렇게 하셨으며, 적에게 둘러싸인 엘리사의 종에게도 그렇게 하셨으며(왕하 6:17), 부지중에 부활하신 그리스도와 함께 엠마오로 가는 길을 동행하고 함께 식탁에 앉았던 두 제자에게도 그렇게 하셨다(눅 24:31). 이 모든 사람들은 I once was blind, but now I see("한 때는 눈이 멀었으나 이제는 광명을 찾았네" — 찬송가 405편 1절의 가사인데 찬송가의 한글 가사는 "광명을 찾았네"라고만 번역함으로써 영어 원문을 너무 축약시켜 놓음: 역자 주)라고 노래할 만하다. 하나님과의 만남은 눈을 뜨게 해줄 힘을 갖고 있기 때문이다.

발람의 연설(하나님의 승인과 더불어)에 대해서 이야기하면서 게르하르트 폰 라트(Gerhard von Rad 1960: 72-73)는 이렇게 말한다:

하나님은 이 마술사가 가도록 허락하신다. 그는 이 마술사가 가는 길을 막지 않으신다. 그는 그를 분노로 내리치지 않으신다. 그는 단지 발람이 할 말을 지시해 주셨다. 여기에서 우리의 이 이야기는 구약의 신앙과 관련하여 아주 중요한 것을 말해 준다. 하나님께서는 인간들이 하고자 하는 일들을 막으심으로써 역사와 인간의 운명을 인도하지 않으신다. 그는 인간들이 뜻대로 행동하도록 놔 두신다. 그러나 어느 모로 보나 인간은 결국 그분의 계획대로 움직인다.

발람은 이스라엘 사람이 아니다. 레이먼드 브라운(Raymond Brown 1988)은 발람을 아기 예수에게 선물을 가져온 박사들(the wise man)와 비교한다(마 2:1-12). 이방인 신접자(the diviner)로서 발람은 예수의 시대였다면 마구스(magus)라고 불릴 만한 인물이었다. (개역개정판이 유지하고 있는 박사란 번역은 현대 한국어에서의 통상적인 쓰임새와는 다른 것으로 보인다. 이 단어는 고대 바빌로니아, 메대, 페르시아 등에서 현자, 교사, 사제, 의사, 천문가, 역술가, 예언자, 꿈 해몽가, 주술사, 마술사 등을 가리킬 때 쓴 말에서 파생된 단어이다: 역자 주.) 양자는 모두 동쪽에서 온다(민 23:7; 마 2:1). 양자는 모두 중요한 별을 보고 말하거나 따라 온다(민 24:17; 마 2:20). 이들이 본 별들 중 하나는 다윗과 연결되고, 다른 하나는 예수와 연결된다. 양자의 경우 모두 하나님은 이방인에게 계시를 하신다. 발람은 이스라엘의 미래에 대해서 이스라엘 사람들보다 더 많이 알고 있는 것으로 보인다. 이와 마찬가지로 오직 하나님의 단편적인 계시(하늘의 별)만을 받은 '마구스' 들은 아기 그리스도를 경배하는 반면에 성경을 통한 하나님의 궁극적 계시를 받은 자들(헤롯, 대제사장들, 서기관들)은 그를 경배하지 않는다. 발람은 유일신을 믿는 자가 아닐 가능성이 크다. 최소한 그의 성장과정과 그가 속해 있는 전통을 고려해 볼 때 말이다. 그리고 그의 직업은 이스라엘이 볼 때에는 악한 것이었다. 물론 하나님께서 자신을 모르는 사람들을 마치 바사의 고레스의 경우와 같이 인도하신다는 것은 사실이다(사 45:4하반절). 그러나 발람은 여호와를 잘 알거나, 그에 대해서 어느 정도는 알고 있다. 그는 "야웨"란 이름을 열세 번 사용한다. 하나님께서는 그에게 말씀하신다(22:9,12,20). 그는 하나님을 내 하나님이라고 부른다(22:18). 그는 여호와의 사자를 알아본다(22:31). 하나님은 발람과 만나시고(23:16), 발람의 입에 말씀을 넣어 주신다(23:5,16). 심지어 발람은 자신의 전문인 이방 종교의 기법들을 점차 벗어던짐으로써 어느 정도 영적인 변화를 보여주기도 한다(24:1). 하나님의 영이 그의 위에 임한다(24:2).

종교적으로 다원주의적인 일부 해석가들은 현대적인 가치와 적용성의 측면에서 이 점이 이 이야기의 가장 중요한 요점들 중의 하나라고 본다. 이 이야기에서는 다른 종교를 믿고 있는 사람(혹은 전혀 종교를 믿지 않는 사람)이 하나님의 진리를 이야기하고 있는 것이다. 그래서 재노니(A. E. Zannoni 1978: 18)는 이 이야기가 교회에 주는 의미를 논의하면서 이렇게 말한다. "새 이스라엘인 교회가 천둥처럼 침묵하는 동안 세속적인 다른 기관이 '복음을 선포하였다' 는 이 사실이 우리 시대에는 잘 알려져 있지 않다." 조지 코우츠(George W. Coats 1972: 29)도 "성 발람"(Balaam the Saint)에 대한 결론을 말하면서 같은 주장을 내비친다.

그러나 우리가 이 이야기를 다원주의 및 종교적 관용의 근거로, 그리고 신앙고백주의와 교조주의에 대한 공격의 토대로 삼기 전에 과연 발람이 다른 신들에 대해서 전혀 아무런 언급도 하고 있지 않은지 어떤 지를 먼저 살펴보도록 하자. 그는 오직 이스라엘의 야웨만을 알고 있다. 그가 이스라엘의 하나님에 대해서 이야기하고 있는 내용이 꼭 그가 하나님에 대해서 갖고 있는 견해를 대변해주는 것은 아니다. 그는 어쩌면 이스라엘을 미워하고 있을 수도 있는데, 이 점은 그가 바알브올에서 이스라엘이 배교 행위를 저지르도록 만드는데 있어서 능동적인 역할을 하고 있는 것을 통해서 드러난다(민 25장, 그리고 특히 31:16을 보라). 또한 우리는 예헤즈켈 카우프만(Yehezkel Kaufmann 1960: 294)이 관찰한 바를 상기할 필요가 있다. 성경이 비이스라엘인들도 하나님을 잘 알고 있다는 것을 말해주고 있는 것은 분명히 사실이지만 성경은 또한 이스라엘 밖의 그 어느 나라도 하나님에 대해서 잘 모른다는 것을 분명히 말해주고 있는 것이다.

이 이야기는 민수기의 넓은 문맥과 어떤 관계가 있는가? 다음 두 가지 점이 두드러진다. 첫째, 모세가 이 세 장에 나타나지 않는다는 점이 다시 한 번 확연하게 눈에 띈다. 그는 이 드라마에서 아무런 역할도 맡고 있지 않다. 우리는 21장의 시혼과 헤스본에 관한 이야기에서 이미 이런 현상을 살펴본 바가 있으며, 하나님께서 모세의 죄를 정죄하신 것에서 그 이유를 찾았다. 이처럼 그의 역할이 두드러지지 않는 현상은 발락과 발람의 이야기에 와서도 역시 계속되고 있다. 물론 이 이야기에서는 모세뿐만 아니라 전 이스라엘이 아무런 역할도 하지 않고 있다. 어쩌면 그들은 발락과 발람이 하고 있는 일을 전혀 모르고 있는지도 모른다. 이것은 어쩌면 신명기의 첫 장들에서 모세가 민수기 13-14장의 정탐꾼 이야기와 민수기 20장의 에돔을 돌아서 간 이야기와 21장의 시혼과 옥과의 전쟁 이야기에 대해서는 언급하면서 민수기 22-24장의 발람 이야기에 대해서는 아무 말도 하지 않은 이유를 설명해 줄는지도 모른다.

이 마지막의 추론은 만약 모세가 지리적으로 동일한 장소에서 있었던 적이 없다면 이것은 도대체 그가 어떻게 해서 발람의 신탁들의 내용을 알게 되었는가 하는 것에 대한 의문을 야기시킨다. 비평학자들은 이러한 의문을 품는 것을 비웃을 수도 있다. 왜냐하면 그들은 이 이야기가 주전 9세기 및 8세기의 야웨 기자(the Yahwist)와 엘로힘 기자(the Elohist)에게서 나왔다고 보기 때문이다. 또한 반 시터스(Van Seters 1997)와 같은 일부 학자들은 민수기 22-24장 전체를 반 시터스가 포로기 이후 시대 말기의 것으로 상정하는 문서인 J 문서[나귀 이야기 및 몇몇 구절들은 제외하고]에 해당하는 것으로 본다. (반 시터스는 통상적인 문서설에 강력한 반기를 든 학자로서 통상적인 문서설이 J를 오경의 문서 중 가장 이른 시기의 것으로 본 것과는 반대로 가장 후대의 것이며 J의 저자인 야웨 기자[the Yahwist]가 거의 현재 형태의 오경의 최종 편집자 및 저자와 같은 역할을 하는 것으로 본다는 점을 유의하라: 역자 주.) 그리고 발람의 네 개의 신탁은 그 신탁들을 감싸고 있는 이야기들보다 1,2 세기 정도 앞선 것일 수도 있다고 생각한다(발람의 신탁들에 대한 올브라이트[W. F. Albright]의 언어학적인 분석을 따를 경우).

반면에 발람이 바알브올에서의 사건에 연루되어 체포되었을 때 자신을 변호하면서 이 신탁들을 모세에게 이야기했을 가능성도 있다(Seerveld 1980: 73 n. 10이 제안한 바와 같이). 그가 이스라엘에 대해서 축복하고 그 이스라엘의 미래의 번영, 그리고 더 나아가서는 메시야(24:17?)에 대해서까지도 이야기했다고 한다면 자신을 변호하는데 도움이 되지 않을까 하고 그는 생각했을 수도 있을 것이다.

다시 이 이야기와 민수기의 관계로 돌아가서 볼 때 우리는 또 하나의 연결점을 찾아볼 수 있다. 거의 질릴 정도로 민수기는 이스라엘이 멸절의 위기에 처하게 되는 이야기들을 계속 반복해서 해 왔다(또한 앞으로도 그럴 것이다). 그러나 왜? 지금까지는 멸절의 위험은 언제나 내적인 것이었다. 이스라엘 자신이 스스로를 위협하는 가장 위험한 적이었다. 이스라엘은 스스로를 멸망시킬 수도 있다.

이 이야기는 이스라엘이 국제적인 명성을 가진 주술사의 저주를 두려워할 필요가 없다는 것을 말해주고 있다. 도사리고 있는 위험은 이것이 아니다. 비판적이고 헐뜯는 마음이 들 때, 뒤에서 남을 욕하려는 마음이 들 때 이스라엘은 스스로 자신들의 내면 깊은 곳을 성찰하는 일을 시작해야 한다. 이러한 것들이 암이라고 한다면 그에 비해서 발람의 저주는 속이 좀 불편한 정도에 지나지 않는다.

바알브올(25장)

이제 이스라엘은 요단 강 동편의 싯딤에 도착했다. 이 곳은 여리고를 거의 직접 마주 보고 있는 곳이다. 이 곳은 여호수아가 두 명의 정탐꾼을 파견한 장소이다(수 2:1). 민수기 31:16은 발람이 이스라엘로 하여금 모압 여자들과 음행을 하도록 계책을 꾸몄다고 말해주고 있다. 그는 이스라엘에게 저주를 퍼붓는 데에는 실패했지만 이것에는 크게 성공했다. 주술의 힘은 실패한 반면에 유혹의 힘은 성공을 거둔다. 간접적인 접근방법은 실패한 반면에 정면 공격은 성공한다. 모압 여인 룻은 민수기 25장의 모압 여자들과 엄청난 대조를 이룬다.

이스라엘 사람들은 모압 여자들과 관계를 맺을 수 있게 됐다는 것에만 너무 들떠있는데 이것은 그들이 도덕적이고 영적인 것에 둔감함을 다시 한 번 보여준다(성경의 히브리어에서 지명 다음에 여자란 말이 사용될 경우 결혼하지 않은 여자들을 지칭하곤 한다는 점을 볼 때 이 여자들은 처녀들일 가능성이 있다; 창 36:2; 삼하 1:20,24; 사 3:16을 보라). 그렇게 해서 하나님의 아들들과 사람의 딸들 사이에 거룩하지 못한 유대가 맺어진다(창 6:1-4). 이스라엘이 이방인들과 불순한 성적 관계를 맺는 것에 대한 기록이 이방인이 이스라엘의 미래에 대해서 큰 축복의 예언을 한 것 바로 다음에 나온다는 점 때문에 이것은 더욱 비극적이다. 아브라함이 이스라엘에 대해 말한 거의 모든 것이 25장의 비도덕성과 대비된다(예를 들어, "이 백성은 홀로 살 것이라"[23:9]; "여호와 그들의 하나님이 그들과 함께 계시니"[23:21]; "야곱이여, 네 장막들이 어찌 그리 아름다운고"[24:5]; "한 별이 야곱에게서 나오며"[24:17]).

하나님의 첫 번째 반응은 이스라엘에 대한 분노이다. (발람과 발락의 이야기에서 하나님의 진노는 발람에게 쏟아지고[22:22], 발람의 분노는 자기 나귀에게 쏟아지고[22:27], 발락의 분노는 발람에게 쏟아진다[24:10]). 하나님의 진노는 결국 재앙을 불러온다(9절). 그러나 이야기의 내용상으로 볼 때 만약 하나님의 명령이 제대로 준행되었다면 그 피해는 훨씬 더 줄어들었을 것이다. 학자들은 백성의 수령들을 잡아 태양을 향하여 여호와 앞에 목매어 달라는 하나님의 명령을 모세가 무시한 사실에 곤란을 느끼곤 한다(25:4). 모세는 대신 재판관들에게 바알 브올[불의 신]에게 가담한 사람들을 죽이라고 명령하고 있다(5절). 다시 말해 현재의 본문으로 볼 때 모세의 명령은 하나님의 명령과 완전히 다르다는 것이다.

비록 비평학자들이 4절과 5절 모두 P 이외의 자료에 속한 것으로 간주하고 있기는 하지만, 본문 속에 어떤 혼란이 있는 것일 수도 있다. 그러나 나는 현재의 본문을 있는 그대로 받아들여도 이야기가 논리적으로 아무런 무리가 없이 전개되고 있다고 생각한다. 바로 모세가 하나님의 말씀을 그대로 수행하지 않은 것 때문에 목숨을 부지할 수도 있었을 사람들(4절 후반절)이 목숨을 부지하지 못하게 되었던 것이다(9절). 만약 이것이 맞는다면 우리는 모세가 하나님의 계획을 개선하려고 들거나 혹은 최소한 그것을 수정하려고 했던 경우를 다시 한 번 보게 된다(민 20:10-12를 보라). 이 두 경우 모두 그 결과는 비극적이다.

왜 하나님은 백성의 수령들을 말뚝에 달아 죽이라고 명령하셨을까? 두 가지 답이 가능성이 있는 것 같다. 우선 어쩌면 이것은 대속적인 벌의 한 본보기일 수가 있다. 즉 죄가 없는 자가 죄 있는 자의 벌을 대신하는 것으로 이해하는 것이다. 다시 말해서 이 이야기에서 사회적인 지위가 있으면서 무죄한 자들이 다른 사람들을 대신해서 벌을 받는다는 것이다. 그들은 자기 수하에 있는 자들을 통제하지 못했다. 그래서 그들은 자식이 죄를 지었을 때 그에 대한 벌을 아버지가 대신 받는 것처럼 다른 사람들을 대신해서 벌을 받는 것이다. 그러나 혹시 이 백성의 수령들이 정말 주모자였기 때문에 벌을 받는 것일 수도 있다. 이들 중 한 명은 시므온 지파의 시므리인 것으로 그 신원이 밝혀져 있다(14절). 모압 여자들이 지도자들을 먼저 유혹했을 가능성은 매우 높다. 또한 이 이야기 속의 여인인 고스비는 미디안의 지위 높은 집안 사람이었던 것으로 신원이 밝혀져 있다(15절). 그녀의 이름은 "거짓말하다, 속이다"란 뜻을 가진 히브리어/셈어인 카자브에서 파생되었다. 발람은 23:19에서 "하나님은 사람이 아니시니 거짓말을 하지 않으시고"라고 할 때 이 단어를 사용한다.

이 장의 반이 넘는 분량인 6-15절은 이스라엘 가운데 신실치 못한 한 사람 시므리와 그의 배교 행위에 대해 즉각적으로 반응하는 다른 한 사람인 아론의 아들 비느하스의 이야기로 채워져 있다. (문서설주의자들은 이 문단이 P

로부터 파생된 것인지에 대해서 의견의 일치를 보여주지 못하고 있다.) 여기에서 이야기의 초점은 이스라엘 백성 전체에 있는 것이 아니라 한 범법자에게 있다. 또한 모세와 사사들이 아닌 한 율법 수호자에게 있다.

시므리의 죄는 한 미디안 여인을 자기 내실(the inner room)로 데려간 것인데(8절; NIV, NRSV는 장막[tent]이라고 번역하고 있음. 개역개정판은 이 역본들과 비슷하게 막사라고 번역하고 있음: 역자 주), 이것은 아마 성교를 위한 것이었을 것이다(8절). 구약에서 내실이란 히브리어 단어는 오직 여기에서만 사용되고 있다. 드 보(de Vaux 1978: 569)는 이 단어를 "별실용 천막, 장막, 혹은 골방"(pavilion, tent, alcove) 등으로 번역하고 있다. 이 모든 일은 모세와 회막 문에서 울고 있는 백성들이 목도하고 있는 가운데 일어났다. 이것은 이 일이 이스라엘의 성소 가까운 곳에서 저질러졌음을 말하고 있는 듯하다.

만약 이것이 맞다면 비느하스가 순식간에 일을 벌인 것이 이해가 잘 간다. 세 번에 걸쳐서 민수기는 제사장이 갖고 있는 책임들 중의 하나가 외인이 성물에 가까이 다가가면 죽이는 것이라고 언급하고 있다(3:10,38; 18:7). 그러므로 이 문단은 이 원칙이 준행되는 한 예라고 볼 수 있을 것이다(Milgrom 1970: 48-49).

두 번에 걸쳐서 이 본문은 비느하스의 열심에 대해서 언급하고 있다(11,13절). 비느하스가 여호와를 위하여 질투하였다는 것은 그를 엘리야와 연결시켜준다. 엘리야 역시 그와 동일한 속성을 갖고 있는 것이다(왕상 19:10,14). 또한 우리는 이 단어가 그리스도를 만나기 전의 다소의 사울에게도 사용되고 있음을 기억한다(행 22:3; 갈 1:14; 빌 3:6). 이 세 사람이 가진 공통점은 신앙의 진리대로 살고 그것을 유지하겠다는 소망, 그리고 이 신앙을 훼손하고 있는 것으로 생각되는 사람들(시므리와 고스비, 바알 선지자들, 메시야 예수를 따르는 자들)에게 과격한 행동도 불사하겠다는 마음가짐이다.

이 문단은 또한 하나님의 말씀에 대해서 수정주의적인 모세와 행동주의적인 비느하스를 대조시키고 있다. 전에는 모세가 이스라엘을 위해서 속죄를 한 바가 있다(예를 들어 출 32:30을 보라). 또 모세는 아론에게 회중을 위해서 속죄를 해서 재앙이 멈추게 하라고 촉구하기도 했다(민 16:46-48). 그러나 이번에는 모세는 전혀 이 일에 관여하지 않는다. 이스라엘을 위해서 속죄를 하는 사람은 비느하스이다(13절).

"비느하스가 … 이스라엘 자손 중에서 내 노를 돌이켜서"(11절)라는 하나님의 말씀이 모세를 향한 꾸짖음이라고 이해하지 않을 수 없는 듯하다.

두 번째 인구조사 및 기업에 대한 문제들(26-27장)

배교의 이야기(25장)를 뒤이어 광범위한 인구조사에 대한 기록이 나오는데, 이 두 번째 인구조사는 1장에 나오는 것과 유사하다. 이 인구조사에 등록된 자들은 애굽을 나온 자들의 후손들(4절 후반절)로서 이십 세 혹은 그 이상의 사람들이다. 이십 세란 나이는 첫 번째 인구조사에 포함될 수 있는 최소연령이었다. NIV의 "이들은 애굽 땅에서 나온 이스라엘 사람들이다"(these were the Israelites who came out of Egypt) (이 4절의 NIV 번역은 개역개정판 및 원문의 구문과 약간 다른데, NIV는 이 4절 마지막의 문구를 이 구절의 다른 문구들과 분리시켜서 그 다음에 이어지는 문단에 속한 것으로 번역하고 있다: 역자 주)라는 문구는 첫 번째 세대를 가리키는 것일 수가 없다. 왜냐하면 64-65절은 갈렙과 여호수아를 제외하고는 이 세대의 그 어느 누구도 여기에 포함되지 않았다는 것을 분명하게 말하고 있기 때문이다. 4절은 "여호와께서 (첫 번째 세대의) 이스라엘 자손에게 명령하신 대로 이십 세 이상된 자"로 통째로 묶어서 읽는 것이 가능하다. 이번 인구조사의 가장 직접적인 목적은 땅을 정복한 후에 그 땅을 분배하는데 사용할 통계자료를 얻기 위한 것이다(52-56절). 그러나 이것은 그 자체로 흥미롭다. 왜냐하면 바로 앞에 엄청난 반대가 기다리고 있기 때문이다.

하나님이 보시는 미래는 정탐꾼들이 보는 것과 다르다. 정탐꾼들은 "우리가 그 땅을 차지하지 못하리라"고 말한다. 그러나 하나님은 "너희가 그 땅을 차지하리라"고 말씀하신다. 그러므로 이스라엘은 확신을 가지고 준비를 시작한다. 그들은 자신들이 그렇게 하는 것이 때가 이르다고 생각하지 않는다. 비슷한 예를 들어 보자면, 예비 선거를 치르기도 전에 벌써 대통령 후보가 부통령 후보와 내각 구성원들을 선임하는 점을 생각해보라.

1장과 26장에서 각 부족의 총합은 서로 상당히 비슷하다. 전체 인구의 측면에서는 팽창도 없고 축소도 없다. 단지 두 부족만 예외인데, 시므온 지파의 경우는 59,300명(1:23)에서 22,200명(26:14)으로 감소했다. 그리고 므낫세 지파는 32,200명(1:35)에서 52,700명(26:34)으로 증가했다. 아마 시므온 지파는 유다와 통합되는 중이라 그 수가 줄어든 듯하고(수 19:1; 삿 1:3을 보라), 므낫세 지파는 팽창 중에 있는 듯하다(수 17:11,16을 보면 므낫세 지파의 점증하는 애로사항에 대해서 이야기하는데 그들은 한 지역에 너무 많은 사람들이 있으므로 땅을 확장해야만 한다고 주장한다).

그러나 이 인구조사는 한 가지 문제를 야기시킨다. 한 가족의 경우 그 가장인 슬로브핫이 사망을 했는데, 그에게는 아들이 없고 딸만 다섯이었다(민 27:1). 이 점은 앞의 인구조사에서 이미 주목을 받은 바가 있다(26:33). 문제는 여자들은 통상적으로는 기업을 상속받지 못한다는 것이다(신 21:15-17을 보라). 그러면 그들은 아버지의 재산을 전혀 물려 받지 못하고 마는 것인가? 욥의 세 딸이 기업을 물려 받은 경우(욥 42:15)가 있기는 하지만 그것은 상황이 전혀 다르다. 그들의 경우에는 아버지가 여전히 살아있었다.

아마 여성의 종속적인 역할은 여기에 사용된 히브리어 구문을 통해서도 강조되고 있는 듯 하다. 본문은 "슬로브핫의 딸들이 다가와서(카라브), 모세와 제사장 앞에(리프네) 섰다"고 말하고 있다(민 27:1-2). 여호수아서 17:4는 "이 딸들이 엘르아살 앞에 섰다"(카라브 리프네)라고만 말하고 있다. 민수기에서 어떤 사람이 모세 앞에 "다가와서 선"(카라브 리프네) 다른 경우는 딱 한 번밖에 없다. 바로 시체를 만져서 부정하게 된 사람들이 그의 앞으로 다가간 경우이다. 이 두 경우 모두 가까이 다가가기는 했지만 접촉하지는 않는다. 부정하게 된 자들과 슬로브핫의 딸들 모두 거리를 지켜야만 한다.

이 난해한 문제에 대한 해결책은 무엇인가? 이것은 레위기-민수기에서 기존의 법이 지시하지 않은 문제가 부각되자 모세가 하나님께서 말씀을 하달해주시기를 간구한 네 번째이자 마지막의 경우이다. 다른 세 번의 경우는 (1) 참람한 말을 한 자(레 24:10-24; 특히 12절), (2) 연기된 유월절(민 9:1-14, 특히 8절), (3) 안식을 어긴 자(민 15:32-35, 특히 34절)의 경우이다. 이 사건들은 자기 백성을 향한 하나님의 계시가 꼭 체결이 완료된 거래이거나 혹은 모든 경우들을 다 완벽하게 포괄하는 것이 아님을 보여준다. 하나님의 명확한 일차적인 계시가 있다고 할지라도 거기에는 항상 필요에 따라 부가적으로 뜻을 더 드러내실 여지가 있는 것이다. 그러나 새로 드러나는 뜻은 언제나 시내 산 계시를 보완하는 것이지 이에 모순되는 것이 아니다. 하나님의 대답은 단순하고 직설적이다. 새로운 율법이 공표된다. 기업은 아들에게만 상속되는 것이 아니라 상황에 따라서는 딸들(8절)이나 죽은 자의 형제들(9절)이나 죽은 자의 삼촌들(10절)이나 가장 가까운 친척들 중 생존해 있는 사람(11절)에게도 상속될 수 있게 된다.

그리고 이 법은 임시적인 조치가 아니라 장차 올 모든 세대들에게도 구속력을 가진다(11절 후반절). 다시 한 번 보장된 미래를 바라보고 있음에 주목하라. 26장의 인구조사는 팔레스타인 땅의 정복을 대망하고 있다. 그리고 27장의 사법상의 혁신도 역시 미래에 대한 낙관주의를 보여주고 있다. 사켄펠드(Sakenfeld 1988a: 42)가 관찰한 바와 같이 비록 이 사건이 여성들은 오직 남자 후손이 없을 때에만 기업을 상속받을 수 있다는 사실을 더 분명하게 해 주고 있기는 하지만 또한 이 법 제정이 단순히 한 번의 예외적인 상황에만 해당하는 것이 아니라 미래의 어느 때든지 그런 상황에 처한 여성들에게 기회를 주도록 일반화시키고 있다는 점 또한 분명하다.

이 장의 후반부에는 여호수아가 모세의 계승자로 임명되는 이야기가 나온다(27:12-23). 이 이야기가 민수기의 이 대목에 등장하는 것은 상당히 자연스럽다. 앞 장의 인구조사 기록은 제 2 세대를 상세하게 다루어 주었다. 그리고 슬로브핫의 딸들은 자기 아버지의 상속자들이다. 모세 역시 계승자가 필요하다. 그는 혈통상의 후계자가 아니라 역할상의 계승자이다. 첫 번째 세대는 자신들의 죄 때문에 광야에서 죽게 될 것이다. 그리고 하나님은 약속의 땅을 밟을 두 번째 세대를 기르셨다. 첫 번째 지도자는 약속의 땅 밖에서 첫 번째 세대와 운명을 같이 할 것이다. 새로운 세대를 위한 새로운 지도자는 여호수아가 될 것이다.

인구조사와 슬로브핫의 딸들의 사건과 마찬가지로 여호수아의 임명 역시 하나님께서 자기 백성을 데리고 가시는 곳에 대한 보증이 된다. 타고난 자격

조건들 때문에 여호수아가 자기 직책을 맞게 되는 것은 아니다. 그는 초자연적인 측면에서 자격을 갖추었다. 왜냐하면 그의 안에 하나님의 신이 있기 때문이다(18절).

우리가 주목해야 할 점은 모세가 자신의 계승자에 대해서 하나님께 제안을 하고 있다는 점이다(16절). 그의 고결한 정신은 이스라엘이 목자없는 양과 같이 되지 않기를 바라는 그의 마음을 통해 드러난다(17절). 끝까지, 그리고 하나님의 심판을 받은 가운데서도 그는 목회자적인 마음씨를 갖고 있다. 이러한 모세의 열심은 여호수아의 머리에 안수(원문상으로는 "손[단수]을 얹다")하라고 하나님께서 명령(18절)하셨을 때 모세가 여호수아의 머리에 두 손(복수)을 얹고 안수한 것(23절)을 통해서 드러나지 않았는가 싶다.

하나님은 18절에서 여호수아를 그 안에 영[혹은 성령](spirit/the spirit/the Spirit [NIV 난외주])이 머무는 자라고 묘사하신다. (히브리어는 대문자와 소문자를 구분해서 사용하지 않는다.) 비록 우리가 영(spirit)이란 단어를 대문자로 쓰든 쓰지 않든 간에 하나님이 은사를 주신 지도자로서의 여호수아의 역량/정신을 가리킬 가능성이 높다. 마치 창 41:38에서 이 표현이 꿈의 해석에 관한 요셉의 능력/정신을 나타내주고, 출 31:2에서 이 표현이 성막 건설의 감독자로서 브살렐이 하나님으로부터 받은 능력/정신을 가리키듯이 말이다. 그러나 때로는 영/루아흐는 수 2:11("우리가 듣자 … 곧 정신을 잃었나니")과 수 5:1("아모리 사람의 모든 왕들이 … 듣고 마음이 녹았고 … 정신을 잃었더라")에서 보듯이 용기를 가리키기도 한다(해밀턴이 인용하고 있는 NIV는 용기라고 번역하고 있지만 개역개정판은 정신이라고 번역하고 있다: 역자 주). 어떤 경우가 됐든지 간에 하나님은 부르시고 나서 준비시키시는 것이 아니라 준비시키고 나서 부르신다.

종교적인 절기와 서원들(28-30장)

이 단락의 처음 두 장은 이스라엘이 하나님께 바치는 여러 가지 다양한 제사들을 연속해서 다루고 있는데, 모두 합해서 여덟 개의 다른 절기들이 나온다. 나는 이것들을 도표 1의 좌측 난에 열거하고 있으며, 이것들을 오경의 다른 부분들에 나오는 절기력들(출 23:10-19; 34:18-24; 레 23:1-44; 신 16:1-17) 중 상응하는 본문들과 병치해 놓았다. 이스라엘의 두 번째 세대는 "나의 시간이 주의 손에 있사오니"(시 31:15, 개역개정판은 시간을 앞날로 의역하고 있음: 역자 주)라고 말하고 있다. 섬긴다는 것은 매일(민 28:1-8), 매주(28:9-10), 매달(28:11-15), 매 절기(28:16-29:40)마다 하나님을 위해 스케줄을 비워둔다는 것을 의미한다.

이스라엘이 하나님께 드리는 제사들은 동물, 고운 가루, 기름, 포도주 등이다. 민수기 28-29장은 각 절기에 드려져야 할 각 제물의 정확한 숫자와 분량을 명시하고 있다. 동물을 바치는 희생제사는 도표 2에 열거되어 있다.

전번제(the whole burnt offering)로 드려지는 동물의 숫자는 속죄제로 드려지는 동물의 숫자보다 대략 40배 정도가 많다. 레위기를 연구하면서 우리는 전번제는 속죄제와 달리 속죄가 그 주 목적이 아니라는 것을 살펴보았다. 전번제의 목적은 찬양과 감사이다. 그러므로 이러한 제사의 양적 차이는 히브리인들의 제사의 가장 두드러진 특징을 잘 보여준다.

또한 오직 장막절의 경우에만 각 날마다 할당된 희생제물의 숫자가 구체적으로 명시되어 있는데, 이 숫자가 매일 줄어들고 있다는 점이 흥미롭다.

도표 1 절기력들

민 28-29		출 23:10-19	출 34:18-26	레 23:1-44	신 16:1-17
1. 28:3-8	매일의 제사	(29:38-42)			
2. 28:9-10	안식일 제사	12*	21*	1-3*	
3. 28:11-15	매월 초일의 제사				
4. 28:16-25	유월절과 무교절의 제사	15	18-20,25	5-8	1-8
5. 28:26-31	오순절 제사(칠칠절/초실절)	16a	22a,26	15-22	9-12
6. 29:1-6	신년의 제사			23-25	
7. 29:7-11	속죄일 제사			26-32	
8. 29:12-38	초막절	16b	22b	33-36,	13-15
				39-43	

* 제사에 대한 지시가 없다. 안식일 준수가 지시되어 있다.

도표 2*

| 절기 | 빈도수 | 제사의 종류 | | | |
| | | 전번제 | | | 속죄제 |
		황소	숫양	어린 숫양	염소
1. 매일					
아침	365			1	
저녁	365			1	
2. 안식일	52			2	
3. 매달 초일	12	2	1	7	1
4. 무교절	7	2	1	7	1
5. 오순절	1	2	1	7	1
6. 신년	1	1	1	7	1
7. 속죄일	1	1	1	7	1
8. 장막절	1				
1일		13	2	14	1
2일		12	2	14	1
3일		11	2	14	1
4일		10	2	14	1
5일		9	2	14	1
6일		8	2	14	1
7일		7	2	14	1
8일		1	1	7	1
일년 총계		113	37	1,093	30

* 이 도표는 Anson Rainey, "The Order of Sacrifices in Old Testament Ritual Texts," *Biblica* (1970): 492–493에 근거한 것이다. 사용허가를 받았다. 나는 숫양과 어린 숫양에 관련된 난들의 총계에 수정을 가했다.

이 절기 하나에만 사용되는 희생제물의 수가 모든 제사들에서 사용되는 황소의 약 60퍼센트와 전체 숫양의 약 40퍼센트, 그리고 전체 염소의 약 36퍼센트를 차지한다.

바로 앞에 나오는 장들에서 언급한 바와 같이 다시 한 번 민수기는 이스라엘이 팔레스타인에 정착했을 때 따라야 할 사항들을 밝히고 있다. 땅은 분할되고(26장), 여호수아는 지도자 직분을 수행하고(27장), 이스라엘은 섬김으로 가득 찬 삶을 영위하게 될 것이다(28-29장).

"너의 모든 남자는 매년 세 번씩 주 여호와께 보일지니라"(출 23:17; 34:23; 신 16:16)라는 말씀은 절기력들 속에서 세 번 언급되고 있는데, 이 말씀이 민수기 28-29장의 무교절, 오순절, 장막절에 대한 논의에서는 언급되지 않는다는 점이 흥미롭다. 여성의 권리들에 대해서는 민수기 27:1-11을 다룰 때 이미 언급했다.

따라서 결혼하지 않은 딸이 여호와께 서원한 것을 그 아버지가 좌우할 수 있다는, 이 단원의 마지막 부분인 30장의 내용은 다소 의외이다(3-5절). (29장 마지막[39절]의 서원에 대한 언급은 30장의 서원에 대한 큰 본문으로의 자연스러운 연결을 만들어주고 있다.) 이와 비슷하게 아내가 결혼 전에 아직 자기 아버지와 살고 있을 때 한 서원의 경우에도 남편은 자기 아내의 종교적인 서약을 무효화시킬 수 있다고 되어 있다(6-8절). 여기에 대한 예외는 과부나 이혼녀의 경우이다(9절). 이 장의 네 번째 규례는 만약 남편이 자기 아내가 서원을 알게 된 날에 그 서원을 무효화시키고자 하는 경우에는 그렇게 할 수도 있다는 것이다(10-12절).

여자에게 호의적인 사항이 한 가지 있다. 남편이나 아버지는 자기 아내나 딸이 한 서약을 무효화시키려면 그 서약을 들은 바로 그날에 반드시 반대입장을 표명해야 한다(5,8,12,14절). 이 입장표명을 늦게 하면 그들이 서약을 한 여성의 죄를 대신 뒤집어 쓰게 된다: "그가 [그녀의] 죄를 담당할 것이니라"(15절). 남자(아버지, 남편)가 여자(딸, 아내)의 서원을 좌우할 수 있는 권리를 갖고 있다는 점은 구약 시대의 여성에 대한 남성의 주권적 지위(headship)를 보여주고 있는 듯하다. 그러나 다음의 두 가지 사항을 우리는 관찰해 볼 수 있다. 첫째, 아버지/남편이 딸/아내의 서원을 취소할 수 있는 이유는 대부분의 경우 서원이 제사를 통해 성취되기 때문에 그것을 성취할 궁극적 책임은 아버지/남편에게 있는 경우가 대부분이기 때문이다(Olson 1997: 237). 둘째, 구약의 다른 많은 율법들의 경우와 마찬가지로 구약의 내러티브 중에 실제로 남편/아버지가 아내/딸의 서원을 좌지우지한 경우가 없다. 예를 들어, 한나는 자기 아들 사무엘로 하여금 여호와를 섬기게 하겠다고 서원했는데(삼상 1:11), 이 서원을 그녀의 남편 엘가나가 거부할 수도 있었겠지만 그는 그렇게 하지 않았다. 우리는 또한 입다의 딸이 만약 자기 아버지의 서원을 취소할 수 있는 권리가 있었다면 취소하고 싶어했을 것이라고 생각해 볼 수 있다(삿 11:30-31)!

모압에서의 마지막 사건들(31-36장)

나는 민수기에서 다루어진 마지막 사건들을 여기에서 간략하게 다루고자 한다. 첫 번째 소단원은 미디안이 이스라엘을 음행과 우상숭배에 빠지도록 유혹한 것에 대한 보복으로 미디안과 성전을 치르라는 하나님의 명령(31장)이다(이것은 이스라엘의 네 번째의 군사적인 승리이다[21:1-3; 21:21-31; 21:32-35]). 그 이유는 미디안에 대한 여호와의 되갚음(vengeance) (개역개정판은 원수라고 번역하고 있음: 역자 주)을 보여주기 위한 것인 듯하다(31:2-3). 여기에서 이 되갚음이란 말은 복수(revenge)나 분풀이를 의미하는 것이 아니라 하나님의 권위가 도전을 받았을 때 그 하나님의 권위를 표현하는 정당한 방법이다(Mendenhall 1973: 99). 두 가지 중요한 관심사가 이 장에서 두드러지게 나타난다. 첫 번째 관심사는 군사들의 제의적인 정결에 대한 것이다(19-24,50절). 이 주제는 민수기의 다른 맥락들 속에서도 집중적으로 나타나 있다. 이 장에서는 어린 소녀들만 겨우 목숨을 부지하고(18절 [참고, 삿 19:21]) 어린 소년들까지도 전부 목숨을 부지할 수가 없었는데(17절 [참고, 출 1:16]), 이런 이 장 속에서 민수기는 전쟁이 사람을 부정하게 만드는 행위임을 밝히고 있다. 이런 개념을 일종의 윤리적 인식(an ethical perception of sorts)이라고 부르면서 니디취(Niditsch 1993b: 87,89)는 말한

다: "민수기 31장은 전쟁의 윤리에 대한 진정한 양면적 태도를 보여주고 있다. 대의명분은 거룩이고, 전쟁은 제의화되어 있다. 그러나 죽이는 행위는 사람을 부정하게 만드는 것이다. 그러므로 사람이 제의적으로 전쟁에 참여했을 때 그는 반드시 분리, 정화, 속죄의 제사의 절차를 함으로써 거기에서 벗어나야 한다." 이 장의 두 번째 관심사는 전쟁에서 얻은 전리품의 일정 비율을 성소와 레위인들에게 바치는 것에 대한 것이다(25-54절). 군인들은 자기 몫의 0.2퍼센트를 바치고, 나머지 회중은 자기 몫의 2퍼센트를 바친다.

두 번째 소단원은 32장이다. 이 장에서 요단강 건너편의 여러 지역은 르우벤과 갓과 므낫세 반 지파에게 할당되었는데, 그에 대한 단서조항은 이 지파들이 다른 지파들의 가나안 땅 정복을 도와주어야 한다는 것이다. 가나안을 점령하는 일에 하나님의 백성은 빠짐없이 동참해야 한다. 구경꾼이 낄 자리는 없다.

모두가 군인이 되어야 한다. 31장과 32장에서 모세는 이 백성들이 해야 할 일을 하지 못한 것에 대해서 진노한다. 31:4에서는 그는 이 백성이 전쟁을 철저하게 수행하지 못한 것에 대해서 진노한다. 그리고 32:14에서는 그는 트랜스요르단 지역의 지파들(즉 르우벤, 갓, 므낫세 반 지파를 지칭함: 역자 주)이 동료 지파들과 힘을 합쳐 요단강 서편을 정복하는 일에 별로 열성이 없는 것처럼 보이는 것에 대해서 진노한다(혹은 하나님께서 진노하실 것이라고 생각한다).

세 번째 소단원은 33장이다. 이 단원은 이스라엘이 애굽에서부터 모압 평지에 이르기까지의 여정을 단계별로 기록하고 있다(1-49절). 이 장은 주로 과거에 대한 내용을 담고 있는데, 그런 만큼 그 주변 문맥은 주로 미래에 대한 내용을 담고 있다. 이 장은 비록 주석적인 내용이나 설교적인 내용을 담고 있지는 않지만 기록된 사실들 그 자체가 메시지를 던져 주고 있다. 그 메시지는 바로 지금까지 인도해 오신 하나님께서 미래에도 인도하실 것이라는 점이다.

그러나 이것이 백성들의 마음을 방심하게 만들면 안 될 것이다. 그래서 50-56절에는 결론적인 훈계가 나온다. 이스라엘의 미래에 있을지 모르는 "가시"(55절)는 죄 지은 아담의 미래에 반드시 있게 될 가시를 상기시킨다(창

3:18).

네 번째 소단원은 34장이다. 이 단원은 약속의 땅의 경계(1-15절)에 대해서 언급하고 있으며, 또한 지파들에게 땅을 분배하는 일을 감독할 사람들에 대해서 밝히고 있다(16-29절). 여기에서 가장 흥미로운 점은 북쪽 경계선인 르보하맛(8절; 개역개정판은 하맛 어귀로 번역하고 있음: 역자 주) (이 곳은 실제의 전통적인 변경도시였던 단보다 훨씬 북쪽에 위치하고 있음)과 남쪽 경계선인 가데스바네아(4절, 이 곳은 전통적인 변경도시였던 브엘세바보다 훨씬 더 남쪽에 위치하고 있음)에 대한 언급이다. 남북의 경계에 대한 언급인 "단에서 브엘세바까지"란 표현은 경작지만을 언급한 것일 가능성이 높다. 한 가지 더 흥미로운 점은 요단강 동편의 땅에 대한 언급이 빠져 있다는 점이다(12절).

이 점은 두 지파 반이 요단강 동편에 영구적인 정착지를 요구한 것(32장) 바로 다음에 나온다는 점에서 흥미롭다. 이러한 모든 내용들은 모세와는 별로 관련이 없다. 그는 이 일들과 관련해서 아무런 역할도 하지 않을 것이다. 이미 그의 계승자가 선발되어 있는 상태이다. 그러나 아직 하나님의 이러한 지시사항들을 전달해주는 역할을 하고 있는 사람은 모세이다. 그는 아직까지는 여전히 지도자인 것이다!

다섯 번째 소단원은 35장이다. 가나안에 들어가면 이스라엘은 48개의 레위인들의 성읍들(1-8절)을 세우고, 여섯 개의 도피성을 세워야 한다(9-15절). 살인자들은 피의 복수를 피해 이 곳으로 피신할 것이다(16-34절; 또한 출 21:13을 보라).

여기에서도 역시 궁극적인 관심사는 정결과 거룩이다. 생명을 앗아가는 것에 대한 하나님의 규례들이 시행되지 않는다면 땅은 오염되고(33절), 더럽혀지게 될 것이다(34절).

마지막 소단원은 36장이다. 이 단원은 가족의 기업이 남자 상속자가 아닌 여자 상속자에게 물려지게 될 경우에 생길 수 있는 문제를 다루고 있다. 만약 그녀가 자기 지파 밖의 사람에게 시집을 가면 어떻게 될 것인가(3절)? 사켄펠드(Sakenfeld 1988a: 43)는 경작할 수 있는 땅을 소유하고 있는 여인은 이스라엘에서 결혼상대자로서 극히 매력적이었을 것이라고 언급하였다. 27

장(슬로브핫의 기업을 그 딸들에게 물려주는 것에 대한 내용)에서와 마찬가지로 이 문제를 해결하기 위한 새로운 규례가 제창된다. 여자가 상속자인 경우에는 지파간 결혼이 금지된다(6-8절). 이에 이어서 슬로브핫의 딸들은 순종의 본보기로 치켜세워지고 있는데(10-12절), 이것은 우리가 지금까지 보아온 맥없고 바르지 못한 다른 많은 예들과는 다르게 가슴 후련한 변화를 가져온다. 그들이 자기 아버지 쪽의 사촌들과 행복한 결혼을 한 것(11절)은 이들이 모세가 자기 아버지 쪽의 사촌인 고라와 누리던 관계(16장)보다 훨씬 더 좋은 관계를 맺고 있었음을 보여준다.

아마 36:1-13은 27:1-11 다음에 바로 이어서 나올 수도 있었을 것이다(여인들의 재산 상속의 문제에 대해서 언급한 다음에 바로 이 여인들의 배우자 선택권에 관한 문제를 다루는 식으로 말이다). 36장을 27장과 분리시켜 놓은 것에 대해서 우리는 어떤 설명을 할 수 있을까? 장로들이 27장의 모세의 판결에 대해서 한동안 생각해 보다가 27장의 해결책이 새로운 문제를 야기하며, 그 문제를 해결해야만 한다는 것을 나중에 가서야 갑자기 깨닫게 되었다고 보아야 하는가? 아니면 우리는 이것이 일종의 수미쌍괄식 구조(inclusio), 즉 어떤 신학적 메시지를 강조하기 위해 성경 본문의 단원 양 끝에 서로 상응하는 내용을 반복해서 언급하는 기법(시편 8편에서 하나님의 이름의 광채를 강조하는 동일한 문구가 시작과 끝에 나오는 식의 기법)으로 보아야 하는가?

이 다섯 명의 딸에 대한 두 개의 내러티브는 하나님에 대한 역동적인 신뢰를 보여주는 실제 삶 속의 한 본보기로서 이 두 내러티브 사이에 끼여 있는 권면적인 내용의 본문들의 외곽 틀을 형성하고 있다(Ulrich 1998: 537). 이 여인들은 수동적이 아니다. 이들은 담대하다. 이들은 다음 세대로 땅의 유산이 상속되는 축복을 보장해주는 것은 성(性, gender)이 아니라 하나님을 향한 신실함이라고 믿는다. 탕자(눅 15:12)와 달리 이들은 자기들의 지분을 지금 자기들에게 달라고 요구하지 않는다. 그들은 하나님의 때를 기다리고자 한다. 그래서 그들은 수 17:36까지 기다린다.

Numbers 20:22–21:35

Bartlett, J. R. 1969. "Historical Reference of Numbers XXI:27–30." *PEQ* 101:94–100.

———. 1970. "Sihon and Og of the Amorites." *VT* 20:257–77.

———. 1978. "Conquest of Sihon's Kingdom: A Literary Re-examination." *JBL* 97:347–51.

Borass, R. S. 1978. "Of Serpents and Gods." *Dialog* 17:273–79.

Christensen, D. L. 1974. "Numbers 21:14–15 and the Book of the Wars of Yahweh." *CBQ* 36:359–60.

Coats, G. W. 1968. *Rebellion in the Wilderness: The Murmuring Motif in the Wilderness Traditions of the Old Testament*. Nashville: Abingdon. Pp. 115–24.

———. 1976. "Conquest Tradition in the Wilderness Theme." *JBL* 95:177–90.

Culley, R. C. 1976. *Studies in the Structure of Hebrew Narrative*. Semeia Supplements 3. Philadelphia: Fortress. Pp. 102–4.

Fretheim, T. E. 1978. "Life in the Wilderness." *Dialog* 17:266–72.

Gunn, D. M. 1974. "'Battle Report': Oral or Scribal Convention?" *JBL* 93:513–18.

Joines, K. R. 1974. *Serpent Symbolism in the Old Testament: A Linguistic, Archaeological, and Literary Study*. Haddonfield, N.J.: Haddonfield House.

Tozer, A. W. 1948. *The Pursuit of God*. Harrisburg, Pa.: Christian Publications.

Van Seters, J. 1972. "The Conquest of Sihon's Kingdom: A Literary Examination." *JBL* 91:182–97.

———. 1976. "Oral Patterns or Literary Conventions in Biblical Narrative." *Semeia* 5:139–54.

———. 1980. "Once Again—The Conquest of Sihon's Kingdom." *JBL* 99:117–19.

Vaux, R. de. 1978. *The Early History of Israel*. Philadelphia: Westminster. Pp. 551–67.

Yohanan, A. 1976. "Nothing Early and Nothing Late: Re-writing Israel's Conquest." *BA* 39:55–76.

Numbers 22–24

Albright, W. F. 1944. "The Oracles of Balaam." *JBL* 63:207–33.

———. 1971. "Balaam." *EncJud* 4:121–23.

Alter, R. 1981. *The Art of Biblical Narrative*. New York: Basic Books. Pp. 104–7.

Barre, M. L. 1997. "The Portrait of Balaam in Numbers 22–24." *Int* 51:254–66.

Brown, R. E. 1988. *An Adult Christ at Christmas*. Collegeville, Minn.: Liturgical Press. Pp. 10–14.

Clark, I. 1982. "Balaam's Ass: Suture or Structure?" In *Literary Interpretations of Biblical Narratives*. Vol. 2. Ed. K. R. R. Gros Louis and J. S. Ackerman. Nashville: Abingdon. Pp. 137–44.

Coats, G. W. 1972. "Balaam: Sinner or Saint?" *BRes* 17:21–29. Repr., in *Saga, Legend, Tale, Novella, Fable: Narrative Genres in Old Testament Literature*. Ed. G. W. Coats.

JSOTSup 34. Sheffield: JSOT Press, 1985. Pp. 56–62.

———. 1982. "The Way of Obedience. Traditio-Historical and Hermeneutical Reflections on the Balaam Story." *Semeia* 24:53–79.

Craigie, P. C. 1969. "The Conquest and Early Hebrew Poetry." *TynB* 20:76–94.

Daube, D. 1973. *Ancient Hebrew Fables.* Oxford: Oxford University Press. Pp. 14–16.

Dijkstra, M. D. 1995. "Is Balaam Also among the Prophets?" *JBL* 114:43–64.

Goldin, J. 1990. "In Defense of Balak: Not Entirely Midrash." *Judaism* 40:455–60.

Greene, J. T. 1992. *Balaam and His Interpreters: A Hermeneutical History of the Balaam Traditions.* BJS 244. Atlanta: Scholars Press.

Hackett, J. 1984. *The Balaam Text from Deir ʿAlla.* HSM 31. Chico, Calif.: Scholars Press.

———. 1986. "Some Observations on the Balaam Tradition at Deir ʿAlla." *BA* 49:216–22.

———. 1992. "Balaam." *ABD* 1:569–72.

Hoftijzer, J., and G. van der Kooij, eds. 1976. *Aramaic Texts from Deir ʿAlla.* Documenta et monumenta Orientis antiqui 19. Leiden: Brill.

———. eds. 1991. *The Balaam Text from Deir ʿAlla Re-evaluated.* Leiden: Brill.

Horowitz, V. 1992. "The Expression *uqsamim beyadam* (Numbers 22:7) in Light of Divinatory Practices from Mari." *HS* 33:5–15.

Kaiser, W. C., Jr. 1996. "Balaam Son of Beor in Light of Deir ʿAlla and Scripture: Saint or Soothsayer?" In *"Go to the Land I Will Show You": Studies in Honor of Dwight W. Young.* Ed. J. Coleson and V. Matthews. Winona Lake, Ind.: Eisenbrauns. Pp. 95–106.

Kaufmann, Y. 1960. *The Religion of Israel.* Trans. M. Greenberg. Chicago: University of Chicago Press. Pp. 84–91.

Layton, S. C. 1992. "Whence Comes Balaam? Num 22,5 Revisited." *Bib* 73:32–61.

Long, B. O. 1971. "Two Question and Answer Schemata in the Prophets." *JBL* 90:129–39.

Lutsky, H. 1999. "Ambivalence toward Balaam." *VT* 49:421–25.

McCarter, P. K. 1980. "The Balaam Texts from Deir ʿAlla: The First Combinations." *BASOR* 239:49–65.

Moberly, R. W. L. 1999. "On Learning to Be a True Prophet: The Story of Balaam and His Ass." In *New Heaven and New Earth: Prophecy and the Millennium; Essays in Honor of Anthony Gelston.* Ed. P. J. Harland and C. T. R. Hayward. VTSup 77. Leiden: Brill. Pp. 1–17.

Moore, S. M. 1990a. *The Balaam Traditions: Their Character and Development.* SBLDS 113. Atlanta: Scholars Press.

———. 1990b. "Another Look at Balaam." *RB* 97:359–78.

Rad, G. von. 1960. *Moses.* New York: Association Press. Pp. 71–80.

Safren, J. D. 1988. "Balaam and Abraham." *VT* 38:105–13.

Savran, G. 1994. "Beastly Speech: Intertextuality, Balaam's Ass and the Garden of Eden." *JSOT* 64:33–55.

Seerveld, C. G. 1980. *Balaam's Apocalyptic Prophecies: A Study in Reading Scripture.* Toronto: Wedge Publishing Foundation.

Smick, E. C. 1974. "A Study of the Structure of the Third Balaam Oracle." In *The Law and the Prophets: In Honor of O. T. Allis*. Ed. J. H. Skilton. Nutley, N.J.: Presbyterian and Reformed. Pp. 242–52.

Tosato, A. 1979. "The Literary Structure of the First Two Poems of Balaam." *VT* 29:98–106.

Van Seters, J. 1994. *The Life of Moses: The Yahwist as Historian in Exodus–Numbers*. Louisville: Westminster John Knox. Pp. 405–35.

———. 1997. "From Faithful Prophet to Villain: Observations on the Tradition History of the Balaam Story." In *A Biblical Itinerary: In Search of Method, Form and Content; Essays in Honor of George W. Coats*. Ed. E. Carpenter. JSOTSup 240. Sheffield: Sheffield Academic Press. Pp. 126–32.

Vermes, G. 1973. "The Story of Balaam: The Scriptural Origin of the Haggadah." In *Scripture and Tradition in Judaism*. Ed. G. Vermes. 2nd ed. Studia post-biblica 4. Leiden: Brill. Pp. 127–77.

Westermann, C. 1978. *Blessing in the Bible and the Life of the Church*. Trans. K. R. Crim. OBT. Philadelphia: Fortress. Pp. 49–53.

Zannoni, A. E. 1978. "Balaam: International Seer/Wizard Prophet." *St. Luke's Journal of Theology* 22:5–19.

Numbers 25

Lutsky, H. 1997. "The Name 'Cozbi' (Numbers xxv 15, 18)." *VT* 47:546–49.

Mendenhall, G. E. 1973. *The Tenth Generation: The Origins of the Biblical Tradition*. Baltimore: Johns Hopkins University Press. Pp. 105–21.

Milgrom, J. 1970. *Studies in Levitical Terminology*. Vol. 1, *The Encroacher and the Levite: The Term ʿAboda*. University of California Publications, Near Eastern Studies 14. Berkeley: University of California Press.

Reif, S. C. 1971. "What Enraged Phinehas? A Study of Numbers 25:8." *JBL* 90:200–206.

Seebass, H. 2003. "The Case of Phinehas at Baal Peor in Num 25." *BN* 117:40–46.

Sivan, H. Z. 2001. "The Rape of Cozbi (Numbers xxv)." *VT* 51:69–80.

Stern, E. 1971. "Phinehas." *EncJud* 13:465–67.

Van Unnik, W. C. 1974. "Josephus' Account of the Story of Israel's Sin with Alien Women in the Country of Midian." In *Travels in the World of the Old Testament: Studies Presented to Professor M. A. Beek on the Occasion of His 65th Birthday*. Ed. M. S. H. G. Heerma van Voss, P. H. J. Houwink ten Cate, and N. A. van Uchelen. Studia Semitica Neerlandica 16. Assen: Van Gorcum. Pp. 241–61.

Vaux, R. de. 1978. *The Early History of Israel*. Philadelphia: Westminster. Pp. 568–70.

Numbers 26–27; 36

Ben-Barak, Z. 1980. "Inheritance by Daughters in the Ancient Near East." *Journal of Semitic Studies* 25:22–33.

Coats, G. W. 1977. "Legendary Motifs in the Moses Death Reports." *CBQ* 39:34–44.

Davies, E. W. 1981. "Inheritance Rights and Hebrew Levirate Marriage." *VT* 31:138–44, 257–68.

Sakenfeld, K. D. 1988a. "Zelophehad's Daughters." *Perspectives in Religious Studies* 15:37–47.

———. 1988b. "In the Wilderness Awaiting the Lord: The Daughters of Zelophehad and Feminist Interpretation." *Princeton Seminary Bulletin* 9:179–86.

Snaith, N. H. 1966. "The Daughters of Zelophehad." *VT* 16:124–27.

Ulrich, D. R. 1998. "The Framing Function of the Narratives about Zelophehad's Daughters." *JETS* 41:529–38.

Weingreen, J. 1966. "The Case of the Daughters of Zelophechad." *VT* 16:518–22.

Westbrook, R. 1985. "Biblical and Cuneiform Law Codes." *RB* 92:247–64.

Numbers 28–30

Fisher, L. R. 1970. "New Ritual Calendar from Ugarit." *HTR* 63:485–501.

———. 1975. "Literary Genres in the Ugaritic Texts." In *Ras Shamra Parallels: The Texts from Ugarit and the Hebrew Bible*. Vol. 2. Ed. L. R. Fisher. Analecta orientalia 50. Rome: Pontifical Biblical Institute. Pp. 131–52.

Olson, D. T. 1997. "Negotiating Boundaries: The Old and New Generations and the Theology of Numbers." *Int* 51:229–40.

Numbers 31

Niditch, S. 1993a. "War, Women and Defilement in Numbers 31." *Semeia* 61:39–57.

———. 1993b. *War in the Hebrew Bible*. Oxford: Oxford University Press. Pp. 78–89.

Wright, D. P. 1985. "Purification from Corpse Contamination in Numbers xxxi 19–24." *VT* 35:212–13.

Numbers 32

Jobling, D. 1980. "'The Jordan a Boundary': A Reading of Numbers 32 and Joshua 22." In *SBLSP 1980*. Ed. P. J. Achtemeier. Chico, Calif.: Scholars Press. Pp. 183–207.

Vaux, R. de. 1965. *Ancient Israel*. Trans. J. McHugh. 2 vols. New York: McGraw Hill. Vol. 2, pp. 366–67.

Numbers 33

Davies, G. I. 1974. "The Wilderness Itineraries: A Comparative Study." *TynB* 25:46–81.

——. 1979. *The Way of the Wilderness: A Geographical Study of the Wilderness Itineraries in the Old Testament.* Cambridge: Cambridge University Press.

Numbers 35

Greenberg, M. 1962. "City of Refuge." *IDB* 1:638–39.

——. 1968. "Idealism and Practicality in Numbers 35:4–5 and Ezekiel 48." *JAOS* 88:59–66.

——. 1971. "Levitical Cities." *EncJud* 11:136–38.

Spencer, J. R. 1992a. "Levitical Cities." *ABD* 4:310–11.

——. 1992b. "Refuge, Cities of." *ABD* 5:657–58.

Vaux, R. de. 1965. *Ancient Israel.* Trans. J. McHugh. 2 vols. New York: McGraw-Hill. Vol. 2, pp. 366–67.

제5부

신명기

19. 과거를 기억하라
신명기 1:1-4:40

전도자가 "많은 책들을 짓는 일에는 끝이 없다"(전 12:12 NRSV)라고 한 말은 옳다. 만일에 전도자가 신명기를 연구할 수 있는 기회를 충분히 얻는다면, 그는 자신의 진술을 개정하거나 취소할 필요가 전혀 없을 것이다. 예로서 레위기와 민수기에 관한 학자들의 연구들과 비교해볼 때, 신명기 연구는 이제껏 아주 많이 이루어져 왔고 앞으로도 계속 그러할 것이다.

신명기 분석

오경의 나머지 책들과 비교해볼 때 신명기는 다소 묘해 보이는 책으로 이해된다. 그 한 예로, 학자들이 흔히 주장하듯이, 신명기의 신학과 주제들은 오경의 다른 책들과 뚜렷하게 구별된다. 신명기의 케리그마는 오경 신학의 일부를 구성하지만, 오경 전체를 대표하는 것으로 이해되어서는 안 된다. 창세기에서 민수기까지의 주제들을 다루는 논문들이 신명기와 신명기 문헌의 주제들을 다루는 논문들과 나란히 발견된다는 것은 충분히 이해할 만한 일이다. 또는 독자들은 창세기로부터 민수기까지만을 다루는 설교와 선포 주석들을 만나곤 한다.

문서 가설

신명기를 오경의 다른 책들로부터 구별하는 이유는 문서 가설의 몇몇 주장들과 관련되어 있다. 이 이론의 기본적인 주장들 중의 하나는 J와 E 및 P 등의 가설 자료들이 창세기로부터 민수기에 이르기까지 융합된 채로 나타난다는 데 있다. 그러나 신명기는 이 네 권의 책들에 거의 끼어들지 못한다. 거꾸로 J와 E 및 P 등 역시 신명기 본문에서는 거의 발견되지 않는다.

그렇지만, 이 세 가지 문서 자료들이 신명기에서 거의 발견되지 않는다고 해서 신명기가 비평적인 주석가들에 의해 동질적인 자료로 간주되는 것은 아니다. 오히려 그 반대이다. 신명기 연구의 두 영역에서만 일치된 견해라고 할 만한 것이 발견될 뿐이다. 이 "확실한 연구 결과들" 중의 하나는 신명기가 모세의 저작이 아니라는 데 있다. 비록 "모세적인 요소들"이 여기저기에 나타나고 있다고 하지만 말이다. 신명기의 저자가 이 책을 모세와 관련시킨 이유는 자신의 작품과 그 안에 자신이 집어넣은 생각들이 거룩한 것으로 특별한 승인을 받기를 바라는 마음에서였을 것이다. 그는 훨씬 영향력이 떨어지는 자신의 이름을 사용하기보다는 전설적인 인물인 모세의 이름을 사용하고자 했다. 신명기가 오경의 모든 책들 중에서 모세의 저작권을 가장 강하게 주장 — 예로서 "또 모세가 이 율법을 기록하였다"(31:9 RSV) — 하고 있음에도 불구하고, 학자들은 그러한 결론을 내린다. 오경은 모세가 말하는 사례들로 가득 차 있다. 그러나 그의 저작 활동에 대한 언급은 매우 적다.

부분적인, 그러면서도 본질적인 또는 궁극적인 모세 저작권을 옹호하는 학자들도 꽤나 있다. 그 중에는 크레이기(P. C. Craigie), 해리슨(R. K. Harrison), 키친(K. A. Kitchen), 클라인(M. Kline), 맨리(G. T. Manley), 슐츠(S. J. Schultz), 톰슨(J. A. Thompson) 등 개신교의 보수적인 학자들이 포함되어 있다. 이들은 모두 참고문헌에 언급되어 있다. 이 외에도 헤르츠(J. H. Hertz 1940)와 시걸(M. H. Segal 1961) 같은 유대인 학자들이 있다. 이와 비슷한 경향의 학자로는 뛰어난 유대인 성서학자요 70인역에 특별한 관심을 가진 본문비평가 마골리스(Max Margolis 1922: 102–15)가 있다. 그는 요시야가 발견한 "율법서"가 신명기뿐만 아니라 출애굽기부터 민수기까지도 포함하고 있음을 충분히 설득력 있게 주장한다. 이 주장은 신명기에 관한 20세기 학계의 경향을 정면에서 거스르는 적절한 주장이라 하겠다. 고든(Cyrus Gordon 1965a: 150; 1965b: 213)도 본질적으로 거의 같은 점을 주장한 바가 있다.

저작권과 관련된 두 번째의 일치된 견해는 신명기가 이질적인 성격을 가지고 있다는 데 있다. 달리 말해서 신명기는 현재 우리가 성서에서 보는 것 같은 최종 형태에 이르기까지 단계적인 성장 과정과 여러 차례의 편집적인 개정 작업을 거쳤다는 얘기다. 이러한 견해는 마침내 "원-신명기"(Ur-Deuteronomy)라 부르는 자료의 존재를 인정하려는 쪽으로 귀결된다. 신명기의 이 원본에 다른 추가 자료들이 덧붙여졌다는 것이다. 이 문제를 다루는 자들은 대개 5-26장과 28장 내지는 짤막한 서론과 결론을 가지고 있는 12-26장을 핵심 자료로 간주한다. 신명기의 "최종 형태"가 갖는 의미 — 각 부분들이 어떻게 서로 간에 연결되고 전체와 연결되는지 — 를 다루고자 한 학자들은 거의 없다. 그러나 차일즈(Brevard Childs)와 폴진(Robert Polzin)의 연구(참고문헌을 보라)는 신명기 연구의 새로운 경향을 반영하고 있는 것으로 보인다. 정경비평(차일즈)이나 구조분석(폴진)을 통해서 말이다.

성서 연구사를 개관하는 입장에서 본다면, 보통은 19세기 학자인 데 베테(W. M. L. De Wette)야말로 현재 유행하고 있는 신명기 연구의 선구자로 간주된다. 비록 그가 내린 결론들이 오늘날에는 거의 학자들의 지지를 받지 못한 채로 있지만, 그의 신명기 연구는 무수한 성서 전문가들이 따라가야 할 길을 닦아 놓았다고 할 수 있다. 그리고 그 문제는 아직도 해결되지 못한 채로 있다. "현재 널리 연구되고 있는 쟁점들"을 개관한 현대 학자들은 대개 그 쟁점들과 관련하여 아직껏 확정적인 결론이 난 상태가 아니라고 말한다. 신명기가 관련되는 한, 연대와 저작권 및 기원 등의 문제들이 최종적이고 일치된 결론을 보게 될 것이라고 보기는 어렵다.

데 베테의 신명기 분석은 다음과 같다. 신명기는 유다 왕 요시야의 종교개혁(주전 7세기 후반) 이후에 기록된 것이다. 요시야의 종교개혁(예로서 제의 중앙화와 이교 신상들의 제거)에 공감하던 몇몇 개인들은 모세를 필명으로 하고 모압 평지를 가상적인 배경으로 삼은 채로 신명기를 저술하였으며, 적당한 때를 보아 그것을 성전 폐허에 두었다. 그것은 나중에 성전을 수리하던 자들에 의해 발견되었고, 그 후 요시야의 종교개혁을 "추인"하고 "정당화"시켜주었다. 결국 요시야는 수 세기 동안 잠자고 있던 모세의 말과 율법 및 기준 등을 실행에 옮긴 자가 아닌가?

이 이론은 신명기가 본질적으로 "경건한 사기"(a pious fraud)에 해당하는 책이라는 유명한 말을 낳게 했다. 이 이론에 따르면, 신명기는 종교개혁의 역사적인 선례를 제공하고자 했다는 점에서 경건한 책이다. 그리고 신명기는 책 전체가 인위적으로 만들어낸 것이라는 점에서 사기의 성격을 가지고 있다. 그것은 마치 히틀러의 군목이 사도적인 이름을 사용하여 반유대적인 정서가 강한 한 책을 저술한 후 프랑스의 침공 이전에 그것을 노틀담 성당의 고해실에 비치한 것과도 비슷한 것이다.

더욱 최근에는 일부 비평학자들이 데 베테의 견해를 좀 더 부드럽게 다듬고자 했다. 내가 보기에, 그들이 그의 견해를 정말 부드럽게 만들었는지 아니면 그것을 단순히 개정한 것인지는 확실치 않다. 예로서 와인펠드(Moshe Weinfeld)는 여러 저작들에서 신명기가 P와는 달리 인문주의와 세속주의의 경향을 반영하고 있음을 계속 주장해 왔다. 와인펠드(1973: 230)가 말하는 바는 다음과 같다: "그것은 무신론적인 경향이나 종교 내지는 종교 제도들에 대한 반대를 가리키지 않는다. 도리어 그것은 금기의 원칙들을 엄격하게 고수하는 태도로부터 종교 제도들과 다양한 사고방식들을 자유롭게 만들고, 그럼으로써 그것들로 하여금 더욱 세속적인 성격을 갖게 하려는 일반적인 경향을 가리킨다." 어쨌든 데 베테가 말하는 "경건한" 신명기는 와인펠드의 "인문주의적인" 신명기로 바뀐 셈이 되었다.

현대 학자들이 데 베테의 가설을 지지했다고 말하는 것은 공평하지 못한 일이다. 대체적으로 그들은 역사적인 낭송과 찬송, 율법 등이 광야 생활 38년 후인 주전 13세기의 어느 한 시점에 모압 평지에서 모세에 의하여 전달되었고 기록되었다는 주장만이 신명기에서 위조된 것이라 할 수 있다고 본다. 단지 이 점만이 위조된 것임을 인정하는 비평학자들은 신명기의 진정성을 기꺼이 인정하려는 태도를 보이고 있다.

벨하우젠(Julius Wellhausen, 『이스라엘 역사 서설』, *Prolegomena to the*

History of Israel [1885])은 어느 누구 못지않게 신명기 연구에 새로운 기초를 놓은 사람이다. 오경의 문서 자료들에 대한 그의 해설은 일종의 완결판에 해당하는 것이요, 고전적인 것이다. 다른 모든 설명들의 기초가 되는 벨하우젠 이론의 핵심은 신명기와 요시야의 개혁이 본질적으로 관련되어 있다는 데 있다. 양자 사이의 관련성에 기초하여 벨하우젠은 신명기(어쨌든 12-26장)가 주전 622년의 개혁 직전에 기록되었다는 결론을 내렸다.

벨하우젠은 자신의 자료 가설 전체에 있어서 가장 중요한 것이 신명기의 연대라고 생각했다. 그는 신명기의 연대가 오경에 대한 문학적인 재구성 작업의 "지렛대"에 해당한다고 보았다. 벨하우젠에게 있어서 주전 622년은 마치 이슬람교도들이 소중하게 여기는 주후 622년의 헤지라 — 이슬람 역사의 시초를 이루는 — 와 같이 중요한 의미를 갖는 것이었다. 이슬람교도들에게 있어서 모든 것이 헤지라 이전의 것이거나 헤지라 이후의 것으로 나누어지는 것처럼, 벨하우젠에게 있어서도, 적어도 성서에 관해 말하자면, 모든 것은 신명기 이전이거나 신명기 이후인 것으로 나누어진다.

분명히 말하건대, 거의 모든 고등비평 학자들은 벨라우젠의 주전 7세기 신명기 연대를 받아들였다고 보는 것이 옳을 것이다. 고전적인 벨하우젠 이론으로부터의 이탈은 신명기의 일부가 주전 7세기보다 앞서며, 나중에 원신명기에 추가되었다는 견해에 의해 이루어진다. (주석적인 견지에서 벨하우젠의 견해를 뒤엎되, 벨하우젠이 D의 연대를 P의 연대보다 앞세운 것과는 달리 P의 연대가 D의 연대보다 앞선다고 주장하는 학자들에 의해 벨하우젠 이론으로부터의 또 다른 이탈이 이루어졌다. 예로서 카우프만[Yehezkel Kaufmann]과 그의 제자인 와인펠드의 연구를 보라. 아울러 자신의 많은 저작물 곳곳에서 그에 관해 언급하는 밀그롬[Jacob Milgrom]의 설명을 보라.)

앞서 말한 바와 같이, 비록 다수의 학자들이 신명기의 저작 연대를 주전 7세기로 잡고 있지만, 그들은 서로 다른 길을 통하여 그러한 결론에 도달한다.

우선 첫째로, 신명기가 유다 공동체가 아니라 북왕국 이스라엘 공동체에 뿌리를 두고 있다고 생각하는 주석가들이 있다. 신명기 연구의 대가인 폰 라트(Gerhard von Rad)가 이러한 해석을 취하고 있다. 그는 기본적으로 신명기가 다른 어떤 것보다도 설교적인 성격을 강하게 가지고 있다고 본다. 율법 조차도, 그리고 그것들이 공포된 방식까지도 법정보다는 강단에 더 어울린다는 것이다. 역사에 대한 낭송과 권면을 결합시킬 수 있는 가장 유력한 설교자 집단은 과연 누구이겠는가? 폰 라트의 견해에 의하면, 그들은 앗수르 침략군에 의해 이스라엘에 임할 재난을 피하기 위해 북왕국 이스라엘로부터 유다로 피난한 북왕국의 레위인들이었다. 이스라엘이 주전 721년에 앗수르 군대의 손에 망하자, 그들은 그러한 전승들을 가지고서 남왕국 유다로 이주하였다. 유다에 살던 7세기의 레위인들은 몇몇 관심 있는 평신도들의 도움에 힘입어 신앙적인 부흥을 위한 자극이 주어질 것이라는 기대감을 가지고서 신명기를 "만들어내었다."

니콜슨(E. W. Nicholson)의 견해는 폰 라트의 견해에 매우 근접해 있다. 그역시 신명기의 기원을 북왕국에서 찾는다. 그러나 차이가 있다. 신명기의 저자들은 레위인들이 아니라, 앗수르의 북왕국 정복 이후에 남왕국으로 도피한 북왕국 예언자 집단의 대표자들이다. 니콜슨은 신명기의 실제적인 편집 시기를 요시야의 할아버지인 므낫세의 통치 시기로 잡는다. 이 주장의 배후에는 신명기에 반영되어 있는 개혁 운동이 방탕함과 부도덕성의 시기, 곧 신앙적인 열정의 흔적을 찾을 길이 없는 시기에 바로 뒤이어 발생한 것이라는 생각이 깔려 있다. 므낫세의 통치는 그러한 조건을 충분히 갖추고 있었다. 이처럼 암울한 시기에 레위인 또는 예언자 계열에 속한 마르틴 루터(Martin Luther)가 나타난 것이다.

그런가 하면 이와는 달리 신명기의 주전 7세기 연대에 완전히 동의하는 학자들이 있다. 그러나 그들은 신명기가 북왕국이 아니라 남왕국에 뿌리를 두고 있다는 점을 강조한다는 점에서 차이를 보인다. 신명기는 이스라엘에서 생겨난 것이 아니라 유다에서 생겨난 것이라는 얘기다.

이와 관련하여 가장 많은 저작을 남긴 자는 독일의 예수회 신부인 로핑크(Norbert Lohfink)와 유대인 학자인 와인펠드(Moshe Weinfeld)이다. 이 두 사람은 똑같이 신명기의 언어가 무엇보다도 왕실 언어 및 지혜 언어와 가장 가깝다고 본다. 그 까닭에 신명기가 유다 내지는 예루살렘의 배경을 가지고 있다는 것이다.

로핑크(1977: 12-21)가 볼 때, 몇 단계의 편집 과정을 거친 신명기는 무엇보다도 점증하는 앗수르의 유다 지배 — 적어도 히스기야의 아버지 아하스에게까지 거슬러 올라가는 — 에 대한 항거의 목소리를 담고 있는 일종의 지하 문서 역할을 수행하였다. 아하스는 예루살렘 성전을 위하여 앗수르의 제단과 비슷한 것을 건축하도록 지시한 장본인이다(왕하 16:10-16). 유다는 이러한 대격변에 대하여 문화 충격이라는 반응을 보였다. 신명기는 이러한 반응의 일부를 반영하고 있다. 요시야의 시대에 이르러서야 비로소 신명기는 공식적인 율법의 지위를 갖기 시작한다. 신명기는 또한 요시야의 독립 운동을 정당화시켜주었다(데 베테의 견해로 복귀한 것일까?).

와인펠드(1972)는 『신명기와 신명기 학파』(*Deuteronomy and Deuteronomic School*)라는 책에서 매우 독창적이면서도 도발적인 시각에서 신명기를 다루었다. 그러한 시각의 상당 부분을 그는 신명기 1-11장을 다루는 자신의 앵커 바이블(Anchor Bible) 주석에 그대로 담았다(1991). 그는 신명기가 히스기야 시대 이후로 요시야 시대에 이르기까지 유다 왕실과 관계를 맺어온 지혜자들과 서기관들에 의해 기록되었다고 본다. 와인펠드는 자신의 주장을 한층 뒷받침하기 위해 신명기의 편집이 주전 7세기의 앗수르 국가 조약, 특히 앗수르 왕 에살핫돈(Esarhaddon, 주전 680-669년)과 앗수르 동쪽에 있는 봉신 국가들 사이에 맺어진 국가 조약의 문학적인 모델의 영향을 받았다고 보았다. 그렇다면 유다에서 왕실 안의 한정된 서기관 집단 말고 누가 그러한 모델들에 대해서 그처럼 잘 알고 있겠는가?

와인펠트의 핵심적인 주장들 중 하나는 신명기의 법적인 부분들과 오경의 다른 책들에 있는 법적인 부분들을 비교함으로써 생겨난 것이다. 예로서 신명기가 세속적인 도살을 허용 — 식용 동물을 먼저 성소에서 제물로 바쳐야 한다고 규정하는 레위기 17:1-9와는 달리 "각 성에서 네 마음에 원하는 대로 가축을 잡아 그 고기를 먹을 수 있나니"(12:15, 21)라고 규정함 — 하고 있다는 점을 주목한 그는 신명기가 7세기의 세속화와 비신화화의 경향을 반영하고 있다는 결론을 내렸다.

와인펠드의 신명기 연구는 세 가지 점에서 의심스러운 데가 있어 보인다. 첫째로 신명기의 문학적인 구조가 1천년기의 계약들보다는 2천년기의 계약들에 더 가깝다는 점을 지적할 수 있다. 예로서 초기의 계약들과는 달리 후기의 계약들은 역사적인 서문과 약속된 복들(저주의 위협에 상응하는)의 목록을 가지고 있지 않다. 신명기는 이 두 가지 것을 다 가지고 있다.

두 번째 비판은 지혜문학이 신명기에 영향을 주었다는 와인펠드의 주장을 겨냥하고 있다. 예로서 만일에 서기관들과 지혜자들의 손길이 신명기에 분명하게 드러나 있다면, 왜 왕이나 예언자 및 사사 등의 행동을 규정하는 법규가 그들에게는 없는 것일까? 왜 그들은 그들 자신에 관한 내용을 생략한 것일까? 그리고 만일에 신명기가 지혜자들의 작품이라면, 그들은 토라 문헌을 기록할 권한을 어떻게 얻은 것일까? 그들의 그러한 권한은 제2성전 시기에도 유지되었던 것일까? 아니면 그것이 제사장들에게로 돌아간 것일까(Rofe 1974: 204-9를 보라)?

셋째로 신명기의 율법들과 그에 상응하는 것들 사이의 차이는 세속화를 향한 움직임으로 설명되어야 하는 것일까? 신명기에 대한 전통적인 해석을 수용하는 학자들은 그 차이가 광야의 유목 문화권에서 토지 소유의 정착 문화권으로 옮겨가는 과정에서 필연적으로 생겨난 것이라고 설명하곤 한다. 달리 말해서 양자 사이의 차이는 와인펠드가 지적한 것처럼 사회적인 것이 아니라 연대기적인 것으로 설명되어야 한다는 얘기다.

그러나 이러한 주장과는 별도로 신명기는 정확하게 세속화와는 정반대의 방향으로 움직이고 있다고 볼 수 있다(Milgrom 1973: 156-61; Weinfeld 1973: 230-33을 보라). 예로서 신명기는 이스라엘이 이미 거룩하다는 것을 강조한다(7:6; 14:2, 21). 이와는 달리 레위기는 이스라엘 앞에 거룩함을 목표로 설정한다: "너희는 거룩하라"(레 19:2). 그리고 제사장의 역할은 오로지 신명기에서만 성전 밖으로까지 확대된다. 그는 군목의 자격으로 군대를 따라 전쟁터로 나아간다(신 20:1-4). 그는 또한 살인죄와 폭행죄를 다루는 법정에서 최고 재판관 역할을 수행함으로써(17:8-13), 다른 곳에서는 구체적으로 서술되지 않은 새로운 사법 기능을 떠맡는다.

우리는 이제껏 신명기가 생겨난 장소와 저작권 및 존재 이유 등에 관한 최근의 일부 주장들을 간략하게 살펴본 결과 의견 일치라고 할 만한 것이 전혀 없다는 것을 알게 되었다. 앞으로 이어질 어떠한 연구도 이처럼 서로 상반되는 견해들을 완전히 잠재우지는 못할 것이다. 어떤 이들은 이처럼 다양한 견해들이야말로 성서학 분야의 묘미에 해당한다고 본다. 성서학은 현재의 지식 상태에 관해서만 말할 수 있는 과학적인 학문 분야이다. 그러나 다른 이들이 보기에 그처럼 잡다한 견해들은 성서학을 새로운 것을 찾아 나서는 작업으로 축소시키고 만다. 신명기와 관련된 다양한 쟁점들에 대해서는 두 가지의 선택이 있을 뿐이다. 전통적인 입장을 취할 것이냐, 아니면 데 베테 류의 입장을 취할 것이냐가 그것이다.

전통적인 견해

전통적인 견해는 무엇을 기초로 하고 있는가? 첫째로 다음과 같은 신명기 자체의 주장이 있다: "이는 모세가 요단 저쪽 숩 맞은편의 아라바 광야 곧 바란과 도벨과 라반과 하세롯과 디사합 사이에서 이스라엘 무리에게 선포한 말씀이니라"(1:1 NRSV); "모세가 요단 저쪽 모압 땅에서 이 율법을 설명하기 시작하였더라"(1:5 RSV); "또 모세가 이 율법을 써서 여호와의 언약궤를 메는 레위 자손 제사장들과 이스라엘 모든 장로에게 주고"(31:9 RSV). 이러한 진술들은 진정한 것으로 받아들여지거나 위조된 것들로 무시해야만 한다.

둘째로 신약성서 역시 신명기와 모세를 한데 묶는다. 예수께서는 이혼에 관한 모세의 율법에 대해서 언급하신다(마 19:8; 참조. 신 24:1-4). 바울은 재갈 물린 소에 관한 "모세의 율법"에 대해서 말한다(고전 9:9; 참조. 신 25:4). 히브리서의 저자는 재판시의 증인들의 증언에 관한 모세의 율법에 대해서 언급한다(히 10:28; 참조. 신 17:2-6). 모세에 대한 이러한 언급들은 신명기에 관한 탈무드의 증거(*Baba Bathra* 14b-15a)와 일치한다.

이러한 언급들은 어떻게 다루어져야 하는가? 고등비평가들이 볼 때 그것들은 무의미한 것이요, 아무 상관도 없는 것이다. 그 언급들은 쉽게 무시된다. 왜냐하면, 그들의 주장에 의하면, 예수와 다른 이들이 전통적인 시간 개념에 대하여 역사적인 평가를 내리는 대신에 그것을 그대로 받아들이고 있기 때문이다. 우리는 신명기가 요시야의 시대와 관련된 책임을 예수께서 아셨지만 자신과 청중을 당면한 주제로부터 잘못 인도하지 않으려고 이 부수적인 쟁점을 제기하지 않으셨다고 생각할 수도 있다. 아니면 19세기와 20세기의 성서학자들이 예수께서 역사적인 자료들을 인용할 때마다 그 자신도 자기 시대에 속한 분이셨기에 그러한 자료들에 대해서 잘 알지 못하는 분으로 보이게끔 만들었다고 생각할 수도 있다. 구약성서 이후의 증거를 무시해야 하는 또 다른 이유는, 그들의 주장에 의하면, 만일에 그러한 증거가 정당하다면 그것은 신명기에 관한 상당량의 연구를 의심해야 하고 또 신명기와 관련된 무수한 이론들을 포기해야 함을 뜻하기 때문이다.

셋째로 많은 복음주의권 저자들, 특히 클라인과 키친은 신명기의 문학적인 구조가 주전 2천년기의 정치적인 조약들 — 종주국과 봉신 국가 사이에 맺어진 — 의 문학적인 구조와 가장 많이 닮았다는 사실을 강하게 주장한다. 그 조약들은 대부분이 히타이트의 공문서 보관소에서 발견된 것들로, 그 기본 구조는 표제 내지는 전문(前文, 신 1:1-5에 상응함), 역사적인 서문(신 1:6-4:49), 일반적인 규정들(신 5-11장), 구체적인 규정들(신 12-26장), 순종에 대한 복과 불순종에 대한 저주(신 27-28장), 봉신 국가가 가까이 할 수 있는 장소에 조약 문서를 보관함(신 31:26), 정기적인 공개 낭독(신 31:9-13), 조약 비준을 위한 증인들의 배석(신 30:19; 31:19, 26) 등과 같은 항목들을 포함하고 있다.

그러나 모든 저자들이 이렇게 함으로써 문제가 다 해결된다고 보지는 않는다. 와인펠드는, 앞서 살핀 바와 같이, 신명기와 주전 1천년기의 조약들 사이에 있는 평행 요소들이 더 주목을 끈다고 본다. 성서 밖의 조약들과 성서의 조약들 사이에 연속성이 있음을 맨 처음 지적한 멘덴홀(George Mendenhall)은 그 결과 신명기가 본질적으로 모세의 저작이라는 점을 인정하지 않는다. 일부 학자들이 얼마나 집요하게 신명기의 후기 연대를 거부하는지는 그들이 인용하는 크레이기의 다음 설명(1976: 26 n. 23)에 잘 반영되어 있다: "그러나 구약성서가 히타이트 조약의 잘 발전된 양식과 많이 닮았다는 것은 놀라운 일이면서 동시에 역사적으로 설명하기 어려운 사실이 아닐 수 없다."

올브라이트(W. F. Albright 1957: 314-33)는 주전 7세기에 중동 전역에서 과거로 돌아가려는 움직임을 보이고 있었다는 점을 문서 자료들을 통하여 입증하고자 했다. 유다도 예외가 아니었다. 이 점은 모세의 황금시대를 회상하는 요시야 시대의 신명기에 잘 반영되어 있다. 이 때문에 올브라이트는 욥기나 잠언 같은 "후대의" 책들 — 6백년이나 9백년 앞서 만들어진 가나안 문헌들과의 언어학적인 평행 자료들로 가득 차 있는 — 의 연대를 결정하는 데 아무런 어려움도 겪지 않는다. 만일에 7세기에 이르러 가나안 문헌들의 재생 작업이 이루어졌다고 한다면, 일관성 있는 주장을 위해서는, 같은 시기에 히타이트 조약 역시 재생되었다고 보아야 할 것이다.

복음주의 진영이 기대는 네 번째 기둥은 신명기 12-26장에 다시금 나타나는 출애굽기 21-23장의 율법을 달리 해석하는 데 있다. 이들 중의 일부에 대해서는 나중에 논하겠지만, 신명기에서 발견되는 이러한 확대 설명은 광야 시대의 이스라엘이 가나안에 항구적으로 정착하려는 이스라엘로 옮겨가는 상황에서 필연적으로 요구되는 것일 수밖에 없다. 이러한 지적은 적어도 신명기의 율법이 왕정 시대에 맞추어 개정된 것이라는 설명만큼이나 타당성을 가지고 있다.

다섯째로 신명기의 중심 주제들 중의 하나가 예배의 중앙화로서 히스기야와 요시야 시대의 산물이라는 주장에 대하여 이의를 제기할 수도 있다 (Manley 1957: 122-36을 보라). 도리어 신명기의 중심 주제는 특정 시대의 죄에 국한되지 않는 우상숭배를 반대하는 것이다. 만일에 신명기가 중앙화의 주제를 강조하고자 했다면, "너희 주 하나님께서 택하실 곳"(신 12:5 RSV)은 예루살렘을 가리키지 않겠는가? 사실 신명기는 예루살렘에 대해서 전혀 언급하지 않는다. 이것은 예루살렘이 주요 성소로 자리잡기 전에 신명기가 문서화되었음을 뜻하는 것일까, 아니면 신명기는 원신명기의 북왕국 기원설을 반영하는 것일까, 그것도 아니면 예루살렘에 대한 언급의 부재는 쉬한 (Sheehan 1977: 61)이 주장한 바와 같이 "장소의 신학에 무시간성 개념"을 부여하고자 한 것일까?

마지막으로, 신명기와 두 명의 예언자 호세아와 이사야 — 그 중에서도 특히 호세아 — 에게서 공통으로 발견되는 개념들에 대해서 약간의 설명을 보탤 필요가 있다. 와인펠드(1972: 366-70)는 부록 전체를 할애하여 신명기와 호세아 사이에 있는 유사성 문제를 다루고 있다. A와 B가 닮았다면, B가 A로부터 자료를 빌려온 것일까, 아니면 그 반대일까? 아니면 양자가 똑같이 동일한 전승에 뿌리박고 있는 것일까? 겉으로 보기에는 이 세 가지 견해가 다 설득력 있는 것으로 비쳐질 수도 있다. 그러나 몇 가지 요인들은 신명기 야말로 북왕국 예언자 호세아가 자신의 강조점들과 주요 어휘들을 빌려쓴 원천 자료임을 암시한다(Manley 1957: 143-45; McCurley 1974: 298-302를 보라).

밀러(Patrick Miller 1990: 5-10)는 자신의 신명기 주석에서 신명기가 여러 상이한 저자들의 생각을 반영하고 있다는 견해를 피력한다. 폰 라트와 더불어 그는 신명기 안에 제사장/레위적인 경향이 강하게 반영되어 있다고 본다. 니콜슨의 견해에 동의하여 그는 신명기 안에 예언 정신이 반영되어 있다고 주장한다. 또한 그는 와인펠드와 마찬가지로 지혜 교사들의 인도주의와 사회 윤리가 신명기 안에 있음을 확언한다. 만일에 신명기가 이처럼 다양한 시각들(제사장, 예언자, 지혜자)을 공유하고 있다면, 그것은 아마도 "모세가 이스라엘 역사에서 이 세 가지 관심사를 모두 가지고 있을 유일한 인물"이기 때문일 것이다(Block 2001: 389).

신명기 역사

성서학자들은 노트(Martin Noth)가 "신명기 역사"의 초석을 놓은 인물임을 인정하고 있다. 노트와 다른 학자들이 사용하는 이 특별한 용어는 여호수아, 사사기, 사무엘상하, 열왕기상하 및 신명기의 제한된 일부, 특히 1-4장과 29장 및 30장 등을 가리킨다. 성서학자들은 이 본문들이 주전 550년경의 포로기 기간 동안에 한 사람에 의해 기록된 것일 가능성이 높은 하나의 신학적인 논문이라고 본다. 이 책들은 고국에서 쫓겨난 자들에게 어떻게 해서 그러한 포로생활이 이루어지게 되었는지를 설명하려는 목적을 가지고 있다. 그리고 이 책들에 담긴 그러한 설명은 원신명기(5-26, 28장)의 종교적인 강조점들을 기본 틀로 가지고 있다.

무엇보다도 노트는 신명기주의자가 포로생활을 하는 유대인들과 유다에 남아 있는 잡다한 집단(사형 집행이나 국외추방을 피한 자들)에게 주전 587

년의 민족 파멸이 하나님과 그의 계약적인 요구들에 대한 불순종의 결과로서 생겨난 것임을 알리기 위해 자신의 작품을 만들었다고 주장한다. 바로 전에 유대인들에게 발생한 사건은 계약 불순종에 대한 계약의 저주 규정이 응한 결과라는 얘기다. 결국 이것은 원신명기 신학의 부정적인 측면이 아니겠는가? 순종은 복을 향해 나아가지만, 불순종은 저주를 향해 나아간다는 신학 말이다.

현재 남아 있는 증거에 대한 노트의 해석과 관련되는 한, 그는 성서의 이 거대한 부분, 곧 그가 신명기 역사라 부르는 책들의 이야기에서 희망을 전혀 발견하지 못한다. 신명기주의자는 사실 병적인 불건전함의 진수를 보여주고 있다. 그의 역할은 히틀러 치하의 제3제국(1933-45년) 기간에 있었던 민족 말살 프로그램에서 살아남은 유럽의 유대인들을 향하여 그들이 하나님께 불성실한 모습을 보인 까닭에 그러한 참사가 발생했다고 주장하면서 그들을 맹렬히 비난하던 1940년대와 1950년대의 랍비들의 역할과 비슷할 것이다. 그는 어떠한 희망의 메시지도 전하지 않는다. 도리어 전혀 경감되지 않은 재난을 전할 뿐이다.

신명기 역사에 대한 좀 더 최근의 연구들은 그 역사 안에서 몇몇 긍정적인 강조점들을 찾아내려고 노력한 바가 있다. 모든 것이 암울하거나 절망적인 것은 아니다. 신명기주의자는 역사에 대한 자신의 서술 한가운데에서, 하나님이 선하신 분이요, 여전히 땅을 잃은 백성의 신뢰를 받을 수 있는 분이요(Walter Bruggemann), 당혹감에 빠진 포로민들에게 회개하고서 자신에게로 돌아올 것을 지시하시는 분(H. W. Wolff)임을 청중에게 상기시킨다.

우리는 노트를 비롯한 여러 학자들이 재구성한 신명기 역사라는 개념이 전체적으로 볼 때 충분히 그럴 듯한 내용을 가지고 있음을 인정하지 않으면 안 된다. 그러나 그러한 재구성 작업이 가능하다고 말하는 것은 그렇게 쉬운 일은 아니다. 한 예로 프리드먼(D. N. Freedman 1976: 226)은 우리에게 다음과 같은 점을 상기시켜준다: "요컨대 … 우리는 신명기 역사라는 개념이 현재 우리가 가지고 있는 히브리 성서의 일부를 구성하고 있지 않다는 점을 인정하지 않으면 안 된다. 우리는 이러한 주의 사항을 늘 염두에 두지 않으면 안 된다."

신명기 — 이 책이 특별히 강조하는 어떤 것 — 가 주전 13세기에 만들어졌다는 이론도 사실은 포로기 편집설 만큼이나 설득력이 있는 것이다. 신명기 다음에는 여호수아서가 있는 바, 이 책에 기록되어 있는 사건들은 이 책의 이름을 가진 자의 죽음과 왕정 초기 시대 사이의 어느 시점에 기록된 것들이다. 여호수아서 전체는 하나님을 경외하는 헌신적인 삶에 뒤따르는 하나님의 복을 인상적인 필치로 보여주는 역할을 수행한다. 어떠한 세대든 그러한 사실을 알고서 마음에 새겨두어야 할 필요가 있다. 그들이 초심자들이건 아니면 오래 된 자들이건 아니면 재산을 빼앗긴 자들이건 관계없이 말이다.

이와는 대조적으로 사사기는 상대적으로 늦게 등장한 자들이나 개척자들에게 하나님의 뜻을 피하려는 시도가 어떠한 결과에 직면하게 되는지를 분명하게 밝히고 있다. 이러한 교훈은 열왕기에서도 계속 발견된다.

마지막으로 우리는 구약성서의 다른 모든 신학들과는 대조되게 구약성서의 오로지 한 부분에만 적용되는 특수한 신명기 신학이라는 개념이 과연 타당한 것인지를 물을 수도 있다. 설령 분명하게 구별되는 신명기 신학의 타당성을 인정한다고 해도, 그것이 왜 포로기 때에 발생한 것이어야 하는지의 물음은 여전히 남는다. 첫 번째 의문점과 관련하여, 우리는 구약성서의 모든 부분들이 신명기적일 수도 있다는 점에 주의를 기울일 필요가 있다. 예로서 계약의 문제와 관련된 신학에 있어서 역대기는 과연 사무엘서 및 열왕기서와 판이하게 다른 모습을 보이고 있는 것일까? 족장들의 이야기는 신명기의 기초 자료에 의존하고 있는 것이 아닐까?

두 번째 의문점에 대해서는, 이스라엘이 신명기주의에 전적으로 의존하고 있는 것은 아니라고 말하는 것으로 충분하다. 신명기에 표현된 것과 매우 가까운 일부 정서는 고대 근동의 찬양과 기도 및 지혜 문헌들 — 주전 3천년기로부터 1천년기에 걸치는 — 에서도 찾아볼 수 있다. 이 문헌들은 이집트와 메소포타미아, 소아시아, 가나안 등지에 속한 것들이다. 예로서 제이콥슨 (Thorkild Jacobsen)은 메소포타미아에서의 "선한 삶"에 관해 언급하면서, 이렇게 말한다: "순종과 봉사와 예배의 길은 신들의 보호하심을 확보하는 길이기도 하다. 그것은 또한 메소포타미아에서 누리는 삶의 최고 가치, 곧 지상

세계에서의 성공을 획득하는 길이기도 하다. 건강, 장수, 공동체 안에서의 존경받는 지위, 많은 아들들, 부 등이 그에 해당한다." 우리는 왜 이스라엘이 1천년기나 2천년기가 더 지난 후에 주변 나라들의 것과 유사한 신학적인 개념을 만들어냈다고 생각하지 않으면 안 되는가?

신명기는 신명기 역사에 관한 모든 논의에서 큰 비중을 차지한다. 신명기의 처음 3-4장과 관련하여 노트는 그것들이 신명기의 저자에 의해 기록된 것이 아니라 신명기 역사의 저자에 의해 기록되었다는 주장을 내세운다. 신명기 1-4장은 그 자체로서 볼 경우에 "신명기주의적인 것"(deuteronomistic)으로 규정되어야 한다. 그리고 신명기 5-26장은 "신명기적인 것"(deuteronomic)으로 규정되어야 한다.

노트가 이처럼 양자를 구분하는 주된 이유들 중의 하나는 신명기에 두 개의 도입부(1-4장과 5-11장)가 있다는 데 있다. 그러나 성서의 한 책 — 특히 서두 부분 — 에 이중적인 도입부가 있다는 견해는 의심스러운 것이 아닐 수 없다. (창세기의 처음 두 장이 그동안 어떻게 쪼개져 왔는지를 주목하라.)

19세기에 당시의 성서 연구 권위자였던 벨하우젠은 1-4장과 5-11장이 평행을 이루는 상이한 편집 자료들에 해당한다고 보았다. 노트는 이 둘이 평행 자료가 아니며, 5-11장이 신명기의 실제적인 도입부에 해당한다고 주장하였다. 대체적으로 현대의 구약학자들은 이 견해를 수용하는 것으로 보인다(비록 5장에서부터 시작하는 신명기 주석서는 아직 없는 것으로 보이지만).

1-4장과 5-11장을 나누려는 노트의 시도는 세 가지의 즉각적인 결과를 초래한다. 첫째로 만일에 그러한 구분을 허용한다면, 1-4장을 신명기의 나머지 부분과 연결시키는 일은 거의 불가능하거나 불필요한 일이 되고 만다. 1-4장은 편의상 현재의 위치에 자리잡고 있지만, 그 이외에는 신명기의 형성 과정을 이해함에 있어서 단지 최소한의 역할만을 수행할 뿐이어서, 마치 고아와도 같이 버림받은 본문이 되고 마는 것이다.

둘째로, 1-4장을 신명기로부터 제거하면, 전체적으로 주전 2천년기의 계약 형태들에 거의 완전하게 들어맞는 신명기의 문학적인 구조가 무너진다. 1-4장을 현재의 문맥에서 억지로 떼어내면 머리말(1:1-5)과 역사적인 서문(1:6-4:40)을 제거하는 결과를 초래한다. 본질적으로 노트는 특징적인 구조를 가지고 있으면서 동시에 고대 근동의 모든 유사 자료들과 일치하는 하나의 문학적인 단위를 취하되, 그것을 인위적으로 분리시켰다.

셋째로 이러한 재구성 작업은, 설령 정당하다고 해도, 신명기 자체의 구성을 훼손시킨다. 첫 30개의 장들은 모세가 행한 세 개의 구별되는 설교들로 이루어져 있다. 그 설교들의 도입부는 제각기 일정한 양식을 가지고 있다: "이는 모세가 … 이스라엘 무리에게 선포한 말씀이다"(1:1 [RSV와 1:5], 1:6-4:40의 도입부); "그리고 모세는 온 이스라엘을 불러 그들에게 말하였다"(5:1 [RSV], 5-28장의 도입부); "그리고 모세는 온 이스라엘을 불러 그들에게 말하였다"(29:2 [RSV], 29-30장[또는 31:6까지]의 도입부). 신명기의 나머지 부분은 대부분 시문체로 된 모세의 말(32-33장)과 모세의 생애 마지막에 있었던 몇몇 사건들에 대한 결론적인 설명(31:7-29; 34:1-12)을 모아 놓은 것이다.

모세의 첫 번째 설교(1:1-4:40)

민수기는 상당한 시간과 역사, 곧 40여 년의 기간을 포함하고 있다(민수기의 첫 번째 시간 표시인 "이스라엘 자손이 애굽 땅에서 나온 후 2년째 되던 해의 둘째 달 첫째 날에" [1:1 NIV]를 민수기의 마지막 시간 표시인 "이스라엘 자손이 애굽 땅에서 나온 후 40년째 되던 해의 오월 초하루에"[33:38 NIV]와 비교해 보라). 이와는 달리 신명기는 24시간 안에 발생한 사건들을 다루고 있는 것으로 보인다. 이 점은 다음의 두 구절을 비교해봄으로써 확인할 수 있다:

신명기 1:3: "40년째 되던 해의 열한 번째 달 첫째 날에 모세가 … 선포하였다"(NIV)

신명기 32:48: "바로 그 날에 주께서 모세에게 말씀하셨다"(NIV)

그러나 1장 5절이 모세가 열한 번째 달의 첫째 날에 율법을 설명하기 "시작"했다고만 서술하고 그가 그 일을 같은 날에 "끝냈다"고 말하지는 않기 때문에, 32:48의 "바로 그 날"은 32장에 서술된 사건들을 가리킬 수도 있을 것이며, 모세의 죽음은 열두 번째 해의 어느 날에 발생했을 것이다. 모세가 세 개의 긴 설교(1:5-4:40; 5:1-28:68; 29:1-30:20)를 전달한 다음에, 여호수아를 향하여 짧은 설교 한 편을 전하고(31:7-8), 두 개의 시를 지어 전하고나서 죽은 일이 24시간 안에 일어났을 수도 있겠지만, 그럴 듯해 보이지는 않는다.

신명기의 몸통은 이스라엘이 시내 광야에 진을 치고 있던 시기를 다루는 출애굽기 19장-민수기 10:11과 거의 일치한다. 신명기에 의하면, 이스라엘은 모압에 진을 치고 있다. 출애굽기 1-18장에 의하면, 이스라엘은 시내 광야를 향해 움직인다. 민수기 10:11-36:13에 의하면, 이스라엘은 모압을 향해 움직인다. 진을 치고서 쉬는 이 두 시기에 하나님께서는 자기 백성에게 (거의 자신의 종 모세를 통하여) 분명하게, 그리고 광범위하게 자신의 뜻을 전달하신다. 진을 치고 있기에 다소 한가하던 이 시기에 하나님의 백성은 가만히 서서 자기들의 삶과 미래를 위한 하나님의 목소리를 듣고 분별하는 법을 배운다.

모세의 첫 번째 설교는 신명기의 첫 네 장을 차지하고 있다. 확실히 그것은 두 부분으로 나누어진다: (1) 1-3장은 이스라엘이 시내 광야를 출발한 이후 겪은 오랜 유랑생활을 역사적으로 개관하고 있다; (2) 4장은 주로 권고의 성격을 가지고 있다. 1-3장은 과거를 지향하되, 서술형을 기본 틀로 가지고 있다. 그 주된 강조점은 회상에 있다. 반면에 4장은 현재와 미래를 지향하고 있으며, 명령형을 기본 틀로 가지고 있다: "듣고 준행하라 … 들어가서 … 얻게 될 것이다." 1-3장에서 모세는 회전그림을 보여주는 자로 나타나지만, 4장에서는 설교자로 나타난다. 그리고 해설자는 권고자가 된다. 그는 역사가이면서 동시에 분석가이다.

우리는 모세의 이 설교가 "온 이스라엘"을 대상으로 하고 있는 것임을 주목해야 한다(1:1). 이 구절의 의미는 그것이 신명기에 자주 나타난다는 사실(14회의 용례 중 11개가 신명기의 기본 틀을 이루는 부분에서 나타남)에 의해서 강조될 뿐만 아니라, 이 동일한 구절이 오경의 나머지 책들에서는 두 번밖에 나오지 않는다는 사실(출 18:25; 민 16:34; Flanagan 1976-1977: 162를 보라)에 의해서도 강조된다. 이 거룩한 말씀을 듣고서 그에 상응하는 반응을 보이지 않아도 될 사람은 아무도 없다.

회상

이 설교에서 모세는 여덟 가지 사건들을 회상한다:

1. 1:9-18: 조력자로 활동할 재판관들을 임명함으로써 모세의 짐이 가벼워짐(참조. 출 18:13ff.; 민 11:10ff.)
2. 1:19-46: 가나안 땅에 대한 정보를 얻기 위해 정탐꾼들을 보낸 이야기 (참조. 민 13-14장)
3. 2:1-8a: 에돔 지역을 돌아서 행진함(참조. 민 20:14-21)
4. 2:8b-25: 모압 지역을 통과함(참조. 민 21:4-20)
5. 2:26-37: 헤스본의 시혼에 대한 이스라엘의 승리(참조. 민 21:21-32)
6. 3:1-7: 바산의 옥에 대한 이스라엘의 승리(참조. 민 21:33-35)
7. 3:8-22: 요단 동편 지역을 일부 지파들에게 분배함(참조. 민 32장)
8. 3:23-29: 모세가 가나안으로 들어가게 해줄 것을 청하지만 거부당함(참조. 민 27:12-14; 이 둘이 서로 다른 사건들이기는 하지만)

우리는 이 목록의 맨 처음 것과 맨 나중 것이 이스라엘 자손하고만 관련된 하나님의 섭리를 다루고 있음을 주목할 필요가 있다. 두 경우에 똑같이 모세의 짐이 제거될 것이다. 조력자들이 그의 짐을 가볍게 해줄 것이다. 그가 비스가를 넘어 가나안 땅으로 들어가지 않게 됨에 따라 그의 짐은 다른 사람, 곧 여호수아에게로 옮겨갈 것이다. 다른 모든 사건들은 이스라엘의 국제 관계를 다루고 있다. 그 관계는 잠재적인 것일 수도 있고(3) 실제적인 것일 수도 있다(4-6).

모세의 과거 회상은 반복의 요소를 가지고 있을 뿐만 아니라, 해석의 차원도 아울러 가지고 있다. 새로운 통찰들이 추가된다. 초기의 사건들은 무시될 수도 있다. 예로서 발락과 발람을 포함하는 민수기의 사건이 그렇다. 신명기 1-3장의 일곱 가지 사건들을 빠른 속도로 훑어보면 다음과 같은 점들을 금방 알 수 있다.

첫째로 확실히 신명기 1:9-18은 성서에 언급된 초기의 두 가지 사건, 곧 시내 광야 이전의 사건(출 18:13-27, 이 단락에 있는 유일한 시내 광야 이전 사건임; 특히 신 1:13-17을 보라)과 시내 광야 이후의 사건(신 1:9-12; 민 11:14-17)을 한데 묶고 있다. 상황이 이러한 까닭에, 신명기에는 이드로의 역할에 관한 암시가 전혀 없음을 알 수 있다. 그는 모세가 해야 할 일을 줄이고 그의 책임을 나눌 것을 제안했던 사람이다. 신명기는 또한 주께서 모세에게 70명의 장로들을 선택하라고 명하신 것에 대해서 전혀 언급하지 않는다. 민수기에 의하면, 하나님은 "저 혼자서는 이 모든 백성을 감당할 수 없습니다"(민 11:14 NRSV)라는 모세의 불평을 들으신다. 그런데 신명기에서는 모세가 백성을 향하여 "그 때 내가 너희에게 '나 혼자서는 너희의 짐을 질 수 없다'라고 말했었다"(신 1:9 RSV)라고 말한다.

둘째로 정탐꾼을 보내고 그들의 보고를 받는 이야기는 본질적으로 민수기 13-14장의 이야기와 동일하다. 그러나 신명기의 서술은 다음과 같이 흥미로운 모세의 말을 포함하고 있다: "주께서 너희 때문에 내게도[모세를 가리킴] 진노하시고서는 '너도 그리로 들어가지 못할 것이다'라고 말씀하셨다"(신 1:37 RSV). 모세의 이 말은 3:26과 4:21에서 되풀이된다. 그러나 신명기에는 민수기 14:13-19에 있는 모세의 긴 중보 기도가 빠져 있다.

두 이야기 사이의 가장 현저한 차이는 민수기 13:1-2가 정탐꾼 파견을 하나님의 지시에 의한 것으로 보고 있다는 데 있다: "주께서 모세에게 '몇 사람을 보내어 가나안 땅을 정탐하게 하라'고 말씀하셨다"(NIV). 반면에 신명기 1:22-23은 그것이 하나님의 지시에 의한 것이 아니라 백성이 원해서 한 것이라는 암시를 준다: "그러자 너희가 다 내 앞으로 나아와 '우리가 사람들을 우리보다 먼저 보내어 그 땅을 정탐하게 합시다'라고 말했다 … 내가 그 말을 옳게 여겨"(NIV). 이러한 차이점은 모세가 정탐꾼 이야기를 다시 말하면서 첫 번째 세대를 광야에서 죽게 만든 일을 주도하신 책임이 하나님께 있다고 말하는 대신에 이스라엘 백성에게 그 책임이 있는 것으로 일부러 개정하여 말한 것이라고 봄으로써 해결될 수도 있다. 그러나 모세가 하나님을 옹호하기 위해 실패한 일의 책임을 그에게서 "벗겨내려고" 애썼다는 것은 의심스러운 일이다. 이보다 더 나은 해결책은 사마리아 오경에서 찾을 수 있다. 이 사본은 신명기 1:20-23a를 민수기 13장의 서두에 놓고 있다. 그 결과 다음과 같은 본문이 만들어진다: "[신 1:20-23a] 그때 내가[모세] 너희에게 말했다 … 그러자 너희가 다 내 앞으로 나아와 말했다 … 내가 그 말을 옳게 여겨 … [민 13:1-2] 주께서 모세에게 '사람들을 보내어 … 가나안 땅을 정탐하게 하여라'고 말씀하셨다." 이렇게 되면 가나안 땅을 정탐하자는 생각은 애초부터 백성이 제안한 것으로 여겨지게 된다. 아마도 모세는 그것에 관한 하나님의 뜻을 물었을 것이고, 하나님은 그 일을 그에게 허락하셨을 것이다. 확실히 사마리아 오경의 본문 배열은 두 본문 사이에 있는 차이를 일치시키려는 시도임에 틀림이 없다. 이 사본은 두 본문의 참뜻을 올바로 알아챈 것으로 보인다. 편집자가 왜 이야기의 흐름 속에 그처럼 눈에 띄게 모순되어 보이는 내용을 그대로 두었겠는가? 이와 비슷한 사례는 사무엘상 8장에서도 발견된다: 왕을 세우자는 생각이 맨 처음 백성에게서 비롯되고, 사무엘은 그와 관련된 하나님의 뜻을 묻는다. 이에 하나님께서는 그 요청을 허락하시고, 불행한 결과가 뒤잇는다.

셋째로 모세는 에돔에 도착하기 전에 에돔 땅을 통과하기 위해 에돔 사람들에게 선발대를 보낸다. 그러나 그들이 에돔 땅 통과를 허락하지 않자, 이스라엘은 에돔을 우회하여 지나갈 수밖에 없었다(민 20:14-21). 신명기는 선발대의 활동이나 에돔 사람들의 통과 거부에 대해서 언급하지 않는다. 여기서 신기한 것은 에돔을 향하여 군사 행동을 벌이지 말라는 하나님의 명령이다. 에돔 사람들에게도 땅을 배정해 주셨다는 하나님의 말씀도 마찬가지이다(신 2:5).

넷째로 신명기에 기록된 바에 따르면, 주께서는 모압에 관해서도 이스라엘 백성에게 비슷한 말씀을 주신다. 그는 그들에게 군사 행동을 벌이지 말라고 명하신다. 그 까닭은 모압 사람들 역시 야웨의 땅 배정권에 의해 땅을 분배받았기 때문이다(신 2:9). 독자들은 다른 민족들 역시 이스라엘의 하나님으로부터 땅을 분배받았다는 얘기를 들었을 때 이스라엘 백성이 어떠한 심리적인 타격을 받을 것인지를 알고 싶을 것이다. (아모스 9:7은 이스라엘의 하나님이 이스라엘만을 이집트로부터 이끌어내신 것이 아니라 다른 민족들의 출애굽까지도 주관하셨다고 말한다.) 이러한 생각은 이스라엘을 우쭐하게 만들었을까, 아니면 그들을 위축시켰을까? 후자의 가능성이 더 높을 것이다.

어떤 성서 사본들은 10-12절을 괄호 안에 넣어두고 있다. 그런가 하면 다른 사본들은 10-12절을 약간 안으로 들이켜서 처리하고 있기도 하다. 모세 이후 시대의 누군가가 이 절들을 삽입하였음에 틀림이 없다. 왜냐하면 12b절이 가나안 정복을 이미 완료된 사건으로 묘사하고 있기 때문이다: " … 에서의 자손은 그들[호리 자손]을 멸하였고 … 이스라엘이 주께서 자기들에게 주신 기업의 땅에서 행한 것과 마찬가지였다"(NIV). 따라서 신명기의 모세 저작권을 내세우는 자들조차도 모세 이후 시대에 모종의 최종 편집 작업이 이루어졌음을 인정하지 않을 수 없다.

다섯째로 신명기는 이스라엘과 헤스본 왕 시혼의 만남을 다루면서, 시혼이 이스라엘의 자기 땅 통과를 거절하는 이유가 주께서 그의 마음을 완악하게 하셨기 때문이라고 설명한다(신 2:30). 하나님께서는 에돔 족속과 모압 족속 및 암몬 족속 등에게는 땅을 주셨지만, 시혼에게는 완악한 마음과 영을 주신다. 물론 야웨께서는 이집트의 파라오(출 9:12; 10:1, 27; 11:10)와 여호수아 시대의 가나안 사람들에게도 완악한 마음을 주신다. 후자의 경우, 그들은 이스라엘에게 항복하기를 거부하고 도리어 그들과 더불어 싸우다가 패하고 만다(수 11:20). 어느 경우에든 하나님께서는 이미 자기 스스로 선택한 길을 가고 있는 개개인의 자유 의지를 활용하신다.

여섯째로 신명기는 바산(오늘날의 시리아 영토에 속한 다마스커스 남쪽 지역의 산악 지대) 왕 옥에 대한 승리를 열한 절에 걸쳐서 서술함으로써, 민수기의 세 절에 걸친 설명과는 대조를 이룬다. 2:10-12, 3:11과 마찬가지로 바산 왕 옥의 거대한 침대에 대한 언급(Millard 1988을 보라)은 모세 이후 시대에 추가된 것이다. 3:11c의 언어가 이 점을 분명하게 보여 준다: "그것은 아직도 암몬 족속의 랍바에 있다"(NIV).

일곱째로 마지막 사건은 대리 고통을 당하는 모세에 관해 추가로 언급한다(3:26; 1:37을 다시 설명한 것임). 그는 고통을 당하지만 자신의 입을 열지 않는다. 아니면 그가 자신의 입을 연 것일까? 우리는, 많은 주석가들이 지적하는 바와 같이, 모세가 약속의 땅에 들어갈 수 없게 된 것을 설명함에 있어서 신명기와 민수기가 차이를 보이고 있다는 점을 다시금 주목할 필요가 있다. 민수기가 모세에게 개인적인 책임이 있다고 본 반면에 — "너희는 나를 믿지 않았다"(20:12 RSV); "너희는 내 명령을 거역하였다"(27:14 NRSV) — 신명기는 모세에게 잘못이 없다고 보고서는 그를 무죄하지만 다른 사람들의 죄를 대신 지는 자로 묘사한 것일까?

신명기의 세 구절들(1:37; 3:26; 4:21)은 단순히 이스라엘이 모세의 걸림돌임을 밝힌 것이 아닐까? 모세가 화를 낸 결과 하나님께 정죄당한 것은 순전히 이스라엘의 끊임없는 언쟁과 불평 때문이었다. 하나님께서 모세의 가나안 진입을 거부하시는 3:26에 이어 여호수아에게 권세를 위임하라고 명하시는 말씀이 나온다는 것을 주목하라. 이는 민수기 27:12-23과 완전히 똑같은 순서를 따르고 있다. 왜냐하면 민수기의 이 본문 역시 하나님의 모세 배척(12-14절)에 이어 지도권의 여호수아 이양(15-23절)을 다루고 있기 때문이다.

권고

우리는 4장이 1-3장의 순전한 역사적 회상으로부터 벗어나 권고를 향해 나아가고 있음을 이미 주목한 바 있다. 그러나 4장에도 여전히 역사적인 회상이 남아 있다. 바알브올 사건에 대한 언급(3절; 참조. 민 25장)과 시내 산/호렙산에서의 하나님의 자기 계시(9-14절; 참조. 출 19-20장)가 그에 해당한다. 회상으로부터 권고를 향한 이러한 움직임은 1-3장에 자주 사용되는 직접 화법과 4장에 나오는 간접 화법에 의해 한층 강조된다. 폴진(Polzin 1980: 39-40)이 지적한 것처럼 말이다. 모세가 하나님의 말씀을 직접 인용하는 이 첫 세 장들의 해당 절들을 주목하라: 1:6-8, 35-36, 37b-40, 42; 2:3-7, 9, 13, 18-19, 24-25, 31; 3:2, 26-28. 그런가 하면 1:14, 22, 25b, 27-28, 41a 등에서 모세는 백성의 말을 직접 인용한다. 이와는 대조적으로 4장에서 모세는

10절에서만 하나님의 말씀을 직접 인용할 뿐이요, 자신의 말이나 백성의 말은 결코 과거 시제로 인용하지 않는다.

4장에 있는 모세의 특별한 관심사는 한때 가나안 땅에 있었던 이스라엘 백성이 우상숭배의 유혹을 이겨내지 못할 것이라는 데 있다(15-19, 23, 25절). 특히 흥미로운 것은 모세가 하나님께서 금지하신 새긴 우상들의 모습들을 나열할 때(16-19절) 창세기 1-2:4a의 창조 순서와 정반대의 순서를 따르고 있다는 점이다(Fishbane 1972: 349): 남자와 여자, 짐승과 동물, 새, 기어다니는 것들, 물고기, 해, 달, 별, 하늘의 만군 등. 이스라엘은 주를 버리고서 우상숭배에 빠짐으로써 자기들의 삶을 위한 그의 뜻을 완전히 뒤집어엎을 것이다. 그것은 하나님의 창조를 원상태로 되돌려버리는 것과도 같은 반전을 초래할 것이다.

모세는 또한 이스라엘 백성에게 전역사와 역사로부터 교훈을 얻을 것을 촉구할 뿐만 아니라, 자신의 개인적인 경험으로부터도 교훈을 얻을 것을 촉구한다. 모세는 이스라엘이 살아남기를 원한다(1절). 자신은 죽어야 하겠지만 말이다(22절). 순종을 향한 네 번째의 자극은 하나님의 성품에서 찾아볼 수 있다. 그는 질투하시는 분이요, 집어삼키는/소멸시키는 불이다(24절).

모세는 순종 촉구의 마지막 근거로 그들이 불순종하면 포로로 잡혀가게 될 것이라는 위협의 메시지를 활용한다. 이스라엘 앞에서 여러 민족들을 쫓아내신(38절) 주께서 이스라엘 역시 쫓아내실 것이다(27절). 비평적인 성서학자들은 이스라엘의 사로잡힘에 대한 성서의 언급이 한결같이 저자가 바벨론 군대에 의한 유다와 예루살렘의 파멸(주전 587년) 이후에 산 사람임을 전제하고 있다고 본다. 폰 라트의 설명(1966: 50)이 이 점을 가장 분명하게 보여준다: "그것[4:25ff.]은 신명기 전체의 연대를 추정하는 데 도움을 줄 단서를 제공한다. 그 까닭은 이 설교자가 이미 주전 587년의 사로잡힘을 알고 있기 때문이다."

그러나 이러한 결론은 확실히 이스라엘이 다윗 시대의 짧막한 영화로운 기간을 제외하고는 계속해서 주변의 강한 나라들의 지배를 받고 살았기 때문에 사로잡힘이나 주권 상실이 항상 하나의 가능성으로 남아 있었다는 사실(사사기의 증거를 보라)을 인정하지 않고 있다. 뿐만 아니라 그러한 가설은 어느 한 지역이 함락되면 곧바로 그 곳 거주민들이 포로로 사로잡혀가는 주전 2천년기와 1천년기의 증거를 완전히 피해가고 있다(Kitchen 1970: 4-7을 보라). 구약성서의 미래 예견 내지는 예언은 한결같이 "사건 후 예언"으로 여겨져야 하는 것일까?

그러나 위협이 결코 마지막 메시지는 아니다. 참으로 하나님은 질투하시는 분이요, 열정적이신 분이요, 집어삼키는 불이다(24절). 그 외에는 다른 신이 없다(35절). 그는 귀로 들을 수는 있어도 눈으로 볼 수는 없는 분이다(12절). 그러나 그는 또한 "자비로우신/인정 많은" 분이시오, 결코 "너를 버리지도 않으시고 … 잊지도 않으시는" 분이다(31절). 모세의 이 위대한 설교는 "네 하나님 주께서 네게 주시는 땅"(40절 RSV)에 관한 약속으로 끝을 맺는다.

그리고 하나님이 자비로우신 분인 까닭에 배교자와 사로잡힌 자들조차도 그에게로 "돌아올"(30절) 것이다. 하나님과의 친교를 회복하기 위한 문이 닫힌다면, 그것은 하나님께서 일부러 그렇게 하신 것이 아니라 인간이 스스로 그렇게 한 것이다. 하나님의 백성은 하나님과 그의 규례들을 "잊을" 수 있지만(9절), 하나님은 결코 자기 백성을 "잊지" 않으실 것이다(31절).

신명기 주석들과 주요 연구들

Achtemeier, E. 1987. "Plumbing the Riches: Deuteronomy for the Preacher." *Int* 41:269–81.

Albright, W. F. A. 1957. *From the Stone Age to Christianity: Monotheism and the Historical Process.* 2nd ed. New York: Doubleday.

Biddle, Mark E. 2003. *Deuteronomy.* Smyth & Helwys Bible Commentary. Macon, Ga.: Smyth & Helwys.

Blenkinsopp, J. 1968. *Deuteronomy, the Book of the Covenant: A Scripture Discussion Outline.* London: Sheed & Ward.

———. 1968. "Deuteronomy." In *The Jerome Biblical Commentary.* Ed. R. E. Brown, J. A. Fitzmyer, and R. E. Murphy. 2 vols. in 1. Englewood Cliffs, N.J.: Prentice-Hall. Vol. 1, pp. 101–22.

———. 1990. "Deuteronomy." In *The New Jerome Biblical Commentary.* Ed. R. E. Brown, J. A. Fitzmyer, and R. E. Murphy. Englewood Cliffs, N.J.: Prentice-Hall. Pp. 94–109.

———. 1995. "Deuteronomy and the Politics of Post-Mortem Existence." *VT* 45:1–16.

Block, D. I. 2001. "Recovering the Voice of Moses: The Genesis of Deuteronomy." *JETS* 44:385–408.

Braulik, G. 1994. *The Theology of Deuteronomy: Collected Essays of George Braulik.* Trans. U. Lindblad. BIBAL Collected Essays 2. North Richland Hills, Tex.: BIBAL.

Brueggemann, W. 2002. *Deuteronomy.* AOTC. Nashville: Abingdon.

Cairns, I. 1992. *Word and Presence: A Commentary on the Book of Deuteronomy.* ITC. Grand Rapids: Eerdmans.

Carmichael, C. M. 1974. *The Laws of Deuteronomy.* Ithaca, N.Y.: Cornell University Press.

Childs, B. S. 1979. In *Introduction to the Old Testament as Scripture.* Philadelphia: Fortress. Pp. 202–25.

Christensen, D. L. 1991. *Deuteronomy 1–11.* WBC 6A. Dallas: Word.

———. 1992. "New Evidence for the Priestly Redaction of Deuteronomy." *ZAW* 104:197–201.

———, ed. 1993. *A Song of Power and the Power of Song: Essays on the Book of Deuteronomy.* SBTS 3. Winona Lake, Ind.: Eisenbrauns.

Clements, R. E. 1969. *God's Chosen People: A Theological Interpretation of the Book of Deuteronomy.* Valley Forge, Pa.: Judson.

———. 1989. *Deuteronomy.* OTG. Sheffield: JSOT Press.

———. 1998. "Deuteronomy." In *The New Interpreter's Bible.* Vol. 2. Ed. L. E. Keck et al. Nashville: Abingdon. Pp. 269–538.

———. 2003. "A Dialogue with Gordon McConville on Deuteronomy. The Origins of Deuteronomy: What Are the Clues?" *SJT* 56:508–16.

Craigie, P. C. 1976. *The Book of Deuteronomy.* NICOT. Grand Rapids: Eerdmans.

Flanagan, J. W. 1976–1977. "The Deuteronomic Meaning of the Phrase *kol yisra'el.*" *SR* 6:159–68.

Freedman, D. N. 1976. "Deuteronomic History, The." *IDBSup* 226–28.

Gordon, C. H. 1965a. *The Ancient Near East.* New York: Norton.

———. 1965b. *The Common Background of Greek and Hebrew Civilizations.* New York: Norton.

Harrison, R. K. 1969. *Introduction to the Old Testament.* Grand Rapids: Eerdmans. Pp. 635–62.

Hertz, J. H. 1940. "Deuteronomy: Its Antiquity and Mosaic Authorship." *Journal of the Transactions of the Victoria Institute* 72:88–103.

Hoppe, L. J. 1983. "The Levitical Origins of Deuteronomy Reconsidered." *BRes* 28:27–36.

Jacobsen, T. 1964. *Before Philosophy.* Repr., Baltimore: Penguin Books.

Kaufmann, Y. 1960. *The Religion of Israel.* Trans. M. Greenberg. Chicago: University of Chicago Press. Pp. 172–211.

Kitchen, K. A. 1970. "Ancient Orient, 'Deuteronomism,' and the Old Testament." In *New Perspectives on the Old Testament.* Ed. J. Barton Payne. Waco, Tex.: Word. Pp. 1–24.

———. 1979. *The Bible in Its World.* Downers Grove, Ill.: InterVarsity Press. Pp. 79–85.

Kline, M. 1963. *Treaty of the Great King: The Covenant Structure of Deuteronomy.* Grand Rapids: Eerdmans.

Levinson, B. M. 1990. "McConville's Law and Theology in Deuteronomy." *JQR* 80:396–404.

————. 1997. *Deuteronomy and the Hermeneutics of Legal Innovation.* New York and Oxford: Oxford University Press.

————. 2000. "The Hermeneutics of Tradition in Deuteronomy: A Reply to J. G. McConville." *JBL* 119:269–86.

————. 2004. "Deuteronomy." In *The Jewish Study Bible.* Ed. A. Berlin and M. Z. Brettler. Oxford: Oxford University Press. Pp. 356–450.

Lohfink, N. 1976. "Deuteronomy." *IDBSup* 229–32.

————. 1977. "Culture Shock and Theology: A Discussion of Theology as a Cultural and Social Phenomenon Based on the Example of Deuteronomic Law." *BTB* 7:12–21.

Lundblom, J. 1996. "The Inclusio and Other Framing Devices in Deuteronomy i–xxviii." *VT* 46:296–315.

Manley, G. T. 1957. *The Book of the Law: Studies in the Date of Deuteronomy.* Grand Rapids: Eerdmans.

Mann, T. W. 1995. *Deuteronomy.* WBComp. Louisville: Westminster John Knox.

Margolis, M. 1922. *Hebrew Scriptures in the Making.* Philadelphia: Jewish Publication Society.

Mayes, A. D. H. 1981. *Deuteronomy.* NCBC. Grand Rapids: Eerdmans.

————. 1993. "On Describing the Purpose of Deuteronomy." *JSOT* 58:13–33.

McBride, S. D., Jr. 1987. "Polity of the Covenant People: The Book of Deuteronomy." *Int* 41:229–44.

McCarthy, D. J. 1978. *Treaty and Covenant.* 2nd ed. AnBib 21. Rome: Pontifical Biblical Institute.

McConville, J. G. 1979. "God's 'Name' and God's 'Glory.'" *TynB* 30:149–63.

————. 1984. *Law and Theology in Deuteronomy.* JSOTSup 33. Sheffield: JSOT Press.

————. 1993. *Grace in the End: A Study in Deuteronomic Theology.* Studies in Old Testament Theology. Grand Rapids: Zondervan.

————. 2001. "Metaphor, Symbol and the Interpretation of Deuteronomy." In *After Pentecost: Language and Biblical Interpretation.* Ed. C. Bartholomew et al. Scripture and Hermeneutics 2. Carlisle: Paternoster. Pp. 329–51.

————. 2002a. "Singular Address in the Deuteronomic Law and the Politics of Legal Administration." *JSOT* 97:19–36.

————. 2002b. *Deuteronomy.* Apollos Old Testament Commentary. Leicester, England: Apollos; Downers Grove, Ill.: InterVarsity Press.

————. 2003. "A Dialogue with Gordon McConville on Deuteronomy: A Response from Gordon McConville." *SJT* 56:525–31.

McConville, J. G., and J. G. Millar. 1994. *Time and Place in Deuteronomy.* JSOTSup 179. Sheffield: Sheffield Academic Press.

McCurley, F. R., Jr. 1974. "The Home of Deuteronomy Revisited: A Methodological Analysis of the Northern Theory." In *A Light unto My Path: Old Testament Stud-*

ies in Honor of Jacob M. Myers. Ed. H. N. Bream, R. D. Heim, and C. A. Moore. Gettysburg Theological Studies 4. Philadelphia: Temple University Press. Pp. 298–302.

Merrill, E. 1994. *Deuteronomy.* NAC 4. Nashville: Broadman.

Milgrom, J. 1973. "The Alleged 'Demythologization' and 'Secularization' in Deuteronomy." *IEJ* 23:151–56.

———. 1976. "Profane Slaughter and a Formulaic Key to the Composition of Deuteronomy." *HUCA* 47:1–17.

Millar, J. Gary. 1999. *Now Choose Life: Theology and Ethics in Deuteronomy.* New Studies in Biblical Theology. Grand Rapids: Eerdmans.

———. 2002. "'A Faithful God Who Does No Wrong': History, Theology, and Reliability in Deuteronomy." In *The Trustworthiness of God: Perspectives on the Nature of Scripture.* Ed. P. Helm and C. R. Trueman. Grand Rapids/Cambridge: Eerdmans. Pp. 3–17.

Miller, P. D., Jr. 1987. "'Moses My Servant': The Deuteronomic Portrait of Moses." *Int* 41:245–55. Repr., in *A Song of Power and the Power of Song: Essays on the Book of Deuteronomy.* Ed. D. L. Christensen. SBTS 3. Winona Lake, Ind.: Eisenbrauns, 1993. Pp. 301–12.

———. 1990. *Deuteronomy.* Interpretation. Louisville: John Knox.

———. 1999. "Deuteronomy and Psalms: Evoking a Biblical Conversation." *JBL* 118:3–18.

Moberly, R. W. L. 2003. "A Dialogue with Gordon McConville on Deuteronomy: Theological Interpretation of an OT Book: A Response to Gordon McConville's Deuteronomy." *SJT* 56:516–25.

Moran, W. L. 1963. "The Ancient Near Eastern Background of the Love of God in Deuteronomy." *CBQ* 25:77–87.

———. 1969. "Deuteronomy." In *A New Catholic Commentary on Holy Scripture.* Ed. R. C. Fuller. Camden, N.J.: Nelson. Pp. 256–76.

Nicholson, E. W. 1967. *Deuteronomy and Tradition.* Philadelphia: Fortress.

———. 1986. *God and His People.* Oxford: Clarendon; New York: Oxford University Press.

O'Brien, M. A. 1995. "The Book of Deuteronomy." *CurBS* 3:95–128.

Olson, D. T. 1994. *Deuteronomy and the Death of Moses: A Theological Reading.* OBT. Minneapolis: Fortress.

———. 1995. "Deuteronomy as De-Centering Center: Reflections on Postmodernism and the Quest for a Theological Center of the Hebrew Scriptures." *Semeia* 71:119–32.

Payne, D. F. 1985. *Deuteronomy.* The Daily Study Bible. Old Testament. Philadelphia: Westminster.

Philips, A. C. 1973. *Deuteronomy.* CBC. Cambridge: Cambridge University Press.

Polzin, R. 1980. *Moses and the Deuteronomist: A Literary Study of the Deuteronomic History.* New York: Seabury. Pp. 25–72.

———. 1987. "Deuteronomy." In *The Literary Guide to the Bible.* Ed. R. Alter and F. Kermode. Cambridge, Mass.: Belknap. Pp. 92–101.

———. 1993. "Reporting Speech in the Book of Deuteronomy: Toward a Compositional Analysis of the Deuteronomic History." In *A Song of Power and the Power of Song: Essays on the Book of Deuteronomy*. Ed. D. L. Christensen. SBTS 3. Winona Lake, Ind.: Eisenbrauns. Pp. 355–74.

Rad, G. von. 1953. *Studies in Deuteronomy*. London: SCM Press.

———. 1962. "Deuteronomy." In *Old Testament Theology*. Trans. D. H. G. Stalker. 2 vols. New York: Harper & Row. Vol. 1, pp. 219–31.

———. 1966. *Deuteronomy: A Commentary*. Trans. D. Barton. OTL. Philadelphia: Westminster.

Richter, S. L. 2002. *The Deuteronomistic History and the Name Theology: lešakkēn šemô šām in the Bible and the Ancient Near East*. Berlin: de Gruyter.

Rofé, A. 1974. Review of M. Weinfeld, "Deuteronomy and the Deuteronomic School." *Christian News from Israel* 24:204–9.

———. 1988. *Introduction to Deuteronomy: Part I and Further Chapters*. SBLDS 96. Atlanta: Scholars Press.

Romer, T. 1994. "The Book of Deuteronomy." In *The History of Israel's Traditions: The Heritage of Martin Noth*. Ed. S. L. McKenzie and M. P. Graham. JSOTSup 182. Sheffield: Sheffield Academic Press. Pp. 178–212.

Sanders, J. A. 1989. "Deuteronomy." In *The Books of the Bible*. Ed. B. W. Anderson. 2 vols. New York: Scribner. Vol. 1, pp. 89–102.

Schultz, S. J. 1971. *Deuteronomy*. Everyman's Bible Commentary. Chicago: Moody.

Segal, M. H. 1961. "The Composition of the Pentateuch—A Fresh Examination." *Scripta hierosolymitana* 8:68–114.

Sheehan, John F. X. 1977. *Let the People Cry Amen!* New York: Paulist Press.

Sherwood, S. K. 2002. *Leviticus, Numbers, Deuteronomy*. Berit Olam. Collegeville, Minn.: Liturgical Press. Pp. 197–292.

Sonnet, J.-P. 1997. *The Book within the Book: Writing in Deuteronomy*. BIS 14. Leiden: Brill.

Thompson, J. A. 1978. *Deuteronomy: An Introduction and Commentary*. TOTC. Downers Grove, Ill.: InterVarsity Press.

Tigay, J. H. 1996. *Deuteronomy: The Traditional Hebrew Text with the New JPS Translation*. JPS Torah Commentary. Philadelphia: The Jewish Publication Society.

Vervenne, M., and J. Lust, eds. 1997. *Deuteronomy and Deuteronomic Literature: Festschrift C. H. W. Brekelmans*. BETL 133. Leuven: Leuven University Press.

Weinfeld, M. 1961. "The Origin of Humanism in Deuteronomy." *JBL* 80:241–47.

———. 1971. "Deuteronomy." *EncJud* 5:1573–83.

———. 1972. *Deuteronomy and the Deuteronomic School*. Oxford: Clarendon.

———. 1973. "On 'Demythologization' and 'Secularization' in Deuteronomy." *IEJ* 23:230–33.

———. 1991. *Deuteronomy 1–11: A New Translation with Introduction and Commentary*. AB 5. New York: Doubleday.

———. 1992. "Deuteronomy, Book of." *ABD* 2:168–83.

———. 1996. "Deuteronomy's Theological Revolution." *BRev* 12 (1):38–41, 44–45.

Wright, C. J. H. 1996. *Deuteronomy*. NIBCOT 4. Peabody, Mass.: Hendrickson.

Wright, G. E. 1953. "Deuteronomy: Introduction." In *The Interpreter's Bible*. Vol. 2.

Ed. G. A. Buttrick. Nashville: Abingdon. Pp. 311–31.

Deuteronomy 1:1–4:40

Brueggemann, W. 1968. "The Kerygma of the Deuteronomistic Historian: Gospel for Exiles." *Int* 22:387–402.

Cazelles, H. 1967. "Passages in the Singular within Discourse in the Plural of Dt 1–4." *CBQ* 24:207–19.

Christensen, D. L. 1985a. "Form and Structure in Deuteronomy 1–11." In *Das Deuteronomium: Entstehung, Gestalt und Botschaft*. Ed. N. Lohfink. BETL 68. Leuven: Leuven University Press. Pp. 135–44.

———. 1985b. "Prose and Poetry in the Bible: The Narrative Poetics of Deuteronomy 1,9–18." *ZAW* 97:179–89.

Davies, G. I. 1979. "The Significance of Deut. 1:2 for the Location of Mt. Horeb." *PEQ* 111:87–101.

Fishbane, M. 1972. "Varia Deuteronomica." *ZAW* 84:349–52.

Glatt-Gilad, D. A. 1997. "The Re-Interpretation of the Edomite-Israelite Encounter in Deuteronomy 11." *VT* 47:441–55.

Kallai, Z. 1995. "Where Did Moses Speak (Deuteronomy i 1–5)?" *VT* 45:188–97.

Kitchen, K. A. 1970. "Ancient Orient, 'Deuteronomism,' and the Old Testament." In *New Perspectives on the Old Testament*. Ed. J. Barton Payne. Waco, Tex.: Word. Pp. 1–24.

Lindars, B. 1968. "Torah in Deuteronomy." In *Words and Meanings: Essays Presented to David Winton Thomas on His Retirement from the Regius Professorship of Hebrew in the University of Cambridge, 1968*. Ed. P. R. Ackroyd and B. Lindars. London: Cambridge University Press. Pp. 117–36.

Mayes, A. D. H. 1981. "Deuteronomy 4 and the Literary Criticism of Deuteronomy." *JBL* 100:23–51. Repr., in *A Song of Power and the Power of Song: Essays on the Book of Deuteronomy*. Ed. D. L. Christensen. SBTS 3. Winona Lake, Ind.: Eisenbrauns, 1993. Pp. 195–224.

Millard, A. R. 1988. "King Og's Bed and Other Ancient Ironmongery." In *Ascribe to the Lord: Biblical and Other Essays in Memory of Peter C. Craigie*. Ed. L. Eslinger and G. Taylor. JSOTSup 67. Sheffield: JSOT Press. Pp. 481–92.

Moran, W. L. 1963. "The End of the Unholy War and the Anti-Exodus." *CBQ* 44:333–42. Repr., in *A Song of Power and the Power of Song: Essays on the Book of Deuteronomy*. Ed. D. L. Christensen. SBTS 3. Winona Lake, Ind.: Eisenbrauns, 1993. Pp. 147–55.

Polzin, R. 1980. *Moses and the Deuteronomist: A Literary Study of the Deuteronomic History*. New York: Seabury. Pp. 25–43.

Slater, S. 1999. "Imagining Arrival: Rhetoric, Reader, and Word of God in Deuteronomy 1–3." In *The Labour of Reading: Desire, Alienation, and Biblical Interpretation*. Festschrift for Robert C. Culley. Ed. F. C. Black, R. Boer, and E. Runions. SemeiaSt. Atlanta: Society of Biblical Literature. Pp. 107–22.

Summer, W. A. 1968. "Israel's Encounters with Edom, Moab, Ammon, Sihon, and Og according to the Deuteronomist." *VT* 18:216–28.

Vaux, R. de. 1978. *The Early History of Israel.* Philadelphia: Westminster. Pp. 555–60.

Veijola, T. 1993. "Principal Observations on the Basic Story in Deuteronomy 1–3." In *A Song of Power and the Power of Song: Essays on the Book of Deuteronomy.* Ed. D. L. Christensen. SBTS 3. Winona Lake, Ind.: Eisenbrauns. Pp. 137–46.

Wolff, H. W. 1975. "The Kerygma of the Deuteronomic Historical Work." In *The Vitality of Old Testament Traditions,* by H. W. Wolff and W. Brueggemann. Atlanta: John Knox. Pp. 83–100.

20. 장차 주의해야 할 것들

신명기 4:41–11:32

이 단락 전체는 모세가 요단 동편에 정한 세 개의 도피성들에 관한 짤막한 언급(4:41–43)과 더불어 시작된다. 모세는 도피성에 관한 주제를 19:1–13에서 다시 다루지만, 요단 서편에 있는 다른 세 개의 도피성들을 그 명단에 추가한다. 4:41–43은 신명기에서 모세를 3인칭으로 묘사하는 두 번째 본문에 해당한다. 그 첫 번째는 1:1, 5이다. 우리는 본능적으로 왜 이처럼 특수한 표현 방식이 여기에서 사용되는지를 묻지 않을 수 없다. 그것은 후대의 편집자가 주변 문맥과의 관계를 무시한 채로 추가한 어색한 표현인 것일까? 아마도 그럴 것이다. 다른 한편으로 앞의 장들과 4장에서 모세는 하나님의 율법과 규례들을 상세하게 설명한 바가 있다. 누구든지 그것들을 잘 지키고 실천한다면, 생명의 길로 인도함을 받을 것이다. 하나님의 율법을 신실하게 지키는 자들은 죽지 않을 것이요, 도리어 장수하게 될 것이다. 이 짤막한 단락 역시 죽음과 생명의 문제를 다룬다. 부지중에 다른 사람의 생명을 취한 자에게는 생명이 약속된다. 하나님의 말씀과 계시 자체가 도피성이나 다름이 없는 것일까? 도피성을 벗어나는 순간 그는 자신을 추격하는 자들의 표적이 될 것이다.

나중에 우리는 12–26장의 율법들을 논할 때, 외견상 아무 관련성이 없어 보이는 율법들이 순전히 각 율법들에 포함되어 있는 핵심 낱말이나 그에 비견되는 구절 또는 궁극적으로 공통된 주제 등으로 인하여 서로 결합되어 있다는 점에 대해서 언급할 것이다. 4:41-43은 모세의 첫 번째 설교와 두 번째 설교를 연결하고 있을 뿐만 아니라, 생명의 주제, 곧 신명기의 바로 앞뒤 장들이 비중 있게 다루는 주제를 강조하고 있다.

단일함의 주제(5-6장)

모세의 두 번째 설교는 "온 이스라엘"에게 귀를 기울이라는 명령으로 시작한다(5:1). 한 지혜자의 충고나 생각에 귀를 기울이라는 것이 아니라, 하나님께서 세우신 기준들을 자세하게 설명할 때 그것에 귀를 기울이라는 것이다. 모세의 이 두 번째 설교는 시작 부분과 끝 부분에서 "오늘"이라는 중요한 표현을 사용한다: "이스라엘아, 오늘 내가 너희의 귀에 선포하는 규례들과 법도들을 들으라"(5:1 NIV); "내가 오늘 너희 앞에 베푸는 모든 규례들과 법도들에 순종하도록 하여라"(11:32 NIV). 이 두 절은 거의 동일하다.

여기서 두 가지의 것들이 우리의 흥미를 끈다. 그 하나는 모세가 청중들에게 주께서 호렙산(시내 산)에서 "우리의 조상들이 아니라 우리와 함께"(5:2-3 NRSV) 언약을 맺으셨다는 것을 상기시키는 것에 있다. 모세는 당시에 아이였던 사람들이나 그 사건 이후에 태어난 자들을 상대로 하여 설교한다. 또한 그는 4:31에서 "네 조상들에게 맹세하신 언약"(NRSV)에 대해서 분명하게 언급한다.

이로써 우리는 한 가지의 역설에 직면한다. "네 조상들과 함께 맺은 언약"(4:31)과 "우리의 조상들과 함께 맺지 않은 언약"(5:3)이 그렇다. 정확하게 여기에 신명기의 이 자료가 어떠한 역할을 수행하는지에 관한 단서가 있다. 확실히 하나님께서는 그 첫 세대와 함께 언약을 맺으셨다. 그는 다음 세대와 함께 또 다른 언약을 맺고자 하지 않으신다. 사실 "언약"이라는 낱말은 구약성서에서 결코 복수형으로 나타나지 않는다. "언약들"이라는 표현이 존재하지 않는다는 얘기다. 모세는 여기서 자기 시대 사람들에게 그 초기의 언약을 충분히 자기들의 것으로 받아들일 것을 호소하고 있다. 첫 번째 세대를 향한 하나님의 말씀은 다음 세대에 의해 자기들의 것으로 받아들여져야 한다. 모세는 어디에서도 하나님이 무엇인가를 더 하셔야 할 필요가 있다는 암시를 주지 않으며, 그의 사역이 완성되지 않았다고 말하지도 않는다. 하나님께서는 모든 세대의 순종을 가능케 하는 데 필요한 모든 것을 이미 다 행하셨다.

본장에서 우리의 흥미를 끄는 두 번째 것은 두 번째로 소개되는 십계명에 있다(출 20:1-17의 첫 번째 십계명 소개를 참조하라). 신명기의 십계명과 출애굽기의 십계명 사이에는 약간의 차이가 있다. 어떤 것은 중요한 것이고, 어떤 것은 사소한 것이다. 그 대부분을 우리는 이미 출애굽기의 해당 부분에서 살핀 바가 있다. 그러나 여기서는 신명기의 이 부분에서 십계명을 되풀이하는 것이 어떠한 특별한 역할을 수행하는지를 물을 필요가 있다. 이제껏 우리는 역사를 회상하는 자료를 마주하였다. 그런데 이제는 시내 산 율법을 회상하는 자료를 마주하고 있다.

모세가 이처럼 반복을 통하여 청중들에게 하나님의 율법이 변치 않으며 영원한 것임을 나타내고자 하는 것일까? 하나님은 우상숭배와 살인과 도적질과 탐욕 등에 관한 자신의 뜻을 개정하여 말씀하시지 않는다. 확실히 구체적인 내용들에 있어서 새로운 상황에 맞춘 것들이 있다. 상황에 맞추어 손질한 것들이 있다는 얘기다. 그러나 십계명의 계시적인 진리는 다음 세대와 그 이후의 모든 세대들을 위한 분명한 내용을 가지고 있다. 탐욕을 금하는 계명이나 부모 멸시를 금하는 계명을 없앤다는 것은 마치 독립선언문으로부터 "모든 인간은 평등하게 창조되었다"는 구절을 없애는 것만큼이나 불가능한 일이다.

따라서 이 새로운 세대를 위해서는 옛 율법을 단순히 낭송하는 것만으로도 충분하다. 그러나 그 옛 율법은 "나의" 율법이 되지 않으면 안 된다. 나로 하여금 나 자신의 삶과 생활양식을 평가할 수 있게 하는 기준과 권위가 되어야 한다는 얘기다. 여기서 중요한 것은 과거의 역사를 현재의 역사가 되게 하는 일이다. 많은 세대들이 있지만 율법은 오직 하나이다.

물론 기독교인들이 예전을 지킬 때 또는 이스라엘 백성이 유월절 같은 구약의 예전을 지킬 때에 바로 그러한 일이 발생한다. 예전을 지킨다는 것은 이전의 역사를 나 자신의 역사와 관련짓는 방식으로 재현하는 것을 의미한다. 유월절 경험을 회상하는 자는 이 역사를 재현함으로써 출애굽을 경험한다. 이것은 단순히 그가 "그렇습니다. 하나님께서 그들을 거기서 구원하셨습니다"라고 말해서가 아니다. 성찬식에 참여한다는 것은 그리스도의 죽음을 회상하면서 재현함을 뜻한다. 그것은 성찬 참여자들이 그 죽음을 자신의 것으로 받아들임을 뜻하는 것이다.

십계명을 낭송한 후에 모세는 이스라엘 백성에게 하나님께서 말씀하실 때 그들이 경험했던 두려움(5:23-27)을 상기시킴과 아울러, 그들이 자기들과 하나님 사이에 모세를 선택하여 세운 것을 얼마나 다행스럽게 생각했는지를 상기시킨다. 하나님께서는 그러한 배열 방식에 동의하신다. 흥미롭게도 29절에서 하나님은 자기 백성이 자기를 두려워하고 자신의 계명들을 지킬 것이라는 희망을 가질 수 있을 뿐이다("다만 그들이 항상 이같은 마음을 품어 나를 경외하며 나의 모든 명령을 지키기를 원하노라" NIV). 순종과 헌신은 그가 통제할 수 있는 것이 아니다. 티게이(Jeffrey Tigay 1996: 74)는 탈무드에 있는 한 랍비의 오랜 견해를 그대로 인용한다: "하늘을 경외하는 태도를 제외한 모든 것이 하늘의 통제 아래 있다."

이 절들의 직접적인 역할은 모세의 유일한 중재자 지위를 강조하는 데 있다. 오직 그만이 하나님과 이스라엘 사이에 서 있다. 그는 회중이 직접 임명한데다가 하나님께서 승인한 자라는 점에서 크게 신뢰할 만한 인물이다. 그의 중재자 지위는 그 자체로서 그에게 교사의 역할을 부여하며, 그의 설교에 권위를 더하여 준다.

십계명의 반복은 이스라엘 백성에게 그것이 하나님께서 주신 단일한 법이라는 생각을 강하게 갖게 해준다. 단일함의 주제는 5장 후반부에까지 계속된다. 이스라엘에게는 단일한 법이 있을 뿐만 아니라 오직 한 명의 중재자만 있을 따름이다.

이처럼 탁월한 모세의 지위는 모세가 첫 번째 설교와 두 번째 설교에서 사용하는 "우리 하나님"이라는 표현과 "너희 하나님"이라는 표현(직접 화법으로 되어 있는) 사이의 관계에 의해 추가로 암시되고 있다. 아래의 표 1은 이러한 특징을 잘 보여준다.

1-4장에서 모세가 자주 사용하는 "우리 하나님"이라는 표현은 그 다음에 이어지는 24개의 장들에서 거의 나타나지 않는다. 이와는 대조적으로 모세

의 두 번째 설교에 나타나는 "너희 하나님"이라는 표현은 거의 배타적으로 많이 사용되고 있다. 이러한 심리학적인 변화를 주목한 폴진(Robert Polzin 1980: 49)은 다음과 같은 점을 밝힌다: "5장의 모세는 자신의 청중들에게 한 명의 동료 이스라엘 사람 자격으로 말하기를 멈춘다. 이후로(5:2에서 6:4는 제외) 그는 단지 교사로서의 시각만을 견지한다."

6장은 흔히 "쉐마"(Shema; 히브리어 명령어 "들으라!"의 음역에 해당함)로 칭하여지는 그 유명한 4절로 인하여 널리 알려져 있다: "들으라, 이스라엘아! 주 우리 하나님은 한 분이신 주이시다"(RSV). 이 기본적인 구절에게도 번역상의 문제가 없는 것은 아니다. 여러 종류의 주석들을 일견해 보기만 해도 그것을 금방 알 수 있다(Moberly 1990을 보라). 학자들 중에는 이 곳의 히브리어 본문을 "주는 우리 하나님이시요, 유일하신 주이시다"로, 또는 "주는 우리 하나님이시요, 주는 한 분이시다"로 번역하는 사람도 있다. 이 경우에 이 구절은 야웨와 이스라엘 사이의 특별한 관계를 표현한 것이 된다.

표 1

		"우리 하나님"				"너희 하나님"	
	장	절	빈도수		장	절	빈도수
(1–4)	1	6, 19, 20, 25	4	(1–4)	1	10, 21, 26, 30, 31, 32	6
	2	29, 33, 36, 37	4		2	7(x2), 30	3
	3	3	1		3	18, 20, 21, 22	4
	4	7	1		4	2, 3, 4, 10, 19, 21, 23(2x), 24, 25, 29, 30, 31, 34, 40	15
합			10				28
(5–28)	5	2	1	(5–28)			대략 250
	6	4	1				
합			2				약 250

아니면 이 구절을 "주 우리 하나님은 한 분이신 주이시다" 또는 "주 우리 하나님, 곧 주는 한 분이시다"로 번역할 수도 있다. 이 경우에 이 구절은 하나님의 성품과 속성을 나타내는 진술이 된다. 어느 번역을 선호하든 간에, 그리고 특히 후자의 두 가능성을 택할 경우에, 본 절은 여전히 성서의 유일신 신앙을 표현하는 고전적인 본문으로 남아있게 된다.

5장에 언급된 단일함의 주제는 6장에서도 계속된다. 이 주제는 한 율법과 한 중재자로부터 이제는 한 주님을 향해 나아간다.

여기서 왜 한 분이신 하나님에 대한 언급이 필요한 것일까? 그 하나는 6장의 상당 부분이 첫 번째 계명을 정교하게 다듬은 것이거나, 아니면 5:6-10의 의미를 분명하게 밝힌 것이라는 점이다: "너는 … 주 너의 하나님을 사랑하라"(6:5 NRSV)와 "나를 사랑하는 … 자에게는 천 대까지 은혜를 베푸느니라"(5:10 RSV); "너를 애굽 땅 … 으로부터 인도하여 내신"(6:12 NRSV)과 "너를 애굽 땅, 종 되었던 집에서 인도하여 낸"(5:6 RSV); "너희는 다른 신들 … 을 따르지 말라"(6:14 NRSV)와 "너는 다른 신들을 두지 말라"(5:7 NRSV); "주 너희 하나님은 질투하시는 하나님이시다"(6:15 NRSV)와 "주 너의 하나님인 나는 질투하는 하나님이다"(5:9 NRSV); "너희는 주의 계명들을 부지런히 지키며"(6:17 RSV)와 "내 계명들을 지키는 자"(5:10 NRSV).

신명기는 이 곳저곳에서 하나님을 사랑하는 것(6:5)과 하나님의 계명들을 따르는 것(6:6)을 나란히 놓고 있다. 이와 비슷한 병렬 현상을 위해서는 10:12; 11:1, 13, 22; 19:9; 30:16 등을 보라. 신명기는 사람들이 하나님께 순종하고 그를 영화롭게 함으로써, 그리고 거룩한 삶에 헌신함으로써 하나님을 사랑한다는 점을 강조하고 있는 것으로 보인다. 모란(W. L. Moran 1963)은 주전 2천년기와 1천년기의 고대 근동 문헌들을 통하여 왕이 자신의 봉신을 "사랑"해야 한다는 것 — 달리 말해서 봉신의 필요를 충족시켜주고 자기 신하들을 효율적으로 이끌어주는 일 — 을 입증한 바가 있다. 봉신 역시 마찬가지로 그의 왕을 "사랑"해야 한다. 그를 충성스럽게 섬겨야 한다는 얘기다. 봉신이 자기 왕을 어떻게 "사랑"할 것이냐는 것은 신명기의 여러 본문들에서 보듯이 하나님의 자녀가 자신의 주님을 어떻게 "사랑"할 것이냐는 것과 맥을 같이 한다. 물론 이것은 "만일에 너희가 나를 사랑한다면, 너희는 내가 명한 것을 지킬 것이다"(요 14:15)라는 예수의 말씀과 매우 비슷하다. 그러나 순종으로서의 사랑은 신명기가 무감동적인 충성심을 옹호하고 있지 않음을 암시한다. 만일에 행동이 따르지 않는 열정적인 감정을 받아들일 수 없는 것이라면, 사랑의 감정이 없는 행동 역시 마찬가지이다(Lapsley 2003).

필자는 한 율법이라는 개념을 논하면서 십계명의 반복이 한 율법을 특정 세대를 넘어서서 모든 후속 세대들을 위한 거대한 저장고로 만드는 데 이바지하고 있음을 살핀 바가 있다. 이러한 개념의 연장선상에 있는 독자들은 6:4이 다른 많은 신들에 맞서서 한 분이신 하나님을 향한 믿음을 확정하고, 다신교에 맞서서 유일신 신앙을 지키며, 다양한 바알 신들에 맞서서 한 분이신 야웨를 섬기도록 하려는 순전한 의도를 가지고 있을 것이라고 생각한다.

필자는 구약성서(특히 신명기)의 유일신 개념을 존재론적으로 이해할 것이 아니라 역사적으로 이해해야 한다고 본다. 이것은 한 분이신 하나님을 섬겨야 하느냐 아니면 다수의 신들을 섬겨야 하느냐가 중요한 것이 아니라, 그분이 일관성 있게 행동하느냐 그렇지 않느냐가 중요한 것임을 의미한다. 특정 시기의 특정 상황에서 한 가지 방식으로 행동하는 한 신이 다른 시기의 동일한 상황 속에서 다른 방식으로 행동한다면, 그것은 곧 두 신을 전제하는 것이나 다름이 없다. 일관성이 없는 신은 역사적으로 볼 때 다신교적인 성격을 가지고 있다. 이 점은 바울 사도의 로마서 3:21-31에서 매우 분명하게 입증되고 있다. 이 본문은 모든 인간 — 유대인과 이방인이 똑같이 — 이 믿음을 통하여 의롭게 된다는 것을 보여주려는 의도를 가지고 있다. 이러한 신학적인 주장 안에는 "하나님은 한 분이시다"(롬 3:30)라는 진술이 삽입되어 있다. 하나님께서 이방인들을 상대로 어떤 일을 행하시고서는 유대인들을 상대로 다른 일을 행하신다면, 우리는 두 신들을 가지고 있는 것이 된다. 그러나 하나님은 그렇게 행동하지 않으신다. 유대인들과 이방인들은 똑같은 일들을 경험하며, 하나님의 해결책 역시 그들에게 동일하게 주어진다. 하나님은 한 분이시다. 밀러(P. D. Miller 1984: 22) 역시 마찬가지 사실을 지적한다: "'야웨는 한 분이시다' 는 진술은 우리의 궁극적인 충성을 받으시는 분이 일관성 있는 분임을 강조하는 효과를 갖는다 … 우리는 모든 순간들 및 경험들과 전혀 일치하지 않는 특정 시간이나 공간에서 하나님의 실재를 경험하는 법이 없다. 세상에 자신을 드러내시고 역사를 이루어 가시는 하나님의 현존은 상황에 따라 달라지는 것이 아니다."

신명기 6:4에서 모세는 산술적인 차원을 넘어서서 유일신 신앙과 하나님의 본성에 대해서 진술하며, 이 둘을 윤리의 영역 안으로 밀어 넣는다. 이는 하나님이 자신과 우리 모두에게 대하여 항상 일관성을 가지신 분임을 의미한다. 그리고 이 점은 그를 따르기로 결정하는 모든 세대들에게 똑같이 적용된다. 이 때문에 모세는 자신의 유일신 신앙 진술에 더하여 "네 마음을 다하고 네 혼을 다하고 네 힘을 다하여 주 너의 하나님을 사랑하라"(6:5 NRSV)는 권고를 추가할 수 있다.

"하나님은 한 분이시다"는 6:4의 진술과 "주 너의 하나님을 사랑하라"는 6:5의 진술 사이에는 아무런 논리적인 관계도 없는 것으로 보인다. 만일에 유일신 신앙을 하나이면서 다수인 개념에 한정시킨다면 말이다. 그러나 만일에 모세가 하나님의 율법이 모든 세대들에게 동일한 것과 마찬가지로 하나님 역시 모든 세대들에게 동일하신 분임을 말하고 있는 것이라면, 이것은 하나님이 변덕스럽거나 종잡을 수 없는 또는 예측 불가능한 분이 아님을 의미한다. 하나님은 사랑받을 수 있는 분이요 일관성을 가진 분이시기에 우리는 그를 열정적으로 사랑할 수 있다.

진정한 하나님 사랑은 필연적으로 하나님의 말씀에 대한 순종을 수반한다. 어느 누구도 마음을 다하여 하나님을 사랑하면서 하나님의 말씀에 대하여 미온적인 태도를 취할 수는 없다. 그 까닭에 모세는 하나님을 사랑하라는 명령을 하나님의 말씀을 "네 마음에" 새기라는 명령(6:6 RSV)과 결부시킨다. 하나님의 말씀은 절대적으로 필요한 것이요, 따라서 어떠한 대가를 지불하고서라도 다음 세대에게 전해야만 하는 것이다(6:7a). 이 말씀은 거의 집착에 가까울 정도로 모든 대화의 주제가 되어야 한다(6:7b). 말씀을 손목(6:8)과 문설주(6:9)에 기록하는 것도 바람직한 일이지만, 그것은 어디까지나 말씀을 마음에 새긴 다음에야 필요한 일이다. 외적인 표시는 결코 내적인 생명력을 대신하지 못한다.

모세는 하나님을 사랑하고 그를 경외하고 그에게 순종하는 것이야말로 이스라엘 백성에게 꼭 필요한 응답임을 그들에게 계속해서 상기시킨다. 그들

은 하나님의 은혜로 말미암아 이집트로부터 구원받았다. 그들은 하나님의
은혜로 말미암아 광야생활 중에 보호함을 입었다. 그들은 하나님의 은혜로
말미암아 약속의 땅을 얻게 될 것이다. 6장은 이와 관련된 올바른 시각을 제
공하고 있다. 1-9절과 12-19절은 인간의 책임성을 강조하며, 10-11절과
20-23절은 하나님의 은혜, 특히 무상으로 주어지는 땅의 선물을 강조한다.

기억할 것을 촉구함(7-11장)

　만일에 이스라엘이 하나님과의 올바른 관계를 필요로 한다면(6장), 그들이
함께 살아야 하는 자들과의 올바른 관계 역시 똑같이 요구된다(7장). 이스라
엘은 거인들에게 둘러싸인 난쟁이와도 같은 존재이기 때문이다. 모세의 훈
계는 분명하다: 네 주변에 있는 자들과 가깝게 지내지 말라(7:1-5). 그의 두
번째 훈계 역시 마찬가지로 분명하다: 그들을 두려워하면서 살지 말라(7:17-
26).
　이러한 훈계는 두 가지 목적을 가지고 있다. 이스라엘에게 유리한 것은 인
상적인 규모가 아니다: "너희는 모든 민족 중에 가장 적으니라"(7:7 NRSV).
그들에게 있어서 유리한 것은 도리어 모든 부정한 것들로부터의 단절을 명
하는 거룩한 삶이다(7:6). 오경의 다른 곳에서 이스라엘은 거룩해질 것을 요
청받는다("너희는 거룩하여라/거룩한 백성이 되어라"). 출애굽기 19:6;
22:31; 레위기 11:44-45; 19:2; 20:7, 26 등이 그렇다. 그러나 신명기는 이스
라엘을 이미 거룩한 존재로 묘사한다(신 7:6; 14:2, 21; 26:19; 28:9). 오경의
다른 곳에서 거룩함은 장차 있을 가능성으로 나타나지만, 신명기에서는 이
미 소유하고 있는 것으로 나타난다. 그러나 이보다 훨씬 더 중요한 것은, 이
스라엘이 하나님의 사랑의 대상이요, 하나님의 약속 — 열방은 하나님께서
책임져야 할 문제이지 이스라엘이 책임져야 할 문제가 아니라는 — 의 수령
인이라는 점이다(7:8-9, 20-24). 참으로 이스라엘 백성은, 6:6이 촉구하고 있
는 바와 같이, 그들의 마음속에 하나님의 말씀을 새겨둘 필요가 있다. 왜냐
하면 만일에 그들이 그들 자신의 말 — "네가 혹시 심중에 이르기를"(7:17)

— 을 마음속에 새겨두게 되면, 놀라움과 걱정과 당혹감이 그들을 사로잡을 것이기 때문이다. 그 까닭에 이스라엘 백성은 야웨가 누구이시며 그의 말씀의 권능이 어떠한지를 알아둘 필요가 있다(6장). 그들은 자기들의 원수가 누구이고 어디까지 선을 그어야 하는지를 알아둘 필요가 있다(7장). 그들은 또한 자기들이 어떠한 자들인지, 그리고 자기들이 어떠한 자들이 아닌지를 알아둘 필요가 있다(8장).

아마도 이 여덟 번째 장에서 모세는 이스라엘 백성이 자기들의 원수보다 그들 자신을 더 두려워해야 한다고 보는 듯하다. 이스라엘 백성은 그들 스스로가 헷 족속이나 가나안 족속 중의 어떠한 집단보다도 치명적인 무기가 될 수도 있다. 이 때문에 8:2는 이스라엘 백성에게 주께서 광야에서 그들을 위하여 무슨 일을 행하셨는지를 기억할 것을 촉구한다. 이는 주께서 이집트에서 파라오에게 무슨 일을 행하셨는지를 기억하라고 명하는 7:18과 대조를 이룬다. 주께서는 파라오를 낮추신 분이다. 그러나 그는, 출애굽기 16장의 사건이 보여주듯이, 이스라엘도 낮추시는 분이다.

이스라엘에게 "주 너의 하나님께서 … 네게 광야 길을 걷게 하신 것은 … 너를 시험하사 네 마음이 어떠한지 … 를 알기 위함이었음을 기억"(NIV)하라고 명하는 신명기 8:2의 언어는 창세기 22장에서 아브라함이 이삭을 제물로 바칠 때에 사용된 언어와 비슷한 데가 있다. 그 곳에서도 "시험하다"와 "알다"는 낱말들이 사용된다: "그 후 얼마 안 있어 하나님이 아브라함을 시험하시려고 … 네가 하나님을 경외하는 줄을 내가 이제야 알았노라"(창 22:1, 12b NIV). 이 두 경우에 똑같이 하나님은 무엇인가를 "알기" 위해 누군가를 "시험"하신다. 두 본문은 똑같이 신명기 13:3b와 비슷한 모습을 보인다. 이 구절의 좀 더 큰 문맥은 예언자나 꿈 꾸는 자가 다른 신들을 섬기도록 부추기는 내용을 담고 있다(13:2-6): "주 너희 하나님은 너희가 마음을 다하고 혼을 다하여 자기를 사랑하는지를 알기 위해 너희를 시험하신다"(NIV). 어떤 해석자들은 이러한 구절들에 근거하여 성서가 일관되게 하나님의 전지(全知)하심에 대해서 가르치고 있지 않다고 보며, 하나님이 사실은 새로운 사실들을 발견하고 새로운 정보를 얻기도 한다고 주장한다. 그러나 다른 가능성들도 있다. 예로서 모벌리(R. W. L. Moberly(2000: 106-7)는 시험하고 알기 위한, 또는 발견하기 위한 내용을 담고 있는 이 세 본문들이 무엇보다도 하나님의 시험하심에 대한 아브라함/이스라엘의 반응에 초점을 맞추고 있다고 본다. 그러면서 그는 다음과 같은 점을 지적한다: "하나님은 자신의 진정한 관심사가 분명하게 드러나게 하는 방식의 만남에 관심을 기울이신다 … '내가 이제야 알았노라'는 하나님의 선언은 … [아브라함/이스라엘과 하나님 사이의] 심화된 관계가 어느 형태로든 하나님의 본질적인 관심사임을 보여준다."

어떤 점에서 본다면, 하나님은 자신의 자녀들을 에덴 동산으로 보내시는 모험을 감행하신다(8:7-10). 광야와 가나안 땅에 있는 자원들 사이의 대조는 8장에서보다 더 강하게 표현되기 어려울 것이다. 왜냐하면 어떤 사람이건 일단 성공을 거두게 되면, 그 과정에서 얻게 된 도움을 너무도 쉽게 잊어버리기 때문이다. 풍요로움을 관리하는 법을 잘 아는 사람은 거의 없다.

폰 라트(Gerhard von Rad 1966: 73)는 하나님의 백성이 말하는 "내 능력과 내 손의 힘"(8:17 RSV)과 같은 구절들이 이사야 14:12-14와 에스겔 28:1-10에 있는 루시퍼의 언어와 매우 비슷하다는 점을 지적한다. 만일에 루시퍼가 자신의 교만함과 거만함으로 인하여 내던져진 것이라면, 이스라엘 백성 역시, 만일에 그들이 그러한 유혹에 굴복할 경우에는, 마찬가지 방식으로 그들 자신의 교만함과 거만함으로 인하여 내던져질 것이다. 그러한 수치를 피하기 위해서는 주께서 그들을 압제로부터 건져주시고(8:14), 그들을 광야에서 인도하시고(8:15), 그들을 광야에서 먹이시고(8:16), 그들에게 능력을 주셨음(8:18)을 기억하지 않으면 안 된다.

만일에 우리가 신명기 8장에서 이스라엘 백성을 향하여 계속 말하고 있는 모세를 향하여 "하나님과 우리 사이의 관계를 어긋나게 하려면 무슨 일을 하면 됩니까?"라고 묻는다면, 그는 다음과 같이 답할 것이다:

1. 기억하지 말라(2절, "기억하라"; 11절, "잊지 말라")
2. 허영심에 사로잡혀라(14절, "네 마음이 교만하여"[NIV])
3. 형통함에 취하여라(13절, "네 소와 양이 번성하며 네 은금이 증식되면" [NIV])

4. 무사안일주의에 사로잡혀라(19절, "네가 만일 ⋯ 다른 신들을 따라 그들
   을 섬기고 그들에게 절하면"[NIV])

　신명기 9:1-10:11에 있는 거의 모든 것은 금송아지 사건(출 32장)을 생각하게 한다. 연대기적으로 볼 경우에, 이 사건은 모세의 첫 번째 설교에 언급되는 모든 역사적인 사건들보다 앞섬에도 불구하고 이 두 번째 설교에 배치되어 있다. 5:22-27에서 우리는 신명기가 모세의 중재자 사역에 얼마나 특별한 관심을 기울이고 있는지를 살핀 바가 있다. 그는 하나님과 이스라엘 사이에서 있다. 그런데 이 특별한 이야기는 그 주제로 다시금 돌아가며, 모세가 이스라엘의 행복에 얼마나 크게 기여하고 있는지를 보여주는 또 다른 사례를 제공하고 있다. 이스라엘의 계속적인 실존은 그들 자신의 능력(8:17)과 그들 자신의 의로움(9:4)에 근거하고 있지 않다. 도리어 그것은 은혜로우신 하나님과 은사를 받은 모세에 근거하고 있다.

　9:1-10:11을 일견해 보면, 이 이야기가 출애굽기 32-34장을 자세히 이야기하기보다는 그것을 자유롭게 다시 이야기하고 있다는 것을 금방 알 수 있다. 예로서 이 두 설명을 병렬시킬 경우에 다음과 같은 차이점들(다른 무엇보다도)이 드러나게 될 것이다. 출애굽기 32장은 모세가 산에서 내려오기 전에 드린 첫 번째 중재 기도를 기록하고 있다(출 32:11-14). 반면에 신명기는 그가 산에서 내려온 후에 드린 첫 번째 기도를 기록하고 있으며(신 9:18-20), 그가 아론을 위해 드린 특별한 기도에 대해서도 언급하고 있다(9:20).

　또한 신명기는 모세의 두 번째 중재 기도(신 9:25-29; 출 32:11-14와 아주 비슷함)를 기록하기에 앞서 이스라엘의 빗나간 삶을 다루는 세 가지 다른 사건들을 삽입하고 있다. 다베라와 맛사와 기브롯 — 핫다아와 등지에서 발생한 사건들이 그렇다(22절). 이 사건들에 대해서 언급한 것은 아마도 금송아지를 만든 이스라엘의 중죄(重罪)가 불행하게도 고립된 실수라기보다는 일련의 범죄 행위에 속한 것임을 보여주려는 의도를 가지고 있었을 것이다. 마지막으로 언약을 재확립하는 과정에서(신 10:1-5; 출 34장) 모세는 두 개의 새로운 돌판을 새겨 만들라는 지시를 받을 뿐만 아니라, 그 돌판들을 보관할 나무 궤를 만들라는 명을 받는다. 그런데 이 두 번째 지시 사항에 관한 정보

는 출애굽기에 기록되어 있지 않다.

모세는 금송아지 사건과 언약 갱신(출 32-34장)을 상기시킴으로써 어떠한 목적을 이루고자 했을까? 그것은 출애굽기-민수기에 있는 두 이야기들 중 하나로서, 모세는 그것에 관해 신명기의 이 서두 부분에서 어느 정도 길게 설명한다. 다른 하나는 민수기 13-14장에 있는 정탐꾼 이야기로서, 신명기 1:19-46에 설명되어 있다. 이 둘은 이스라엘 백성의 첫 번째 세대가 저지른 큰 죄악들을 일컫는다. 우상숭배와 불신앙의 죄가 그렇다(신 9:12). 이 두 가지 죄로 인하여 하나님은 이스라엘을 파멸시키고서는 새로운 세대를 통하여 재출발하겠다고 위협하시기도 하고(출 32:10), 실제로 그렇게 하겠다고 말씀하신다(민 14:23). 필자가 보기에 그것은 모세와 이스라엘 사이의 대조되는 모습을 한층 부각시키는 효과를 갖는 것으로 여겨진다. 한 예로 신명기 9장은 A-B-A'-B' 유형을 따르고 있다: 이스라엘 백성의 불순종(9:7-17); 모세의 중재 기도(9:18-21); 이스라엘 백성의 불순종(9:22-24); 모세의 중재 기도(9:25-29).

9:22-24의 "삽입"은 결코 우연이 아니다. 신명기 9:22에서 모세는 이스라엘이 과거에 다베라(민 11:1-3)와 맛사(출 17:1-7)와 기브롯-핫다아와(민 11:31-34)에서 불순종한 것에 대해서 언급한다. 연대순으로 본다면, 맛사와 다베라와 기브롯-핫다아와의 순서가 맞다. 모세의 기도는 다베라에서 그들을 구원하는 바(민 11:1-2), 그 까닭에 그것은 세 가지 목록 중에서 가장 먼저 언급된다. 기브롯-핫다아와에서 이스라엘 백성은 전염병으로 죽는다. 아마도 신명기 9:25가 암시하는 바와 같이 또 다른 기브롯-핫다아와가 있을 것이다: "그 때에 주께서 너희를 멸하겠다고 말씀하셨으므로"(NIV). 모세가 기도하지 않는 한에 있어서는 그렇다! 흥미롭게도 모세는 출애굽기 32장에서 자신이 하나님께 드린 기도의 내용을 되풀이하지 않는다: "뜻을 돌이키시어/측은하게 생각하시어"(32:12); "당신의 책에서 저를 지워버려 주옵소서"(32:32 RSV). 이러한 생략은 중요한 의미를 가지고 있을 수도 있다. 그러나 다시금 우리는 모세가 심사숙고한 끝에 자신에게 다음과 같이 말하는 모습을 어렵지 않게 상상할 수 있다: "내가 정말로 하나님께 뜻을 돌이키도록 요구했을까? 내가 정말로 무례하게도 그와의 개인적인 관계를 위기에 빠뜨린

것일까?"

신명기에서 10장(10:1-5)과 31장에서만 언급되는 나무 궤에 관한 새로운 정보에 의해 전체 내용에 추가된 것은 무엇일까(이것의 가능한 의미들에 대해서는 Fretheim 1968을 보라)? 폰 라트와 같은 주석가들은 신명기에 언급된 궤가 하나님의 임재나 하나님의 영광이 머무는 자리로서가 아니라 율법 돌판을 보관하는 곳으로서의 기능만을 가지고 있다는 사실을 중요하게 생각한다. 궤의 의미가 이처럼 초자연적인 것으로부터 세속적인 것으로 옮겨갔다는 것은 신명기가 참으로 비신화화의 과정을 거쳤음을 뜻한다. 그러나 우리는 신명기에 언급된 궤의 역할이 과연 덜 중요한 어떤 것으로 격하된 것인지를 물을 수도 있다. 말씀을 통하여 하나님을 만나는 일은 구름에 둘러싸여 있거나 그룹들 사이에 앉아 계시는 그를 만나는 일 못지않게 중요하다.

궤에 관한 정보(출 34장에는 생략되어 있는 자료임)를 이 곳에 추가함으로써 모세는 언약이 안전한 것이요, 가까이하기 어려운 것이요, 항구적인 것임을 강조하며, 자신이 그것으로부터, 그리고 그것에 관하여 가르치는 경우에만 활용 가능한 것임을 강조한다(Peckham 1975: 51을 보라). 또한 모세가 금송아지 사건에 대한 설명의 마지막 부분에서 궤에 대하여 언급하고 있다는 것은, 그것이 하나님의 임재에 대하여 사람들이 어떠한 생각을 갖고 있는지에 관한 뚜렷한 대조를 제공하고 있다는 점에서 적절한 것이다. 궤는 자기 백성 중에 거하시는 하나님의 임재를 반영하는 합법적인 상징물이다. 반면에 송아지는 자기 백성 중에 거하시는 하나님의 임재를 반영하는 불법적인 상징물이다. 이 새로운 자료의 배열 내지는 도입은 다시금 모세의 독특한 중재직을 강화시키는 한편으로, 불변의 언약을 맺으시는 변치 않는 하나님을 강조하는 역할을 수행한다: "그 돌판은 지금까지 거기에 있다"(10:5 NRSV).

10장의 나머지 부분에서 11:32까지의 내용은 일련의 권고들과 순종의 동기를 밝히는 부분을 중심으로 하는 설교 부분의 결론에 해당한다(예: 권고[10:12-13]; 동기부여[10:14-15]; 권고[10:16]; 동기부여[10:17-18]).

여기서 특히 흥미로운 것은 모세가 백성에게 "마음에 할례를 받으라"고 훈계하고 있다는 점이다(10:16 RSV). 이렇듯이 신명기의 앞 부분에서조차 진정한 할례는 마음의 할례라는 강조점이 드러나고 있다. 단순히 몸에 칼을 대는 것을 넘어서서 말이다. 이 특별한 권고는 6:6-8을 재진술하는 11:18-21의 내용과 공명하고 있다. 율법은 먼저 개개인의 마음속에 새겨져야 하고, 이어서 손과 눈과 문과 문설주에 새겨져야 한다. 사람들은 하나님께서 마음 판 위에 율법을 새길 것임을 한 특징으로 갖는 새 언약(렘 31:33)에 관해 예레미야가 말할 때 교묘하게 약간의 아이러니를 사용한 게 아닌가 하고 생각한다. 왜냐하면 사람들이 낡은 것조차도 새 것처럼 들리는 규례들로부터 멀리 벗어나지 않는 한, 결국 새 언약의 상당 부분은 낡은 것이 되고 말기 때문이다.

신명기 11:26-32는 5-11장의 설교와 12장에서 시작되는 율법 목록 사이를 연결하는 역할을 수행한다. 모란(Moran 1969: 267)이 지적한 바와 같이, 이 곳에 나열된 세 가지 항목들은 그 다음의 장들에서 실제로 다루어지는 것과는 정반대의 순서로 되어 있다: 복과 저주(11:26-28과 28장); 에발과 그리심 사이의 세겜에서 치르는 의식(11:29-31과 27장); 야웨의 율법들(11:32와 12-26장). 이로써 신명기의 율법들을 선포하기 위한 무대가 마련된다.

신명기 4:11-11:32

Begg, C. T. 1985. "The Destruction of the Calf (Exod 33,20/Deut 9, 21)." In *Das Deuteronomium: Entstehung, Gestalt und Botschaft.* Ed. N. Lohfink. BETL 68. Leuven: Leuven University Press. Pp. 208-51.

Brekelmans, C. 1985. "Deuteronomy 5: Its Place and Function." In *Das Deuteronomium: Entstehung, Gestalt und Botschaft.* Ed. N. Lohfink. BETL 68. Leuven: Leuven University Press. Pp. 164-73.

Childs, B. S. 1979. *Introduction to the Old Testament as Scripture.* Philadelphia: Fortress. Pp. 215-17.

Crump, W. 1974. "Dt. 7: A Covenant Sermon." *RestQ* 17:222-35.

Eslinger, L. 1987. "Watering Egypt (Deuteronomy xi 10-11)." *VT* 37:85-90.

Fretheim, T. E. 1968. "The Ark in Deuteronomy." *CBQ* 30:1-14.

Gammie, J. G. 1970. "The Theology of Retribution in the Book of Deuteronomy." *CBQ* 32:1-12.

Hoffman, Y. 1999. "The Deuteronomistic Concept of the Herem [Deut 7,1-7; 20,15-18]." *ZAW* 111:196-210.

Horowitz, H. L. 1975. "The Sh'ma Reconsidered." *Judaism* 24:476-81.

Isbell, C. 2003. "Deuteronomy's Definition of Jewish Learning." *JBQ* 31:109-16.

Ishida, T. 1979. "The Structure and Historical Implications of the Lists of Pre-Israelite

Nations." *Bib* 60:461–90.

Janzen, J. G. 1987. "On the Most Important Word in the Shema (Deuteronomy vi 4–5)." *VT* 37:85–90.

Jones, R. C., Jr. 1992. "Deuteronomy 10:12–22." *Int* 46:281–85.

Lapsley, J. E. 2003. "Feeling Our Way: Love for God in Deuteronomy." *CBQ* 65:350–69.

McBride, S. D. 1973. "The Yoke of the Kingdom: An Exposition of Deuteronomy 6:4–5." *Int* 27:273–306.

McKay, J. W. 1972. "Man's Love for God in Deuteronomy and the Father/Teacher-Son/Pupil Relationship." *VT* 22:426–35.

Miller, P. D., Jr. 1984. "The Yoke of the Kingdom." *Iliff Review* 41:17–29.

Moberly, R. W. L. 1990. "'Yahweh Is One': The Translation of the Shema." In *Studies in the Pentateuch*. Ed. J. A. Emerton. VTSup 41. Leiden: Brill. Pp. 209–15.

———. 1999. "Toward an Interpretation of the Shema." In *Theological Exegesis: Essays in Honor of Brevard S. Childs*. Ed. C. Seitz and K. Greene-McCreight. Grand Rapids: Eerdmans. Pp. 124–44.

———. 2000. *The Bible, Theology, and Faith: A Study of Abraham and Jesus*. Cambridge: Cambridge University Press.

Moran, W. L. 1963. "The Ancient Near Eastern Background of the Love of God in Deuteronomy." *CBQ* 25:77–87.

———. 1967. "Conclusion of the Decalogue: Ex. 20:17–Dt. 5:21." *CBQ* 29:543–54.

———. 1969. "Deuteronomy." In *A New Catholic Commentary on Holy Scripture*. Ed. R. C. Fuller. Camden, N.J.: Nelson. Pp. 256–76.

Nelson, R. D. 1987. "Deuteronomy 5:1–15." *Int* 41:282–87.

———. 1997. "*Herem* and the Deuteronomic Social Conscience." In *Deuteronomy and Deuteronomic Literature: Festschrift C. H. W. Brekelmans*. Ed. M. Vervenne and J. Lust. BETL 133. Leuven: Leuven University Press. Pp. 39–54.

Nicol, G. G. 1988. "Watering Egypt (Deuteronomy xi 10–11) Again." *VT* 38:347–48.

O'Connell, R. H. 1990. "Deuteronomy viii 1–20: Asymmetrical Concentricity and the Rhetoric of Providence." *VT* 40:437–52.

———. 1992a. "Deuteronomy vii 1–26: Asymmetrical Concentricity and the Rhetoric of Conquest." *VT* 42:248–65.

———. 1992b. "Deuteronomy ix 7–x 7, 10–11: Panelled Structure, Double Rehearsal, and the Rhetoric of Covenant Rebuke." *VT* 42:492–509.

Orel, V. 1997. "The Words on the Doorpost." *ZAW* 109:614–17.

Peckham, B. 1975. "The Composition of Deuteronomy 9:1–10:11." In *Word and Spirit: Essays in Honor of David Michael Stanley, S.J., on His 60th Birthday*. Ed. J. Plevnik. Willowdale, Ont.: Regis College Press. Pp. 3–59.

Polzin, R. 1980. *Moses and the Deuteronomist: A Literary Study of the Deuteronomic History*. New York: Seabury.

Pressler, C. 1999. "The *Shema*ᶜ: A Protestant Feminist Reading." In *Escaping Eden: New Feminist Perspectives on the Bible*. Ed. H. C. Washington, S. L. Graham, and P. Thimmes. New York: New York University Press. Pp. 41–52.

Rad, G. von. 1966. *Deuteronomy: A Commentary*. Trans. D. Barton. OTL. Philadelphia: Westminster.

Tigay, J. H. 1996. *Deuteronomy: The Traditional Hebrew Text with the New JPS Translation.* JPS Torah Commentary. Philadelphia: The Jewish Publication Society.

Walsh, M. F. 1977. "Shema Yisrael: Reflections on Deuteronomy 6:4–9." *TBT* 90:1220–25.

Willis, J. T. 1973. "Man Does Not Live by Bread Alone: Dt. 8:3 and Mt. 4:4." *RestQ* 16:141–49.

Willoughby, B. E. 1977. "A Heartfelt Love: An Exegesis of Deuteronomy 6:4–19." *RestQ* 20:73–87.

Zipor, M. A. 1996. "The Deuteronomic Account of the Golden Calf and Its Reverberation in Other Parts of Deuteronomy." *ZAW* 108:20–33.

21. 신명기의 율법들
신명기 12-26장

신명기의 다음 열다섯 개의 장들은 일련의 긴 율법들을 포함하고 있다. 그 중 일부는 오경의 다른 율법 해설 부분과 겹친다. 그리고 또 일부는 오경의 다른 율법들을 새로운 상황에 맞추어 적용한 것이기도 하다. 그런가 하면 어떤 부분은 전혀 새로운 것이다. 1:5에서 우리는 "모세가 … 이 율법을 설명하기 시작하였다"(RSV)는 내용을 접하게 되지만, 그 뒤에 이어지는 내용은 율법이 아니라 네 개의 장에 걸친 역사적인 회고와 훈계이다.

1:5와 비슷한 구절이 4:44에서 되풀이된다: "모세가 이스라엘 자손에게 선포한 율법은 이러하다"(RSV). 그러나 다시금 그 뒤로 11장까지 이어지는 내용은 역사적인 회상과 순종 촉구의 결합으로 이루어져 있다. (확실히 시내 산의 십계명이 5장에서 반복 서술되고 있기는 하다.) 이러한 역사적인 배경은 율법 자체를 덧붙이기 위한 기초를 놓는 역할을 수행한다. 하나님은 은혜의 말씀을 주신 다음에야(1-11장) 비로소 율법의 말씀을 주신다(12-26장). 하나님께서 세우신 표준들은 진공상태에 놓여 있지 않고, 도리어 은혜로우신 하나님의 풍성한 자원들을 배경으로 하고 있다. 게다가 이스라엘은 거룩해지기 위해서가 아니라 거룩하기 때문에 이 율법들에 순종해야 한다. 율법을 지키는 일은 거룩함의 결과에 해당하는 것이지, 거룩함을 얻기 위한 수단이 아니다.

여기서 해석자들을 계속해서 괴롭히는 문제는 과연 율법들의 배열에 어떤 특별한 원리가 반영되어 있는가 하는 것이다. 그러나 그러한 노력은 대부분 무익한 것이다. 서로 간에 아무 관계도 없는 것처럼 보이는 율법들은 순서를 따라 배열되어 있다. 이러한 현상은 특히 이 단락의 마지막 몇 장들에서 발견된다.

초기의 학자들은 이 문제를 해결할 수 없는 것으로 무시하였다. 그들은 12-26장이 커다란 **토후 와보후**(창 1:2, "혼돈하고 공허한") 덩어리나 다름이 없다고 보았다. 그리고 아무렇게나 수집된 듯한 신명기 전체의 모습은 끝없는 편집 활동에서 비롯된 것으로 여겨졌다. 그 후 학자들은 아무런 형태도 없어 보이던 옛 모습에서 일정한 형태를 찾고자 노력하기 시작했다. 그러나 그러한 노력은 이 곳에서조차 의견 일치를 보지 못한 채로 다양한 견해들로 끝을 맺는다.

예로서 폰 라트(1962: 1:226 n. 86)는 이 단락을 다음과 같이 세분하였다: 12:1-16:17, 제의적인 율법들; 16:18-18:22, 다양한 직분들에 관한 율법들(사사기, 왕, 제사장, 예언자); 19:1-21:9, 형사 소송과 관련된 율법들; 21:10-22:30, 가족 공동체에 관한 규정들. 폰 라트는 이어서 23-26장을 따로 취급한다. 왜냐하면 이 장들은 뚜렷한 통일성을 가지고 있지 않은데다가 그들 전체를 하나로 묶을 수 있는 공통의 주제도 가지고 있지 않기 때문이다.

이와 마찬가지로 와인펠드(Moshe Weinfeld 1971: 1573)와 함께 「유대 백과사전」(*Encyclopaedia Judaica*)의 신명기 항목을 집필하는 데 기여한 편집자는 이 단락을 다음과 같이 나눈다: 12:1-16:17, 의례와 관련된 율법들(폰 라트의 견해와 일치함); 16:18-18:22, 민사 소송과 관련된 율법들(폰 라트의 견해와 일치함); 19:1-21, 형사 소송과 관련된 율법들. 그러나 이러한 단락 구분에서 분기점이 되는 곳은 20장이다. 왜냐하면 20-26장은 뚜렷한 순서 없이 배열되어 있기 때문이다.

티게이(Jeffrey Tigay 1996: 446-49)는 12-26장 전체에서 몇몇 기본적인 단락들을 찾아내고자 노력했다. 그는 이 부분을 다음과 같이 세분한다: 12:2-16:17, 성소와 다른 종교적인 문제들; 16:18-18:22, 민간 지도자들과 종교 지도자들; 19:1-21:9, 사법적이고 군사적인 문제들; 21:10-25:29, 대부분 시민 생활 및 가정 생활과 관련된 잡다한 율법들; 26:1-15, 예전적인 선언문들.

철학자이면서 보수적인 신학자인 가이슬러(Norman Geisler 1977: 79)는 12-26장을 다음과 같이 개관한다: 12:1-16:17, 의례적인 의무들(위의 다른 세 견해들과 일치함); 16:18-20:20, 시민으로서의 의무들; 21장, 가정에 대한 사회적인 의무들; 22장, 친구들에 대한 사회적인 의무들; 23-25장, 이스라엘 공동체 전체와 나그네들에 대한 사회적인 의무들. 이 개관 자료의 후반부에는 특히 억지스러운 데가 있다. 예로서 22장의 요점이 친구들에 대한 사회적인 의무들이라면, 이것은 남장 여인에 관한 율법(22:5)이나 어미새와 새끼가 있는 새둥지에 관한 율법(22:6-7)과 무슨 관계가 있는 것일까?

이 외에도 새로운 분석의 기초를 다지거나 오랫동안 버려져 있던 생각들을 소생시키고 잘 다듬은 두 개의 연구가 추가로 이루어졌다. 카마이클(Calum Carmichael 1974)은 신명기의 율법들이 "한 사람의 작품으로서, 놀랍도록 일관된 질서와 배열의 원칙을 드러내고 있다"고 믿는다. 그는 12-26장 단락에서 계약법전(출 21:2-23:19)에서와 마찬가지의 배열 원칙을 따라 움직이는 일련의 율법들을 찾을 것을 제안한다. 그리하여 카마이클은 신명기 12-26장에서 일련의 에돔 관련 율법과 이집트 관련 율법 및 "나머지" 율법 등을 찾아내고 있다.

카마이클의 연구로 인하여 문제가 깔끔하게 해결되었다고 보는 학자는 거의 없다(특히 Levinson 1990의 반응을 보라). 흥미롭게도 신명기 법전을 체계화시키는 원리들을 찾아낼 것을 제안한 그의 견해는 지나치게 임의적이고 공상적인 것으로 평가절하되었다. (확실히 그의 주장은 때때로 매우 창의적인 모습을 보인다. 그러나 바로 그 때문에 그의 연구가 진지한 고려 대상에서 제외되고, 그의 주장은 다른 사람들의 주장보다 더 공상적인 요소가 많은 것으로 여겨져야 하는 것일까?)

카마이클의 견해가 공상적인 창의성을 가지고 있다고 보는 것보다 한층 더 냉정한 비판은 그가 여전히 12-26장을 서로 무관한 조각들의 집합으로, 곧 전체에 대하여 통일성을 전혀 갖지 못한 것으로 보고 있다는 지적에 잘 드러나 있다.

카우프만(Stephen Kaufman)은 이 율법들의 배열이 신명기 5장에 소개된 십계명의 순서와 관련되어 있다고 본다. 카우프만(1979: 108-9, 147)은 다음과 같이 말한다: "여기에 제시된 주장은 신명기의 율법(12-26장)이 대단히 체계화된 작품이라는 데 있다. 그 중심 주제 단락들은 십계명 율법들의 순서를 따라 배열되어 있다 … 그것은 단일 저자에 의해 통일성을 갖도록 만들어진 법률 문헌의 걸작이요 … 확대된 십계명이다."

카우프만은 12-26장을 다음과 같이 세분한다:

1. 제1계명과 제2계명(신 5:6-10): 다른 신들과 우상들 숭배의 금지=신명기 12:1-28
2. 제3계명(신 5:11): 야웨 이름의 남용 금지 = 신명기 13:1-14:27
3. 제4계명(신 5:12-15): 안식일 준수 = 신명기 14:28-16:17
4. 제5계명(신 5:16): 부모 공경 = 신명기 16:18-18:22
5. 제6계명(신 5:17): 살인 금지 = 신명기 19:1-22:8
6. 제7계명(신 5:18): 간음(불법적인 혼합) 금지 = 신명기 22:9-23:18
7. 제8계명(신 5:19): 도적질(다른 재산 파괴) 금지 = 신명기 23:19-25:4
8. 제9계명(신 5:20): 이웃에 대한 거짓 증거의 금지 = 신명기 24:8-25:4
9. 제10A계명(신 5:21a): 이웃의 아내에 대한 탐심 금지 = 신명기 25:5-12
10. 제10B계명(신 5:21b): 이웃의 집에 대한 탐심 금지 = 신명기 25:13-16

브롤릭(Braulik 1993) 역시 12-26장에 있는 일련의 율법들 — 특히 19장에서 시작되어 그 이후에 계속 이어지는 — 이 십계명의 순서를 따르고 있다고 본다. (브롤릭이 제1계명과 제2계명을 하나로 묶고 있다는 점을 기억하라. 그는 대부분의 개신교 전통에서 열 번째 계명으로 간주하는 것을 아홉 번째와 열 번째로 나눈다.) 그는 12-26장을 다음과 같이 세분한다:

1. 제1계명(신 5:6-10): 신명기 12:1-13:19
2. 제2계명(신 5:11): 신명기 14:1-21
3. 제3계명(신 5:12-15): 신명기 14:22-16:17
4. 제4계명(신 5:16): 신명기 16:18-18:22

5. 제5계명(신 5:17): 신명기 19:1–21:23 [연결 본문: 22:1–12]

6. 제6계명(신 5:18): 신명기 22:13–23:14 [연결 본문: 23:15–24:5]

7. 제7계명(신 5:19): 신명기 24:6–7

8. 제8계명(신 5:20): 신명기 24:8–25:4

9. 제9계명과 제10계명(신 5:21): 신명기 25:5–16

필자는 카우프만의 분석을 선호한다. 참으로 양자 사이의 관계들 중 어떤 것들은 다른 것들보다 더 강하게 나타난다. 그리고 때로는 율법들 사이의 바람직한 관계가 어떠하며 각 단락이 특정 계명과 어떻게 관련되는지가 부자연스럽게 보일 수도 있을 것이다. 그러나 카우프만의 주장은 12–26장에 "통일성"을 부여해주고 있으며, 이 특별한 율법들을 5장에 언급된 시내 산 십계명과 연결시킴으로써, 모세의 이 두 번째 설교(5–26장)가 상당한 정도의 동질성을 가지고 있음을 보여준다.

올바른 예배(12장)

이 특별한 장은 아마도 신명기 법전의 다른 장들보다 더 많이 다루어졌을 것이다. 그 이유로 학자들은 자주 신명기의 핵심 주제 — 예배의 중앙화 — 가 본장에서 가장 분명하게 규정되어 있다는 것을 든다. 참으로 "주께서 택하실 곳"이라는 구절이 여섯 번이나 나온다: 12:5, 11, 14, 18, 21, 26(14장, 세 번[23, 24, 25절]; 15장, 한 번[20절]; 16장, 여섯 번[2, 6, 7, 11, 15, 16절]; 17장, 두 번[8, 10절]; 18장, 한 번[6절]; 26장, 한 번[2절]; 31장, 한 번[11절]. 이상을 전부 합하면 21회가 된다.

이 유명한 구절 말고도 "그의 이름을 그 곳에 두려고[숨]"(12:5, 21; 14:24) 또는 "그의 이름을 그 곳에 거하게[샤칸] 하려고"(12:11; 14:23; 16:2, 6, 11; 26:2)와 같은 확장된 형태의 구절도 있다. 이사야 18:7은 시온산을 "전능하신 주의 이름을 두신 곳"으로 칭할 때 이러한 표현을 사용한다.

학자들은 그동안 신명기의 "제의 중앙화"와 "이름 신학"을 많이 강조한 바가 있다. 물론 신명기에서 중앙화의 신학이 중심을 이루고 있다고 보는 자들은 하나님께서 그의 이름을 두신 곳이 예루살렘이라고 생각한다. 솔로몬은 나중에 똑같은 표현을 사용하며(왕상 8:29), 예루살렘에 있는 솔로몬 성전의 봉헌식 때에 야웨께서도 솔로몬에게 동일한 말씀을 주신다(왕상 9:3). 학자들은 요시야가 이러한 중앙화 신학을 추진하려는 자신의 계획을 뒷받침하기 위해 종교개혁을 활용했다고 주장한 바가 있다. 왜냐하면 그가 추진한 개혁은 "너희의 번제와 너희의 제물과 너희의 십일조와 … 너희의 낙헌 예물 … 을 너희는 그 곳에 드리는"(12:6 RSV) 일을 포함하고 있기 때문이다. 클래번(W. G. Claburn 1973: 15)은 이를 다음과 같이 설명한다: "야심만만한 왕이라면 농민들이 수확한 잉여 농산물의 상당 부분을 어떻게 자기 손에 넣겠는가? 이미 할당된 세금의 상당량을 수도권 지역으로 끌어들이는 방식으로 조세 체계를 개혁할 때 그러한 일이 가능해진다." 이로써 클래번은 순식간에 요시야를 협박꾼과 사기꾼으로 격하시킨다. 물론 이러한 모습은 열왕기와 역대기 자료로부터 생겨난 것이 아니다. 필자가 보건대 이러한 해석은 중앙화의 문제를 신명기의 핵심 주제로 볼 경우에 주석적인 상상력이 어느 정도까지 비약할 수 있는지를 보여주는 하나의 사례에 해당한다. 폰 라트(1966: 89)조차도 다음과 같은 점을 지적하고 있다: "결국 상당수의 법규들은 중앙화의 요청에 대해서 전혀 언급하지 않으며, 심지어는 그것을 알고 있지도 않은 것으로 보인다."

신명기의 이름 신학 — "그는 자기 이름을 그 곳에 두실 것이다" — 은 흥미로운 주제가 아닐 수 없다. 그 곳에 있는 것은 하나님 자신이 아니라 하나님의 이름이다. 이것은 성서의 다른 곳에 있는 좀 더 직접적인 언급들을 부드럽게 표현함으로써 하나님 자신이 성막이나 성전에 계신 것과도 같은 효과를 얻기 위한 신명기 자체의 노력에 해당하는 것일까? 이에 대해서는 폰 라트(1966: 90)의 설명이 다시금 하나의 사례가 될 것이다: "따라서 그러한 생각은 야웨께서 성소에 실제로 계신다는 대중적인 생각에 맞서는 것으로 이해되지 않으면 안 된다." 와인펠드(Weinfeld 1972: 193-209)는 이러한 해석을 지지하며, 이름 신학이 신명기에 있는 비신화화 과정을 보여주는 또 다른 증거에 해당한다고 본다. 이러한 분석에 따르면, 이름 신학의 강조는 본질적으로 하나님을 유형적인 존재로 보는 개념을 논박하려는 의도를 가지고 있다.

그렇다면 정말로 이러한 판단이 옳은 것일까? "아무개의 이름을 둔다"는 구절이나 이 구절의 변형 형태는 성서에만 있는 독특한 표현이 아니다. 웬함(Gordon Wenham 1971: 113)은 설형문자 문헌에서 이 표현이 적어도 세 가지 의미를 가지고 있다고 본다: (1) 소유권을 확인하는 데 사용됨; (2) 정복 전쟁에 대해서 묘사하는 본문들에서는 승전비를 세우는 것과 관련됨; (3) 성소의 기초석에 이름을 새기는 경우를 가리킴.

이 셋 중의 어느 것도 신명기에 적용할 수 있다. 하나님을 예배해야 할 장소는 그의 소유물이나 다름이 없다. 하나님의 거주지라는 개념으로부터 하나님의 소유물이라는 개념으로 옮겨가는 것은 과연 신인동형론적인 개념으로부터 이탈하는 것을 뜻할까? 그리고 하나님께서 예배 장소에 자신의 서명을 남기시는 것보다 더 적절한 방법이 있을까? 왜냐하면 하나님은 "선택된 보배로운 모퉁잇돌이시요, 그를 믿는 자는 누구든지 부끄러움을 당하지 않을 것"(벧전 2:6)이기 때문이다.

맥콘빌(J. C. McConville 1979)은 하나님의 거주지 개념을 대신하는 신명기의 전문용어가 단지 하나님의 임재에 관한 성서의 다른 본문들의 표현 방식을 보충하는 것에 지나지 않는다고 본다. 하나의 예를 든다면, 성서는 극적이고 예외적인 하나님의 계시에 관해 말할 때, 하나님의 "영광"에 관해 말하는 경향을 보인다. 성서는 정기적인 예배와 하나님과의 만남에 관해 말할 때, 하나님의 "이름"을 사용하는 경향을 보인다. 그렇다면 신명기는 왜 여러 차례에 걸쳐서 "이름"에 관해 언급하면서도 "영광"에 관해서는 한 번밖에 언급하지 않는가(5:24)? 맥콘빌에 따르면, 그것은 "신명기가 새 땅에서 날마다 행할 판에 박힌 예배를 다루고 있기 때문이다." 그러기 위해서는 하나님의 영광보다는 하나님의 이름을 사용하는 것이 더 적절할 것이다.

마지막으로, 만일에 예배 장소에 거하는 자가 하나님 자신이 아니라 하나님의 이름일 뿐이라는 점을 신명기가 확립시키려는 의도를 가지고 있다면, 우리는 다음과 같은 구절들을 어떻게 이해해야 하는가?: "주 너의 하나님은 네 진영 가운데 행하신다"(23:14 RSV); "그로 하여금 … 네 가운데 거하게 하고"(23:16 RSV); "너희 남자들은 주 너희 하나님 앞에 보일 것이요"(16:16 NRSV); "너는 그것을 주 네 하나님 앞에 두고"(26:10 RSV). 하나님의 이름은 진영 가운데 행하지 않는다; 하나님의 이름은 네 가운데 거하지 않는다; 남자들은 주의 이름 앞에 보이거나 주의 이름 앞에 예물을 바치지 않는다.

12장은 일련의 대조를 이루는 것들을 소개하고 있다. 첫째로 "여기"(8절)와 "거기"(7절) 사이의 대조가 있다. 이스라엘 자손은 일단 약속의 땅에 있게 되면, 몇 가지 변화를 겪게 된다: "우리가 오늘 여기에서는 제각기 자기 원하는 대로 행하였지만, 너희가 거기에서는 그렇게 하지 않도록 하여라"(8절 NRSV). 둘째로 "그들의 신들"(2절)과 "너희 하나님"(4절) 사이에, "그들의 이름"(3절)과 "그의 이름"(5절) 사이에, 그리고 모든 그릇된 예배 "장소들"(2-3절)과 주께서 선택하실 "곳" 사이에 대조가 있다.

이 두 번째 대조는 본장의 진정한 관심사가 한 성소와 여러 성소 사이의 대립 관계에 있지 않고, 도리어 참된 예배와 그릇된 예배 사이의 대립 관계에 있음을 암시하는 것으로 보인다. 그래서인지 본 장은 이방 종교의 신상들과 종교적인 관습들에 관한 설명을 처음(2-4절)과 마지막(29-31절)에 가지고 있다. 이스라엘의 예배는 그 어떤 것도 취해서는 안 된다. 이스라엘의 종교 의식은 즐거움을 특징으로 가지고 있어야 한다(7, 12, 18절). 그 까닭은 순전히 그것이 그 안에 암울한 요소를 전혀 가지고 있지 않기 때문이다.

그리고 예배에 관한 관심이 중심을 이루는 본장 중간에는 가정에서 행하는 관습에 관한 상세한 논의 — 사실 법전 부분을 시작함에 있어서 이보다 더 적절한 주제가 있겠는가? — 가 소개되어 있다(15-28절). 예로서 다음과 같은 규정이 그렇다: "너는 ⋯ 네 마음에 원하는 대로 ⋯ 고기를 먹을 수 있다"(15, 21절 RSV). 심지어는 "죽이다"는 뜻을 나타내는 동사조차도 구약성서에서 129번이나 사용되고 또 거의 배타적으로 희생제사용 짐승을 죽이는 행동을 가리키는 동사(자바흐)를 사용하고 있다(Milgrom 1976: 1을 보라). 이로부터 우리는 하나님께서 주신 물질의 복을 인하여 기뻐하면서 가정에서 식구들과 더불어 먹는 행동도 하나의 예전으로 여겨지고 있다고 볼 수 있을까? 왜냐하면 하나님께서는 이 곳에서도 일정한 지시를 내리고 계시기 때문이다: 예배를 드릴 때에는 그릇된 신들을 제거하고, 먹을 때에는 피를 제거하라(16, 23절). 그릇된 제단들과 기둥들을 제거하고, 피는 땅 위에 쏟으라.

우상숭배의 유혹(13장)

본 장에서 모세는 여전히 예배의 정결함에 관심을 기울이고 있다. 12장이 우상숭배에 초점을 맞추고 있다면, 본 장은 우상숭배자에 초점을 맞추고 있다. 전자의 경우에 이스라엘은 우상숭배와 관련된 모든 장소들과 유적들을 제거해야 한다. 그렇다면 만일에 말 없는 아세라 신상이나 제의 상징물들 중의 하나로부터 유혹을 받지 않고 도리어 말로써 활동하는 예언자(13:1-5)나 가족 구성원(13:6-11) 또는 복음전도자로 위장한 민중 선동가(13:12-18)로부터 유혹을 받을 때에는 어떻게 해야 하는가? 각 경우에 이스라엘은 신속하고도 단호한 반응을 보이지 않으면 안 된다: 그러한 자들은 "사형에 처해져야 한다"(5, 9-10, 15-17절). 공동체 전체조차도 빗나간 길로 빠지게 되면 거룩한 전쟁의 대상이 될 수 있다. 나중에 회개하게 되면 처벌 경감의 가능성이 있는지에 대해서는 어떠한 암시도 주어져 있지 않다.

세 가지 유혹을 다루는 단락들은 유혹을 한층 더 매력적이게 만드는 이유들을 제각기 다르게 설명한다. 1-5절은 유혹이 이적이나 기사를 동반하는 인상적인 경우에 대해서 언급한다. 과연 예수께서는 믿을 만한 굉장한 표적들과 기사들을 행함으로써 선택된 자들까지도 미혹할 거짓 메시야들과 거짓 예언자들이 장차 나타날 것이라고 말씀하실 때(마 24:24) 이 구절을 염두에 두셨을까?

두 번째 단락(6-11절)은 항거하기 어려운 유혹에 대해서 언급한다. 제대로 된 원수들은 참으로 자신의 가족들이나 가까운 친구들 내지는 친지들로부터 생겨난다. 우리는 그들을 향하여 "사탄아, 내 뒤로 물러가라!"(막 8:33)라고 말해야 할 것이다. 12장은 가정이 예배와 즐거움과 축제의 장소임을 강조하지만, 13장은 가정의 어두운 측면을 부각시킨다. 그 곳은 유혹의 장소일 수도 있다. 디딤돌이 아니라 걸림돌이 될 수도 있는 것이다.

상당히 매력적인 우상숭배의 유혹을 가져다주는 세 번째의 가능성은 통계적인 측면과 관련된다(12-18절). 다수의 사람들이 "불량한 자들" 내지는 "악한 자들" — 문자적으로는 "무가치한 자들" — 의 이교적인 가르침을 받아들였다. 그들 모두가 그릇된 길로 빠질 수 있을까? 공동체 전체가 흔들릴 수 있을까? 다수의 사람들이 배교할 수 있을까? 그렇다. 그러나 다수의 범죄는 필연적으로 다수의 반발을 불러일으킬 수밖에 없다. 만일에 모든 사실들과 주장들이 철저하게 검열된 후에("너는 자세히 묻고 살펴보아서"[14절 RSV]) 참된 것으로 판명된다면 말이다. 오경의 율법은 "이스라엘 공동체 전체"(레 4:13 NIV)의 속죄를 위한 대책을 마련해두고 있다. 속죄제물이 바로 그것이다. 그러나 그것은 어디까지나 부지중에 범한 죄의 경우에 한정된다. 우상숭배와 배교 행위는 그러한 범주에 들어가지 않는다.

거룩함과 청지기직(14장)

14장의 내용은 원인으로부터 결과로 옮겨가는 구조를 가지고 있다. 원인은 "너희는 주 너희 하나님의 자녀들이니"(1a절 NIV)로 되어 있고, 결과는 죽음에 대한 반응(1b절)과 식사 습관(3-21절) 및 소유물 처리 방식(22-29절) 등으로 되어 있다.

1절 후반부의 반절(半節, 1b절)에서 모세의 율법은 이교적인 애곡 의식을 금한다. 자기 몸을 베거나 눈썹 사이에 있는 이마의 털을 미는 행동이 그렇다. 이러한 금지 명령의 삽입은 과연 우상숭배를 부추기거나 받아들이는 자들을 죽이거나 칼에 붙이도록 명하는 앞 장의 설명들과 관련될 수 있는 것일까? 특히 친지들을 미혹하는 경우에는 그러한 사람을 "긍휼히 여기지 말고" 죽이라는 엄한 경고가 주어진다. 13장의 강한 언어는 "반드시 죽이라"(5, 9절)는 명령과 "진멸하라"(15절)는 명령으로 표현되고 있다.

14장도 이스라엘이 여러 가지 점에서 주변 민족들로부터 구별되어야 한다는 개념에 초점을 맞추고 있다(2절을 보라). 12장은 사람들 눈에 잘 보이는 우상들로부터 유혹이 온다고 본다. 13장에서 유혹은 배교자가 말로써 장려하는 형태를 가지고서 나타난다. 그러나 14장은 이스라엘 자손에게 이마를

밀거나 금지된 음식물을 먹도록 미혹하는 자들에 대해서 전혀 언급하지 않는다. 이스라엘은 각종 새들(14:17)이 아니라 가나안 사람들의 신상 기둥들(12:3)을 제거해야 한다.

본 장은 이스라엘이 눈에 띄게 악한 것들(12–13장)을 피할 뿐만 아니라, 외견상 더 무해(無害)하고 덜 악해 보이는 것들도 멀리 해야 한다는 것에 관심을 기울인다. 특별한 행동을 통하여 죽은 자들에게 경의를 표하거나 특정 음식물을 피하는 것이 그렇다. 정한 짐승들에 관한 규정이 도입부에 "너는 가증한 것은 어떤 것이든지 먹지 말라"(14:3 NASB)는 구절을 가지고서 나타난다는 것은 결코 가볍게 여길 일이 아니다. "가증한 것"을 가리키는 히브리어 낱말은 **토에바**이다. 이 낱말은 신명기에서 매우 자주 가나안 사람들의 종교 관습을 가리키는 데 사용되는 바, 대개의 경우 "가증한 일/것"으로 번역된다. 신명기에서 '토에바'가 우상숭배나 가나안 사람들의 종교 관습을 가리키는 경우들에 대해서는 7:25–26; 13:14; 18:12; 20:18; 22:5(?); 23:18; 27:15; 32:16 등을 보라. 이와는 대조적으로 레위기에서 '토에바'는 단지 불법적인 성관계의 다양한 형태들만을 가리킨다(레 18:22, 26, 27, 29, 30; 20:13). 음식법과 관련하여 본 장과 평행을 이루는 레위기 11장은 "가증한 것"을 칭함에 있어서 여기에 사용되는 낱말(**토에바**) 대신에 쉐케츠라는 낱말을 사용한다. 이렇듯이 신명기 14장은 신명기의 다른 곳에서 주로 가나안 사람들의 타락한 행동을 가리키는 낱말을 사용한다. 아마도 식용이 허용된 짐승과 식용이 금지된 짐승의 목록은 그러한 생활양식과 모종의 관련성을 가지고 있을 것이지만, 그 이상의 것에 대해서는 알 길이 없다.

독자는 금지된 음식물의 목록이 레위기 11장과 신명기 14:3–21에서 동일하게 나타남을 알 수 있다:

네 발 가진 육상 동물들(레 11:2–8; 신 14:4–8)
수중 생물들(레 11:9–12; 신 14:9–10)
새들(레 11:13–19; 신 14:11–18)
날아다니는 곤충들(레 11:20–23; 신 14:19–20)

본 장의 후반부는 십일조에 관심을 기울이고 있다. 해마다 드리는 십일조(22-27절)과 3년마다 드리는 십일조(28-29절; 26:12-14를 보라)가 그렇다. 7년 주기를 기준으로 할 때, 해마다 드리는 십일조는 첫 번째 해, 두 번째 해, 네 번째 해, 다섯 번째 해에 드린다. 그리고 3년마다 드리는 십일조는 세 번째 해와 여섯 번째 해에 드린다. 일곱 번째 해에는 땅에서 난 것을 십일조로 드리지 못한다. 왜냐하면 그 해에는 파종도 수확도 없기 때문이다(출 23:10-11; 레 25:2-7). 이 곳의 관심사 역시 음식물에 있다. 강조점이 육류로부터 씨와 곡물로 옮겨간 것을 제외하고는 말이다. 본장의 강조점은 부정적인 것(그것을 숭배하지 말라 또는 그것을 먹지 말라)으로부터 긍정적인 것(십일조)으로 옮겨가기도 한다.

십일조는 수확물의 형태로 바치는 것이지만, 일정한 상황 아래에서는(중앙 성소로 여행하기에 너무 멀리 떨어진 곳) 십일조를 운반하기 쉬운 돈으로 바꿀 수도 있었다(25절). 순례자는 여행과 관련하여 "십일조를 먹고"(23절) "그 돈으로 마음에 원하는 모든 것을 해도 좋다"(26절 RSV)는 허락을 받기도 했다.

이스라엘 백성은 거룩한 축제와 절기를 자신과 가족만을 위한 때로 만들어서는 안 된다. 그것은 문을 열고서 어렵게 살아가는 레위인과 가난한 나그네와 고아와 과부 등을 자신의 식탁으로 초청하는 때이기도 하다. 그릇된 무리들을 제거하는 것은 하나님의 복을 가져다주며(13:17-18), 올바른 무리들을 환영하는 것 역시 하나님의 복을 가져다준다(14:29b).

가련한 사람들(15장)

본 장은 세 가지 것들을 다루고 있다. 안식년(1-11절)과 노예 소유자들을 위한 지침(12-18절) 및 초태생을 드리는 일(19-23절) 등이 그렇다. 이들 중 세 번째 것은 첫눈에 보기에 적절치 못한 곳에 자리잡고 있는 것으로, 그리고 다소 어색한 것으로 여겨질 수도 있다.

신명기 14:22는 이스라엘이 "해마다" 자신의 소유물로 해야 할 일에 대해서 언급한다. 신명기 14:28은 이스라엘이 "3년마다" 자신의 소유물로 해야 할 일에 대해서 언급한다. 일정 기간에 대한 이러한 강조는 15장까지 이어지며("매 7년 끝에는"[15:1]), 그 후로는 안식년에 대한 설명이 이어진다.

이 특별한 해는 본래 출애굽기 23:10-11에 규정되어 있다. 출애굽기의 이 본문은 가난한 자들과 짐승들을 위해 땅을 묵힐 것을 강조하지만, 가난한 자들의 빚을 탕감하거나(신 15:1-6을 보라) 가난한 자들에게 돈을 꾸어주는 일(신 15:7-11을 보라)에 대해서는 전혀 언급하지 않는다. 두 번째 강조점은 레위기 25:1-7에서 발견된다. 모든 땅은 돌아가면서 7년마다 묵혀 두어야 한다. 그것은 "내[주]가 주는" 땅을 쉬게 하는 것이다(레 25:2). 스스로 자라나는 곡물은 그 땅에 속한 식구들과 가난한 자들에게 필요한 양식을 제공할 것이다(레 25:6).

신명기 15장은 또 다른 요소 하나를 추가한다. 안식년에는 빚을 탕감해야 한다(15:2). 아마도 이 특별한 지시 사항은 일부 사람들에게만 적용될 것이다. 왜냐하면 어떤 사회에서건 채권자와 일반 백성 사이의 비율은 그리 높지 않을 것이기 때문이다. 빚 탕감에 관한 추가 규정은 경제가 이전보다 더 큰 역할을 수행하게 될 한층 복잡하고 발전된 사회를 향해 나아가는 민족의 모습을 그리고 있다. 그 사회는 공평함의 강화와 재정적인 안정, 금전의 차용과 대부 및 투자 등을 포함할 것이다.

모세는 다시금 권고자의 역할을 수행한다. 그는 이스라엘에게 "마음에 악한 생각을 품지 않도록 주의"(15:9 RSV)할 것을 경고한다. 이것은 이전에 그가 전한 경고의 메시지들과 다소 가깝다는 느낌을 준다: "네가 마음에 이르기를 '내 능력 … 으로 … ' 라고 말하지 않도록 주의하라"(8:17 RSV); "네가 마음에 이르기를 '내 의로움으로 말미암아 … ' 라고 말하지 말라"(9:4 RSV).

안식년에는 빚 탕감 이상의 것이 있다. 단순히 다른 사람들에게 지고 있는 재정적인 의무를 없애주는 것만으로는 불충분하다. 자신의 소유를 가난한 자들과 함께 나누는 일이 있지 않으면 안 된다(15:7-8). 이 점은 안식년이 가까워올수록 점점 중요한 의미를 갖는다(15:9). 그 때에 사람들은 궁핍한 자에게 돈을 빌려주는 일을 거절할 수도 있다. 그러나 신명기는 이스라엘 백성에게 이렇게 말한다: 만일에 궁핍한 자가 여섯 번째 해의 마지막 날, 곧 안식년

전날에 돈을 빌려줄 것을 요청한다면, 그 사람의 필요를 충족시켜주도록 하라. 설령 바로 그 다음날에 빚을 탕감해주어야 한다고 할지라도 말이다.

신명기나 다른 곳에 있는 구절들 중 15:1-11만큼이나 이상적인 세계(우리가 살고 싶어 하는)와 죄 많고 타락한 세계(지금 우리가 살고 있는) 사이의 차이를 분명하게 드러내는 것은 거의 없다. 한편으로 보면 4절은 "너희 중에 가난한 사람이 없게 하라"(NIV)고 말한다. 다른 한편으로 7절은 "만일에 가난한 사람이 네 공동체 안에 있거든"이라고 말하며, 11절은 "그 땅에는 언제든지 가난한 사람들이 그치지 않을 것이다"(NIV, 예수께서는 마 26:11; 막 14:7에서 이를 인용하심)라고 말한다. 이렇듯이 성서는 한 단락에서 거의 순식간에 "가난한 사람이 없게 하라"고 말하면서 동시에 "가난한 사람들이 그치지 않을 것이다"라고 말할 수 있다. 상호 배타적인 진술들을 이처럼 병렬시키는 것은 성서의 율법이 사람들에게 그들이 어떠해야 하는가를 가리키기보다는 그들이 어디에 있는지를 가리키고 있음을 상기시키려는 의도를 가지고 있다. 성서의 율법은 구속받은 공동체 내지는 낙원 같은 공동체이면서 동시에 타락한 — 루터의 표현을 빌리자면 "본질적으로 뒤틀린" — 공동체를 보다 큰 배경으로 가지고 있다.

안식년에 대한 논의는 12-18절에서 노예 제도에 관한 율법으로 옮겨간다. 여러 가지 점에서 이 율법은 출애굽기 21:2-11의 율법과 비슷하지만, 다른 시각에서 본다면 뚜렷하게 다른 점도 가지고 있다. 첫째로 출애굽기의 율법은 남종과 여종을 따로 취급하지만(출 21:2-6, 7-11), 여기서는 그 둘을 함께 취급한다: "히브리 남자와 히브리 여자"(신 15:12 NRSV). 둘째로 출애굽기의 율법은 6년 후에 남종을 풀어줄 것을 지시하지만, 여종의 경우에는 그렇지 않다: "그녀는 남종 같이 나오지 못할 것이다"(출 21:7 NRSV; 참조. 21:2).셋째로 만일에 남종이 계속 남아 있기로 결정한다면, 출애굽기 21:5의 경우 그는 그러한 선택권을 행사할 수 있다. 그러나 신명기 15:17b("네 여종에게도 똑같이 하도록 하여라" NIV)에서는 그러한 특권이 여종에게까지 확대된다. 네 번째는 세 번째 논의의 연장선상에 있는 것으로서, 주인과 함께 거하기를 원하는 남종은 자신의 귀를 뚫어야 한다(출 21:6). 신명기 15:17b에 의하면, 이러한 의식은 남아 있는 여종에게도 똑같이 적용된다: "네 여종에게도 똑같이 하도록 하여라." 다섯째로 출애굽기 21:6에 의하면, 주인은 "그를 하나님께 데리고 간"(KJV와 NIV는 '엘로힘'을 "하나님" 대신에 "사사들"로 번역함) 후에야 비로소 종의 귀를 뚫는다. 그런데 신명기 본문에는 이러한 설명이 없다. 그러나 여섯째로 주인이 종을 빈손으로 내보내기보다는 선물을 주어야 한다는 점에서(13-14절) 이 본문은 출애굽기 본문과 차이를 보인다. 출애굽기 21:2는 그에 관해서 전혀 언급하지 않는다.

이스라엘 자손은 동료 이스라엘 사람을 종으로 부려서는 안 됨을 강조하는 레위기 25:39a의 명령은 노예 제도 전반을 이해하는(또는 더 복잡하게 하는?) 데 도움을 준다. 종들은 가나안 땅에 사는 다른 민족들과 비이스라엘인들로부터 취해야만 한다(레 25:44-45). 오직 두 경우에만 이스라엘 사람이 다른 이스라엘 사람의 종이 된다: (1) 절망적인 가난으로 인하여 자신을 자발적으로 종으로 파는 경우(레 25:39a); (2) 도둑질한 것을 배상할 길이 없어서 강제로라도 자신을 팔지 않으면 안 되는 경우(출 22:3).

우리는 이로부터 두 가지 사실들을 추론할 수 있다. 첫째로 "네가 만일에 히브리 종을 사거든"(RSV)으로 시작하는 출애굽기 21:2-11의 율법은 히브리 종을 가리키기보다는 주전 2천년기의 이주 민족인 하비루(Habiru) 종 — 때때로 용병이나 종으로 고용되기를 원하던 — 을 가리킬는지도 모른다. 확실히 이스라엘 자손은 그러한 사람들로부터 종을 "살" 수 있었다.

둘째로 레위기 25:39a의 "그가 네게 팔리거든"이라는 강조 구절은 신명기 15:12에 대한 NRSV의 번역("만일에 네 형제 히브리 남자나 히브리 여자가 네게 팔린다면"; 참조. KJV, NKJV)이 부정확한 것임을 보여준다. 그것은 "만일에 네 형제가 스스로를 네게 팔아넘긴다면"으로 번역해야 옳다. 이 경우에 히브리어 임마케르는 수동적인 의미보다는 재귀적인 의미를 가진 낱말이기 때문이다. 만일에 이 동사가 수동태로 되어 있다면, 그것은 다른 어느 경우보다도 어떤 아버지가 가난 때문에 어찌할 수 없이 자신의 아들이나 딸을 종으로 팔아야 하는 경우를 가리킬 것이다.

이렇듯이 종의 제도에 관한 신명기 15장의 율법은 경제적으로 파산 지경에 이른 이스라엘 사람과 관련되어 있다. 그는 자신을 다른 이스라엘 사람에게 팔아넘기지 않으면 안 된다. 그러나 그는 자동으로 부요한 동족의 항구적인 피후견인 내지는 소유물로 전락하지는 않는다. 7년 안에 그는 자유함을 얻어 넉넉하게 생활 자금을 공급받을 수 있다. 안식년에 관한 가르침으로 시작한 본 장은 종의 제도에 대해 언급하면서 계약 공동체가 가난한 자들을 배려하는 데 최선을 다해야 함을 불변의 법으로 규정하고 있다. 그들은 학대받아서는 안 된다. 그들은 포기되어서는 안 된다. 그들은 재정적인 도움을 받아야 하지만, 아주 인색하게 도움을 받아서는 안 된다.

세 번째 단락은 소나 양의 첫 새끼를 제물로 바치는 경우를 다룬다(19-23절). 12:17이 이미 첫 새끼에 관해 언급하고 있는 마당에 이 율법이 이 곳에 자리하고 있는 이유는 무엇일까? 카우프만(Stephen Kaufman 1979: 132)은 세 가지의 흥미로운 가설을 내세운다. 오직 신명기만이 첫 새끼를 "부려서는"(worked) 안 된다고 말하는 바(15:19), 이는 적절하게도 동료 이스라엘 사람을 위해 "일한"(Worked) 종들에 관한 율법(15:12, 18)에 뒤이어 나타난다. 신명기 15:19는 제물로 바쳐지는 것을 유월절 때 사용되는 짐승들과 동일한 (16:2) "소와 양"의 첫 새끼로 한정짓는다. (출애굽기 12:5는 희생 제물로 바쳐질 짐승을 1년생 양이나 염소에 한정짓는다.) 신명기 15:21은 무엇보다도 "저는" 짐승을 제물로 바쳐서는 안 된다고 규정한다. "저는" 것을 가리키는 히브리어 낱말 피세아흐는 그 발음이 다음 장에서 다룰 유월절을 뜻하는 히브리어 페사흐와 거의 비슷하게 들린다.

또한 이 부분은 해마다 또는 몇 년 간격으로 일정한 횟수만큼 행해져야 하는 것들을 다루는 보다 긴 단락의 일부를 구성하고 있다:

십일조: "해마다"(14:22)
3년마다 드리는 십일조: "매 3년 끝에"(14:28)
빚의 탕감: "매 7년 끝에는"(15:1)
종의 방면: "일곱째 해에"(15:12)
첫 새끼를 드리는 제사: "해마다"(15:20)
순례 축제들: "1년에 세 번"(16:16)

14:22-29(십일조 율법)와 15:19-23(첫 새끼를 드리는 제사) 사이에도 많은

평행 요소들이 있다. 이 두 본문은 똑같이 "해마다" 행해져야 하는 것에 대해서 묘사한다. 또한 이 두 본문은 똑같이 "소와 양의 첫 새끼"(14:23; 15:19)에 대해서 언급하며, "하나님께서 택하신 곳"에서 행해져야 하는 것에 대해서 언급한다(14:23, 24, 25; 15:20). 이 두 본문은 똑같이 십일조/첫 새끼를 바치는 자가 하나님께 바쳐진 것을 "먹을" 수 있다고 말한다(14:23; 15:22).

이렇듯이 14:22-15:23에는 두 그룹의 관련 법규들이 A-B-B'-A' 형태로 잘 배열되어 있다:

> A 십일조를 바치는 일(14:22-24)
> B 빚의 탕감(15:1-11)
> B' 종의 방면(15:12-18)
> A' 첫 새끼를 바치는 일(15:19-23)

거룩한 축제들(16장)

신명기의 본 장과 인접한 단락에서는 세 가지의 주제들이 자주 몰려서 나타난다. 우리는 이미 앞에서 1년 단위와 3년 단위 및 7년 단위로 지켜야 할 일들에 대한 다양한 설명들을 살핀 바 있다(14장과 15장). 14장은 정한 짐승과 부정한 짐승을 육상 동물과 새와 물고기 등의 세 가지 범주로 설명한다. 그리고 13장은 우상숭배의 세 가지 가능성들에 대해서 언급한다. 피를 먹어서는 안 되는 것에 세 가지가 있다(12:16, 23; 15:23). 12장과 16장에는 "주 네 하나님께서 택하실 곳"이라는 구절이 여섯 번이나 나온다(14장에서도 세 번 나옴).

16장은 다시금 해마다 지켜야 할 세 가지의 주요 축제들에 대해서 언급함으로써 이러한 강조점을 그대로 이어간다: 유월절과 무교절(1-8절), 칠칠절(9-12절), 장막절(13-15절). 그리고 이어서 16-17절의 다음과 같은 요약 진술이 나타난다: "너희 중 모든 남자는 일 년에 세 차례씩 … 주 앞에 보이도록 하여라"(NRSV). 자기 집에서 부리던 종을 "빈손으로"(15:13) 보내서는 안 되는 것처럼, "빈손"으로 주 앞에 나와서는 안 된다(16:16). 가난한 자들을 돕는 것(15:7-11)은 주께 바치는 것과 평행을 이룬다(16:17). 레위인과 나그네와 고아와 과부 등을 위해 3년마다 십일조를 드리는 것과 마찬가지로(14:28-29), 주의 축제들은 레위인과 나그네와 고아와 과부 등과 더불어 즐겨야 한다(16:11, 14). 가난한 자들에게 주는 것이 있는가 하면, 가난한 자들과 함께 드리는 예배가 있다. 남자와 여자, 자유자와 종, 부자와 가난한 자, 결혼한 자와 독신자 등은 모두 한자리에서 예배를 드려야 한다.

주요 축제들에 대한 본장의 실제적인 설명은 오경의 다른 책들에 있는 설명들과 매우 유사하면서도, 정확하게 일치하지는 않는다(출 12:1-28, 43-49; 23:14-19; 34:18-26; 레 23:1-43; 민 9:1-14; 28:1-29:39 등을 보라). 유월절의 경우, 어린 양의 피를 어떻게 다룰 것인지에 관한 모세의 설명은, 출애굽기 12장에서는 매우 분명하게 묘사되어 있으나 본 장에서는 생략되어 있다(유월절 준수가 개개인의 가정으로부터 성소로 옮겨간 분명한 이유 때문임). 다른 많은 항목들도 마찬가지이다. 와인펠드 같은 주석가들은 신명기가 세속화를 향해 나아가고 있다는 주장을 뒷받침하는 데 이러한 비교 자료들을 사용한다. 다른 한편으로, 신명기가 참으로 이러한 경향을 보이고 있는 것이라면, 신명기가 출애굽기 12:3-4에 언급된 것처럼 유월절이 가정에서 지키는 절기가 아니라 하나님께서 택하실 곳에 한정시켜 지켜야 하는 절기라고 말하는 출애굽기 23:17과 34:24을 그대로 되풀이하고 있다는 사실에 대해서는 어떻게 설명할 것인가? 이것은 세속화의 경향을 드러내는 것이라고 보기 어려울 것이다.

출애굽기 12장의 유월절과 본 장의 유월절 사이에는 세 가지의 다른 차이들이 존재한다: (1) 출애굽기 12:9는 유월절 제물을 물에 "요리/삶아서는"(바샬) 안 되고, 도리어 "구워야" 한다고 말한다. 이와는 대조적으로 신명기 16:7은 희생제물을 "요리/삶아야"(바샬) 한다고 말한다. 역대하 35:13은 요시야 왕이 유월절 짐승을 "불 위에" 삶았다/구웠다(바샬)고 말한다. 이것은 '바샬' 동사가 요리하거나 삶거나 굽는 행동을 가리킴을 암시한다. (2) 출애굽기 12:3-5는 유월절 제물을 어린 양에 한정시키지만, 신명기 16:2는 "소와 양" 모두를 허용한다. 이러한 차이점 역시 그 나름의 이유를 가지고 있다. 아마도 소로 드리는 유월절 제사는 이 경우에 추가로 드리는 제물에 해당할 것이다. 티게이(1996: 153-54)는 두 가지의 가능성을 제시한다. 첫째로 이스라엘 자손이 이집트에 있을 때에는 가정에서 절기를 지킨 탓에 대부분의 가정들에게 있어서 몸집이 작은 짐승을 드리는 것으로 충분했을 것이다. 신명기는 다수의 가정들이 함께 모여 절기를 지키는 때를 전제하고 있다. 따라서 몸집이 더 큰 짐승이 필요할 것이다. 둘째로 이집트에서 이스라엘 자손은 주로 소와 양을 가지고 있었을 터이지만, 신명기는 몸집이 더 큰 소를 드릴 수도 있는 때를 전제하고 있다. (3) 세 번째의 더 중요한 차이는 출애굽기 12장이 유월절과 무교절을 두 개의 구별되는 사건으로 취급하고 있다는 데 있다 (12:1-13과 12:14-20). 그러나 신명기 16장은 이 둘을 결합시켜 하나로 만든다: 유월절(16:1-2); 무교절(16:3-4a); 유월절(16:4b-7); 무교절(16:8). 거의 모든 주석가들이 이러한 결합에 동의하는 반면에, 신명기가 본래는 서로 분리되어 있던 두 절기가 이른 시기에 처음으로 결합된 상황을 반영하는지 (McConville 2000), 아니면 신명기가 한참 후대인 주전 600년대 말의 요시야 왕 시대에 결합된 상황을 반영하는지(Levinson 2000)에 대해서는 논란이 많다.

16절의 "너희 중 모든 남자들은 일 년에 세 차례씩 … 주 앞에 보이지 않으면 안 된다"(NIV)라는 요약 진술은 출애굽기 23:17을 그대로 되풀이하고 있다. 이것은 여인들이 공동체 예배로부터 배제된 것임을 뜻하지 않는다. 한 예로 11절과 14절은 "네 딸들"과 "네 여종들"을 이 축제 행사들에 참여하는 자들의 명단에 포함시킨다. 더 나아가서 신명기 12:12, 18이 이 동일한 집단을 공동체 예배에 포함시키는 반면에, 신명기 12:7은 "너희와 너희 가족"의 축제 참여에 관해 언급하며, 신명기 14:26은 "너와 네 권속"에 관해 언급한다. 아마도 성인 남자의 축제 참여는 의무적인 것이요, 다른 가족 구성원들의 축제 참여는 자발적인 것이었을 것이다. 특히 어린 자녀들이나 임산부/산모와 같이 위험에 노출되어 있어서 성소를 향한 오랜 순례여행이 너무 부담스러울 수도 있는 자들이 그렇다. "남자들"에 대한 이러한 강조는 성소에서 드리는 가족/공동체 축제에서 아버지가 얼마나 중요한 역할을 차지하는지를 부각시키는 것 같기도 하다.

16장은 17장에서 더 상세하게 논의될 두 개의 짧막한 단락들로 끝을 맺는다. 그 하나는 재판관들의 임명에 관해 설명하고 있으며(18-20절), 다른 하나는 이방 사람들의 예배 관습들을 피하는 것에 관해 설명하고 있다(21-22절).

참으로 18-20절은 부분적이나마 "의로운 판결로 백성을 재판할"(RSV) 재판관의 선택을 다루고 있다. 그러나 이 단락의 대부분은 재판관들이 아니라 백성 자신들에 초점을 맞추고 있다. "그들"이 아니라 "너희"에 초점을 맞추고 있다는 얘기다. 모든 이스라엘 백성은 불공평함이나 뇌물을 멀리함으로써 재판관처럼 행동해야 하며, 정의를 따르는 자들이 되어야 한다.

관리들(17장)

앞서 살핀 바와 같이, 행정 관리들에 관한 율법은 재판관들과 관리들을 임명하라고 지시하는 16:18에서 시작된다. 이어서 그릇된 예배에 관한 세 가지 설명이 추가된다: 나무를 아세라 여신상으로 세우지 말라(16:21); 기둥을 세우지 말라(16:22); 흠 있는 짐승을 제물로 바치지 말라(17:1). 이러한 설명에 이어 우상숭배자가 있을 경우에 그의 말을 철저하게 심사하되, 적어도 두 명의 증인이 일치할 경우에 한해서 처벌할 것을 지시하는 내용이 나온다(17:2-7). 그리고 그 다음에는 지역 재판관들이 다루기에는 너무도 복잡한 사건들을 해결할 상급 법정에 관한 설명이 이어진다(17:8-13).

부적절한 예배에 관한 세 개의 율법(16:21, 22; 17:1)은 16:18-20(지역 재판관들의 임명)과 17:2-7(지역 차원에서의 정의 실현)의 흐름을 방해하는 것으로 보일 수도 있으며, 올바른 예배를 강조하는 12:1-16:17의 어느 한 지점에 두는 것이 더 나을 수도 있다. 그러나 실제로는 거의 그렇지 않다. 각 단락들 사이에는 이들을 연결하는 몇몇 어휘들이 있다. 17:1과 17:4는 "가증한 것" 또는 "가증한 일"에 관해 말한다. 이에 해당하는 히브리어 낱말은 **토에바이**다. 또한 17:1에는 "흠"을 뜻하는 히브리어 낱말 **다바르** 라가 사용되고 있으며, 17:5에는 "악한 행동"을 뜻하는 **핫다바르** 하가 사용되고 있다. 그러나 이보다 더 중요한 것은, 카우프만(Stephen Kaufman 1979: 133-34)이 지적한 바와 같이, 이 곳의 자료들은 자연스러운 흐름을 따르고 있다는 점이다: (1) 정직한 지역 재판관들을 세우라는 일반적인 명령(16:18-20); (2) 그릇된 예배의 금지(16:21-17:1); (3) 예배 위반과 관련하여 재판관들에게 주는 판례법(17:2-7). 이렇듯이 이제까지 소개된 율법 자료들은 예배(12:1-16:17), 정의(16:18-20), 예배(16:21-17:1), 정의(17:2-7, 8-13) 등의 순서를 따라 배열되어 있다. 이 두 가지는 하나님의 백성을 참되고 신실한 공동체로 만드는 핵심 요소에 해당한다. 정의가 수반되지 않는 예배는 바리새적인 것이다. 그리고 예배가 없는 정의는 율법주의로 기울어진다.

이상의 내용은 다음과 같은 순서로 정리되어 있다: 지역 재판관들의 임명(16:18-20); 금지된 이교 예배의 방식들(16:21-17:1); 지역 법정 앞에서 우상 숭배자들을 심문한 후 유죄 판결을 내리고 그들을 처형하는 일(17:2-7); 성직자와 평신도를 구성되어 있는 것으로, 복잡한 법적인 분쟁들을 판결하는 중앙 성소의 최고 법정(17:8-13). 본 장의 마지막 몇 개의 절들(14-20절)은 왕에 관한 신명기의 율법을 구성하고 있다. 이 단락에서 맨 처음 언급되는 첫 번째 관리는 재판관이다. 그는 백성에 의해 임명되어 직무를 시작한다(16:18). 이와는 대조적으로 왕은 야웨에 의해 선택된다(17:15).

이 특이한 법이 유다와 이스라엘에 왕정이 존재한지 오래되어 점차 쇠락해가는 시기에 만들어졌을 수도 있다고 볼 필요는 없을 것이다. 물론 이는 거의 모든 비평적인 학자들이 취하는 견해이다. 이 120년 기간의 어느 시점에 모세가 이집트 안팎에서 사치스러운 생활로 호사부리는 주변 세계의 전제 군주들을 조금이라도 목격했을 것이라고 보는 것이 더 합리적이지 않겠는가? 모세의 그러한 경험은 이스라엘의 군주들에게 가해지는 제약들의 기초와 배경이 된다. 그들의 활동이 처음에는 부정적으로 묘사되고(15-17절), 나중에는 긍정적으로 묘사된다(18-20절).

폰 라트(1966: 120)는 올바르게도 다음과 같은 점을 지적하고 있다: "신명기는 왕정 안에서 야웨께서 백성의 행복을 위해 사용하실 수 있는 특정 직무를 보는 것이 아니라, 단지 후궁들이나 부의 유혹을 이겨내지 못한 채로 야웨께로부터 멀어지거나 '그의 마음에 형제들 위에 높아질' 수도 있는 까닭에 지극히 위험스러운 상황 속에서 살지 않으면 안 되는 특정 인물의 모습을 본다.” 야웨께로부터 멀어지는 마음은 자기 백성 위에 높아지는 마음으로 바뀌게 마련이다. 이전에 이스라엘 백성 전체는 “내 능력으로 인하여 내가 이 재물을 얻었다”고 마음에 이르는 것에 관한 경고를 들은 바가 있다(8:17). 이스라엘과 국가의 우두머리는 똑같이 바로 이 점에서 유혹에 빠져들 수 있는 가능성을 가지고 있는 셈이다.

긍정적인 측면에서 본다면, 왕은 “이 율법의 사본”을 정기적으로 쓰고 읽어야 한다(18절). 크레이기(P. C. Craigie 1976: 256)는 “이 율법”의 정체에 대해서 세 가지 가능성을 얘기한다: 신명기의 율법, 신명기 전체 또는 그 일부분, 시내 산 계약의 원본(출 20-24장). 그것이 어떠한 것이건 간에, 그 문서는 왕에게 그의 종속적인 지위를 상기시키려는 의도를 가지고 있다. 그는 자율권을 가지고 있는 자가 아니다. 그는 하나님이 아니라, 단지 하나님의 도구일 뿐이다.

카마이클(Carmichael 1974: 104-5)이 지적한 바와 같이, 왕에 관한 이 율법은 12장의 예배에 관한 율법과 매우 비슷한 구조를 가지고 있다. 이 두 율법에 의하면, 가나안 땅에 거하게 될 백성은 다음과 같은 의도 내지는 요청을 공공연하게 드러낼 것이다: “내가 고기를 먹으리라”(12:20 NIV); “우리 위에 왕을 세우자”(17:14 NIV). 하나님께서는 다음의 것을 허락하신다: “너는 네가 원하는 만큼 많은 고기를 먹을 수 있을 것이다”(12:20b RSV); “너는 참으로 네 위에 왕을 세울 수도 있다”(17:15 RSV). 그러나 그러한 허락에는 조건이 달려 있다: “오직 그 피는 먹지 말도록 하여라”(12:16 NIV); “그는 말/아내/많은 양의 은금 등을 늘려서는 안 된다”(17:16-17). 이렇듯이 이 두 율법과 그 순서 및 구조 사이에는 약간의 연속성이 있다. 카마이클은 그것을 “반복”이라 부른다.

왕에 관한 율법(17:14-20)이 예배와 정의에 관한 긴 논의(12:1-17:13)에 바로 이어 나타난다는 것은 흥미로운 일이 아닐 수 없다. 우리는 17:14-20의 일부가 이 두 영역에 관한 왕의 책임에 대해서 언급할 것이라고 기대할 수도 있다. 흔히 옛 성서의 세계에서 왕은 자기 땅에서 행해지는 공적인 예배와 사법 체계 모두를 감독하였다. 신명기 17장에 왕의 그러한 역할에 대한 언급이 없다는 것은, 성서가 이스라엘 왕정의 개편된 모습을 보여줄 뿐만 아니라 주변 나라에서는 보기 어려울 정도로 근본적으로 바뀐 왕정의 모습을 보여주고 있음을 암시한다.

제사장들과 예언자들(18장)

신명기는 재판관이나 왕과 같은 "세속적인" 직무들로부터 제사장(1-8절)이나 예언자(9-22절)와 같은 "종교적인" 직무들에 대한 논의로 옮겨간다. 이 네 가지 직무들은 한결같이 각 개인이 탁월한 지위를 갖게 되는 두 가지 방식을 보여준다: 카리스마(재판관); 세습(왕); 세습(제사장과 레위인); 카리스마(예언자).

재판관이나 왕에게 필요한 품성을 주로 강조하는 앞의 두 장과는 달리 18장은 제사장과 레위인에게 필요한 삶의 특징에 대하여 전혀 언급하지 않는다. 그 대신에 본 장은 이 종교 지도자들의 생계 문제에 관심을 기울이고 있다. 세습 재산을 가지고 있지 않은 그들은 생계를 어떻게 유지할 수 있을까? 18장은 레위인들 전체(1-2절)와 성소에서 제사장 역할을 수행하기도 하는 레위인들(3-5절) 및 제사장 아닌 지방의 레위인들(6-8)에 대해서 언급한다. 본 장은 한결같이 그들에게 있는 직무상의 특권들과 이스라엘 백성이 그들의 몫으로 제공하는 것들을 강조한다. 이스라엘이 자신의 행복을 위해 전적으로 하나님께 의존하는 것과 마찬가지로, 제사장들과 레위인들 역시 자신의 행복을 위해 전적으로 이스라엘 백성에 의존한다. 이스라엘은 다른 신(들)을 갖지 않을 수도 있으며, 레위 제사장들은 다른 생계 수단을 갖지 않을 수도 있다. 신명기는 다른 곳에서 레위인의 책임에 대해서 상세하게 설명한다. 그는 법궤를 운반해야 하며(10:8; 31:9, 25), 왕을 인도할 문서화된 율법을 책임져야만 한다(17:18). 제사장이나 레위인에 관한 실제적인 율법 중 그들의 구체적인 책임을 개괄적으로 보여주는 것은 "그는 주 그의 하나님의 이름으로 섬길 수 있다"(18:7 NRSV)는 구절이다. 그러나 원칙적으로 말해서 이 율법은 성직자를 위한 것이 아니라 평신도를 위한 것이다.

신명기는 예언자에 관한 율법을 논하기 전에 먼저 이방 종교에서 신탁 메시지를 얻는 데 사용하는 다양한 기교들에 대해서 언급한다(9-14절). 이스라엘이 야웨의 뜻을 분별하는 것은 이러한 방법들에 의해서가 아니다. 이 금지된 방법들은 인간적인 지혜와 재주의 범주에 속한다는 공통점을 가지고 있다. 카우프만(Yehezkel Kaufmann 1960: 43)은 점술이 "우주적인 비밀에 관한 과학"이요, 점술가는 "'신적인 계시' 없이도 살 수 있는 '과학자'"임을 올바르게 지적한 바가 있다.

이와는 대조적으로 주께서는 자신의 계시를 전달할 도구로 예언자를 세우실 것이다. 왕과 마찬가지로 그는 이스라엘 공동체에 속한 자여야 한다(18:15; 17:15). 그는 오로지 하나님께서 자신의 말씀을 그의 입에 두셨기 때문에 말할 수 있는 자이다(17:19; 후에 주께서 소명을 거부하는 예레미야에게 하신 말씀이 이와 매우 비슷함[렘 1:9]). 하나님께서 자신의 말씀을 예언자들의 입에 넣어두신다는 것은 왜 그들 중 많은 자들이 "주의 말씀이 내게 임하였다" 또는 "주께서 이같이 말씀하신다"는 말로 자신의 예언을 시작하는지를 잘 설명해 준다. 이와는 달리 신구약성서 안에 있는 인물들 중 이러한 표현 양식을 통하여 자신의 말을 시작하고 정당화하는 자는 거의 없다. 성서의 영감을 확증하는 일과 하나님께서 어떻게 성서에 영감을 주셨는지를 이해하는 일은 전혀 별개의 것이다. 그러나 예언자들의 경우에는, 하나님께서 자신의 말씀을 그들에게 지시하시고 자신의 말씀을 그들의 입에 넣어두심으로써 그들에게 영감을 주시는 까닭에, 예언자가 말하는 것은 곧 하나님께서 말씀하시는 것이나 다름이 없다.

이 예언자는 모세와 비슷한 점을 가지고 있다. 18장은 신명기의 율법 부분에서 모세가 자신을 하나의 모범으로 소개하는 몇몇 사례들 중의 하나이다: "주 네 하나님께서 … 너를 위하여 나와 같은 예언자를 일으키실 것이다 … '내[하나님]가 그들을 위하여 … 너와 같은 예언자를 일으키겠다'"(18:15, 18 NRSV). 예언직은 모세가 자신을 하나의 특별한 모델로 설정한 직무에 해당한다. 그는 원형에 해당하는 자이다. 모세는 여기서 극도의 교만함을 드러내거나 아니면 자신에 관한 진리, 곧 자신의 독특성과 미래 세대들을 위한 모델로서의 자신의 영향력을 드러내고 있는 셈이다. 베드로의 오순절 설교가 제2의 모세를 가리키고 있다는 것은 충분히 이해할 만한 일이다(행 3:20-25; 7:37도 보라). 그리고 이스라엘 백성이 첫 번째 모세를 무시함으로써 위기에 빠지는 것과 마찬가지로(신 18:19), 두 번째 모세에게 등을 돌리는 행동은 그 보다 더 심한 징계 ― 회개에 의하여 완화될 수도 있는 ― 를 초래할 것이다.

신명기 12:1-16:17을 읽는 독자라면 예배라는 것이 결국에는 개개인과 하나님의 직접적인 관계 ― 야웨와 나, 야웨와 나의 가족 ― 에 있다는 것을 금방 알 수 있을 것이다. 그러나 18장은 어느 누구도 남의 도움이 없이 혼자의 힘으로 지낼 수 없다는 것을 우리에게 상기시켜준다. 하나님께서 정당하게 세우신 "모든 믿는 자들의 제사장"은 하나님께서 따로 세우신 종들 ― 우리로 하여금 하나님께 나아가는 것을 돕고 하나님의 말씀을 듣는 것을 돕는 ― 을 불필요하게 만들지는 않는다. 우리는 하나님 앞에서 우리를 대표할 제사장을 필요로 한다(18:1-8). 또한 우리는 우리 앞에서 하나님을 대표할 예언자를 필요로 한다(18:14-22). 그들은 재판관들이나 왕들과 마찬가지로 우리가 존중해야 할 어버이 같은 자들이다.

범죄와 폭력을 처리하는 법(19장)

1-13절은 여섯 개의 도피성을 세울 것을 규정하고 있다. 그 중 셋은 요단 서편에 있다. 나머지 세 개의 도피성은 장차 추가될 것이다(9b절). 그러나 이 도피성 제도는 명백하게 이스라엘의 불순종으로 인하여 결코 실행에 옮겨지지 못한다. 이러한 현상은 이미 출애굽기 21:12-14(성읍 도피처보다는 제단 도피처를 강조함)에 간략하게 언급되어 있으며, 민수기 35:9-28에서는 훨씬 더 상세하게 설명되어 있다. 신명기 4:41-43은 이미 요단 동편에 세 개의 도피성을 둘 것을 지시한 바가 있다. 이 성읍들은 오살자(誤殺者)를 위한 것들이지 고살자(故殺者)를 위한 것들이 아니다. 앞 장은 참 예언자와 사형에 처해져야 할 거짓 예언자를 구별하고 있다. 이러한 구별 개념은 19장에까지 이어진다. 고의가 없이 살인한 자와 고의를 가지고서 살인한 자를 구별하는 것이 그렇다. 고의로 살인한 자는 거짓 예언자와 마찬가지로 사형에 처해져야

한다. 신명기의 율법은 여기서 다시금 이스라엘 백성이 장차 죄를 범하게 될 것임을 전제하고 있다. 유감스럽게도 선택된 자들과 거룩한 민족 중에서조차 다른 사람들의 거룩한 삶을 완전히 멸시하는 과격한 범죄와 폭력이 있을 수 있다.

와인펠드(1972: 236-37)는 신명기가 민수기 35장과는 달리 오살자가 도피성에 얼마나 오랫동안 머물러야 하는지를 구체적으로 밝히고 있지 않다: "그리고 그는 대제사장이 죽을 때까지 그 곳에 거주할 것이니라"(민 35:25, 28 RSV). 와인펠트는 이것을 신명기에 드러나 있는 세속화의 또 다른 증거로 볼 뿐만 아니라, 신명기의 율법이 도피성 체류 기간에 대해 침묵하는 것은 오살자가 "복수자의 분노가 가라앉을 때까지" 도피성에 머물러야 함을 뜻한다고 보기도 한다. 그러나 그러한 일(복수자의 분노가 가라앉는 일: 역자 주)이 결코 일어나지 않는다면 어찌할 것인가? 한 개인의 주관적인 기분이 과연 율법의 기초를 이룰 수 있을까? 신명기는 대제사장과 관련된 부분을 포함시키지 않은 채로 단순히 도피성에 관한 율법만을 언급하고 있는 것은 아닐까 (Milgrom 1973: 159)?

신명기는 이처럼 도피성에 관한 율법을 다룬 후에 "이웃의 경계석을 옮겨서는 안 된다"는 한 문장짜리 율법을 소개하며(14절), 이어서 증인들, 특히 악의를 가진 증인들의 증거에 관한 율법을 소개한다(15-21절). (적어도) 두 명의 증인을 요구하는 것은 잘못 고발되어 순전히 소문이나 악의에 찬 증인의 거짓 증거에 의해 정죄 받는 사람이 생겨나지 않도록 하기 위해서이다. 본 장의 첫 번째 부분(1-13절)은 우발적으로 다른 사람의 생명을 취한 자에게 즉각적이고 불법적인 피의 복수를 하지 못하게 하려는 목적을 가지고 있다. 본 장의 두 번째 부분(15-21절)은 충분히 입증할 수 있는 유죄의 증거도 없이 잘못된 유죄 판결을 내리지 못하게 하려는 의도를 가지고 있다. 거짓되고 악의에 찬 증거에 대한 처벌은 다소 무거운 편이다. 18-21절이 이 점을 분명하게 보여준다. 그러나 이 율법이 다루지 못하는 몇몇 특수한 사례들이 있다는 것도 분명하다. 예로서 우리는 열왕기상 21:9-14의 이야기에서 두 사람의 (거짓된) 증거가 완전히 무죄한 자(나봇)를 처형시킬 수도 있다는 것을 알고 있다. 따라서 두 명의 증인이 있다고 해서 정확한 재판과 판결이 완전히 보증되는 것은 아니다. 또한, 종종 그러하듯이, 만일에 어떤 범죄를 한 사람만이 목격했다고 할 경우에는 그 범죄자(들)를 재판에 붙여 처벌할 수 없는 것일까?

경계석을 옮기는 행동(부자가 가난한 자를 압제하려는 시도?)을 규제하는 율법은 27:17에서도 발견되며, 지혜문학에서도 발견된다(잠 22:28; 23:10). 그렇다면 이 율법은 앞뒤에 있는 다른 율법과 어떻게 관련되는 것일까? 그리고 본 장에 있는 세 가지의 율법 — 도피성, 경계석을 옮기는 행동, 재판에서의 증거 — 은 서로 잘 어울린다고 할 수 있을까?

처음 두 가지 율법의 경우에는 서로를 하나로 묶는 몇몇 공통 어휘들이 있는 것으로 보인다: "그를 위해 길을 닦고 땅 전체를 세 구역[게불]으로 나누도록 하여라"(19:3 RSV); "네 조상이 정한[가발] 네 이웃의 경계석[게불]을 옮기지 말도록 하여라"(19:14).

카우프만(Stephen Kaufman 1979: 137)은 본 장을 다음과 같이 세분한다: 살인 행동을 어떻게 다룰 것인가(1-13절); 살인 행동을 어떻게 막을 것인가(14절); 살인 행위로 고발된 자를 어떻게 다룰 것인가(15-21절). 확실히 도피성을 다루는 율법과 재판에서의 증거를 다루는 율법은 공통의 관심사를 가지고 있다. 피의 복수자나 피고에게 위증하는 거짓 증인에 의해 무죄한 피가 흘려져서는 안 된다는 것이 그렇다.

전쟁 면제와 전쟁 수행(20장)

19장은 고의성 없이 또는 증오심을 가지고서 이웃을 죽이는 자와 악의에 찬 증인을 어떻게 다룰 것인지의 문제를 논하고 있다. 이러한 주제는 전쟁이라는 포괄적인 주제를 다루는 20장에까지 이어진다.

본 장의 첫 번째 부분(1-9절)은 크게 보아 제사장이 병사들에게 용기를 북돋기 위해 주는 권면(2-4절) — 제사장이 성소 밖에서 수행하는 아주 독특한 역할임 — 과 병역 이행에 부적절한 자들을 향한 관리들의 제안(5-9절)로 이루어져 있다.

병역 의무를 면제받는 자들의 명단에는 흥미로운 데가 있다: 최근에 새 집을 지었지만 아직 낙성식을 행하지 못했거나 그 안에 거주해보지 못한 자; 포도원을 심었으나 아직 수확물을 먹지 못한 자; 이제 막 결혼한 자; 겁이 많거나 나약한 자들(기드온이 삿 7:3에서 두려움에 사로잡힌 자들에게 하는 말을 참조). 처음 세 가지의 병역 면제 사례는 지극히 정상적인 것이다. 그러나 건강한 사람이 순전히 두려움에 사로잡혀 있다는 이유만으로 병역 이행에 부적합한 자로 분류된다는 것은 다소 뜻밖의 일이 아닐 수 없다. 그렇지만 과연 누가 강압 상태에서 두려움에 사로잡힌 자와 함께 참호에서 근무하고자 하겠는가? 그에게는 병역을 면제받거나 비전투 요원으로 일하는 것이 가장 적절할 것이다. 여호수아서는 6-11장에서 가나안 정복 전쟁에 관해 설명할 때 그러한 병역 면제에 관해서 전혀 언급하지 않는다. 그러나 과연 여호수아서가 그렇게 해야 할 필요가 있을까? 여호수아 6-11장은 병역 면제에 관해서가 아니라 군사적인 승리에 관해 설명하려는 목적을 가지고 있다.

특히 흥미로운 것은 신명기의 이 부분이 누가복음에 영향을 준 것 같다는 점이다. 에반스(C. F. Evans 1955: 37-53)는 자신의 책 『복음서 연구』(*Studies in the Gospels*)에서 누가복음 9:51-18:14가 신명기 1-26장에 있는 자료들의 형태를 따르고 있는 신약성서의 신명기에 해당한다고 본다. 이 견해는 특히 신명기 20:5-8과 누가복음 14:16-20에 적용되어 왔다(Ballard 1972; Sanders 1974: 254-59를 보라). 신명기에 있는 병역 면제자들의 목록과 누가복음에 있는 잔치 초청 거부자들의 변명 목록이 평행 관계에 있다(도표 1을 보라). 그런데 누가복음은 왜 잔치와 관련하여(눅 14장) 신명기의 전쟁 개념(신 20장)을 사용하는 것일까? 성서의 일부 본문들이 종말에 있을 두 가지 현상, 곧 전쟁과 잔치 내지는 크고 두려운 주의 날과 어린 양의 혼인 잔치를 가리키고 있기 때문일까?

신명기 20장의 후반부(10-20절)는 군 병력으로부터 군사 전략으로 옮겨간다. 이스라엘은 팔레스타인에 속하지 않은 어떤 성읍을 공격할 때 먼저 항복할 기회를 주어야 한다(10-15절). 팔레스타인에 속한 성읍은 완전히 멸해야만 한다(16-18절). 이를 좀 더 명확하게 정리하자면, 10-15절은 전쟁에서 패한 민족들을 다루는 통상의 방법을 설명하고 있고, 16-18절은 그러한 일반 원칙에 대한 예외 — 약속의 땅 안에 있는 패전 민족을 다루는 방식 — 를 설명하고 있다. 포위 공격을 할 때에는 식용 열매를 맺는 나무들을 베어서는 안 된다(19-20절). 19-20절에 있는 두 가지 종류의 나무들은 10-18절에 있는 두 종류의 민족들과 평행을 이룬다. 어떤 민족들은 멸해서는 안 되고, 또 어떤 나무들은 베어서는 안 된다. 그리고 어떤 민족들은 파멸시켜야 하고, 어떤 나무들은 베어야 한다.(이스라엘이 모압에게 이러한 일을 행한 사례에 대해서는 왕하 3:19, 25를 보라). 20장은 모든 민족들을 제멋대로 한꺼번에 처리해서는 안 되며, 각 땅의 자연 자원들 역시 제멋대로 한꺼번에 처리해서는 안 된다는 것을 강조한다. 이러한 강조점은 너무 성급하게 인간의 생명을 도매금으로 한데 묶어 생각해서는 안 된다고 말하는 19장과 맥을 같이 한다. 19장과 20장은 똑같이 충동적인 행동이나 지나치게 일반화시키는 경향 및 모든 인간이나 장소를 동일하게 취급하는 태도 등을 경계한다.

흥미롭게도 10-18절은 승리를 전제하고 있다. 전쟁에 패하거나 교착상태에 빠질 가능성은 전혀 암시되어 있지 않다. 이스라엘은 적군을 굴복시키거나 전혀 방해받지 않은 채로 적군의 성읍들로 쳐들어가서 "호흡 있는 모든 것"을 멸할 강한 민족으로 묘사된다.

도표 1

신명기 20장	누가복음 14장
집을 지었으나 아직 낙성식을 하지 못함(20:5)	밭을 샀으나 아직 보지를 못함(14:18)
포도원을 심었으나 아직 열매를 먹지 못함(20:6)	소를 샀으나 아직 시험하지 못함(14:19)
결혼할 예정인 남자(20:7)	최근에 결혼한 남자(14:20)

본 장은 병역을 면제 받은 자들의 목록으로 시작하며, 군사적인 파괴로부터 남겨져야 하는 것들, 곧 그 땅의 자연 자원들에 대해 언급함으로써 끝을 맺는다.

삶과 죽음(21장)

필자는 본 장의 서두에서 신명기 법전의 마지막 몇 장들이야말로 가장 무정형한 형태로 되어 있다고 볼 수 있음을 지적한 바가 있다. 일부 학자들은 21-25장에 있는 것들을 잡다한 율법들의 모음으로 칭하는 것에 만족한다. 21장은 그 점을 확증하는 것으로 보인다. 왜냐하면 우리는 본 장에서 다음의 것들을 만나기 때문이다: 살인자를 체포하지 못했을 경우에 살인 혐의를 씻어내는 방법에 관한 율법(1-9절); 전쟁에서 사로잡힌 (미혼?) 여성과의 결혼에 관한 율법(10-14절); 일부다처 집안의 장자권 상속에 관한 율법(15-17절); 완악하고 패역한 아들에 관한 율법(18-21절); 처형된 범죄자의 시신 매장에 관한 율법(22-23절).

카마이클(1979)은 이상의 모든 율법들이 인상적인 방식으로 죽음과 삶을 연결시키고 있다는 점에서 공통점을 가지고 있다고 주장한다. 일한 적이 없는 암송아지와 아직 갈지 않은 땅 및 들판에서 죽은 사람 등이 그렇다. 전쟁에서 사로잡힌 여성은 부모로부터 강제로 격리된다. 그녀는 자신의 부모를 위하여 한 달 동안 애곡한다. 왜냐하면 그녀는 더 이상 그들을 보지 못할 것이기 때문이다. 그 후에야 비로소 그녀는 이스라엘 사람의 아내가 된다. 새로운 삶을 경축하는 혼인 예식이 이루어지는 것이다. 임종을 앞둔 아버지는 장남의 장래 행복, 곧 그의 삶을 무시해서는 안 된다. 지혜로운 부모라면 자기들의 아들에 대한 관심과 징계를 통하여 그의 생명을 보존하려고 노력해야 하겠지만, 모든 희망이 사라지고 그 아들이 교정 불가능한 상태에 이르게 되면 그를 죽음의 형벌에 내맡겨야 한다. 나무에 매달린 범죄자를 해가 지기 전에 장사해야 한다는 것은 이스라엘의 땅을 부정하게 해서는 안 됨을 의미한다. 그 땅은 황폐하거나 오염된 땅이 아닌 살아있는 땅이기 때문이다. 신명기는 전체에 걸쳐서 이처럼 특이한 양극 개념 ─ 삶과 죽음 ─ 을 이스라엘 백성에게 제시하고 있음이 분명하다.

21장의 율법들이 이러한 순서로 배열된 것에는 다른 이유들이 있을 수도 있다. 예로서 전쟁에서 사로잡힌 여성과 결혼하는 문제(10-14절)는 전쟁에 관한 율법을 담고 있는 20장의 어느 한 곳에 배열하는 것이 더 좋을 수도 있다. 그럼에도 불구하고 이 본문이 21장에 배열되어 있는 것은 그 주요 관심사가 다음에 이어지는 절들(15-17절)과 마찬가지로 결혼에 초점을 맞추고 있기 때문이다. 그리고 완악한 아들을 다루는 부분(18-21절)이나 범죄자의 시신 매장에 관한 부분(22-23절)은 똑같이 사형 집행에 초점을 맞추고 있다. 마지막으로 21장의 첫 번째 율법(1-9절)과 마지막 율법(22-23절)은 들판에서 죽거나 교수대에 매달려 죽은 자의 시신에 대하여 적절한 조치를 취하지 않았을 경우에 그것이 공동체 전체에 미칠 중요한 결과들에 대해서 언급한다.

본 장의 첫 번째 율법은 공동체를 대상으로 하고 있으며, 마지막 율법 역시 공동체를 겨냥하고 있다. 이 둘은 공히 공개 처형된 시신 — 즉각적인 조치를 취해야 하는 — 의 문제를 다루고 있다. 첫 번째 율법이 말하는 시신은 희생자의 것이지만, 마지막 율법이 말하는 시신은 범죄자의 것이다.

해결되지 못한 살인죄의 경우에는 일정한 의식을 치러야 하는 바, 이 의식을 구성하는 요소들의 의미가 오늘의 우리에게는 분명하게 드러나 있지 않다. 암송아지는 누군가의 죄를 대신하는 것이 아니다. 그것의 피를 흘려서는 안 된다. 단지 목만 부러뜨리면 된다. 반드시 그렇게 해야만 한다. 왜냐하면 장로들은 암송아지의 목을 부러뜨리면서 "우리 손이 이 피를 흘리지 않았다"고 말해야 하기 때문이다. 이것은 결국 "피"가 암송아지의 것이 아니라 희생자의 것이어야 함을 의미한다. 이것은 신명기가 희생제사에 관한 독특한 견해를 가지고 있음을 뜻하는 것은 아니다. 와인펠드가 주장하는 것처럼 말이다(1972: 210-17). 그것은 단지 그 의식이 희생제사가 아님을 뜻할 뿐이다. 제사장들이 아무런 의식도 행하지 않으며, 그 의식에서 암송아지의 목이 꺾인 후에야 비로소 제사장들이 이 이야기에 다시 등장하는 것은 바로 이 때문이다.

그 의식은 손을 씻는 예식으로 끝을 맺는다(6절). 아마도 그것은 무죄함을 뜻하는 상징적인 행동에 해당할 것이다(예수께서 재판받으실 때에 손을 씻던 빌라도의 행동을 참조[마 27:24]). 또한 그 의식은 부정의 고백, 곧 무죄의 고백에 해당하는 예전적인 낭송문으로 끝을 맺는다(7-8절).

그 다음에 이어지는 본 장의 세 가지 다른 율법들은 가족과 관련되어 있다. 그런데 그 진행 순서에 흥미로운 데가 있다: 아내(10-14절); 아내와 아들(15-17절); 아들(18-21절). 이 세 가지 율법들 중 첫 번째 것은 팔레스타인에 속하지 않은 성읍을 대상으로 하는 전쟁에서 여자와 아이 및 가축 등은 죽이지 말고 사로잡아야 한다고 규정하는 신명기 20:10-15를 되풀이하고 있다. 그런데 본 장의 율법은 이스라엘 사람이 그 성읍으로부터 취한 여인을 아내로 삼을 수도 있다는 점을 추가하고 있다. 아마도 그 여인은 결혼하지 않은 자를 가리킬 것이다. 왜냐하면 그녀는 자기 부모를 위한 한 달 기간의 애곡을 허용받고 있기 때문이다. 그녀는 종처럼 취급되어서는 안 된다.

그 다음의 두 번째 율법은 두 아내를 가진 사람이 자기 멋대로 덜 사랑하는 아내에게서 낳은 장남을 젖혀둔 채로 더 사랑하는 아내의 아들에게 상속권을 주는 일을 허용해서는 안 된다고 규정한다. 의심할 여지 없이 이 율법은 창세기에서 야곱이 레아에게서 낳은 장남 르우벤을 무시한 사건(야곱이 르우벤의 장자권을 자기 멋대로 무시한 것은 아니지만)을 반영하고 있다.

이 율법은 어머니가 누구이건 간에 장남은 반드시 "두 몫"을 받아야 한다고 규정하고 있는 셈이다. 여기서 말하는 "두 몫"은 엘리사가 엘리야에게 말할 때 사용하던 표현과 똑같은 것이다: "저로 하여금 당신의 성령의 두 몫을 물려받게 해주십시오"(왕하 2:9 RSV). 이 표현은 종종 엘리사가 엘리야에게 있는 성령의 두 배를 요구한 것으로 잘못 이해된다. 그러나 사실 엘리사는 자신을 장남에 준하는 상속자로 삼아줄 것을 담대하게 요청한 것이다. 만일에 두 명의 상속자가 있다고 한다면, 엘리사는 엘리야에게 있는 성령의 3분의 2를 요구한 것이나 다름이 없는 셈이다. 물론 당연히 다른 상속자는 나머지 3분의 1을 받게 된다. 그리고 만일에 세 명의 상속자가 있다고 한다면, 엘리사는 엘리야에게 있는 성령의 절반을 요구한 것이나 다름이 없다. 이 경우에 두 명의 다른 상속자는 제각기 4분의 1씩을 받게 된다.

그 다음에 이어지는 세 번째의 율법은 완악하고 패역한데다가 교정이 불가능한 아들 — 만일에 그가 장남이라면 15-17절의 아버지로서는 "두 몫"을 결코 주고 싶지 않을 — 의 문제를 다루고 있다. 그는 관계 당국에 넘겨져서 돌에 맞아 죽어야 한다. 물론 그의 부모는 그렇게 하는 것이 최후의 수단이라는 사실에 동의하지 않으면 안 된다. 신명기에 있는 율법들 중 이 율법처럼 현저하게 비유적인 방식으로 이스라엘에게 적용되는 것은 거의 없다. 왜냐하면 여기서 아들을 가리키는 데 사용되는 낱말들 — "완악하고 패역한"

— 은 성서의 다른 곳에서 끊임없이 이스라엘에게 그대로 적용되고 있기 때문이다(Bellefontaine 1979: 18-19). 더 정확하게 말하자면, 이 두 낱말은 성서 전체에서 자주 나타나되 따로따로 나타난다. 이 두 히브리어 낱말이 나란히 이스라엘(이나 다른 누군가를)을 가리키는 데 사용되는 경우는 시편 78:8("그들은 그들의 조상들, 곧 완악하고 패역한 세대와 같아서는 안 된다" NRSV)과 예레미야 5:23("그러나 이 백성은 완악하고 패역한 마음을 가지고 있다" NIV)밖에 없다. 이스라엘 역시 하나님께서 그들을 포로로 사로잡히게 하는 것 말고는 달리 징계의 방도를 찾을 수 없을 정도로 교정이 불가능한 상태에 이른 것일까(궁극적으로는 포로생활 자체도 정화와 구속을 목적으로 하는 것이지만)?

합법적인 관계와 불법적인 관계(22장)

본 장에는 열다섯 개의 율법들이 있다. 아홉 개는 1-12절에 있고, 나머지 여섯 개는 13-29절에 있다[히브리 성서의 30절은 23장의 1절에 해당함]. 적어도 13-30절에 있는 모든 율법들은 한 개의 포괄적인 범주, 곧 정절(chastity)이라는 범주 안에 들어간다. 그러나 앞의 열두 절들은 그렇게 깔끔하게 한데 묶이지 않는다. 이 열두 절들은 다음과 같은 율법들을 포함하고 있다: 이웃에게 속한 무엇인가를 발견한 자나 이웃의 싣고 가던 짐에 깔린 이웃의 가축을 돕는 자의 책임(1-4절, 잃어버린 물건에 관한 예수의 비유의 구약적인 배경을 제공하는 것으로 보임[Derrett 1979를 보라]); 이성의 옷을 입고 싶어하는 경향(5절); 나무에서 떨어지거나 나무에 있는 새 둥우리에 어미 새와 새끼 새가 있는 경우의 행동(6-7절); 집, 특히 지붕을 어떻게 짓는 것이 올바른 일인지의 문제(8절); 세 가지 종류를 섞지 않는 일(9-11절); 겉옷 장식을 어떻게 할 것인지의 문제(12절).

이 열두 개의 절들에 관해서는 세 가지 가능성을 얘기할 수 있다. 첫째로 1-12절을 잡다한 율법들의 모음집으로 보는 견해가 있다. 두 번째 견해는 적어도 이들 중의 몇 개를 공통되는 낱말이나 주제로 묶어 서로 관련시키려고 시도한다. 카우프만(Stephen Kaufman 1979: 136)의 견해가 그렇다. 이를테면 22:3의 "그의 의복에 대해서도 그렇게 하도록 하여라"(RSV)와 22:5의 "남자는 여자의 의복을 입지 말도록 하여라"(NRSV)가 그렇다. 의복에 대한 강조는 양털과 베실(11절), 겉옷에 다는 술(22:12), 처녀의 자리옷(22:17) 등에 관한 율법에서 계속된다. 아니면 이들을 다음과 같이 연결할 수도 있다: 넘어진 짐승(22:4), 떨어진 새 둥우리(22:6), 떨어진 사람(22:8).

세 번째 견해는 카마이클(1974)이 주장한 것으로, 22:1-8이 전쟁 시의 행동을 다루고 있다고 본다. 전쟁 시에는 적군이나 동족에게 분노하면서 그들의 소유에 속한 짐승들에게 분풀이하는 행동은 잘못된 것이다. 짐승들과 전쟁을 벌이고 있는 것은 아니기 때문이다. 그리고 새 둥지에 머물고 있는 새들에게는 과실나무를 대하듯 해야 한다. 그들을 살려두어야 한다는 얘기다. 카마이클은 이성의 옷을 입고 싶어하는 경향을 다루는 흥미로운 율법을 이렇게 해석한다: 여자는 비밀리에 군대에 가기 위해 병사의 무기를 착용하거나 남자의 옷을 입어서는 안 된다. 그리고 남자들은 징집을 면하기 위해 여자의 옷을 입어서는 안 된다. 마지막으로 평화가 지배하는 중요한 시기에는 부주의한 집 건축으로 인하여 다른 사람의 피를 흘려서는 안 된다. 필자가 보기에 카마이클의 설명은 대단히 창의적이긴 하지만 적절해 보이지는 않는다. 특히 이성의 옷을 입고 싶어하는 경향에 대한 그의 설명이 그렇다. 만일에 신명기 22장의 주요 관심사가 전쟁 시의 행동에 있다면, 이 본문의 저자는 왜 좀 더 직접적으로 그에 관해 말하지 않은 것일까? 본 장의 전반부에는 이 곳의 율법들이 전쟁 상황을 가리킨다는 암시가 전혀 없다. 앞 장들(예로서 20:1)에서 저자는 "너는 전쟁하러 갈 때에"라고 구체적으로 전쟁 상황을 밝히고 있다.

본 장의 나머지 부분(13-30절)은 성적인 관계 — 더 정확하게는 성적인 관계의 위반 — 를 다루고 있다. 아마도 두 가지(두 종류의 씨앗, 소와 나귀, 양털과 베실[9-11절])를 섞는 것에 관한 세 개의 짤막한 율법들은 정절에 관한 율법들 — 불법적인 성관계를 다루는 — 의 서론 역할을 수행하고 있다. 겉옷에 술을 만드는 것에 관한 민수기의 율법(민 15:37-41; 참조. 신 22:12)은 그러한 장식물이 이스라엘 자손에게 하나님의 명령들을 상기시킴으로써 그들로 하여금 그들 자신의 마음과 눈의 "욕심"을 따라 "음행"하지 않게 하려는 목적을 가지고 있음을 밝히고 있다(민 15:39). 신명기 22:13-30의 상당 부분은 자신의 마음과 눈의 욕심을 따라 행동하는 것에 초점을 맞추고 있다. 이 본문은 여섯 가지의 상황들을 논하고 있다: (1) 남편이 아내의 불의함을 고발하지만 그것이 잘못된 것임이 드러난 경우(13-19절); (2) 그러한 고발이 사실임이 밝혀졌을 경우에 취해야 할 조치(20-21절); (3) 결혼한 여자와의 간음(22절); (4) 성읍에서 약혼한 처녀와 동침한 경우(23-24절); (5) 들에서 약혼한 처녀와 동침한 경우(25-27절); (6) 약혼하지 않은 처녀와 동침한 경우(28-29절). 이들 중 처음 세 가지는 결혼한 여자들에 초점을 맞추고 있으며, 나중의 세 가지는 결혼하지 않은 여자들에 초점을 맞추고 있다. (22장 30절은 앞서 언급한 바와 같이 히브리 성서에서 23장 1절에 해당한다.)

위의 여섯 가지 행동들에 대한 처벌과 관련하여 세 가지 사실을 주목할 필요가 있다. 첫째로 누구에게 죄를 물어야 하는가? 오직 한 가지 경우에만 여자가 처벌을 받는다. 위의 2번이 그렇다(21절). 두 가지의 경우에 남자와 여자가 똑같이 처벌을 받는다. 3번과 4번이 그렇다(22, 24절). 세 가지의 경우에 남자만이 심판을 받는다. 1번(18-19절)과 5번(25절) 및 6번(29절) 등이 그렇다.

웬함과 맥콘빌(Wenham and McConville 1980: 250)이 지적한 바와 같이, 이 본문은 이상의 범죄 행위들을 이처럼 특이한 순서를 따라 배열함과 동시에, 그러한 범죄 행위들에 대한 처벌을 교차대구 형식으로 배열하는 세련된 문학적인 기교를 보이고 있다:

A 여자의 아버지에게 100세겔의 손해배상금을 줘야 함
B 여자를 처형함
C 여자와 남자를 처형함
C' 여자와 남자를 처형함
B' 남자를 처형함
A' 여자의 아버지에게 50세겔의 손해배상금을 줘야 함

간음과 간통 사이에는 중요한 차이가 있다. 간음죄를 범한 남녀는 모두 사형에 처해진다(21-22절). 간통에 대해서는 사형 처벌이 규정되어 있지 않다. 그 대신에 남자는 여자의 아버지에게 50세겔의 벌금을 지불해야 한다(29절). 그러나 남자와 약혼한 처녀가 동침한 경우에는 둘 다 돌에 맞아 죽어야 하지만(24절), 들에서 강간이 행해진 경우는 예외이다. 이러한 처벌 규정의 차이는 성서가 혼인 관계를 대단히 중요하고 고귀한 것으로 보기 때문에 생겨난 것이다. 남자와 여자는 혼인 관계를 통하여 한 몸이 된다. 그 어느 것도 하나가 된 그들 사이를 갈라놓지 못한다.

여기서 한 가지 주목할 것은 1-12절의 율법들과 혼인 관계에서의 잘못된 행동이나 성적인 범죄를 다루는 13-30의 율법들 사이에 한 가지 중요한 차이가 있다는 점이다. 1-12절의 율법들을 위반한 행동에 대해서는 "주 너의 하나님께서는 이같이 행하는 자를 매우 싫어하신다"(5b절 NIV) 또는 "피 흘린 죄가 네 집에 돌아가지 않게 하여라"(8절 NIV)는 포괄적인 표현 이외에 어떠한 처벌도 규정되어 있지 않다. 누군가가 양털과 베실로 섞어 짠 옷을 입고 있으면 어떻게 해야 하는가? 누군가가 소와 나귀를 한 멍에에 메어 밭을 갈게 한다면 어떻게 해야 하는가? 그러한 행동들에 대해서는 어떠한 처벌도 규정되어 있지 않다. 이와는 대조적으로 성적인 악행을 포함하는 죄에 대해서는 사형을 포함하는 분명하고도 엄한 처벌이 뒤따른다.

배척, 정결함, 소유물(23장)

본 장은 중심 주제를 갖지 않은 잡다한 율법들을 포함하고 있다. 처음 여덟 개의 절들은, 누가 하나님의 공동체에 들어갈 수 있으며, 누가 하나님의 공동체에 들어갈 수 없는지의 문제를 다루고 있다. 각각의 율법은 부정사 로와 더불어 시작한다: "아무도 취하지 못한다"(22:30[히브리 성서의 23:1]); "들어오지 못한다"(23:1); "들어오지 못한다"(23:2); "들어오지 못한다"(23:3); "그들과 결혼해서는 안 된다"(23:6); "미워하지 말라 … 미워하지 말라"(23:7). 이스라엘 공동체("야웨의 총회")에 속할 수 있는 자격은 누구에게나 주어지는 것이 아니다. 거주권은 허용되겠지만 말이다. 암몬 사람들과 모압 사람들은 이스라엘 공동체로부터 배제된다. 왜냐하면 이 두 민족은 근친상 간으로부터 생겨난 자들이기 때문이다(창 19:30-38을 보라). 그리고 간음/근 친상간 관계로부터 생겨난 자녀들(2절)과 생리학적으로 자격이 없는 자들(1 절) 역시 이스라엘 공동체에 들어오지 못한다. 그러나 이집트 사람들은 허용 된다. 이는 아마도 그들이 나중에 히브리 사람들을 학대하기는 했지만, 요셉 의 시대에 기근에 시달리던 히브리 사람들과 에돔 족속을 위하여 피난처와 음식물을 제공하였기 때문일 것이다.

9-14절은 이스라엘 진영의 외적인 정결함을 유지하는 문제를 다루고 있으 며, 그러한 목적을 위하여 진영 밖으로 나가야 할 필요가 있는 자들이 누구 인지를 밝히고 있다: 밤에 몽설한 자들(10절; 참조. 레 15:16)과 변소에서 용 변을 보아야 할 자들(12-13절). 위생학적인 관심사 이외의 다른 의도가 이 구절들에 포함되어 있을 것 같지는 않다. 진영의 정결함이 요구되는 까닭은 "주 너의 하나님께서 네 진영 안에서 두루 다니시기"(14절 NIV) 때문이다. 이제까지 본 장은 (1) 진영 안에 머물러 있어야 할 자들(1-8절)과 (2) 진영 밖 으로 나가야 할 자들(12-14절)의 순서로 배열되어 있다.

또한 이스라엘 공동체는 도망친 종들로 하여금 "네 가운데 거주하게"(16절 RSV) 해야 한다. 놀랍게도 그러한 종들은 "네 성읍들 중에서 그들이 선택한 곳"(NRSV)에 머물도록 허용된다. 우리는 이것이 신명기 전체에 걸쳐서 나타 나는 하나님의 특권에 해당하는 것임을 알 수 있다. 그렇다면 이스라엘은 도 망친 종들은 환영하면서도, 암몬 족속과 모압 족속은 (회원 자격을 얻는 것 으로부터) 배척하고, 이집트 사람들과 에돔 족속("세 번째 세대")은 묵인해야 하는 것일까?

종교적인 창기 제도를 금하는 율법(17-18절)은 부분적이나마 돈과 관련되 어 있다. 이 율법은 무엇보다도 창기 행위로부터 벌어들인 수입금을 성막을 위해 기부하는 행동을 규제하고 있다(18절). 이 율법에 이어서 동족 이스라 엘 백성으로부터 이자를 받고서 돈을 빌려주는 행동을 금하는 율법이 나온 다(19-20절). 그 다음에 이어지는 율법 역시 돈과 소유물이라는 포괄적인 영 역을 다루고 있다(21-23절). 주께 약속한 서원은 올바른 방식으로 지켜져야 할 필요가 있다. 18절은 서원 자금을 조달하는 그릇된 방식에 대해서 말한다. 가난한 자를 도우려는 네 이웃의 선한 의도를 악용하여 도둑질을 하지 않도록 하라. "네 것은 다 내 것이다"는 도둑 심보는 허용되어서는 안 된다(24-25절). 이상에서 살핀 본 장 후반부의 내용은 다음과 같은 순서로 되어 있다: 노예 압제 금지(15-16절), 다른 사람에 대한 성적인 압제 금지(17-18절), 동족에 대한 경제적인 착취 금지(19-20절), 종교적인 약속들의 악용 금지(21-23절), 가난한 자들을 위한 이스라엘의 지원 체계 악용 금지(24-25절).

결혼과 가난(24장)

본 장의 첫 번째 율법(1-4절)은 상당한 논쟁을 불러일으킨 바가 있다. 그 주제는 이혼에 관한 것이다. 더 정확하게 말하자면 한 여자가 자신의 두 번째 남편과 사별하거나 자신의 두 번째 남편과 이혼한 후에 첫 번째 남편과 재혼하는 것에 관한 문제이다. 이 구절의 핵심은 이혼의 이유에 대한 설명에 있다: "그녀에게서 수치스러운 일[어떤 것의 벌거벗은 모습]을 발견하게 되면"(NIV). 이것은 간음을 가리키는 것일까, 아니면 아내 쪽에서 발견되는 다른 어떤 성적인 비행을 가리키는 것일까? 만일에 그렇다면, 그 여자와 그녀의 동료는 왜 22절에 규정된 바와 같이 돌에 맞아 죽지 않는 것일까? 독자들은 이혼이 아니라 처형이 있을 것으로 기대한다.

"수치스러운 일"이라는 히브리어 표현은 진영 중에 설치할 화장실 시설을 다루는 문맥에서도 발견된다(23:14): "그[하나님]가 네게서 수치스러운 일을 발견하지 않도록"(NRSV). 확실히 이 구절에는 어떠한 도덕적인 의미도 부여되어 있지 않다. 그것은 부적절한 것을 가리키지, 비도덕적인 어떤 것을 가리키지는 않는다. 구약성서에는 인간의 배설물 자체가 더럽다고 말하는 증거가 전혀 없다.

"수치스러운 일"에서 성적인 방종함을 배제한다면, 다른 어떤 가능성이 있는 것일까? 아마도 다른 극단의 것을 생각해볼 수 있을 것이다. 이 구절이 애매하게 표현되어 있다는 것은, 그것이 남편에게 그가 원하는 어떤 이유로든 자기 아내와 이혼할 수 있는 권한을 부여한 것일 수도 있다는 얘기다(Philips 1973: 355). 그렇다고 해서 남편이 헐리우드 식으로 결혼을 자기 멋대로 취소시킬 수 있다는 뜻은 아니다. 도리어 그것은 이혼이라는 것이 법정의 관심사가 아니라 가정의 문제요, 따라서 어떠한 법적인 조직도 개개인에게 이혼과 관련한 기준을 제시하거나 부과할 수 없음을 의미한다.

율법에는 이혼이 불법적임을 암시하는 내용이 어디에도 없다. 이혼한 남자의 재혼을 불법적인 것으로 규정하는 내용도 없다. 하나님께 가증스러운 것은 이전에 서로 결혼했던 두 사람이 다시 결합하는 일이다. 이러한 금지 규정 역시 아무런 이유를 담고 있지 않다. 이 두 사람의 두 번째 결혼을 간음으로 해석하는 자들은 "그녀가 더럽혀졌다"는 구절에서 간음의 의미를 찾고자 한다. 두 사람의 재결합이 더럽혀진 자와 다시 결혼함을 뜻한다는 것에는 의문의 여지가 없다. 이러한 개념은 예레미야 3:1a에서도 발견된다. 예레미야 3:1-5는 야웨의 신부인 이스라엘이 종교적인 배신을 한 후에 다시 야웨께로 돌아올 수 있는지, 그리고 이스라엘의 "남편"이신 야웨께서 과연 이스라엘을 다시 받아주시거나 이스라엘에게 다시 가실 수 있는지의 문제를 중점적으로 다루고 있다. 신명기 24:4에 의하면, 법적인 차원에서 볼 때 남편은 1-4절이 규정하는 조건 아래에서는 첫 번째 아내에게 돌아가서 그녀와 재결합하지 못할 수도 있다. (이 두 본문의 상호 관계에 대해서는 Fishbane 1985: 307-10을 보라.) 예레미야 본문에서 하나님은 창피함과 더럽혀짐을 기꺼이 감수하시려는 것으로 보인다. 그러한 창피함과 더럽혀짐은, 신명기 24장에 의한다면, 만일에 남편이 다른 남자와 재혼한 적이 있는 자기 아내와 재결합했을 경우에 생겨나는 상황을 가리킬 것이다.

브루그만(Walter Brueggemann 1998: 43 n. 4)은 다니엘서의 한 본문에 대한 타우너(W. Sibley Towner)의 설명을 인용한다: "문제는 … 과연 하나님이 과연 변경할 수 없는 자신의 율법으로 인하여 궁지에 빠지신 것은 아닌가 하는 것이다. 하나님의 율법은 바꿀 수 없는 것이지만, 하나님께서는 자신의 긍휼하심에 떠밀려 그것을 일시 정지시킬 수는 있다."

웬함(Gordon Wenham 1979: 40)은 두 사람의 재결합을 금지하는 이유가 간음과 무관하며, 도리어 근친상간과 관련된다고 본다. 신부가 된다는 것은 곧 누이가 되는 것을 의미한다. 같은 여자와 두 번 결혼하는 것은 따라서 자신의 누이와 결혼하는 것이나 마찬가지이다. 웬함의 견해는 가능성이 있기는 하지만, 그의 설명은 다른 사람과의 재혼을 강조하는 율법의 의미를 간과하고 있다. 이 율법의 주요 관심사는 첫 번째나 두 번째의 결혼이 아니라, 세 번째의 결혼에 있다. 이렇게 본다면, 그러한 관습이 얼마나 널리 유행했었는지를 묻는다는 것은 당연한 일이 아닐 수 없다. 대단히 적은 사회에서, 특히 서구 세계에서 두 부부의 재결합이 이루어진다.

구약성서에 나타나는 여성의 역할을 연구한 자들은 구약성서가 어디에서도 여자에게 이혼 절차의 주도권을 허락하지 않는다는 사실을 주목한다. 이스라엘 주변의 이방 문화들이 남녀 모두로 하여금 똑같이 이혼 절차를 시작하도록 허용한다는 점을 고려한다면, 이러한 사실은 더욱 중요한 의미를 갖는다. 비록 마가복음 10:12에 있는 "또 아내가 남편을 버리고 다른 남자와 결혼하면"(NIV)이라는 예수의 말씀이 그의 시대에는 그러한 일이 한층 더 받아들일 수 있는 현상이었음을 암시하기는 하지만 말이다. 예로서 함무라비 법전의 142조 항목은 다음과 같이 규정하고 있다: "만일에 한 여자가 자기 남편을 너무도 미워하여 '당신은 나와 같이 살지 않아도 좋아요'라고 선언했다면, 그 성읍의 평의회는 그녀의 증언을 자세히 조사할 것이요, 만일에 그녀가 조신하게 행동한 탓에 전혀 잘못한 바가 없다면, 설령 그녀의 남편이 밖으로 나가 그녀를 크게 비방한다고 해도, 그 여자는 떳떳하게 자신의 혼인 지참금을 가지고서 친정으로 돌아갈 수 있다"(James B. Pritchard, ed., *Ancient Near Eastern Texts Relating to the Old Testament* [2nd ed., Princeton, N. J.: Princeton University Press, 1955], 172).

우리는 이로부터 다른 문화권의 여자들이 이스라엘 여자들보다 더 많은 독립권을 가지고 있다는 결론을 이끌어낼 수 있을까? 메소포타미아 지역에서는 여자를 한 인격체로 보지만 이스라엘에서는 여자를 단지 소유물로만 보는 것일까? 필자는 이러한 질문들에 대하여 결단코 그렇지 않다는 확신을 가지고 있다. 두 문화권에 있는 모든 문헌상의 증거들을 면밀히 검토해 보면 그러한 결론이 날 수밖에 없다.

그렇다면 이혼 절차는 어떠한가? 이 질문에 대한 최상의 답변은 아이히로 트(Walther Eichrodt 1961-1967: 1:81)의 다음과 같은 흥미로운 설명에서 찾아볼 수 있을 것이다:

> 고도로 발달된 문화가 가족이나 씨족의 유대 관계를 약화시키거나 단순히 느슨하게 만들 경우에는, 일반적으로 개개인에 대한 강화된 법적인 보호가 필요하다고 말할 수 있을 것이다. 그러나 이스라엘의 두 왕국은 크게 보아 소작농에 기초한 농경 국가의 성격을 가지고 있었다 … 이처럼 단순한 상황에서는 가족과 씨족은 자신의 강한 힘으로 개개인을 강하게 후원할 수 있다. 다수의 법적인 조치들 못지않게 말이다 … 왕정 시기에 씨족 집단이 이처럼 중요한 의미를 갖는다는 점을 염두에 둔다면, 바벨론에서 보는 것과도 같은 법적인 규정들이 이스라엘에 없다는 사실을 좀 더 쉽게 이해할 수 있게 된다.

흥미롭게도 이혼/재혼을 다루는 율법에 이어서 결혼의 유지에 관한 율법이 나온다(5절). 결혼한 남자는 처음 1년 동안 아내와의 결혼 생활을 충분히 즐길 수 있어야 한다. 이 율법은 20:7의 율법과 비슷하다. 단지 20:7이 결혼 이전의 병역 면제에 대해서 언급하고 있다는 점만 다를 뿐이다. 이 두 진술은 똑같이 신명기가 신부나 예비 신부의 감정과 필요를 충분하게 고려하고 있음을 잘 보여준다. 그녀에게는 외로움과 이별을 강요해서는 안 된다(20:7). 그녀 역시 "행복할"(개역은 "즐겁게"로 번역함: 역자 주) 권리를 가지고 있다(24:5). 여기서 말하는 행복은 부부관계를 포함하는 신혼부부의 온갖 즐거움들을 가리킨다. 다음에 이어지는 율법이 맷돌을 전당 잡는 행동과 관련된 주제로 옮겨가고 있지만(6절), 앞의 두 율법에 담긴 성적인 표상은 여전히 남아 있다. 새로 결혼한 남편이 자기 아내로부터 떨어져서는 안 되는 것처럼, 자신의 아래에 있는 돌 위에서 움직이는 "맷돌 위짝" 역시 자신의 짝으로부터 떨어져서는 안 된다. 카우프만(Stephen Kaufman 1979: 156n. 108)은 맷돌을 가리키는 낱말이 예레미야 25:10의 "신랑"과 관련되어 있다는 점을 주목한다: "내가 그들 중에서 기뻐하고 즐거워하는 소리와 신부와 신랑의 소리와 맷돌 소리를 끊어지게 하겠다"(욥 31:10도 보라). 오늘날의 예법에 비추어볼 때 이 율법은 일종의 강탈 행위에 해당한다고 볼 수 있다. 왜냐하면 그것은 자신에게는 그다지 중요하지 않지만 소유자에게는 매우 중요한 어떤 것을 대부금 미납의 담보물로 빼앗는 것이기 때문이다.

다음에 이어지는 일련의 율법들은 본 장을 마무리하고 있다: 유괴(7절; 6절과 마찬가지로 불법적인 강탈에 해당함); 나병(8-9절; 미리암을 기억하라); 대부 행위와 채무자 처리에 관한 또 다른 말씀(10-13절); 가난한 자들에 대한 압제의 금지 및 "해가 지기 전에" 임금을 즉시 지불하라는 명령(14-15절); 형법과 민법을 위반하는 행위에 대한 개인적인 책임(16절; 5:9의 두 번째 계명에서 보듯이 하나님을 향한 죄에 대해서는 공동 책임이 뒤따름); 연약한 자들을 위한 정의(17-18절); 가난한 자들을 위해 식량을 남겨두는 일(19-22절). 이 마지막 율법은 23장의 마지막 율법과 평행을 이루고 있다. 당신이 손님으로 있을 때에는 주인의 친절을 악용하지 말라(23:24-25). 당신 자신이 주인으로서 농작물을 수확하고 있다면, 논밭을 남는 것 하나 없이 깡그리 수확하지 말라. 본 장의 뒷 부분에 나오는 이 율법들의 대부분은 가난한 자들에 관한 율법들과 관련되어 있다(6, 7, 10-15, 17-22절). 그들을 지배하거나 조종하거나 압제하거나 굶주리게 하려는 모든 시도는 하나님과의 관계를 위기에 빠뜨린다.

기억이야말로 야웨의 이름을 지니고 있는 자들로 하여금 부적절한 행동을 하지 못하게 막는 역할을 수행한다. 본 장은 세 차례에 걸쳐서 독자들에게 기억할 것을 주문한다: "주 너의 하나님께서 미리암에게 행하신 일을 기억하라"(9절); "너는 애굽에서 종으로 있었음을 기억하라"(18, 22절 NIV). 여기서 우리는 다음과 같은 옛 격언이 여전히 유효함을 알 수 있다: 과거를 잊어버린 자들은 동일한 실수를 반복하게 되어 있다. 24:9, 18, 22 외에도 사람들에게 기억할 것을 주문하는 신명기의 다른 본문들을 위해서는 5:15; 7:18; 8:2; 9:7; 15:15; 16:3, 12; 25:17; 32:7 등을 보라. 이스라엘 백성은 자기들에 관하여 자랑할 수 없는 것들을 기억해야만 하며, 야웨에 관해서는 자랑할 수밖에 없는 것들을 기억해야만 한다.

소송과 정의(25장)

본 장은 대부분 다양한 짝(pairs)에 대한 율법을 포함하고 있다: 두 사람 사이의 분쟁(1-3절); 황소와 그 주인(4절); "형제들이 함께 사는데"(5-10절); 서로 싸우는 두 사람(11-12절); 두 종류의 도량형기(13-16절); 이스라엘과 아말렉(17-19절).

첫 번째 율법은 분쟁을 벌이는 두 사람 사이의 법적인 소송을 다루고 있다. 이 율법의 일차적인 목적은 신체적인 형벌에 대해서 규정하기보다는 그것을 제한하려는 데 있다. 죄를 저지른 자에게 가할 태형의 최대 수는 40을 넘지 못한다(바울은 한계치에서 하나 덜한 39대의 태장을 맞은 적이 있다[고후 11:24]).

독립된 율법인 4절은 황소의 입에 불법적으로 재갈을 물리는 행동을 다루고 있다. 바울은 고린도전서 9:9와 디모데전서 5:18에서 이 구절을 인용한 바가 있다. 이 율법은 그 뒤에 이어지는 율법(5-10절)의 도입부 역할을 수행하는 것일 수도 있다. 들판에서 일하는 황소가 음식물을 먹을 권리를 가지고 있는 것과 마찬가지로, 자식 없는 과부는 죽은 남편의 이름을 계승할 아들을 낳을 권리를 가지고 있다(Carmichael 1974: 239를 보라).

확실히 5-10절의 율법은 수혼(嫂婚) 풍습(=형사취수제도)을 반영하고 있다. 그 주요 관심사는 과부에게 있는 것이 아니라 자식 없는 과부에게 있다. 이 율법은 또한 여자가 "가문 밖의 낯선 남자"와 재혼해서는 안 된다는 것에 관심을 기울이고 있다. 이 율법은 답변이 필요한 몇 가지 의문점들을 가지고 있다. 예로서 "형제들이 함께 사는데"라는 구절의 의미는 무엇인가? 독자들은 이 구절을 문자적으로 해석하여 그들이 한 지붕 밑에서 같이 산다고 보아야 할 것인가, 아니면 동일한 가족 사유지 안에서 함께 산다고 보아야 할 것인가? 그것도 아니면 좀 더 넓게 보아 그들이 같은 지역에서 서로 인접하여 산다고 보아야 할 것인가? 이 수혼 풍습은 오직 장남에게만 적용되는 것일까? 다른 형제들이 이미 결혼한 상태라면 어떻게 해야 하는가? 만일에 한 남자가 형수와 결합하여(보통 때에는 금지된 관계임[레 18:16을 보라]) 자녀를 낳을 경우, 그는 다른 여자와 결혼할 수 있는가, 아니면 온갖 실제적인 이유들로 하여 자신의 상속자를 얻을 수 없는 것일까? 다른 형제들이 없을 경우에는 어떻게 해야 하는가? 창세기 38장의 이야기에서는 시아버지가 형제의 역할을 수행하며, 룻기에서는 룻의 친척들 중의 한 명인 보아스가 그녀를 "속량"한다.

이 율법이 분명하게 밝히는 것 한 가지는 한 남자가 자신의 의지에 반하여 형수를 임신시킬 수 없다는 점이다. 확실히 그렇게 하기를 거부하는 그의 행동은 그에게 공적인 수치심을 가져다줄 뿐이지, 그 이상은 아니다. 그의 형수는 "그의 얼굴에 침을 뱉고 그의 신발 한 짝을 벗겨야" 한다(이러한 행동의 의미는 확실치 않다). 또한 이 여자의 이러한 행동은 "장로들 앞에서" 행해져야 하는 것이지만, 그들은 단지 심문자들과 관찰자들의 역할을 수행할 뿐이다. 그들은 그 이상의 역할을 수행하지 않는다(1-3절의 율법에 언급되는 재판관들과는 다름). 이 율법은 24:1-4의 이혼법과 마찬가지로 가족법의 또 다른 사례에 해당하는 것이다. 이 경우에 재판관이 나선다는 것은 공인받지 않은 영역으로 들어가는 것을 의미할 것이다.

본 장의 네 번째 율법 역시 가족 상황과 관련되어 있다. 남편이 공격받을 때 그의 아내가 그를 구출하기 위해 나설 수도 있다. 그런데 그녀가 사태를 종결짓기 위해 본능적으로 대적의 음낭을 잡는 경우가 있다. 그 일로 인하여 그녀는 자신의 손을 잃을 수밖에 없다. 이 율법이 특히 흥미로운 까닭은, 성서의 율법들 중에서 오직 이 율법만이 어떤 범죄에 대한 처벌로 신체 절단을 명하고 있기 때문이다. 이 율법이 정기적으로 시행되었을 것이라고 믿기는 어렵다. 남자의 자녀 출산 능력을 손상시키는 여자의 행동을 다루는 이 율법이 여자의 자녀 출산 능력을 손상시키는 상황을 다루는 앞의 율법에 이어서 나온다는 것은 당연한 일이 아닐 수 없다. 이 율법에 언급된 남자의 "은밀한 부분들"(NIV)은 다음에 나오는 율법의 "네 주머니에 있는 두 종류의 저울추"(13절)라는 구절과 잘 어울리는 것일 수도 있다.

다섯 번째 율법(13-16절)은 사람들에게서 소유물로 관심의 초점을 옮긴다. 두 종류의 저울추와 되가 그에 해당한다. 여기서 금지하는 것은 속임수이다. 더 정확하게 말하자면 속임수를 쓰는 데 사용할 도구의 소유 자체가

금지의 대상이다: "너는 … 두 종류의 저울추와 … 두 종류의 되를 갖지 (have) 않도록 하여라"(NRSV). 유혹과 싸워 이기는 최상의 방법은 유혹이 너무도 쉽게 생각으로부터 행동으로 옮겨가게 되는 상황을 피하는 데 있다. 따라서 악은 그 모양조차도 피해야만 한다.

본 단락의 마지막 지시사항(17-19절)은 다음 장에 포함시켜야만 할 것이다. 모세는 아말렉 사람들에게 자비를 베풀어서는 안 된다는 것을 이스라엘에게 상기시킨다. 이러한 지시사항은 엄밀하게 말해서 신명기의 율법 모음집에 속한 것이 아니다. 이 곳에 설명되어 있는 상황은 출애굽기 17:8-15에 언급되어 있지 않은 것으로서, 아말렉이 이스라엘의 지치고 허약한 자들, 곧 가장 힘없고 무기력한 자들을 공격했다는 사실에 기초하고 있다. 이러한 사실의 단순한 추가는 이스라엘에게 아무런 설명이 필요 없는 하나의 비유에 해당하는 것일까? 이스라엘 백성이 만일에 자기들의 공동체에 속한 이 약한 자들 중의 한 명을 괴롭힌다면, 그것은 곧 계속해서 하나님의 진노를 부추기는 모험을 감행하는 것이나 다름이 없다. 25장의 이 마지막 율법은 한 특징적인 구절을 되풀이함으로써 두 번째 율법과 함께 본 장의 기본 틀을 구성하고 있다. 수혼 풍습은 "그의[결혼한 후에 죽은 형제의] 이름이 이스라엘 중에서 지워지지(blotted out) 않게 하려는" 목적을 가지고 있다(6b절 NIV). 본 장의 마지막 율법은 이스라엘에게 "아말렉에 대한 기억을 지워버릴(blot out)" (19b절 NIV) 것을 명하고 있다. 한 쪽에서는 지우지 말 것을 명하고, 다른 한 쪽에서는 지울 것을 명하고 있는 셈이다.

감사와 순종: 오늘!(26장)

신명기 법전은 본 장으로 끝을 맺는다. 본 장은 매우 분명하게 세 부분으로 나눌 수 있다. 첫 번째 부분은 맏물을 바칠 때의 예전문을 다루고 있다(1-11절; 이에 관한 14:22-27의 앞선 논의를 참조). 이 단락의 핵심 부분은 이스라엘 백성이 팔레스타인에 정착하고 야웨께서 자기 이름을 두시려고 한 장소를 선택하신 후에 선포해야 할 신앙고백으로 이루어져 있다(5-10절). 본질적으로 모세는 이스라엘에게 "장차 너는 네 과거를 잊지 않도록 하라"고 말하고 있는 것이나 다름이 없다.

본 장의 두 번째 부분은 3년째의 십일조를 드릴 때의 예전문을 다루고 있다(12-15절; 이에 관한 14:28-29의 앞선 논의를 참조). 5-10절의 신앙고백은 하나님께서 이스라엘을 위하여, 곧 "우리를" 위하여 행하신 일을 강조한다. 이 예전문 안에 있는 신앙고백(13-15절)은 각 사람이 행한 일이나 행하지 않은 일을 강조한다. 신자들은 명백하게 순종과 정결함의 삶을 살 수 있는 것으로, 그리고 야웨 앞에 서서 "주님, 저는 당신께서 주신 기준을 따라 살았습니다"라고 말할 수 있는 것으로 기대된다. 첫 번째 신앙고백은 개개인의 순종하는 행동에 대해서 언급하는 데서 절정에 이른다("주여, 이제 제가 주께서 제게 주신 토지 소산의 만물을 가져왔습니다"[10절 NIV]). 두 번째 신앙고백은 " … 하늘에서 보시고 당신의 백성 이스라엘에게 복을 주시기를 원합니다"(15절 NIV)라는 기도문에서 절정에 이른다.

마지막 단락(16-19절)은 세 번째 부분을 구성하고 있다. 모세는 여기서 이스라엘 백성에게 마지막 지시사항을 전달한다. 논리적으로 볼 때 그것은 하나님의 복을 바라는 기도(15절)의 연장선상에 있는 것이다. 16-17절은 그 복에 이르는 길에 해당한다("이 규례와 법도를 행하라"[NIV]). 19절은 그 복의 내용들을 나열하고 있다("주께서 너를 … 어떤 민족들보다 더 큰 찬송과 명예와 영광을 얻게 하시고 … 너를 주께 대하여 거룩한 백성이 되게 하신다"[NIV]). 18절은 이 두 가지 강조점을 연결함과 동시에 그 둘을 다 가지고 있는 본문이다(18a절은 19절과 평행을 이루고, 18b절은 16-17절과 평행을 이룬다). 여기서 특히 흥미로운 것은 "오늘"이라는 강조점에 있다: "오늘 주 너의 하나님께서 … 너에게 명하신다 … 너는 오늘 … 선언하였다 … 그리고 주께서는 오늘 선언하셨다"(16-18절 RSV).

이 구절은 신명기 전체에 비추어볼 때 매우 중요한 의미를 갖는다. 이 표현 내지는 이와 아주 비슷한 표현은 적어도 신명기에서 59회나 나온다. 그 거의 절반은 "내가 오늘 너에게 명하는 계명들"이라는 양식을 가지고 있다.

드브리스(Simon DeVries 1974: 316)는 이 표현에 대한 흥미로운 연구를 수행한 바가 있다. 이 표현 양식에 담긴 절박함에 대하여 그가 내린 결론은 주

목할 만한 것이다: "그의 계시는 지금 주어지는 것이다. 그는 매우 활동적인 분이시며 지금 현존하시는 분이다. 이스라엘은 어떤 식으로든 그에게 응답하지 않으면 안 된다. 왜냐하면 하나님의 음성이 가까이에 있기 때문이다. 그들이 순종해야 할 말씀은 멀리 하늘 위에 있는 것이 아니요, 오랜 옛날에 속한 것도 아니다. 따라서 너의 선택을 또 다른 '오늘'로 미루지 말라."

우리가 하나님께 드려야 하는 것에는 두 가지가 있다. 그 하나는 감사(5-10절)요, 다른 하나는 순종하는 신실한 삶(13-14, 16-17, 18b절)이다. 그러나 우리가 하나님께 드리는 것은 하나님께서 우리에게 주시는 것에 비교할 경우 빈약하기 이를 데 없는 것이다. 1-15절에 여덟 번 나오는 "주다"의 용례들 중 하나님의 백성을 주어로 갖는 것은 오직 하나뿐이라는 점을 주목하라(12절). 다른 한편으로 하나님은 일곱 차례에 걸쳐서 주시는 분으로 나타난다(1, 2, 3, 10, 11, 13, 15절). 하나님은 땅과 자유와 복과 은총과 말씀과 계명들을 주신다.

신명기 12-26장

Blenkinsopp, J. 1995. "Deuteronomy and the Politics of Post-Mortem Existence." *VT* 45:1–16.

Braulik, G. 1993. "The Sequence of Laws in Deuteronomy 12–26 and in the Decalogue." In *A Song of Power and the Power of Song: Essays on the Book of Deuteronomy.* Ed. D. L. Christensen. SBTS 3. Winona Lake, Ind.: Eisenbrauns. Pp. 313–35.

Carmichael, C. 1967. "Deuteronomic Laws, Wisdom and Historical Traditions." *JJS* 12:198–206.

———. 1974. *The Laws of Deuteronomy.* Ithaca, N.Y.: Cornell University Press.

———. 1985. *Law and Narrative in the Bible: The Evidence of the Deuteronomic Laws and the Decalogue.* Ithaca, N.Y.: Cornell University Press.

Eslinger, L. 1984. "More Drafting Techniques in Deuteronomic Laws." *VT* 34:221–26.

Geisler, N. 1977. *Popular Survey of the Old Testament.* Grand Rapids: Baker.

Kaufman, S. 1979. "The Structure of Deuteronomic Law." *Maarav* 1 (2):105–58.

Knight, D. A. 2000. "Whose Agony? Whose Ecstasy? The Politics of Deuteronomic Law." In *"Shall Not the Judge of the Earth Do What Is Right?" Studies on the Nature of God in Tribute to James L. Crenshaw.* Ed. D. Penchansky and P. L. Redditt. Winona Lake, Ind.: Eisenbrauns. Pp. 97–112.

Levinson, B. M. 1990. "Calum M. Carmichael's Approach to the Laws of Deuteronomy."
HTR 83:225–57.

Patrick, D. 1985. *Old Testament Law*. Atlanta: John Knox. Pp. 97–144.

———. 1995. "The Rhetoric of Collective Responsibility in Deuteronomic Law." In
*Pomegranates and Golden Bells: Studies in Biblical, Jewish, and Near Eastern Ritual,
Law, and Literature in Honor of Jacob Milgrom*. Ed. D. P. Wright, D. N. Freedman,
and A. Hurvitz. Winona Lake, Ind.: Eisenbrauns. Pp. 421–36.

Pressler, C. 1993. *The View of Women Found in Deuteronomic Family Laws*. BZAW
216. Berlin: de Gruyter.

Rad, G. von. 1962. *Old Testament Theology*. Trans. D. M. G. Stalker. 2 vols. New York:
Harper & Row.

Rofé, A. 1988. "The Arrangement of the Laws in Deuteronomy." *ETL* 64:265–87.

Steinbert, N. 1991. "The Deuteronomic Law Code and the Politics of State Central-
ization." In *The Bible and the Politics of Exegesis: Essays in Honor of Norman K.
Gottwald on His Sixty-fifth Birthday*. Ed. D. Jobling, P. L. Day, and G. T. Sheppard.
Cleveland: Pilgrim Press. Pp. 12–26.

Stulman, L. 1990. "Encroachment in Deuteronomy: An Analysis of the Social World
of the Deuteronomic Code." *JBL* 109:613–32.

Tigay, J. H. 1996. *Deuteronomy: The Traditional Hebrew Text with the New JPS Trans-
lation*. JPS Torah Commentary. Philadelphia: The Jewish Publication Society. Pp.
446–59.

Weinfeld, M. 1971. "Deuteronomy." *Enc Jud* 5:1573–83.

Wenham, G. J., and J. G. McConville. 1980. "Drafting Techniques in Some Deutero-
nomic Laws." *VT* 30:248–52.

Deuteronomy 12

Claburn, W. G. 1973. "The Fiscal Basis of Josiah's Reforms." *JBL* 92:11–22.

Gutmann, J. 1977. "Deuteronomy: Religious Reformation or Iconoclastic Revolution."
In *The Image and the Word: Confrontations in Judaism, Christianity and Islam*. Ed.
J. Gutmann. Religion and the Arts 4. Missoula, Mont.: Scholars Press. Pp. 5–25.

Halpern, B. 1981. "The Centralization Formula in Deuteronomy." *VT* 31:20–38.

Kaufmann, Y. 1960. *The Religion of Israel*. Trans. M. Greenberg. Chicago: University
of Chicago Press. Pp. 180–82.

Levinson, B. M. 1997. *Deuteronomy and the Hermeneutics of Legal Innovation*. Oxford:
Oxford University Press. Pp. 23–52.

McConville, J. G. 1979. "God's 'Name' and God's 'Glory.'" *TynB* 30:149–63.

Milgrom, J. 1976. "Profane Slaughter and a Formulaic Key to the Composition of
Deuteronomy." *HUCA* 47:1–17.

Nicholson, E. 1963. "The Centralisation of the Cult in Deuteronomy." *VT* 13:380–89.

Rad, G. von. 1966. *Deuteronomy: A Commentary*. Trans. D. Barton. OTL. Philadelphia:
Westminster.

Rofé, A. 1972. "The Strata of the Law about the Centralization of Worship in Deuteronomy and the History of the Deuteronomic Movement." In *Congress Volume, Uppsala 1971*. VTSup 22. Leiden: Brill Pp. 221–26.

Roth, M. W. 1976. "The Deuteronomic Rest Theology: A Redactional-Critical Study." *BRes* 21:5–14.

Tigay, J. H. 1996. *Deuteronomy: The Traditional Hebrew Text with the New JPS Translation*. JPS Torah Commentary. Philadelphia: The Jewish Publication Society. Pp. 459–64.

Weinfeld, M. 1964. "Cult Centralization in Israel in the Light of a Neo-Assyrian Analogy." *JNES* 23:202–12.

———. 1972. *Deuteronomy and the Deuteronomic School*. Oxford: Clarendon.

Wenham, G. J. 1971. "Deuteronomy and the Central Sanctuary." *TynB* 22:103–18. Repr., in *A Song of Power and the Power of Song: Essays on the Book of Deuteronomy*. Ed. D. L. Christensen. SBTS 3. Winona Lake, Ind.: Eisenbrauns, 1993. Pp. 94–108.

Deuteronomy 13

Dion, P. E. 1991. "Deuteronomy 13: The Suppression of Alien Religious Propaganda in Israel during the Late Monarchial Era." In *Law and Ideology in Monarchic Israel*. Ed. B. Halpern and D. W. Hobson. JSOTSup 124. Sheffield: Sheffield Academic Press. Pp. 147–216.

Hamilton, J. M. 1998. "How to Read an Abhorrent Text: Deuteronomy 13 and the Nature of Authority." *HBT* 20:12–32.

Levinson, B. M. 2001. "Textual Criticism, Assyriology, and the History of Interpretation: Deuteronomy 13:7a as a Test Case in Method." *JBL* 120:211–43.

Polzin, R. 1980. *Moses and the Deuteronomist: A Literary Study of the Deuteronomic History*. New York: Seabury. Pp. 57–65.

Weinfeld, M. 1976. "The Loyalty Oath in the Ancient Near East." *UF* 8:389–90.

Deuteronomy 14

Craigie, P. C. 1977. "Deuteronomy and Ugaritic Studies." *TynB* 28:155–69.

Haran, M. 1979. "Seething a Kid in Its Mother's Milk." *JJS* 30:23–29.

Milgrom, J. 1990a. *Numbers: The Traditional Hebrew Text with the New JPS Translation*. JPS Torah Commentary. Philadelphia: The Jewish Publication Society. Pp. 432–36.

———. 1990b. "The Foundations of the Biblical Dietary Laws." In *Religion and Law: Biblical-Judaic and Islamic Perspectives*. Ed. E. R. Firmage, B. G. Weiss, and J. W. Welch. Winona Lake, Ind.: Eisenbrauns. Pp. 159–91.

———. 1991. *Leviticus 1–16: A New Translation with Introduction and Commentary*. AB 3. New York: Doubleday. Pp. 698–704.

Ratner, R., and B. Zuckermann. 1986. "'A Kid in Milk'? New Photographs of KTU 1. 23 Line 14." *HUCA* 57:15–60.

Weinfeld, M. 1971. "Tithe." *EncJud* 15:1156–62.

Wright, D. P. 1990. "Observations on the Ethical Foundations of the Biblical Dietary Laws: A Response to Jacob Milgrom." In *Religion and Law: Biblical-Judaic and Islamic Perspectives*. Ed. E. R. Firmage, B. G. Weiss, and J. W. Welch. Winona Lake, Ind.: Eisenbrauns. Pp. 193–98.

Deuteronomy 15

Hamilton, J. M. 1990. *Social Justice and Deuteronomy: The Case of Deuteronomy 15.* SBLDS 136. Atlanta: Scholars Press.

Houston, W. 1995. "'You Shall Open Your Hand to Your Needy Brother': Ideology and Moral Formation in Deuteronomy 15:1–18." In *The Bible in Ethics: The Second Sheffield Colloquium*. Ed. J. W. Rogerson, M. Davies, and M. Daniel Carroll R. JSOTSup 207. Sheffield: Sheffield Academic Press. Pp. 296–314.

Kaufman, S. 1984. "A Reconstruction of the Social Welfare Systems of Ancient Israel." In *In the Shelter of Elyon: Essays on Ancient Palestinian Life and Literature in Honour of G. W. Ahlstrom*. Ed. W. B. Barrick and J. R. Spencer. JSOTSup 31. Sheffield: JSOT Press. Pp. 277–86.

———. 1985. "Deuteronomy 15 and Recent Research on the Dating of P." In *Das Deuteronomium: Entstehung, Gestalt und Botschaft*. Ed. N. Lohfink. BETL 68. Leuven: Leuven University Press. Pp. 273–76.

Lemeche, N. P. 1976. "The Manumission of Slaves—the Fallow Year—the Sabbatical Year—the Yobel Year." *VT* 26:38–59.

Lindenberger, J. M. 1991. "How Much for a Hebrew Slave? The Meaning of *Mishneh* in Deuteronomy 15:18." *JBL* 110:479–98.

Mendelsohn, I. 1949. *Slavery in the Ancient Near East*. New York: Oxford University Press.

Tsevat, M. 1994. "The Hebrew Slave according to Deut. 15:12–18: His Lot and the Value of His Work, with Special Attention to the Meaning of *mishneh*." *JBL* 113:587–95.

Weingreen, J. 1976. "The Deuteronomic Legislator—A Proto-Rabbinic Type." In *From Bible to Mishna: The Continuity of Tradition*. Manchester: Manchester University Press. Pp. 132–42.

Deuteronomy 16

Bokser, B. M. 1992. "Unleavened Bread and Passover, Feast of." *ABD* 6:755–65.

Cooper, A., and B. R. Goldstein. 1992. "Exodus and *Massot* in History and Tradition." *Maarav* 8:15–37.

Gaster, T. H. 1953. *Festivals of the Jewish Year: A Modern Interpretation and Guide*. New York: Sloane.

Goldstein, B. R., and A. Cooper. 1990. "The Festivals of Israel and Judah and the Literary History of the Pentateuch." *JAOS* 110:19–31.

Levinson, B. M. 1995. *Deuteronomy and the Hermeneutics of Legal Innovation.* Oxford: Oxford University Press. Pp. 53–97.

———. 2000. "The Hermeneutics of Tradition in Deuteronomy: A Reply to J. G. McConville." *JBL* 119:269–86.

McConville, J. G. 2000. "Deuteronomy's Unification of Passover and *Massot:* A Response to Bernard M. Levinson." *JBL* 119:47–58.

Wharton, J. A. 1987. "Deuteronomy 16:1–8." *Int* 41:287–91.

Deuteronomy 17

Craigie, P. C. 1976. *The Book of Deuteronomy.* NICOT. Grand Rapids: Eerdmans.

Daube, D. 1971. "One from among Your Brethren Shall You Set King over You." *JBL* 90:480–81.

Dutcher-Walls, P. 2002. "The Circumscription of the King: Deuteronomy 17:16–17 in Its Ancient Social Context." *JBL* 121:601–16.

Greenberg, M. 1990. "Biblical Attitudes toward Power: Ideal and Reality in the Law and Prophets." In *Religion and Law: Biblical-Judaic and Islamic Perspectives.* Ed. E. R. Firmage, B. G. Weiss, and J. W. Welch. Winona Lake, Ind.: Eisenbrauns. Pp. 101–12.

Hagedorn, A. S. 2003. "Deut 17, 8–13. Procedure for Cases of Pollution?" *ZAW* 115:538–56.

Halpern, B. 1981. *The Constitution of the Monarchy in Ancient Israel.* HSM 25. Chico, Calif.: Scholars Press. Pp. 216–49.

Knoppers, G. N. 1996. "The Deuteronomist and the Deuteronomistic Law of the King." *ZAW* 108:329–46.

Levinson, B. M. 1997. *Deuteronomy and the Hermeneutics of Legal Innovation.* Oxford: Oxford University Press. Pp. 98–143.

Lohfink, N. 1993. "Distribution of the Functions of Power: The Laws concerning Public Offices in Deuteronomy." In *A Song of Power and the Power of Song: Essays on the Book of Deuteronomy.* Ed. D. L. Christensen. SBTS 3. Winona Lake, Ind.: Eisenbrauns. Pp. 336–52.

McConville, J. G. 1998. "King and Messiah in Deuteronomy and the Deuteronomistic History." In *King and Messiah in Israel and the Ancient Near East: Proceedings of the Oxford Old Testament Seminar.* Ed. J. Day. JSOTSup 270. Sheffield: Sheffield Academic Press. Pp. 271–95.

Milgrom, J. 1983. "The Ideological and Historical Importance of the Judge in Deuteronomy." In *Essays on the Bible and the Ancient World: Isaac Leo Seeligmann Volume.* Vol. 3, *Non-Hebrew Section.* Ed. Y. Zakovitch and A. Rofé. Jerusalem: Rubinstein. Pp. 129–39.

Rad, G. von. 1966. *Deuteronomy: A Commentary.* Trans. D. Barton. OTL. Philadelphia: Westminster.

Van Seters, J. 1989. "The Creation of Man and the Creation of the King." *ZAW* 101:333–

42.

Weingreen, J. 1976. "Deuteronomy, a Proto-Mishna." In *From Bible to Mishna: The Continuity of Tradition*. Manchester: Manchester University Press. Pp. 143–54.

Deuteronomy 18

See in the bibliography for Deuteronomy 17 Halpern 1981; Lohfink 1993.

Abba, R. 1977. "Priests and Levites in Deuteronomy." *VT* 27:257–67.

Cody, A. 1969. *A History of the Old Testament Priesthood*. AnBib 35. Rome: Pontifical Biblical Institute.

Duke, R. K. 1987. "The Portion of the Levite: Another Reading of Deuteronomy 18:6–8." *JBL* 106:193–201.

Haran, M. 1971. "Priests and Priesthood." *EncJud* 13:1069–86.

Kaufmann, Y. 1960. *The Religion of Israel*. Trans. M. Greenberg. Chicago: University of Chicago Press.

Paul, S. 1971. "Prophets and Prophecy." *EncJud* 13:1150–75.

Polzin, R. 1980. *Moses and the Deuteronomist: A Literary Study of the Deuteronomic History*. New York: Seabury. Pp. 57–65.

Tigay, J. H. 1975. "Empirical Basis for the Documentary Hypothesis." *JBL* 94:329–42.

Tucker, G. M. 1987. "Deuteronomy 18:15–22." *Int* 41:292–97.

Wilson, R. 1980. *Prophecy and Society in Ancient Israel*. Philadelphia: Fortress.

Deuteronomy 19

Greenberg, M. 1959. "The Biblical Conception of Asylum." *JBL* 67:125–32.

———. 1962a. "Avenger of Blood." *IDB* 1:321.

———. 1962b. "Bloodguilt." *IDB* 1:449–50.

———. 1962c. "City of Refuge." *IDB* 1:638–39.

Milgrom, J. 1973. "The Alleged 'Demythologization' and 'Secularization' in Deuteronomy." *IEJ* 23:151–56.

———. 1990. *Numbers: The Traditional Hebrew Text with the New JPS Translation*. JPS Torah Commentary. Philadelphia: The Jewish Publication Society. Pp. 504–11.

Rofé, A. 1986. "The History of the Cities of Refuge in Biblical Law." In *Studies in Bible*. Ed. S. Japhet. Scripta Hierosolymitana 31. Jerusalem: Magnes. Pp. 205–39.

Weinfeld, M. 1972. *Deuteronomy and the Deuteronomic School*. Oxford: Clarendon.

Deuteronomy 20

Ballard, P. H. 1972. "Reason for Refusing the Great Supper." *JTS* 23:341–50.

Craigie, P. C. 1976. *The Problem of War in the Old Testament.* Grand Rapids: Eerdmans.

Eph'al, I. 1983. "On Warfare and Military Control in Ancient Near Eastern Empires: A Research Outline." In *History, Historiography and Interpretation.* Ed. H. Tadmor and M. Weinfeld. Jerusalem: Magnes. Pp. 88–106.

Evans, C. F. 1955. *Studies in the Gospels.* Oxford: Blackwell.

Longman, T., and D. G. Reid. 1995. *God Is a Warrior.* Studies in Old Testament Biblical Theology. Grand Rapids: Zondervan.

Rofé, A. 1985. "The Laws of Warfare in the Book of Deuteronomy: Their Origin, Intent and Positivity." *JSOT* 32:23–44.

Sanders, J. A. 1974. "The Ethic of Election in Luke's Great Banquet Parable." In *Essays in Old Testament Ethics.* Ed. J. Crenshaw and J. T. Willis. New York: Ktav. Pp. 245–71.

Yadin, Y. 1963. *The Art of Warfare in Biblical Lands.* 2 vols. New York: McGraw-Hill.

Deuteronomy 21

Bellefontaine, E. 1979. "Deuteronomy 21:18–21: Reviewing the Case of the Rebellious Son." *JSOT* 13:13–31.

Callaway, P. R. 1984. "Deuteronomy 21:18–21: Proverbial Wisdom and Law." *JBL* 103:341–52.

Carmichael, C. 1979. "A Common Element in Five Supposedly Disparate Laws." *VT* 29:129–42.

Davies, E. W. 1986. "The Meaning of *pi sᵉnayim* in Deuteronomy xxi 17." *VT* 36:341–47.

Fleishman, J. F. 2003. "Legal Innovation in Deuteronomy xxi 18–20." *VT* 53:311–27.

Hagedorn, C. A. 2000. "Guarding the Parent's Honor—Deuteronomy 21.18–21." *JSOT* 88:101–21.

Lieu, J. M. 1995. "Reading in Canon and Community: Deuteronomy 21:22–23, a Test Case for Dialogue." In *The Bible in Human Society: Essays in Honour of John Rogerson.* Ed. M. Daniel Carroll R., D. J. A. Clines, and P. R. Davies. JSOTSup 200. Sheffield: Sheffield Academic Press. Pp. 317–34.

Marcus, D. 1981. "Juvenile Delinquency in the Bible and in the Ancient Near East." *JANES* 13:31–52.

Rotenberg, M., and B. L. Diamond. 1971. "The Biblical Conception of Psychopathy: The Law of the Rebellious Son." *Journal for the History of the Behavioral Sciences* 7:29–38.

Weinfeld, M. 1972. *Deuteronomy and the Deuteronomic School.* Oxford: Clarendon.

Wright, D. P. 1987. "Deuteronomy 21:1–9 as a Rite of Elimination." *CBQ* 49:387–403.

Zevit, Z. 1976. "ᶜegla Ritual of Deuteronomy 21:1–9." *JBL* 95:377–90.

Deuteronomy 22

Carmichael, C. 1974. "A Time for War and a Time for Peace: The Influence of the Distinction upon Some Legal and Literary Material (in Dt)." *JJS* 25:50–64.

———. 1995. "Forbidden Mixtures in Deuteronomy xxii 9–11 and Leviticus xix 19." *VT* 45:433–48.

Derrett, J. D. M. 1978. "2 Cor 6:14: A Midrash on Dt 22:10." *Bib* 59:231–50.

———. 1979. "Fresh Light on the Lost Sheep and the Lost Coin." *NTS* 26:36–60.

Fishbane, M. 1980. "Biblical Colophons, Textual Criticism and Legal Analogies." *CBQ* 42:438–49.

Harland, P. J. 1998–1999. "Menswear and Womenswear: A Study of Deuteronomy 22:5." *ExpT* 110:73–76.

Hiebert, R. J. V. 1994. "Deuteronomy 22:28–29 and Its Premishnaic Interpretations." *CBQ* 56:203–20.

Kaufman, S. 1979. "The Structure of the Deuteronomic Law." *Maarav* 1 (2):105–58.

Tigay, J. H. 1971. "Adultery." *EncJud* 2:313–15.

———. 1993. "Examination of the Accused Bride in 4Q159: Forensic Medicine at Qumran." *JANES* 22:129–34.

Wenham, G. J., and J. G. McConville. 1980. "Drafting Techniques in Some Deuteronomic Laws." *VT* 30:248–52.

Deuteronomy 23

Craigie, P. C. 1977. "Deuteronomy and Ugaritic Studies." *TynB* 28:155–69.

Fishbane, M. 1985. *Biblical Interpretation in Ancient Israel.* Oxford: Clarendon. Pp. 114–53.

Fisher, E. J. 1976. "Cultic Prostitution in the Ancient Near East." *BTB* 6:225–36.

Gruber, M. 1986. "Hebrew Qedesah and Her Canaanite and Akkadian Cognates." *UF* 18:133–48.

Milgrom, J. 1983. *Studies in Cultic Theology and Terminology.* SJLA 36. Leiden: Brill. Pp. 1–17.

Phillips, A. C. 1980. "Uncovering the Father's Skirt." *VT* 30:38–43.

Toorn, K. van der. 1989. "Female Prostitution in Payment of Vows in Ancient Israel." *JBL* 108:193–205.

———. 1992. "Cultic Prostitution." *ABD* 5:510–13.

Weinfeld, M. 1971. "Congregation." *EncJud* 5:893–96.

Deuteronomy 24

Brewer, D. I. 1998. "Deuteronomy 24:1–4 and the Origin of the Jewish Divorce Certificate." *JJS* 49:230–43.

Brueggemann, W. 1998. *A Commentary on Jeremiah: Exile and Homecoming*. Grand Rapids: Eerdmans.

Eichrodt, W. 1961–1967. *Theology of the Old Testament*. Trans. J. Baker. 2 vols. OTL. Philadelphia: Westminster.

Fishbane, M. 1985. *Biblical Interpretation in Ancient Israel*. Oxford: Clarendon. Pp. 307–12.

Hobbs, T. R. 1974. "Jeremiah 3:1 and Deuteronomy 24:1–4." *ZAW* 86:23–29.

Laney, J. C. 1992. "Deuteronomy 24:1–4 and the Issue of Divorce." *BSac* 149:3–15.

Lipinski, E. 1981. "The Wife's Right to Divorce in Light of an Ancient Near Eastern Tradition." *Jewish Law Annual* 4:103–27.

Phillips, A. 1973. "Some Aspects of Family Law in Pre-exilic Israel." *VT* 23:349–61.

Warren, A. 1998. "Did Moses Permit Divorce?" *TynB* 49:39–56.

Wenham, G. J. 1979. "The Restoration of Marriage Reconsidered." *JJS* 30:36–40.

Westbrook, R. 1986. "The Prohibition on Restoration of Marriage in Deuteronomy 24:1–4." In *Studies in Bible*. Ed. S. Japhet. Scripta Hiersolymitana 31. Jerusalem: Magnes. Pp. 387–405.

Deuteronomy 25

Carmichael, C. 1974. *The Laws of Deuteronomy*. Ithaca, N.Y.: Cornell University Press.

———. 1977. "Ceremonial Crux: Removing a Man's Sandal as a Female Gesture of Contempt." *JBL* 96:321–36.

Cohn, H. H. 1971. "Flogging." *EncJud* 6:1348–49.

Eslinger, L. 1981. "The Case of the Immodest Lady Wrestler in Deuteronomy 25:11–12." *VT* 31:269–81.

Frick, F. 1994. "Widows in the Hebrew Bible." In *A Feminist Companion to Exodus to Deuteronomy*. Ed. A. Brenner. The Feminist Companion to the Bible 6. Sheffield: Sheffield Academic Press. Pp. 139–51.

Kaiser, W. C., Jr. 1978. "Current Crisis in Exegesis and the Apostolic Use of Deuteronomy 25:4 in 1 Cor. 9:8–10." *JETS* 21:3–18.

Kruger, P. A. 1996. "The Removal of the Sandal in Deuteronomy xxv 9: 'A Rite of Passage'?" *VT* 46:534–39.

Noonan, J. T. 1980. "The Muzzled Ox." *JQR* 70:172–75.

Wilson, P. E. 1997. "Deuteronomy xxv 11–12—One for the Books." *VT* 47:220–35.

Deuteronomy 26

DeVries, S. J. 1974. "The Development of the Deuteronomic Promulgation Formula." *Bib* 55:301–16.

Eades, K. L. 2000. "Divine Action and Human Action: A Comparative Study of Deuteronomy 26:1–11 and Haggai 2:10–19." In *Reading the Hebrew Bible for a New Millennium: Form, Concept, and Theological Perspective*. Vol. 1, *Theological and Her-*

meneutical Studies. Ed. W. Kim et al. SAC. Harrisburg, Pa.: Trinity. Pp. 103–23.

Janzen, J. G. 1994. "The 'Wandering Aramean' Reconsidered." *VT* 44:359–75.

Millard, A. 1980. "A Wandering Aramean." *JNES* 49:153–55.

Rice, G. 1961. "Egypt, the Desert, and Canaan (Three Themes in Dt 26:5–10)." *Journal of Religious Thought* 18:23–25.

Steiner, R. C. 1997. "The 'Aramean' of Dt 26:5: *Peshat* and *Derash.*" In *Tehillah le-Moshe: Biblical and Judaic Studies in Honor of Moshe Greenberg.* Ed. M. Cogan, B. L. Eichler, and J. H. Tigay. Winona Lake, Ind.: Eisenbrauns. Pp. 127–38.

22. 복과 저주
신명기 27-30장

이 단락에서 탐구할 네 개의 장들은 모세가 행한 두 번째 설교의 마지막 두 장(27-28장)과 모세의 짤막한 세 번째 설교(29-30장)로 이루어져 있다.

모세는 이스라엘을 야웨의 율법 앞에 두는 일을 마친다. 이 율법 앞에서는 어느 신자도 중립적인 태도를 취할 수 없다. 그것을 따라 살든지 아니면 그것을 무시하든지, 가부간에 결정을 해야 한다. 모세가 여기서 분명하게 밝히고자 하는 것은 각 개인의 선택에 상응하는 하나님의 응답이 있다는 사실이다.

만일에 그가 순종을 선택한다면, 복이 그 결과로 주어질 것이다. 그러나 만일에 그가 불순종을 선택한다면, 저주가 그 결과로 주어질 것이다. 그리고 특히 세 번째 설교(29:27을 보라)에 의하면, 그 저주는 장차 그 땅으로부터 포로로 잡혀가는 것을 포함한다. 이 주제는 4:27-31에서 처음 언급된 바가 있다. 폴진(Robert Polzin 1980: 70)은 모세의 두 번째 설교에서 세 번째 설교로 옮겨가면서 발생하는 강조점의 변화를 다음과 같이 잘 지적하고 있다: "그 곳[두 번째 설교, 5-28장]의 강조점은 임박한 미래에 있으며, 이스라엘이 하나님께서 자기들에게 주신 땅에 머물기 위해서 해야 할 일이 무엇인지를 가르치는 데 있다. 그러나 이 세 번째 설교의 강조점은 포로생활을 하는 자들의 먼 미래에 있으며, 이스라엘이 땅을 다시 얻기 위해 해야 할 일이 무엇인지를 가르치는 데 있다."

우리는 이 부분을 다음과 같이 개관할 수 있다:

1. 27:1-10: 세겜에서의 계약 갱신 의식
2. 27:11-26: 레위인들의 열두 가지 금령 선포 및 그에 상응하는 회중의
   응답(반복되는"아멘"은 그러한 행동을 하지 않겠다는 응답자들의 맹
   세나 다름이 없음)
3. 28:1-14: 복
4. 28:15-68: 저주
5. 29:1-29: 헌신적인 태도로 신실한 모습을 보일 것을 권면함
6. 30:1-10: 포로 상황에서 갖게 되는 회복의 희망 및 후에 예레미야
   31:31-34와 에스겔 36:24-28에 선포되는 새로운 계약에 대한 기대
7. 30:11-20: 선택: 삶과 죽음-선택하라!

선택의 결과를 포함하고 있는 본 단락을 일견해 보면, 복보다는 저주에 훨
씬 더 많은 내용이 할애되고 있다는 사실이 분명하게 드러난다. 27장에서 우
리는 여섯 지파의 대표자들이 저주하기 위해 에발 산에 서고(13절), 나머지
여섯 지파의 대표자들이 축복하기 위해 그리심 산에 서는(12절) 모습을 목격
한다. 그러나 우리는 본 장의 후반부에서 복과 관련된 내용을 전혀 찾아볼
수가 없다. 오로지 저주와 관련된 내용만 있을 뿐이다. (바로 이 때문에 많은
해석자들은 27장이 26장을 28장으로부터 격리시키는 삽입 본문이요, 문학적
인 측면에서 볼 때 오랜 발전 과정을 거친 본문이라고 생각한다. 이 문제와
관련된 주장들은 각종 주석들에서 구체적으로 확인할 수 있다.)

저주와 복 사이의 이러한 불균형은 전혀 생각지 못한 것이 아니다. 크레이
기(P. C. Craigie 1976: 340 n. 15)는 다른 법전 자료에 있는 이러한 현상을 연
구한 키친(Kenneth Kitchen)의 말을 인용하고 있다. 리피트-이쉬타르(Lipit-
Ishtar) 법전의 경우, 거의 3:1 정도의 비율로 저주가 복보다 더 많다. 그리고
함무라비 법전의 경우에는 저주와 복의 비율이 대략 20:1 정도 된다. 이러한
강조점은 주전 1천년기의 앗수르 조약들에까지 계속 이어진다(예로서 주전 7
세기의 에살핫돈 왕의 조약은 전체 674행 중 250행이 저주와 관련되어 있

다.)

27:14-26이 오로지 "저주를 받을 것이다"라는 구절만을 사용하고 있고, 또 28장이 "복을 받을 것이다"(1-14절)라는 구절보다 "저주를 받을 것이다"(15-68절)라는 구절을 훨씬 더 많이 사용하고 있다는 사실은 단순히 고대 근동 지역의 조약들과 평행되는 현상 이상의 의미를 가지고 있을 것이다. 저주의 내용이 복의 내용보다 더 많다는 것은 "이스라엘의 미래가 복이 아니라 저주 아래 있을 것임을 명백하게 예상하는" 신명기 특유의 표현 방식일 수도 있다(Barker 1998: 284). 27-28장에서 "복을 받을 것이다"는 구절을 가진 유일한 단락(28:1-14)은 "저주를 받을 것이다"라는 구절을 가진 단락들(27:14-26; 28:15-68)에 둘러싸여 있다. 이렇게 본다면, 이스라엘의 미래와 관련하여 저주를 크게 강조하는 27-28장의 이러한 강조점은 군데군데에서 장차 있을 이스라엘의 배신을 예상하는 "모세의 노래"(32장)와 크게 다르지 않다.

제멋대로 행동하도록 내버려둘 경우, 하나님의 선민은 희망찬 미래를 보여주지 못한다. 이스라엘 백성은, 만일에 그들이 자기 자신만의 힘으로 신실한 모습을 보일 수 있다고 믿는 것으로 만족한다면, "내일 일을 염려"할 수밖에 없다(자신을 따르는 자들에게 그럴 필요가 없다고 말씀하시는 예수의 설교를 참조하라[마 6:33]). 여기서 중요한 것은, 우리가 신명기 전체를 읽을 때, 이스라엘의 신실함을 요구하는 전반부의 내용(예로서 "너희 마음에 할례를 행하라"는 명령[10:16])이 후반부에 가서는 하나님의 약속들(예로서 "주 너의 하나님께서 네 마음에 할례를 베푸실 것이다"[30:6 NIV])로 대체되고 있다는 사실을 발견하게 된다는 점이다. 인간 능력의 한계는 하나님의 무한한 신실하심 및 그의 무한한 자원들과 뚜렷한 대조를 이룬다(Olson 1995: 122). 자신의 미래가 율법 아래 있는 이스라엘 사람은 또한 자신의 미래가 은총 아래 있는 이스라엘 사람이기도 하다.

아마도 27장이 세겜 근처에 있는 에발 산과 그리심 산의 지리적인 위치를 강조하는 것은 바로 이 때문일 것이다. 세겜은 아브라함이 가나안 땅에서 맨 처음 들렀던 성읍이요, 하나님께서 그의 후손에게 땅을 주겠다고 처음으로 약속하신 곳이요, 아브라함이 자신의 첫 번째 제단을 세운 곳이다(창 12:7). 야곱은 그 곳에서 땅을 매입한다(창 33:19). 그 곳은 요셉의 유해가 묻힌 곳이기도 하다(수 24:32). 달리 말해서 27장에 예고되어 있는 일, 곧 하나님께서 장차 이스라엘에게 하실 일은 족장들에게 준 약속을 성취하는 것이다(신 1:6-8; 34:4를 보라). 그는 순종하는 자들에게 상급을 주시기보다는 약속들을 지키시는 하나님으로 자신을 드러내신다. 더 나아가서 그는 실패와 불순종을 예견하시는 하나님이시요, 그 때문에 복을 선포할 그리심 산(27:12) 위에가 아니라 저주를 선포할 에발 산(27:13) 위에 제단을 세우라고 명하시는 하나님이시다(27:4-7). 하나님의 깨뜨려진 율법과 하나님의 상처 입은 마음은 밀접한 관계 속에 있다. 하나님의 진노와 하나님의 속죄가 나란히 있는 것처럼 말이다. "하나님께서 자기 이름을 두시려고 선택하신 곳"에서만 예배를 드리고 그에게 나아올 것을 강조하는 책에서 하나님을 찾을 수 있고, 또 하나님께 버림받은 낯설고 외진 곳으로부터 그에게 돌아올 수 있다는 것은 대단히 흥미로운 일이 아닐 수 없다(4:29; 30:4).

27-30장은 성서 자체 안에 있는 진지한 신학적인 반성의 기초를 제공하는 신학적인 쟁점을 담고 있다. 그 쟁점은 오늘날에까지 계속되고 있는 것이다. 여기서 필자가 말하는 것은 흔히 "신명기 신학"이라고 불리는 것을 가리킨다. 그것은 곧 주를 따르는 자들이 자녀와 건강, 번영, 대적에 대한 승리, 이상적인 기후 조건 등의 형태로 주어지는 복을 예견할 수 있음을 의미한다. 이와는 반대로 그러한 유익들이 없는 상태 내지는 그것들과 반대되는 상태는 계약 규정들에 대한 불순종의 결과로서 주어지는 것들이다. 결국 신명기 28장은 이스라엘의 불순종에 대한 하나님의 저주를 다음과 같은 범주들로 표현하고 있다: 질병과 기근(20-24절); 군사적인 패배(25-26절); 마음과 몸의 질병 및 아내와 가축떼의 죽음(27-35절); 포로기의 처량하고 비생산적인 삶(36-46절); 적군의 포위 공격(47-57절).

이러한 복과 저주의 체계는 단순하고 간단하며 흑백의 단색으로 되어 있다. 주를 올바로 따르는 자들은 즉시 모든 물질적인 복을 기대할 수 있다. 그러나 자기들의 삶에 대한 야웨의 주권을 인정하지 않는 자들은 비탄과 좌절과 빈곤 등을 기대할 수 있다.

필자가 여기서 제기하고 싶은 물음은 신명기 신학이 구약성서의 나머지 부분들에 어느 정도로 영향을 주고 있는가 하는 것이다. 구약성서에는 이처럼 간단한 등식에 이의를 제기하는 부분들이 과연 있을까? 신명기 자체는 독자들에게 자신의 품성과 자신의 환경 사이의 관계를 지나치게 단순화시키는 것을 금하고 있는 것일까? 예수와 바울의 가르침은 어떠한가?

아니면, 만일에 신명기의 강조점을 다소 비틀어서 생각한다면, 파멸과 손실과 잘못된 상황 등의 다양한 가능성은 어떻게 이해해야 하는가? 체스터턴(G. K. Chesterton)은 이에 대해서 다음과 같이 말한다: "일단 사람들이 형통함을 선행에 대한 보상으로 믿기 시작한다면, 그 다음에 그들에게 닥칠 불행은 너무도 분명한 것이다. 만일에 형통함이 선행에 대한 보상으로 간주된다면, 그것은 선행의 조짐으로 여겨질 것이다. 사람들은 선한 사람들을 성공적인 사람들로 만드는 힘든 일을 그만둘 것이다. 그들은 성공적인 사람들을 선한 자들로 간주하는 편한 일을 택할 것이다"(Glatzer 1969: 236-37에서 인용함).

필자는 앞서 이미 마르틴 노트(Martin Noth)의 연구와 그의 주장에 대해서 언급한 바가 있다. 그의 주장에 의하면, 여호수아서와 열왕기의 이야기들은 무엇보다도 순종과 불순종 및 그에 상응하는 결과 등을 다루는 신명기 신학이 올바른 것임을 뒷받침하는 역사적인 증거로서의 역할을 수행한다. 예로서 여호수아서에서 하나님께서 가르치는 방식을 따라 전쟁에 참여한 자들은 승리를 거둘 것이지만(수 6장), 하나님의 가르침과 반대되는 방식으로 전쟁에 참여하는 자들은 패배할 것이다(수 7장). 사울이나 다윗 또는 솔로몬 등이 하나님의 율법을 어겼을 때 어떤 일을 겪게 되었는지를 생각해 보라. 그 반대로 히스기야나 요시야가 하나님의 율법에 순종하였을 때 하나님의 복을 받게 된 것에 대해서 생각해 보라.

이러한 역사서들에 더하여 우리는 예언자들이 선포한 신탁 메시지들의 상당 부분을 추가할 수 있을 것이다. 예로서 주전 8세기의 예언자인 아모스의 거의 모든 설교가 신명기 28장이나 그와 매우 비슷한 본문들에 기초하고 있다고 말하는 것은 결코 과장이 아니다. 이러한 배경은 "주께서 행하시지 않는다면 어찌 재앙이 성읍에 임하겠는가?"(3:6b RSV)와 같은 그의 수사학적인 질문들을 한층 이해하기 쉬운 것으로 만들어준다. 바로 다음 장(4:6-11)에서 아모스는 다음의 것들이 이스라엘을 깨우치려는 하나님의 노력을 잘

보여준다고 생각한다: 식량 결핍, 수확기의 가뭄, 충분한 음료수의 부족, 뜰과 포도원의 귀한 수확물들을 쓸어버리는 질병, 전쟁과 전염병. 이렇듯이 우리가 생각할 수 있는 모든 불행은 주의 분노의 결과로 이해된다.

이러한 강조점을 뒷받침하는 두 번째의 증거는 시편에 있는 상당수의 시들에서 발견된다. 시편 1편과 같은 본문들만 생각해도 그 증거는 충분할 것이다. 하는 일마다 형통함을 입는 의인과 파멸의 길을 걷는 악인 사이의 대조가 그렇다. 다음과 같은 다윗의 증거도 마찬가지이다: "나는 … 의인이 버림을 당하거나 그의 자손이 걸식함을 보지 못하였다"(시 37:25 NRSV). 율법을 잘 지켰으나 하나님께 버림받은 듯한 느낌을 갖는 의인의 탄식시(예로서 시 22편)나 불경건한 자들의 형통함에 당혹감을 느끼는 의인의 탄식시(예로서 시 73편) 또는 대적을 향한 저주를 간구하는 의인의 탄식시(예로서 시 109편) 등은 항상 선한 사람들에게 좋은 일들이 일어나는 것만은 아니라는 사실을 분명하게 보여준다. 그러나 그러한 탄식의 기도문을 만들어낸 자들은 자기들이 자신의 행동에 대한 응분의 대가를 받아야 한다고 믿는다. 이는 그들의 신학이 신명기 27-28장의 신학이기 때문이다. 디모데후서 3:12의 가르침("무릇 그리스도 예수 안에서 경건하게 살고자 하는 자는 박해를 받을 것이다"[NIV])은 신명기 27-30장으로부터 대단히 많이 떨어져 있다.

이러한 "지혜시"의 일부와 평행을 이루는 내용은 잠언에서도 발견된다. 처음 아홉 개 장들만이 주를 경외하는 자들에게 임할 보상을 충분하게 보여주고 있다. "그들은 구원받지만 악인들은 끊어질 것이요 뿌리째 뽑힐 것이다"(2:12, 21-22). 주를 경외함은 "네 창고가 가득히 차고 네 포도즙 틀에 새 포도즙이 넘치는"(3:10 RSV) 결과를 보증한다. 이처럼 긴 1-9장 단락 외에도 "불의를 뿌리는 자는 재앙을 거둘 것이다"(22:8 NRSV)와 같은 잠언의 격언들을 추가할 수 있을 것이다. (필자는 여기서 지혜문학이 인간의 행동에 대한 응보를 외부로부터 또는 위로부터 개개인에게 임하는 것으로 보는지 아니면 인간의 행동 자체로부터 비롯되는 내적인 필연에 해당하는 것으로 보는지에 관한 논쟁에 관심을 기울이고 싶지는 않다. 필자는 단지 각각의 행동이 그에 상응하는 결과를 갖는다는 원리를 하나의 사실로 확립하고 싶을 뿐이다.) 잠언에는 가난에 대하여 언급하는 많은 본문들이 있다(예로서 6:9-11; 10:4;

14:23; 20:13; 24:30-34). 잠언은 예외 없이 모든 가난이 게으름이나 어떤 다른 부정적인 행동의 결과로서 주어지는 것이라고 말한다. "게으른 자"로 의인화되고 있는 게으름은 잠언에서 죄로 묘사되어 있다. 잠언은 다른 어떤 요인들로 인하여 가난에 빠지게 된다는 암시를 결코 주지 않는다.

사람들의 마음이 이러한 생각에 너무도 깊이 빠져있는 탓인지, 그것은 예수의 제자들에게서도 폭넓게 발견된다. 태어날 때부터 앞을 보지 못하던 한 사람을 만나자 그들은 "이 사람이 맹인으로 난 것이 누구의 죄 때문입니까? 자신의 죄 때문입니까? 아니면 그의 부모의 죄 때문입니까?"(요 9:2 NRSV)라고 묻는다. 젊은 부자 관원과 대화를 나누던 중에 예수께서는 제자들에게 교훈을 주기 위해 다음과 같은 말씀을 추가하신다: "부자가 하늘나라에 들어가는 것은 어려운 일이다"(RSV). 그것은 낙타가 바늘구멍으로 들어가는 것보다 더 어려운 일이다(마 19:23-24). 이에 그들은 어떠한 반응을 보이는가? "그렇다면 누가 구원을 얻을 수 있겠습니까?" 부는 하나님께서 주신 복의 첫째가는 증거가 아닌가(비록 몇몇 개인들이 불법적으로 얻은 부를 소유하고 있음을 구약성서가 알고 있기는 하지만)? 그들의 신학 역시 왜 그들이 예수의 십자가 수난을 받아들이지 못하는지를 잘 설명해 준다.

그러나 우리는 신명기에 기록되어 있는 계약상의 저주가 아무리 참되다 할지라도 그것이 단지 현실 세계의 일부를 반영하고 있을 뿐임을 알아둘 필요가 있다. 우리가 이끌어내고자 하는 모든 결론은 성서 전체에 대한 연구를 통하여 다듬어질 필요가 있다. 다음에 설명하는 원리들은 중요한 것들이다.

첫째로, 역사서 자체는 혼합된 그림의 한 모습을 보여준다. 전쟁에서는 "칼이 이 사람이나 저 사람이나 똑같이 삼키는"(삼하 11:25 NRSV) 까닭에, 무죄한 자가 범죄한 자와 함께 고통을 당하기도 한다. 아브넬(삼하 3:33-34)과 놉의 제사장들(삼상 22:18) 및 아비멜렉의 형제들(삿 9:5) 등의 때이른 죽음을 생각해 보라. 이들의 죽음은 죽음이 보상적인 정의와 전혀 무관함을 보여주는 사례들에 해당한다. 같은 애기가 되겠지만, 하나님을 무시하는 태도와 행동을 보였음에도 불구하고 사치와 향락을 누리는 유다와 이스라엘의 많은 왕들을 생각해보라.

둘째로, 예언자들은 신명기 신학을 무비판적으로 받아들이지 않는다. 신명기의 일부를 생각나게 하는 한 본문에서 호세아는 하나님의 백성이 신실치 못한 모습을 보임에도 불구하고 하나님께서 그들에게 "곡식과 새 포도주와 기름"을 주셨고 " … 은과 금도 그들에게 더하여 주셨음"을 강조한다(호 2:8 NRSV). 호세아는 이 본문에서, 누가 보아도 보류되어야 마땅한 하나님의 복이 선물로 주어지고 있다고 본 것이다. 아마도 예언서에서 이에 대한 가장 확실한 증거는 이사야 53장의 고난 받는 종에게서 찾아볼 수 있을 것이다. 주의 종은 배척당하고 고통당하며 멸시를 당한다. 그는 형통함을 누리지 못한다. 그리고 이것은 대부분의 예언자들 — 특히 예레미야 — 이 경험하는 고통의 연장선상에 있는 것이다. 고난 받는 종이 겪는 고통의 정도가 한층 더 심하긴 하지만 말이다. 예언자들 중에서 박해와 고통을 겪지 않는 자는 거의 없다. 그러나 그들이 당하는 시련이 하나님의 대변자들을 향한 하나님의 책망이라는 암시는 어디에도 없다.

셋째로, 많은 시들이 전통적인 보상과 징벌 개념을 뒷받침하지만, 그에 못지않게 많은 시들이 전통적인 견해에 이의를 제기한다. 지혜시 분야에 자신의 연구를 한정시킨 쿤츠(J. K. Kuntz 1977: 232)는 지혜시를 어느 정도 보상과 징벌의 교리를 따르는지를 기준으로 하여 세 가지 범주로 나눈다. 전통적인 시와 현실주의적인 시, 그리고 불멸에 대한 기대감을 표현하는 미래주의적인 시 등의 세 가지가 그렇다. 이 외에도 매우 많은 양의 탄식시(시편 전체의 거의 3분의 1을 차지함)를 추가할 수 있다. 이 탄식시들 중의 일부는 저주의 내용을 포함하고 있다. 우리는 여기서 행위 — 결과의 관계를 쉽게 받아들이기보다는 그것을 한층 깊이 살펴보려는 태도를 취하지 않을 수 없다.

넷째로, 구약정경 안의 어떤 책들은 그 내용 전체가 신명기의 경직된 해석에 이의를 제기한다. 그 가장 대표적인 예가 전도서와 욥기이다. 전도서의 저자가 지적한 바와 같이, 지혜로운 자와 어리석은 자 모두에게 똑같은 운명이 찾아온다(2:14; 9:2). 둘 다 똑같이 빨리 잊혀진다(2:16). 인간은 동물보다 나은 점이 없다(3:19). 하나님께서는 어떤 사람들에게 부를 주시지만, 자격 없는 사람들이 거리의 청소부들처럼 그들의 것을 누린다(6:2). 욥의 경험은 사람들에게 널리 알려져 있다. 욥의 친구들은 신명기 신학을 정확하게 반영하고 있지만("욥이여, 그대가 고통당하는 것은 감추어 놓은 죄가 있기 때문이다. 고통을 치유하기 위해서는 회개하는 수밖에 없다"), 그것을 욥에게 적용하는 것은 부정확할 뿐만 아니라 부적절한 것이기도 하다.

다섯째로, 신약성서의 증거에 흥미로운 데가 있다. 예수께서는 확실히 개개인의 품성과 운명 사이에 궁극적인(eventual) 관계가 있다고 가르치신 바가 있다. 그러나 그는 개개인의 품성과 상황 사이에 즉각적인(immediate) 관계가 있다는 것을 인정하지는 않으신다. 따라서 태어날 때부터 소경이 된 자의 상황은 죄와 전혀 무관하다(요 9:3). 실로암 망대가 무너지는 바람에 갑자기 죽은 18명의 사람들은 엄밀한 의미에서 말하자면 죄인들이 아니다(눅 13:1-5). 예수께서는 하나님께서 신자들과 불신자들 모두에게 똑같이 비와 햇빛을 주신다고 가르치신다(마 5:45). 이러한 가르침은 비를 순종하는 자들에게 임하는 하나님의 복으로 간주하는 신명기 28:12에 비추어볼 때 특히 통렬한 데가 있다. 예수께서 가난한 자들(마 5:3)과 애통하는 자들(마 5:4) 및 핍박받는 자들(마 5:10)에게 임할 복을 선포하시는 것은 신명기 신학과 전혀 어울리지 않는다.

바울이 자신의 삶에서 경험한 두 가지 사건은 복음서에서 취한 사례들을 뒷받침하고 있다(Thompson 1979를 보라). 바울이 폭풍우가 휘몰아치는 중에 지중해에서 경험한 일(행 27장)은 동일한 바다 위에서 동일한 날씨 조건 하에 요나가 한참 전에 경험한 것과 비교될 수도 있을 것이다. 요나와 바울은 똑같이 동일한 바다를 동쪽에서 서쪽 방향으로 항해한다. 두 사람이 탄 배에는 한 명의 유명한 승객과 이름이 알려지지 않은 다수의 승객들이 있다. 두 경우에 똑같이 두 사람은 곧 물에 빠져 죽을 운명에 처해진다. 재난을 피하기 위하여 배에 있는 사람들이나 물건들을 바다로 던진다. 그러나 양자 사이에는 중요한 차이가 하나 있다. 요나의 경우, 폭풍우는 불순종하고서 니느웨로 가기를 거부하는 요나의 의도를 분쇄하기 위해 하나님께서 보내신 것으로 나타난다. 그러나 바울의 경우에는 폭풍우가 단순히 기상 현상들 중의 하나로만 언급된다. 바울은 충성스러운 신자는 요나의 폭풍우를 피할 수는 있겠지만, 바울의 폭풍우는 피하지 못했을 것이라는 설명을 보탰을 수도 있다. 가장 헌신적인 하나님의 종이라 할지라도 자신의 삶 속에서 심각한 재난을 만날 수 있다. 확실히 바울의 삶이 그러했다. 그리고 무엇보다도 가장 의로운 사람으로, 인류에게 은혜를 베풀기 위해 오신 예수의 삶이 그러했다.

두 번째 증거는 로마서 8:31-39에서 발견된다. 바울은 신명기 28장이 정확하게 조약상의 저주에 해당하는 것으로 나열하는 경험들에 대해서 언급한다: 시련, 환난, 박해, 기근, 벌거벗음, 위험, 칼. 바울은 자신의 주장을 전개하면서 시편 44:22를 인용한다: "우리가 종일 당신을 인하여 죽음에 직면하였습니다"(NIV). 그렇지만 그는 그 다음에 이어지는 시편 44:23을 인용할 필요성을 느끼지는 않는다: "주여 깨소서! 어찌하여 주무십니까?"(NIV). 도리어 그는 이렇게 말한다: "이 모든 일에 우리는 우리를 사랑하시는 이로 말미암아 넉넉히 이기는 자들이 된다"(NRSV). 바울이 이러한 확신을 가질 수 있는 근거는 그의 경험에 있지 않다. 도리어 그리스도의 죽음과 부활에 있다(롬 8:32-34).

마지막으로 지적할 수 있는 것은 신명기 자체(Gammie 1970을 보라)가 우리에게 이중적인 그림을 보여주고 있다는 점이다. 모세는 사람들에게 하나님께서 광야에서 이스라엘을 낮추신 것은 그들이 범한 어떤 특별한 죄 때문이 아니라, 그들을 가르치고 시험하기 위해서였음을 상기시킨다(신 8:2-3). 그것은 이스라엘을 훈련시키는 한 방법에 해당하는 것이었다(신 8:5). 모세는 또한 사람들에게 이스라엘의 부가 하나님의 선물이지 그들이 벌어들인 어떤 것이 아님을 상기시킨다(신 8:18). 하나님께서 이스라엘 백성에게 땅과 정복의 복을 주신 것은 그들이 다른 민족보다 의로워서가 아니다(신 9:4-6). 이스라엘이 금송아지 사건에서 하나님의 진노를 피할 수 있었던 것은 순전히 모세가 그들을 위해서 기도했기 때문이다(신 9:25-29). 이렇듯이 이스라엘은 다른 누군가의 도움에 힘입어 목숨을 건진 것이지, 그들 자신에게 있는 어떤 착한 품성으로 인하여 그렇게 된 것이 아니다. 신명기의 마지막 바로 앞 장에서(33장) 모세는 이스라엘 각 지파에게 장차 임할 복들만을 선포한다. 흥미롭게도 앞 장(32장)과는 달리 여기서는 야웨의 율법을 떠날 수도 있는 현실을 겨냥한 경고의 말씀이 한 마디도 없으며, "만일에 너희가 … 하면 하나님께서 너희에게 … 복을 주실 것이다"라는 표현도 없다. 차일즈(B. S. Childs 460)가 인용한 내용을 보라. 신명기는 하나님과 동행하는 삶의 대단히 복잡한 양상을 지나치게 단순화시키려는 태도를 경계한다.

어느 누구도 신약성서의 모든 페이지가 신명기 신학의 기본적인 이념을 강조하고 있다는 점을 의심하지 않는다: 하나님은 순종하는 삶을 영화롭게 하시며, 불순종하는 삶을 멸시하신다. 이것은 옛 계약에서 발견되는 진리 못지않게 새 계약에서 발견되는 진리이기도 하다. 새 계약의 진리가 독특하게 강조하는 것은 하나님께서 주시는 복들의 일부가 새 예루살렘의 시대가 올 때까지 유예될 것이라는 점이다 — 다시는 사망이 없고 애통하는 것이나 곡하는 것이나 아픈 것이 다시 있지 않을 것이다(계 21:4).

신명기 27-30장

Anbar, M. 1985. "The Story about the Building of an Altar on Mt. Ebal: The History of Its Composition and the Question of the Centralization of the Cult." In *Das Deuteronomium: Entstehung, Gestalt und Botschaft*. Ed. N. Lohfink. BETL 68. Leuven: Leuven University Press. Pp. 304–9.

Barker, P. A. 1998. "The Theology of Deuteronomy 27." *TynB* 49:277–303.

Bellefontaine, E. 1975. "The Curses of Deuteronomy 27: Their Relationship to the Prohibitives." In *No Famine in the Land: Studies in Honor of John L. McKenzie*. Ed. J. W. Flanagan and A. W. Robinson. Missoula, Mont.: Scholars Press. Pp. 49–61. Repr., in *A Song of Power and the Power of Song: Essays on the Book of Deuteronomy*. Ed. D. L. Christensen. SBTS 3. Winona Lake, Ind.: Eisenbrauns, 1993. Pp. 256–68.

Brettler, M. Z. 1999. "Predestination in Deuteronomy 30, 1–10." In *Those Elusive Deuteronomists: The Phenomenon of Pan-Deuteronomism*. Ed. L. S. Schearing and S. L. McKenzie. JSOTSup 268. Sheffield: Sheffield Academic Press. Pp. 171–88.

Brichto, H. C. 1963. *The Problem of "Curse" in the Hebrew Bible*. Philadelphia: Society of Biblical Literature.

Budd, P. J. 1973. "Priestly Instruction in Pre-exilic Israel." *VT* 23:1–14.

Craigie, P. C. 1976. *The Book of Deuteronomy*. NICOT. Grand Rapids: Eerdmans.

Eichrodt, W. 1961–1967. *Theology of the Old Testament*. Trans. J. Baker. 2 vols. OTL. Philadelphia: Westminster. Vol. 1, pp. 258–69.

Fensham, F. C. 1962. "Malediction and Benediction in Ancient Near Eastern Vassal-Treaties and the Old Testament." *ZAW* 74:1–9. Repr., in *A Song of Power and the Power of Song: Essays on the Book of Deuteronomy*. Ed. D. L. Christensen. SBTS 3. Winona Lake, Ind.: Eisenbrauns, 1993. Pp. 247–55.

Gammie, J. G. 1970. "The Theology of Retribution in the Book of Deuteronomy." *CBQ* 32:1–12.

Glatzer, N., ed. 1969. *The Dimensions of Job: A Study and Selected Readings*. New York: Schocken.

Hill, A. E. 1988. "The Ebal Ceremony as Hebrew Land Grant? [Deut 17,1–26]." *JETS* 31:399–406.

Kaufmann, Y. 1960. *The Religion of Israel.* Trans. M. Greenberg. Chicago: University of Chicago Press. Pp. 329–38.

Kearney, P. J. 1973. "The Role of the Gibeonites in the Deuteronomic History." *CBQ* 35:1–19.

Kuntz, J. K. 1977. "The Retribution Motiv in Psalmic Wisdom." *ZAW* 89:223–33.

Lewy, I. 1962. "The Puzzle of Dt xxvii: Blessings Announced, but Curses Noted." *VT* 12:207–11.

Olson, D. T. 1995. "Deuteronomy as De-centering Center: Reflections on Postmodernism and the Quest for a Theological Center of the Hebrew Scriptures." *Semeia* 71:119–32.

Patrick, D. 1972. "The Word Is Near at Hand." *Encounter* 33:385–92.

Polzin, R. 1980. *Moses and the Deuteronomist: A Literary Study of the Deuteronomic History.* New York: Seabury. Pp. 69–71.

Rad, G. von. 1973. *Wisdom in Israel.* Trans. J. D. Martin. Nashville: Abingdon. Pp. 128–37.

Rofé, A. 1993. "The Covenant in the Land of Moab (Deuteronomy 28:69–30:20): Historico Literary, Comparative, and Formcritical Considerations." In *A Song of Power and the Power of Song: Essays on the Book of Deuteronomy.* Ed. D. L. Christensen. SBTS 3. Winona Lake, Ind.: Eisenbrauns. Pp. 269–80.

Schley, D. G., Jr. 1985. "'Yahweh Will Cause You to Return to Egypt in Ships' (Deuteronomy xxviii 68)." *VT* 35:369–72.

Thompson, D. L. 1979. "The Godly and the Good Life: The Relationship between Character and Circumstance in Biblical Thought." *Asbury Seminarian* 34:28–46.

Towner, W. S. 1971. "Retribution Theology in the Apocalyptic Setting." *USQR* 26:203–14.

Weinfeld, M. 1978. *Deuteronomy and the Deuteronomic School.* Oxford: Clarendon. Pp. 104–46.

Wolff, H. W. 1974. "The Kerygma of the Deuteronomic Historical Work." In *The Vitality of Old Testament Traditions,* by H. W. Wolff and W. Brueggemann. Atlanta: John Knox. Pp. 93–100.

23. 모세의 고별설교
신명기 31-34장

이 단락의 중심을 이루는 두 장은 한 편의 시로 되어 있다: "모세의 노래"(32장)와 "모세의 축복"(33장). 이 두 시의 서두에는 모세의 생애 말년에 발생한 일부 사건들의 목록이 소개되어 있다: 율법을 기록함, 정기적인 율법 낭독에 대한 관심, 여호수아를 주 앞에서 소개함(31장). 이 시들에 이어서 대부분이 모세의 죽음을 다루는 마지막 장이 나온다(34장).

31-34장은 이처럼 이야기와 시의 결합으로 이루어져 있을 뿐만 아니라, 세 가지의 다른 특징들을 가지고 있기도 하다. 그 첫 번째는 모세가 1-30장에서 말하는 것으로부터 모세가 31-34장, 특히 31장에서 말하는 것으로 강조점이 옮겨가고 있다는 점이다.

두 번째 특징은 신명기의 이 마지막 몇 장들이 신명기의 처음 세 장들과 뚜렷한 대조를 이루고 있다는 데 있다. 이는 신명기 1-3장에서 모세가 뒤를 돌아보면서 이집트를 떠난 후의 이스라엘 역사의 초기 사건들을 회상하고 있다는 점에서 그렇다. 이와는 대조적으로 31-34장에서 그는 이스라엘의 미래와 자신의 죽음 이후에 활동할 여호수아의 사역을 기대하면서 앞을 내다보는 것으로 끝을 맺는다. 이렇듯이 신명기는 모세 자신이 속해 있던 과거에 대한 회상과 더불어 시작하며, 모세 자신이 관여하지 못할 미래에 대한 기대로 끝을 맺는다.

이 단락의 세 번째 특징은 그것이 신명기에서 유일하게 하나님께서 직접 말씀하시는 모습을 보여주고 있다는 데 있다(31:14b; 31:16b-21; 31:23b; 32:49-52; 34:4b; 32장의 시로 된 부분). 이것은 하나님의 음성을 처음부터 끝까지 계속해서 들려주는 오경의 처음 네 책들과 다른 점이다. 그렇다고 해서 오경의 다른 곳에서 하나님의 말씀이 무수하게 들리는 것과 신명기에서 하나님의 말씀이 아주 드물게 나타나는 것 사이에 무슨 질적인 차이가 있는 것은 아니다. 신명기는 토라의 다른 부분들과 똑같이 하나님의 말씀으로서의 성격을 가지고 있다. 비록 신명기에서는 오경의 다른 부분들과는 구별되게 하나님의 말씀이 인간 모세의 말 배후에 감추어져 있지만 말이다. 예로서 만일에 시편이 본래 인간의 말이었으나 나중에 하나님의 말씀으로 바뀐 것이라고 한다면, 신명기는 인간 도구와 인간의 말을 통하여 전달된 하나님의 말씀인 것이다.

32장과 33장에 있는 두 편의 시에 대해서는 학자들의 무수한 연구가 있어 왔다. 그 한 예로 이 두 편의 시는 무수한 번역상의 문제들과 색다른 어휘들 및 까다로운 히브리어 문법 등으로 가득 차 있다. 독자들은 이와 관련된 문제들의 일부를 살피기 위해서는 이 두 장을 절별로 설명하는 각종 주석들이나 크로스(Frank Cross)와 프리드만(D. N. Freedman) 및 다른 학자들의 연구를 참고할 필요가 있다.

이 두 편의 시가 안고 있는 또 다른 문제점은 연대와 관련되어 있다. 학자들은 가장 이른 시기인 사무엘의 시대로부터 가장 늦은 시기인 포로기에 이르기까지 다양한 가능성들을 제시한다. 필자가 알기로는, 비평적인 학자들 중에 이 두 편의 시가 사무엘 이전 시대나 모세 시대에 기록되었다고 보는 사람은 없다(이 두 시가 사사 시대에 속한다고 보는 카수토[Umberto Cassuto]는 예외임). 또한 필자가 알기로는, 비평적인 학자들 중에 이 후반부 단락의 대부분이 원신명기가 만들어진 지 한참 후에 추가된 이차적인 자료라는 생각을 받아들이지 않는 사람은 없다.

보수적인 학자들의 반응은 적어도 세 가지로 나타난다. 첫째로 비평적인 본문 재구성 작업은, 설득력을 갖기 위해서는, 이 장들 자체가 자신의 기원에 관해 증거하는 내용을 회피해서는 안 된다: "그리고 모세는 … 이 노래의 말씀을 끝까지 낭독하였다"(31:30 NRSV); "모세 … 는 와서 이 노래의 모든 말씀을 … 말하였다"(32:44 NASB); "하나님의 사람 모세가 죽기 전에 이스라엘 자손을 위하여 축복한 내용은 이렇다"(33:1). 이러한 증거를 그렇게 쉽게 무시할 수 있을까?

둘째로 이 두 시들의 언어는 주전 2천년기 후반기의 상황을 정확하게 반영하고 있는 것으로 여겨질 만큼 충분히 오래된 것이다. 멘덴홀(George Mendenhall 1975: 66)은 주전 2천년을 상회하지는 않더라도 그 아래로 여겨질 수도 없는 비블로스(Byblos)의 음절 본문들과 신명기 32장 사이에 상당한 언어학적인 상관관계가 있다고 보기까지 한다.

셋째로 "최종" 본문 자체를 두고 볼 때 우리는 주전 2천년기에 속한 계약의 거의 완전한 구조를 가지고 있다. 이 마지막 몇 개의 장들은 다음과 같은 구성 요소들을 포함하고 있을 것이다: 문서의 보관("이 율법책을 가져다가 주 너희 하나님의 언약궤 곁에 두어라"[31:26 NSAB]); 계약 내용의 정기적인 대중 낭독("매 7년의 마지막 해에 … 온 이스라엘이 듣도록 이 율법을 낭독하여라"[31:10-11 RSV]); "이 노래로 나를 위하여 이스라엘 자손들에게 증거가 되게 하여라"(31:19 RSV); "이 노래가 그들 앞에 증인처럼 될 것이다"(31:21 RSV); "이 율법책을 가져다가 … 너희에게 증거가 되게 하여라"(31:26 RSV); "그들에게 하늘과 땅을 증거로 삼을 것이다"(31:28 NRSV). 여기서 생기는 의문은 이렇다: 이 두 편의 시가 당시의 표현 양식들과 계약 체결 방식에 관하여 잘 알고 있는 한 개인에 의해 동질적인 것으로 만들어졌다고 보는 것이 옳은가, 아니면 본질적으로 사라진지 오래된 형식들을 그리워하면서 그것들을 모방하여 만든 완전한 구조물의 단편들이 결합되어 만들어졌다고 보는 것이 옳은가?

후계자 여호수아(31장)

본 장은 일곱 개의 담화들을 포함하고 있다. 그 중 넷은 모세가 말한 것이고, 나머지 셋은 주께서 말씀하신 것이다:

1. 모세가 이스라엘에게(1-6절): 이스라엘은 모세 없이도 가나안을 정복하게 될 것이다.
2. 모세가 여호수아에게(7-8절): 두려워하지 말라! 주께서 너와 함께 하실 것이다.
3. 모세가 제사장들과 장로들에게(9-13절): 이 율법을 7년마다 낭독하라.
4. 주께서 모세에게(14-15절): 너는 곧 죽을 것이다. 여호수아를 내 앞에 데려오라.
5. 주께서 모세에게(16-21절): 이스라엘은 가나안에서 나를 버릴 것이다.
6. 주께서 여호수아에게(23절): 여호수아야, 내가 너와 함께 할 것이다.
7. 모세가 레위인들에게(24-29절): 전에 그러했던 것처럼 이스라엘은 반역할 것이다.

여호수아는 이 담화들 중 세 개의 담화에 나타난다(2, 4, 6번). 그는 한 번은 모세의 말을 들으며(7절), 또 한 번은 주의 말씀을 듣는다(23절). 그리고 마지막 한 번은 그에 관한 말이 전해진다(14절). 독자들은 23절이 15절을 잇는다고 생각할 수도 있다. 네 번째 담화가 자연스럽게 여섯 번째 담화로 이어진다고 볼 것이라는 얘기다. 이 경우에 우리는 다음과 같은 본문의 흐름을 갖게 될 것이다: "'여호수아를 불러서 함께 회막으로 나아오라 내가 그에게 명령을 내릴 것이다.' 이에 모세와 여호수아는 나아가서 회막 앞에 섰다"(14절 RSV); "주께서 … 나타나셨다"(15절); "주께서 … 여호수아에게 명령하셨다"(23절). 그러나 여호수아의 소환과 그가 실제로 명령을 받는 일 사이에는 주께서 모세에게 하신 말이 들어 있다.

이 담화의 요점은 약속의 땅에 들어간 이스라엘이 다른 신들을 좇음으로써 하나님으로 하여금 (그의 얼굴을) 감추게 하실 것이라는 데 있다. 여호수아는 이 예언의 말씀에 귀를 기울인다. 아니면 그는 적어도 그것을 엿듣는 위치에 있다. 이 담화는 사실 모세보다는 여호수아의 이익을 위한 것이다. 하나님은 이처럼 간접적인 방식으로 여호수아에게 말씀하신다: "최악의 상황에 대비하도록 하여라. 너의 지도력은 이스라엘의 불순종을 막아내지 못할 것이다." 여기서 중요한 것은 여호수아가 이 사건들 전체에서 한 번도 직접 발언하는 자로 나타나지 않는다는 점이다. 그는 단지 귀를 기울일 뿐이다. 자신의 사역이 다양한 결과에 직면하게 될 것임을 미리 알게 된다는 것은 참으로 씁쓸한 경험이 아닐 수 없다. 사람들로 하여금 "주를 경외"하도록 하기 위한 행사, 곧 7년마다 율법을 낭독하는 일조차도 이스라엘의 불순종을 막지 못할 것이다. 왜냐하면 우리는 주께서 반역의 가능성에 관해 말씀하시기보다는 반역의 불가피성에 관해 말씀하고 계심을 알고 있기 때문이다. 확실히 모세는 바로 이 점과 관련하여 야웨와 의견의 일치를 보이고 있다(27, 29절)! 그는 적어도 자신이 이스라엘 백성을 억제할 수 있는 힘 — 자신의 계승자인 여호수아도 갖지 못할 — 을 가진 자라고 보았다. 이것은 왜 모세가 두 번씩 — 한 번은 이스라엘에게(31:6) 또 한 번은 여호수아에게(31:7) — 이나 "강하고 담대하라"는 말을 하는지의 이유를 설명해주는 것일 수도 있다. 반면에 주께서는 그 말을 네 번씩이나 여호수아에게 하신다(신 31:23; 수 1:6, 7, 9). 여호수아는 이중적인 책무를 지고 있다. 그 하나는 모세의 빈 자리를 채우는 일이요, 다른 하나는 때때로 저항하는 양 떼를 이끌고 가는 일이다.

모세의 노래(32장)

이 시는 무엇보다도 하나님의 성품과 그의 백성의 성품 사이를 그림 같은 언어로 대비시키고 있다. 그는 반석이시다(4, 18, 30, 31절). 그들은 반석들 위에 있거나 그릇된 반석을 따른다(37절).

앞 장에서 모세는 두 개의 문서를 만들어낸 것으로 보인다. 그 하나는 율법이고(31:9, 11, 12, 13, 24, 26), 다른 하나는 노래이다(31:19, 21, 22, 30). 모세는 율법(31:9, 24)과 노래(31:19, 22) 모두를 "기록"한다. 노래(31:19)와 율법(31:26)은 모두 이스라엘 백성의 나중 세대들에게 "증거" 역할을 할 것으로 기대된다. 우리로서는 모세를 이 두 개의 구별되는 문서의 저자라고 보는 것이 최선일 것이다. 이 두 문서는 서로 다르면서도 공통된 목적을 가지고 있다. 그러나 31장에 언급된 "율법"과 "노래"는 완전히 동일한 것일 수도 있다.

만일에 우리가 흔히 "율법"으로 번역되는 히브리어 낱말 **토라**를 "가르침, 교훈" — 때때로 다른 곳에서 드러나는 의미 — 으로 번역한다면, 그럴 가능성이 더욱 높아질 것이다. 이 경우에 **토라**는 32장의 기능을 가리킬 것이요, "노래"는 그 형태를 가리킬 것이다(Weitzman 1997: 44).

이 시 전체를 살펴보면 말하는 자가 모세와 하나님 사이를 왔다 갔다 하는 것을 알 수 있다. 이는 31장에서 모세와 하나님이 계속하여 말하는 자로 나타나고 있는 것과 마찬가지이다:

> 모세: 1-19절
> 하나님: 20-35절
> 모세: 36절
> 하나님: 37-42절
> 모세: 43절

라이트(G. E. Wright 1962)의 폭넓은 연구는 이 시에 대한 후속적인 이해의 기초를 놓았다. 그는 이 시가 증인 소환(1절), 질문의 형태로 된 고발(6절), 고소인(하나님)이 피고인에게 준 은총들(7-14절), 계약 파기에 관한 진술(15-18절), 범죄자에 대한 후속적인 심판 선고(19-29절) 등의 내용으로 이루어져 있다는 점에서 "계약 소송"의 성격을 가지고 있다고 본다.

이러한 분석은 대부분의 주석가들에 의해 어느 정도 수용되었다. 오직 몇몇 경우에만 이와 뚜렷하게 구별되는 의견이 제시되었다. 멘덴홀(Mendenhall 1975: 70)은 이 시가 계약 소송이 아니라 예언 신탁에 해당한다고 본다. 그는 다음과 같이 주장한다: "여기서 야웨는 계약 파기의 책임을 물어 누군가를 고발하고 있지 않다. 도리어 계약 파기는 이미 이루어진 일로, 그리고 그 결과 역시 이미 경험된 것으로 나타난다. 여기서 중요한 것은 야웨가 과연 장차 믿을 만한 피난처가 되시느냐 그렇지 않느냐 하는 것이다."

이러한 해석은 이 시의 중심 부분을 이스라엘 백성을 향한 비난으로부터 하나님을 향한 송영으로 옮기고 있다는 이점을 안고 있다. 과거에는 하나님이 "그의 얼굴을 감추셨을"는지도 모른다(20절). 그러나 이제는 모세가 이스라엘로 하여금 다시 그의 얼굴을 보게 하려고 애쓸 것이다. 그들이 정말로 그의 얼굴을 보게 될지는 확실치 않다. 모세 자신이 그것을 확신하지 못하고 있기 때문이다. 이 때문에 이 시의 서두 부분에서 모세는 단지 "내 교훈이 비처럼 내리고 내 말은 이슬처럼 맺히기를 원하노라"(2절 NRSV)고 자신의 희망을 피력할 수 있을 뿐이다. 티센(Thiessen 2004)은 적어도 한 가지 점에서는 라이트와 견해를 같이 한다. 티센은 32장 전체를 계약 소송으로 보기보다는 계약 소송을 포함하는 찬양시로 본다. 신명기 32장은 예전적인 측면에서 볼 때 어떻게 하나님을 예배하는 미래의 세대들이 하나님 앞에서 자신을 표현할 것인지의 모델 역할을 수행한다.

32장을 계약 소송이라고 한다면, 모세가 이 시를 "나의 교훈"이라고 칭한 것이 조금은 이상한 것이 되고 만다. 왜냐하면 "나의 교훈"이라는 표현은 잠언의 세계에 더 친숙한 것이기 때문이다. 실제로 이 시의 청중은 "어리석고 지혜 없는 백성"(6절)으로, 그리고 "분별력이 없는"(24절) 자들로 여겨지고 있으며, 하나님께서는 그들에게 "지혜롭고 깨달음과 분별력을 갖기를" 요청하고 있다(29절). 와이츠만(Weitzman 1994: 1997)은, 모세가 죽기 전에 32장에 기록되어 있는 말을 했다는 사실에 기초하여, 32장을 계약 소송의 법적인 차원과 지혜 전승의 교훈적인 요소들을 결합시킨 모세의 "마지막 노래"로 간주한다. 이 점에서 본다면 32장은 고발과 교훈의 두 가지 내용을 다 가지고 있는 시라고 할 수 있다.

저자가 언급하는 특수한 역사적인 사건들을 확인하려는 시도는 부질없는 일이다. 비록 이 시가 본질적으로 이스라엘 역사의 요약판에 해당하기는 하지만 말이다. 확인 가능해 보이는 구절들조차도 낯설게 보인다. 예로서 독자들은 "그는 그를 황무지에서 만나셨다"(10a절 RSV; 이 구절을 반영하고 있는 호 9:10과 비교해 보라, "내가 광야에서 포도를 만남 같이 이스라엘을 만났다"[NRSV])라는 뜻밖의 진술을 만나게 된다. "황무지"는 이집트를 가리킨다고 보기 어렵다. 이러한 동일시가 가능할 수도 있겠지만 말이다. 하나님께서는 이스라엘을 광야에서 "만나신" 것일까? 이와 마찬가지로 27-43에 언급된 원수들이 누구를 가리키는지를 확인하려는 시도 역시 부질없는 일이다. 그들은 아람 사람들일까, 아니면 앗수르 사람들이나 바벨론 사람들 또는 사마리아 사람들일까, 그것도 아니면 또 다른 사람들일까?

특정 시간의 제한을 받지 않는 이 시의 특징은 이 시가 사용하는 언어의 모호함에 의해 강조될 뿐만 아니라, 이 시 전체에 걸쳐서 나오는 대명사의 주어가 수시로 변한다는 사실에 의해 강조되기도 한다. 이를테면 다음의 구절이 그렇다: "그들은 그를 향하여 악을 행하였다. 부끄럽게도 그들은 더 이상 하나님의 자녀가 아니다 ⋯ 어리석고 지혜 없는 백성아, 너희는 주께 이런 식으로 보답하느냐?"(5-6절 NIV). 아니면 다음 구절이 그러한 모습을 보인다: "너는 살찌고 비대하고 윤택해졌다! 그는 자기를 만드신 하나님을 버렸다 ⋯ 그들은 그의 질투를 불러일으켰다"(15-16절 NRSV). 포켈만(Fokkelman 1998: 142-43)이 지적한 바와 같이, 특정 시간의 제한을 받지 않는 이 시의 특징은 "사람들을 깊이 생각하게 만든다. 이스라엘의 모든 세대(기꺼이 자신을 이스라엘의 입장에 놓고서 생각하고자 하는 모든 독자들도 마찬가지임)는 여기서 자신의 선택된 지위와 ⋯ 그에 수반되는 ⋯ 도덕적인 태만의 위험 및 ⋯ 하나님 앞에서의 책임감 등을 의식하지 않을 수 없다."

필자는 앞서 본 장에서 하나님을 가리키는 지배적인 은유가 "반석" 은유임을 지적한 바가 있다. 확실히 이 은유는 안정성, 항구성, 피난처, 안전 등의 개념을 포함하고 있다. 그러나 모세는 견고한 요새와도 같은 하나님의 속성 너머에 있는 것에 관심을 가지고 있다. 예로서 독자들의 흥미를 끄는 것에 부모 은유가 있다. 독자들은 앞 부분에서 "그는 너를 창조하신 너의 아버지가 아니시냐?"(6절 NIV)는 질문을 읽는다. 뒷 부분에 가서 저자는 여성 취향적인 언어로 방향을 바꾼다: "너는 너의 아버지가 되시는 반석을 버렸고 너를 태어나게 하신 하나님을 잊었다"(18절 NIV). (예레미야는 배교자의 길에 빠진 자기 시대의 사람들에게 말하면서 이 구절을 흉내낸 것으로 보인다. 그들은 나무를 향하여 "너는 나의 아버지이다"라고 말하며, 돌을 향하여 "너는 나의 어머니이다"라고 말한다[렘 2:27]; 예레미야는 여기서 비꼬는 투로 성적인 역할을 뒤바꾸었을 것이다.) 18절의 히브리어 본문은 해산의 고통을 겪으시는 하나님의 모습을 한층 생생하게 묘사하고 있다: "너는 너를 낳아주신 하나님을 버렸고 너를 (낳느라고) 해산의 고통을 겪으시는 하나님을 잊었다." 이 곳에 나오는 동사들 중의 첫 번째 것인 얄라드("낳다")는 구약성서에서 출산 개념을 나타내는 데 208회나 사용되고 있으며, 아버지로서 자식을 보는 개념으로는 단지 20번 조금 넘게 사용되고 있을 뿐이다. 그리고 두 번째 동사 훌("해산의 고통을 겪다")은 출산의 고통을 가리키고 있음이 분명하다. 이사야 51:2가 이를 잘 보여준다: 이스라엘을 낳기 위해 "사라는 해산의 고통을 겪었다"(NIV: "사라는 너희를 생산하였다").

그는 이스라엘을 "자신의 눈동자"처럼 지키시는 하나님이다(10b절). 이 구절은 특히 중요한 의미를 가지고 있다. 히브리어 본문을 문자 그대로 읽자면 이렇다: "그는 그들을 자기 눈의 작은 사람[잇숀]처럼 지키셨다." 당신은 다른 사람에게 어느 정도 가까이 가야 그 사람의 눈에 자신의 모습이 작게 비쳐 보일 것이라고 생각하는가? 하나님께서는 이스라엘을 그처럼 가까이 하셨다. 그는 또한 이스라엘을 대면하여 아시던 분이기도 하다.

23-33절은 특히 흥미로운 구절이다. 하나님께서는 자기 백성을 완전히 멸하실 예정이었으나 오랜 생각 끝에 그렇게 하지 않기로 작정하신다. 여기서 우리는 하나님께서 깊이 숙고하시는 모습을 볼 수 있다. 이 구절들에 대하여 폰 라트(von Rad 1966: 198)는 다음과 같이 말한다: "따라서 이 부분은 우리를 역사적인 사건들의 소용돌이로부터 우리를 이끌어내어, 하나님의 마음 깊은 곳에서 울려나는 혼잣말을 엿들을 수 있게 하는 일종의 막간극과도 같은 것이다." 하나님께서 심판을 자제하기로 작정하신 것은 이스라엘에게 칭찬할 만한 일이 있어서가 아니라 자신의 명예가 손상될 위기에 처해 있었기 때문이다.

그러나 주께서 이스라엘을 위하여 심판을 자제하기로 작정하신다 해도, 이스라엘의 주변 나라들은 자기들도 같은 대우를 받게 될 것이라고 기대하기 어렵다. 주께서는 복수 내지는 정의로운 징벌(이 부분에서 네 차례에 걸쳐서 언급됨[35, 41, 43절])을 시행하기 위하여 그들에게 나아가실 것이다. 이러한 개념이 지나치게 원시적이고 기독교적인 생각과 어긋난다고 생각하기 전에, 먼저 이와 유사한 상황을 신약성서에서 찾아볼 필요가 있다: " … 대주재인 주님이시여, 당신께서 땅에 거하는 자들을 심판하심으로써 우리 피를 갚아 주실 때까지 얼마나 기다려야 합니까?"(계 6:10 RSV); "그는 자기 종들의 피를 그 음녀의 손에 갚으셨다"(계 19:2 NRSV). 계시록에 있는 이 두 본문은 놀라울 정도로 신명기 32:43과 비슷하다.

모세와 다윗은 구약성서에서 가장 큰 비중을 차지하고 있는 저자들이다. 모세의 신명기와 다윗의 시편은 신앙 공동체에게 그들의 행복에 반드시 필요한 것들을 제공하는 바, 율법서와 노래책이 바로 그것이다. 전자가 일종의 지침서로서 신앙 공동체가 지향해야 할 삶의 한계선을 지시하고 있다면, 후자는 예배와 찬양 및 기도를 강조하고 있다. 그러나 찬양의 책인 시편은 맨 앞에서 율법에 대한 강조점을 가지고서 시작한다(" … 주의 율법을 즐거워하여 그의 율법을 주야로 묵상하는 자는 복이 있다"[시 1:1-2]). 이와 마찬가지로, 탁월한 율법의 책인 신명기는 노래로 더불어 끝을 맺는다. 이스라엘은 예배로부터 율법을 떼어내서는 안 되지만, 아울러 율법으로부터 예배를 떼어내서도 안 된다. 밀러(Patrick Miller 1999: 15)는 이 점을 아주 강한 어조로 다음과 같이 표현한다: "신명기 31장과 32장은 이스라엘이 율법을 읽을 때마다 노래를 불러야 한다는 점을 밝히고 있다."

모세의 축복(33장)

이 두 번째 시 역시 모세가 이스라엘에게 들려주는 노래이다. 그러나 32장의 시와는 달리 본 장은 주로 이스라엘 공동체 전체보다는 개별적인 집단들을 대상으로 하고 있다. 공동체 전체는 단지 서론 부분(1-5절)과 결론 부분(26-29절)에서만 언급될 뿐이다. 본 장의 기본 틀을 이루는 이 두 부분은 이스라엘의 운명보다는 이스라엘의 하나님에 초점을 맞추고 있다. 그 중간에 있는 부분(6-25절)은 모세가 르우벤, 유다, 레위, 베냐민, 요셉, 스불론, 갓, 다윗, 단, 납달리, 아셀 등에게 주는 개별적인 메시지들을 담고 있다.

오경 안에서 이러한 신탁 메시지가 이스라엘 지파들에게 전달되는 경우는 이 곳이 처음이 아니다. 본 장과 가장 크게 평행을 이루는 본문은 야곱의 축복을 담고 있는 창세기 49장이다.

그러나 이 둘을 비교해 보면 양자 사이에 현저한 차이가 있음을 알 수 있다. 창세기 49장의 신탁들은 심판과 구원의 메시지를 포함하여 가지고 있다.

이와는 대조적으로 신명기 33장의 신탁들은 구원과 약속의 기조를 꾸준히 유지하고 있다. 그 신탁들은 다음과 같은 것들을 약속하고 있다: 이스라엘의 계속적인 생존(6절); 제사장적인 특권(10절); 안전(11절); 최고의 선물들(13-16절); 풍족함(18-19절); 땅의 보상(20-21절); 소유물(23절); 번영과 힘(24-25절).

야곱이 르우벤에게 한 말과 모세가 르우벤에게 한 말을 비교하기만 해도 양자의 차이점을 분명하게 알 수 있다. 야곱은 르우벤에게 이렇게 말한다: "너는 물처럼 불안정하기 때문에 더 이상 탁월하지 못할 것이다. 이는 네가 아버지의 침상에 올라 그것을 더럽혔기 때문이다"(창 49:3-4 NRSV). 반면에 모세는 르우벤 지파에게 이렇게 말한다: "르우벤은 비록 사람 수가 적을지라도 죽지 아니하고 살기를 원하노라"(신 33:6 NRSV).

본 장이 훈계의 내용을 전혀 가지고 있지 않고 도리어 장차 받을 복을 기원하고 있다는 점을 주목한 차일즈(Brevard Childs 1979: 220-21)는 이에 대해서 다음과 같이 말한다:

> 33장의 정경적인 역할은 율법을 순전히 하나님의 주권이라는 시각 속에서 보게 함으로써, 독자들로 하여금 관심의 초점을 이스라엘의 행동으로부터 하나님의 궁극적인 목적으로 옮기도록 돕는 데 있다. 모세의 율법은 이렇듯이 자기 백성을 위한 하나님의 우선적인 목적에 이바지한다. 그리고 그의 뜻은 이스라엘 민족의 실패에도 불구하고 마지막 때의 종말론적인 성취를 향해 나아간다.

각 지파들을 위한 축복은 하나님에 관한 송영을 기본 틀로 가지고 있다. 1-5절은 서론적인 하나님 찬양에 해당한다. 이 시는 동일한 강조점으로 끝을 맺는다: "여수룬이여, 하나님 같은 자는 어디에도 없다"(26절 NRSV). 이렇듯이 본 장은 다음의 순서를 따라 배열되어 있다: 복을 주시는 분(2-5절), 축복(6-25절), 복을 주시는 분(26-29절).

모세의 죽음(34장)

모세는 비스가 산 꼭대기에서 야웨의 지시하심을 받는다(32:48-52). 그것은 모세의 축복(33장)으로 인하여 지연되었다. 이제 그는 산으로 오른다. 그는 자기 백성이 유업으로 받을 땅의 만화경적인 모습을 마지막으로 바라본 후에 죽는다. 이 장면은 자기 앞에 있는 땅을 바라보는 아브라함의 모습(창 13장)을 연상시킨다. "모든 땅" 또는 "온 땅"이라는 표현은 오경에서 창세기 13:15에서 처음으로 나오며, 신명기 34:1에서 마지막으로 나온다(Romer and Brettler 2000: 406). 모세는 대략적인 위치만이 알려진 한 무덤에 (하나님에 의해) 묻힌다(6절). 한때 사람들의 비방을 듣기도 했지만, 모세는 살아있을 때보다 죽을 때가 더 위대했을 수도 있다. 그런데도 모세의 무덤이 그처럼 비밀에 부쳐진 것은 아마도 모세의 무덤이 신자들에 의해 사자(死者) 숭배의 순례 성지로 변할 수도 있는 가능성을 막기 위해서였을 것이다. 그러나 이보다는 고대 세계의 일반적인 강신술(降神術) 풍습 — 영매를 통해서 또는 직접적으로(특히 죽은 자가 가족들 중 한 명이거나 유명한 사람일 경우) 죽은 자와의 접촉을 시도하는 행위 — 을 막기 위해서 무덤의 비밀을 지키려는 의도가 더 강했을 것이다.

모세는 120세가 되도록 살았다. 그는 죽음에 직면할 때까지 뛰어난 시력을 유지했으며(눈이 먼 사람에게 땅을 "보여준다"는 것은 얼토당토않은 일일 것이다), 충분한 기력을 가지고 있었다(7절). 그가 많은 나이로 인하여 군사 행동을 계속할 수는 없었겠지만 말이다("이제 나는 나가고 들어오는 일을 할 수 없다"[31:2 RSV]).

신명기 전체에서, 특히 마지막 몇 개의 장들에서 그는 이스라엘을 축복하는 자로 나타난다. 그런데 이제는 누군가가 그를 축복해 줄 때가 된 셈이다(10-12절).

여호수아는 자신의 한계를 잘 알고 있다. 그는 모세가 아니요, 모세의 분신도 아니다. 왜냐하면 주께서 대면하여 아시던 자는 오직 모세뿐이었기 때문이다(출 33:11을 보라). 확실히 모세를 신격화하려는 시도는 어디에도 없다. 어느 누구도 "나는 모세에게 속한 자다" 또는 "나는 여호수아에게 속한 자다"라고 말하는 것을 허락받지 못한다. 모세는 숭배의 대상이 되지 못한다. 여호수아는 모세가 아니요, 모세는 하나님이 아닌 것이다.

결론부의 마지막 절들은 모세가 야웨를 잘 알고 있었다는 것을 강조하기보다는, 야웨께서 모세를 잘 알고 계셨다는 점을 강조한다. 주께서는 모세에게 결코 "나는 너를 도무지 알지 못한다. 내게서 떠나가라"(마 7:23 RSV)고 말씀하실 수 없을 것이다. 모든 신자에게 있는 희망이 이보다 더 적을 수도 있을까?

어떤 점에서 보면 신명기와 오경 전체는 완성되지 않은 이야기를 끝맺는 역할을 수행한다. 신명기는 모세도 이스라엘도 아직 가나안 땅에 들어가지 못한 상황에서 끝을 맺는다. 비록 모세는 그것을 보도록 허락받기는 하지만 말이다. 하나님께서 창세기 12:7 이후로 족장들에게 반복적으로 약속하신 것은 오경의 마지막에 와서도 성취되지 않는다. 폰 라트는 신명기와 모세를 다섯 권으로 된 책 묶음의 마지막 절정으로 간주하기보다는 (인위적으로) 오경(pentateuch) 개념을 육경(hexateuch) 개념으로 대체하여 여호수아서를 여섯 권으로 된 책 묶음의 마지막 절정으로 간주함으로써 이 문제를 쉽게 해결한다.

그러나 오경의 이러한 종결 방식은 신학적인 문제를 불러일으키기보다는 분명한 신학적인 의도를 드러내는 것일 수 있다. 한 예로 샌더스(Sanders 1972: 44-45)는 신명기가 민수기와 여호수아 사이에, 그리고 광야 유랑과 광야 유랑의 끝 사이에 자리하고 있는 현실에 대해서 다음과 같은 점을 지적한다: "이는 여호수아서와 이 책에 기록된 정복을 권위 있는 정경 시대의 절정으로 보지 않으려는 의도에서 비롯된 것이다 … 참된 권위는 오로지 모세의 시대에만 있다."

더 나아가서 오경은 피할 수 없는 현실("너는 하나님께서 네가 있기 원하는 곳에 아직 있지 않다")과 미래에 대한 희망("너는 곧 하나님께서 네가 있기 원하는 곳에 있을 것이다")으로 끝을 맺는다. 광야는 지금 네가 머물러 있는 곳이다. 그러나 광야는 네가 계속 머물러야 하는 곳이 아니다. 브루그만(Walter Brueggemann 1997: 211)의 말을 인용하면 다음과 같다: "뿐만 아니라 본문은 제자리를 잡지 못한 모든 인간 공동체를 향하여 열려 있다. 왜냐하면 오경은 결국 귀향의 약속을 담고 있기 때문이요, 사람들을 끝까지 광야와 포로상황과 제자리를 잡지 못한 상황에 놓아두지 않으실 모든 약속의 하나님께서 그들 모두에게 돌아갈 고향을 주실 것임을 약속하고 있기 때문이다."

신명기 31–34장

Bergey, R. 2003. "The Song of Moses (Deuteronomy 32.1–43) and Isaianic Prophecies: A Case of Early Intertextuality?" *JSOT* 28:33–54.

Blenkinsopp, J. 1977. *Prophecy and Canon: A Contribution to the Study of Jewish Origins*. SJCA 3. Notre Dame, Ind.: University of Notre Dame Press. Pp. 80–95.

Britt, B. 2000. "Deuteronomy 31–32 as a Textual Memorial." *BibInt* 8:358–74.

Brueggemann, W. 1997. *Theology of the Old Testament: Testimony, Dispute, Advocacy*. Minneapolis: Fortress. Pp. 209–12.

Cassuto, U. 1974a. "The Song of Moses (Deuteronomy Chapter XXXII, 1–43)." In *Biblical and Oriental Studies*. Trans. I. Abrahams. 2 vols. Jerusalem: Magnes. Vol. 1, pp. 41–46.

———. 1974b. "Deuteronomy XXXIII and the New Year in Ancient Israel." In *Biblical and Oriental Studies*. Trans. I. Abrahams. 2 vols. Jerusalem: Magnes. Vol. 1, pp. 47–70.

Childs, B. S. 1979. *Introduction to the Old Testament as Scripture*. Philadelphia: Fortress.

Christensen, D. L. 1984. "Two Stanzas of a Hymn in Deuteronomy 33." *Bib* 65:382–89.

———. 1989. "Dtn 33,11—A Curse in the 'Blessing of Moses'?" *ZAW* 101:278–82.

Coats, G. W. 1977. "Legendary Motifs in the Moses Death Story." *CBQ* 39:34–44. Repr., in *A Song of Power and the Power of Song: Essays on the Book of Deuteronomy*. Ed. D. L. Christensen. SBTS 3. Winona Lake, Ind.: Eisenbrauns, 1993. Pp. 181–91.

Cross, F. M., and D. N. Freedman. 1975. *Studies in Ancient Yahwistic Poetry*. SBLDS 21. Missoula, Mont.: Scholars Press. Pp. 97–122.

Fisch, H. 1988. *Poetry with a Purpose: Biblical Poetics and Interpretation*. Bloomington: Indiana University Press. Pp. 55–79.

Fokkelman, J. P. 1998. *Major Poems of the Hebrew Bible*. 3 vols. Assen: Van Gorcum. Vol. 1, pp. 54–149.

Freedman, D. N. 1980. "The Poetic Structure of the Framework of Deuteronomy 33." In *The Bible World: Essays in Honor of Cyrus H. Gordon*. Ed. G. Rendsburg et al. New York: Ktav. Pp. 25–46.

Frick, F. S. 1999. "'Oil from Flinty Rock' (Deuteronomy 32:13): Olive Cultivation and Olive Oil Processing in the Hebrew Bible—A Socio-Materialist Perspective." *Semeia* 86:3–17.

Geller, S. A. 1982. "The Dynamics of Parallel Verse—A Poetic Analysis of Deut. 32:6–12." *HTR* 75:35–56.

Heiser, M. S. 2001. "Deuteronomy 32:8 and the Sons of God." *BSac* 158:52–74.

Hidal, S. 1978. "Some Reflections on Deuteronomy 32." *ASTI* 11:15–21.

Knowles, M. P. 1989. "'The Rock, His Work Is Perfect': Unusual Imagery for God in Deuteronomy xxxii." *VT* 39:307–22.

Labuschagne, C. J. 1974. "The Tribes in the Blessing of Moses." *OtSt* 19:97–112.

————. 1997. "The Setting of the Song of Moses in Deuteronomy." In *Deuteronomy and Deuteronomic Literature: Festschrift C. H. W. Brekelmans.* Ed. M. Vervenne and J. Lust. BETL 133. Leuven: Leuven University Press. Pp. 111–29.

Lohfink, N. 1994. "The Deuteronomistic Picture of the Transfer of Authority from Moses to Joshua." In *Theology of the Pentateuch: Themes of the Priestly Narrative and Deuteronomy.* Trans. L. M. Maloney. Minneapolis: Fortress. Pp. 234–47.

Lundbom, J. R. 1976. "Lawbook of the Josianic Reform." *CBQ* 38:293–302.

————. 1990. "Scribal Colophons and Scribal Rhetoric in Deuteronomy 31–34." In *Haim M. I. Gevaryahu Memorial Volume.* Ed. J. J. Adler. Jerusalem: World Jewish Bible Center. Pp. 53–63.

Mann, T. W. 1979. "Theological Reflections on the Denial of Moses." *JBL* 98:481–94.

McCarthy, D. J. 1971. "Installation Genre?" *JBL* 90:31–41.

Mendenhall, G. E. 1975. "Samuel's 'Broken *Rib*': Deuteronomy 32." In *No Famine in the Land: Studies in Honor of John L. McKenzie.* Ed. J. W. Flanagan and A. W. Robinson. Missoula, Mont.: Scholars Press. Pp. 63–74. Repr., in *A Song of Power and the Power of Song: Essays on the Book of Deuteronomy.* Ed. D. L. Christensen. SBTS 3. Winona Lake, Ind.: Eisenbrauns, 1993. Pp. 169–80.

Miller, P. D., Jr. 1999. "Deuteronomy and Psalms: Evoking a Biblical Conversation." *JBL* 115:3–18.

Nigosian, S. A. 1996. "The Song of Moses (Dt32): A Structural Analysis." *ETL* 72:5–22.

————. 1997. "Linguistic Patterns of Deuteronomy 32." *Bib* 78:206–24.

Peels, H. G. L. 1994. "On the Wings of the Eagle (Dtn 32, 11)—An Old Misunderstanding." *ZAW* 106:300–303.

Polzin, R. 1980. *Moses and the Deuteronomist: A Literary Study of the Deuteronomic History.* New York: Seabury. Pp. 71–72.

Porter, J. R. 1994. "The Interpretation of Deuteronomy xxxiii 24–25." *VT* 44:267–70.

Rad, G. von. 1966. *Deuteronomy: A Commentary.* Trans. D. Barton. OTL. Philadelphia: Westminster.

Romer, D. C., and M. Z. Brettler. 2000. "Deuteronomy 34 and the Case for a Persian Hexateuch." *JBL* 119:401–19.

Sanders, J. A. 1972. *Torah and Canon.* Philadelphia: Fortress.

Sanders, P. 1996. *The Provenance of Deuteronomy 32.* OTS 37. Leiden: Brill.

Skehan, P. W. 1951. "The Structure of the Song of Moses in Deuteronomy (Deut. 32:1–43)." *CBQ* 13:153–63. Repr., in *A Song of Power and the Power of Song: Essays on the Book of Deuteronomy.* Ed. D. L. Christensen. SBTS 3. Winona Lake, Ind.: Eisenbrauns, 1993. Pp. 156–68.

———. 1971. *Studies in Israelite Poetry and Wisdom.* Washington, D.C.: Catholic Biblical Association of America. Pp. 67–77.

Steck, J. D. 1990. "A History of the Interpretation of Genesis 49 and Deuteronomy 33." *BSac* 147:16–31.

Stevens, D. E. 1997. "Does Deuteronomy 32:8 Refer to 'Sons of God' or 'Sons of Israel'?" *BSac* 154:131–41.

Stuart, D. K. 1976. *Studies in Early Hebrew Meter.* HSM 13. Missoula, Mont.: Scholars Press. Pp. 153–69.

Talstra, E. 1997. "Deuteronomy 31: Confusion or Conclusion? The Story of Moses' Threefold Succession." In *Deuteronomy and Deuteronomic Literature: Festschrift C. H. W. Brekelmans.* Ed. M. Vervenne and J. Lust. BETL 133. Leuven: Leuven University Press. Pp. 87–110.

Thiessen, M. 2004. "The Form and Function of the Song of Moses (Deuteronomy 32:1–43)." *JBL* 123:401–24.

Weitzman, S. P. 1994. "Lessons from the Dying: The Role of Deuteronomy 32 in Its Narrative Setting." *HTR* 87:377–93.

———. 1997. *Song and Story in Biblical Narrative.* Bloomington: Indiana University Press. Pp. 37–58.

Wiebe, J. M. 1989. "The Form, Setting and Meaning of the Song of Moses." *Studia Biblica et Theologica* 17:119–63.

Wittstruck, T. 1976. "So-Called Anti-Anthropomorphisms in the Greek Text of Deuteronomy." *CBQ* 38:29–34.

Wright, G. E. 1962. "The Lawsuit of God: A Form-Critical Study of Deuteronomy 32." In *Israel's Prophetic Heritage: Essays in Honor of James Muilenburg.* Ed. B. Anderson and W. Harrelson. New York: Harper & Row. Pp. 26–67.

역자 후기

39권의 구약성서 중에서 가장 중요한 첫 다섯 권은 흔히 "오경"(五經)이라고 불리며, 때로는 모세 저작권과 관련하여 "모세 오경"이라고 불리기도 한다. 여기서 "오경"이라는 낱말은 영어권의 'pentateuch'을 우리말로 옮긴 것으로서, 이 책들이 다섯 권 — 더 정확하게는 다섯 개의 두루마리 — 으로 되어 있다는 사실에 기초하여 만들어진 것이다. 물론 여기서 말하는 'pentateuch'는 헬라어에서 "다섯"을 뜻하는 '펜타'(penta)와 '두루마리(를 보관하는 상자)'를 뜻하는 '튜코스'(teuchos)가 합쳐져서 이루어진 합성어(pentateuchos)이다. 이러한 풀이에 의한다면 창세기에서 신명기까지의 다섯 권은 맨 처음에 다섯 묶음의 두루마리로 나누어 보관되었다고 할 수 있겠다.

그러나 거슬러 올라가 보면, 이 다섯 권의 오경은 본래 히브리 성서에서 '토라'(Torah)라는 이름을 가지고 있다. 여기서 '토라'는 '야라'(yarah)라는 동사에서 파생한 명사로서, "가르침, 교훈, 지시, 방향 제시"(instruction, direction, guidance) 등의 뜻을 가진 낱말로 이해되었다. 따라서 적어도 이스라엘 사람들의 생각에 의하면, 창세기에서 신명기까지의 토라는 그들에게 주어진 하나님의 계시의 가르침 내지는 그들의 나아갈 길에 대한 하나님의 방향 제시를 포함하는 책들이라고 할 수 있다.

그러다가 주전 3-2세기 경에 히브리 성서를 헬라어로 번역한 70인역 구약성서(Septuagint 또는 Septuaginta)가 '토라'를 '노모스'(Nomos; "법" 또는 "율법"이라는 뜻)라는 헬라어로 옮기면서, 토라는 서서히 "율법" 또는 "율법서"로 불리기 시작했다. 70인역의 이러한 번역은 아마도 오경에서 가장 많은 부분을 차지하고 있는 법률적인 요소들을 강조하려는 목적을 가지고 있는 듯하다. 아니면 오경의 중심 내용이 하나님께서 이스라엘 백성에게 주신 각종 언약법들로 이루어져 있기 때문에 그러한 것일 수도 있다.

이러한 성격을 가진 오경의 다섯 책들을 개관하는 책이 최근에 베이커 출판사(Baker Book House)에서 해밀턴(Victor P. Hamilton)의 손길을 거쳐 출간되었다(2005년). 그런데 이 책은 사실 베이커 출판사에서 구약 39권을 장르별로 크게 네 부분으로 나누고서, 각 장르의 책들을 종합적으로 개관하는 핸드북(Handbook) 시리즈의 첫 번째 책으로 출발한 것이었다. 이 첫 번째 핸드북, 곧 『오경 개론』(*Handbook on the Pentateuch*)은 1982년도에 처음 출판되었다. 뒤이어 역사서를 개관한 책(*Handbook on the Historical Books*)이 2001년에 출판되었고(Hamilton), 2002년도에는 예언서를 개관한 책(*Handbook on the Prophets*)이 출판되었다(Robert B. Chisholm). 그러다가 『오경 개론』의 개정 신판이 2005년도에 동일 저자의 손을 거쳐 다시 출판되었고, 2005년 12월에는 이 시리즈를 마무리 짓는 『지혜서와 시편 개론』(*Handbook on the Wisdom Books and Psalms*)이 출판되었다.

이상에 언급된 네 권의 개론서 중에 『역사서 개론』(Hamilton, 2005년)과 『예언서 개론』(Chisholm, 2006년)은 이미 본 번역자에 의해 크리스챤다이제스트 출판사를 통하여 번역·출판된 바가 있다. 이어서 이 핸드북 시리즈의 세 번째 책에 해당하는 본서가 이렇게 번역 완료되어 세상에 빛을 보게 되었다. 본 번역서는 2005년도에 출판된 개정 신판을 그대로 옮긴 것이다. 이 시리즈의 마지막 책인 『지혜서와 시편 개론』은 아마 2007년이면 역시 본 번역자의 손길을 거쳐 번역이 완료되어 출판될 수 있지 않을까 생각한다.

본서의 저자인 해밀턴은, 이미 가장 먼저 번역된 『예언서 개론』의 역자 후기에서 밝힌 바와 같이, 미국의 브란다이스 대학(Brandeis University)에서 철학박사 학위를 받은 후 애즈베리 대학(Asbury College)에서 30여 년 동안 성서와 신학을 강의해 온 학자로서, 국내 구약학계에 보수 성향 학자들과 진보 성향 학자들의 중간을 걷는 매우 합리적이고 온건한 학자로 알려져 있다. 그는 핸드북 시리즈에 속한 본서와 『예언서 개론』 말고도 NICOT(The New International Commentary on the OT) 시리즈에 속한 두 권의 창세기 주석서(Genesis 1–17; Genesis 18–50)를 집필한 바가 있다. 이 두 권의 창세기 주석서는 국내 학자들과 목회자들 사이에서 폭넓게 읽히는 인기 서적들 가운데 하나이다.

창세기에서 신명기까지를 차례대로 다루고 있는 이 책은 본래 학부와 대학원 차원의 수업 교재를 목표로 하여 만들어진 것이다. 그러나 해밀턴은 이에서 그치지 않고, 하나님의 말씀을 연구하는 학자들과 하나님의 말씀을 선포하는 자들 모두를 위한 내용을 담고자 애썼다. 강의실에서 뿐만 아니라 목회자의 목양실에서도 사용할 수 있는 내용들, 곧 학문적이면서도 경건한 내용들을 서술하고자 노력했다는 얘기다. 독자들은 실제로 이 책을 읽으면서 해밀턴이 학문과 경건의 조화를 이루기 위해 얼마나 많은 노력을 기울였는지를 금방 알 수 있을 것이다.

그래서인지 독자들은 학문적으로 아주 깊이 있는 접근을 이 책에서 찾아보기 어려울 뿐만 아니라, 역사적이고 비평적인 문제들에 대한 보다 친절한 설명을 기대하기도 어려울 것이다. 역사적이고 비평적인 문제들에 대한 해밀턴의 비판적인 시각을 때때로 접할 수 있음은 물론이다. 그러면서도 그는 종종 모세의 책들 안에 다양한 자료들이 있음을 나타내는 본문들에 대해서 언급하는 것을 잊지 않는다.

그러나 해밀턴은 자신의 책이 많은 한계를 가지고 있음을 잘 알고 있다. 그 까닭에 그는 더욱 깊은 연구를 돕기 위해 각 장의 마지막에 참고문헌을 덧붙여 두었다. 이 참고문헌에 있는 자료들은 대부분이 지난 10년 동안에 나타난 연구들에 초점을 맞추고 있다. 비록 해밀턴이 소개하는 참고 자료들이 거의 전적으로 영어권에서 이루어진 연구들에 한정되어 있긴 해도, 독자들은 이 참고 자료들을 통하여 특정 본문이나 주제들에 대한 연구를 한층 심화시킬 수 있을 것이다.

아무쪼록 이 부족한 번역서가 구약 오경에 관심을 가진 학자들이나 목회자들, 신학도들 모두에게 창세기에서 신명기까지 이어지는 토라의 주요 가르침을 공부하고 주석하는 데 많은 도움을 주었으면 한다. 그리고 궁극적으로는 구약 오경에 기록되어 있는 하나님의 말씀들이 이 번역서를 통하여 한층 은혜롭고 풍요로운 메시지로 사람들에게 전달되는 귀한 역사가 이루어지기를 바라는 마음 간절하다. 마지막으로 해밀턴의 이 책을 번역, 출판할 수 있게 해주신 크리스챤다이제스트의 박명곤 사장님께 깊은 감사를 드리며, 부족한 번역 원고를 잘 교정해 주셔서 번역의 빈틈을 훌륭하게 메워 주신 출판사의 모든 분들에게도 동일한 감사의 마음을 전한다.

2006년 4월
광주 양림골 선지동산에서
강성열

● **독자 여러분들께 알립니다!**

'CH북스'는 기존 **'크리스천다이제스트'**의 영문명 앞 2글자와
도서를 의미하는 **'북스'**를 결합한 출판사의 새로운 이름입니다.

베이커 구약 개론 시리즈 1

오경개론

1판　1쇄 발행　2007년 2월 20일
1판　중쇄 발행　2021년 8월 13일

발행인 박명곤　**CEO** 박지성
편집 채대광, 김준원, 박일귀, 이은빈, 백지선, 김수연
디자인 구경표, 한승주
마케팅 유진선, 이호, 김수연
재무 김영은
펴낸곳 CH북스
출판등록 제406-1999-000038호
대표전화 070-4917-2074　**팩스** 031-944-9820
주소 경기도 파주시 회동길 37-20
홈페이지 www.hdjisung.com　**이메일** main@hdjisung.com
제작처 영신사 월드페이퍼

© CH북스 2007

"크리스천의 영적 성장을 돕는 고전"
세계기독교고전 목록